Couvertures supérieure et inférieure manquantes

LA

CAMPAGNE DE 1814

LA
CAMPAGNE DE 1814

D'APRÈS LES DOCUMENTS
des Archives impériales et royales de la guerre à Vienne

LA CAVALERIE DES ARMÉES ALLIÉES
PENDANT LA CAMPAGNE DE 1814

PAR

le Commandant WEIL

TOME TROISIÈME

PARIS
LIBRAIRIE MILITAIRE DE L. BAUDOIN
IMPRIMEUR-ÉDITEUR
30, Rue et Passage Dauphine, 30
—
1894
Tous droits réservés.

PARIS. — IMPRIMERIE L. BAUDOIN, 2, RUE CHRISTINE.

LA CAMPAGNE DE 1814

(d'après les documents des Archives impériales et royales de la guerre à Vienne)

LA CAVALERIE DES ARMÉES ALLIÉES

PENDANT LA CAMPAGNE DE 1814

CHAPITRE XIV.

OPÉRATIONS DE L'ARMÉE DE SILÉSIE DU 27 FÉVRIER AU 4 MARS, JUSQU'AU LENDEMAIN DE LA CAPITULATION DE SOISSONS.

27 février 1814. — Mouvements de l'Empereur. — Décidé à dégager ses maréchaux et à atteindre au plus vite l'armée de Blücher, l'Empereur a senti que, cette fois plus que jamais, il lui faut faire la guerre avec les jambes de ses soldats s'il veut arriver à rejoindre à temps l'armée de Silésie et l'obliger à renoncer à sa marche sur Paris. Comme il a l'habitude de le faire chaque fois qu'il s'éloigne, il emploie les dernières heures de son séjour à Troyes à l'expédition des ordres. Complétant, comme nous le verrons au chapitre suivant, les instructions qu'il a données à Macdonald, Oudinot et Gérard, il commence à 3 h. 1/2 du matin, par ordonner à Victor de se porter au plus vite sur Plancy et d'y opérer sa jonction avec Ney, dont le corps est déjà en mouvement. Bordesoulle et Padoue, venant de Nogent, sont placés sous les ordres du prince de La Moskowa, qu'ils doivent rejoindre du côté de Sézanne. Annonçant au maréchal son départ prochain de Troyes et son passage par Arcis dans le cours de la journée, il lui rappelle qu'il n'y a plus un moment à perdre pour poursuivre l'ennemi et il le charge d'informer Marmont de sa marche, bien que de son côté il lui en donne avis, d'une part directement, de l'autre par l'intermédiaire du duc de Padoue.

Pendant ce temps, le prince de La Moskowa a dirigé d'Arcis sur Plancy les deux divisions de Meunier et de Boyer, ayant en tête la cavalerie de Roussel, Wattier et Corbineau ; il laisse à la garde des ponts d'Arcis la division Curial et un détachement de cavalerie qui rentre d'une reconnaissance dirigée sur Lesmont.

La garde, infanterie et cavalerie (Nansouty, Friant, Duhesme), précède l'Empereur à Arcis-sur-Aube, tandis que Padoue et Bordesoulle reçoivent l'ordre de marcher sur Villenauxe, si les Alliés ont relevé leurs ponts à Saron-sur-Aube et Baudement, et de remonter l'Aube en appuyant leur droite à la rivière si, au contraire, il reste des postes prussiens à Conflans, Saron et Baudement.

A midi, alors que l'Empereur vient de quitter Troyes et court sur la route d'Arcis, Ney prescrit à la cavalerie de Roussel d'aller s'établir à Pleurs où ce général sera rejoint par toute l'infanterie du prince de La Moskowa, moins la division Curial.

Dès son arrivée à Arcis, où il ne s'arrête que quelques heures, l'Empereur, qui sera le soir à Herbisse, a fait partir Curial pour Semoine. Il a prescrit en même temps, à Victor, de venir à Salon avec son infanterie et la cavalerie de Wattier, de s'éclairer sur Sézanne, d'y entrer le lendemain de bonne heure et de former la gauche de l'armée en marche des environs de Fère-Champenoise sur Sézanne ; à la garde, de s'établir avec lui à Herbisse ; à Arrighi et à Bordesoulle de continuer sur Villenauxe.

Dans l'après-midi, la division de Roussel s'établit : sa cavalerie légère à Pleurs et Corroy, ses dragons à Gourgançon. Un régiment de dragons, poussé sur Œuvy, avait dû revenir à Gourgançon. Il avait donné en chemin contre la tête de colonne de Tettenborn, venu d'Épernay, par Vertus, à Fère-Champenoise. Des partis cosaques s'étaient montrés à Haussimont, Mailly et Sézanne, pendant qu'un autre détachement de cosaques, sous les ordres du capitaine von Bismarck, s'était établi à Œuvy et y avait barré la route aux dragons.

Mouvements de l'armée de Silésie. — Blücher, lui non plus, n'avait pas perdu de temps. A 7 heures du matin, les deux corps russes, marchant par la rive gauche de la Marne, avaient commencé leur mouvement de Chailly-en-Brie et Coulommiers, par Saint-Jean-les-Deux-Jumeaux, sur Trilport. Pendant que Kleist, suivi par York, avait ordre de se porter par La Ferté-sous-Jouarre sur les talons de Marmont, Korff devait continuer à occuper La Ferté-Gaucher avec sa cavalerie. Blücher, en opérant de la sorte, se proposait évidemment de passer la Marne le 27, et cherchait, comme les deux jours précédents, à contrarier les mouvements de Marmont, en essayant de le devancer sur la basse Marne et de le couper de Paris. Heureusement pour les maréchaux, les lieutenants de Blücher se trouvaient dans l'impossibilité de remplir le programme que leur avait imposé le feld-maréchal. Dès la veille, Marmont avait deviné les intentions de son adversaire et s'était empressé, aussitôt après son entrée à Jouarre, d'envoyer la division Ricard prendre position entre Montceaux et Trilport, en lui prescrivant d'en défendre le pont coûte que coûte. Puis, après avoir opéré leur jonction, les ducs de Raguse et de Trévise avaient quitté, l'un Jouarre, l'autre La Ferté-sous-Jouarre dans la nuit du 26 au 27, et coupé derrière eux les ponts sans que ni les avants-postes du général von Katzler, ni les partis de cavalerie, qui battaient la campagne, eussent remarqué leur départ et eussent pu connaître la direction qu'ils avaient prise. Le hasard, qui protégea tant de fois les Alliés, leur vint une fois de plus en aide et tira le général von Katzler de l'embarras dans lequel il se trouvait. Ignorant si les maréchaux avaient repassé à La Ferté-sous-Jouarre sur la rive droite de la Marne, ou s'ils avaient continué sur Trilport, il ne savait quel parti prendre, lorsqu'une de ses reconnaissances lui ramena des traînards, dont l'interrogatoire dissipa tous ses doutes [1]. La Ferté-sous-Jouarre et Jouarre étaient évacués et Blücher n'avait par suite réussi, ni à empêcher la jonction des maréchaux, ni à acculer et à déborder Marmont.

Il lui restait encore un faible espoir : celui de prévenir les maréchaux à Meaux.

---

[1] Cette reconnaissance avait été faite par un peloton de hussards de Brandebourg sous les ordres du lieutenant comte d'Arnim.

Le passage de l'unique pont de bateaux de Trilport devant exiger beaucoup de temps et présenter de réelles difficultés pour la cavalerie, on pouvait encore penser qu'une partie des corps russes de Sacken et de Kapsewitch déboucherait à Meaux avant les maréchaux. L'avant-garde prussienne occupa La Ferté-sous-Jouarre et Sammeron ; mais ce fut à 4 heures seulement que l'on put passer le pont de bateaux établi par ordre de Blücher, en aval de La Ferté, à Sammeron, et que la cavalerie du général von Katzler[1], se dirigeant sur Lizy-sur-Ourcq, déboucha sur la rive droite de la Marne, suivie par le II⁰ corps (Kleist). Le gros du II⁰ corps s'arrêta à Grandchamp, tandis qu'un escadron de hussards de Brandebourg et un bataillon d'infanterie parvenaient à passer l'Ourcq et à s'établir à Lizy. Le gros de l'avant-garde resta sur la rive gauche de l'Ourcq après le départ de Lizy du général Vincent. Ce général, parti de Château-Thierry dans la nuit du 26 au 27, avait évité à grande peine la cavalerie prussienne et, après avoir laissé souffler ses chevaux un instant à Lizy, il avait rejoint les maréchaux à Meaux dans la soirée du 27.

Combat de Meaux. — Pendant que Katzler et Kleist passaient sur la rive droite de la Marne, les corps russes avaient marché sur Trilport. Sacken[2] n'y arriva que pour trouver le pont

---

[1] Il est bon de remarquer que les avant-postes fournis par la cavalerie du général von Katzler n'avaient en aucune façon signalé et aperçu le mouvement des maréchaux.

[2] Dans la dépêche adressée par Blücher à Sacken, de Rebais, le 26 février au matin, le feld-maréchal résume comme suit la situation :

« L'ennemi a fait suivre, à partir de Rebais, la route de La Ferté-sous-Jouarre à Saint-Ouen par une faible colonne de cavalerie. Sa colonne principale a pris un chemin de traverse menant à Jouarre, d'où elle peut se porter, soit sur La Ferté-sous-Jouarre, soit sur Meaux.

« D'après le dire des gens du pays, le maréchal Marmont compte opérer, à La Ferté-sous-Jouarre, sa jonction avec le maréchal Mortier. Le fait que le maréchal Marmont a marché par la mauvaise route de Jouarre me semble indiquer qu'il a tenu à se ménager la possibilité de faire mouvement sur Meaux.

« Votre Excellence verra que je dirige les corps Kleist et York sur La Ferté pour en chasser l'ennemi et le rejeter de l'autre côté de la Marne. Le maréchal Marmont (dans le cas où il ne se serait pas encore retiré sur Meaux) y aura opéré sa jonction avec le maréchal Mortier. S'il en est ainsi, je compte passer la Marne à Meaux. Si, au contraire, le maréchal Marmont s'est replié sur Meaux et si le maréchal Mortier occupe La Ferté, je passerai la Marne soit à Saint-Jean-

coupé et la rive droite solidement gardée par l'infanterie de Ricard et la cavalerie de Doumerc. Mais à 11 heures du matin, au moment où les maréchaux étaient sur le point d'atteindre Meaux, un fort parti de cavalerie russe du corps Sacken, venu de Coulommiers, d'une part par Crécy et Nanteuil, de l'autre par Sancy avec de l'artillerie à cheval, avait déjà pénétré dans la partie méridionale de Meaux qui, située sur la rive gauche de la Marne, communique par le pont de pierre du Cornillon avec l'île sur laquelle est bâtie la ville. L'artillerie russe s'était rapidement mise en batterie et avait ouvert le feu pendant que les cavaliers essayaient de pénétrer dans la ville. Accouru en toute hâte au bruit du canon et de la fusillade, au moment où les Russes sont déjà sur le point de s'établir dans la ville même, Marmont se précipite sur eux à la tête d'une poignée d'hommes qu'il ramasse en passant et qu'il électrise par son exemple. Après un combat assez vif, dans lequel le général Pelleport est blessé, il parvient à les rejeter au delà du canal. Le coup rêvé par Blücher et qu'un

---

les-Deux-Jumeaux, soit à Isles-les-Meldeuses. J'invite par suite Votre Excellence à charger son avant-garde de reconnaître si Meaux n'est pas occupé et si les ponts n'y ont pas été coupés. Dans ce cas, il serait important de s'emparer vivement de Meaux, d'y pousser les deux corps et de m'en donner avis de façon que je puisse ou vous suivre avec les deux corps d'York et de Kleist, ou passer la Marne à Trilport.

« S'il vous est impossible d'entrer à Meaux par le faubourg de la rive gauche, vous vous porterez sur Trilport et me ferez tenir par le général qui y arrivera le premier, les renseignements suivants :

« 1° Le pont de Trilport est-il ou non coupé? (Si le pont existe, vous vous en emparerez, vous le passerez et le ferez garder.)

« 2° L'ennemi a-t-il pris position sur la rive droite pour défendre le passage et quelles sont ses forces?

« 3° A-t-on pu se procurer des renseignements sur la marche du maréchal Marmont ?

« Je serai à midi sur la chaussée de La Ferté à Meaux, à l'endroit où la route de Jouarre rejoint la chaussée, à peu de distance du Morin. On m'apprend à l'instant d'une manière positive que l'ennemi s'est replié sur La Ferté-sous-Jouarre. Votre Excellence pourra donc plus aisément peut-être s'emparer de Meaux. »

« P.-S. — Votre Excellence pourrait envoyer à Lagny quelques régiments cosaques et les charger de s'emparer du pont. Ces cosaques se feraient passer pour une avant-garde, réquisitionneraient des vivres, s'abstiendraient de tout désordre, traiteraient bien les habitants. Nous disposerions, de la sorte, d'un deuxième point de passage. Leur adjoindre un officier intelligent parlant bien le français. » (Kriegsgeschichtliche Einzelschriften, *Kriegs Archiv. de Berlin*, IV, C, 13, VI, 10.)

hasard heureux avait failli couronner de succès, était définitivement manqué. Le feld-maréchal renonça immédiatement à des tentatives qui auraient cependant eu chance de réussir en raison du faible effectif dont disposaient les maréchaux[1], et rappela le jour même, de Trilport à Sammeron, le gros du corps de Sacken qui employa une partie de la nuit à passer sur la rive droite de la Marne. Les troupes russes chargées d'exécuter le coup de main manqué contre Meaux restèrent en position sur les hauteurs au sud de Nanteuil, d'où leur artillerie continua à tirer contre la ville pendant que les maréchaux, s'attendant à être attaqués le lendemain par toute l'armée de Blücher, décidaient de se charger, Mortier de la défense des approches de Meaux par Trilport et Vareddes, Marmont de celle de la partie tournée du côté de Lagny.

York et Kapsewitch restèrent sur la rive gauche de la Marne. L'artillerie de réserve et les bagages du Ier corps prussien passèrent seuls le 27 sur la rive droite ; la cavalerie de réserve du Ier corps (général von Jürgass) dut couvrir à Bussières la route de Montmirail. Blücher s'établit à La Ferté-sous-Jouarre, où il reçut, dans la nuit du 27, la première nouvelle de la marche de l'Empereur sur Sézanne. Le détachement du colonel von Lobenthal qui, le 25, à la nouvelle de l'arrivée des troupes françaises à Arcis s'était replié sur Châlons, avait repris sa marche et se dirigeait sur Étoges.

Mouvements de la cavalerie russe sur Provins et Villenauxe. — Mouvements de Winzingerode et de Thümen. — Pendant la journée du 27, le général Korff avait envoyé de La Ferté-Gaucher à Provins le général-major Gerngross avec les dragons de Mittau, les 2e et 3e régiments de cosaques de l'Ukraine, le régiment de cosaques de Selivanoff II et 12 canons. Il avait

---

[1] Marmont et Mortier n'avaient, à eux deux, que 4,300 baïonnettes et 32 canons. Les gardes nationaux avaient jeté leurs armes. (Marmont au Ministre, Meaux, 27 février, 9 heures du soir. *Archives de la guerre*.)
Le maréchal envoya le colonel Fabvier demander des renforts à Paris. Le 29, l'Empereur fit rejoindre les maréchaux par la division Poret de Morvan. Marmont et Mortier firent sauter le pont de pierre sur la Marne et mirent le feu au pont de bois du canal.

dirigé un régiment de cosaques du côté de Villenauxe, où ils avaient reconnu la présence de la cavalerie de Bordesoulle.

Winzingerode avait reçu l'ordre de se porter sur Soissons, et Saint-Priest[1], à ce moment en marche vers Vitry, devait faire halte sur la Marne, y grouper les renforts destinés à l'armée de Silésie et attendre pour se remettre en route des instructions l'envoyant à Châlons, Reims ou Fismes.

---

[1] Quartier général d'Esternay, 25 février 1814. — Ordres de Blücher au général-lieutenant comte de Saint-Priest.

« L'empereur Napoléon s'est jeté avec toutes ses forces sur la grande armée qui avait garni la Seine, depuis Montereau jusqu'à Pont-sur-Seine. Quelques jours auparavant, on avait reçu la nouvelle de l'arrivée à Lyon de renforts qui, portant à 30,000 hommes l'armée d'Augereau, lui avaient permis de commencer les opérations contre l'aile gauche de la grande armée.

« On avait fait partir au secours du général comte Bubna, le général Bianchi qui arrivera à Dijon le 15/27 février.

« Ces opérations ont eu pour conséquence mon envoi sur l'aile droite de la grande armée. Les positions des armées étaient les suivantes à la date du 22 : la grande armée à Troyes, l'armée de Silésie à Méry; le corps de Winzingerode à Reims et à Epernay; les corps de Bülow et du duc de Saxe-Weimar en marche sur Soissons où ils pouvaient arriver du 26 au 27 février.

« Napoléon manifestait l'intention de livrer bataille; mais on résolut de refuser tout combat. Le 23 février, le gros de la grande armée se mettait en retraite sur Bar-sur-Aube et Bar-sur-Seine. Les arrière-gardes devaient suivre ce mouvement le 24. Le corps de Wittgenstein se replia de Villacerf par Piney et Dienville sur Bar-sur-Aube et rompit le pont de l'Aube à Lesmont.

« J'ai fait détruire le pont d'Arcis le 24 au matin, j'ai quitté Méry et j'ai passé sur trois ponts de bateaux sur la rive droite de l'Aube à Baudement. L'ennemi qui a porté ses forces sur Troyes et qui n'avait presque rien laissé sur Méry, n'a pas gêné ma marche. Je savais que le maréchal Marmont était avec 8,000 hommes à Sézanne.

« Je me suis porté aujourd'hui contre lui et l'ai poussé sur La Ferté-Gaucher.

« Je continue demain ma marche; je jetterai un pont à La Ferté-sous-Jouarre ou à Meaux; j'assurerai mes communications avec l'armée du Nord et si je ne puis battre le maréchal Marmont, je dégagerai la grande armée en opérant contre Paris.

« Après vous avoir communiqué cet exposé, je veux examiner avec vous ce que l'ennemi peut entreprendre contre moi et je vous donnerai ensuite mes instructions.

« L'empereur Napoléon ne saurait suivre la grande armée avec toutes ses forces et nous laisser aller sur Paris. Il peut :

« 1° Détacher le long de la Seine un corps qui viendra, à marches forcées, renforcer le maréchal Marmont et couvrir Paris;

« 2° Se porter par Nogent et Provins contre moi, à la tête de forces considérables;

« 3° Contrarier mes opérations en coupant mes communications avec le Rhin et essayer de mettre fin au blocus de ses places.

« J'ai par suite décidé que Votre Excellence rassemblerait à Vitry un corps

Thümen, que Bülow avait fait partir de Laon la veille, était arrivé en vue de La Fère le 27 dans la matinée, après avoir communiqué en route avec les partisans de Geismar qui occupaient alors Chauny.

A midi, le feu avait commencé; à 1 heure, les troupes de Thü-

---

composé des troupes russes sous vos ordres et d'une brigade prussienne de 6,000 hommes sous le général von Iagow. Vous y joindrez tous les renforts russes et prussiens qui rejoindront ultérieurement et vous serez chargé d'assurer les services suivants :

« 1° Vous garderez les communications avec la grande armée, si cette armée continue sa retraite vers Langres;

« 2° Vous surveillerez les passages de l'Aube à Arcis, Ramerupt, Lesmont et Dienville;

« 3° Vous vous relierez avec le général Winzingerode à Reims, et par lui, soit par Epernay, soit par Reims, avec moi;

« 4° Sous le prétexte de faire de la place à Vitry et en arrière pour les blessés et les prisonniers, vous évacuerez, dans la limite du possible, tous les hôpitaux sur Nancy;

« 5° Vous chercherez à connaître celui des trois partis indiqués ci-dessus, que l'ennemi aura pris;

« 6° Dans les deux premiers cas, vous vous rapprocherez de moi à marches forcées en venant par Châlons, Reims et Fismes. Dans le troisième cas, vous empêcherez l'ennemi de nous suivre en interrompant ses communications et vous préviendrez immédiatement le général Jussefowitch devant Metz. Pour remplir votre mission, vous procéderez dans ce dernier cas comme suit : Vous annoncerez partout que votre armée compte de 25,000 à 30,000 hommes. L'ennemi ne connaissant pas les mesures que nous prenons pour nous renforcer, peut aisément être induit en erreur. Vous ferez imprimer à Vitry une proclamation par laquelle vous inviterez le département de la Marne à rester sourd aux appels aux armes. Vous annoncerez qu'arrivé à la tête d'une forte armée, vous maintiendrez l'ordre et le repos et que vous brûlerez immédiatement tous les villages qui se seraient soulevés. Vous mettrez les habitants en garde contre les faux bruits de victoires remportées par l'Empereur. Vous proclamerez partout qu'il a donné dans un piège en marchant sur Troyes, tandis que notre armée, dont il avait prédit la destruction, se dirigeait sur Paris, etc.

« Comme il est impossible de se procurer dans le pays des renseignements sur les mouvements de l'ennemi, vous devrez envoyer votre cavalerie à Saint-Ouen et à Montier-en-Der et la pousser sur l'Aube. Vous défendrez à cette cavalerie *de faire pénétrer dans les villages des cavaliers isolés. La population ne manquerait pas de les fusiller, de les assommer, de les désarmer, comme cela s'est déjà présenté tant de fois.* Vous dirigerez sous escorte, par Châlons et Reims, les convois de vivres et de munitions destinés à l'armée.

« Il y a à Châlons une petite garnison et un commandant qui a ordre de défendre contre un coup de main le pont détruit par l'ennemi et réparé par nos soins. J'espère voir Votre Excellence se conformer ponctuellement à cette instruction et je compte bien, dans le cas où l'Empereur se tournerait contre moi à la tête de forces supérieures, que vous réussiriez à en être informé à temps et à me rejoindre par des marches forcées avant la bataille.

« Je vous invite à envoyer immédiatement par courrier à S. M. l'empereur Alexandre et au prince de Schwarzenberg, une copie de la présente instruction

men s'étaient rapprochées des remparts de la place. Quelques minutes après, s'essayant au rôle dans lequel, malheureusement pour nous, il devait réussir si complètement quelques jours plus tard à Soissons, le capitaine Martens entrait en parlementaire dans la place. Après quelques heures de discussion, il avait arraché par l'insinuation et par l'intimidation une capitulation qui faisait, le lendemain à midi, tomber aux mains des Prussiens un équipage de pont, 25 canons et un établissement d'artillerie dont les immenses approvisionnements allaient servir au ravitaillement de l'armée de Blücher.

La destruction du pont de Trilport, la résistance opposée sur ce point par l'arrière-garde des maréchaux, l'arrivée opportune de leurs corps à Meaux et la nouvelle de la marche de l'Empereur sur Sézanne auraient dû obliger Blücher à modifier ses desseins et à se rejeter immédiatement à droite entre la Marne et l'Aisne pour se rapprocher avec toute son armée de Bülow et de Winzingerode. La route directe de Paris lui était fermée par l'insuccès de Trilport et de Meaux. Le mouvement de Kleist sur l'Ourcq qui aurait pu, si les choses avait bien tourné pour l'armée de Silésie le 27, rendre la situation des maréchaux intenable à Meaux, n'était plus dangereux que pour le II° corps prussien désormais isolé et en l'air à près d'une journée de marche en avant du reste de l'armée dont la plus grande partie même était encore sur la rive gauche de la Marne.

Dans ces conditions, et surtout après les événements de la veille, il eût été sage d'arrêter le II° corps à hauteur de Lizy et de l'y garder jusqu'au moment où Kleist aurait été rejoint par les autres colonnes de l'armée de Silésie, puisqu'on se voyait

---

en ayant soin de faire connaître l'époque de votre arrivée, l'effectif dont vous disposez et les mesures que vous avez prises.

« L'ordre ci-joint place sous vos ordres le général von Iagow. » (*Journal des pièces reçues*, n° 385.)

Saint-Priest reçut ces instructions à Saint-Dizier, le 27 février. Il prescrivit aussitôt aux généraux Iagow et Pantchoulitcheff, qui le suivaient à une journée de marche, d'accélérer leur mouvement. Laissant à Saint-Dizier, jusqu'à leur arrivée, le 33° régiment de chasseurs, les dragons de Kiew et six canons avec le général Emanuel, il se porta sur Vitry avec les régiments de Polotzk et de Riazan et six pièces. Iagow arriva d'Erfurt par Coblenz et Saarbrücken, à Saint-Dizier, le 1er mars (Rapport de Saint-Priest à l'empereur de Russie,

contraint à se diriger désormais sur Paris par les routes de La Ferté-Milon et de Villers-Cotterets. Ce temps d'arrêt était d'autant plus urgent que jusqu'à ce jour Blücher n'avait pas été en mesure de donner des ordres directs aux corps de Winzingerode et de Bülow. C'étaient là autant de considérations qui auraient dû d'autant moins échapper à l'attention de l'état-major de l'armée de Silésie que l'on y reçut seulement le 28 dans l'après-midi (à La Ferté-sous-Jouarre) la dépêche de Schwarzenberg, en date de Bar-sur-Aube (25 février), mettant Bülow et Winzingerode à la disposition de Blücher. Le major von Brünneck, aide de camp de Blücher, n'avait, par suite, pu quitter qu'à ce moment le quartier général du feld-maréchal pour se mettre, par Villers-Cotterets, à la recherche du III° corps prussien et communiquer à son chef les instructions du roi de Prusse.

28 février 1814. — Mouvements des corps Sacken et Kapsewitch. — Position d'York. — Blücher, cependant, ne semble guère avoir tenu compte des exigences de la situation. Comme il hésite à prendre une résolution tant qu'il ne connaîtra pas les projets de l'Empereur, il donne à Sacken l'ordre de venir dans le courant de la journée se cantonner sur la rive droite de la Marne à Tancrou, Jaignes et Changis, en laissant encore à Saint-Jean-les-Deux-Jumeaux, des partis de cavalerie chargés d'observer les environs de Trilport. Kapsewitch s'établira en deuxième ligne à Avernes, Moliens et Ussy, et les deux corps russes, s'arrêtant sur ces points, ne devront se porter sur Lizy que le 1er mars au matin. Le corps d'York reste autour de Jouarre pour recueillir éventuellement la cavalerie du général Korff, tandis que le II° corps prussien, précédé par sa cavalerie, a passé l'Ourcq dès le matin à Lizy se dirigeant vers la Thérouanne et la route de Meaux.

Passage de l'Ourcq par le II° corps. — Dès que le gros du II° corps eut pris pied sur la rive droite de l'Ourcq, Katzler, avec son avant-garde forte de trois régiments de cavalerie et de cinq bataillons d'infanterie appuyés par la cavalerie du général von Zieten, avait immédiatement poussé en avant par la route de La Ferté-Milon à Meaux. Le gros du corps de Kleist avait suivi ce mouvement et pris position à Beauvoir (ou Beauval). Il était alors plus de midi, et, comme il n'avait reçu aucun contre-ordre du quartier général, Kleist n'hésita pas, se croyant soutenu par le reste de l'armée, à continuer son mouvement.

Mouvements des maréchaux. — De leur côté les maréchaux, sans attendre les renforts qu'ils avaient fait demander à Paris, avaient jugé nécessaire de prévenir le mouvement des Prussiens et de devancer Blücher sur l'Ourcq. Ils avaient, de Meaux, remarqué que les feux des Russes avaient sensiblement diminué dans le courant de la nuit. Au jour, celles des troupes de l'armée de Silésie, qui occupaient encore la veille au soir les hauteurs de la rive gauche, avaient disparu. Il était désormais probable que Blücher ramenait toutes ses forces sur La Ferté-sous-Jouarre pour y passer sur la rive droite de la Marne. Les maréchaux s'étaient, d'ailleurs, rendu un compte exact et de leur situation et de celle de Blücher. Le feld-maréchal ne pouvait, en effet, prendre que l'un des trois partis suivants : ou passer sur la rive droite de la Marne après avoir opéré sa jonction avec les troupes venant de Reims et marcher ensuite sur Paris, en mettant la Marne entre l'Empereur et lui; ou se porter sur Reims pour s'y réunir avec ses renforts; ou enfin, et c'était là l'hypothèse qui paraissait à juste raison la moins probable aux maréchaux, se rabattre de La Ferté-sous-Jouarre sur Montmirail, pour aller au-devant de l'Empereur.

Dans les deux premiers cas, les maréchaux devaient se porter sur l'Ourcq, soit pour arrêter Blücher s'il voulait continuer sur Paris, soit pour le suivre, s'il avait l'intention de se replier sur Reims. En conséquence, le duc de Raguse avait proposé à Mortier de remonter de Meaux vers l'Ourcq et l'avait décidé à faire partir dans cette direction le général Vincent avec 300 chevaux, que devait appuyer le général de France [1]. Avant de quitter Meaux où on ne laissa que les troupes strictement nécessaires pour en assurer la défense, on avait coupé les ponts, après avoir eu soin de tout disposer de façon à pouvoir les rétablir rapidement.

Bien que commencé un peu tardivement, le beau mouvement

---

[1] Marmont au major-général et Mortier au même. Meaux, 28 février, 2 h. après-midi. (*Archives de la guerre.*)

des maréchaux n'en réussit pas moins, grâce à la valeur et à l'énergie des troupes et à un combat continué jusque dans la nuit.

Combat de Gué-à-Tresmes. — Pendant que Mortier, suivi par le corps de Marmont, s'était mis en mouvement, la pointe de la cavalerie de Katzler (hussards noirs) avait donné aux environs de Vareddes, contre les cavaliers du général Vincent et commencé à tirailler avec eux et avec les escadrons du général de France qui l'obligèrent à se retirer. L'infanterie de l'avant-garde prussienne s'établit à Gué-à-Tresmes, et la cavalerie de Zieten se déploya derrière le village, tandis que la cavalerie légère du colonel de Blücher se tenait aux environs de Vareddes.

A 4 heures, une colonne française débouchant par la route de Meaux, repoussa les avant-postes prussiens sur la Thérouanne. Informé de l'approche de l'infanterie française, Kleist envoya aussitôt trois bataillons et un régiment de uhlans s'établir à Congis, au sud-est de Gué-à-Tresmes, pendant que les deux régiments de cavalerie du colonel de Blücher se dirigeaient sur Marcilly. Exposés aux feux des batteries françaises qui battent les abords de Gué-à-Tresmes, les cavaliers de Blücher sont obligés de repasser la Thérouanne à Etrepilly. Pendant ce temps le gros du II° corps s'est déployé à droite et à gauche de la chaussée, sur la hauteur entre Beauvoir et Gué-à-Tresmes.

Soutenue par l'artillerie de Mortier, l'infanterie de Christiani s'engage avec les troupes de Katzler et la brigade de Pirch I. Ni le feu de l'infanterie prussienne, ni le tir de son artillerie ne parviennent à arrêter les troupes de Christiani, renforcées par la division Ricard. Après un combat acharné de deux heures, le général Christiani pénètre de front dans le village de Gué-à-Tresmes, qu'un de ses régiments tourne par la droite. Kleist, sachant que les corps russes n'ont pas encore achevé de prendre pied sur la rive droite de la Marne, craignant d'être acculé au passage du pont de Lizy, le fait détruire, se retire de Beauval par la route de La Ferté-Milon et envoie l'une de ses brigades échelonner sa retraite en prenant position au Plessis-Placy. La nuit n'arrête ni ne ralentit la poursuite des Français. Ils s'emparent de Lizy, enlèvent Le Plessis-Placy et poussent les Prussiens si vivement avec leur cavalerie et leur infanterie que la cavalerie prussienne est à plusieurs reprises obligée de charger pour dégager l'arrière-garde. Le combat ne cessa qu'après minuit, au moment où la 9ᵉ brigade prussienne parvint à reprendre pied à l'entrée du défilé de Neufchelles[1], ayant en soutien la 10ᵉ brigade à Mareuil-sur-Ourcq. Le gros du IIᵉ corps, auquel cette journée avait coûté 934 hommes, bivouaqua sur la rive gauche de l'Ourcq à Fulaines. Ses partis de cavalerie allèrent sur La Ferté-Milon et Nanteuil-le-Haudoin.

Mortier s'arrêta devant Lizy-sur-Ourcq, et Marmont[2], qui avait suivi l'ennemi plus loin, avec ses troupes plus fraîches que celles du duc de Trévise, fatiguées par les efforts faits pendant le combat de Gué-à-Tresmes, prit position à May-en-Multien.

Sacken, qui s'était mis en marche au bruit du canon, n'arriva dans les environs de Lizy que fort avant dans la soirée, lorsque les troupes de Kleist avaient déjà abandonné le village et détruit le pont. Dans l'impossibilité de tenter le passage et de rétablir le pont pendant la nuit, il se borna à occuper Lizy.

---

[1] « A la nuit, dit le capitaine von Wedell dans son *Historique du 18ᵉ régiment d'infanterie prussienne*, qui faisait partie de la 9ᵉ brigade du IIᵉ corps prussien (Kleist), l'avant-garde et la cavalerie de réserve se replient. L'ennemi attaque vivement Beauval. On apprend alors qu'une colonne française tourne la droite prussienne par Trocy. On se retire sur May-en-Multien par la chaussée qu'enfilent les feux de l'artillerie française. Pour éviter des pertes inutiles, la brigade prend immédiatement à gauche de la route et arrive, sans avoir trop souffert, à 10 heures, à May. Elle s'établit au delà du village, près du moulin de même nom, derrière un ruisseau marécageux. Ses tirailleurs surveillent les débouchés de May. Les attaques des Français devenant plus vives, le général von Klüx déploie sa brigade derrière le ruisseau et fait commencer des feux de salve par bataillon, sans aviser de ce fait ses tirailleurs. Ceux-ci, se croyant tournés et pris à revers, font demi-tour et, poussant des hourrahs, se jettent à la baïonnette sur leurs camarades. On réussit cependant à prévenir à temps une méprise. Les feux de salve de la 9ᵉ brigade ont, en outre, pour effet d'arrêter l'ennemi qui renonce à déboucher de May.

« A minuit, la 9ᵉ brigade part pour Neufchelles où elle arrive vers le matin. Le reste du IIᵉ corps s'est replié sur Fulaines, sur la rive gauche de l'Ourcq, et a détruit le pont de Lizy. »

Voir également Von Hagen, *Historique du 3ᵉ régiment de dragons de la Nouvelle-Marche*.

[2] Les maréchaux reçurent le 28, l'avis de l'arrivée, annoncée à Meaux pour le lendemain, de 4,800 hommes formant la 3ᵉ division provisoire de jeune garde (général Poret de Morvan) et de 1100 chevaux aux ordres du général Boulnois. Les troupes de la garde étaient attribuées à Mortier, les autres à Marmont. Un bataillon d'infanterie et 600 lanciers polonais devaient rejoindre ce premier échelon à Meaux, le 2 mars au plus tard.

Les manœuvres habiles des maréchaux avaient suppléé à l'insuffisance de leurs forces; leur décision et leur énergie n'avaient pas seulement fait perdre une journée entière à l'armée de Silésie, elles avaient infligé une sanglante leçon à un corps que Blücher avait eu le tort d'isoler et qu'il lui eût été aisé de faire soutenir, s'il n'avait pas préféré immobiliser le corps entier d'York à Jouarre. Il lui eût suffi pour cela de faire passer, le 28 au matin, sur la rive droite de la Marne, une grosse partie de ce corps qui, en venant s'établir à Lizy, aurait empêché les maréchaux de franchir la Thérouanne et, en tous cas, leur aurait le lendemain fait chèrement payer leur audace. L'incertitude, qui paraît avoir régné au quartier général de l'armée de Silésie pendant la journée du 28, avait permis aux maréchaux de ressaisir avec une poignée d'hommes et sous les yeux mêmes de cette armée, toute la ligne de l'Ourcq depuis son confluent dans la Marne jusque vers Neufchelles et de couper en quelque sorte Kleist, qui ne pouvait plus correspondre avec les autres corps que par des chemins de traverse presque impraticables à cette époque de l'année.

A 9 heures du soir, soit à la nouvelle de l'affaire de Gué-à-Tresmes, soit sur la foi des renseignements qui lui confirment la marche de l'Empereur sur Sézanne et Esternay, soit à l'arrivée des dépêches par lesquelles Winzingerode lui annonce que son corps est déjà depuis l'avant-veille en marche de Reims par Fismes sur Soissons et Meaux, Blücher s'empressa d'envoyer au général Korff l'ordre de venir au plus vite de Rebais, où il s'est replié à l'approche de l'Empereur, passer le 1er mars de grand matin, le pont de Sammeron. York a également commencé son passage qu'il achève pendant la nuit. Il vient s'établir en avant de La Ferté-sous-Jouarre et doit laisser à la garde des ponts de bateaux deux bataillons et un escadron qui le rejoindront le lendemain au soir à Lizy.

Le colonel von Lobenthal, arrivé à Montmirail, y trouva l'avis du passage de l'armée de Silésie sur la rive droite de la Marne et l'ordre de traverser cette rivière à Dormans ou à Château-Thierry. Craignant de ne pouvoir passer la Marne à Château-Thierry parce que les Français auraient pu l'en empêcher, à Dormans parce qu'il n'y avait pas de pont, il préféra se diriger sur Epernay qu'il savait occupé par la cavalerie légère russe du général Benkendorf et où il arriva à minuit, après une marche forcée des plus pénibles.

Mouvements de l'Empereur et affaire de Fère-Champenoise. — Le 28 au matin, pendant que Ney et Victor partaient à 5 et 6 heures du matin pour Sézanne, la cavalerie de Roussel, sur l'ordre de l'Empereur, s'était portée de Gourgançon, par Œuvy, sur Fère-Champenoise d'où elle chassait, après un engagement de peu de durée, la cavalerie de Tettenborn. Roussel laissa pendant la journée à Fère-Champenoise un régiment de dragons qui le rejoignit le soir à Sézanne, où la division, après avoir rallié la brigade du général Sparre, s'arrêta quelques instants avant de continuer sur Esternay. L'Empereur, avec la cavalerie de la garde, était venu lui-même s'assurer de ce qui se passait à Fère-Champenoise. Dès qu'il vit qu'il n'y avait de ce côté que de la cavalerie légère qui se repliait vivement du côté de Vertus, il reprit de sa personne le chemin de Sézanne. Mais la démonstration de Tettenborn [1] n'avait pas été inutile. Grâce aux renseignements qu'il avait envoyés à Blücher et à ceux que Korff lui fit tenir, le feld-maréchal connaissait la présence de l'armée française aux environs de La Ferté-Gaucher, au moment où ses différents corps arrivaient sur les positions où ils allaient passer la nuit, après une marche rendue plus pénible encore par le dégel.

Le 28 au soir, l'armée de l'Empereur s'établissait de La Ferté-Gaucher à Esternay. Les troupes de Padoue et de Bordesoulle, venues par Villenauxe, ne parvenaient pas à dépasser ce jour-là Bricot-la-Ville et Châtillon-sur-Morin.

1ᵉʳ mars 1814. — **Marches de l'armée de Silésie.** — **Combat de Lizy et de Gesvres.** — Instruit par la rude leçon qu'il avait reçue moins de trois semaines auparavant, Blücher

---

[1] Tettenborn avait immédiatement informé Schwarzenberg du mouvement de l'Empereur sur Sézanne, et le généralissime avait répondu de Colombey, le 1ᵉʳ mars, à la dépêche de Tettenborn, partie de Vertus le 28 février, en le chargeant de continuer à le tenir au courant de ses mouvements et de ceux de l'Empereur. Il faisait savoir en même temps à Tettenborn, qu'il dirigeait l'ataman Platoff du côté de Sézanne, qu'Oudinot avait été battu après un combat acharné à Bar-sur-Aube et qu'il le faisait poursuivre. (Schwarzenberg à Tettenborn, Colombey, 1ᵉʳ mars, *K. K. Kriegs Archiv.*, III, 11.)

est désormais d'autant plus décidé à tenir tous ses corps réunis, que l'imprudence qu'il a commise la veille lui a valu un échec auquel il ne s'attendait guère et l'a obligé à modifier ses desseins. Avant toutefois de se rapprocher de Bülow et de Winzingerode, et tout en renonçant au mouvement sur Meaux et Paris, il veut du moins mettre à profit le temps qui lui reste avant l'arrivée de Napoléon pour essayer d'attaquer simultanément Mortier et Marmont sur leurs positions de Lizy et de May, dans l'espoir de parvenir ainsi à forcer le passage de l'Ourcq à Lizy et à Crouy.

A 10 heures du matin, les trois corps de Sacken, de Kapsewitch et d'York sont massés aux environs de Lizy, et les chasseurs à pied russes sont déjà engagés avec les tirailleurs de Mortier aux abords du pont de Lizy, que Kleist a détruit la veille.

La mésintelligence qui se manifesta un moment entre les maréchaux et l'absence d'un chef unique investi du commandement supérieur, en empêchant de combiner les manœuvres des deux corps français, auraient causé la réussite du mouvement débordant projeté par Blücher, si les généraux alliés avaient eu le soin de s'assurer au préalable de l'existence de ponts sur l'Ourcq.

Malgré leur brillant succès de la veille, dû à la simultanéité de leur action, les deux maréchaux étaient déjà mécontents et jaloux l'un de l'autre. Dans la nuit du 28 février au 1er mars, Marmont avait laissé percer sa mauvaise humeur dans la lettre qu'il adressait au ministre : « *Je suis venu*, disait-il, *prendre position à May-en-Multien, afin de couvrir Mortier qui s'est établi à Lizy-sur-Ourcq. Sa position est bonne : il est couvert par la rivière et peut se défendre contre des forces très supérieures, puisque l'ennemi ne peut passer qu'en jetant un pont. J'ai envoyé une batterie au maréchal Mortier, pour faciliter ses opérations, et je lui ai demandé en échange, pour la journée de demain, sa cavalerie qui lui est à peu près inutile dans la position qu'il occupe et qui m'est indispensable avec les immenses plaines et la faiblesse de l'obstacle que j'ai devant moi. J'espère qu'il m'accordera cette demande. Nous gagnerons ainsi deux jours qui sont d'un bien grand prix dans les circonstances actuelles. L'ennemi a presque toutes ses forces entre La Ferté-sous-Jouarre et Lizy. Nous attendons les renforts annoncés par Votre Excellence.*

Je compte que les résultats de la journée auront une heureuse influence sur la situation générale. L'ennemi a perdu beaucoup de monde. Ma cavalerie n'était pas en ligne. *Si celle qui s'y trouvait eût été bien dirigée, nous aurions fait beaucoup de prisonniers à l'ennemi.* »

Si Marmont ne se gêne guère pour blâmer la mauvaise direction donnée par Mortier à la cavalerie, pour rejeter sur lui tout le poids et toute la responsabilité des événements qui vont se produire, si, dans une lettre antérieure, il a déjà critiqué la lenteur avec laquelle il accuse son collègue d'avoir accepté, commencé et exécuté le mouvement sur Lizy, Mortier, en annonçant à Clarke que 400 hommes du corps de Sacken, après avoir passé l'Ourcq sur un pont bâti à la hâte pendant la nuit, ont été culbutés et forcés de repasser sur la rive gauche, ne manque pas, lui aussi, d'ajouter quelques critiques à l'adresse de son collègue : « Marmont, dit-il, a cru devoir prendre hier position à May. Je l'engage fortement à se réunir à moi, à l'embranchement des routes de La Ferté-Milon à Lizy[1]. Nous serons en mesure, dans le cas où nous devrions nous replier, de prendre une position secondaire sur les hauteurs de Gué-à-Tresmes et de Vareddes, ce qui fera perdre du temps à l'ennemi. Si Sa Majesté peut nous rejoindre à Meaux, Blücher sera forcé de renoncer à ses entreprises sur Paris. »

Blücher, de son côté, s'était rendu compte des difficultés que l'on rencontrerait en cherchant à forcer le passage à Lizy. Il avait donné à Sacken l'ordre de se borner à y faire des démonstrations, pendant que Kapsewitch passerait l'Ourcq à Gesvres-le-Duc, et York à Crouy. Tous deux chercheront à opérer leur jonction avec Kleist, qui devra se reporter en avant et essayer de déboucher de Neufchelles.

Le dégel et un temps horrible rendaient ces mouvements, d'ailleurs inutiles, difficiles et pénibles pour les troupes de l'armée de Silésie. Quand l'avant-garde d'York arriva vers les 5 heures à Crouy, elle y trouva le pont rompu et dut rester sur la rive gauche de l'Ourcq. Kapsewitch n'avait pas été plus heureux à Gesvres ; son avant-garde avait un moment réussi à passer sur

---

[1] Mortier parle ici de la position de Beauvoir ou Beauval.

la rive droite de l'Ourcq et à faire reculer la cavalerie de Doumerc ; mais elle avait été ensuite culbutée et ramenée sur la rive gauche, après avoir perdu 400 hommes [1].

Kleist, avec sa 9º brigade et deux régiments de cavalerie (hussards et uhlans de Silésie), arriva trop tard à Varinfroy pour pouvoir rien tenter de sérieux contre la position de Marmont [2].

Les deux maréchaux avaient, tant de Lizy que de May, suivi attentivement la marche des troupes de Blücher. « L'armée entière de Blücher s'est réunie sur l'Ourcq, » dit Mortier, et Marmont, entrant dans plus de détails, ajoute de son côté : « Le mouvement de l'ennemi est tout à fait prononcé sur La Ferté-Milon. Nous avons vu toutes ses forces dans les plus grands détails ; elles sont très considérables et je n'exagère pas en disant qu'il a 10,000 chevaux. »

« Comme personne de l'ennemi n'est resté en face de Lizy, dit encore le duc de Raguse dans sa lettre au major-général, et qu'il est important de suivre ses mouvements en couvrant Paris, j'ai engagé le duc de Trévise à se rendre ici avec ses troupes, afin que s'il faisait quelques tentatives sur son arrière-garde, nous fussions en mesure de lui résister, et j'ai écrit à Meaux pour que tous les renforts qui sont en marche partissent cette nuit pour nous rejoindre. Sans notre affaire du 28, l'ennemi serait maître de Meaux et aurait ses coureurs sur Paris. Maintenant son coup est manqué, et l'arrivée de Sa Majesté rend impossible l'exécution de ses projets. »

---

[1] *Journal d'opérations* du général Kapsewitch : tués, 1 officier et 65 hommes ; blessés, 8 officiers, dont le général Moussine-Pouchkine, et 317 hommes ; disparus, 15.

[2] D'après l'*Historique du 3º régiment de dragons de la Nouvelle-Marche*, rédigé par le premier lieutenant von Hagen, le IIº corps ne serait pas arrivé trop tard. D'après lui, c'est vers 1 heure de l'après-midi que Kleist reçoit l'ordre de faire reconnaître la position française en arrière de May et charge de cette opération le général von Zieten avec la 9º brigade, deux batteries, les dragons de la Nouvelle-Marche et les premiers régiments de hussards et de uhlans de Silésie. A peu de distance du défilé de May, Zieten aperçoit 500 cavaliers français. Il les laisse arriver sur les hauteurs et les accueille par les feux de sa batterie. Il les fait charger en même temps, de front par les uhlans, sur leur flanc droit par les dragons, les sabre et les culbute. Mais l'ennemi déployant des forces considérables, il confie aux dragons et à deux escadrons de hussards du régiment de cavalerie nationale de Silésie, le soin de couvrir sa gauche. A 5 heures, on a atteint le but qu'on s'était proposé. Les Français se sont déployés et ont montré leurs forces. On donne l'ordre de rompre le combat.

A la tombée de la nuit, Blücher avait renoncé à déboucher sur la rive droite de l'Ourcq. Kleist eut ordre de passer la nuit à Neufchelles, en poussant son avant-garde (brigade Klüx et cavalerie de Zieten) vers May. Kapsewitch resta à Gesvres pour y rétablir le pont; son arrière-garde devait s'arrêter sur la droite du rû du Jarget, à Ocquerre et Rademont. Sacken dut pousser jusqu'à Crouy, et York jusqu'à Fulaines, avec le quartier général de Blücher. Les bagages furent dirigés de Gandelu sur Saint-Quentin.

Forcément, quelques-uns des corps de l'armée de Silésie n'atteignirent que fort avant dans la nuit les points qu'on leur avait désignés.

L'une des divisions d'York, celle de Horn, passa cependant l'Ourcq à Mareuil et s'y réunit avec Katzler. La division du prince Guillaume de Prusse resta sur la rive gauche de l'Ourcq à Fulaines. La cavalerie du Ier corps poussa jusqu'à La Villeneuve-sous-Thury et envoya des patrouilles sur La Ferté-Milon.

Les Prussiens coupent derrière eux les ponts de la Marne. — La cavalerie de Korff avait commencé à arriver sur les bords de la Marne dans la matinée du 1er mars, et venait d'achever son passage, lorsque les premières troupes de cavalerie française parurent vers les 4 heures. Les ponts étaient déjà coupés; tout se borna à une canonnade qui dura jusqu'à la nuit, moment où les deux bataillons et l'escadron prussiens se replièrent conformément aux ordres qu'on leur avait laissés.

L'Empereur avec le gros de son armée arriva à Jouarre vers les 7 heures après une marche des plus pénibles par des chemins de traverse et des routes détestables où l'armée n'avança qu'avec difficulté. L'artillerie embourbée entre Rebais et Jouarre, rejoignit seulement le 2 au matin. Ney avait fait l'avant-garde. Victor, dont la cavalerie était restée une partie de la matinée à Sézanne pour empêcher la cavalerie russe de suivre de trop près, avait reçu l'ordre de prendre de Rebais sur Bussières et Château-Thierry. Bordesoulle avait été dirigé sur Coulommiers et Meaux d'où il devait rejoindre le 1er corps de cavalerie et Marmont. Aussitôt arrivé à La Ferté-sous-Jouarre, on commença à travailler au rétablissement du pont pendant que Grouchy, après avoir mis du canon en batterie pour protéger les travailleurs, envoyait de forts partis sur les routes de Château-Thierry, de Montmirail et de Meaux.

Ces mouvements de cavalerie étaient d'autant plus nécessaires que Tettenborn n'avait cessé de côtoyer la marche de l'armée, en se portant par Vertus et Champaubert sur Montmirail. Ses Cosaques avaient parfois devancé les colonnes françaises et ils avaient enlevé un courrier porteur de dépêches dont quelques-unes étaient loin d'être insignifiantes.

Marche de Winzingerode et de Bülow vers Soissons. — Winzingerode, renforcé par Woronzoff, avait quitté Reims où était arrivée à midi la colonne du colonel von Lobenthal venant d'Épernay. Le général russe y avait laissé une garnison de 400 hommes, dont 200 Baschkyrs. Le 1er au soir, son corps s'arrêta à Fismes et ses coureurs commençaient à se montrer en vue de Soissons, pendant que Bülow, parti de Laon, opérait, dans la nuit du 1er au 2, à Anizy-le-Château, sa jonction avec les troupes de Thümen venant de La Fère.

Malgré cela, la position de Blücher, sans être critique, devenait grave. L'avance prise par l'armée de Silésie avait singulièrement diminué. L'armée impériale, arrivée dans la nuit du 1er au 2 à Jouarre et à La Ferté-sous-Jouarre, pouvait, pour peu qu'elle eût avec elle les ponts nécessaires, déboucher sur la rive droite de la Marne et combiner dès le lendemain une action générale que Blücher ne se souciait pas d'accepter avant d'avoir rallié ses renforts. Pendant la nuit on avait entendu les acclamations qui avaient salué l'arrivée de la division Poret de Morvan au camp des maréchaux. On était sans nouvelles de Bülow et de Winzingerode[1]. On savait l'Empereur sur la Marne, mais on

---

[1] Les seules nouvelles, que Kleist et Blücher auraient pu recevoir, étaient tombées aux mains des Français. Le major von Brünneck, porteur des ordres destinés à Bülow et à Winzingerode, parti le 28 février, avait expédié le 1er mars, de Braisne, un cavalier qui s'égara dans la forêt de Villers-Cotterêts et fut enlevé par les coureurs français. On trouva sur lui les quatre pièces suivantes conservées aux Archives de la guerre :

1° Le livret du hussard fait prisonnier.

2° Un billet sans adresse probablement destiné au chef du poste que Brünneck avait tiré de son escorte et laissé à Chaudun. Par ce billet, Brünneck prescrit à l'officier : 1° De rester à Chaudun jusqu'à ce qu'il le rejoigne ou

ignorait la direction qu'il comptait faire suivre à son armée. Allait-il filer par Meaux, se réunir sur l'Ourcq avec ses maréchaux et venir couvrir la route de Paris ? Chercherait-il à passer la Marne à La Ferté-sous-Jouarre[1], à suivre l'armée de Silésie par la rive gauche de l'Ourcq pendant que Mortier et Marmont

---

lui donne une autre destination ; 2° De faire parvenir *sur-le-champ* par un hussard sûr et bien monté, qui passera par Villers-Cotterets ou ira droit à La Ferté-Milon, les dépêches destinées à Kleist et à Blücher.

3° Une dépêche du major von Brünneck au général-lieutenant von Kleist :

« Braisne, 1er mars. — J'ai l'honneur de prévenir Votre Excellence que j'ai trouvé ici l'avant-garde du corps Winzingerode en mouvement vers Soissons, avec le corps de Bülow. Ces deux corps doivent attaquer la place demain. »

4° Une dépêche du major von Brünneck au feld-maréchal Blücher :

« Braisne, 1er mars. — Ayant appris à Villers-Cotterets que Soissons était encore occupé par l'ennemi, je me suis dirigé par Chaudun sur Laon. J'ai rencontré ici l'avant-garde de Winzingerode qui s'est mis en mouvement de Reims vers Soissons. J'ai appris par le colonel russe Barnekow que Soissons devait être attaqué demain par les deux rives de l'Aisne, sur la rive droite par Bülow et sur la gauche par Winzingerode. Winzingerode doit arriver encore aujourd'hui à Fismes. J'espère trouver à Vailly qui est occupé par Bülow et où j'arriverai cette nuit, *la nouvelle de la prise de Soissons*. Comme j'ai connaissance de l'issue de l'affaire qu'a eue hier à Lizy le général Kleist, ainsi que de la direction qu'il a prise en se retirant, je ne manquerai pas d'en instruire le général Bülow, notre position pouvant se trouver changée par là. »

Notons, en passant, que c'était la présence de Brünneck et de son escorte à Villers-Cotterets qui avait alarmé le commandant de Compiègne et le maire de Dammartin. On était, d'ailleurs, si incomplètement renseigné que tous deux annoncèrent le départ de ces cavaliers qui avait eu lieu le 1er mars à 11 heures du matin, mais sans pouvoir déterminer la direction qu'ils avaient suivie en sortant de Villers-Cotterets.

[1] En passant sur la rive droite de la Marne, on avait négligé de laisser, le long de la rivière, des postes d'observation qui n'auraient assurément pas manqué de remarquer et de signaler le rassemblement des troupes françaises à La Ferté-sous-Jouarre, la présence de l'Empereur et les travaux qu'on y faisait pour jeter un pont. Les deux escadrons du corps volant de Lutzow avaient, en effet, repassé la Marne à Dormans et s'étaient établis le 2 mars à Passy-en-Valois.

D'après les *Kriegsgeschichtliche Einzelschriften*, 1889, 12, on ne trouve au *Kriegs Archiv* de Berlin qu'une dépêche expédiée par le général von Korff, de Gesvres à 10 h. 1/2 du matin, sans qu'il soit possible d'établir à quelle heure elle parvint au quartier général de l'armée de Silésie :

« J'ai fait savoir dès hier au général Kapsewitch, écrivait le général von Korff, que l'ennemi qui m'avait poursuivi de l'autre côté de la Marne était arrivé à La Ferté-sous-Jouarre et avait envoyé quelques coups de canon à ma cavalerie qui s'est par suite repliée sur les hauteurs. On a reconnu pendant la nuit l'existence d'un grand bivouac ennemi entre La Ferté-sous-Jouarre et Nogent-l'Artaud ; mais on n'a pu déterminer l'importance de ce rassemblement parce que ce camp était établi en arrière des crêtes. »

remonteraient par la rive droite? N'aimerait-il pas mieux au contraire exécuter son passage de rivière à Château-Thierry et pousser droit sur Oulchy-le-Château? Telles étaient les questions qu'on se posait au quartier général de Blücher, sans parvenir à les résoudre. Après deux jours de combat, on ignorait au juste de quelles forces les maréchaux disposaient sur la rive droite de l'Ourcq; on ne pouvait pas croire qu'avec 5,000 hommes et 32 canons, ils eussent pu réussir à faire échouer pendant 48 heures toutes les tentatives de l'armée de Silésie. Si Blücher n'avait suivi que sa propre impulsion, s'il n'avait écouté que son désir d'en finir avec cette résistance qui l'exaspérait depuis deux jours, s'il avait seulement eu quelques indications plus précises sur la position des corps de Bülow et de Winzingerode, il n'aurait pas hésité à s'entêter contre les maréchaux, à se laisser rejoindre par l'Empereur et à lui offrir la bataille. Mais force lui était de reconnaître qu'il avait mal manœuvré depuis qu'il avait mis le pied sur la rive droite de la Marne, parce qu'il avait cherché à atteindre du même coup deux résultats diamétralement opposés, parce qu'il avait voulu poursuivre et écraser les maréchaux tout en se ménageant la possibilité de s'opposer à l'armée de l'Empereur.

2 mars 1814. — Dispositions de Blücher pour le 2 mars. — N'ayant pas osé attaquer les maréchaux à Lizy, ne se souciant pas d'avoir à combattre l'Empereur avant d'avoir opéré sa jonction avec Bülow et Winzingerode, il lui fallait se replier sans perdre de temps sur une position qui assurerait et faciliterait cette jonction et l'éloignerait de l'armée impériale. La retraite vers l'Aisne s'imposait à lui, et c'est dans cet esprit que Gneisenau rédigea, le 2 mars à 5 heures du soir, la disposition suivante :

« L'empereur Napoléon, venant d'Arcis, a défilé le 28 par Sézanne, à la tête de sa garde. Comme on ignore s'il passera la Marne à Meaux, à La Ferté-sous-Jouarre ou à Château-Thierry, il est de toute nécessité de se réunir aux corps de Bülow et de Winzingerode.

« Le corps d'York se portera immédiatement par La Ferté-Milon et Ancienville, à Oulchy-la-Ville et prendra position sur l'Ourcq, faisant front à Château-Thierry qui est occupé par nos troupes.

« Le corps Sacken se mettra en marche vers le soir seulement et bivouaquera dans la nuit du 2 au 3 à Ancienville.

« Les corps de Kapsewitch et de Kleist commenceront leur mouvement à 10 heures du soir. Le corps de Kapsewitch, passant à gauche du bois de Montigny, prendra la route de Gandelu à La Ferté-Milon et s'établira au bivouac en arrière de La Ferté-Milon. Sa cavalerie laissera quelques postes sur le ruisseau [1] et au moulin entre Orxois [2] et La Ferté-Milon.

« Le corps de Kleist suivra la chaussée jusqu'à Bourneville et prendra ensuite à gauche pour passer l'Ourcq et aller bivouaquer à Marolles. Sa cavalerie se repliera à minuit. Ses avant-postes se tiendront à Bourneville. Les bagages, les équipages de pont et les deux bataillons qui les escortent partiront de suite de Saint-Quentin et passeront par Neuilly-Saint-Front et Rozet-Saint-Albin pour aller à Billy-sur-Ourcq. »

Des quatre corps de l'armée de Silésie, un seul, celui d'York, est donc appelé à exécuter de jour son mouvement. Les trois autres restent immobiles pendant la journée et devront faire des marche de nuit. Du reste le Ier corps prussien, bien qu'il se soit mis en route dans l'après-midi, ne fut guère mieux partagé que les autres. Retardé par le mauvais temps et l'état des routes, il n'arrive à Oulchy que le 3 au matin. On a depuis lors essayé de justifier cet arrêt que rien ne motivait, par la nécessité de laisser reposer les troupes. Mais Blücher devait avoir un autre motif pour immobiliser pendant le jour des troupes qu'il faisait marcher la nuit. Il est plus que probable qu'il espérait encore recevoir dans le courant de la journée des nouvelles de nature à modifier ses résolutions, et qu'afin de parer à une attaque venant de Château-Thierry, il croyait en tout état de cause utile de faire prendre les devants à York. En gardant auprès de lui les trois autres corps, il se ménageait la possibilité, soit de se porter avec eux vers Soissons ou Villers-Cotterets, soit de se rabattre sur Meaux par la rive droite de l'Ourcq, en raison des événements qui pouvaient se produire ou des nouvelles qu'il attendait à toute minute.

---

[1] Il s'agit ici du rû d'Alland.
[2] Le moulin en question se trouve sur le rû d'Alland entre Chézy-en-Orxois et Dammard.

Combats de May et de Mareuil. — D'ailleurs, avant de se replier de La Ferté-Milon sur Oulchy et sur l'Aisne, Blücher avait tenu à tenter encore une reconnaissance offensive contre les positions des maréchaux. En admettant même que cette opération ne pût briser une résistance qui l'exaspérait, elle devait au moins servir à masquer le mouvement rétrograde qu'il allait faire exécuter.

A 1 heure de l'après-midi, le feld-maréchal envoyait à Kleist l'ordre de pousser de Neufchelles une reconnaissance offensive contre May, pour obliger l'ennemi à se déployer et à montrer ses forces. Marmont[1], renforcé par la division Poret de Morvan et

---

[1] Quelques instants avant l'attaque de Zieten, Marmont, rendant compte au ministre de sa position et de celle de l'ennemi, avait résumé les événements des derniers jours dans les termes suivants :

« Le maréchal Marmont au ministre de la guerre :

« May, le 2 mars, à midi. — L'armée que nous avons devant nous est une armée de 30,000 hommes qui a au moins 8,000 hommes de cavalerie. Ne pas y croire, ce serait vouloir se tromper. Cette armée ne fuit pas ; elle est en opérations. Elle pourra se retirer plus tard ; mais certes, elle est venue en offensive. Elle n'a pas craint d'être coupée par l'Empereur, puisque la prise de Méry n'avait pas donné le passage de la Seine et qu'elle était pleinement maîtresse de ses mouvements. Cette armée a un bel équipage de pont et, par conséquent, des moyens d'opérer à volonté sur les rivières. Sa marche n'a pas été incertaine ; elle a, au contraire, été régulière et méthodique. Voici ce que le général Blücher a voulu faire : d'abord, écraser mon corps et le détruire, ensuite, marcher sur Paris par la rive droite de la Marne, en passant cette rivière le plus promptement possible : 1° afin d'arriver à Paris sans avoir cet obstacle ; 2° pour être couvert par cette rivière contre l'Empereur en changeant de lignes d'opérations ; 3° pour se combiner avec d'autres corps qui viennent sans doute par la Picardie. Le général Blücher a marché sur Jouarre parce qu'il m'a suivi et n'a pas voulu me laisser derrière lui. Il a ensuite marché sur Meaux parce qu'il a espéré enlever cette place par un coup de main. Lorsqu'il a vu la difficulté, il y a renoncé. Il a voulu passer au-dessus de nous pour marcher sur Meaux et Paris sans danger, et c'est la rapidité du mouvement du 28 et le succès que nous avons obtenu qui ont arrêté complètement l'ennemi dans son mouvement, en nous donnant la ligne de l'Ourcq. Aujourd'hui, notre position est complètement changée. Il nous arrive des renforts, et l'Empereur nous touche. Le mouvement de l'ennemi se prononce maintenant sur La Ferté-Milon. Si l'ennemi doit faire sa jonction de ce côté avec d'autres corps, il est possible qu'il continue son mouvement sur Paris par Dammartin ; mais alors nous suivrons sur ses flancs et sur ses derrières et nous en ferons justice, ou il se retirera et nous le poursuivrons.

« P.-S. — Je me mets en mouvement sur La Ferté-Milon. »

Il est bon de considérer que cette lettre du duc de Raguse répond à une dépêche dans laquelle Clarke, attribuant les mouvements de Blücher à la crainte, trouve que le feld-maréchal a fait preuve d'hésitation et qualifie toute l'opération de l'armée de Silésie d'étrange manœuvre.

par Mortier, qui s'est rapproché de lui dans la matinée, a déjà, depuis 5 heures du matin, connaissance de l'arrivée de l'Empereur à Jouarre. Il est donc parfaitement en mesure de recevoir Zieten, qui s'avance vers Varinfroy et May, avec les dragons de la Nouvelle-Marche, les uhlans et le 1er régiment de hussards de Silésie, deux batteries à cheval et deux bataillons de la 9e brigade d'infanterie. Les trois autres bataillons de cette brigade suivaient à quelque distance et formaient la réserve [1].

Au moment où la cavalerie de Zieten est sur le point d'arriver au défilé de May, elle est menacée par les escadrons du général Merlin. Arrêtée d'abord par les feux des batteries prussiennes, puis obligée de se replier, la cavalerie française ne tarde cependant pas à se reporter en avant; chargée par les uhlans et les hussards de Silésie, elle est repoussée et rejetée sur les divisions Ricard et Lagrange, qui se déploient aussitôt et dont les batteries, ouvrant un feu des plus vifs, démontent en peu de temps six des pièces prussiennes.

A 5 heures, les bataillons de réserve de Zieten entrent en ligne et la réserve de cavalerie du IIe corps vient se former sur la droite des troupes de Zieten. Mais au moment où l'infanterie française dessine nettement son mouvement offensif et où la cavalerie commence à menacer l'aile des Prussiens, les troupes de Zieten, restées d'abord immobiles sur leurs positions, battent tout à coup en retraite. Kleist vient, en effet, de recevoir de Blücher l'ordre de rompre le combat, de se replier derrière l'Ourcq, d'y tenir jusqu'à la tombée de la nuit et de suivre ensuite le mouvement général de l'armée. Zieten fait aussitôt filer son artillerie; il commence ensuite sa retraite sur Neufchelles, et sa cavalerie est si vivement poursuivie qu'elle est poussée sans avoir le temps de souffler, jusqu'à Mareuil, où le corps de Kleist doit passer l'Ourcq.

Le corps de Kapsewitch, qui devait marcher par la rive gauche de l'Ourcq, par la route de Gandelu à La Ferté-Milon, avait suivi la rive droite et n'avait pas encore achevé de s'écouler par le pont de Mareuil, au moment où le corps de Kleist, pressé par les Français, se présenta à l'entrée du village. Pour prévenir un

---

[1] WEDELL (Hauptmann von), Geschichte des Königlich Preussischen 18 ten Infanterie Regiments et Kriegsgeschichtliche Einzelschriften, 1889, 12.

désastre, il importait de ralentir à tout prix la marche de l'ennemi. Le colonel de Blücher reçoit, en conséquence, l'ordre de prendre position en avant de Mareuil avec deux bataillons, les hussards de Silésie et six pièces, et de tenir bon jusqu'à ce que les deux corps aient achevé leur passage.

Heureusement pour les Prussiens, l'obscurité avait empêché Marmont de s'apercevoir de l'encombrement et de la confusion qui régnaient, tant à Mareuil que dans le long défilé qui débouche à Fulaines. Le maréchal arrêta ses troupes en vue de Mareuil, se contentant de faire canonner le village de Mareuil et l'arrière-garde du colonel Blücher, et de lui démonter quatre de ses pièces. Kapsewitch et Kleist en profitent pour passer le pont au plus vite, et, tandis que les troupes du II° corps s'établissent jusqu'à minuit entre Bourneville et Saint-Quentin, Kapsewitch continue sa marche sur Neuilly. A minuit, le II° corps reprend son mouvement sur Neuilly-Saint-Front et prend position à la pointe du jour à Montron, à deux kilomètres à l'ouest de cette petite ville. Le colonel de Blücher, qui forme l'arrière-garde, part de Mareuil à 3 heures du matin. Passant par La Ferté-Milon, il s'arrête au jour à mi-chemin, entre La Ferté-Milon et Neuilly-Saint-Front à Passy-en-Valois [1].

Les deux autres corps de l'armée de Silésie ont atteint dans la nuit Oulchy-la-Ville [2]. Blücher est à Oulchy-le-Château. L'avant-garde d'York a pris position sur la rive gauche de l'Ourcq, la cavalerie à Rocourt, l'infanterie à Armentières ; la cavalerie de réserve s'est établi au Plessier-Huleu au nord d'Oulchy-la-Ville et d'Oulchy-le-Château occupés par le gros des corps d'York et de Sacken. Aucun de ces corps n'avait pu, à cause de l'état des chemins, passer par Ancienville. Tous avaient dû prendre par Neuilly-Saint-Front et par la rive gauche de l'Ourcq.

Les nouvelles que Blücher avaient reçues dans le courant de la journée du 2 mars l'avaient décidé à faire rompre le combat de

---

[1] Kapsewitch au lieu de passer à l'est des bois de Gandelu, avait passé à l'ouest. Il s'était engagé ensuite à Fulaines sur la route de Mareuil-sur-Ourcq à La Ferté-Milon, qu'il avait encombrée, entravant de cette façon le mouvement du corps de Kleist.

[2] Après une marche des plus pénibles les troupes d'York et de Sacken arrivèrent à Oulchy-la-Ville après minuit. Elles avaient dû passer de Neuilly-Saint-Front jusqu'à Oulchy par un chemin de traverse absolument défoncé.

May, à pousser ses corps, non plus sur La Ferté-Milon, mais sur Oulchy-la-Ville, et à leur imposer les fatigues d'une nouvelle marche de nuit.

Cette fois encore, une fausse nouvelle va servir à Blücher; c'est, en effet, sur la foi d'un renseignement inexact, lui signalant la marche de l'Empereur sur Château-Thierry, que, au moment où sa gauche et la région, dans laquelle il espère opérer sa jonction avec Bülow et Winzingerode, lui paraissent menacées par l'armée impériale, il prend le parti d'accélérer sa retraite et qu'au lieu de s'arrêter à La Ferté-Milon, comme il en a l'intention, il se hâte de porter le gros de ses forces à Oulchy-le-Château.

Le mouvement de l'Empereur est retardé par le manque d'équipages de ponts. — C'était, cependant, à Victor seul que l'Empereur avait donné le 2, à 6 heures du soir, l'ordre de marcher par la rive gauche de la Marne sur Château-Thierry. Manquant d'équipages de ponts, Napoléon avait dû perdre toute la journée à attendre le rétablissement du pont de La Ferté-sous-Jouarre, coupé par les Prussiens.

« Que de choses j'aurais faites si j'avais eu cet équipage, s'écrie-t-il, avec une amertume bien naturelle, en réclamant de nouveau ses ponts à Clarke [1]. Me voilà arrêté ici, depuis bien des heures, par la difficulté de réparer le pont de La Ferté-sous-Jouarre. » Puis, quand, grâce à l'adresse et à l'activité des marins de la garde, le pont est sur le point d'être fini, il revient encore sur ce sujet, si important pour lui, dans ses deux lettres à Joseph et au ministre [1]. « Si j'avais eu un équipage de ponts à Méry, l'armée de Schwarzenberg eût été détruite. Si j'en avais eu un ce matin, l'armée de Blücher eût été perdue. »

Ce fut seulement dans la nuit du 2 au 3 que la brigade de cavalerie du général Wattier [2], la cavalerie de Grouchy [2] et celle

---

[1] *Correspondance*, nos 21413, 21420 et 21421.
[2] L'ordre donné par Grouchy, le 2 à 6 heures du soir, au général Roussel prescrivait à cet officier général de partir de suite de Sammeron avec la brigade qu'il y avait, de prendre en passant à La Ferté, les brigades Ismert et Wattier et de se porter avec ces trois brigades sur Montreuil-aux-Lions (route de La Ferté-sous-Jouarre à Château-Thierry).

Les instructions spéciales données par le major-général à Grouchy et relatives à la brigade Wattier qui, ayant pour mission de se relier avec Marmont, devait se diriger sur Crouy et La Ferté-Milon, contenaient ces mots pour le

de la garde purent déboucher, enfin, sur la rive droite de la Marne[1]. Wattier poussa de suite sur Crouy et La Ferté-Milon, à la suite de l'armée de Blücher.

Pendant le séjour forcé qu'il avait dû faire à La Ferté-sous-Jouarre, l'Empereur avait expédié à Davout, à Le Marois, à Morand et à Durutte, l'ordre de sortir de Hambourg, de Magdebourg, de Mayence et de Metz. Il avait, comme il l'écrit à Joseph, l'intention de porter la guerre en Lorraine et d'y rallier les troupes laissées dans les places de la Meuse et du Rhin.

Ce fut encore pendant son séjour à Jouarre qu'il reçut la dépêche de Caulaincourt, lui annonçant que les plénipotentiaires, dans la séance du 28 février, avaient, au nom des puissances alliées, réclamé une réponse concordant avec la base établie dans leur projet et déclaré que si, à l'expiration d'un délai reconnu suffi-

---

général Wattier : « Lui dire que les marches de nuit sont surtout avantageuses quand on a le pays pour soi et qu'il faut en profiter pour enlever quelques postes à l'ennemi. » (*Archives de la guerre.*)

[1] Comme l'armée n'avait pas d'équipage de ponts, l'Empereur, pour faciliter ses opérations sur la Marne, l'Aube et l'Aisne, ordonna la construction d'urgence de bateaux, haquets, etc., nécessaires pour la formation d'un équipage mobile ; mais le temps manquait à l'exécution de cet ordre pressant. Le général Neigre, directeur général des parcs d'artillerie de l'armée, prit alors le parti de l'organiser avec les moyens existant à Paris. Il choisit de petits bateaux, dits nacelles destinées au transport des sables, qui par leur forme, leurs dimensions et leur légèreté, pouvaient faire, avec quelques améliorations, le service pressé auquel cet équipage était destiné.

Les madriers, poutrelles, ancres, cordages et autres agrès furent aisément trouvés dans le commerce et chez les mariniers de la Seine. Les voitures furent prises aux Messageries impériales, on transforma les voitures de roulage en haquets. Les rivières sur lesquelles cet équipage devait agir firent penser que 15 bateaux et quelques chevalets seraient suffisants. L'équipage était prêt à partir quarante-huit heures plus tard. Mais les attelages manquaient et le général Neigre fit un arrangement avec les Messageries impériales qui fournirent les chevaux et les conducteurs qu'on plaça sous les ordres d'officiers et de sous-officiers du train. Cet équipage ne partit de Paris que le 3 mars au soir. Dans la marche de l'Empereur, de Reims sur Epernay et sur l'Aube, cet équipage, mis sous les ordres du général Léry, fut désorganisé et abandonné sur la route par la désertion des charretiers.

Le 22 mars, à Arcis, le général Neigre fut obligé de faire construire plusieurs ponts sur l'Aube à l'aide des ressources du pays. On se servit, faute de madriers, de fascinages pour le tablier des ponts. A Vitry-le-François, toujours par le manque d'équipages de pont, le corps de Ney passa la Marne, la cavalerie et l'artillerie à gué, l'infanterie sur un pont de chevalets établi par le général Neigre. (D'après une note du général Neigre sur l'organisation des équipages de pont en 1814, adressée au général Pelet, le 31 juillet 1814, *Archives de la guerre.*)

sant (le 10 mars), il n'était pas arrivé de réponse dans ce sens, la négociation serait regardée comme terminée, et les plénipotentiaires des cours alliées retourneraient au quartier général.

Pour peu que l'on considère la disposition d'esprit où se trouvait l'Empereur, comptant absolument sur une victoire qu'il se croit à la veille de remporter et qui le débarrassera de Blücher, on comprendra aisément que, dans le projet de note envoyé à Caulaincourt, il ait de nouveau insisté sur les propositions de Francfort et cherche en tout état de cause à gagner du temps. Il déclare pour cela que : « Quels que puissent être les maux de la nation française et l'urgence des circonstances, rien ne saurait la porter à souscrire un acte qui, dégradant son caractère national, la ferait déchoir du rang qu'elle a occupé dans le monde depuis tant de siècles et que les puissances affirment vouloir lui conserver. »

Pendant le temps qu'elle avait été retenue sur la rive gauche de la Marne, la cavalerie de Grouchy avait poussé le 2 mars des reconnaissances sur Château-Thierry, Montmirail et Meaux. On avait communiqué librement avec Meaux. Il en avait été de même également sur la rive gauche, du côté de Château-Thierry. On avait, cependant, appris à Nogentel que la cavalerie alliée occupait Château-Thierry. On s'y trouvait en présence de la cavalerie légère de Tettenborn qui, après avoir constamment suivi les mouvements de l'armée impériale, après avoir enlevé vers Bussières une des patrouilles de Grouchy, avait filé sur Château-Thierry le 2 au soir. Mais bien que Tettenborn se fût fait précéder par un régiment de cosaques, bien qu'il eût annoncé à l'avance sa marche au major von Falkenhausen arrivé sur ce point le 2 au matin avec deux escadrons, les Prussiens avaient coupé le pont, avant qu'il eût pu servir aux Russes, et obligé Tettenborn à remonter la Marne jusqu'à Dormans et à y passer la Marne en bac [1].

---

[1] Rapport (en français) de Tettenborn au prince de Schwarzenberg, Port-à-Binson, 13 mars, 8 heures du soir. — « Après avoir côtoyé et observé la marche de Napoléon, depuis Fère-Champenoise jusqu'à son passage de la Marne à La Ferté-sous-Jouarre, j'ai passé sur la rive droite le 3 mars, sur un bac à Dormans, ayant trouvé le pont de Château-Thierry, où j'aurais voulu passer le plus près de l'ennemi, rompu par la trop grande prévoyance des Prussiens. » (*K. K. Kriegs Archiv.*, III, 241.)

Ordres de Blücher à Bülow et à Winzingerode. — Tout le mouvement que Blücher avait fait exécuter à son armée avait eu pour but principal de se rapprocher de Bülow et de Winzingerode ; par suite de la prise du cavalier envoyé par Brünneck, le feld-maréchal ignorait complètement ce que ces généraux étaient devenus et ne savait pas si, conformément à ses ordres antérieurs, ils n'avaient pas continué leur marche droit sur Paris. Aussi, dès son arrivée à Oulchy-le-Château, leur avait-il adressé les dépêches suivantes :

« Au général-lieutenant von Bülow. — J'ai l'honneur de faire savoir à votre Excellence que, d'après des nouvelles positives, l'empereur Napoléon, venant d'Arcis, a défilé le 28 par Sézanne, à la tête de sa garde. J'ai su depuis qu'il avait pris la route de Montmirail et l'on a vu le 1ᵉʳ mars au soir de grands feux de bivouacs aux environs de La Ferté. On ignore donc s'il passera la Marne à La Ferté-sous-Jouarre, Château-Thierry ou Meaux.

« C'est pour cette raison que je viens de concentrer aujourd'hui mon armée à Oulchy-le-Château, afin de me rapprocher du corps de Votre Excellence et de celui du général Winzingerode et de pouvoir *livrer une grande bataille*.

« Le major von Brünneck que j'ai envoyé avant-hier, 28 février, à Votre Excellence sera, je l'espère, arrivé auprès de vous et vous aura remis l'ordre royal de cabinet qui attache votre corps et celui du général Winzingerode à l'armée de Silésie. Le mouvement sur Villers-Cotterets, Dammartin et Paris, ordonné naguère à Votre Excellence, ne peut plus se faire. Il s'agit pour le moment d'opérer votre jonction avec moi, et c'est afin de pouvoir vous envoyer des ordres à ce sujet que je vous invite à me faire savoir d'urgence où vous vous trouvez.

« *Je tiens également à connaître les points sur lesquels il existe, dans les environs de Soissons, des ponts sur l'Aisne.* Je désire de plus savoir si l'on peut prendre à Buzancy à droite de la chaussée d'Oulchy à Soissons et si ces ponts sont praticables pour la grosse artillerie. S'il n'existe pas de ponts remplissant ces conditions, je pourrai y suppléer avec mon équipage de pont. »

Il s'adressait en ces termes à Winzingerode :

« Votre Excellence aura eu, par ses troupes légères, connaissance de la marche de l'Empereur.

« Mon but est désormais atteint et la grande armée est dégagée.

« Afin de n'être, en aucun cas, exposé à me trouver séparé de Votre Excellence ou du général von Bülow, je me suis porté sur Oulchy-le-Château. *Il faut que Votre Excellence concentre toutes ses forces pour une bataille désormais imminente*, et, dans le cas où Votre Excellence ne serait pas déjà entre Fismes et Soissons, il s'agirait d'y venir au plus vite et de me faire connaître votre position.

« J'espère que Votre Excellence a reçu l'ordre impérial de cabinet attachant pour le moment le corps de Votre Excellence, celui du général von Bülow et celui du duc de Weimar à l'armée de Silésie. »

Quelques heures après le départ de ces lettres, le major von Brünneck rentrait au quartier général à Oulchy et Blücher était désormais au courant de la marche de Bülow et de Winzingerode sur Soissons, par les deux rives de l'Aisne.

Winzingerode n'était pas resté immobile à Reims, comme Blücher l'avait engagé à le faire. Dès que le général Korff lui eut signalé le mouvement de l'Empereur vers la Marne, au lieu d'envoyer de la cavalerie sur la route de Meaux et de préparer la destruction du pont d'Épernay, il avait, au contraire, à la nouvelle de la présence de Napoléon à La Ferté, proposé et fait accepter à Bülow le projet de marcher sur Soissons.

Après s'y être rendus maîtres des passages de l'Aisne, leurs deux corps devaient chercher à opérer leur jonction avec l'armée de Silésie[1].

3 mars 1814. — **Situation critique de l'armée de Silésie.** — Tout en parlant dans ses dépêches à Bülow et à Winzingerode de l'imminence d'une bataille, Blücher était cependant loin de la désirer et de la rechercher. Il était, au contraire, disposé à n'y recourir qu'à la dernière extrémité. Il espérait même parvenir à l'éviter tant qu'il n'aurait avec lui que les troupes venues de la Seine et de l'Aube. Les marches continuelles de jour et de nuit

---

[1] Winzingerode à Bülow, Lettres des 14/26 et 16/28 février. Reims. Winzingerode à Benkendorf, 16/28 février, et Bülow à Winzingerode. (*Archives topographiques*, n°ˢ 29,115 et 29,128.)

exécutées par un temps affreux et dans des chemins défoncés, une série d'affaires désavantageuses, des manœuvres qui avaient toute l'apparence d'une retraite, les privations de toute espèce et les souffrances inouïes s'accroissant et se renouvelant à chaque pas avaient exercé leur action dissolvante ordinaire sur le moral des hommes.

Mieux qu'aucun autre, le biographe d'York[1] s'est chargé de résumer les événements du 28 février au 3 mars et de nous dépeindre, sur la foi de documents émanant d'officiers, témoins oculaires de ces opérations, l'état dans lequel se trouvait l'armée de Silésie au moment où, le 3 mars au matin, elle se concentrait autour d'Oulchy-le-Château, après trois marches de nuit consécutives.

Le 28 février, fort avant dans la soirée, York reçut les ordres qui lui enjoignaient de quitter La Ferté. Le temps était horrible, le brouillard intense, la pluie continuelle et il fallait marcher, non pas sur des chaussées, mais par des chemins de traverse profondément défoncés. Sacken devait attaquer l'ennemi à Lizy, masquer de la sorte la retraite des corps d'York et de Kapsewith et leur permettre d'effectuer tranquillement le passage de l'Ourcq.

« Nous avions à peine fait quelques kilomètres, ainsi s'exprime un vétéran du corps d'York[2], lorsque nous entendîmes une vive fusillade sur notre gauche. C'était l'infanterie russe qui était sérieusement engagée avec l'ennemi. L'infanterie de notre division se massa aussitôt et prit la formation de combat, dès que le feu redoubla d'intensité. Nous attendions le combat avec confiance. Le général York parut au milieu de nous, s'arrêta un instant, examina la marche de l'engagement, puis jetant un regard sur les troupes, il s'écria : « Et maintenant que Dieu « soit avec nous. En avant. Marche ! »

Mais le pont de Crouy qu'il aurait fallu passer avait été détruit. Comme on manquait de bois, on aurait dû travailler jusqu'au soir pour le réparer. Force fut donc de renoncer à l'attaque et de marcher plus en avant jusqu'à Fulaines. Les troupes n'arrivèrent

---

[1] Droysen, *Vie du feld-maréchal comte York von Wartenburg*.
[2] *Historique du régiment de Cavalerie nationale de la Prusse orientale*, p. 176.

au bivouac que fort avant dans la nuit, après une marche qui peut compter parmi les plus pénibles de cette campagne, si riche en marches forcées.

Quelque profondes, quelque étudiées qu'aient pu être les grandes conceptions stratégiques du feld-maréchal Blücher, il n'en est pas moins certain que ces marches perpétuelles, jointes à l'effet produit par ce mouvement rétrograde au moment où, pour la deuxième fois, on s'était rapproché de Paris, exercèrent sur l'esprit du soldat une influence déplorable. La mauvaise volonté, le découragement se manifestèrent de tous côtés et à tout instant et se généralisèrent à la nouvelle des revers éprouvés le 1er et le 2 mars par le corps de Kleist, qui se repliait par l'autre rive de l'Ourcq. Enfin, comme le corps de Kapsewitch, au lieu de rester sur la rive gauche, avait pris par la chaussée, sur la rive droite de l'Ourcq, il en résulta que les troupes de Kleist trouvèrent le passage de Mareuil encombré au moment où les projectiles de l'artillerie de Marmont commencèrent à tomber dans leurs rangs.

On venait d'apprendre en outre que Napoléon, au lieu de prendre le chemin le plus court pour rejoindre ses maréchaux, s'était porté sur Château-Thierry.

Soissons était encore entre les mains des Français, Bülow de l'autre côté de cette place et Winzingerode à Fismes, à vingt et quelques kilomètres à l'est de Soissons. Napoléon paraissait décidé à empêcher la jonction de l'armée de Silésie avec les corps de Bülow et de Winzingerode. Il fallait donc se hâter, si l'on voulait avoir encore quelque chance de les joindre avant d'être atteint par l'Empereur. Les quatre corps de l'armée reçurent l'ordre de se porter en toute hâte vers leur gauche et de prendre position en arrière de l'Ourcq, sur les hauteurs d'Oulchy, sur la route de Château-Thierry à Soissons.

Il devenait indispensable d'exécuter une troisième marche de nuit : York dut remettre en mouvement ses troupes à peine arrivées à Fulaines (nuit du 2 au 3 mars) et les diriger sur La Ferté-Milon.

Mais la route était barrée et encombrée par le corps Sacken qui s'était égaré, et l'on perdit pas mal de temps avant de réussir à dépasser les Russes. Puis il fallut, afin d'éviter des chemins entièrement défoncés et absolument impraticables, changer d'itinéraire et en chercher un autre au milieu des ténèbres. Enfin, le 3 mars à la pointe du jour, le corps d'York atteignit Oulchy-le-Château.

C'était là demander aux troupes des efforts surhumains.

Un autre officier du corps d'York, Schack[1], écrit à ce propos dans son journal : « Cette jonction, devenue désormais indispensable, cette jonction avec les troupes de Bülow et de Winzingerode, on aurait pu l'obtenir en procédant avec calme et sans imposer des fatigues écrasantes aux soldats, si l'on n'avait pas perdu le temps en de vaines hésitations à La Ferté, si l'on n'avait pas cédé à la tentation de faire un simulacre de mouvement offensif à Lizy et de l'autre côté de l'Ourcq, si l'on n'avait pas été obsédé par la crainte de *se voir pressé par Napoléon et les maréchaux et acculé contre Soissons occupé par les Français*. C'est à ces trois causes que l'on doit ces trois horribles marches de nuit. On aurait même pu éviter la retraite de Mareuil opérée, dès que le canon se rapprocha, et commencée au moment où le soldat faisait la soupe. Il aurait suffi pour cela d'envoyer dès le matin au 1er corps les ordres de marche que le commandant en chef lui fit parvenir dans la journée. »

Un peu plus loin, Schack s'élève durement et justement « contre ces marches de nuit qui, dit-il, exercent surtout une influence désastreuse quand l'officier, comme le soldat, s'aperçoit qu'on aurait pu combiner les mouvements d'une manière à la fois plus rationnelle et plus commode, quand il sent que ces fatigues superflues sont uniquement causées par un sentiment d'inquiétude qui précipite les décisions du commandement supérieur, enfin quand on voit que les opérations sont la conséquence de renseignements plus ou moins positifs, au lieu d'être la résultante d'un plan longuement et sagement élaboré. »

Un autre officier, faisant également partie de l'état-major d'York, et appréciant l'effet dissolvant exercé sur la discipline par une semblable manière de faire la guerre, écrit les phrases suivantes : « Voilà les conséquences d'un système dans lequel toute la discipline consiste forcément à brûler et à piller méthodiquement les villages. Les maisons de ces villages servaient de

---

[1] Schack remplissait à ce moment auprès d'York les fonctions de chef d'état-major en remplacement du colonel von Valentini blessé.

combustible, et les quelques ressources qu'elles contenaient, de vivres de distribution. Maintenir l'ordre dans un bivouac équivalait alors à la répartition des villages les plus voisins entre les brigades et des maisons de ces villages entre les bataillons et les compagnies. On rassemblait les soldats de chaque compagnie, on les conduisait dans les villages pour en ramener d'abord les bestiaux, pour en rapporter ensuite des fourrages et de la paille, opération qui consistait à arracher les toitures des maisons, pour y chercher enfin du bois qu'on transportait au camp après avoir démoli les maisons dont on enlevait les poutres et les solives. Tel était alors l'idéal du bon ordre. Mais on ne pouvait que bien rarement procéder de la sorte. Car bien souvent un seul village devait subvenir aux besoins de l'armée tout entière; souvent aussi on n'arrivait au bivouac que fort avant dans la nuit, et alors chacun se débrouillait à sa guise. »

« La détresse profonde dans laquelle se trouvait l'armée de Silésie, ne tarda pas à pousser le soldat à des excès et à des violences qu'on était désormais impuissant à punir et à réprimer. Marchant à côté des Russes qui pillaient et qui volaient, force était aux Prussiens d'en faire autant pour vivre; ils ne furent pas longtemps avant de devenir brutaux, pillards et voleurs. Tous les efforts des chefs pour rétablir la discipline restèrent infructueux; il est juste toutefois de reconnaître qu'il eût été difficile de se conformer aux ordres et, d'ailleurs, les dernières marches forcées avaient mis le comble à un état de choses aussi déplorable[1]. »

Un autre fait, cité par le même officier prussien, le comte Henckel von Donnersmarck, fait encore mieux ressortir la situation de l'armée de Silésie à cette époque. Lorsque York eut établi son quartier général à Oulchy-le-Château, dans le château abandonné par ses propriétaires, il ordonna à ses brigadiers et chefs de corps de se rendre auprès de lui. « Lorsque nous fûmes rassemblés, dit le comte Henckel von Donnersmarck[1], le général entra et nous dit : « Messieurs, je croyais avoir l'honneur de « commander un corps d'armée prussien, tandis que je suis en « réalité à la tête d'une bande de brigands. Ce rôle ne saurait me « convenir et je vous préviens que je ferai immédiatement passer

---

[1] Henckel von Donnersmarck, *Erinnerungen aus meinem Leben*.

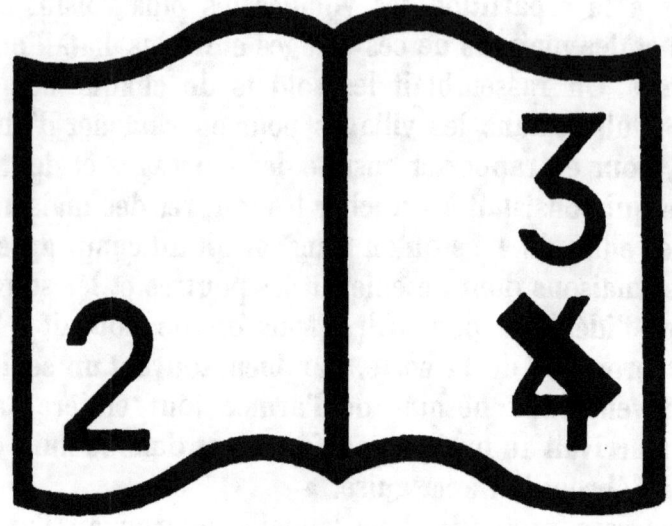

Pagination incorrecte — date incorrecte
NF Z 43-120-12

LIRE PAGE (S) 37
AU LIEU DE PAGE (S) 27

« en conseil de guerre quiconque ne parviendra pas à maintenir
« l'ordre et la discipline parmi ses hommes. »

« Au moment même où York prononçait ces paroles, deux vivandières parées de robes de soie et de chapeaux à plumes passaient au galop; le général s'écria alors : « Vous le voyez, « messieurs, donnez la chasse à ces créatures ! » Mais avant que les officiers eussent pu sauter à cheval, les vivandières avaient disparu et on ne réussit pas à les retrouver.

« York, avec les idées qu'il avait sur la discipline et l'honneur militaires, souffrait naturellement de la façon dont on conduisait les opérations et du caractère donné à cette guerre dans laquelle *le commandement supérieur forçait*, disait-il, *les soldats à piller et à voler*. Il ne pouvait se faire à l'idée de voir que, violant les déclarations solennelles de la proclamation lancée par les Alliés à leur entrée en France, les soldats prussiens commettaient excès sur excès et se voyaient contraints par la misère à se livrer à des actes d'horrible vandalisme. Il ne pouvait supporter, sans en être profondément affecté, l'idée d'être mêlé à une guerre conduite d'une telle façon qu'elle semblait avoir pour objet principal la destruction complète des idées d'ordre, de respect de l'autorité et de discipline. »

On peut aisément se figurer l'aspect présenté par l'armée de Silésie à son arrivée à Oulchy, si l'on considère qu'York était assurément de tous les commandants de corps alliés, celui qu'on savait le plus intraitable sur la discipline, celui dont l'ascendant personnel sur les troupes était le plus considérable, celui qui s'occupait le plus de l'existence matérielle du soldat et qui réprimait le plus sévèrement les violences, les abus et les pillages.

Avec une pareille armée et surtout après les nouvelles qu'il venait de recevoir dans la nuit du 2 au 3, il était impossible à Blücher de songer à accepter ou à donner une bataille à Oulchy.

A la grande surprise et au vif mécontentement du feld-maréchal qui attendait à tout instant l'arrivée de Bülow et de Winzingerode à Oulchy, Brünneck, rentrant de sa mission, avait annoncé à Blücher qu'il avait trouvé Bülow l'avant-veille à Chavignon. Il lui avait rendu compte que Winzingerode, rejoint par les troupes de Woronzoff, après avoir jeté un pont sur l'Aisne à Vailly, avait décidé Bülow à se diriger avec lui sur Soissons. Ainsi les renforts espérés par Blücher allaient lui faire défaut à Oulchy, et bien que les 44,000 hommes sur lesquels il comptait, eussent, malgré ses ordres, été mettre le siège devant Soissons défendue par une garnison qu'on évaluait à 5,000 hommes, les nouvelles reçues de Soissons dans la matinée n'étaient de nature, ni à diminuer ses craintes, ni à le tirer d'embarras, ni à calmer son irritation.

Premières nouvelles de Soissons. — Par une première lettre expédiée de son camp devant Soissons, à 5 heures du matin, Winzingerode faisait savoir au feld-maréchal, qu'une tentative faite la veille pour s'emparer de Soissons avait échoué. Le général russe, pensant que l'armée de Silésie se dirigerait par Fère-en-Tardenois et Fismes sur Reims, croyait imprudent d'attendre une attaque aux environs de Soissons et manifestait l'intention de se servir du pont de Vailly pour se réunir à Bülow sur la rive droite de l'Aisne.

« J'attendrai le jour devant Soissons avec une division d'infanterie et ma cavalerie, disait en terminant le général russe, et, s'il ne survient rien de nouveau, je me dirigerai sur Fismes et prendrai position sur un terrain plus avantageux. »

A 7 heures du matin, après avoir reçu les ordres de Blücher datés de la veille au soir, Winzingerode expédiait une deuxième dépêche aussi peu rassurante que la première : « Je reçois la dépêche de Votre Excellence, d'Oulchy, 2 mars au soir. Ma première lettre vous aura fait connaître ma situation devant Soissons. Nous n'avons pas réussi à prendre cette ville hier. Le général von Bülow est sur la rive droite de l'Aisne. Il n'y a qu'un seul pont à Vailly. Au reçu des ordres de Votre Excellence, j'ai contremandé la marche de mes troupes. Le gros de mon corps est donc concentré. Je dispose de 15,000 hommes d'infanterie, de 4,500 chevaux et de 14 régiments de cosaques. Le terrain que j'occupe actuellement ne me permet en aucune façon d'y attendre l'attaque de forces considérables débouchant de Soissons et de Villers-Cotterets. J'attends avec impatience l'ordre de Votre Excellence m'enjoignant de rejoindre son armée à Oulchy, ou sur le point qui lui conviendra. Le général Langeron est à Reims. »

Soissons tenait donc bon. Le passage était fermé de ce côté. Il fallait à tout prix éviter toute perte de temps qui permettrait à l'Empereur de diminuer la distance déjà considérablement réduite qui le séparait de l'armée de Silésie, et se hâter de gagner la rive droite de l'Aisne[1].

Ordres pour la journée du 3 mars. — Aussitôt après avoir reçu cette deuxième lettre, avant de s'arrêter à un parti définitif, avant d'avoir déterminé la direction qu'il voulait donner à sa retraite pendant la journée du 3, avant d'avoir fixé le point sur lequel il passerait l'Aisne, Blücher s'était empressé de faire tenir à Winzingerode les instructions réclamées par cet officier général. « J'ai reçu les deux dépêches de Votre Excellence en date de ce matin. L'empereur Napoléon a achevé de jeter hier soir ses ponts à La Ferté-sous-Jouarre. Soissons ne s'étant pas rendu, je me suis décidé à accepter la bataille sur la rive droite de l'Aisne. Je fais filer pour cette raison les bagages sur Fismes. Je me fais précéder à Buzancy par l'équipage de pont qui aura à jeter plusieurs ponts sur l'Aisne. J'ai l'intention de partir d'ici vers le soir et je commencerai à passer la rivière dans la nuit. Envoyez de suite des officiers de votre état-major chargés de reconnaître et de déterminer les points qui se prêtent au passage, afin que je puisse, en partant de Villemontoire ou de Buzancy, me porter sur une position située sur la rive droite de l'Aisne. Faites immédiatement prendre l'équipage de pont à Buzancy et commencez de suite à jeter les ponts. Envoyez au-devant de moi des officiers qui guideront les colonnes à partir de Villemontoire et de Buzancy et préviendront le désordre et les erreurs qui pourraient se produire pendant la marche de nuit.

« Je désire vous voir passer, pendant la journée, l'Aisne à Vailly avec le gros de votre corps et vous établir autour de Soissons, de façon que les sorties de la garnison ne puissent pas inquiéter ma marche.

« Je laisserai derrière moi toute ma cavalerie qui, chargée de couvrir les mouvements de mon armée, ne passera l'Aisne que demain matin.

« Si la configuration du terrain le permet, j'aimerais à avoir un

---

[1] Blücher avait appris au même moment que le pont de Château-Thierry était coupé, que le major von Falkenhausen occupait cette ville avec son petit corps volant, que Tettenborn battait le pays à hauteur de Château-Thierry sur la rive gauche de la Marne et que le pont de La Ferté-sous-Jouarre avait été rétabli par les Français.

pont à Venizel. Dans le cas contraire, je pourrai me diriger sur Vailly [1]. »

Mieux encore que l'ordre de mouvement qu'il va faire rédiger par Gneisenau, cette dépêche porte l'empreinte manifeste des préoccupations auxquelles Blücher était en proie dans la matinée du 3. Le feld-maréchal est décidé à quitter les bords de l'Ourcq, à repasser sur la rive droite de l'Aisne. Mais comme il ne détermine pas, même lorsqu'il expédie ses ordres définitifs, le point précis où il pense effectuer son passage de rivière, la disposition pour la journée du 3 n'est, par suite, qu'une paraphrase de sa dépêche à Winzingerode. Il se contente d'y fixer les heures de départ des différents échelons de son armée, en retraite vers la rive droite de l'Aisne, « où, comme le dit Droysen, on avait entendu parler d'un champ de bataille excellent. »

Dès 9 heures du matin, le feld-maréchal a décidé que les bagages des corps partiront à midi pour Fismes dans l'ordre occupé par les corps : d'abord ceux d'York, puis ceux de Sacken et de Kapsewitch, et en dernier lieu ceux de Kleist.

L'équipage de pont a filé dès le matin sur Buzancy et y attend des ordres ultérieurs.

A midi, le feld-maréchal envoie les ordres de mouvement à ses commandants de corps :

« A 3 heures Kleist quittera les bords de l'Ourcq, marchera par la traverse de Blanzy et de Parcy, rejoindra entre Buzancy et Noyant la route de Château-Thierry à Soissons. Il enverra à Buzancy un officier auquel on fera connaître le point sur lequel on aura jeté un pont sur l'Aisne pour servir de passage au corps.

Le corps de Kapsewitch (infanterie et artillerie) suivra le mouvement de Kleist.

Sacken partira à 4 heures d'Oulchy-la-Ville, par la chaussée de Soissons et enverra un officier prendre les ordres à Buzancy.

York marchera par la même route derrière Sacken.

La cavalerie et l'artillerie à cheval masqueront le mouvement de l'armée et resteront sur l'Ourcq jusqu'au 4 avant le jour; Zieten se repliera alors seulement sur Buzancy. »

L'indécision de Blücher, conséquence des inquiétudes que lui

---

[1] Blücher à Winzingerode, 3 mars matin. (*Kriegs Archiv. de Berlin*, IV, 13, VII.)

cause sa situation, persiste, on le voit, jusqu'au bout, et quand, après avoir donné ces ordres, il part lui-même pour Buzancy, devenu le point de réunion de son armée, son arrière-garde est déjà sérieusement engagée à Neuilly-Saint-Front et la cavalerie légère de Grouchy s'approche de Rocourt et de Fère-en-Tardenois.

Mouvements de l'Empereur. — Depuis le moment où ses ponts ont été achevés, l'Empereur[1] n'a cessé de presser le passage de son armée. En même temps qu'il informe Marmont et Mortier de son approche, il leur prescrit de se diriger sur Oulchy-le-Château et de continuer à pousser Blücher qu'il espère déborder en se portant à marches forcées contre sa gauche, par la route de Fère-en-Tardenois.

Pendant que Victor remonte, par la rive gauche de la Marne, sur Château-Thierry et que Bordesoulle est en route de Meaux pour rejoindre les maréchaux, la cavalerie appuie le mouvement de la brigade Wattier sur Crouy-sur-Ourcq et La Ferté-Milon. Elle a reçu l'ordre de s'élever toujours sur la droite de l'ennemi, parce que l'Empereur pense que, de La Ferté-Milon, Blücher cherchera à gagner Fère-en-Tardenois. Elle doit essayer de communiquer avec le duc de Raguse, envoyer un parti de 500 chevaux couper la route de Château-Thierry à Soissons et faire tenir ses rapports à l'Empereur qui se rend à 10 heures du matin à Montreuil-aux-Lions.

Trois heures plus tard, à 1 heure de l'après-midi, l'Empereur fait donner directement au commandant des 500 chevaux détachés à Bézu-Saint-Germain, l'ordre d'aller sur Oulchy-le-Château et d'y couper la route de La Ferté-Milon à Fère-en-Tardenois; Nansouty, avec la cavalerie de la garde, soutient ce détachement et se dirige sur Rocourt.

A deux heures, Napoléon a reçu des maréchaux des nouvelles qui lui ont fait connaître les positions de l'armée de Blücher le

---

[1] « Le 3 mars, soit cinq jours après son départ de Troyes, dit Clausewitz dans sa *Critique stratégique de la campagne de France en* 1814, Bonaparte passe la Marne à Château-Thierry à 15 milles (112 kilomètres) de Troyes, rapidité extraordinaire si l'on pense que ses troupes devaient être exténuées, que les chemins étaient détestables et le pays complètement épuisé. »

2 au soir. Convaincu[1] que le feld-maréchal a filé toute la nuit, sachant que les maréchaux ont dû le suivre, et bien qu'il pense que Grouchy aura entendu le canon de Marmont et communiqué avec le maréchal, l'Empereur recommande encore une fois à ce général de soutenir sa cavalerie légère, d'aller sur Neuilly-Saint-Front si les Prussiens ont pris le chemin d'Oulchy-la-Ville, et d'appuyer les maréchaux s'ils ont, au contraire, essayé de gagner la route de Villers-Cotterets.

De sa personne il s'arrête à Bézu-Saint-Germain[2]. Sa cavalerie est arrivée à Rocourt et à La Croix dans le courant de l'après-midi. L'infanterie de Ney et de Drouot a suivi le mouvement, et celle de Victor, passant la Marne en barque pour ne pas perdre de temps à attendre l'achèvement du pont de Château-Thierry, a pris pied sur la rive droite et chassé de cette ville les partisans du major von Falkenhausen. Poursuivi vivement jusqu'à Fère-en-Tardenois, Falkenhausen y fut recueilli par Lützow qui venait d'y arriver.

Combat de Neuilly-Saint-Front. — Comme il l'avait annoncé à l'Empereur, Marmont, auquel les mouvements de Kleist n'avaient pas échappé, s'était porté dès le matin sur La Ferté-Milon et Neuilly-Saint-Front. Le colonel von Blücher, avec deux bataillons, un régiment de cavalerie et une batterie, occupait encore, à ce moment, la hauteur de Passy-en-Valois; ses avant-postes

---

[1] « Si, comme tout le porte à penser, l'ennemi prend la direction de Soissons, écrivez à Marmont et à Mortier de le poursuivre vivement. » (Berthier à Grouchy, Montreuil-aux-Lions, 3 mars, 2 heures après-midi, et Registres de Berthier. *Archives de la guerre.*)

[2] Le 3 mars au matin, avant de quitter La Ferté-sous-Jouarre, l'Empereur avait une fois encore essayé de ramener la confiance à Paris. Reprochant à Cambacérès les appréhensions dont il s'était fait l'écho, il lui écrivait : « Mon cousin, je vois qu'à Paris *vous avez de l'esprit tout plein pour avoir des sujets de peur. Il n'y a pas de remède à cela.* Il suffit de penser qu'aujourd'hui la capitale n'est plus réellement compromise. Cela est beaucoup *avec le mauvais esprit de tout ce qui tient à l'administration, depuis le prince de Bénévent jusqu'à je ne sais qui*; ce sont eux qui ont propagé depuis novembre un si mauvais esprit dans l'opinion. » Et il ajoutait pour terminer : « Vous verrez, par les communications que fera le Roi, combien ces messieurs sont modérés, tout comme leurs soldats qui pillent, égorgent et brûlent tout. » (*Correspondance*, n° 21423, Napoléon au prince Cambacérès, archichancelier de l'Empire, La Ferté-sous-Jouarre, 3 mars 1814.)

tenaient Mosloy. Le corps de Kleist était à Neuilly-Saint-Front; celui d'York, un peu plus en arrière, à Rocourt et Armentières; les Russes de Kapsewitch au nord de Neuilly sur la rive droite de l'Ourcq, et la cavalerie du général Korff derrière Neuilly.

A 10 heures du matin, l'avant-garde française débouchait en vue de Passy, au moment où le convoi se mettait en mouvement et où les troupes faisaient leurs préparatifs pour commencer à midi le mouvement sur Buzancy. Le colonel von Blücher se maintint à Passy jusqu'à ce qu'il eût vu, par le déploiement des troupes françaises, qu'il ne s'agissait pas d'une simple reconnaissance. Pendant que l'on se hâtait de faire filer au plus vite les convois de Nanteuil et de Billy-sur-Ourcq, pendant qu'on cherchait à presser la marche des troupes à travers les défilés, le colonel von Blücher avait commencé à se replier, lentement et en bon ordre, sous le feu de l'artillerie française[1]. Il s'arrêta à hauteur des renforts que Kleist lui avait envoyés.

A la première nouvelle de l'engagement, la réserve de la cavalerie du IIe corps était venue s'établir à sa droite, à l'ouest et en avant de Neuilly-Saint-Front; la cavalerie russe du général Korff avait traversé l'Ourcq à gué et s'était déployée à sa gauche. A 500 mètres en arrière de ces 6,000 chevaux, la 9e brigade occupait un petit bois; un bataillon et deux batteries avaient pris position près d'une ferme à 200 mètres au nord de ce bois. La brigade du général von Pirch I était en réserve derrière ce bois.

Plus en arrière, l'infanterie de Kapsewitch occupait Nanteuil-sur-Ourcq; son artillerie en batterie sur les hauteurs de la rive droite était prête à balayer le pont de Vichel et les gués de l'Ourcq, couvrant ainsi la retraite des troupes encore postées aux environs de Neuilly.

Arrivés à hauteur du bois de Neuilly, les maréchaux, en apercevant cette longue ligne de cavalerie, s'arrêtèrent un instant pour laisser à leur infanterie le temps de se déployer et poussèrent vers leur droite, la cavalerie de Doumerc avec l'ordre de tourner la gauche de Kleist.

---

[1] Von Hagen, *Historique du régiment de dragons de la Nouvelle-Marche* n° 3.

Malheureusement cette cavalerie ne trouva pas de chemin pour opérer vivement son mouvement. Par suite elle ne rendit aucun service. L'infanterie française, au contraire, avait rapidement effectué son déploiement et s'avançait maintenant sous la protection de son artillerie.

Les escadrons russes et prussiens se maintinrent en position jusqu'à ce que les voitures et les troupes eussent dépassé le défilé de Neuilly. La belle tenue de ces escadrons mérite d'être signalée. Chargée de couvrir la retraite des corps en marche derrière elle, cette cavalerie resta immobile sous un feu meurtrier sans oser cependant tenter une charge, parce qu'un insuccès aurait pu compromettre la retraite de Kleist et acculer le IIe corps au pont de l'Ourcq. Entre 3 et 4 heures, le défilé était enfin libre et les troupes engagées se mirent en retraite. L'infanterie française continuait à s'avancer, attendant pour s'engager à fond l'entrée en ligne de Doumerc; mais lorsque ces escadrons arrivèrent, il était déjà trop tard; l'aile gauche de Kleist avait repassé le pont de Neuilly, se dirigeant sur Nanteuil et sur Vichel, et le feu des bateries russes de la rive droite de l'Ourcq vint ralentir les progrès et contrarier la marche de l'infanterie de Marmont qui essayait de joindre les troupes du IIe corps.

A 5 heures, Kapsewitch recevait à son tour l'ordre de quitter ses positions. Il effectua sa retraite sous la protection d'une batterie à cheval couverte par des tirailleurs. Les Français, après avoir canonné l'artillerie russe, traversèrent l'Ourcq et auraient réussi à enlever la batterie sans une charge des régiments de dragons de la Nouvelle-Russie et de Kargopol[1]. La cavalerie de Korff passa la nuit aux environs de Billy-sur-Ourcq masquant le mouvement et couvrant la position des corps de Kleist et de Kapsewitch qui ne dépassèrent pas Parcy.

« Tous les rapports s'accordent à dire, ainsi s'exprime Marmont[2] dans sa dépêche à Grouchy, que l'ennemi s'est retiré sur Oulchy-le-Château; mais le projet qu'il avait formé paraît avoir

---

[1] Journal d'opérations du général Kapsewitch. La cavalerie russe perdit à Neuilly 336 hommes.

[2] Marmont à Grouchy, Neuilly-Saint-Front, 3 mars, 8 heures du soir. (*Archives de la guerre.*)

été changé par le mouvement de Sa Majesté[1]. Les masses que nous avions devant nous se sont retirées par la route de Soissons. Nous avons vu des colonnes qui avaient marché sur Oulchy, rétrograder ce soir pour prendre la route de Soissons. C'est donc certainement sur Soissons que l'ennemi opère sa retraite. Je compte que vous allez nous appuyer. Donnez-moi de vos nouvelles. Je serai demain au jour en marche pour poursuivre l'ennemi et en avoir ce que je pourrai. »

Marmont avait bien vu : l'armée de Silésie filait en toute hâte sur Soissons; mais ce changement de direction n'était pas dû au mouvement de l'Empereur[1].

La mollesse, la pusillanimité d'un général avaient, dans le courant de cette journée, livré à l'ennemi une place susceptible de se défendre au moins pendant 48 heures. La faiblesse d'un homme avait, d'un trait de plume, remis en question le sort de toute une campagne, compromis la destinée et la fortune de la France.

Bien qu'on ait depuis lors vainement essayé de le contester, il fallait que Blücher lui-même eût trouvé la situation de son armée exceptionnellement critique, pour qu'il se fût décidé, aussitôt après avoir donné les ordres de retraite vers l'Aisne, à se rendre de sa personne à Buzancy.

Mécontent du parti pris par Bülow et Winzingerode, ne doutant plus, après la réception des dépêches du général russe, de l'insuccès du coup de main tenté contre Soissons, le feld-maréchal, pour la première fois peut-être dans le cours de sa longue carrière, avait quitté ses troupes au moment où elles étaient déjà engagées, pour venir sur ses derrières régler en personne l'écoulement de ses colonnes et de ses bagages, choisir un point de passage, surveiller et hâter l'établissement d'un pont. Il est donc de toute évidence que, le 3 au matin, Blücher se voyant sur le point d'être rejoint et atteint par les maréchaux et par l'Empe-

---

[1] Le comte Nostitz, dans son *Tagebuch*, nous dit en effet : « Pendant qu'on continuait à marcher le 3, on reçut l'heureuse nouvelle de la capitulation de Soissons, ce qui décida le feld-maréchal à se diriger sur cette ville. » Il résulte en outre des pièces C 13, V 24 et C 21, I, P° 101 des Archives de Berlin, que Blücher, qui d'Oulchy-le-Château se proposait de se replier sur Fismes, porta son armée entière sur Soissons dès qu'il eut reçu l'avis de Bülow lui annonçant que cette place avait ouvert ses portes.

reur, ne se croyant pas assez fort pour leur résister entre la Marne et l'Aisne avec une armée épuisée par les marches et les privations, démoralisée par trois jours de combats désavantageux, déçu dans son espoir d'opérer sa jonction à Oulchy avec les 45,000 hommes de Bülow et de Winzingerode, n'avait qu'une pensée, qu'une préoccupation : celle de mettre au plus vite l'Aisne entre ses corps et les troupes françaises.

Y fût-il parvenu sans la reddition de Soissons et bien qu'il disposât d'équipages de pont en nombre suffisants pour jeter plusieurs ponts sur l'Aisne, c'est ce que nous allons examiner maintenant.

Siège et capitulation de Soissons. — Ne prêtant qu'une oreille distraite aux nouvelles, envoyées de Château-Thierry par Tettenborn [1], bien qu'elles fussent de nature à le rassurer momentanément sur ce qui se passait à sa gauche, Blücher donne un libre cours à son irritation contre Bülow et surtout contre Winzingerode. Il se dispose à faire retomber sur ce général la responsabilité des désastres qu'il prévoit et qu'il redoute, lorsqu'un mot de Bülow lui apprend dans l'après-midi à Buzancy que Soissons a capitulé le matin.

Il est désormais inutile de jeter un pont à Vailly ou à Venizel, on dispose de celui de Soissons. Non seulement l'armée de Silésie pourra atteindre la rive droite de l'Aisne ; mais, protégée et couverte par la tête de pont de Soissons, elle va se rallier, se

---

[1] Tettenborn, après avoir donné le 28 février contre la cavalerie française à Fère-Champenoise, avait côtoyé les mouvements de l'Empereur. Dès qu'il eut acquis la certitude du passage de l'armée impériale à La Ferté-sous-Jouarre, il résolut de la suivre sur la rive droite de la Marne et se dirigea, comme nous l'avons dit, sur Château-Thierry et, de là, sur Dormans où il passa la rivière. Le 4 mars, Tettenborn était à Fismes sur les derrières de Napoléon ; il communiquait de là avec Saint-Priest en marche de Châlons sur Reims. Entre temps, il avait adressé à Blücher la dépêche suivante : « J'ai l'honneur de faire connaître à Votre Excellence que, d'après les rapports qui me sont parvenus, l'empereur Napoléon, dont j'ai suivi et côtoyé la marche, n'a avec lui que la jeune et la vieille gardes. J'affirme à Votre Excellence que l'effectif total de ces troupes est au plus de 30,000 hommes. Le moment me paraît d'autant plus favorable pour prendre l'offensive que les troupes françaises ont fait environ dix lieues par jour et sont très fatiguées. Votre Excellence peut accorder d'autant plus de créance à ces renseignements que je n'ai cessé de suivre l'ennemi de très près et de l'observer, et que mes partis lui ont fait un assez grand nombre de prisonniers. »

refaire et se reposer. La situation a changé, du tout au tout, d'un moment à l'autre. Il ne reste plus au feld-maréchal qu'à envoyer au plus vite de nouveaux ordres qui dirigent son armée sur cette place ; toutefois, en raison même du combat de Neuilly-Saint-Front, ses différents corps seront dans l'impossibilité de s'y conformer entièrement.

Lorsque Winzingerode, venant de Reims, et Bülow, arrivant de Laon, apparurent simultanément devant Soissons, sur les deux rives de l'Aisne, dans la matinée du 2 mars, la place n'avait pour toute garnison que 700 hommes du régiment de la Vistule, 140 artilleurs et 80 éclaireurs de la garde. La brigade d'Orléans, aux ordres du colonel Chabert, désignée pour renforcer cette garnison, n'était pas encore arrivée de Paris, et les deux bataillons de garde nationale mobile de la Seine qui auraient pu y entrer, s'étaient arrêtés en route à la vue de quelques cosaques, parce que deux de leurs compagnies, fortes de plus de 200 hommes, s'étaient laissé prendre sans tirer un coup de fusil par 40 cosaques, près de la porte de Verte-Feuille, au débouché de la forêt de Villers-Cotterets.

Malgré toute l'importance que l'Empereur n'avait cessé d'attacher à Soissons depuis le début de la campagne, et surtout depuis qu'on avait réoccupé cette ville, malgré les ordres incessants qu'il avait renouvelés à tout instant, l'incurie de l'administration centrale était telle que l'artillerie (20 pièces), qu'on y envoya le 22 février, y arriva sans munitions.

Depuis le 21 février, l'Empereur avait eu beau réitérer les ordres de mettre Soissons dans le meilleur état de défense, on y manquait d'ouvriers, d'officiers du génie et d'argent. On se borna à amener les pièces sur les remparts et à faire les réparations les plus indispensables. L'Empereur avait recommandé par-dessus tout de démolir les auberges et les maisons qui, situées en dehors de l'enceinte, avaient gêné la défense et abrité les troupes de l'attaque lors du premier siège et de disposer des fourneaux de mine sous les piles du pont de pierre. On se contenta d'abattre quelques maisons et l'on trouva superflu de miner le pont.

Toutes ces fautes, qui devaient être si chèrement payées, auraient pu être évitées, si Clarke avait racheté ses négligences en donnant au moins à la place, comme le lui avait demandé son propre aide de camp, Muller, un commandant habile et résolu.

Parmi tous les généraux auxquels il pouvait confier un poste aussi difficile et aussi important, le duc de Feltre choisit malheureusement celui qui convenait le moins à une mission aussi importante. Au lieu de désigner un officier dont l'énergie et la fermeté lui fussent bien connues, il commit l'incompréhensible et criminelle erreur d'appeler à des fonctions aussi difficiles un général qu'on aurait dû traduire en conseil de guerre pour la conduite qu'il avait eue à Auxerre. « Le général Moreau, dit le général Allix dans ses *Souvenirs politiques et militaires*, commandait sous mes ordres à Auxerre, dans les premiers jours de février 1814. Il avait avec lui environ 300 hommes d'infanterie, la garde nationale d'Auxerre et la gendarmerie de l'Yonne. Je lui avais donné ordre de tenir à Auxerre, coûte que coûte. Il évacua cette ville, emmenant avec lui la gendarmerie, sans se soucier de son infanterie, qui fut impitoyablement sabrée par les troupes du général autrichien prince Maurice de Liechtenstein. Il quitta Auxerre sans même me donner avis de sa retraite, et se rendit à Paris par Montargis et Nemours. Je ne sais quel rapport il fit au ministre de la guerre ; mais bien certainement, si le ministre eût connu la conduite de ce général à Auxerre, il ne l'aurait pas envoyé commander à Soissons. »

C'était à ce général vantard et pusillanime, qui venait de donner à Auxerre la mesure de ce qu'il valait ; à ce général qui, après avoir déclaré au parlementaire reçu à Auxerre, dès l'apparition des premiers coureurs de Liechtenstein, qu'il tiendrait jusqu'à la mort, n'avait pas craint d'ajouter que, s'il lui était impossible de se rendre à 100 chevaux, il verrait ce qu'il aurait à faire lorsqu'un corps plus considérable serait devant lui ; à ce général qui avait lâchement abandonné et la ville qu'il était chargé de défendre et la garnison placée sous ses ordres, qu'un ministre de la guerre, induit en erreur par ses belles paroles et ses faux rapports, non content de lui avoir décerné des éloges immérités, confiait un poste d'honneur. C'était un semblable officier qu'un inexcusable aveuglement et qu'une coupable faiblesse allaient rendre l'arbitre du sort d'une armée, des destinées d'un pays.

Et comme le Moreau de Soissons devait faire oublier le Moreau d'Auxerre, il semble que, par une cruelle ironie, la Providence ait tenu à fixer à tout jamais, et du même coup, le souvenir de l'impardonnable erreur du ministre et la trace indélébile des criminelles défaillances de l'homme qui livra Soissons, en inspirant au duc de Feltre cette phrase tristement prophétique, que nous retrouvons dans son *Instruction* à Moreau : « J'ai lieu d'être persuadé que vous saurez défendre cette ville intéressante avec la vigueur et l'énergie que vous avez montrées pour la défense de la ville d'Auxerre. »

Un pareil homme n'était pas fait pour s'inquiéter beaucoup des mesures qu'il y avait lieu de prendre pour compléter la mise en état de défense de la place, et de ce qui se passait aux portes mêmes de Soissons. Alors que par une singulière coïncidence, Clarke, écrivant le 2 mars à Marmont, lui disait : « J'ai des craintes pour Compiègne et surtout pour Soissons qui, quoique munie de quelque artillerie, n'a pas encore reçu toute la garnison dont elle a besoin. La capitulation de La Fère complique la situation de cette place, » Moreau ne soupçonnait même pas le danger qui le menaçait. Les avis ne lui avaient cependant pas fait défaut. Bien que les nouvelles parvenues à Soissons dans les derniers jours de février eussent jeté l'alarme et la consternation dans la population, la dernière dépêche qu'il adressa à Paris, le 2 au matin, quelques instants avant d'être investi, ne reflétait en aucune façon les préoccupations bien légitimes qu'aurait eues à sa place tout commandant de place ayant conscience de la grandeur de sa responsabilité et de l'importance de sa mission. Au moment où Bülow et Winzingerode n'étaient plus qu'à quelques kilomètres de lui, il annonçait au ministre que le parti de hussards prussiens, qui était le 1er mars sur la route de Villers-Cotterets (il s'agit là de l'escorte du major von Brünneck), n'était « qu'un petit détachement envoyé pour lier correspondance *avec Bülow qui est, dit-on, du côté de Laon* », et il lui demandait un renfort de 200 chevaux « pour pouvoir éclairer la place et enlever les coureurs »[1].

Quelques instants plus tard, les avant-gardes de Bülow et de Winzingerode débouchaient en même temps, au nord, par la route de Laon, à l'est par celle de Reims.

Pendant que les Prussiens de Bülow se déployaient dans la plaine de Crouy, que les Russes prenaient position à cheval sur

---

[1] Moreau au Ministre, Soissons, 2 mars. (*Archives de la guerre.*)

la route de Reims, leur droite à la rivière, 300 Polonais allaient garder les remparts du côté du nord (porte de Laon) ; 300 autres s'établissaient sur la face sud, vers la porte de Reims. Les 100 autres et les 80 éclaireurs de la garde restaient en réserve au centre de la ville. La garde nationale fournissait les postes intérieurs.

A 10 heures et demie, la place ouvre le feu et salue de ses projectiles un groupe de cavaliers russes qu'on a aperçus du côté de la route de Reims. Un parlementaire, envoyé par les Russes, est éconduit, et leurs batteries commencent à canonner l'artillerie de la place qui, quoique incomplètement abritée et insuffisamment servie, riposte de son mieux, malgré les pertes qu'elle subit. Deux attaques, l'une tentée par les Russes du côté du faubourg de Crise, l'autre exécutée par les Prussiens du côté de Saint-Crépin, ont toutes deux échoué. Mais si la journée avait coûté à la garnison 23 tués et 120 blessés, parmi lesquels se trouvait le colonel Kosinsky, commandant le régiment de la Vistule, le soir était venu sans que les Alliés, dont les troupes investissaient maintenant Soissons, eussent remporté le moindre avantage, sans que le bombardement eût produit le moindre effet. Déçus dans leur espoir d'enlever Soissons par un coup de main, inquiets de la tournure que faisait prendre à leurs affaires une résistance qui paraissait devoir se prolonger, alarmés par le bruit du canon qu'ils avaient entendu dans la direction d'Oulchy et qui se rapprochait à tout instant, les généraux alliés résolurent, avant de lever le siège, d'obtenir par l'adresse et l'intimidation ce qu'il leur avait été impossible d'enlever de vive force.

C'est aux *Mémoires manuscrits* du général-major russe, baron Woldemar Löwenstern [1], aux souvenirs de l'homme qui joua un si grand rôle dans cette nuit néfaste et mémorable que nous empruntons textuellement les pages qu'on va lire :

« Les généraux Bülow et Winzingerode s'étaient dirigés le 1ᵉʳ mars, l'un de Reims, l'autre de Laon, sur Soissons. De la reprise de cette ville dépendait non seulement leur propre jonc-

---

[1] Annexe 19 de BERNHARDI, *Denkwürdigkeiten aus dem Leben des kaiserlichen-russischen Generals von der Infanterie C. F. Grafen von Toll.*

tion avec l'armée de Silésie, mais avant tout le salut même de cette armée.

« On reconnut alors, mais trop tard, la faute qu'on avait commise en abandonnant sans raison Soissons que Tchernitcheff avait si brillamment enlevé.

« Il s'agissait maintenant de reprendre cette ville à tout prix et Winzingerode, toujours beau parleur tant qu'il s'agissait de dispositions à prendre, mais toujours mou quand on en venait à l'exécution, fit préparer à Reims des échelles qu'il traîna à la suite de ses troupes et qui devaient lui servir à une escalade dans le cas où la ville refuserait de capituler.

« La forteresse était à peu près dans le même état qu'à l'époque où elle tomba entre les mains de Tchernitcheff. La garnison était même moins nombreuse, mais elle se composait en revanche de soldats aguerris, durs à la fatigue, indifférents au danger. L'artillerie était plus forte et bien servie. Le général Moreau commandait dans la place et avait sous ses ordres la légion de la Vistule (tous vieux soldats à la tête desquels était le colonel Kosinsky) et quelques dépôts d'infanterie française [1].

« Nous passâmes la nuit à Fismes et parûmes devant Soissons à 4 heures de l'après-midi.

« Le général Winzingerode prit position sur la route de Reims, à peu de distance d'un cimetière.

« Le comte Woronzoff était chargé d'investir la place.

« Cependant, avant de rien entreprendre de sérieux, le général Winzingerode crut utile de m'envoyer en parlementaire sommer le commandant de se rendre.

« Le général Bülow tenta une semblable démarche sur l'autre rive de l'Aisne. On ne reçut pas son parlementaire et je ne fus pas plus heureux.

« Je réussis cependant à arriver jusqu'à l'entrée du faubourg de Reims et à m'entretenir un instant avec le colonel Kosinsky. Cet officier me déclara formellement que non seulement le général Moreau ne capitulerait pas, mais qu'il était de plus décidé à n'entrer en pourparlers avec qui que ce soit. Il m'invita par suite

---

[1] Il n'y avait pas de dépôts à Soissons lors du deuxième siège.

à m'éloigner au plus vite de ses avant-postes, afin de ne pas le contraindre à faire tirer sur moi.

« Malgré le caractère impératif et formel de cette communication, j'eus néanmoins le temps de faire remarquer au colonel que la garnison avait devant elle deux corps d'armée d'un effectif total de 60,000 hommes, et je m'efforçai de lui démontrer l'inanité et la folie d'une tentative de résistance dans de pareilles conditions.

« Je fis intentionnellement ces remarques à haute voix, afin d'être entendu par le poste de garde, comptant bien que ces paroles seraient ensuite répétées et contribueraient à abattre le moral de la garnison. Le colonel, qui devina vraisemblablement mon intention, fit apprêter les armes et je n'eus que le temps de le saluer et de lui crier : « A demain ! » Ce à quoi il répondit : « *Au plaisir de vous revoir !* » et je revins à un bon galop au quartier général de Winzingerode, qui attendait mon retour avec la plus vive impatience.

« Dès qu'il eut connaissance de la réponse, il ordonna d'attaquer le faubourg.

« Le comte Woronzoff qui, avec son activité habituelle, avait déjà pris toutes ses mesures, ouvrit aussitôt le feu et attaqua avec une brigade de chasseurs le faubourg qu'il enleva, mais qu'il dut évacuer pendant la nuit.

« Le feu partant des remparts était très vif et ne cessa qu'à la tombée de la nuit.

« Pendant que je m'entretenais avec le général Winzingerode, je fus touché par une balle qui, traversant mon manteau et mon uniforme, s'amortit sans me faire aucun mal. Le plus singulier de cette aventure c'est que pareille chose arrivait presque au même moment au colonel Kosinsky avec lequel j'avais parlé peu de temps auparavant.

« Comme la nuit était des plus obscures, le général Winzingerode ordonna d'évacuer les faubourgs. Établissant la chaîne de ses avant-postes à peu de distance de ces faubourgs, il installa son quartier général dans un village situé à proximité de la route de Reims.

« J'étais accablé de fatigue et dès que j'eus réussi à me procurer quelques bottes de paille, je m'endormis profondément.

« Mon repos ne devait pas être de longue durée. A une heure

du matin, un aide de camp de Winzingerode vint me chercher. Les principaux officiers étaient réunis en conseil chez le général. J'y trouvai avec le général Winzingerode, le comte Woronzoff, Alexandre Benkendorff, le comte Orurk et le général Renny.

« On venait de recevoir des nouvelles du feld-maréchal Blücher; il faisait connaître qu'il était vivement pressé par les Français, qu'on devait à tout prix s'emparer de Soissons et que le pont seul de cette ville pouvait assurer le salut de son armée. Grâce à ce pont, il lui serait possible de traverser l'Aisne et d'opérer sa jonction avec Bülow [1].

« Il fallait donc, à tout prix, et dès la pointe du jour enlever la ville, même d'assaut, dans le cas où il n'y aurait pas d'autre moyen de s'en rendre maître.

« A la suite des communications faites par Winzingerode, le conseil de guerre avait décidé: qu'avant de recourir au moyen suprême, l'assaut, il y avait lieu d'envoyer encore un parlementaire au commandant et de tenter ensuite l'escalade, si celui-ci refusait à capituler.

« Je fus, sur la proposition du comte Woronzoff, désigné pour cette mission. On me fit l'honneur de penser que j'avais l'esprit nécessaire pour conduire à bonne fin cette difficile et périlleuse négociation.

« Après m'avoir littéralement écrasé sous le poids de ces éloges qu'on prodigue toujours à ceux dont on a besoin, de ces éloges qu'on oublie d'ailleurs un quart d'heure après, le général Winzingerode me dépeignit en détail la situation dangereuse et critique dans laquelle se trouvait Blücher. Il me donna pleins pouvoirs pour signer une capitulation aux conditions que je trouverais bonnes et me recommanda avant tout de faire diligence.

« Comme je faisais remarquer qu'on pourrait bien ne pas me

---

[1] Il est bon de faire remarquer qu'il résulte d'une lettre même de Winzingerode en date du 3 mars, à 3 heures du matin, qu'au moment où se tenait ledit conseil de guerre, ce général n'avait reçu *directement* aucune nouvelle de Blücher; il avait seulement appris indirectement que l'armée de Silésie se retirait par Oulchy, et personne ne lui avait donné d'ordres se référant à Soissons. Le major von Brünneck était le dernier officier prussien avec lequel il eût communiqué ; mais en revanche, Winzingerode — sa lettre à Blücher du 3 mars, à 5 heures du matin, en fait foi — avait eu connaissance de la retraite de l'armée de Silésie et, comme Bülow, il avait remarqué que la canonnade s'était rapprochée d'eux pendant toute la journée du 2 mars.

recevoir de nuit, par cela même qu'on avait refusé de m'accueillir de jour, les généraux Winzingerode et Woronzoff me firent des compliments interminables sur mon habileté et conclurent en affirmant que le salut de l'armée de Blücher et la vie de plusieurs milliers de braves soldats qu'on sacrifierait en donnant l'assaut, dépendaient de la réussite de ma mission, et que je devais, par suite, tout mettre en œuvre pour parvenir jusqu'au commandant, le convaincre et l'amener rapidement à capituler.

« Je me mis en route, mais sans avoir d'autre espoir que dans ma bonne étoile. Je n'avais pu arriver à me faire une ligne de conduite tracée à l'avance ; je m'abandonnai aux événements, au hasard, me promettant de profiter de toute occasion, de la saisir aux cheveux et d'ouvrir les yeux et les oreilles. La nuit était sombre ; une neige à moitié fondue tombait à gros flocons. Je me fis accompagner par mon brave *ouriadnick* (maréchal des logis des cosaques) Jelatinzoff et par un trompette que je pris en passant chez le comte Orurk.

« Après avoir essuyé plus d'un coup de feu parti des avant-postes qui tiraient aussitôt après avoir crié : *Qui vive?* j'arrivai heureusement à une grand'garde commandée par un officier. L'officier, reconnaissant en moi un parlementaire, me reçut avec une aimable cordialité et me pria d'excuser ses hommes qui, à cause de l'obscurité, avaient tiré sur moi. Les ténèbres étaient, d'ailleurs, si épaisses que l'on ne voyait pas à deux pas devant soi. Comme j'exprimai le désir d'être conduit auprès du général Moreau en montrant la lettre que j'avais à lui remettre [1], l'officier m'exprima tous ses regrets de ne pouvoir se rendre à mes souhaits, et me répéta qu'il avait reçu l'ordre formel de renvoyer tout parlementaire.

« Ce jeune officier avait une très jolie figure pleine de douceur, une tournure distinguée et élégante, que venait rehausser une exquise politesse. C'était un Polonais, fils d'un pharmacien de

---

[1] La lettre de Winzingerode était conçue en ces termes :
« Devant Soissons, 3 mars. — « Avant de donner l'assaut, pour sauver la ville des horreurs du pillage et du massacre, je propose à Monsieur le général commandant à Soissons de rendre la ville à l'armée combinée du nord de l'Allemagne. L'honneur militaire ne commande pas une résistance contre une force aussi disproportionnée et dont les suites immanquables resteront toujours à la responsabilité du commandant. »

Varsovie. Je regrette vivement d'avoir oublié son nom ; j'aurais eu grand plaisir à rendre officiellement hommage à son urbanité. Il était loin de se douter du rôle significatif qu'il allait jouer dans ce drame. Après sa réponse catégorique, il ne me restait plus qu'à retourner sur mes pas et à dire au conseil de guerre rassemblé : « Eh bien ! à l'assaut ! »

« Cependant, je n'étais guère pressé d'avoir recours à ce moyen extrême, si plein de risques et d'horreur, et comptant toujours sur le hasard qui m'a tant de fois mieux servi que les combinaisons les plus étudiées, sans savoir comment je m'y prendrais, je crus devoir réfléchir sur ce qui me restait à faire. Je cherchai à tirer parti de l'amabilité de l'officier polonais et lui dis, afin de gagner du temps : « Eh ! bien, puisque vous avez des ordres for-
« mels, force m'est de m'incliner devant eux ; mais, en cama-
« rade, vous ne sauriez me refuser de me laisser me chauffer un
« instant, car je suis transi de froid. Et comme je n'ai rien
« mangé de la journée, je vous demanderai de me donner un
« verre de liqueur et un morceau de pain. »

« Pendant que je parlais, je tirai de ma poche un double louis et le priai d'envoyer à la ville un homme qui me rapporterait de l'auberge la plus proche la liqueur et le pain demandés. J'ajoutai une pièce de cinq francs pour le voltigeur chargé de la commission. L'officier, trompé par la simplicité et la sincérité apparente de ma demande, y accéda. Je pensai que le soldat ne manquerait pas de causer en ville, qu'on le mènerait au poste de la place, que le chef de ce poste rendrait compte de l'événement et que le commandant, informé de ma présence, chercherait peut-être à savoir, au moins indirectement, ce dont il s'agissait. Ma bonne étoile se chargerait, à mon idée, de faire le reste.

« Ma ruse réussit au delà de ce que j'avais espéré. Le voltigeur revint au bout d'une heure avec les bouteilles. Nous en bûmes une partie et je distribuai le reste à la troupe, que ce présent mit de bonne humeur. On pense bien que je buvais lentement ; je bourrais doucement ma pipe et, tout en fumant, je parlais à l'officier de choses indifférentes, de Varsovie, de la Pologne, de ses parents, de ses campagnes, me gardant bien de dire un mot de ma mission.

« Mais tout doit avoir une fin et je me préparais à abandonner la partie, lorsque j'entendis le pas d'un cheval et vis arriver un officier qui semblait faire une ronde, mais qu'à son uniforme je reconnus pour un aide de camp.

« Cet officier but un verre de liqueur avec nous et, dans la conversation qui s'engagea entre le jeune Polonais, lui et moi, je ne manquai pas de lui exposer que leur situation était désespérée. Il faut croire que je réussis à faire partager ma manière de voir au nouveau venu, car, quelques instants après, l'aide de camp, me voyant prêt à partir, se leva et me pria de retarder mon départ jusqu'au moment où il aurait pu faire connaître ma présence et l'objet de ma mission au commandant.

« Cette requête me remplit de joie; je ne me la fis pas adresser une deuxième fois et l'aide de camp, en s'en allant, emporta la lettre du général Winzingerode. Il revint peu après me dire que le général Moreau consentant à me recevoir, il avait ordre de me conduire en ville si je voulais me laisser bander les yeux. On me plaça entre deux gendarmes, *et vogue la galère !*

« Je ne pouvais rien voir, car le bandeau était bien mis, mais je comptais bien prendre ma revanche et les aveugler à leur tour. Quand j'entendis abaisser le pont-levis donnant accès dans la place, je ne doutai plus de la réussite de ma mission ! »

Löwenstern, parti dans la nuit du quartier général de Winzingerode, arrêté à l'entrée de Soissons par les postes français, ignorait que, le 2 mars à 11 heures du soir, Moreau avait déjà eu une entrevue avec le parlementaire prussien. Après une conversation de quelques instants, le commandant de Soissons avait déclaré au capitaine Martens qu'il était disposé à se défendre jusqu'à la dernière extrémité, et que, du reste, il lui était de toute façon impossible de répondre à des propositions verbales présentées par un officier dont aucune pièce authentique n'établissait la mission ni le vrai caractère.

Introduit après Martens, Löwenstern ne pouvait pas savoir que cet officier, après son premier entretien avec Moreau, était revenu porteur de la lettre suivante de Bülow :

« Le général von Bülow au général Moreau, commandant à Soissons [1].

---

[1] En français dans l'original.

« Dans la nuit du 2 au 3 mars.

« Monsieur le général,

« Votre Excellence a désiré que je lui écrive au sujet de la proposition que j'avais chargé un de mes aides de camp de vous faire de bouche et, après avoir attendu plus longtemps que je ne m'en étais flatté, je veux bien me prêter à une deuxième complaisance pour prouver à Votre Excellence combien je désirerais épargner le sang inutilement versé et le sort malheureux d'une ville prise d'assaut. Je propose à Votre Excellence, de concert avec le général commandant en chef l'armée russe, de conclure une capitulation telle que les circonstances nous permettent de vous l'accorder et telle que Votre Excellence peut espérer de l'obtenir.

« J'attends la réponse de Votre Excellence avant la pointe du jour.

« Bülow. »

Löwenstern ignorait également qu'après avoir congédié Martens, Moreau avait, à 2 heures du matin, convoqué le conseil de défense.

Déjà ébranlé par les propositions de l'officier prussien, à moitié convaincu de l'impossibilité de sauver Soissons, étourdi par les paroles qu'il venait d'entendre, capitulant déjà avec sa conscience, son honneur et son devoir, Moreau, après avoir pris l'avis des membres du conseil qui, tous, à l'exception de l'adjudant-commandant Bouchard, se prononcèrent pour la continuation de la résistance et la rupture de toute négociation, avait cru nécessaire de monter au petit jour sur la tour de la cathédrale pour contrôler par lui-même l'exactitude des assertions de Martens. Dans la déposition qu'il fit plus tard devant le conseil chargé de le juger, comme dans le rapport qu'il rédigea le 4 mars, il déclara qu'il vit alors que les troupes de l'attaque se montaient à plus de 30,000 hommes et que le feu avait pris déjà sur plus d'un point de la ville.

Ce fut à son retour, au moment où il se proposait de manifester ses craintes, au moment où il n'osait encore parler d'une capitulation à un conseil qui venait de rejeter les premières propositions des Alliés, qu'il reçut la lettre de Winzingerode, remise par Löwenstern à son aide de camp. Quelques instants auparavant on avait chargé Bouchard de rédiger la réponse destinée à Bülow et de lui demander un délai d'au moins vingt-quatre heures. La continuation de la résistance semblait donc être chose décidée, lorsque l'arrivée de Löwenstern remit tout en question et amena un revirement inattendu.

Le colonel russe, auquel nous rendons la parole, a donc à juste titre le droit de revendiquer pour lui la gloire d'avoir arraché à Moreau la capitulation qu'il allait avoir la faiblesse de signer, et à laquelle il n'aurait vraisemblablement pas consenti sans l'intervention déterminante de Löwenstern :

« Le conseil de défense tout entier était réuni chez le général Moreau. Ce général était un homme de 40 à 50 ans, de bonne tenue et de bon ton. Après avoir relu une fois encore la lettre de Winzingerode, il me déclara qu'il lui était impossible de capituler, par cela même qu'il avait sous ses ordres une forte garnison et que ses remparts étaient abondamment pourvus d'artillerie.

« Je reconnais, répondis-je, que vous auriez raison, général,
« de rejeter toute idée de capitulation si nous n'avions que cinq
« fois votre effectif. Votre belle défense d'hier prouve que vous
« êtes aussi habile que brave (les compliments réussissent tou-
« jours avec les Français) ; mais comme la place est assiégée par
« deux corps d'armée, qu'elle doit être attaquée dans une heure,
« ce ne serait plus de la témérité, mais bien un sentiment de bar-
« barie qui vous pousserait à exposer à une perte certaine votre
« brave garnison et les inoffensifs bourgeois de Soissons. La place
« sera enlevée d'assaut, général, n'en doutez pas. Une pareille
« entreprise convient tout à fait au soldat russe. Du reste, tout est
« préparé à cet effet ; dès que j'aurai quitté cette salle, on don-
« nera le signal et tout sera fini pour vous, ce que, pour ma part,
« je déplorerai d'autant plus, que les événements m'auront fait
« connaître aujourd'hui tant de braves gens.

« Remarquant certains symptômes d'inquiétude sur les visages des assistants, je continuai : « Rappelez-vous, général, qu'un
« assaut ne saurait être comparé à une affaire en rase campagne.
« Dans un combat ordinaire, on fait des prisonniers ; quand on
« prend une ville d'assaut, on n'en fait pas et l'on passe tout au
« fil de l'épée. Enfin, comme le soldat a besoin d'être stimulé,
« on lui a promis et on a autorisé le pillage. C'est là la triste,

« mais inévitable conséquence d'une action de ce genre. Je le
« sais bien, général, vous et ces Messieurs, vous méprisez la mort
« que vous avez bravée tant de fois ; mais risquer la vie des
« habitants sans résultat possible, sans chance de salut, c'est là
« assumer une responsabilité que tout brave militaire a le devoir
« de bien peser. »

« Les membres du conseil se regardaient, et je pouvais lire le doute et l'hésitation dans leurs yeux, excepté dans ceux du colonel Kosinsky. Cet officier pensait qu'on devait résister jusqu'au bout et déclara qu'il répondait de sa légion. J'avoue que je ne pus me défendre d'admirer dans mon for intérieur la résolution si noble et si nette de cet officier. Heureusement pour moi, un aide de camp entra à ce moment et appela le colonel, qui fut obligé de s'éloigner pour faire relever les troupes. Lui seul aurait pu gâter mon affaire. Je mis son absence à profit, je tirai ma montre et j'accordai au conseil de défense 10 minutes pour prendre une résolution, ajoutant que, l'assaut devant être donné dans une demi-heure, il m'était impossible de perdre du temps à des pourparlers.

« Je sortis de la salle de séance et n'y rentrai qu'au bout de 10 minutes. Le général Moreau me prit alors à part et me confia qu'il était disposé à capituler, parce qu'il avait pu apprécier à leur juste valeur les motifs et les raisons que j'avais exposés au conseil. Il ajouta que, comme je devais connaître le caractère indomptable de Napoléon, il se verrait forcé de s'ensevelir sous les ruines de la ville si je ne consentais à lui accorder une capitulation honorable [1].

« Après avoir obtenu cet aveu, je poussai rapidement les choses ; un quart d'heure plus tard, les articles étaient rédigés.

---

[1] Lettre de Winzingerode à Moreau, Soissons, 3 mars : « Mon général, je consens aux propositions que vous m'avez faites à condition que mes troupes occuperont sur le champ la porte de Reims et celle de Laon. Vous quitterez la ville, comme vous le désirez, avec les honneurs militaires et deux pièces de canon, leurs ammunitions (sic) et les équipages qui peuvent appartenir aux troupes ; mais vous vous mettrez en marche pas plus tard que 4 heures après midi et vous vous dirigerez sur le chemin de Compiègne.

« Jusqu'à Compiègne, je vous donnerai une escorte de 50 chevaux, tant pour votre sûreté, que pour m'assurer de la direction que vous aurez prise.

« Je vous donne ma parole que tout ce que j'ai l'honneur de vous dire sera exactement observé. »

J'accordai à la garnison le droit de sortir de la place avec armes, bagages et 2 canons, et de se retirer sur Paris par Villers-Cotterets.

« Le général Moreau insista pour emmener 6 pièces; je résistai quelques instants, pour ne pas lui laisser deviner le désir que j'avais de nous voir aussi vite que possible maîtres de la ville, qui, *dans ce moment critique, avait une importance si considérable pour nous.* Je cédai enfin et j'accordai au général Moreau ces 6 bouches à feu, comme témoignage tout particulier d'estime, en ajoutant que cette concession pourrait me coûter cher, parce que j'agissais en cela sous ma responsabilité personnelle et sans avoir été autorisé à faire une pareille concession.

« Pendant qu'on établissait en double expédition le protocole de la capitulation, on annonça au général Moreau qu'un parlementaire prussien se présentait à la porte de Laon et demandait à être reçu. Je priai le général Moreau de le laisser entrer, afin de pouvoir l'informer de la signature de la capitulation, l'inviter à porter ce fait à la connaissance du général Bülow et prévenir de la sorte toute reprise des hostilités.

« Je reconnus alors avec plaisir dans le parlementaire, le major Martens. J'étais loin de penser alors que j'aurais plus tard à me repentir de l'avoir fait entrer et de l'avoir laissé apposer sa signature à la convention que j'avais conclue. Cet officier a, en effet, poussé le manque d'honnêteté et de délicatesse jusqu'à s'attribuer à lui-même tout le mérite de la capitulation. Son nom a été célébré par les Prussiens et par les écrits militaires du temps, et comme chez nous, si l'on agit beaucoup, on écrit en revanche fort peu, on ne me nomma même pas, ce qui, en admettant à la rigueur que nous ayons pris une part égale aux négociations, aurait dû se faire de droit en raison des règlements militaires puisque j'étais déjà un ancien colonel et que le parlementaire prussien venait seulement d'être nommé major.

« Dès que von Martens fut entré, je lui communiquai les articles de la capitulation et l'invitai à en faire part au général von Bülow. De plus, afin que l'exécution de cette convention, qui regardait les Prussiens aussi bien que nous, ne souffrît aucun difficulté, j'invitai le major Martens à signer le protocole avec moi. Je regrette l'urbanité dont je fis preuve, car c'est sur cette signature que Martens a bâti son roman et c'est ainsi qu'il s'est attribué, aux yeux du général von Bülow et de l'armée prussienne, le mérite de la capitulation. J'aurais dû le laisser attendre devant la porte de la ville et me contenter de lui envoyer une copie de la convention; mais je ne songeais qu'à remplir vivement ma mission, et je ne pensais pas que celui que j'avais fait admettre dans la ville oserait pousser l'audace jusqu'à ne pas vouloir partager avec moi la gloire de cette capitulation.

« Enchanté d'avoir atteint mon but, je ne pensais pas à ces bagatelles et, accompagné par un aide de camp du général Moreau, je me hâtai de partir afin de rendre compte au général Winzingerode et d'obtenir de lui la ratification de la convention.

« Tous les généraux réunis au quartier général attendaient mon retour avec une impatience fébrile. Dès que j'eus annoncé au général Winzingerode que la place lui serait rendue dans une heure, il se jeta à mon cou, et son exemple fut suivi par le comte Woronzoff et les autres généraux.

« Lorsque j'en arrivai à dire au général Winzingerode que j'avais outrepassé mes pouvoirs et laissé 6 canons au général Moreau, le comte Woronzoff ne lui laissa pas le temps d'émettre un avis et s'écria :

« Vous auriez pu lui donner, en outre, six de nos propres
« canons, si une pareille concession avait dû le décider à nous
« livrer la place. Ce n'est là que du bronze, tandis que vous
« avez par votre persévérance et votre présence d'esprit, sauvé
« la vie de plusieurs milliers de braves gens. »

« Pendant ce temps, le conseil de défense, à l'exception du lieutenant-colonel Saint-Hillier qui avait été obligé de s'absenter, avait pris connaissance de la réponse de Winzingerode et déclaré que :

« Vu la faiblesse de la garnison et des moyens de la place, vu la force de l'ennemi, considérant que la résistance ne pourrait mettre aucun obstacle aux progrès de l'ennemi, puisqu'il était maître des deux rives de l'Aisne et de la route de Paris et qu'il cernait la place de tous côtés... on écouterait les propositions des parlementaires. »

A 9 heures du matin, les pourparlers étaient terminés et Moreau d'une part, Bülow et Winzingerode de l'autre, avaient apposé leur signature sur la capitulation suivante :

« Aujourd'hui, 3 mars 1814, les portes de Reims et de Laon

seront remises et occupées, la première par un bataillon russe, la deuxième par un bataillon prussien.

« MM. les généraux des deux nations prennent l'engagement de ne pas laisser se répandre dans la ville les militaires des deux nations avant que la garnison française ait évacué la ville, ce qui aura lieu à 4 heures de l'après-midi.

« M. le général Moreau, commandant en chef, emmène avec lui 6 pièces d'artillerie à son choix et tout ce qui appartient à la garnison. »

Tout était irrémissiblement consommé. A la cessation du feu, aux allées et venues des parlementaires, les Polonais avaient compris qu'il se tramait quelque chose d'anormal et deviné les projets de Moreau. Leur exaspération était telle que leurs officiers eurent toutes les peines imaginables à leur faire quitter les portes, qu'aux termes de la capitulation ils devaient céder aux Prussiens et aux Russes. Quant au lieutenant-colonel Saint-Hillier qui n'avait pas assisté à la fin de la séance du conseil, étonné du calme et du silence qui régnaient, il courait s'informer auprès de Moreau, lorsqu'il entendit des tambours battant une marche étrangère et une musique jouant une entrée triomphale. Aux questions qu'il posa à Moreau, le général répondit que « tout était convenu avec Winzingerode qui, par suite d'une erreur du trompette, avait reçu ses propositions au lieu de Bülow et les avait acceptées et que la garnison évacuerait Soissons à 4 heures [1]. »

A ce moment, on percevait distinctement le canon de Marmont; l'exaspération était à son comble, mais il était trop tard, même si on l'eût voulu, pour revenir sur des faits accomplis. Les Alliés occupaient les portes de Soissons. Le temps avait marché et l'heure de l'évacuation avait sonné.

« Je retournai à Soissons, dit encore le colonel Löwenstern, accompagné du colonel Pankratieff, aide de camp de l'empereur Alexandre, chargé de veiller à l'exécution de la capitulation. J'escortai ensuite le général Moreau et la garnison hors de la ville. De là, on entendait le canon de Blücher. Moreau pâlit, me saisit par le bras et s'écria : « Je suis un homme perdu. Vous

---

[1] Saint-Hillier au Ministre de la guerre, prison de l'Abbaye, 7 mars. (*Archives de la guerre.*)

« m'avez trompé : vous avez surpris ma confiance. L'armée de
« Blücher est en pleine retraite. Le bruit du canon se rapproche.
« L'Empereur aurait jeté cette armée dans l'Aisne si je n'avais
« pas capitulé. Il me fera fusiller. Je le sens. Je suis un homme
« perdu. Il n'y a plus de salut pour moi. Jamais Napoléon ne me
« pardonnera d'avoir rendu la ville dans un pareil moment. »

« J'étais réellement ému de la douleur du général, mais je dois avouer en conscience qu'il m'était impossible de trouver une excuse à sa conduite. Il aurait pu se faire une belle page dans l'histoire; mais il n'avait pas compris l'importance de Soissons, il n'avait pas compris qu'il y avait là de quoi arrêter et peut-être anéantir l'armée de Blücher. Il n'avait songé qu'à sauver sa garnison. Il avait cru faire œuvre aussi honorable qu'utile en rendant la ville pour conserver à Napoléon des troupes dont l'Empereur avait grand besoin et à la tête desquelles il comptait aller le rejoindre.

« *La garnison française était à peine sortie de la ville que les colonnes de l'armée de Silésie y arrivaient dans un assez grand désordre. Qu'aurait fait le feld-maréchal Blücher s'il avait trouvé les portes fermées et la ville défendue par un commandant décidé à tenir jusqu'à la dernière extrémité ?* »

C'est à l'aide des rapports mêmes des généraux alliés que nous essayerons de répondre à la question du colonel de Löwenstern, après avoir toutefois résumé préalablement les mouvements exécutés par les quatre corps de l'armée de Silésie dans l'après-midi du 3 mars.

Mouvements de l'armée de Silésie dans l'après-midi du 3 mars. — Un peu après midi, la nouvelle de la reddition de Soissons était parvenu à Blücher, à Buzancy, et le feld-maréchal fit aussitôt établir les nouveaux ordres qui modifiaient la direction de marche de ses corps et l'heure même de leur mise en route. Les bagages continueront à prendre sur Fismes et passeront l'Aisne à Berry-au-Bac. L'armée de Silésie, formée en deux colonnes, les corps russes à l'aile gauche, les corps prussiens à l'aile droite, se dirigera sur Soissons et ira bivouaquer en arrière de la ville sur la route de Laon. La cavalerie couvrira la marche et traversera la dernière cette ville avec les quatre bataillons d'arrière-garde qu'York laissera en position à Noyant.

Quoique Bülow ait eu la précaution de procéder, dès l'après-midi du 3, à l'établissement d'un pont volant vis-à-vis de Saint-Crépin-le-Grand, au-dessous du chemin de Saint-Médard à l'Aisne, afin de faciliter l'écoulement de l'armée et de son artillerie par le pont de pierre, quoique les corps de Sacken et d'York eussent commencé leur mouvement bien avant les heures fixées par le premier ordre du feld-maréchal (4 heures pour le corps Sacken), seule l'avant-garde de Sacken atteignit, avec Blücher, Soissons avant la fin du jour. Le reste de ces deux corps arriva seulement dans la nuit, et dans un état de dissolution que les panégyristes de Blücher ont vainement essayé de contester, mais qui est manifestement établi par les documents officiels, par les rapports des généraux russes et prussiens.

C'est d'abord le témoignage du général Renny, chef d'état-major du général Winzingerode, que nous allons invoquer en citant les premières pages de ce rapport daté du bivouac près de Laon, le 8 mars 1814, et que ce général adressa (en français) au prince Wolkonsky[1] :

« Instruit de la marche du maréchal (Blücher) sur Meaux et de la direction qu'avait prise Napoléon de Troyes sur Sézanne, nous sommes convenus, *moi et le général Bülow, de nous porter sur Soissons et de nous emparer de cet endroit pour assurer la retraite du maréchal.*

« Arrivés devant Soissons, le soir du 2 mars (nouveau style), par la rive gauche de l'Aisne, de Reims sur Fismes, nous avons commencé à bombarder la ville le même jour, tandis que l'avant-garde du corps de Bülow, arrivée de l'autre côté du chemin de Laon, *a secondé notre attaque.*

« Tout était préparé pour l'assaut qui devait se faire *le lendemain des deux côtés à la fois, lorsque la nuit nous sommes instruits du mouvement rétrograde du maréchal vers cet endroit et de la vivacité que l'ennemi met à le poursuivre. N'ayant qu'un mauvais pont qui n'était pas achevé même pour le passage de l'Aisne et cela à Vailly, il devenait d'une nécessité urgente de nous procurer, par la prise de la ville, le pont en pierre qui s'y trouve et c'est pourquoi, pour être plus sûrs de la chose, nous*

---

[1] Rapport du général Renny au prince Wolkonsky, du bivouac près de Laon, 8 mars 1814. (*K. K. Kriegs Archiv.*, III, 157.) *Rapport original en français.*

avons accordé au commandant de la place, le général Moreau, une capitulation après laquelle il était libre de se retirer avec sa garnison à Compiègne, sous condition de nous rendre la ville à l'instant même. C'était le 3 mars, à l'aube du jour.

« De vingt pièces de canon, il ne devait en prendre que six avec lui et *il se préparait encore à son départ sous notre escorte, lorsque nous entendons déjà le feu du canon à l'arrière-garde du maréchal qui se repliait à grands pas sur la ville.*

« C'EST AINSI QUE LE MARÉCHAL, SANS PONT ASSURÉ POUR SA RETRAITE, NOUS DOIT BIEN DE RECONNAISSANCE POUR LUI EN AVOIR PRÉPARÉ UN DANS LE MOMENT LE PLUS CRITIQUE POUR LUI.

« *Il nous donne l'ordre de nous placer sur la rive droite et d'occuper avec une forte infanterie et une artillerie proportionnée les remparts de la ville pour lui permettre d'y effectuer sa retraite.* »

Le rapport de Bülow à Blücher, du camp devant Soissons, le 3 mars, rapport établi aussitôt après la signature de la capitulation, est encore plus catégorique. Il semble que Bülow ait prévu l'accueil plus que froid que le feld-maréchal leur ménageait, à lui et à Winzingerode. La tournure inespérée prise par les événements n'avait pas suffi pour calmer Blücher, irrité de l'inexécution de ses premiers ordres, mais surtout mécontent de lui-même et vexé jusqu'à un certain point de la réussite d'une opération qui, si elle modifiait du tout au tout une situation compromise par ses fautes antérieures, n'en constituait pas moins, à ses yeux, un acte d'indiscipline et présentait le double défaut d'avoir été entreprise à son insu et d'avoir donné raison à ceux qui l'avaient tentée sans lui et malgré lui.

« Plusieurs tentatives et plusieurs reconnaissances nous avaient prouvé, au général de Winzingerode et à moi, que Soissons, tant en raison de la solidité et de la hauteur de ses remparts flanqués de tours, entourés de fossés profonds, en partie remplis d'eau et renforcés par des travaux récents, que de sa garnison composée d'environ 2,000 hommes de vieilles troupes polonaises et de son artillerie, était à l'abri d'un coup de main.

« Le général de Winzingerode [1] avait, il est vrai, réussi une pre-

---

[1] Ce n'était pas à proprement parler Winzingerode, mais son avant-garde,

mière fois à se rendre sans peine maître de Soissons; mais à cette époque, la garnison, se composant en grande partie de gardes nationales, avait été bousculée en rase campagne, et l'on était entré dans la place sur ses talons.

« *Ces considérations me décidèrent à m'assurer de Soissons, dont la possession immédiate était pour nous d'une nécessité urgente et d'une importance capitale, à m'en emparer autrement que par une attaque dont l'issue pourait être douteuse, et qui devait en tous cas nous coûter beaucoup de monde.* Je me contentai donc de déployer mes forces comme s'il s'agissait de donner l'assaut et de bombarder vivement la place à plusieurs reprises.

« Le général de Winzingerode, venant de Fismes et arrivé entre temps sur l'autre rive de l'Aisne, en fit autant. Nous envoyâmes tous deux des parlementaires dans la ville, et comme le commandant de la place, le général Moreau, parut disposé à les écouter, on continua les négociations.

« A l'heure qu'il est, la capitulation est signée. Soissons nous sera remis à 4 heures, et les portes de Reims et de Laon sont déjà occupées chacune par un bataillon. La garnison a obtenu le droit de se replier librement sur Compiègne. Elle n'est pas prisonnière de guerre. Les canons, à l'exception de six pièces que la garnison emmène avec elle, nous seront livrés.

« *Je ne doute pas que Votre Excellence préfère, dans les circonstances actuelles, l'occupation certaine et immédiate d'un point aussi important, à la captivité et à la destruction, d'ailleurs douteuses, de la garnison, et je me permets de croire que cet événement vous sera agréable.*

« Cette solution me paraît d'autant plus heureuse qu'on entend en ce moment le canon au loin ; j'espère, cela va de soi, que cet engagement amènera d'heureux résultats, mais dans le cas contraire, la possession de Soissons me permettra de me porter rapidement en avant pour vous soutenir. J'enverrai en tout cas

---

sous les ordres du général Tchernitcheff, qui avait réussi à s'emparer une première fois de Soissons le 14 février. Comme nous l'avons dit au chapitre IX cette ville dut être évacuée par les Russes; sur l'ordre formel de Blücher, le 15 février au soir.

aujourd'hui même, dans la direction de Villers-Cotterets, une avant-garde sous les ordres du colonel von Sydow.

« Je fais amener ici un certain nombre de pontons que j'ai trouvés à La Fère, et qui arriveront vers le soir. Ils me serviront à jeter, sous le canon de la place, un pont sur l'Aisne, et à faciliter les communications avec l'armée de Votre Excellence.

« J'attends les ordres de Votre Excellence... »

Quelques jours plus tard, Bülow devait être encore plus net et plus précis dans ses affirmations. Blücher se refusant à reconnaître le service inespéré que lui avait rendu la reddition de Soissons, s'était plaint à Frédéric-Guillaume III des termes dans lesquels étaient conçus les rapports sur les opérations contre Soissons. C'est à ces reproches que Bülow répondait dans sa lettre au roi de Prusse, de Laon, en date du 10 mars :

« La nécessité de s'emparer de la place était plus urgente ici encore qu'à La Fère, car, dès le 2 mars dans l'après-midi, on entendait dans la direction d'Oulchy une canonnade qui se rapprochait de nous à chaque instant. Le 3, dès que nous fûmes maîtres de la place, nous vîmes arriver l'armée du feld-maréchal Blücher, que Napoléon avait repoussée avec la plus grande partie de ses forces et *qui, s'il n'avait pas été mis en possession de Soissons, se serait certainement trouvé dans un grand embarras.* »

Le journal d'opérations d'York n'est pas moins catégorique : « Conformément à la disposition, y lit-on, le Ier corps suivit, dans l'après-midi du 3 mars, le mouvement du corps Sacken. On ne savait, ni où, ni comment l'armée de Silésie passerait l'Aisne lorsque le capitaine Canitz, de l'état-major général, nous apporta la nouvelle de la capitulation de Soissons. Seuls, ceux qui ont vu l'état d'épuisement du soldat découragé par les marches de nuit et les privations de toute sorte, démoralisé par les insuccès et la retraite, peuvent se faire une idée exacte de l'importance de cet heureux événement. On était désormais certain de pouvoir accorder aux troupes, sur la rive droite de l'Aisne, un repos dont, quelque court qu'il pût être, elles avaient le plus indispensable besoin. »

Non contents de contester la grandeur du service que la capitulation de Soissons avait rendu à Blücher, les panégyristes du feld-maréchal ont été jusqu'à prétendre que le désordre, la confusion, l'état voisin de la dissolution de l'armée de Silésie, n'avaient jamais existé que dans l'imagination de l'Empereur et de ses maréchaux. Les lignes que l'on va lire, et que nous empruntons à la biographie du feld-maréchal York, parce qu'elles contiennent des citations extraites, entre autres, des *Mémoires* du comte Henckel, prouvent surabondamment que l'armée de Silésie arriva en désordre, et presque en déroute, sous les murs de Soissons; que ce désordre, cette confusion durèrent jusqu'au moment où les différents corps eurent pris pied sur la rive droite de l'Aisne, dans la journée du 4, et que sans la capitulation de Soissons, un passage de l'Aisne tenté à Venizel ou à Vailly, en présence de la cavalerie française et sous le feu de son artillerie, eût pu facilement amener un désastre ou se terminer par une débandade.

« Les ordres de marche étaient déjà expédiés et le mouvement de retraite commençait à s'effectuer lorsque le 3 mars, dans l'après-midi, Bülow fit savoir que Soissons avait capitulé, que la garnison avait obtenu le droit de se retirer, et que, pour faciliter les communications, il avait fait jeter un deuxième pont.

« On se dirigea donc sur Soissons, où les corps de Sacken et d'York n'arrivèrent le soir que fort tard. Leurs troupes employèrent toute la nuit à défiler par la ville. Le 4 mars, les corps de Kleist et de Langeron les suivirent, puis l'arrière-garde poussée et bousculée jusqu'au dernier moment par Marmont et Mortier, qui « *semblaient poursuivre une armée battue.* »

Le comte Henckel raconte de son côté ce qui suit, à propos du passage du pont de bateaux :

« Nous restâmes devant Soissons jusqu'au 4 mars, à 5 heures du matin. On nous fit ensuite traverser la ville et prendre à droite, pour gagner le pont de bateaux. On pouvait s'estimer heureux d'arriver à passer ce pont sans être obligé de se battre. La cavalerie russe et prussienne effectuait son passage sur ce pont, et les hommes étaient obligés de conduire leurs chevaux par la bride ; il s'y produisait une telle bagarre que nombre de soldats furent précipités dans la rivière. Dans la ville que traversaient l'infanterie et l'artillerie, le désordre et la confusion n'étaient pas moins grands. »

Un autre officier écrit encore ce qui suit :

« Scharnhorst, de l'état-major général, entra à cheval le 4 dans le faubourg, pour se rendre compte de l'état extérieur des murailles de la ville; mais reçu à coups de fusil par les Français, il se retira au plus vite pour prévenir Gneisenau. On envoya aussitôt aux généraux qui commandaient dans la ville, l'ordre de faire occuper les remparts, sur lesquels on n'avait mis jusque-là ni troupes ni canons. La garnison s'était retirée, conformément aux stipulations de la capitulation, et depuis lors on n'avait pas songé à la remplacer par des postes. On amena enfin des canons sur les remparts, et le général Rudzewitch[1] prit toutes les mesures nécessaires pour se défendre; *mais les Français ne tirèrent pas partie de cette confusion et se contentèrent d'occuper le faubourg.* »

C'est dans cet état que l'armée de Silésie réussit à se retirer en arrière de l'Aisne et à y opérer sa jonction avec Bülow et Winzingerode.

Le 5 mars, on lui donna un jour de repos dont elle avait le plus grand besoin. Depuis Châlons, elle n'avait reçu aucune distribution de vivres. Depuis le 23 février, elle avait marché sans trêve ni repos et exécuté plusieurs marches de nuit consécutives. Les dragons de Lithuanie n'avaient pas dessellé leurs chevaux depuis le 22[2]. Jamais peut-être, dans aucune campagne, on n'avait tant demandé aux hommes et aux chevaux. Ce fut donc dans l'état le plus épouvantable, avec des hommes affamés, sans sou-

---

[1] Il est assez curieux de remarquer que le général d'infanterie Alexandre Jacovlevitch Rudzewitch (né en 1775, mort en 1827) était le fils d'un Tartare de Crimée, Iacoub-Aga, l'un des fonctionnaires indigènes du dernier khan de Crimée. Iakoub-Aga rendit des services à la Russie lors de l'annexion de la Tauride, entra alors au service russe et devint conseiller d'Etat. Ses enfants, élevés dans la religion orthodoxe, furent tenus sur les fonts baptismaux, les filles par la grande Catherine et par la grande duchesse Elisabeth Alexiéjevna, les fils par les grands-ducs Alexandre (devenu ensuite Alexandre Iᵉʳ) et Constantin Pavlovitch. (D'après les papiers particuliers du général d'infanterie A.-J. Rudzewitch, communiqués par son fils le général-lieutenant N.-A. Rudzewitch, né en 1811, mort en 1889, à M. Tscherbanne, qui a consacré au général Rudzewitch un article publié par les *Moskoffskia Viédomosti* [*Gazette de Moscou*], n° 34 du 15/23 février 1893.)

[2] Le régiment traversa Soissons et alla jusqu'à Neuville (Neuville-sur-Margival) où l'on dessela les chevaux pour la première fois depuis le 22 février. Les Français nous suivent sur Soissons. (*Journal de marche du 1ᵉʳ régiment de dragons prussiens, dragons de Lithuanie*, 4 mars 1814.)

liers, à peine couverts de lambeaux de pantalons grossièrement raccommodés avec des pièces de toutes couleurs, enveloppés de manteaux troués et pourris par la fange des bivouacs, armés de fusils et de sabres rouillés, avec une cavalerie montée sur des chevaux fourbus, décharnés et disparaissant sous une épaisse croûte de boue que l'armée de Silésie vint occuper les cantonnements en arrière de Soissons... »

Son moral n'était guère plus brillant. Rien, ni dans l'aspect, ni dans l'esprit des hommes, ne révélait une armée victorieuse.

« Un peu de repos ne fera pas de mal à ces gens-là, » n'avait pu s'empêcher de s'écrier Bülow, malgré la présence de Blücher, lorsqu'il vit défiler devant lui les premières troupes arrivant avec le feld-maréchal. Et de fait, les régiments de l'armée de Silésie présentaient un contraste effrayant avec les soldats de Bülow qui, à peine sortis des riches cantonnements des Pays-Bas, avaient fait une campagne aussi facile que glorieuse. Les hommes du IIIe corps étaient proprement tenus, bien habillés, bien équipés, pourvus même de vestes rouges d'écurie données par les Anglais; leurs chevaux étaient gras, leurs armes brillantes, leurs canons reluisants.

« Les soldats de Bülow, dit Müffling, roulèrent des yeux effarés à la vue de nos hommes déguenillés, de nos chevaux étiques; on pouvait lire aisément sur le visage de chacun d'eux ce qui se passait dans leur esprit et deviner qu'ils se disaient : « Voilà com-
« ment nous serons dans quatre semaines ! »

3-4 mars. — Passage de l'Aisne. — Positions de l'armée de Silésie. — Ce fut, on le voit, le 3 mars à la tombée de la nuit seulement et au milieu du plus grand désordre que le passage de l'Aisne commença. Bien qu'on disposât dès le 3 au soir, de deux ponts, puis dans la matinée du 4, de quatre ponts (le pont de pierre de Soissons, un pont volant à Saint-Médard, un pont de bateaux à l'entrée du Mail et un pont à Venizel); l'armée de Silésie eut besoin de la soirée du 3, de la nuit et de la journée tout entière du 4 pour passer sur la rive droite.

Le 4 au soir, cette armée dont les corps russes forment désormais l'aile gauche et les corps prussiens la droite, occupe les positions suivantes :

Kapsewitch[1], dont les troupes ont fourni l'avant-garde avec les Prussiens de Kleist, pendant la retraite depuis l'Ourcq, relève à Soissons Bülow et Winzingerode passés sur la rive droite. Laissant à Soissons même, en qualité de gouverneur, le général Rudzewitch avec les restes des 9e et 10e corps russes[2], Langeron quitte Soissons et établit ses troupes à Crouy, Bucy-le-Long, Vregny et Nanteuil-la-Fosse. Le corps de Sacken occupe les villages sur le cours de l'Aisne, depuis Soissons jusqu'à Vailly. Celui de Winzingerode a ordre de prendre position, sans se montrer, sur les hauteurs en arrière de Vailly. Son avant-garde doit s'assurer de Braisne ; sa cavalerie est chargée de pousser en avant, entre l'Aisne et la Vesle, et de se procurer des nouvelles de l'ennemi.

Le corps Kleist qui, plus encore que les autres, a besoin de se refaire, va se cantonner à Vaudesson, Pinon, Pargny-Filain, Chavignon et Anizy-le-Château.

Le corps d'York reste dans ses bivouacs de Vuillery, Margival, Laffaux, Neuville-sur-Margival et Leuilly. Enfin, Bülow forme l'extrême droite sur la route de Soissons à Chauny. Son infanterie borde l'Aisne, de Soissons jusqu'à Fontenoy. Sa cavalerie surveille le terrain qui s'étend entre Fontenoy et le confluent de l'Oise.

De faibles arrière-gardes de cavalerie postées à Sermoise et à Noyant, observent pendant la matinée, les routes menant de La Ferté-Milon et de Château-Thierry à Soissons et à Braisne[3].

Les corps volants de Lützow et de Falkenhausen observent la rive gauche de l'Aisne et de la Vesle, du côté de Fère-en-Tardenois. Ilowaïsky se tient du côté de Berry-au-Bac, avec trois régiments de cosaques et quatre escadrons. Tchernitcheff, avec six

---

[1] Langeron qui vient de rejoindre, prend à partir de ce moment le commandement de ce corps.

[2] Wagner évalue la garnison russe de Soissons à 5,000 hommes. Plotho parle de 9,000 à 10,000. Le chiffre de 12,000 est celui qu'indique le Journal d'opérations du corps d'armée russe sous les ordres du général d'infanterie comte de Langeron. (*Archives topographiques*, n° 29103.)

[3] Major Mareschal, Rapport au prince de Schwarzenberg, Troyes, 12 mars (*K. K. Kriegs Archiv.*, III, 238). Winzingerode fut aussitôt envoyé sur la rive droite de l'Aisne et occupa Soissons. L'armée de Silésie commença à passer l'Aisne dans la nuit du 3 au 4.

régiments de cosaques, est à Braisne, et Tettenborn côtoie la marche de l'Empereur.

Le 4 au soir, Blücher dispose donc d'une armée de 112,980 hommes, dont 29,182 chevaux[1]. Sa droite est à Fontenoy, sa gauche vers Vailly et Braisne, et son quartier général est établi à Chavignon.

Ordres et mouvements de l'Empereur pendant la journée du 4. — La journée du 3 s'était écoulée sans que la nouvelle du désastre de Soissons fût parvenue à l'Empereur ou aux maréchaux.

Il était donc assez naturel que Napoléon persévérât dans le mouvement dirigé contre la gauche de l'armée de Silésie et tendant à la couper de ses communications. Non seulement Mortier et Marmont avaient continué à suivre et à malmener Kleist et Kapsewitch pendant toute la journée, mais Grouchy et Nansouty étaient arrivés à La Croix et à Rocourt. Le gros de l'armée était avec l'Empereur à Bézu-Saint-Germain, la cavalerie de Roussel à Fère-en-Tardenois où l'une des divisions de Victor, celle de Boyer de Rébeval, arrivait aussi, sans son artillerie il est vrai, dans la nuit du 3 au 4.

L'Empereur pouvait donc, à bon droit, penser que l'armée de Silésie continuait à marcher vers sa gauche et que, comme elle ne pourrait forcer le passage de l'Aisne à Soissons, il parviendrait sans peine à arriver, si ce n'est avant elle, du moins en même temps qu'elle à Braisne, à achever de la déborder par Fismes et à l'atteindre encore sur la rive gauche de l'Aisne, entre cette rivière et la Vesle, au moment même où elle se préparerait à gagner la rive droite.

Les ordres de mouvement donnés par l'Empereur le 3 à 11 heures du soir et dans la nuit du 3 au 4, dirigeaient son aile gauche sur Soissons et sa droite sur Fismes. Sans la faiblesse criminelle de Moreau, ce mouvement avait d'autant plus de

---

[1] 110,700 hommes seulement d'après Plotho. Mais il y a lieu de tenir compte des 2,264 hommes amenés par le colonel von Lobenthal, ainsi que du régiment de chasseurs à cheval de Dorpat, du 1er régiment de cosaques de l'Ukraine, des cosaques de Grekow XXI et de quatre pièces du Don, formant le détachement du général-major comte Pahlen, fort en tout, 1000 hommes arrivés avec Langeron.

chances de réussir que (c'est Mareschal [1] qui se charge de nous le dire) l'on avait déjà donné l'ordre de jeter des ponts sur l'Aisne, à droite et à gauche de Soissons, lorsque cette place se rendit.

Depuis le matin à 5 heures Ney avait repris sa marche sur Rocourt et Oulchy-le-Château; la cavalerie de Grouchy continuait sur Braisne et Fismes.

Les maréchaux Marmont et Mortier avaient quitté Neuilly-Saint-Front à 6 heures du matin et étaient arrivés à Hartennes à 11 heures du matin [2], précédés à Buzancy et à Noyant par la cavalerie de Bordesoulle, qui avait chassé devant elle les quelques cosaques laissés par Kapsewitch, du côté de Noyant. A 11 heures du matin, l'Empereur, arrivé à Fère-en-Tardenois, y trouve la plus grande partie du corps de Victor et donne au duc de Bellune l'ordre de continuer sur Fismes où il compte mettre son quartier général le soir même.

Tout semblait marcher à souhait. Le passage de la Marne à Château-Thierry s'était opéré sans trop de difficulté. En attendant l'arrivée à Fère-en-Tardenois de la division Charpentier, l'Empereur y avait arrêté la division de garde impériale du général Curial. Les partisans de Lützow et de Falkenhausen avaient disparu des environs de Fère-en-Tardenois; Tettenborn, qui avait côtoyé la marche des colonnes de Victor jusqu'à hauteur de cette ville, s'était dérobé dès qu'il avait été découvert, et s'était rejeté à droite sur Ville-en-Tardenois, dans l'espoir de gagner Reims le lendemain et d'y prendre position avant l'arrivée de la cavalerie française [3].

---

[1] Major Mareschal au prince de Schwarzenberg, Troyes, 12 mars 1814; Rapport sur les opérations de Blücher du 2 au 8 mars. (*K. K. Kriegs Archiv.*, III, 2 8.)

[2] « Si l'ennemi a marché sur Soissons, c'est pour se porter à Laon, écrivait le major-général à Marmont le 4 au matin, et si vous êtes à Soissons avec le duc de Trévise, nous arriverons en même temps que vous à Laon. Comme l'ennemi n'aura pu prendre la place de Soissons qu'on dit bien gardée, il aura sans doute quitté la route de Soissons à Noyant et jeté un pont sur l'Aisne. Winzingerode a passé le 2 mars à Fère-en-Tardenois. Sa Majesté pense que vous devez avoir des nouvelles de Bülow qu'on suppose du côté d'Avesnes. » (Registres de Berthier, *Archives de la guerre*.)

[3] Tettenborn à Schwarzenberg, Port-à-Binson, 13 mars. (*K. K. Kriegs Archiv.*, III, 241.)

Affaire de Braisne. — Au moment où la division de cavalerie du général Roussel s'approchait de Fismes, une partie des bagages de Sacken venait de filer le long de la Vesle sur Braisne, et l'Empereur, arrivé sur ces entrefaites à Fismes, avait lancé à la poursuite de ce convoi les escadrons de service du général Guyot. Les lanciers polonais qui précédaient ces escadrons, avaient déjà réussi à s'emparer du convoi, lorsque le général Tchernitcheff déboucha à l'improviste avec 6 régiments de cosaques et les uhlans de Volhynie, soutenus par 2 régiments d'infanterie que le général Strogonoff avait postés sur la rive droite de l'Aisne, à Vailly. Les cosaques reprirent le convoi et ramenèrent vivement les escadrons du général Guyot jusqu'à ce qu'ils vinssent donner à leur tour contre les dragons de Roussel. Le 5e dragons, formant tête de colonne, descendit immédiatement au trot des hauteurs de Mont-Saint-Martin dans la vallée, arrêta la poursuite et ramena les cosaques, d'abord jusqu'à Bazoches, puis jusqu'à Courcelles. Le général Roussel n'osa cependant, ni pousser jusqu'à Courcelles qu'il croyait occupé par l'infanterie russe, ni essayer de bousculer les cosaques et les uhlans, et d'enlever le canon qui défilait à ce moment par Braisne. L'Empereur fut d'autant plus contrarié de ce contretemps qu'il comptait de cette façon pousser sa cavalerie entre l'Aisne et la Vesle jusque vers Soissons et que, pour réparer la faute commise par Roussel, il se voyait réduit à faire tenter, dans la nuit du 4 au 5, un hourra sur Braisne. Il était, d'ailleurs, d'autant plus irrité qu'il venait de déférer à un conseil d'enquête le général Wattier qui, malgré les ordres de Grouchy et de Roussel, avait suivi Bordesoulle sur Soissons. Le général Grouvel remplaça Wattier à la tête de sa brigade.

L'Empereur apprend à Fismes la capitulation de Soissons. — Pendant que l'Empereur complétait l'ensemble des opérations de nuit qu'il voulait faire exécuter à sa cavalerie par l'envoi du général Corbineau sur Reims, il ordonnait de Fismes[1] au major-général d'écrire à Moreau, à Soissons, pour l'informer de l'arrivée de l'armée à Fismes et lui demander des nouvelles des

---

[1] *Correspondance*, n° 21429.

mouvements de l'ennemi et des ducs de Raguse et de Trévise « qui ont dû pousser sur Soissons. » Mais les maréchaux arrivés à Hartennes, y avaient arrêté leur mouvement à la nouvelle de la capitulation de Soissons, et ce fut vraisemblablement par la lettre de Marmont au major-général [1] que Napoléon apprit à Fismes, dans la nuit du 4 au 5 mars, la catastrophe qui bouleversait ses calculs et renversait ses espérances.

« Votre Altesse, écrivait le maréchal, aura été informée par Grouchy, auquel j'en ai donné connaissance, de l'étrange nouvelle de la reddition de Soissons, pris sans avoir fait aucune espèce de résistance. Cet événement que nous enlève les beaux résultats que nous étions au moment d'atteindre, changera nécessairement les opérations de Sa Majesté. En conséquence, il m'a paru qu'il n'était plus à propos de porter toutes mes forces sur Soissons. Je me suis contenté d'y envoyer toute ma cavalerie, soutenue par une brigade d'infanterie. Elle y a trouvé la cavalerie ennemie, soutenue par de fortes masses d'infanterie. J'occupe Buzancy par une avant-garde, et le reste de mes troupes est en arrière. Je suis ici avec le duc de Trévise afin de mieux concerter nos opérations. Dans le cas où il rentrerait dans les projets de Sa Majesté de nous appeler sur Braisne, je pourrai plus facilement faire ce mouvement, placé comme je le suis, que si j'étais plus près de Soissons, n'ayant que 3 lieues à faire et étant plus loin des débouchés que l'ennemi aurait sur mon flanc.

« *C'est à 9 heures du matin que Soissons s'est rendue, sans avoir tiré un coup de fusil.* La garnison n'est pas prisonnière de guerre. Elle est sortie pour se rendre sur Villers-Cotterets avec 2 canons. *C'est, à ce qu'il me semble, une belle occasion pour faire pendre un commandant de place.*

« D'après les renseignements que j'ai, York, Sacken et Kleist ont passé ici, et tout a été sur Soissons. Les bagages et l'artillerie avaient commencé à filer depuis avant-hier et avaient pris la route de Fismes. L'artillerie et les bagages qui filaient encore hier à 4 heures sur Fismes, sont revenus sur leurs pas hier soir pour reprendre la grande route de Soissons, et il y en a beaucoup qui ont passé et repassé à Hartennes. Ces mouvements sont expliqués

---

[1] Marmont au major-général, Hartennes, 4 mars. (*Archives de la guerre.*)

par la prise de Soissons. Tchernitcheff et Winzingerode sont à Soissons. C'est ce dernier qui a fait rendre la ville. On parle d'un corps de troupes qui serait à Noyon. »

La fortune trahissait une fois de plus l'Empereur au moment où, comme le dit Marmont, il était sur le point d'atteindre les résultats qu'il recherchait, au moment où, comme Woronzoff le déclarait plus tard à Marmont, « les troupes de l'armée de Silésie eussent été perdues si elles avaient été forcées de combattre dans la position où les avait placées l'imprudence de Blücher[1]. »

« Heureusement, l'ennemi se croyant maître du passage à Soissons, telles sont les paroles textuelles dont se sert le général Renny dans son rapport[2], dirigea ses forces sur Fismes où il devait supposer qu'on se porterait pour gagner Reims ou *Bac-à-Bery* (sic) et n'eut que le temps de prendre quelques équipages qu'on avait dirigés sur le pont, près de Vailly. Notre avant-garde, dirigée sur Braisne, fut assez heureuse de tomber sur la cavalerie ennemie qui s'était emparée de ces équipages, de les délivrer et de faire quelques centaines de prisonniers de la garde impériale de l'escorte de Napoléon.

« *C'est alors que nous apprîmes avec certitude que l'empereur Napoléon se trouvait déjà en personne à Fismes et* QUEL SERVICE IMPORTANT *nous avions rendu au feld-maréchal par la prise de Soissons.* »

Quoi qu'aient pu alléguer depuis Clausewitz et Müffling, l'Empereur n'a donc pas attaché une importance exagérée aux conséquences de la reddition de Soissons. Le quartier-maître général de l'armée de Silésie aura beau prétendre que la capitulation de Soissons n'a pas sauvé Blücher; que le feld-maréchal ne voulant rien laisser au hasard, pouvait, le 3 dans l'après-midi, se porter soit sur Fismes, soit sur Vailly, soit sur Soissons; qu'il avait pris ses mesures pour passer l'Aisne le 4, à Berry-au-Bac, avant

---

[1] Paroles de Woronzoff rapportées par Marmont, *Mémoires*.
[2] Général Renny au prince Wolkonsky, du bivouac près de Laon, 8 mars (*K. K. Kriegs Arch.*, III, 157, en français dans l'original). Le général ajoute : « Le 4, nous avons eu l'ordre d'occuper avec notre corps les hauteurs vis-à-vis de Vailly, le feld-maréchal avec ses troupes au centre près de Chavignon, laissant le général Bülow sur la droite du grand chemin de Soissons à Laon. Le soir du même jour, nous eûmes des nouvelles des mouvements de l'ennemi sur notre gauche. »

l'arrivée de Napoléon à Fismes; qu'il n'avait, par suite, pas besoin du pont de Soissons et qu'il disposait de moyens de passage plus que suffisants pour traverser la rivière sur le point qui lui convenait le mieux; ce sont là de simples affirmations que les faits et les documents officiels des Alliés eux-mêmes se sont chargés de réduire à néant.

L'avance de trois jours que l'armée de Blücher avait eue sur l'armée de l'Empereur au début de sa marche sur l'Aisne, avait presque entièrement disparu, lorsque la capitulation de Soissons vint contrecarrer les plans de l'Empereur et l'empêcher de forcer le feld-maréchal à accepter la bataille avant sa jonction avec Bülow et Winzingerode. En persistant à déclarer que la difficulté des marches et le caractère accidenté du pays ont seuls donné au mouvement rétrograde de l'armée de Silésie l'apparence d'une retraite imposée par l'ennemi, en soutenant que Blücher n'a jamais été miraculeusement sauvé par Bülow et Winzingerode que dans l'imagination d'historiens fantaisistes et dans les contes légendaires qu'on s'est plu à répandre dans les masses, Clausewitz et Müffling se laissent aveugler par leur admiration pour le feld-maréchal. Quoi qu'il en soit et quoi qu'ils puissent dire, les rapports de Bülow et de Winzingerode sont unanimes à constater l'état de dissolution des troupes de l'armée de Silésie, même de celles qui se présentèrent avec le feld-maréchal en personne, aux portes de Soissons, dans l'après-midi du 3.

Les affirmations de Clausewitz et de Müffling et leurs écrits postérieurs à la campagne sont donc péremptoirement contredits par des documents tels que le rapport du général Renny.

De plus, s'il est incontestable, ainsi que le dit le général von Bismarck, que, même sans la possession de Soissons, Blücher aurait pu passer l'Aisne sur des ponts de bateaux, l'établissement de ces ponts aurait entraîné une perte de temps considérable. L'Empereur, et c'était là le point important, aurait conservé la route la meilleure et la plus courte, et aurait pu épargner, au moins à une partie de ses troupes, le détour par Fismes et Berry-au-Bac. Dès le 4 mars il aurait eu auprès de lui, à Soissons, Marmont et Mortier, ce qui aurait donné plus de force à son opération. Peut-être même aurait-il réussi, en débouchant de Soissons avec toutes ses forces, à tomber sur Blücher avant qu'il eût pu réunir toutes les siennes.

Il est également facile de démontrer, sur la foi de ces pièces et des rapports mêmes du major Mareschal, que, puisque Blücher, arrivé avec la tête de ses colonnes le 3 au soir devant Soissons, ne parvint, tout en se servant de quatre ponts, à terminer son passage de rivière à Soissons même que le 4 au soir, il aurait été dans l'impossibilité de prendre position à Fismes ou à Berry-au-Bac avant l'Empereur, qui y était déjà le 4 au soir.

Il suffit, d'ailleurs, de jeter un coup d'œil sur le rapport adressé par Tchernitcheff à Winzingerode [1], pour voir quelles cruelles déceptions aurait réservé à Blücher un passage de rivière en dehors de Soissons et à quelle inévitable catastrophe une semblable opération eût exposé l'armée de Silésie : « Lorsque, le 5 mars, les troupes de Tchernitcheff, chassées de Braisne par Grouchy, voulurent, pour regagner la rive droite de l'Aisne, se servir du pont jeté à Vailly, elles durent attendre que ce pont eût été rendu à peu près praticable, grâce à des poutres que Tchernitcheff réussit à se procurer, et qui consolidèrent assez le tablier pour permettre à des troupes en petit nombre et sans artillerie de s'y aventurer. »

Enfin, un homme qui a joué dans ces journées mêmes un rôle prédominant, l'officier même que Blücher avait chargé de porter ses instructions à Bülow et à Winzingerode, le major von Brünneck [2], devenu plus tard général d'infanterie, apprécie et résume en ces termes les opérations de l'armée de Silésie du 23 février au 4 mars : « Il est hors de doute que l'offensive prise par Blücher, à Méry, le 23 février 1814, a amené un changement complet dans la conduite des opérations et a puissamment contribué à l'issue heureuse de la campagne. On doit également reconnaître que l'exécution de la marche offensive de l'armée de Silésie de la Seine vers la Marne, a été absolument irréprochable.

« Quant à ce qui est de la poursuite des maréchaux Marmont et Mortier, lorsqu'ils se retirèrent et passèrent sur la rive droite de la Marne, à Trilport et à Meaux, *c'est là non seulement une mauvaise manœuvre tactique, mais surtout un mouvement stratégique absolument condamnable.* A mon sens, les corps de l'armée de

---

[1] Rapport de Tchernitcheff à Winzingerode, Vailly, 21 février/5 mars. (*Archives topographiques*, n° 129119.)

[2] Lettre du général d'infanterie von Brünneck.

Silésie devaient, après avoir passé la Marne, être maintenus rassemblés dans la position centrale d'Oulchy-le-Château, jusqu'à ce que l'on sache dans quelle direction l'Empereur Napoléon se porterait avec son armée. Si, comme il le fit, Napoléon passait la Marne, on pouvait, le 3 mars, prendre l'offensive plus énergiquement et dans des conditions avantageuses, d'autant plus avantageuses même, que l'Empereur, se dirigeant sur Fismes et Berry-au-Bac, s'éloignait des maréchaux.

« En agissant comme on le fit, *on perdit en marches et contremarches sur l'Ourcq deux jours qu'il fut impossible de regagner.*

« Les marches de nuit continuelles avaient tellement épuisé les troupes que, le 3 mars, alors qu'il se serait agi d'opérations importantes et de combats décisifs, on ne put plus faire appel à leur énergie. Il était, d'ailleurs, matériellement impossible de chercher à pousser les maréchaux Marmont et Mortier dans la direction de Paris et de faire, en même temps, tête à l'armée amenée par Napoléon. Il importait, avant tout, d'infliger une défaite complète à Napoléon; il aurait été ensuite aisé de ramener jusque sous les murs de Paris son aile gauche, désormais coupée des débris de son armée. Enfin, si l'on n'était pas résolu à attaquer Napoléon sur la Marne, au moment même où il tenterait le passage de cette rivière, ou dans les premiers instants après son arrivée sur la rive droite, il fallait alors, dès le 2 mars, ramener l'armée derrière l'Aisne. *En aucun cas, on ne devait attendre jusqu'au 3 mars pour donner l'ordre de jeter des ponts à Venizel et à Vailly.* »

Sans aller jusqu'à prétendre, avec Koch[1], que la capitulation de Soissons tira Blücher d'une situation semblable à celle dans laquelle il se trouva à Lübeck en 1806, nous croyons avoir suffisamment démontré que sa position eût été, sinon désespérée, du moins très compromise, si Moreau, au lieu d'ouvrir lâchement les portes de la place, avait osé affronter un assaut, avait risqué une résistance qu'il eût pu prolonger pendant vingt-quatre ou trente-six heures, une résistance qui aurait eu vraisemblablement pour conséquence la levée du siège dès le 4 au matin, si même avant de signer cette honteuse capitulation, il avait songé à faire sauter le pont de pierre. La colère et l'indignation de l'Empereur

---

[1] Koch, *Mémoires pour servir à l'histoire de la Campagne de 1814.*

étaient d'autant plus légitimes qu'il ne se fit pas un moment illusion sur l'effet foudroyant que ne devait pas manquer de produire partout sur l'opinion publique, à Paris comme au quartier général des Alliés, la nouvelle de la chute de Soissons.

Écrasé un moment par le coup, aussi imprévu que terrible, qui venait de le frapper, Napoléon se ressaisit et se retrouve presque aussitôt : « Cette affaire, écrit-il au roi Joseph [1], nous fait un tort incalculable... Actuellement, il faut que je manœuvre et perde beaucoup de temps à faire des ponts. Veillez à ce qu'on fasse un exemple. »

Forcé de suspendre une marche de 45 lieues faite en soixante heures, par des chemins défoncés et par un temps affreux, obligé de laisser échapper son plus redoutable adversaire, au moment où il espère pouvoir retourner sur la Seine, où sa présence serait de nouveau si nécessaire, l'Empereur, plus maître de lui-même qu'il ne l'a jamais été, cherche à remédier à la situation que vient de créer la criminelle faiblesse d'un homme. C'est seulement après avoir expédié ses ordres qu'il ordonne au Ministre d'infliger à un lâche le châtiment qui lui est dû.

« Monsieur le duc de Feltre, lui écrit-il [2], l'ennemi était dans le plus grand embarras et nous espérions recueillir aujourd'hui le fruit de quelques jours de fatigue, lorsque la trahison ou la bêtise du commandant de Soissons lui a livré cette place. Faites arrêter ce misérable, ainsi que les membres du conseil de défense. Faites-les traduire devant une commission militaire composée de généraux et pour Dieu ! faites en sorte qu'ils soient fusillés dans les vingt-quatre heures sur la place de Grève. Il est temps de faire des exemples. Que la sentence soit bien motivée, imprimée, affichée et envoyée partout. »

Mais la Providence en avait décidé autrement. Écroué à l'Abbaye, déféré d'abord à un conseil d'enquête, puis à un conseil de guerre, Moreau devait échapper au juste châtiment qui l'attendait. L'empire s'écroula avant le prononcé du jugement. Dupont remplaça Clarke au ministère de la guerre, et le général qui n'avait pas craint d'apposer sa signature à la honteuse capitula-

---

[1] *Correspondance*, n° 21449.
[2] *Archives de la guerre*.

tion de Baylen, abusa d'un pouvoir dont on n'aurait jamais dû l'investir, pour rendre la liberté et pour confier un commandement à l'officier, indigne de ce nom, qui sourd à la voix de l'honneur, violant sans scrupule tous les règlements militaires, se refusant à entendre le canon français qui tonnait à quelques kilomètres de la ville, avait lâchement ouvert à l'ennemi les portes de la place qu'il avait juré de défendre et dont la résistance aurait, en immortalisant son nom, assuré la défaite de l'envahisseur et le salut de la patrie [1].

Dupont et le Gouvernement provisoire ont pu approuver la conduite de Moreau [2], lui faire grâce de la vie et le rendre à la liberté ; l'histoire plus sévère et plus juste ne l'absoudra pas et n'effacera jamais ni la tache honteuse de sa faiblesse et de sa lâcheté, ni la trace indélébile du mal incalculable qu'il a fait à la France.

---

[1] Le Gouvernement provisoire au général Moreau.

[2] Le commissaire pour le département de la Guerre : « 28 avril 1814. — « *J'ai reçu la lettre que vous m'avez fait l'honneur de m'écrire au sujet de la ville de Soissons dont le commandement vous avait été confié au mois de février dernier.*

« *Le Gouvernement provisoire, en ordonnant votre mise en liberté, a fait assez connaître qu'il approuvait votre conduite, pour que vous n'ayez pas besoin de la justifier d'aucune manière.* — Dupont. » (*Archives de la guerre.*)

CHAPITRE XV.

OPÉRATIONS DE LA GRANDE ARMÉE DU 27 FÉVRIER JUSQU'A LA REPRISE DE TROYES, LE 4 MARS (BAR-SUR-AUBE, TROYES).

27 février 1814. — Schwarzenberg modifie ses ordres du 26 au soir. — Napoléon n'avait pas encore quitté Troyes que la grande armée alliée, reprenant l'offensive, se portait sur deux colonnes contre Macdonald et Oudinot. La première, composée des corps de Wrède et de Wittgenstein, soutenus par les grenadiers russes et avec laquelle marchaient les Souverains et Schwarzenberg, était chargée d'opérer sur Bar-sur-Aube, contre Oudinot, Gérard et la cavalerie du comte de Valmy et de Saint-Germain. La 2e, sous les ordres du prince royal de Wurtemberg, comprenant les IIIe et IVe corps, manœuvrait du côté de La Ferté-sur-Aube contre Macdonald et la cavalerie de Milhaud.

La ruse de Blücher avait réussi au delà de toute espérance. Malgré le mystère dont l'Empereur avait pris soin d'entourer son départ, bien qu'on doive en cas d'attaque faire crier : « Vive l'Empereur ! » et laisser croire aux troupes et aux habitants que Napoléon se trouve encore à l'armée des maréchaux, les Alliés savaient parfaitement à quoi s'en tenir, et l'attaque de nuit tentée le 26 au soir contre Bar-sur-Aube n'avait été que le prélude des opérations offensives du lendemain.

Aux termes de la première disposition arrêtée par Schwarzenberg, le Ve corps devait attaquer de front la position d'Oudinot à Bar sur-Aube. Une partie du VIe corps lui aurait servi de réserve, pendant que le reste des troupes de Wittgenstein aurait exécuté un mouvement débordant contre la gauche française. Mais à la suite des observations présentées par Wrède, on renonça à ce projet, et les Austro-Bavarois reçurent l'ordre d'attendre, pour attaquer la ville de Bar, le moment où le VIe corps tout entier aurait tourné la gauche française qu'on espérait couper du pont de Dolancourt. Jusque-là, Wrède devait se borner à amuser les Français par de fausses attaques sur leur front et détourner leur attention du mouvement tournant par Arrentières et Arsonval que Wittgenstein avait ordre de commencer avec le jour.

Le Ve corps formé sur deux lignes, les Autrichiens de Frimont à droite, les Bavarois au centre et à la gauche, face à Bar-sur-Aube, se déploie dès le matin sur les hauteurs entre Bar et Lignol, un peu en arrière du point de jonction des routes de Colombey-les-Deux-Églises et de La Ferté, sa gauche à l'Aube. Il est couvert en avant par les chasseurs à pied russes de Pahlen. Quelques compagnies franches bavaroises occupent le faubourg. 12 pièces d'artillerie russe et 2 batteries bavaroises ont pris position en avant des deux lignes d'infanterie; le reste de l'artillerie de Wrède, qui se compose en tout de 96 bouches à feu, est en réserve. Des Cosaques battent le pays, à droite vers Arrentières, à gauche le long de l'Aube. Un bataillon de chasseurs autrichiens et 2 escadrons de hussards Archiduc-Joseph observent les Français sur la rive gauche et se tiennent du côté de Sainte-Germaine. 2 bataillons de Szekler (infanterie des confins militaires) avec 2 canons, gardent le pont de l'Aube près de Fontaine (pont Boudelin).

Dès la pointe du jour, Wrède en personne procéda à la reconnaissance des positions occupées par Oudinot dont le quartier général était à Ailleville. Le 2e corps (Gérard) formait la droite des lignes françaises; une de ses divisions occupe Bar-sur-Aube et le reste du corps tient les hauteurs jusque vers les Filles-Dieu (Val des Vignes) où il se relie au 7e corps formé sur deux lignes sur les collines en avant d'Ailleville et de Montier-en-l'Isle. La cavalerie de Saint-Germain avait bivouaqué derrière l'infanterie du 7e corps, dans la vallée, entre Montier et Ailleville. La cavalerie de Valmy et la division de gardes nationales du général Pacthod étaient restées sur la rive gauche, la première à Spoy, la seconde à Dolancourt. Conformément à ce qui avait été décidé dans le conciliabule tenu la veille au soir, le VIe corps aurait dû arriver en ligne de façon à permettre au Ve corps d'attaquer Bar-sur-Aube dès les premières heures de la matinée. Ce fut cependant à 7 heures du matin seulement que Wittgenstein quitta ses positions de Colombey-les-Deux-Églises et de Pratz. L'épais brouillard qui couvrait la vallée aurait de toute façon obligé Wrède à différer le commencement de l'engagement. Alarmé cependant par le retard des Russes et désirant, d'autre part, assurer l'unité de direction[1], il fit prier Schwarzenberg de vouloir bien se rendre

---

[1] « Le comte Wittgenstein, ainsi s'exprime le général Helldorf dans ses

en personne sur le terrain qui allait servir de champ de bataille. Le généralissime avait vraisemblablement prévu cette demande : il était déjà parti de Colombey et, à 9 heures, il arrivait sur les positions du V⁰ corps. Wittgenstein et le roi de Prusse, accompagné de ses deux fils, le prince royal et son frère (celui qui devait être plus tard l'empereur Guillaume), l'y rejoignirent quelques instants après.

Positions d'Oudinot. — Combat de Bar-sur-Aube. — A 10 heures, le brouillard se dissipa. Des positions occupées par ses troupes, Oudinot devait forcément découvrir la direction suivie par les colonnes de Wittgenstein, tandis que les Alliés étaient, eux aussi, à même de remarquer que le maréchal avait eu l'imprudence de s'établir à cheval sur l'Aube et de laisser un bon tiers de ses troupes sur la rive gauche. Les avis n'avaient cependant pas manqué au duc de Reggio. Depuis la veille, les habitants n'avaient cessé de lui signaler la concentration des forces des Alliés autour de Colombey et de lui fournir les renseignements les plus inquiétants et les plus positifs à la fois, sur la composition et la force des corps placés devant lui, sur les mouvements et sur les projets des Alliés. Le maréchal avait donc eu en temps utile tous les éléments d'informations dont il avait besoin pour prendre une résolution. Sa situation était d'autant plus grave que sa responsabilité était plus sérieusement engagée depuis l'instant où il avait, sans ordre de l'Empereur, tenté une entreprise sur la rive droite de l'Aube. Renseigné comme il l'était, il aurait donc dû : ou ramener le gros de ses forces sur la rive gauche sans attendre l'attaque des Alliés; ou reprendre dès le 27 au matin sa marche sur Colombey dans la direction suivie par les Alliés en retraite; ou tout au moins, s'il renonçait à la continuation de l'offensive, se hâter d'occuper, le 26 au soir et au plus tard le 27 avant le jour, Arrentières et les hauteurs qui bor-

---

Notes sur la Vie du prince Eugène de Wurtemberg, ne souciait pas de combattre sur le même terrain que Wrède parce qu'il se serait trouvé sous ses ordres. » Il est bon de se rappeler, ajoute le prince, que Wittgenstein avait, « non sans raison, une certaine peine à accepter des ordres du général qu'il avait battu à Polotzk. » (Général Helldorf, *Vie du prince Eugène de Wurtemberg, d'après ses Mémoires et les papiers de ses aides de camp*, t. III, p. 19.)

dent le ravin dans lequel coule le ruisseau de la Bresse. Malgré la concordance absolue, l'abondance et la netteté de tous ces renseignements, le duc de Reggio dut évidemment penser que les Alliés, loin de vouloir tenter à nouveau les chances d'un combat, ne songeaient qu'à répandre de faux bruits destinés à assurer la tranquillité de leur retraite sur Chaumont. Il y a cependant tout lieu de croire, que sans le brouillard qui lui cacha les mouvements de son adversaire pendant les premières heures de la matinée, le maréchal aurait refusé d'accepter la bataille sur des positions dont, dès la veille au soir, il avait lui-même reconnu les inconvénients et les dangers. N'avait-il pas, dès le 26 au soir, fait savoir au major-général que l'impossibilité de se procurer des fourrages l'avait contraint à arrêter la cavalerie de Kellermann à Spoy et à faire rétrograder celle de Saint-Germain entre Bar et Arsonval. Dans le même rapport, il avait également exposé les raisons pour lesquelles il avait cru devoir laisser la plus grande partie de son artillerie en arrière du pont de Dolancourt. Tout semble donc indiquer qu'Oudinot n'avait pas l'intention de combattre à proximité du long défilé formé par la route de Dolancourt à Bar-sur-Aube, sur un terrain couvert et accidenté, au débouché de nombreux ravins dont il lui était impossible de garder les têtes et par lesquels les Alliés pouvaient facilement arriver sur ses derrières.

Le retour offensif de Wrède sur Bar-sur-Aube, l'énergie et l'acharnement déployés par les Bavarois dans leur attaque de nuit étaient autant d'indices plus que suffisants pour décider le maréchal à renoncer à une position d'autant plus dangereuse qu'il se savait complètement en l'air et qu'il avait connaissance et du départ de l'Empereur et de la marche de Macdonald sur Châtillon. Il n'en fit rien cependant, et ni les avertissements des gens du pays, ni les mouvements préparatoires des Alliés n'ébranlèrent la confiance, ne dissipèrent les illusions du maréchal.

« Lorsque, lisons-nous dans le Journal de la division Leval [1], le 27, l'armée alliée se montra en bataille, opérant sur sa droite un grand mouvement que les brouillards ne permirent pas d'apprécier, les avis restèrent encore partagés. Entre 7 et 8 heures,

---

[1] Journal de la division Leval, du 24 février au 8 avril, rédigé par le général Maulmont. (*Archives de la guerre.*)

un détachement de cavalerie légère qui s'était porté au delà du bois de Levigny pour fourrager, ayant été jeté en désordre sur les avant-postes du 105e, annonça une masse formidable de cavalerie qui se montra bientôt manœuvrant dans notre direction, tandis qu'une forte colonne d'infanterie, s'avançant sur le prolongement de notre flanc gauche, vint appuyer sa droite au bois de Levigny. *Dès ce moment seulement la bataille fut jugée inévitable et l'on songea à s'y préparer.* »

Mais le soleil, en dissipant le brouillard, avait permis aux Alliés d'embrasser d'un coup d'œil la position décousue d'Oudinot. Ils peuvent voir que sa droite est séparée de son centre par le cours de l'Aube, que 4,000 chevaux sont postés seuls sur les hauteurs de Spoy où le terrain est d'autant plus défavorable à leur action, qu'un ravin par lequel passe la vieille route de Bar s'étend en avant de leur front. Les généraux alliés profitent de cette faute et « à 10 heures du matin, le VIe corps tout entier prend à droite de la route de Colombey à Bar sur Arrentières pour rejeter des hauteurs dans la vallée la gauche des Français que Wrède cherchera ensuite à chasser de Bar-sur-Aube [1]. »

Oudinot s'empresse aussitôt de rectifier sa position et essaie vainement de réparer ses fautes et son imprudence. Profitant des quelques moments de répit qu'il doit au départ tardif du VIe corps, il cherche à prévenir le résultat d'un mouvement qui, s'il eût été commencé à temps par Wittgenstein et exécuté à couvert, aurait infailliblement surpris et débordé sa gauche. La division Duhesme, avec 8 canons, prend position à Bar-sur-Aube qu'on a solidement barricadé et forme l'extrême droite de la ligne de bataille. La brigade Jarry, de la division La Hamelinaye, se déploie dans les vignes depuis la ville jusqu'à la crête de la colline des Filles-Dieu. La brigade Belair, de la même division, se porte vers le sommet du plateau. La division Leval opère un changement de front par brigade, l'aile droite en avant, et marche par bataillons en masse pour s'emparer de la colline de Vernonfays.

La brigade Chassé (de la division Boyer de Rebeval) se forme à sa gauche, soutenue en deuxième ligne par la division Rothembourg. La cavalerie de Saint-Germain est en bataille dans la

---

[1] STÄRKE, Eintheilung und Tagesbegebenheiten der Haupt-Armee im Monate Februar. (*K. K. Kriegs Archiv.*, II, 1.)

vallée à Montier-en-l'Isle ; les gardes nationales de Pacthod sont sous les armes au pont de Dolancourt. Enfin, la cavalerie de Valmy reçoit l'ordre de venir au plus vite et par le chemin le plus court de Spoy sur la rive droite de l'Aube.

Pendant ce temps, les batteries du V⁰ corps ouvrent le feu contre Bar-sur-Aube et les trois colonnes du VI⁰ accélèrent et accentuent leurs mouvements vers les hauteurs d'Engente et d'Arrentières. Celle de droite, sous les ordres de Pahlen (hussards de Grodno, de Soumy, d'Olviopol, les uhlans de Tchougouïeff, les cosaques d'Ilowaïski XII, de Rebrikoff et de Wlassoff et une batterie à cheval), soutenue par la 3ᵉ division d'infanterie, et formant l'extrême droite des Alliés, a traversé le ruisseau de la Bresse en amont d'Arrentières, a pris vers Levigny et doit de là, en laissant Arsonval à sa gauche, se rabattre sur le pont de Dolancourt. La deuxième, conduite par le prince Eugène de Wurtemberg, passe par Arrentières et se dirige vers le plateau de Vernonfays. Le corps du prince Gortschakoff (2 divisions d'infanterie, les cuirassiers de Pskoff et les hussards de Loubny) constitue la troisième colonne, sert de réserve aux deux autres et traverse le ruisseau en aval d'Arrentières. Enfin, le général Wlassoff, avec les 23ᵉ et 24ᵉ régiments de chasseurs, occupe le plateau et les vignes en avant d'Arrentières et sert de pivot au mouvement tournant du VIᵉ corps[1]. Wittgenstein marche avec la colonne de Gortschakoff.

A peine les tirailleurs du général Belair ont-ils aperçu les chasseurs russes du général Wlassoff, qu'ils se portent à leur rencontre. Traversant au pas de charge le ravin, ils escaladent la colline et se jettent sur eux à la baïonnette. Surpris par la violence d'une attaque à laquelle ils ne s'attendaient pas, privés de tout soutien, les chasseurs russes plient et se retirent en désordre pendant que les troupes de Belair, qui se sont déployées sur le plateau, font pleuvoir sur eux une grêle de balles. Schwarzenberg, le roi et les princes de Prusse, accourus de ce côté, essayent vainement de reporter en avant les régiments de Wlassoff. Wittgenstein, ramassant quelques escadrons de cuirassiers de Pskoff, charge à leur tête les fantassins de Belair; mais cette

---

[1] Journal d'opérations du prince Eugène de Wurtemberg. (*Archives topographiques*, n° 47344.)

charge, exécutée dans les vignes et sur un terrain accidenté, est repoussée, et les cuirassiers se retirent vivement au moment même où Wittgenstein est blessé à la jambe.

L'arrivée opportune de quelques bouches à feu russes mises en batterie par un officier de l'état-major autrichien, ralentit seule les progrès de l'infanterie de Belair et permet aux chasseurs de Wlassoff de se reformer. Quelques instants après, l'entrée en ligne de troupes fraîches (les régiments de Kalouga et de Mohileff, tirés de la colonne de Gortschakoff), rétablit les affaires des alliés et oblige les Français à s'arrêter.

A droite Pahlen, accélérant sa marche, avait chassé quelques fourrageurs français du bois de Levigny et continué son mouvement sur Arsonval, après avoir laissé dans le bois de Levigny deux régiments de chasseurs à pied.

A gauche de Pahlen, le prince Eugène de Wurtemberg avait déployé son infanterie et mis son artillerie en batterie sur la hauteur en arrière de la ferme de Vernonfays, appuyant ainsi le mouvement débordant de la cavalerie et retenant devant lui les troupes de la brigade Chassé.

Pendant que Pahlen et le prince Eugène de Wurtemberg manœuvraient sans rencontrer de grandes difficultés, que le combat se rétablissait du côté du général Wlassoff, la colonne de Gortchakoff était, au contraire, sérieusement engagée avec l'infanterie du général Leval et la cavalerie de Kellermann. Malgré le feu meurtrier des batteries russes de Gortchakoff, les 101ᵉ et 105ᵉ régiments de ligne se lancent, sans perdre un instant, contre les Russes, auxquels ils ne donnent pas le temps d'achever leur déploiement, les chargent à la baïonnette, s'emparent de tout le plateau de Vernonfays, du petit bois qui est à sa base et qui rejoint le bois de Levigny, les poussent dans le ravin et leur font des prisonniers jusqu'à l'angle du bois de Levigny. Leurs progrès sont si rapides et si menaçants que les Russes, craignant pour leur artillerie, sont obligés de l'éloigner en toute hâte.

La cavalerie de Kellermann (division de cavalerie légère du général Jacquinot, forte de 500 chevaux, et division de dragons du général Trelliard), qui a quitté Spoy, traversé le bois de Jancourt et passé l'Aube au gué de Saint-Esprit, a rejoint l'infanterie de Leval sur le plateau de Vernonfays.

La cavalerie légère du général Jacquinot, arrivée la première, entre en ligne à droite de l'infanterie, charge aussitôt en colonne par escadron et bouscule les cuirassiers de Pskoff et les hussards de Loubny. Une batterie à cheval vient prendre position sur le plateau avec les dragons de Trelliard, et Kellermann, à la tête de la brigade Ismert, s'élance contre l'artillerie russe. La situation de Gortschakoff et de Wittgenstein devenait de plus en plus critique. Si cette charge réussit, la cavalerie française aura crevé le centre de la ligne de bataille et coupé complètement le VI⁰ corps du V⁰. Heureusement pour les Russes, les généraux Löwenstern et Kostenetzky avaient eu le temps de mettre en batterie d'abord 30 et bientôt 48 bouches à feu. Maintenant, par leur exemple, les artilleurs près de leurs pièces chargées à mitraille, ils laissent arriver les escadrons de Kellermann jusqu'à 100 pas, ouvrent alors seulement le feu et arrêtent l'élan de la cavalerie française à laquelle cette salve coûte en quelques instants 400 hommes. Les cuirassiers et les hussards russes, qui se sont ralliés, essayent de profiter de l'occasion pour achever de rompre les dragons; mais, loin de parvenir à les entamer, ils sont obligés de revenir une deuxième fois se rallier derrière l'artillerie [1].

Bien que le danger immédiat soit momentanément conjuré, les généraux alliés s'empressent de faire arriver des renforts qui doivent empêcher la cavalerie française de renouveler ses tentatives contre les colonnes du VI⁰ corps encore séparées et hors d'état de se soutenir entre elles, et Schwarzenberg donne à Wrède l'ordre de lui envoyer immédiatement la division autrichienne du général Spleny. La brigade Volkmann (5 bataillons autrichiens et 24 escadrons) soutenue par quatre bataillons bavarois se dirige aussitôt vers les hauteurs au nord de Bar et vient se former à la gauche de Gortschakoff [2].

Au même moment Wittgenstein, qui n'avait pas été mis au courant des mesures prises par le généralissime, rappelle à lui le prince Eugène de Wurtemberg et la colonne de Pahlen. Il renonce ainsi à l'exécution du mouvement tournant, à l'instant où l'entrée en ligne de la division Spleny rétablissait l'équilibre

---

[1] Wittgenstein à Schwarzenberg, Bar-sur-Aube, 27 février. (*K. K. Kriegs Archiv.*, II, 745.)

[2] Frimont, Relation du combat de Bar-sur-Aube, (*K. K. Kriegs Archiv.*, II, 792, *f*), et Relation des combats de Bar-sur-Aube, les 26 et 27 février (*Ibid.*, II, 780).

et permettait à la gauche de reprendre l'offensive, à l'instant où l'apparition de la cavalerie russe sur les derrières des Français aurait pu avoir des conséquences fatales pour eux en menaçant leur unique ligne de retraite assurée par le pont de Dolancourt.

Ce changement de direction ordonné à Pahlen était d'autant moins nécessaire que le prince Eugène de Wurtemberg avait réussi sans peine à arrêter les troupes du général Chassé. Le retour de Pahlen permit toutefois à Wittgenstein de contraindre les généraux Chassé et Rothembourg (aile gauche des Français) à se replier et à venir s'établir en arrière des troupes du général Leval.

A 4 heures, les renforts étaient arrivés; la division Spleny avait déployé son infanterie sur deux lignes par bataillons en masse à la gauche de Gortschakoff. Les dragons de Knesevich, les hussards de Szeckler et la cavalerie bavaroise du général Vieregg l'avaient déjà précédée. Aussi les Français avaient-ils dû renoncer à continuer leur mouvement en avant depuis que, sur la droite de la division Leval, la brigade Belair avait commencé à perdre du terrain, surtout depuis que les troupes du général Chassé et de la division Rothembourg avaient abandonné le bois de Levigny.

Le général Leval avait déjà engagé sa 2e brigade, et c'était grâce à des prodiges de valeur que ses fantassins et les cavaliers de Kellermann réussissaient à se maintenir sous un feu terrible sur le plateau de Vernonfays. Mais les efforts mêmes de Leval et de Kellermann avaient donné, à Schwarzenberg, la mesure exacte des forces des Français. Il ordonna alors à Wrède d'enlever Bar-sur-Aube, à Pahlen de reprendre la direction d'Arsonval et à tout le reste de la ligne de se porter en avant.

Un bataillon d'infanterie de Kalouga n'a pas attendu les ordres du généralissime. Enlevé par ses chefs, entraînant, par son exemple, d'abord les chasseurs de Wlassoff, puis les régiments de Perm et de Mohilew, ce bataillon et les troupes qui le suivent rejettent la brigade du général Belair et l'obligent à quitter les hauteurs et à redescendre dans la vallée, vers Ailleville. Le prince Eugène de Wurtemberg débouche en même temps sur le flanc gauche des Français et les pousse également sur Ailleville pendant que Gortschakoff les presse sur leur front[1]. Oudinot,

---

[1] Stänke, Eintheilung und Tagesbegebenheiten der Haupt-Armee im Monate

reconnaissant enfin l'impossibilité de continuer à combattre contre un ennemi aussi supérieur en nombre, se décide à donner l'ordre de la retraite. La cavalerie de Kellermann se retire par un ravin qui mène à Levigny, regagne le pont de Dolancourt et y passe l'Aube. La cavalerie de Saint-Germain, qui est restée inactive toute la journée, va à Dolancourt par la vallée et la grande route que suit également le corps de Gérard. La division Leval et la jeune garde se replient en longeant la crête des hauteurs qui dominent cette route.

Pendant que les troupes du VIe corps occupent les hauteurs qui commandent Ailleville, le général Volkmann pressait l'arrière-garde française du côté de ce village et Wrède s'emparait de Bar-sur-Aube où la faible division de Duhesme avait combattu avec un acharnement égal à celui déployé à Vernonfays par les troupes de Leval. Canonné et fusillé de tous côtés, courant le risque d'être cerné et coupé de la rive gauche si les troupes alliées postées à Fontaine et à Sainte-Germaine accentuent leur mouvement, Duhesme se décide à la retraite à la tombée de la nuit et replie une de ses brigades par la vieille route de Vendeuvre sur Spoy. Une charge de uhlans de Lithuanie l'empêche toutefois de couper derrière lui le pont de Bar-sur-Aube[1]. Les Bavarois le traversent et, débouchant de Bar-sur-Aube sur les pas de la 2e brigade de Duhesme, s'engagent à sa suite sur la route d'Ailleville, obligent l'arrière-garde de Gérard et de Leval à leur céder ce village et continuent la poursuite dans la direction de Montier et d'Arsonval[2].

Toute l'artillerie, une grande partie des 2e et 7e corps ont, pendant ce temps, passé sur la rive gauche de l'Aube et les dernières troupes françaises ne sont guère à plus de deux kilomètres du pont de Dolancourt. La cavalerie bavaroise, renonçant à entamer cette arrière-garde, ne suit plus que faiblement, lorsque la cavalerie de Pahlen débouche à la nuit tombante d'Arsonval.

Februar (*K. K. Kriegs Archiv.*, II, 1), Relation des combats de Bar-sur-Aube (*Ibid.*, II, 780 et II, 780 a), et Wittgenstein à Schwarzenberg, Bar-sur-Aube, 27 février (*Ibid.*, II, 745).

[1] Taxis, Tagebuch. (*K. K. Kriegs Archiv.*, XIII, 32.)

[2] Relation des combats de Bar-sur-Aube (*Ibid.*, II, 780), et prince de Schwarzenberg à l'empereur d'Autriche, Colombey, 27 février (*Ibid.*, II, 864).

« L'ennemi était en pleine retraite, dit Pahlen dans son rapport (en français)[1], à Wittgenstein, une partie de ses troupes cherchait à gagner le Pont-Neuf, l'autre traversait l'Aube à gué; mon infanterie n'avait pas encore pu arriver. Je m'avançai avec l'artillerie à cheval et ma cavalerie sur la hauteur d'Arsonval, en canonnant l'ennemi sur ses derrières et dans le défilé. Lorsque mon infanterie arriva, je fis occuper Arsonval que l'ennemi évacua à mon approche. »

Un retour offensif de quelques troupes ramassées par le général Montfort, et qui prirent ensuite position près d'un petit coteau boisé en face du pont, sauva l'arrière-garde française et assura son passage en repoussant un hourrah, qui fut la dernière tentative de la cavalerie russe[2].

« L'ennemi, dit encore Pahlen[3], occupe le Pont-Neuf et a placé de l'artillerie de l'autre côté pour le défendre. »

Lorsque la nuit fut venue, le VIe corps et les renforts tirés du Ve s'arrêtèrent et campèrent entre Arsonval et Ailleville ; le Ve corps à Bar-sur-Aube et Ailleville. Wrède et Wittgenstein s'établirent de leur personne à Bar-sur-Aube.

Du côté des Français, le général Gérard avait pris position sur les hauteurs de Dolancourt, dont il défendait le pont; la cavalerie de Kellermann occupait les hauteurs de Spoy et observait la vieille route de Bar-sur-Aube. Le gros des 2e et 7e corps avait continué sa retraite et arrivait à 11 heures du soir à Magny-Fouchard, au point de jonction des deux routes, sur une position où Oudinot voulait, dans le principe, essayer de prendre pied.

La journée de Bar-sur-Aube avait coûté 1900 hommes aux Alliés, dont 847 prisonniers. Wittgenstein et Schwarzenberg avaient été, le premier blessé, le deuxième contusionné. Le général russe, comme nous le verrons plus loin, ne tarda pas à quitter l'armée et remit quelque temps après son commandement au général Raïeffsky ; mais son départ fut bien moins motivé par sa blessure et son état de santé que par ses différents avec Schwarzenberg et sa mésintelligence avec Wrède.

---

[1] Pahlen à Wittgenstein, Levigny, 28 février, 6 heures du matin. (*K. K. Kriegs Archiv.*, II, ad 791.)

[2] Journal de la division Leval. (*Archives de la guerre.*)

[3] Pahlen à Wittgenstein, Levigny, 28 février, 6 heures du matin. (*K. K. Kriegs Archiv.*, II, ad 791.)

Les pertes des Français étaient plus considérables et s'élevaient, s'il faut s'en rapporter au journal de la division Leval, à 3,500 hommes. Le général Pinoteau, l'un des brigadiers du général Leval, avait été grièvement blessé.

Il est impossible de justifier les dispositions d'Oudinot et de découvrir les motifs pour lesquels, après s'être décidé à ramener par précaution son artillerie sur la rive gauche, à y conserver une bonne partie de ses forces déjà si inférieures en nombre à celles des Alliés, après avoir négligé de se garder et de s'éclairer sur sa gauche, il accepta néanmoins une lutte rendue encore plus inégale par l'incompréhensible inaction de la cavalerie de Saint-Germain et l'attitude passive imposée à la division Rothembourg. Aussi dut-il s'estimer heureux d'avoir, grâce à la valeur de ses troupes qui suppléa au manque d'artillerie, évité la catastrophe à laquelle il s'exposait si inconsidérément. Bien que le maréchal ait reconnu lui-même après la bataille « que l'Aube n'est pas une ligne de défense et que Dolancourt n'est pas tenable, parce que la rivière est guéable partout, » le mal n'en était pas moins fait. Comme l'écrivait Wrède le 28 février au roi de Bavière, « la parfaite réussite de l'attaque d'hier contre l'ennemi valait beaucoup pour le moral de l'armée alliée ; en diminuant un peu l'enthousiasme de l'armée française, elle influera beaucoup sur les affaires politiques et *nous amènera probablement un armistice prochain.* »

Le général bavarois avait raison d'affirmer que l'affaire de Bar-sur-Aube aurait des conséquences politiques et exercerait une heureuse influence sur le moral des troupes alliées ; mais il se trompait en croyant à la possibilité d'une suspension d'armes et en vantant la réussite parfaite de l'attaque. Les dispositions des Alliés n'avaient été rien moins qu'heureuses[1]. Sans parler de

---

[1] Le 27 février, à 11 heures 1/4 du soir, le général von Hake, écrivant de Colombey à Hardenberg (lettre citée par *Pertz-Delbrück, Leben des Feldmarschalls Grafen Neidthardt von Gneisenau*, IV, 194, 195), lui rendait, en ces termes, compte de la bataille de Bar-sur-Aube et de la situation générale :

« Que pourrai-je dire à Votre Excellence à propos de l'affaire d'aujourd'hui ? La nuit dernière, l'ennemi a enlevé Bar-sur-Aube sous les yeux du corps entier de Wrède. Ce matin quand on s'est décidé à le faire attaquer par Wrède et par Wittgenstein, la plus grande partie de ses troupes étaient déjà sur la rive droite de l'Aube. Mais ces forces étaient si peu considérables qu'il eût suffi d'un peu de décision pour qu'un seul de ces corps le bousculât. Or la précipitation avec laquelle, en évacuant Bar-sur-Aube, on avait renoncé à un point d'appui qui aurait été extrêmement utile aux Alliés, on ne peut approuver des dispositions grâce auxquelles la division Leval, les brigades Belair et Chassé et la cavalerie de Kellermann, bien que manquant d'artillerie, réussirent à arrêter, pendant toute une journée, le corps entier de Wittgenstein, renforcé par une partie du Ve et soutenu par près de 100 bouches à feu.

Au lieu d'immobiliser le Ve corps devant Bar et de l'y tenir tout entier l'arme au pied pendant la plus grande partie de la journée, il eût assurément mieux valu donner, dès le matin, à une partie des Austro-Bavarois, l'ordre de se prolonger vers leur droite. Il y avait pour les Alliés d'autant plus d'intérêt à procéder de la sorte que le VIe corps avait commencé tardivement son mouvement, et qu'au lieu de se porter de Pratz et de Colombey-les-Deux-Églises sur Arrentières et Levigny, il avait marché par la grande route jusqu'en vue de Bar-sur-Aube. Si les Alliés avaient manœuvré avec moins de lenteur et surtout avec moins d'indécision, si, au lieu de multiplier les ordres et les contre-ordres, on eût laissé les colonnes de Pahlen et du prince Eugène de Wurtemberg continuer résolument, la première par Levigny, sur le pont de Dolancourt; la deuxième par Arrentières et Vernonfays, sur les hauteurs d'Arsonval, les troupes françaises engagées en avant d'Ailleville se seraient trouvées dans une position des plus critiques : elles n'auraient pu parvenir à effec-

---

on n'attaqua qu'après-midi. Dans l'intervalle, l'ennemi s'était renforcé sur la rive droite et nous avions vu arriver ses renforts. Le prince donna ses ordres : mais les mouvements s'exécutèrent avec une lenteur désespérante, et l'ennemi, qui n'avait pas été sans remarquer notre timidité, fit hardiment occuper les hauteurs par quelques bataillons. Ce fut dans l'après-midi seulement que par une attaque combinée, exécutée sur l'ordre de Schwarzenberg, on parvint à déloger l'ennemi. Au lieu de nous emparer de son artillerie et de lui prendre quelques milliers d'hommes, nous n'avons pas même enlevé une pièce et nous n'avons pas fait 100 prisonniers. Le soir, l'ennemi n'avait abandonné ni le champ de bataille, ni la rive droite de l'Aube.

« Dès ce matin, j'avais dit au roi que tous les généraux, à l'exception peut-être du prince de Wurtemberg, désiraient la paix. Il s'étonna de me voir comprendre Barclay dans cette énumération. La journée d'aujourd'hui a convaincu le roi. Il m'a dit qu'à moins d'avoir deux fois plus de monde que Napoléon, il serait, en raison de la conduite de nos troupes et des dispositions d'esprit de nos généraux, imprudent d'accepter une bataille. »

tuer leur retraite, à se frayer le passage qu'en sacrifiant beaucoup de monde et les quelques bouches à feu qu'elles avaient sur la rive droite. Les contre-ordres envoyés aux colonnes de Pahlen et du prince Eugène de Wurtemberg paraissent d'autant plus inexplicables que le généralissime savait, non pas par des bruits ou des renseignements plus ou moins positifs, mais par une dépêche du prince royal de Wurtemberg, dépêche qu'il avait lui-même communiquée à Wrède, qu'il n'y avait presque personne sur la rive droite de l'Aube[1].

Les tâtonnements et les hésitations des généraux alliés n'avaient pas eu seulement pour effet d'immobiliser inutilement un corps d'armée tout entier devant Bar-sur-Aube; ils avaient empêché Schwarzenberg de jeter une masse imposante de troupes entre Vernonfays et Levigny, et de relier entre elles les colonnes du VI⁰ corps, forcément séparées pendant l'exécution du mouvement tournant. Enfin, les ordres et les contre-ordres avaient été si nombreux, la confusion qui en résulta avait pris de telles proportions que les grenadiers de Raïeffsky, destinés à servir de soutien à Wrède et à Wittgenstein, au lieu de se rapprocher du champ de bataille, avaient, au contraire, continué à marcher sur Chaumont.

Mouvements de Macdonald et du III⁰ corps. — Au moment où l'Empereur partait de Troyes, Macdonald auquel, en sa qualité de plus ancien des maréchaux, il avait confié le commandement supérieur des corps du duc de Reggio et de Gérard et de la cavalerie de Valmy et de Milhaud, s'était dirigé des environs de Châtillon, sur La Ferté-sur-Aube qu'il avait ordre d'enlever en rejetant les Alliés sur la rive droite de l'Aube. Il supposait que, conformément aux instructions de l'Empereur, Oudinot et Gérard avaient conservé le gros de leurs forces sur la rive gauche de la rivière, occupaient seulement Bar-sur-Aube par une forte avant-garde et avaient pris leurs dispositions pour en faire sauter le pont en cas de nécessité. Il pensait également

---

[1] Prince de Schwarzenberg au comte Wrède, Colombey, 26 février (*K. K. Kriegs Archiv.*, II, 735 d.)
 « Le prince royal de Wurtemberg annonce qu'il n'y a qu'un corps ennemi sur la route de Bar-sur-Aube. Un autre corps marche par Bar-sur-Seine. Le prince royal de Wurtemberg fera attaquer ce corps par les III⁰ et IV⁰ corps. »

que le duc de Reggio, auquel l'Empereur avait eu soin de faire tenir directement ses instructions, aurait détaché sur Dienville quelque cavalerie dont la présence aurait vraisemblablement suffi pour décider les Alliés à en détruire le pont. Dès le 27 au matin, de Mussy-l'Évêque, où il avait passé la nuit, il avait dirigé, de Fontette Milhaud, avec les divisions de cavalerie de Piré et de Briche, et d'Essoyes les divisions de Brayer et d'Amey sur La Ferté-sur-Aube que ces troupes avaient ordre d'occuper le 27 au soir. Le maréchal, avec la division Albert et les dragons de Lhéritier, s'était mis en marche sur Verpillières, Essoyes, Fontette et Saint-Usage, dans l'espoir de gagner ce même jour La Ferté-sur-Aube, si son mouvement n'était pas trop ralenti par les difficultés du terrain et l'état des chemins de traverse.

En face de lui, les IIIe et IVe corps s'étaient également mis en mouvement. Mais l'ordre, par lequel le généralissime [1] prescrivait à Gyulay de prendre l'offensive, de se porter le 27, à la première heure, d'Arc-en-Barrois sur Veuxhaulles, de se concentrer sur la rive droite de l'Aube, d'envoyer des partis par Courban sur Brion-sur-Ource et Vanvey et de se relier à la division légère du prince Maurice Liechtenstein, dirigée sur Châtillon, n'étant arrivé à Arc que le 27, à 8 heures du matin, le IIIe corps n'avait pu prendre qu'à 11 heures la direction indiquée par le généralissime. Si l'on avait songé à établir des postes de correspondance, assurant la transmission rapide des ordres, il eût été facile de prévenir des lenteurs qui auraient pu être fatales.

Le 27 au soir, les troupes de Gyulay avaient atteint la rive droite de l'Aube; la division Fresnel était à Veuxhaulles et Boudreville, celle de Weiss entre Montigny-sur-Aube et Gevrolles, tandis que Crenneville, passé sur la rive gauche, allait jusqu'à Riel-les-Eaux et surveillait les positions des Français à Autricourt et à Mussy.

Ce mouvement devait, dans l'idée du généralissime, inquiéter les troupes françaises postées à Bar-sur-Seine et servir de première préparation aux opérations qu'on se proposait de diriger contre ce point.

---

[1] Schwarzenberg à Gyulay, Colombey, 26 février. (*K. K. Kriegs Archiv.*, II, 735.)

Mouvements de Platoff et du IVe corps. — Combat de Fontette. — L'ataman Platoff, précédant le gros du IIIe corps, s'était porté de Boudreville à Courban ; il venait de recevoir l'ordre de se diriger au plus vite vers la droite de la grande armée, pour chercher à se relier à Blücher par Méry ou Arcis-sur-Aube[1]. L'ataman, en se mettant en mouvement, devait toutefois laisser à l'aile gauche de l'armée le corps volant de Seslavin, opérant à ce moment du côté de Fontette.

Le IVe corps, à l'exception des divisions de cuirassiers de Nostitz et de Duka restées dans leurs cantonnements, était concentré le 27 à midi autour du prince royal à La Ferté-sur-Aube[2]. Une brigade d'infanterie occupait la ville. Une autre brigade échelonnait le IVe corps vers Bar-sur-Aube et gardait Clairvaux et Longchamp. Le régiment de hussards autrichiens Archiduc-Ferdinand, envoyé sur la rive gauche, avait ordre de pousser au delà d'Arçonville et d'observer les mouvements des Français du côté de Bar-sur-Aube[3].

Sur l'ordre du prince royal, Seslavin, posté jusque-là avec une partie des cosaques de Platoff à La Ferté-sur-Aube, avait passé sur la rive gauche de la rivière et s'était engagé dans la forêt de Clairvaux pour aller au-devant des Français, qui n'avaient, croyait-on, que cinq escadrons à Essoyes[3]. Arrivé vers 10 heures du matin, au débouché de la forêt de Clairvaux, Seslavin donna dans la cavalerie de Piré (avant-garde de Milhaud). Ce général, sachant que le maréchal suivait le 5e corps de cavalerie, attaqua immédiatement les cosaques, les enfonça et les culbuta. Traversant à leur suite la forêt de Clairvaux, il les ramena si vivement qu'ils parvinrent à peine à regagner en pleine déroute La Ferté-sur-Aube, où ils furent recueillis par la cavalerie légère wurtembergeoise[4]. Le prince royal s'empressa aussitôt de faire prendre

---

[1] STÄRKE, Eintheilung und Tagesbegebenheiten der Haupt-Armee im Monate Februar. (*K. K. Kriegs Archiv.*, II, 1.)

[2] STÄRKE, Eintheilung und Tagesbegebenheiten der Haupt-Armee im Monate Februar. (*K. K. Kriegs Archiv.*, II, 1.)

[3] Général comte BAILLET DE LA TOUR, Journal d'opérations du IVe corps. (*K. K. Kriegs Archiv.*, XIII, 56.)

[4] Prince royal de Wurtemberg au prince de Schwarzenberg, La Ferté-sur-Aube, 27 février, 7 heures du soir. (*K. K. Kriegs Archiv.*, II, 776 ; billet au crayon.)

position sur la rive gauche aux grenadiers autrichiens de Klenau et à la brigade Stockmayer.

A 4 heures de l'après-midi, la cavalerie de Milhaud, avec une batterie à cheval, se déployait sur les hauteurs à l'ouest de La Ferté, canonnait pendant environ une heure les troupes wurtembergeoises et autrichiennes établies sur la rive gauche, et se portait en avant aussitôt après l'arrivée de quatre bataillons de la division Brayer. Ne voulant pas combattre avec un défilé à dos, le prince royal ramena ses régiments sur la rive droite de l'Aube et fit brûler le pont derrière lui. Une des brigades de cavalerie du prince fila seule par la rive gauche de l'Aube sur Ville-sous-La-Ferté, pour le relier par Clairvaux, où il avait déjà la brigade d'infanterie du prince de Hohenlohe, avec le Ve corps. Les avant-postes de cavalerie wurtembergeoise bordèrent la rive droite de l'Aube et le prince, s'attendant à voir les Français entrer à La Ferté, fit prendre position à son corps sur les hauteurs de Pont-la-Ville, d'où ses batteries pouvaient canonner La Ferté [1].

En présence du mouvement de Macdonald, il devenait désormais impossible de se conformer à l'ordre que Schwarzenberg venait de faire partir de Bar-sur-Aube à 4 h. 1/2 du soir, et par lequel il enjoignait au prince royal et à Gyulay de chasser le lendemain les Français de Bar-sur-Seine [2].

Soutenue par le reste du 5e corps et les divisions Brayer et Amey, la cavalerie légère de Piré occupa Villars-en-Azois. Macdonald, avec le gros du 11e corps, avait dû s'arrêter à quelque distance de là, sur le plateau à Fontette. Mais la présence des Wurtembergeois à La Ferté-sur-Aube et la canonnade que le maréchal avait entendue du côté de Bar-sur-Aube lui avaient prouvé qu'Oudinot, dont il était sans nouvelles, n'occupait pas cette dernière ville. Il lui importait d'autant plus de connaître l'issue de l'engagement qui avait eu lieu de ce côté, que le départ

---

[1] Journal d'opérations du IVe corps (*K. K. Kriegs Archiv.*, XIII, 56), Stärke, Eintheilung und Tagesbegebenheiten der Haupt-Armee im Monate Februar (*Ibid.*, II, 1), et prince royal de Wurtemberg au prince de Schwarzenberg, La Ferté, 27 février, 7 heures du soir (*Ibid.*, II, 776).

[2] Prince de Schwarzenberg au prince royal de Wurtemberg et au feldzeugmeister Gyulay, Bar-sur-Aube, 27 février, 4 heures 1/2 du soir. (*Ibid.*, II, 755 et II, 757.)

de la division Amey et de 500 chevaux qu'il devait, par ordre de l'Empereur, envoyer à Troyes, où ils garderont les parcs de l'armée, allait encore affaiblir ses effectifs. Il prit, par suite, le parti de se porter le lendemain avec la division Albert et ce qui lui restait des dragons de Lhéritier, dans la direction de Bar-sur-Aube, afin de se mettre en communication avec Oudinot pendant que Milhaud et Brayer, restés devant La Ferté, feront supposer au prince royal qu'il va être sérieusement attaqué et tiendront la tête de pont du côté de La Ferté, en s'échelonnant sur le plateau à travers la forêt de Clairvaux jusqu'aux Fosses [1].

De son côté, aussitôt après son arrivée à Pont-la-Ville, dans la soirée du 27, le prince royal de Wurtemberg avait envoyé à Gyulay l'ordre de quitter ses positions, de façon à être rendu à la pointe du jour, avec le gros du IIIe corps, entre Pont-la-Ville et La Ferté. L'avant-garde de Gyulay et celle de Platoff avaient ordre de pousser vers Autricourt et de menacer l'aile droite des Français.

En somme, le 27 au soir, Macdonald, après avoir rejeté les Alliés sur la rive droite de l'Aube, occupait en face d'eux une position excellente, inabordable de front, et un plateau du haut duquel il commandait la vallée en amont et en aval de La Ferté. Ignorant l'issue de l'engagement de Bar-sur-Aube, espérant pouvoir continuer le lendemain, de concert avec Oudinot, ses opérations offensives dans la direction de Chaumont, il avait cru devoir conserver le pont de pierre de Silvarouvre et ne pas compléter la destruction de celui de La Ferté, que le IVe corps n'avait pas eu le temps de rendre absolument impraticable.

Barclay de Tolly, avec les réserves et les gardes russes et prussiennes, était resté immobile à Langres. Il s'était contenté d'envoyer à gauche, à Courban, les uhlans de la garde, chargés de pousser vers Châtillon [2].

28 février 1814. — Ordres de Schwarzenberg. — Dans la nuit du 27 au 28, le généralissime arrêta les dispositions pour la

---

[1] Macdonald au major-général, à Brayer et à Milhaud, Essoyes, 27 février, 5 heures du soir. (Correspondance de Macdonald; *Archives de la Guerre.*)

[2] Prince royal de Wurtemberg à Gyulay, Pont-la-Ville; 27 février. (*K. K. Kriegs Archiv.*, II, *ad* 787.)

[3] Stärke, Eintheilung und Tagesbegebenheiten der Haupt-Armee im Monate März. (*K. K. Kriegs Archiv.*, III, 1.)

journée du 28 : « Les V⁰ et VI⁰ corps feront halte et prendront un peu de repos sur les positions qu'ils occupaient après la bataille de Bar-sur-Aube.

« Le IV⁰ corps passera l'Aube à La Ferté, traversera la forêt de Clairvaux, ira s'établir à Vitry-le-Croisé et enverra des partis à droite vers Vendeuvre, à gauche vers Bar-sur-Seine. Le III⁰ corps, placé sous les ordres du prince royal de Wurtemberg, franchira également l'Aube et se dirigera sur Essoyes.

« Les gardes et réserves russes et prussiennes se porteront de Langres sur Colombey-les-Deux-Églises. »

C'était demander bien inutilement à ces gardes une marche de près de 60 kilomètres ; aussi envoya-t-on dans le courant de la journée à Barclay de Tolly l'ordre de s'arrêter à l'endroit même où le porteur de la dépêche le rencontrerait. Les gardes et réserves se cantonnèrent par suite aux environs de Chaumont.

Platoff, se préparant à marcher sur Arcis, était encore le 28 au matin à Courban et à Boudreville, d'où il envoyait à Schwarzenberg un courrier anglais allant de Châtillon au grand quartier général et porteur d'une lettre particulière adressée par lord Burghersh au généralissime [1]. Il semble d'ailleurs que, malgré l'ordre dirigeant de suite Platoff vers la droite de la grande armée et le chargeant d'établir et d'assurer les communications avec Blücher, le généralissime ait eu quelques doutes sur l'aptitude de l'ataman à remplir une mission à laquelle il attachait, non sans raison, une véritable importance. La lettre qu'il adressa à ce sujet à Barclay de Tolly, prouve que l'on partageait désormais au grand quartier général la manière de voir de Toll et l'opinion que Kaïssaroff ne s'était pas gêné d'émettre sur le compte de l'ataman, et qui décida l'Empereur Alexandre à relever quelques jours plus tard Platoff de son commandement.

« Je partage votre manière de voir relative à la proposition qui m'a été faite d'envoyer Platoff ou Seslavin sur notre gauche ; mais comme mes avant-postes me font assez bien connaître les mouvements de l'ennemi de ce côté, et comme je suis sans nouvelles du feld-maréchal Blücher, je vous prie d'envoyer de ce côté *un général hardi et entreprenant*, avec au moins 1000 che-

---

[1] L'ataman Platoff au prince de Schwarzenberg, Boudreville, 28 février. (*K. K. Kieys Archiv.*, II, 799.)

vaux, en lui donnant l'ordre de se relier au feld-maréchal par Sézanne.

« Le général Seslavin ayant trop peu de monde avec lui, je laisse à Votre Excellence le soin de le renforcer ou d'envoyer de ce côté Platoff. Toutefois, je ferai remarquer à Votre Excellence qu'il serait bon, en ce cas, d'adjoindre à Platoff le prince Lubomirsky.

« On pourrait alors employer utilement Platoff sur notre droite [1]. »

On croit un moment à la marche de l'Empereur sur Dijon. — Avant d'aborder le récit des événements qui marquèrent la journée du 28, il est indispensable de signaler un incident qui troubla assez sérieusement le quartier général, y jeta momentanément la confusion dans les esprits, exerça une influence sérieuse, quoique de courte durée, sur les opérations et fut, entre autres, la cause déterminante de l'ordre qui arrêta à Chaumont les gardes et les réserves de Barclay.

De singulières coïncidences avaient, d'ailleurs, contribué à donner une apparence de probabilité à l'invraisemblable nouvelle que Seslavin avait transmise un peu trop à la légère, et qui devait être, si ce n'est confirmée, du moins admise et répétée par le prince royal de Wurtemberg. Seslavin, induit en erreur par les réponses des prisonniers, avait signalé dans des termes absolument positifs la marche de l'Empereur sur Dijon. Le 26 février, à 10 heures du soir, il avait écrit à Toll une première lettre qui débutait par ces mots : « D'après le dire des prisonniers, l'armée ennemie tout entière, y compris la garde, marche sur Dijon. On a laissé près de Bar-sur-Seine la division de cavalerie du général de Piré, qui, forte de 3,000 chevaux (?), doit masquer le mouvement sur Dijon et rendre possible un retour vers la Seine, s'il devenait nécessaire. Napoléon était, hier encore, à Troyes. Son armée est très disséminée ; il serait d'autant meilleur de profiter de cette occasion pour l'attaquer pendant sa marche, que l'Empereur nous croit en pleine retraite. »

Le 27, à 9 h. 1/2 du matin, Seslavin complétait encore ces

---

[1] Schwarzenberg à Barclay de Tolly, Colombey-les-Deux-Églises, 28 février, 9 heures du soir. (*K. K. Kriegs Archiv.*, II, 816.)

premiers renseignements et ajoutait : « L'armée ennemie se porte sur Dijon et Besançon, où l'on attend l'arrivée du vice-roi d'Italie et où doit s'opérer une concentration générale. »

Au moment où ces deux rapports parvenaient simultanément à Toll le 28 au matin, à Champignol, le prince Maurice Liechtenstein adressait à la fois à Schwarzenberg et au prince royal de Wurtemberg une dépêche dans laquelle, tout en reconnaissant lui-même que le renseignement avait besoin d'être contrôlé, il annonçait que le prince héritier de Hesse-Hombourg avait dû évacuer Dijon, où le maréchal Masséna [1] était entré derrière lui.

Toll avait, lui aussi, transmis, mais sous toutes réserves, ces différentes nouvelles [2], qui lui paraissaient aussi invraisemblables qu'inadmissibles. Enfin, une dépêche adressée par le prince royal de Wurtemberg au prince de Schwarzenberg et expédiée de Pont-la-Ville le 28 février à une heure du matin [3], allait mettre le comble à l'émotion causée par ces rumeurs auxquelles on s'était jusque-là refusé à ajouter la moindre foi :

« J'ai fait part à Gyulay, écrivait le prince, de l'ordre de Votre Altesse, relatif à l'attaque de La Ferté.

« Ma cavalerie et mon artillerie ont pu se replier sur Clairvaux, et l'ennemi ne les a poursuivies que faiblement au delà du pont de La Ferté. Je sais maintenant que c'est la division de cavalerie de Milhaud, soutenue par une brigade d'infanterie du corps de Macdonald, qui a chassé le général Seslavin de Fontette.

« *Les prisonniers me confirment la marche de l'Empereur sur Dijon.* »

De semblables renseignements, transmis simultanément par différents généraux, devaient d'autant plus sûrement exercer une action directe et immédiate sur les opérations et ralentir la poursuite que, sans parler même des considérations politiques, on

---

[1] Il s'agit évidemment d'Augereau puisque Masséna n'avait jamais bougé de Toulon.

[2] Wolkonsky, moins prudent que Toll, avait adressé sans commentaires le deuxième rapport de Seslavin à Schwarzenberg, avec le bulletin de transmission dans lequel il se bornait à dire au généralissime qu'il lui faisait parvenir la traduction du rapport envoyé par Seslavin qui venait de rentrer d'expédition et que ce général avait adressé à Barclay de Tolly. (*K. K. Kriegs Archiv.*, II, 767.)

[3] Prince royal de Wurtemberg au prince de Schwarzenberg, Pont-la-Ville, 28 février, 1 heure du matin. (*K. K. Kriegs Archiv.*, II, 787.)

avait repris l'offensive sans enthousiasme avec la ferme résolution de ne s'engager à fond, de n'accentuer le mouvement en avant que lorsque l'armée de Silésie aurait remporté des avantages significatifs. Le mémoire présenté huit jours plus tard par Schwarzenberg à l'empereur Alexandre et à Frédéric-Guillaume III en fournit la preuve manifeste. On s'empressa donc de profiter de l'arrivée du renseignement, plus qu'invraisemblable, de Seslavin pour adopter une attitude expectante, et, afin de couper court aux remarques et aux questions, Schwarzenberg chargea immédiatement Radetzky d'exposer à Wolkonsky les motifs pour lesquels il croyait sage et nécessaire de ralentir la poursuite :

« *Le feld-maréchal-lieutenant Radetzky au prince Wolkonsky*[1].

Colombey, ce 28 février 1814.

« Les dépositions de quelques prisonniers faits dans la journée d'hier, et surtout le rapport du général Seslavin, d'après lequel l'empereur Napoléon doit avoir dirigé ses forces principales sur Dijon, ont empêché le maréchal commandant en chef de poursuivre les avantages de la journée d'hier avec autant de vigueur que si l'on avait eu la certitude que l'ennemi s'est porté sur l'armée de Silésie. Les troupes étant en outre fatiguées, il eût été très risquant de les faire avancer dans un pays totalement dénué de ressources, avant d'avoir de la certitude sur les mouvements de l'ennemi, puisqu'il faudrait encore leur faire faire une marche forcée rétrograde si la nouvelle de la marche de l'Empereur se vérifiait. Le maréchal n'a donc fait poursuivre l'ennemi que par de la cavalerie soutenue par quelques partis d'infanterie et du canon ; on en attend encore des rapports.

« Le prince royal de Wurtemberg exécutera aujourd'hui son attaque sur Bar-sur-Seine ; cette opération nous éclaircira sans doute sur les mouvements de l'ennemi. On en attend également encore des réserves.

« Les gardes et réserves pourront toujours rester dans leur position entre Chaumont et Langres. Elles seront toujours à même de soutenir l'armée s'il s'agissait de poursuivre l'ennemi,

---

[1] Le feld-maréchal-lieutenant comte Radetzky au prince Wolkonsky, Colombey-les-Deux-Eglises, 28 février, en français dans l'original. (*Journal des pièces reçues*, n° 382.)

et elles seront également à même de seconder notre mouvement s'il fallait se porter sur Dijon. »

Mouvements de Macdonald, des IIIe et IVe corps. — Tandis que le prince royal de Wurtemberg se disposait à résister de son mieux à l'attaque des Français, Macdonald cherchant à communiquer avec Oudinot dont il ignorait la retraite et la défaite, avait laissé devant La Ferté la cavalerie de Milhaud et l'infanterie de Brayer avec l'ordre de conserver ce point et surtout d'empêcher les Alliés d'en déboucher. Le maréchal en personne avait, dès le matin, commencé son mouvement vers Vitry-le-Croisé, se faisant précéder au loin par les dragons de Lhéritier. Il avait eu soin de recommander aux généraux Milhaud et Brayer de faire des démonstrations du côté de La Ferté, dans le cas où les Alliés se seraient réellement retirés, mais d'éviter tout engagement au delà de l'Aube. Les troupes françaises laissées devant La Ferté, se conformant aux ordres de Macdonald et se bornant à faire garder le pont de La Ferté et à organiser défensivement leur position de la rive gauche, le prince royal de Wurtemberg, certain de ne pas être attaqué, se prépara de son côté à prendre l'offensive.

La position occupée par les Français lui semblait trop forte pour être attaquée de front. Il eût été difficile d'enlever, au sortir d'un défilé, un pont que leur canon en batterie sur les hauteurs de la rive gauche enfilait complètement. D'autre part, tant que les Français tenaient les positions de la rive gauche vis-à-vis de La Ferté et de Silvarouvre, le IIIe corps, ne pouvant se servir de la route directe de la vallée et obligé de se diriger de Veuxhaulles sur La Ferté par Criancey et Château-Villain, devait forcément n'entrer en ligne que fort tard. Le prince, en présence des ordres formels de Schwarzenberg, n'en avait pas moins prescrit à Gyulay de chercher à arriver vers midi à hauteur de La Ferté. Dès que le IIIe corps se serait rapproché de La Ferté, le IVe corps devait se porter sur Clairvaux, y passer l'Aube, se diriger sur Champignol et déborder la gauche de Macdonald, pendant que le IIIe corps, l'attaquant de front, le chasserait de La Ferté.

Le général Seslavin était chargé de suivre avec ses cosaques l'arrière-garde française et de se relier ensuite avec le IVe corps du côté de Champignol. Les deux corps, après avoir opéré leur jonction sur la rive gauche, avaient pour mission de rejeter le maréchal sur Bar-sur-Seine[1].

Guylay, après avoir rappelé à lui la division Crenneville, poussée la veille jusqu'à Riel-les-Eaux, avait quitté Veuxhaulles de bon matin. Obligé à faire de nombreux détours, vu l'état des chemins défoncés par les pluies, Gyulay, se trouvant dans l'impossibilité absolue d'arriver à hauteur de La Ferté avec ses deux divisions de tête, avant 1 ou 2 heures de l'après-midi, avait informé dès 10 heures du matin, le prince royal du retard que les difficultés de la marche apportaient à son entrée en ligne.

Le prince royal se décida alors à modifier ses projets. Laissant sur ses positions les cuirassiers de Nostitz et les grenadiers de Klenau, avec ordre de le rejoindre dès qu'ils auraient été relevés par les troupes du IIIe corps, il se dirigea avec le gros de son corps sur Clairvaux. Macdonald pensant, comme le lui avait annoncé le major-général, qu'Oudinot occupait Bar-sur-Aube, avait cru superflu de faire occuper ce point; aussi le prince royal de Wurtemberg, prenant pied tout à son aise sur la rive gauche de l'Aube, réussit à traverser sans encombre la forêt de Clairvaux et à déboucher du long et difficile chemin creux qui aboutit à Champignol. Sa cavalerie légère, qui avait pris les devants, occupait déjà Vitry-le-Croisé, barrant ainsi à Macdonald la route de Vendeuvre.

A ce moment, en effet, les reconnaissances et les officiers envoyés par Macdonald sur Clairvaux et sur Bar-sur-Aube donnaient de tous côtés contre les troupes du prince royal, et les dragons de Lhéritier avaient trouvé de l'infanterie et de la cavalerie wurtembergeoises à Champignol. Il était désormais évident pour le maréchal qu'Oudinot avait évacué Bar-sur-Aube. Espérant néanmoins parvenir à se réunir au duc de Reggio, il venait de diriger une des brigades de la division Albert sur la route de Vitry-le-Croisé, lorsqu'un peu après 3 heures, au moment où Brayer et Milhaud étaient déjà engagés à Silvarouvre et à La Ferté, les Wurtembergeois qui l'avaient prévenu à Vitry-le Croisé, débouchèrent simultanément par Champignol et par la forêt de Clairvaux, et parurent devant lui en avant de Saint-

---

[1] STÄRKE, Eintheilung und Tagesbegebenheiten der Haupt-Armee im Monate Februar. (*K. K. Kriegs Archiv.*, II, 1.)

Usage et des Fosses. « Leur nombreuse cavalerie, ainsi s'exprime le maréchal dans sa dépêche au major-général, *m'a en quelque sorte enveloppé*[1]. »

Pendant que le maréchal s'empressait d'établir ses troupes sur une bonne position à Saint-Usage et à Fontette, le prince royal attendait en face de lui des nouvelles du IIIe corps et l'entrée en ligne des cuirassiers et des grenadiers laissés à La Ferté. Se croyant trop faible et surtout trop en l'air pour s'engager seul contre le maréchal, redoutant les conséquences d'une action isolée et peut-être prématurée, craignant, en cas d'échec, d'être obligé de revenir sur la rive droite, le prince se borna à reconnaître la position des Français. Restant en présence du maréchal qu'il fit harceler jusqu'à la nuit[2], il obligea les dragons à se replier sur l'infanterie du général Albert, dont il fit canonner la gauche.

Combats de Silvarouvre et de La Ferté. — Comme il l'avait prévu et comme il l'avait écrit au prince royal, Gyulay n'était arrivé avec les divisions Fresnel et Weiss que vers 2 heures à hauteur de Pont-la-Ville et de La Ferté-sur-Aube. Pensant que le pont de La Ferté était coupé, sachant que les abords en étaient difficiles, ne voulant pas risquer une attaque de front qui aurait probablement échoué et lui aurait, en tout état de cause, coûté beaucoup de monde, il résolut de tourner la droite de Brayer et de Milhaud et de les contraindre ainsi à quitter leur position. Il se décida par suite à laisser devant La Ferté le général Fresnel, avec la brigade Pflüger, qu'il chargea d'amuser l'ennemi sur son front et de relever Nostitz et Klenau. Afin de s'assurer un passage éventuel sur la rive gauche avec les trois brigades Czollich, Grimmer et Spleny, sa cavalerie et les cosaques de Seslavin, il prit le parti d'attaquer le pont de Silvarouvre, que les Français avaient barricadé au lieu de le détruire.

Le soleil baissait déjà lorsque Gyulay atteignit, avec ses trois brigades, le pont de Silvarouvre. Son infanterie se déploie rapide-

---

[1] Macdonald au major-général, Fontette, 28 février, 10 heures du soir. (Correspondance de Macdonald; *Archives de la guerre*.)
[2] Stärke, Eintheilung und Tagesbegebenheiten der Haupt-Armee im Monate Februar (*K. K. Kriegs Archiv.*, II, 1), et Journal d'opérations du IVe corps d'armée (*Ibid.*, XIII, 56.)

ment pendant que l'artillerie autrichienne démolit les barricades du pont et contrebat les 12 pièces que Brayer a mises en batterie sur la hauteur. Après une canonnade assez vive, qui se prolonge pendant une heure sans qu'on ait réussi à faire taire l'artillerie française, la brigade Czollich enlève le pont de Silvarouvre à la baïonnette et en chasse le bataillon français qui a vainement essayé de tenir bon contre des forces aussi supérieures en nombre. Gyulay lance aussitôt sur la rive gauche sa cavalerie et ses deux autres brigades, s'empare des hauteurs et du village de Villars-en-Azois, oblige l'artillerie française à quitter le champ de bataille et rejette dans les bois les troupes qui occupaient les hauteurs.

Ce mouvement produisit le résultat espéré par le feldzeugmeister. Les Français plièrent sur toute la ligne, et Fresnel, remarquant ce flottement, ordonna à son artillerie d'écraser de son feu les pièces françaises en batterie vis-à-vis de La Ferté. Après les avoir réduites au silence, il entra à La Ferté, en traversa vivement le pont et rejeta de ce côté aussi les Français dans la forêt de Clairvaux [1].

Le général Milhaud, voyant le passage de l'Aube forcé sur deux points et craignant de compromettre le sort de ses troupes en s'obstinant davantage dans une lutte aussi inégale, donna l'ordre de la retraite et, se retirant en bon ordre sur Fontette, il y rejoignit le soir même le maréchal.

Seslavin, avec ses cosaques, suivit seul Brayer et Milhaud, mais l'obscurité l'obligea à s'arrêter à l'entrée du bois [2].

Arrivé à Silvarouvre après la prise du pont avec la troisième des divisions de Gyulay, le général de Crenneville avait immédiatement passé le fleuve, s'était jeté à gauche et avait poussé jusqu'à Autricourt, pendant que ses coureurs battaient le pays jusque dans les environs de Mussy-sur-Seine [3].

Le gros du IIIe corps campa sur les hauteurs de Villars et en

---

[1] Rapport journalier à l'empereur d'Autriche, 6 mars (*K. K. Kriegs Archiv.*, III, 111), et Gyulay à Schwarzenberg, Bar-sur-Seine, 4 mars ; Relation des combats de La Ferté-sur-Aube, 28 février et Bar-sur-Seine, 4 mars (*Ibid.*, II, 804).

[2] Journal d'opérations du IVe corps. (*K. K. Kriegs Archiv.*, XIII, 56.)

[3] STARKE, Einstheilung und Tagesbegebenheiten der Haupt-Armee im Monate Februar. (*K. K. Kriegs Archiv.*, II, 1.)

avant de La Ferté, et Seslavin dans la forêt de Clairvaux, à peu de distance de la lisière du côté des Fosses. Le IV⁰ corps s'établit à Champignol : un de ses régiments de cavalerie occupa Vitry-le-Croisé, et un parti, poussé à droite vers Beurey, pour se relier avec le V⁰ corps, y enleva un convoi du corps d'Oudinot.

Macdonald se retire sur Bar-sur-Seine. — Bien que Macdonald ait pu craindre un instant de perdre les divisions de Milhaud et de Brayer, sa situation n'en était pas moins critique. N'ayant pas de réserve à sa disposition, il courait le danger de se voir d'un moment à l'autre débordé sur sa gauche et mis dans l'impossibilité de rejoindre Oudinot dont il ignorait encore le sort. A minuit seulement, les officiers envoyés à Vendeuvre lui annoncèrent que ce maréchal se repliait sur Troyes. Tous les villages autour de Fontette étaient déjà occupés par les troupes alliées, et le maréchal, craignant d'être entièrement coupé, s'empressa de décamper et gagna Bar-sur-Seine par une marche forcée de nuit[1].

Comme il l'écrivait le lendemain de Bar-sur-Seine à Oudinot, Macdonald avait tout lieu de *s'estimer heureux d'être sorti de cette position sans les étrivières*. Si l'on peut admettre que pour se ménager la possibilité de déboucher sur la rive droite, il ait cru devoir conserver les ponts de La Ferté et de Silvarouvre, on doit cependant s'étonner de le voir perdre complètement de vue Clairvaux et commettre l'imprudence de laisser dégarnir le point même par lequel les Alliés allaient arriver sans encombre sur sa gauche. Dans son ignorance complète des mouvements et de la position d'Oudinot, il semble encore qu'au lieu de se porter sur Vitry-le-Croisé, il eût mieux fait de rester sur son excellente posi-

---

[1] Macdonald, avant d'avoir reçu l'avis de la retraite d'Oudinot sur Troyes, avait reconnu l'impossibilité de se hasarder sur Vendeuvre, et dès 10 heures du soir, plus de deux heures avant le retour de ses officiers et la mise en route de ses colonnes, il avait écrit à Oudinot pour l'informer de la marche de nuit qu'il allait faire afin de gagner Bar-sur-Seine et il ajoutait : « Nous ne sommes pas à temps pour vous joindre ; il est probable que les Alliés feront effort demain sur vous pour nous séparer. Si je puis vous joindre demain ; je le ferai. Sinon, je couvrirai sur Troyes. » (Correspondance de Macdonald ; *Archives de la guerre.*)

Cette dépêche ne put parvenir à Oudinot. L'officier qui la portait ayant trouvé l'ennemi partout entre Fontette et Vendeuvre.

tion de Fontette, de Saint-Usage et des Fosses, d'où il aurait pu soutenir les troupes qu'il aurait dû poster à Clairvaux et celles qu'il avait établies en face de La Ferté et de Silvarouvre. La faute que le maréchal avait commise en négligeant d'occuper Clairvaux, l'empêcha toutefois d'en commettre une plus grave encore en cherchant à rejoindre Oudinot, et sauva Milhaud et Brayer qui auraient été gravement compromis et presque entièrement cernés si, en lui barrant la route, la cavalerie du prince royal n'avait pas rendu impossible le mouvement projeté de Macdonald sur Vitry-le-Croisé.

Sans parler encore de l'action qu'aurait pu exercer le reste de la grande armée, si l'on se borne à apprécier les dispositions du prince royal de Wurtemberg, on doit constater qu'il donna à Macdonald la possibilité de décamper sans être aperçu et de quitter sans se compromettre une position que le maréchal eût certainement abandonnée dès le 28 au matin, après avoir coupé les ponts de l'Aube, s'il avait eu connaissance de l'issue de l'affaire de Bar-sur-Aube. On ne s'explique guère pourquoi le prince royal de Wurtemberg perdit d'abord un temps précieux à attendre sur la rive gauche l'arrivée des troupes du IIIe corps à La Ferté. Sachant qu'avec des forces triples de celles du 11e corps tout entier, il pouvait écraser Macdonald, dont les divisions formaient deux groupes distincts séparés par un bois d'une grande étendue le prince avait tout intérêt à bousculer immédiatement les troupes établies à Saint-Usage et à Fontette. Leur défaite aurait compromis irrémissiblement la cavalerie de Milhaud et l'infanterie de Brayer. De toute façon, en délogeant le maréchal de Fontette et en l'attaquant par sa gauche, le prince royal lui coupait la retraite sur Bar-sur-Seine, l'obligeait à se replier sur Mussy ou sur Châtillon, à y rappeler les troupes de Milhaud et de Brayer et rendait impossible une jonction que les maréchaux devaient chercher à opérer soit à Vendeuvre, soit à Troyes.

Retraite d'Oudinot sur Magny-Fouchard et Vendeuvre. — Partis à minuit du plateau qui domine le pont de Dolancourt, les corps d'Oudinot et de Gérard étaient formés, le 28 au point du jour, sur deux lignes, à hauteur de Magny-Fouchard. Le maréchal, n'y laissant qu'une arrière-garde, ramena à Vendeuvre le gros de ses forces qui ne s'élevaient plus qu'à 18,000 hommes.

en y comprenant les gardes nationales de Pacthod sur lesquelles il n'y avait pas à compter et qui, sans avoir tiré un coup de fusil, étaient réduites de 5,000 à 3,500 hommes. De fortes patrouilles de cavalerie française observaient la vieille route de Bar-sur-Aube aux environs de Spoy. Un peu plus tard dans la journée, Gérard reçut l'ordre de faire surveiller la route de Brienne et de charger, le lendemain matin, le général Saint-Germain de pousser une reconnaissance à fond sur Dienville [1].

Immobilité des autres corps de la grande armée alliée. — Du côté des Alliés on était, comme nous l'avons vu par l'ordre de Schwarzenberg, resté absolument immobile aux environs de Bar-sur-Aube.

Les cosaques de Pahlen avaient signalé la retraite des Français; pendant la nuit quelques-uns de leurs partis, passés à leur suite sur la rive gauche de l'Aube, s'étaient avancés jusque vers Magny-Fouchard. Le gros de la cavalerie de Pahlen et les cuirassiers de Kretoff, descendant le cours de l'Aube jusqu'à Dienville, avaient poussé des patrouilles à droite vers Piney, à gauche vers Vendeuvre et enlevé, entre Lesmont et Brienne, le colonel Moncey sur lequel on trouva des dépêches de l'Empereur confirmant d'une manière positive la nouvelle de son départ et contenant des détails intéressants sur la direction de sa marche [2].

Le prince Eugène de Wurtemberg était à Arsonval et Dolancourt; à sa droite, Gortschakoff s'était établi à Trannes [3]. Le VI⁰ corps avait été rejoint par deux régiments (celui de Tenguinsk et le 26ᵉ chasseurs) avec quatre bouches à feu, employés jusque-là au blocus de Phalsbourg.

---

[1] L'ordre du général Gressot au général Gérard se trouvait parmi les papiers enlevés au général Gérard le 3 mars et figure au *K. K. Kriegs Archiv.*, sous le numéro II, 822.

[2] Rapport journalier à l'empereur d'Autriche, Colombey, 28 février (*K. K. Kriegs Archiv.*, II, 813) et Taxis, Tagebuch (*Ibid.*, XIII, 32).

[3] Pahlen à Wittgenstein, pont de Dolancourt et en marche sur Dienville, 28 février (*Ibid.*, II, ad 794), et Wittgenstein à Schwarzenberg, Bar-sur-Aube, 28 février (*Ibid.*, II, 794). Dans cette dépêche où il annonçait au généralissime que, d'après le dire des prisonniers, l'armée française était divisée en trois groupes distincts, Wittgenstein ajoutait : « Il serait plus que jamais utile d'avoir entre la grande armée et celle du feld-maréchal Blücher un gros corps volant de 3,000 chevaux qui gênerait considérablement l'Empereur en occupant sur ses derrières les défilés entre Paris et son armée. »

Le V⁰ corps resta dans ses cantonnements. Sur l'ordre du généralissime [1], Wrède avait seulement envoyé la cavalerie du général Vieregg vers Magny-Fouchard et fait occuper les hauteurs et le défilé de Spoy par la division légère du comte Antoine Hardegg.

Le roi de Prusse et le prince de Schwarzenberg étaient à Colombey-les-Deux-Églises, tandis que les deux empereurs avaient encore leur quartier général à Chaumont.

Par suite même de l'immobilité à laquelle il avait condamné ses troupes à la nouvelle de la marche de l'Empereur sur Dijon, Schwarzenberg, manquant de renseignements précis et positifs sur la position des corps français battus à Bar sur-Aube, avait, dans la soirée du 28, envoyé à Frimont l'ordre d'exécuter le lendemain une reconnaissance offensive sur Vendeuvre avec la cavalerie des V⁰ et VI⁰ corps et prescrit aux III⁰ et IV⁰ corps de continuer leur marche sur Bar-sur-Seine [2].

Bien que nous ayons essayé de faire connaître les causes de ce temps d'arrêt survenant le lendemain même d'une victoire, il nous paraît impossible de ne pas revenir une fois encore sur le décousu des opérations de la grande armée dans les journées des

---

[1] Schwarzenberg à Wrède, Colombey, 28 février. (*K. K. Kriegs Archiv.*, II, 735, *e* et *f*.)

Il nous paraît indispensable de reproduire ici deux passages intéressants de lettres adressées par Wrède au roi de Bavière, le 28 février et le 5 mars, et qui jettent un jour assez curieux sur les relations existant au grand quartier général entre les souverains alliés et les commandants de corps d'armée.

Extrait d'une lettre de Wrède au roi de Bavière :

« Bar-sur-Aube, 28 février 1814. — « J'ai eu avant-hier dans la nuit à Colombey une longue conférence avec le roi de Prusse et hier j'en ai encore eu une autre avec ce monarque sur le champ de bataille (Bar-sur-Aube), et dans une conférence qui a eu lieu chez le prince de Schwarzenberg, je n'ai cessé de voter pour l'armistice et d'autant plus que celui, que l'empereur Napoléon a fait proposer, m'a paru acceptable pour la ligne de démarcation à l'exception de quelques points que l'on ne peut pas lui accorder. »

« L'empereur Alexandre, ajoute le général Heilmann, envoya un de ses aides de camp à Wrède afin de connaître les motifs pour lesquels le général bavarois recommandait si chaudement l'acceptation d'un armistice. « J'ai
« répondu, écrit Wrède, au roi le 5 mars que si l'on voulait que les troupes
« se battissent tous les jours et que ce fût (*sic*) toujours les mêmes corps qui
« dussent être sans cesse aux mains avec l'ennemi, il fallait au moins avoir du
« pain et de la viande à donner aux soldats et de l'avoine aux chevaux. »

[2] Stärke, Eintheilung und Tagesbegebenheiten der Haupt-Armee im Monate Februar. (*K. K. Kriegs Archiv.*, II, 1.)

27 et 28. Le 27, on fait donner deux des corps de cette armée qu'on immobilise le lendemain, au moment où l'on engage à leur gauche les deux autres corps. Il semble cependant qu'un mouvement d'une partie du Ve corps vers sa gauche dans la direction de Champignol et l'envoi de quelques régiments de cavalerie austro-bavaroise du côté de Vitry-le-Croisé, auraient suffi pour faciliter considérablement l'action de l'aile gauche de la grande armée et pour aggraver la situation déjà difficile de Macdonald.

Quatrième séance du Congrès de Châtillon. — Pendant que l'aile droite de la grande armée laissait Oudinot se replier à son aise sur Vendeuvre, que Macdonald soutenait, d'après l'expression même de Clausewitz, le combat indécis de La Ferté-sur-Aube, les plénipotentiaires réunis à Châtillon y tenaient, comme nous l'avons dit au chapitre XIV, la quatrième séance du Congrès. Réclamant à Caulaincourt une réponse que celui-ci ne pouvait leur donner puisqu'il n'avait pas encore reçu le contre-projet de l'Empereur, ils lui signifiaient enfin qu'ils lui accordaient comme dernier terme pour la remise des propositions définitives du gouvernement français, un délai courant jusqu'au 10 mars et à l'expiration duquel les Alliés seraient obligés, quoique à regret, de remettre la décision au sort des armes[1].

Lettre de l'empereur d'Autriche à Napoléon. — Au même moment, l'empereur François répondait à la lettre, que Napoléon lui avait écrite de Nogent, en des termes qui devaient enlever à l'Empereur tout espoir de parvenir désormais à détacher l'Autriche de la Coalition. L'empereur d'Autriche déclarait que la paix ne pouvait être que générale; que la France devait se résigner à rentrer dans ses anciennes limites et accepter les conditions posées par les plénipotentiaires à Châtillon. L'Angleterre, d'après l'empereur François, toute disposée à rendre à la France ses colonies, songeait tellement peu à se réserver l'empire absolu des mers qu'elle voulait donner à la Hollande, avec le prince d'Orange pour roi, une puissance et une force que cette nation n'avait jamais eues. Elle tenait par-dessus tout à ce que, dans le cas où le futur roi de Hollande épouserait la princesse de Galles,

---

[1] Conférences de Châtillon; protocole de la séance du **28** février.

les deux couronnes d'Angleterre et de Hollande ne fussent jamais réunies sur la même tête. L'empereur François ajoutait, afin de désillusionner plus complètement Napoléon : « L'expérience des siècles a prouvé combien chez les puissances les rapports de famille sont subordonnés aux grands intérêts des États. Votre Majesté devrait trop connaître ma marche politique pour ne pas être convaincue que jamais elle ne sera subordonnée à aucune impulsion étrangère aux intérêts de mes peuples. » Il terminait enfin en parlant de la mise en demeure péremptoire que d'un commun accord les plénipotentiaires des puissances coalisées allaient adresser le jour même à Caulaincourt à Châtillon. La journée du lendemain et les engagements nouveaux, auxquels les souverains allaient souscrire, devaient dissiper plus complètement encore les dernières espérances que l'Empereur avait pu baser sur les dispositions pacifiques de son beau-père.

1er mars 1814. — Traité de Chaumont. — Le 1er mars, Metternich, Nesselrode, lord Castlereagh et Hardenberg signaient en effet, au quartier général des souverains à Chaumont, un traité qui liait plus étroitement encore les puissances coalisées. Œuvre du parti de la guerre, ce traité, dans l'esprit de ses promoteurs, devait substituer une direction unique aux tendances divergentes et aux différences d'opinion auxquelles on attribuait les insuccès, les lenteurs des opérations et surtout les difficultés intérieures qui avaient contrarié les progrès de la coalition. Par ce traité dont la durée était fixée à 20 ans, mais qui pouvait être prolongé si les puissances en reconnaissaient la nécessité trois ans avant son expiration, l'Angleterre, la Russie, la Prusse et l'Autriche s'engageaient, dans le cas où la France refuserait d'accéder aux propositions des Alliés, à concentrer leurs efforts et leurs ressources et à continuer la guerre, jusqu'à la signature d'une paix générale qui garantirait l'inviolabilité des droits des nations et l'indépendance des États. Chacune des quatre puissances se déclarait prête à mettre sur pied, à tout instant, sans comprendre dans ce chiffre les troupes des garnisons, une armée de 150,000 hommes destinée à opérer contre l'ennemi commun. Les puissances s'interdisaient formellement toute négociation particulière. La paix, une suspension d'armes même, ne pouvaient être consenties que d'un commun accord. L'Angleterre prenait sur elle le payement d'un subside annuel de 5 millions de livres sterlings que les trois puissances continentales se partageraient par parties égales. Dans le cas d'une attaque dirigée contre une quelconque des parties contractantes, chacune des autres puissances devait, dans le délai de deux mois fournir une armée de 60,000 hommes, composée de 50,000 fantassins et de 10,000 chevaux.

L'Angleterre prenait l'engagement de compléter le contingent qu'elle avait à fournir à l'aide de troupes étrangères et de payer à cet effet 20 livres par fantassin et 30 par cavalier. Les articles secrets qui complétaient ce traité avaient trait au rétablissemen de la Confédération germanique, à la reconnaissance de l'indépendance de la Suisse et à des dispositions spéciales concernant l'Italie, l'Espagne et la Hollande. Enfin, les puissances réservaient au Portugal, à l'Espagne, à la Suède et au prince d'Orange la faculté d'adhérer à l'alliance établie par le traité de Chaumont[1].

Ce traité, l'un des actes politiques les plus importants de la première partie de ce siècle, ce traité qui devait dans l'esprit de ses rédacteurs, protéger les vieilles monarchies, non seulement contre Napoléon, mais surtout contre les principes proclamés par la Révolution française, ce traité qui jetait les premières bases de la restauration des Bourbons et du rétablissement en France de l'ancien ordre de choses, n'exerça cependant aucune influence sur les opérations militaires de la grande armée.

Reconnaissance et combat de cavalerie de Vendeuvre. — Si l'on en excepte la reconnaissance que Frimont allait entreprendre avec la cavalerie des Ve et VIe corps et leurs batteries à cheval, les corps de Wrède et de Wittgenstein ne bougèrent pas

---

[1] D'après Bernhardi, le traité de Chaumont aurait été discuté par lord Castlereagh, Nesselrode et Metternich pendant une partie de whist et signé à la fin de cette partie.

C'est à tort, croyons-nous, qu'on a cherché à établir une connexité entre le traité de Chaumont et le décret du 5 mars de Fismes, appelant les populations aux armes. L'Empereur ne connut que plus tard l'existence du traité, et par le décret de Fismes il voulait uniquement se faire une arme du désespoir et de la rage de populations exaspérées par les violences et les brutalités des soldats de la Coalition.

plus le 1er mars que le 28 février. Wrède et Radetzky avaient tous deux proposé au généralissime de pousser l'aile droite de la grande armée sur Troyes ; mais aucun d'eux n'était parvenu à le décider à ce mouvement aussi rationnel que peu dangereux. Pendant que Frimont à la tête de la cavalerie du V⁰ corps, soutenue par deux batteries à cheval, allait déboucher de front par la vieille route de Troyes, de Spoy sur Magny-Fouchard et Vendeuvre, Pahlen venant de Dienville par Amance, Vauchonvilliers et Le Val-Suzenay, devait déborder la gauche de la position des Français, avec les hussards de Grodno, de Soumy, d'Olviopol et de Lubny, la division de cuirassiers de Kretoff, les régiments cosaques Ilowaïsky XII, Rebrikoff et Wlassoff et une batterie à cheval.

À 5 heures du matin, le général Frimont massait sa cavalerie sur les hauteurs de la rive gauche de l'Aube, près de Spoy. Il laissait aux environs de ce village le général von Geramb, avec deux bataillons de Szekler, un bataillon de chasseurs et un escadron de uhlans pour surveiller le défilé de Spoy, maintenir les communications avec Bar-sur-Aube et se relier à gauche avec le prince royal de Wurtemberg. À 10 h. 1/4, Frimont arrivait avec toute sa cavalerie sur les collines à l'est de Magny-Fouchard, sans avoir été découvert par les avant-postes français établis à l'embranchement des deux routes menant à l'Aube. Il communiquait déjà à sa droite avec la brigade du colonel Tesloff (régiments de Mourom et de Tchernigoff, deux escadrons de hussards de Loubny et trois bouches à feu), venue de Dolancourt pour soutenir Pahlen, quand Wittgenstein l'informa que ce général dont les cosaques avaient poussé vers Le Val-Suzenay, attendait entre La Ville-aux-Bois, Vendeuvre et Vauchonvilliers, ses ordres pour attaquer[1].

Tout en cherchant à tenir le plus longtemps possible à Vendeuvre dont les hauteurs lui paraissaient susceptibles d'être défendues, Oudinot avait, dès le matin, fait filer sur Troyes son parc escorté par deux des brigades de Pacthod, auxquelles il

---

[1] Wrède à Schwarzenberg, Bar-sur-Aube, 1er mars (*K. K. Kriegs Archiv.*, III, 24), et Frimont à Wrède, Spoy, 1er mars, 10 h. 1/4 du matin (*Ibid.*, III, 24 a).

avait donné l'ordre de prendre position aux environs de La Villeneuve-au-Chêne, derrière la Barse. Les troupes des généraux Chassé et Rottembourg étaient sous les armes à la pointe du jour, et comme le maréchal entrevoyait la possibilité d'une continuation immédiate de la retraite sur La Villeneuve, il avait prescrit au général Leval de poster de grand matin une de ses brigades et la moitié de son artillerie en arrière de Vendeuvre et de l'y établir de manière à protéger le passage du défilé. Un peu plus tard, dès qu'il eut connaissance des premières manœuvres de la cavalerie russe sur sa gauche, il avait fait revenir sur La Villeneuve-au-Chêne, derrière la Barse, la brigade Chassé qu'il chargea d'arrêter les Russes dans le cas où ils chercheraient à déboucher par le chemin venant de Piney.

Sur ces entrefaites, Frimont poussant en avant les hussards de Szekler, suivis de près par le gros de sa cavalerie, chassait de Magny-Fouchard les 300 chevaux que les Français y avaient laissés et les menait jusqu'à deux kilomètres environ de Vendeuvre. Le général Gérard, avec la cavalerie de Saint-Germain, le 2ᵉ corps et la division Leval, venait précisément de reprendre les positions quittées par Rottembourg et Chassé, dont les troupes, sur l'ordre d'Oudinot, s'échelonnaient de Vendeuvre à La Villeneuve-au-Chêne. Recueillant sa cavalerie rejetée par les hussards autrichiens, il accueille les régiments de Frimont par une salve de ses dix-huit bouches à feu et fait occuper par son infanterie les bois voisins de Vendeuvre. Frimont ne voulant pas s'engager avant l'entrée en ligne de Pahlen, ramène sa cavalerie en arrière des crêtes, hors de portée du canon de Gérard, fait avancer ses pièces et engage pendant une heure une canonnade assez vive.

A midi, Pahlen, qui a laissé son infanterie à Vauchonvilliers, paraît sur les derrières et sur la gauche de la position française. Passant par Le Val-Suzenay, il contourne de loin Vendeuvre, se dirigeant sur La Villeneuve-au-Chêne et Mesnil-Saint-Père. Gérard, menacé dès lors sur sa gauche et ses derrières par Pahlen, sur sa droite par une troupe de cavalerie qui s'est montrée en avant de Beurey, sur son front par Frimont, craignant, en outre, d'être prévenu par la cavalerie alliée à La Villeneuve, se replie en bon ordre par la route de Lusigny.

Oudinot continue sa retraite sur Troyes; Gérard s'arrête sur la rive gauche de la Barse, et son arrière-garde passe la nuit aux abords du pont du Ménillot[1].

Le 2ᵉ corps devait venir s'établir le lendemain au pont de La Guillotière, où Rottembourg et la cavalerie de Saint-Germain avaient fait halte sur l'ordre du duc de Reggio, pendant que le reste du 7ᵉ corps marchait jusqu'à Troyes. La division Leval avait ordre d'aller à Pont-Hubert; la brigade Chassé, de rester en réserve au faubourg Saint-Jacques; enfin, deux des brigades de Pacthod continuaient à être chargées d'escorter les parcs en arrière de Troyes sur la route de Paris, pendant que la troisième brigade de cette division se porterait le plus rapidement possible sur Méry et y garderait le pont. Les dragons de Trelliard surveillaient les routes de Brienne et d'Arcis.

La cavalerie de Pahlen s'était pendant ce temps établie à Mesnil-Saint-Père où son avant-garde passa la nuit. Les avant-postes du général Spleny (hussards de Szekler) avaient dépassé La Villeneuve-au-Chêne et se reliaient à leur droite, avec ceux de Pahlen. Les dragons de Knesevich et sept bataillons russes occupaient Vendeuvre. Les brigades de cavalerie bavaroise Vieregg et Diez et les hussards autrichiens Archiduc-Joseph campaient en arrière de Vendeuvre. Les uhlans de Schwarzenberg et trois bataillons autrichiens restaient en réserve à Spoy[2].

Position de Macdonald autour de Bar-sur-Seine. — Parti à minuit de ses positions de Fontette et de Saint-Usage, et passant par Loches, Landreville et Celles, Macdonald avait ramené, le 1ᵉʳ mars au matin, son corps à Bar-sur-Seine. La présence de troupes alliées dans tous les villages situés entre Fontette et Vendeuvre et l'impossibilité de communiquer avec Oudinot, dont le mouvement sur Bar-sur-Aube et sur la rive droite de cette rivière l'avait d'abord décidé à s'exposer en pointe à La Ferté, puis à marcher le 28 dans la direction de Clairvaux et de Vitry-

---

[1] Stärke, Eintheilung und Tagesbegebenheiten der Haupt Armee im Monate März 1814. (*K. K. Kriegs Archiv.*, III, 1.)

[2] Frimont à Wrède, Vendeuvre, 1ᵉʳ mars, 9 heures du soir (*K. K. Kriegs Archiv.*, III, 24 e), et Taxis, Tagebuch (*Ibid.*, XIII, 32).

le-Croisé, l'avaient déterminé à renoncer à la marche de flanc dangereuse à laquelle il avait songé un moment dans l'espoir de parvenir encore à opérer une jonction plus que problématique à Vendeuvre.

Ignorant la position exacte d'Oudinot, ne sachant pas s'il tenait encore à Vendeuvre, ou s'il s'était déjà replié sur le pont de La Guillotière, ne voulant pas s'exposer à être poussé par les Alliés entre la Seine et la Barse et n'ayant pas assez de monde pour garnir les hauteurs qui dominent Bar-sur-Seine, cherchant de plus à interdire aux Alliés la chaussée de Châtillon à Troyes, qui aurait permis au prince royal d'arriver sans obstacles à Troyes par la rive gauche de la Seine, le duc de Tarente avait rappelé la division Amey et les 500 chevaux du 5ᵉ corps de cavalerie aux Maisons-Blanches.

Le 1ᵉʳ mars, à 11 heures du matin, son corps était échelonné sur la rive gauche de la Seine, sa gauche à Saint-Parres-les-Vaudes, sa droite à Villeneuve, en face de Merrey et à 1500 mètres en amont de Bar-sur-Seine, gardant les gués de la Seine et le pont de la Papeterie.

Le maréchal se trouvait désormais à hauteur d'Oudinot à Vendeuvre ; il pouvait, de plus, après avoir retardé la marche des Alliés et contrarié leurs entreprises sur Bar-sur-Seine, après avoir défendu cette ville, se retirer sur Les Maisons-Blanches et y tenir bon si le duc de Reggio était de son côté contraint à se replier sur le pont de La Guillotière.

Marche du IIIᵉ corps. — Le IIIᵉ corps, quittant le 1ᵉʳ mars au matin les positions de Silvarouvre, de La Ferté-sur-Aube et d'Autricourt où il avait passé la nuit, était arrivé à 10 heures du matin à Fontette, évacué pendant la nuit par l'arrière-garde française.

Le contact avec le 11ᵉ corps était perdu et Gyulay, n'ayant pu parvenir à découvrir la direction prise par Macdonald, prescrivit à Crenneville de se porter d'Autricourt sur Mussy-sur-Seine, pour le cas où le duc de Tarente aurait détaché du monde du côté de Châtillon, pendant que lui-même continuerait sa marche vers Ville-sur-Arce avec ses deux autres divisions. Quelques heures plus tard, dans le courant de l'après-midi, le prince royal de Wurtemberg sachant, grâce aux pièces interceptées par les cosaques de Seslavin[1], que Macdonald s'était retiré sur Bar-sur-Seine, mandait à Gyulay de prendre à gauche par Loches et Celles, pour s'établir au nord de Polisy, à la croisée des routes d'Essoyes à Bar et de Châtillon à Bar, pendant que Crenneville viendrait à Gyé-sur-Seine.

Retardé par ces changements de direction et plus encore par les chemins presque impraticables qu'il avait dû suivre, le IIIe corps ne parvint pas à dépasser Essoyes, Loches et Landreville ; son avant-garde seule atteignit Celles et Morres où elle se hâta de rétablir les ponts de l'Ource détruits par les Français. La brigade Pflüger occupa à droite Ville-sur-Arce. Seslavin et

---

[1] Ordres du maréchal Macdonald. (*K. K. Kriegs Archiv.*, III, ad 26.)
  « Fontette, le 28 février 1814, 6 heures du soir.

« Mon général, S. E. Monsieur le duc de Tarente me charge d'avoir l'honneur de vous écrire que vous devez partir de votre position au reçu de cette lettre et vous entendre pour la marche avec M. le comte Milhaud pour vous rendre à Essoyes. Son Excellence pense que vous ne devez pas hésiter à prendre la route d'en bas, si elle est aussi bonne pour l'artillerie que celle que vous avez suivie pour vous rendre à La Ferté, afin d'éviter une marche de flanc devant l'ennemi et le défilé du village des Fosses.

« Si la division de cavalerie était partie avec l'infanterie pour se rendre, comme le maréchal l'a ordonné, à Fontette, il serait inutile de rappeler ces troupes pour leur faire suivre votre mouvement. Si elles arrivent ici, le maréchal leur donnera des ordres.

« Aussitôt que vous aurez lu cette lettre, Son Excellence désire que vous lui écriviez par le retour de l'officier qui vous la porte, pour lui faire connaître :

« 1° A quelle heure vous commencerez votre mouvement ;
« 2° La route que vous aurez décidé de suivre ;
« 3° Enfin, à quelle heure vous présumez être arrivé demain à Essoyes.

« Comme il est essentiel que l'ennemi ne s'aperçoive pas de votre retraite, vous la ferez sans bruit, ayant bien soin de faire garnir les feux de bivouac avant votre départ et surtout qu'on ne brûle pas les abris ou les baraques, et, si, comme le maréchal le présume, vous êtes toujours maître du pont, vous le ferez barricader et y laisserez une arrière-garde que fournira le général Milhaud. Son Excellence vous prie de ne point tarder à faire le rapport qu'Elle vous demande et à lui donner les renseignements dont Elle a besoin pour ordonner les mouvements ultérieurs de l'armée.

« Agréez, mon général, l'honneur de mon respect.
  « Le général, chef de l'état-major général, baron GRUNDLER. »

Cette dépêche, interceptée par les cosaques de Seslavin et adressée au général Brayer, fut remise à Toll à Champignol, le 1er mars à 5 heures du matin et envoyée par lui séance tenante à Wolkonsky (Rapport de Toll, *Journal des pièces reçues*, n° 393). Toll se trouvait momentanément auprès du prince royal de Wurtemberg.

Crenneville arrivèrent jusqu'à Gyé. Un parti de cosaques envoyé aux Riceys n'y avait trouvé aucune trace de l'ennemi [1].

Mouvements du IV° corps. — Dès qu'il avait connu la direction prise par Macdonald, le prince royal de Wurtemberg, venu de Champignol à Saint-Usage de bon matin, avait envoyé toute son infanterie avec deux régiments de cavalerie sur Buxières par Vitry-le-Croisé. Avec le reste de sa cavalerie, le prince s'était porté sur Fontette pour y opérer sa jonction avec le III° corps. Il avait à ce moment l'intention de déloger le jour même Macdonald de Bar-sur-Seine. Mais le retard éprouvé par le III° corps, l'obligea à renoncer à ce projet et à arrêter à Ville-sur-Arce son infanterie, qui détacha quelques troupes légères à Merrey. La cavalerie resta à Buxières, cherchant à se relier à droite avec celle de Frimont [2].

A l'extrême gauche, la marche de Maurice Liechtenstein sur Is-sur-Tille et Dijon avait permis à Allix de réoccuper Auxerre et de se diriger le 1er mars au matin par Noyers sur Montbard [3].

Tout en reconnaissant que Pahlen et Frimont ont rempli avec intelligence et avec habileté la mission, d'ailleurs aisée, qui leur était confiée, on ne peut se défendre d'un étonnement bien naturel en constatant une fois de plus la prédilection de l'état-major allié pour ce genre d'opérations. On s'était évidemment, cette fois, proposé un double but : empêcher Oudinot, qui y songeait aussi peu qu'il était en l'état de le faire, d'envoyer des renforts à Macdonald, et faciliter le mouvement du prince royal sur Bar-sur-Seine. Mais au lieu de donner deux jours consécutifs de repos aux V° et VI° corps, il eût été bien plus simple et bien plus utile de porter tout le monde en avant sur Troyes. On aurait hâté la solution et peut-être même débusqué les Français de Troyes avant l'arrivée de Macdonald.

D'autre part, la cavalerie du prince royal paraît s'être acquittée

---

[1] Stärke, Eintheilung und Tagesbegebenheiten der Haupt-Armee im Monate März (*K. K. Kriegs Archiv.*, III, 1), et Gyulay à Schwarzenberg, Bar-sur-Seine, 4 mars (*Ibid.*, III, 111).

[2] Prince royal de Wurtemberg à Schwarzenberg, 4 mars. (*K. K. Kriegs Archiv.*, III, 26.)

[3] Allix au Ministre de la guerre, Auxerre, 1er mars, 5 heures du matin. (*Archives de la guerre.*)

de son service le plus essentiel, avec une telle mollesse, avec une telle négligence que Macdonald, presque entouré de toutes parts par le IVe corps et justement préoccupé du sort de Brayer et de Milhaud, parvint néanmoins, après avoir attendu la rentrée de ces généraux, à quitter les positions que pendant la journée cette cavalerie avait inquiétées et même débordées sur son flanc gauche. Macdonald réussit à décamper sans qu'on se fût aperçu de son départ, sans qu'on eût pu relever la direction suivie par son corps, le rejoindre et le harceler. Une fois de plus, c'étaient le hasard seul et les cosaques qui allaient faire retrouver ses traces.

L'inaction de la grande armée depuis Bar-sur-Aube était d'autant plus inexplicable qu'on savait à quoi s'en tenir sur les forces réelles des maréchaux et que la signature du traité de Chaumont, intervenue vingt-quatre heures après la quatrième séance du congrès de Châtillon, aurait dû provoquer une reprise immédiate et vigoureuse des opérations offensives.

2 mars 1814. — Ordres de Schwarzenberg pour le 2 mars. — Les renseignements reçus dans le courant de la journée du 1er mars à Colombey-les-Deux-Églises et envoyés de Châlons et de Vitry par Tettenborn, Benkendorff et Saint-Priest, avaient pleinement corroboré le dire des prisonniers faits à Bar-sur-Aube et confirmé la nouvelle de la marche du gros de l'armée française et de l'Empereur vers la Marne par Arcis et Sézanne. On savait également que l'armée de Silésie, informée de ce mouvement par ses partisans, se dirigeait de la Marne vers l'Aisne.

En raison des progrès faits par la grande armée du côté de Vendeuvre et de Bar-sur-Seine, Schwarzenberg s'était décidé à continuer le mouvement offensif contre Troyes et vers la Seine, commencé trois jours auparavant. Après avoir fait part des derniers événements à Bianchi et au prince héritier de Hesse-Hombourg, qui devaient prendre l'offensive sur la Saône[1], après avoir recommandé à Aloïs Liechtenstein et à Wimpffen de maintenir le blocus de Besançon et d'Auxonne, il renouvela aux IIIe et IVe corps l'ordre de s'emparer de Bar-sur-Seine[2], de se

---

[1] Schwarzenberg à Bianchi et aux commandants des corps détachés, Colombey, 1er mars. (*K. K. Kriegs Archiv.*, III, 2.)
[2] Prince de Schwarzenberg au prince royal de Wurtemberg, Colombey, 1er mars. (*Ibid.*, III, 5.)

relier vers La Villeneuve avec le V⁰ corps et de pousser de là sur Troyes, en prévenant le prince royal de Wurtemberg que le prince Maurice Liechtenstein, en marche sur Dijon, était chargé de faire communiquer la gauche de la grande armée avec le sud de la France. Wrède massera son corps autour de Vendeuvre, poussera au delà de Montiéramey son avant-garde, en combinera la marche avec celle de Pahlen, qui prenant à droite par Géraudot, cherchera à gagner les hauteurs de Bouranton et de Laubressel et à s'approcher de Troyes, de façon à tourner la position de La Guillotière. Wittgenstein a ordre de venir de Dienville à Piney avec le VI⁰ corps, d'atteindre les hauteurs de Sacey et de Rouilly et d'envoyer vers Lesmont et Arcis des partis qui resteront dans ces parages jusqu'à l'arrivée de Platoff [1], désigné définitivement pour couvrir la droite de l'armée.

Le généralissime, comme il l'écrit au prince Wolkonsky [2], pense qu'il serait mauvais de modifier les ordres donnés à Platoff et que la gauche de l'armée, la moins menacée d'ailleurs, est suffisamment couverte par les partisans du général Seslavin. Il a, d'ailleurs, soin de pourvoir l'ataman d'instructions précises et détaillées qui déterminent bien nettement le rôle que lui et ses cosaques seront appelés à jouer [3]. « Il est, lui écrit-il, plus indispensable que jamais de rester en communication avec le feld-maréchal Blücher. Vous irez donc à Bar-sur-Aube et vous vous avancerez. *pour peu que la chose soit seulement possible*, jusqu'à Sézanne. En envoyant continuellement des partis entre la Seine et la Marne, vous chercherez de Sézanne à découvrir et à suivre les mouvements de l'ennemi et ceux du feld-maréchal Blücher. Vous me ferez part le plus fréquemment possible des renseignements que vous aurez réussi à vous procurer. Le général comte de Saint-Priest est à Vitry-sur-Marne, le général Iagoff à Joinville.

« Ces deux généraux ont été chargés par Blücher de couvrir sa gauche, ce qui me porte à penser que le feld-maréchal a dû se diriger sur Meaux. »

---

[1] Prince de Schwarzenberg à Wrède et à Wittgenstein, Colombey, 1ᵉʳ mars. (*K. K. Kriegs Archiv.*, III, ad 5.)

[2] Prince de Schwarzenberg au prince Wolkonsky, Colombey, 1ᵉʳ mars (*Ibid.*, III, 13.)

[3] Prince de Schwarzenberg à l'ataman comte Platoff, Colombey, 1ᵉʳ mars. (*Ibid.*, III, 9).

Quand il croit avoir de la sorte relié les armées alliées depuis l'Aisne jusqu'à la Saône, le généralissime, décidé à donner une impulsion vigoureuse à l'offensive de la grande armée, mais seulement après l'entrée en ligne des renforts attendus par le prince héritier de Hesse-Hombourg, après la retraite d'Augereau, après la prise ou l'occupation de Lyon [1], adresse à Blücher une lettre [2] dans laquelle il expose à la fois sa situation, ses projets et ses idées. La teneur de cette dépêche ne laisse plus aucun doute sur la lenteur méthodique avec laquelle il continuera à opérer et sur l'époque relativement éloignée à partir de laquelle il compte dessiner réellement son mouvement en avant.

Si le généralissime y émettait la crainte de voir l'Empereur rejoindre et peut-être même prévenir Blücher, s'il subordonnait l'offensive de son armée à la tournure des affaires dans le Midi, il se gardait bien de parler au feld-maréchal de ses opérations projetées contre Troyes, et surtout de ce qu'il comptait faire pendant les jours qui suivront son entrée dans cette ville. Comme le dit le *Journal des opérations de la grande armée*, l'offensive ne paraissait possible qu'après que l'armée de réserve aurait chassé Augereau de la vallée de la Saône.

Reprise de Bar-sur-Seine par les Alliés. — A l'aile gauche de la grande armée, le prince royal de Wurtemberg, chargé d'enlever Bar-sur-Seine, avait décidé que l'attaque de cette petite ville aurait lieu à midi seulement. Bien qu'il sût depuis la veille au soir que les Français avaient laissé fort peu de monde à Bar et que le faible corps du maréchal Macdonald s'était échelonné en face des positions des IIIe et IVe corps sur la rive gauche de la Seine, bien qu'un retour offensif des Français et qu'une défense pied à pied des passages de la Seine fussent des plus improbables, le prince avait hésité à déboucher sur la rive gauche avant de savoir si Vendeuvre était occupé par l'aile droite de la grande armée. Les positions occupées par ses troupes, les mouvements qu'il allait faire exécuter à une partie du IIIe corps

---

[1] Stärke, Eintheilung und Tagesbegebenheiten der Haupt-Armee im Monate März. (K. K. Kriegs Archiv., III, 1.)

[2] Prince de Schwarzenberg au feld-maréchal Blücher, Colombey, 1er mars (*Ibid.*, III, 10.)

ne lui laissaient, d'ailleurs, pas la possibilité de commencer une attaque générale dans les premières heures de la matinée. Quant au IVe corps, il ne devait agir contre la gauche des Français et contre Bar qu'au moment où Gyulay, avec la plus grande partie du IIIe corps, déboucherait contre leur droite et où une de ses divisions chercherait à la déborder.

Mais pendant que les IIIe et IVe corps exécutaient ces mouvements à grande envergure, les nouvelles d'Oudinot, qui pressait Macdonald de revenir au plus vite à Troyes pour y prendre les mesures exigées par la gravité des circonstances, avaient décidé le duc de Tarente à prescrire au général Sorbier de faire filer sous escorte le parc de l'armée sur Nogent, et à Sébastiani d'y diriger le quartier général administratif. Bien qu'il fût malade et à peine transportable, le maréchal quittait lui-même Saint-Parres-les-Vaudes à 11 heures du matin, pour se rendre à Troyes. Il avait préalablement donné à ses troupes l'ordre de se replier successivement sur Les Maisons-Blanches.

Dès les premières heures de la matinée, le feldzeugmeister Gyulay avait commencé son mouvement sur deux colonnes. L'une, la plus forte, composée des divisions Crenneville et Fresnel, passant à Celles le pont de l'Ource, réparé pendant la nuit, s'avança contre le pont de la Papeterie de Villeneuve, que Brayer avait fait barricader et garder par quelques troupes, pendant que la deuxième colonne, celle de gauche, flanquée par les cosaques de Seslavin du côté de Châtillon-sur-Seine devait, en passant sur la rive gauche à Gyé-sur-Seine, prendre à revers et faire tomber les défenses de Bar, en débouchant par Polisy et Polisot, et faciliter le passage de la colonne principale.

Un peu après 10 heures du matin, la première de ces deux colonnes, après avoir canonné pendant quelque temps des hauteurs de Merrey le pont de la Papeterie et démoli les barricades avec son canon, passa sans peine sur la rive gauche et obligea les avant-postes de Brayer à se replier sous la protection de l'artillerie de cette division, d'abord sur les hauteurs qui dominent de ce côté Bar-sur-Seine, puis à l'intérieur de la ville, dont Brayer barricada les portes. Mais en présence de la supériorité numérique des troupes du IIIe corps et des ordres que le maréchal venait de lui envoyer, Brayer n'attendit pas l'attaque des Autrichiens. Se repliant lentement et en bon ordre par la grande route de Troyes, il fit prendre position près de Virey-sous-Bar à son arrière-garde (quatre bataillons, avec quelque cavalerie).

A 11 heures, au moment où les deux divisions de Gyulay passaient le pont de Villeneuve, le prince royal de Wurtemberg avait de son côté amené l'artillerie du IV⁰ corps sur les hauteurs en avant de Ville-sur-Arce, et poussé son infanterie sur Bar-sur-Seine, où elle entra sans tirer un coup de fusil, en même temps que les Autrichiens.

La deuxième colonne du III⁰ corps (division Weiss), obligée de passer la Seine à Gyé et de faire de longs détours par de mauvais chemins de traverse, n'arriva à Bar que longtemps après l'occupation de cette ville par les autres troupes [1].

Dès que quelques bataillons du III⁰ corps et la cavalerie légère du IV⁰ eurent débouché de Bar-sur-Seine, le prince royal, poussant avec une partie de son corps par la rive droite jusqu'à Courtenot, fit poursuivre l'arrière-garde française. Après une courte escarmouche avec les hussards autrichiens aux environs de Virey, celle-ci continua sa retraite par échelons et s'établit sur la rive gauche de la Sarce. Le combat se borna dès lors à un échange insignifiant de coups de canon. La cavalerie de Milhaud resta au repos à Rumilly-les-Vaudes, Fouchères et Vaux, prête à se porter au secours de l'arrière-garde dans le cas où les troupes du prince royal auraient cherché à l'inquiéter et à forcer le passage de la Sarce [2].

« J'aurais voulu, dit le prince royal arrivé à 3 heures à Courtenot, pousser encore aujourd'hui mon avant-garde jusque vers Les Maisons-Blanches, mais je ne l'ai pas fait, parce que j'étais absolument sans nouvelles des V⁰ et VI⁰ corps. »

Il se borna par suite à diriger sur Vendeuvre par Magnant et Beurey, le général Iett, avec deux régiments de cavalerie qui se relièrent vers le soir avec la gauche de Wrède, tandis que la cavalerie légère de Crenneville, partie de Bar au moment où

---

[1] Stärke, Eintheilung und Tagesbegebenheiten der Haupt-Armee im Monate Marz (K. K. Kriegs Archiv., III, 1); Gyulay à Schwarzenberg, Bar-sur-Seine, 4 mars (Ibid., III, 108); Schwarzenberg, Rapport journalier à l'empereur d'Autriche en date du 6 mars (Ibid., III, 144), et prince royal de Wurtemberg à Schwarzenberg, Courtenot, 2 mars, 3 heures après-midi (Ibid., III, 35).

[2] Taxis, Tagebuch (K. K. Kriegs Archiv., XIII, 32), et prince royal de Wurtemberg à Schwarzenberg (Ibid., III, 35).

l'avant-garde du IIIe corps s'était portée sur Virey, éclairait sa gauche dans la direction de Chaource.

Seslavin qui avait pris, pendant la journée du 2, le chemin de Tonnerre avec l'ordre de couper de ce côté les communications des Français avec le midi de la France, avait fait savoir au prince avant de quitter les environs de Châtillon, qu'il n'avait trouvé dans ces parages aucune trace du passage ou de la présence des troupes françaises.

Enfin, dans le courant de l'après-midi, le prince royal avait reçu du quartier général l'ordre de se diriger, avec ses deux corps, sur Chaource. Mais, tant en raison de l'heure avancée de la journée que des positions qu'il occupait, il se trouvait dans l'impossibilité de commencer ce mouvement immédiatement, et, de plus, il croyait imprudent d'abandonner Bar-sur-Seine avant qu'un autre corps de troupes alliées eût pris pied sur la rive gauche de la Seine. Il cantonna donc les troupes du IVe corps aux environs de Bar sur la rive droite, celles du IIIe sur la rive gauche, entre Bar et Gyé, et maintint les avant-gardes seules à Courtenot et à Virey [1].

Un passage de rivière est en tout état de cause une opération délicate et de nature à inspirer de sérieuses préoccupations à un général. On comprend donc que, tout en ayant affaire à un adversaire que son infériorité numérique mettait hors d'état de résister sérieusement à ses deux corps, le prince royal, pour éviter des pertes inutiles, ait cherché à tourner un obstacle qu'il croyait imprudent d'aborder de front. La présence des troupes de Macdonald, échelonnées de Bar à Saint-Parres-les-Vaudes, excluait la possibilité d'un passage en aval de Bar, et le prince, n'ayant pas avec lui d'équipages de pont, était obligé d'exécuter son passage de rivière à Gyé. Mais alors et bien qu'il s'attendît à voir Gyulay rencontrer une résistance plus sérieuse au pont de la Papeterie, il eût été logique, ou de faire partir de meilleure heure la colonne chargée du mouvement tournant, ou mieux encore de l'établir dès la veille plus à proximité du point choisi pour le passage du fleuve. En raison de la marche qu'elle allait avoir à exécuter dans la matinée du 2, de l'état des chemins qu'on lui avait attribués, cette

---

[1] Prince royal de Wurtemberg à Schwarzenberg, Courtenot, 3 mars, 7 heures soir. (*K. K. Kriegs Archiv.*, III, 35.)

colonne était fatalement condamnée par les ordres du prince royal à arriver trop tard et devait forcément se trouver dans l'impossibilité de prendre une part sérieuse et utile aux opérations de la journée. Il était également illogique de charger une seule division de l'exécution d'un mouvement de la réussite duquel aurait dépendu, dans des circonstances normales, le succès de toute l'affaire. Il y avait d'autant plus de motifs d'affecter le IIIᵉ corps tout entier à l'exécution du mouvement par Gyé, que les troupes du IVᵉ corps suffisaient amplement, le prince royal n'en pouvait douter, pour s'opposer à toute tentative offensive, fort improbable, d'ailleurs, des Français. En agissant de la sorte, on n'aurait fait que se conformer aux principes les plus élémentaires qu'on violait inutilement en détachant une seule division. Le rôle essentiel et principal appartenant ici aux troupes qui tournaient l'obstacle, il importait de les mettre, par leur nombre même, en mesure de tenir tête à un adversaire qui, dans la plupart des cas, ne laissera pas échapper l'occasion de les écraser au moment où elles chercheront à prendre pied. Enfin, tout en hésitant à s'engager trop avant sur la rive gauche de la Seine, le prince royal pouvait, sans rien compromettre, prévoir l'éventualité d'une retraite de son adversaire et prendre les mesures nécessaires pour assurer efficacement la poursuite, en tenant la cavalerie du IVᵉ corps prête à suivre pas à pas l'arrière-garde française dès sa sortie de Bar et à l'empêcher, par suite, de s'établir à Virey et de s'arrêter derrière la Sarce. En somme, les dispositions défectueuses du prince royal, après avoir permis au maréchal de ramener tout son monde de La Ferté à Bar, lui avaient donné le temps et la possibilité de se replier sans perte, sans encombre, tranquillement et en bon ordre de Bar sur Saint-Parres-les-Vaudes et Les Maisons-Blanches. Pour la deuxième fois en moins de trois jours, le prince royal de Wurtemberg avait perdu le contact d'un adversaire de moitié moins nombreux que lui et qui, chaque fois, ne s'était résigné à la continuation do son mouvement rétrograde qu'après avoir fait tête et s'être engagé assez sérieusement avec les troupes des IIIᵉ et IVᵉ corps.

On peut toutefois reprocher au maréchal Macdonald de s'être, comme Oudinot à Dolancourt et à Bar-sur-Aube, contenté de barricader les ponts de la Papeterie et de Bar-sur-Seine, au lieu d'avoir songé à retarder davantage le passage des Alliés sur la rive gauche de la Seine en faisant sauter quelques piles de ces ponts et en établissant sur les travées détruites un passage provisoire que les troupes chargées de la défense et de la garde de ces ponts auraient eu le temps de brûler avant de se mettre en retraite.

Mouvement des Ve et VIe corps sur Troyes. — Si la position couverte par le cours de la Barse et par des terrains marécageux qu'Oudinot avait fait prendre à ses troupes dans la soirée du 1er mars, était d'un abord difficile sur son front et sur sa droite, elle était, au contraire, très accessible sur sa gauche, par Laubressel et Mesnil-Sellières, les pentes du plateau du côté de Bourantin et de Villechétif devenant absolument praticables, en été par la sécheresse, en hiver par la gelée. Un corps débouchant de ce côté pouvait donc prendre à revers le pont de La Guillotière dont Oudinot, avant même d'avoir reçu les instructions du major-général, avait confié la défense à Gérard, renforcé par la cavalerie de Saint-Germain et par la division Rottembourg, en position à La Folie.

Pendant que la cavalerie de Trelliard débouchait de Pont-Hubert et allait observer les routes de Brienne et d'Arcis, Spleny avec l'avant-garde du Ve corps avait repris son mouvement le 2 au matin et dépassé Lusigny, où les commissaires essayaient vainement de se mettre d'accord sur les bases d'un armistice dont on n'avait jamais sérieusement voulu et dont les Alliés n'avaient désormais plus besoin. Ses avant-postes s'établirent jusque vers la Barse. La division Antoine Hardegg s'installa à Montiéramey, et le gros du Ve corps se concentra à Vendeuvre, tandis que le VIe corps, plus à droite, passait l'Aube à Dienville et venait à Piney. Pahlen, posté à Mesnil-Saint-Père avec l'avant-garde de Wittgenstein, n'avait reçu qu'à 4 heures de l'après-midi les ordres pour la journée du 2; il s'était dirigé sur Géraudot et était arrivé à la nuit tombante à Dosches. Un de ses partis, envoyé de Géraudot à Laubressel, y ayant trouvé l'ennemi en force, Pahlen se contenta d'établir la ligne de ses avant-postes à hauteur de Mesnil-Sellières et d'Assencières[1].

---

[1] STÄRKE, Eintheilung und Tagesbegebenheiten der Haupt-Armee im Monate März. (*K. K. Kriegs Archiv.*, III, 1.)

Tandis que Schwarzenberg, confiant à ses lieutenants le soin d'enlever Troyes, se rendait de Bar-sur-Aube à Chaumont pour y soumettre aux souverains un nouveau plan d'opérations, Macdonald, malade, se faisait transporter à Troyes où le duc de Reggio avait pris les dernières mesures pour assurer la défense de la ville. Sur son ordre, la division Rottembourg se cantonnait à Laubressel, se gardant et s'éclairant fortement sur Bouranton, Nuisement et Dosches et se reliant à sa droite par Thennelières avec le 2ᵉ corps (Gérard). La cavalerie de Saint-Germain, à l'exception de 200 chevaux envoyés à Laubressel et de 100 postés au pont de La Guillotière, s'établissait à Thennelières et Ruvigny. La brigade Chassé devait être sous les armes à Troyes avant le jour. Une des brigades de la division Duhesme (2ᵉ corps) devait remplacer, le 3 avant le lever du soleil au pont de La Guillotière, la brigade Jarry qui irait à Thennelières avec la brigade Belair dès qu'elle aurait été relevée. Au premier coup de canon, le 2ᵉ corps et la cavalerie de Saint Germain avaient ordre de quitter les villages qu'ils occupaient et de se diriger sur le pont de La Guillotière. La division Leval restait à Pont-Hubert [1].

Après avoir laissé prendre sans raison à ses avant-gardes une avance par trop considérable, après avoir fait une halte de quarante-huit heures à Bar-sur-Aube et à Dienville, alors qu'un seul jour aurait amplement suffi, la droite de la grande armée alliée allait être obligée à nouveau de forcer ses marches pour arriver le 3 mars devant Troyes. Harassées de fatigue, les troupes des Vᵉ et VIᵉ corps, qu'il eût été si facile d'amener progressivement

---

[1] Parmi les dépêches interceptées par la cavalerie des Alliés, on trouve au K. K. Kriegs Archiv., III, 48, la pièce suivante qui a dû faire partie des papiers enlevés le lendemain 3 mars, par les cosaques au général Gérard qu'un hasard providentiel empêcha seul de tomber lui-même entre leurs mains.

« Mon général, M. le maréchal, duc de Reggio, a reçu avec la lettre que vous lui avez fait l'honneur de lui écrire, l'ordre qui y était joint. Son Excellence ne peut qu'applaudir aux dispositions que vous avez faites ; mais elle craint cependant qu'ayant ainsi cantonné vos troupes, elles ne se rendent pas assez promptement au poste qui leur est assigné en cas d'alarme.

« M. le maréchal a eu soin de faire occuper par la division Leval, qui est établie au Pont-Hubert, les différents points que vous lui avez indiqués en avant de cette position. Toute la cavalerie, commandée par le général Trelliard, a été jetée sur la route de Brienne à Arcis, afin d'observer les mouvements de l'ennemi d'aussi près que possible.

« Agréez, mon général, l'hommage de mon respect,
« Le général, chef de l'état-major général du 7ᵉ corps, baron Gressot. »

jusqu'à proximité de Troyes, seront par suite hors d'état d'entrer dans cette ville le lendemain et de tirer parti des avantages remportés en obligeant les maréchaux à une retraite immédiate.

Schwarzenberg, doutant de plus en plus de l'activité de l'ataman, avait encore renouvelé pendant la journée du 2 mars, l'ordre qui dirigeait Platoff sur Arcis-sur-Aube et Sézanne[1].

3 mars 1814. — Combat sur la Barse. — Affaires de Laubressel et du pont de La Guillotière. — Le 3 mars au matin, les trois divisions, avec lesquelles Gérard devait défendre Troyes, occupaient en avant de cette ville les positions suivantes : la division Duhesme (aile droite) s'appuie à la Barse, à Ruvigny ; elle garde les fermes de La Folie et de La Grève et les abords du pont de La Guillotière. La 2e division du 2e corps, commandée intérimairement par le général Jarry, s'étend au centre depuis Courteranges jusqu'à Laubressel, et la division Rottembourg (aile gauche), depuis ce point jusqu'à Villechétif. C'est avec ces troupes et avec la cavalerie de Saint-Germain que Gérard doit tenir tête aux Ve et VIe corps. La division Leval et la cavalerie de Valmy, établies dans les faubourgs de Troyes du côté de Pont-Hubert, ne prendront aucune part à la lutte et Oudinot inutilisa ainsi des forces qui auraient permis cependant à Gérard, dont l'effectif total suffisait à peine pour garnir une ligne de bataille aussi étendue, d'occuper le point important de Bouranton.

D'après les ordres laissés par Schwarzenberg, la grande armée alliée tout entière devait, à 1 heure de l'après-midi, attaquer simultanément Troyes par les routes de Dienville, de Vendeuvre et de Bar-sur-Seine. Pahlen, avec l'avant-garde du VIe corps, était chargé de déborder la gauche française, de prendre pied sur le plateau de Laubressel, de pousser de là vers Troyes et de couvrir le déploiement, en avant de Mesnil-Sellières, du VIe corps qui se relierait ensuite, par Laubressel, avec la droite des Austro-Bavarois. L'avant-garde de ce corps devait, en prenant à droite de la route de Vendeuvre, se diriger sur Larivour, se relier aux

---

[1] Schwarzenberg à Platoff, Bar-sur-Aube, 2 mars. (*K. K. Kriegs Archiv.*, III, 44.)

Russes et se rabattre à gauche sur le pont de La Guillotière. Wrède confia l'exécution de ce mouvement à toute sa cavalerie, à trois bataillons autrichiens de la division Antoine Hardegg et à la division bavaroise du comte Rechberg ; ces troupes, débouchant de Montiéramey à 10 heures, avaient ordre d'attaquer l'ennemi s'il paraissait décidé à résister. Le gros du Ve corps devait rester à Vendeuvre [1].

Mais, dès 7 heures du matin, deux bataillons et quatre escadrons français avaient débouché du pont de La Guillotière et obligé par leur feu les postes de cavalerie autrichienne à se replier au delà de Lusigny, où ils furent recueillis par les troupes d'Antoine Hardegg, au moment même où le canon des Russes, se faisant entendre sur la gauche des Français, les contraignait à quitter Lusigny et à se replier, suivis par les escadrons autrichiens, sur le pont de La Guillotière.

Pahlen, parti en effet de Dosches avant le jour, avait envoyé sur Laubressel son infanterie, les hussards d'Olviopol et les uhlans de Tchougouïeff. Un régiment de cuirassiers servait spécialement de soutien à quelques pièces d'artillerie à cheval qui dirigèrent leur tir contre la droite de la division Rottembourg. De sa personne, avec le reste de sa cavalerie, dont il dissimulait la marche en la tenant derrière les hauteurs, il s'était porté de Laubressel sur Bouranton que les Français avaient négligé d'occuper. Arrivé à Bouranton [2], il avait aussitôt fait filer vers Thennelières, le général Rüdiger avec les hussards de Grodno, soutenus par un régiment de cuirassiers et précédés par les cosaques de Rebrikoff. La pointe de ces cosaques pénétra, sans avoir été aperçue, dans Thennelières et arriva jusqu'au presbytère, où Gérard avait établi son quartier général. Ce général, malade et couché sur la paille, échappa par miracle aux cosaques, qui prirent son aide de camp, ses papiers et sa calèche [3], pendant que le gros des cavaliers de Rebrikoff et de Rüdiger, traversant le village, se précipitait sur le parc d'artillerie, l'atteignait sur la

---

[1] Starke, Eintheilung und Tagesbegebenheiten der Haupt-Armee im Monate März. (*K. K. Kriegs Archiv.*, III, 1.)

[2] Wittgenstein à Schwarzenberg, Piney, 3 mars. (*K. K. Kriegs Archiv.*, III, 56.)

[3] Taxis, Tagebuch (*Ibid.*, XIII, 32), et Starke, Eintheilung und Tagesbegebenheiten der Haupt-Armee im Monate März (*Ibid.*, III, 1).

route de Troyes, culbutait sa faible escorte et jetait le désordre parmi les conducteurs qui s'enfuirent en abandonnant les pièces et les voitures. L'arrivée de la cavalerie du général Saint-Germain et deux charges faites par ses escadrons obligèrent les cosaques à se replier sur Bouranton[1]. Mais ceux-ci avaient enlevé 70 hommes, 40 chevaux, en avaient tué 200 à coups de lance et avaient réussi à mettre la main sur une partie du parc.

Wittgenstein venant de Piney avait formé ses trois colonnes d'attaque sur les hauteurs de Mesnil-Sellières[2]. A 1 heure, sa colonne de gauche (prince Gortschakoff) marche de Dosches sur Laubressel; le prince Eugène de Wurtemberg (droite et centre du VIe corps) se dirige en même temps de Bouranton sur Thennelières. Il a pour mission de culbuter la gauche des lignes françaises et de leur couper la retraite sur Troyes; mais, comme il en a reçu l'ordre, il attend le canon de Wrède pour lancer ses troupes à l'attaque, tandis que Wrède, qui est arrivé à Lusigny depuis midi et dont l'avant-garde a vainement essayé de passer la Barse à Larivour et à Courteranges, attend de son côté l'entrée en ligne des Russes pour tenter l'attaque de front du pont de La Guillotière.

A 3 heures, l'artillerie bavaroise commence à canonner vivement les positions françaises, et les colonnes russes, précédées par d'épaisses chaînes de tirailleurs, s'ébranlent aussitôt en échelons et par bataillons en masse à distance de déploiement. L'artillerie du VIe corps suit et appuie le mouvement, tandis que la cavalerie reste en soutien, à l'exception de celle de Pahlen, qui se prolonge vers Troyes. La division Rottembourg résiste énergiquement à Laubressel aux efforts des Russes de Gortschakoff, qui parviennent à grand'peine à gravir le coteau couvert de vignes, puis à s'emparer de Laubressel. Ils n'osent toutefois pas en déboucher et descendre dans la plaine, où ils craignent d'être chargés par la cavalerie de Saint-Germain.

Les colonnes du prince Eugène de Wurtemberg s'engagent à ce moment, et leur arrivée oblige Gérard à envoyer aux divisions

---

[1] Taxis, Tagebuch (*K. K. Kriegs Archiv.*, XIII, 32) et Stärke, Eintheilung und Tagesbegebenheiten der Haupt-Armee im Monate März (*Ibid.*, III, 1).

[2] Wittgenstein à Schwarzenberg, Piney, 3 mars (*Ibid.*, III, 55), et Stärke, Eintheilung und Tagesbegebenheiten der Haupt-Armee im Monate März (*Ibid.*, III, 1).

Rottembourg et Jarry l'ordre de se replier sur Saint-Parres-aux-Tertres. La cavalerie du prince Eugène de Wurtemberg, se jetant sur le flanc des troupes françaises, enfonce quelques carrés ; mais la présence de la cavalerie française et le retard que les mauvais chemins par lesquels il a dû passer ont fait subir à la marche de Pahlen, permettent à Rottembourg et à Jarry d'effectuer leur retraite sans trop de peine, et le prince Eugène de Wurtemberg, ne pouvant leur barrer le chemin de Troyes, se contente d'enlever le village de Thennelières et laisse les deux divisions françaises s'établir à Saint-Parres-aux-Tertres, sous la protection de leur cavalerie et de leur artillerie.

Pendant que le VIe corps remportait ces avantages, Wrède avait enfin réussi à jeter quelques bataillons sur la rive droite de La Barse, à Courteranges, à les faire filer par les bois et à donner la main à la gauche des Russes. Vers 4 heures, dès qu'il eut connaissance des progrès faits par les Russes et de la retraite des divisions Rottembourg et Jarry, il se décida à cesser la canonnade et à essayer d'enlever à Duhesme le pont de La Guillotière. Après avoir fait canonner le pont et déblayer le passage, Wrède lance ses chasseurs à pied, soutenus par trois régiments de cavalerie, contre Duhesme, qui, pendant qu'il repousse cette attaque à la baïonnette, reçoit le duplicata de l'ordre de Gérard, lui prescrivant de quitter sa position. Il fait aussitôt filer son artillerie et se prépare à se replier au moment où Wrède renouvelle son attaque. Les dragons de Knesevich et les hussards de Szeckler, traversant le pont au grand trot, se jettent sur lui et l'obligent à abandonner la chaussée et à regagner Saint-Parres-aux-Tertres, en suivant la basse Barse et en perdant, malgré sa bonne contenance, 400 hommes et 2 canons dans cette retraite [1].

Pahlen, retardé en route par l'état des chemins, n'arriva sur le champ de bataille qu'à la nuit, lorsque les troupes de Gérard étaient déjà réunies à Saint-Parres-aux-Tertres.

Le Ve corps prit position à cheval sur La Barse, sa tête sur la rive droite en avant du pont de La Guillotière, son gros sur la rive gauche, entre La Bertoche et Lusigny. Le VIe corps, qui

---

[1] TAXIS, Tagebuch (*K. K. Kriegs Archiv.*, XIII, 32), et STÄRKE, Eintheilung und Tagesbegebenheiten der Haupt-Armee im Monate März (*Ibid.*, III, 1).

s'était emparé de 9 canons, campa à Thennelières, Bouranton et Creney[1]. Le quartier général de Wittgenstein resta à Piney.

Inaction des III° et IV° corps. — Les III° et IV° corps avaient pu d'autant moins coopérer au mouvement sur Troyes que le dernier ordre reçu du quartier général prescrivait au prince royal de Wurtemberg de se diriger sur Chaource. Toutefois, le 3 au matin, lorsque ses avant-postes lui eurent signalé la retraite des Français, sans pouvoir lui indiquer exactement la direction qu'ils avaient prise, le prince royal, supposant que le 11e corps devait avoir occupé solidement Les Maisons-Blanches, n'osa prendre sur lui ni de suivre la route directe de Troyes, ni de se jeter plus à gauche pour tourner par Chaource la position probable des Français. Il crut plus sage, en attendant un ordre qu'il espérait recevoir d'un moment à l'autre, d'épargner à ses troupes des marches inutiles, et prescrivit au III° corps de s'échelonner en colonne, de façon à pouvoir se mettre en mouvement au premier signal; les divisions Weiss et Fresnel restèrent en arrière de Bar-sur-Seine, à Polisot; la division Crenneville s'établit à Villemorien.

De son côté, Macdonald, pensant que le prince ne se déciderait pas facilement à aborder de front la position des Maisons-Blanches et à essayer d'en forcer le pont, y avait placé la plus faible des divisions du 11° corps, celle du général Amey, qui se liait par sa droite avec les divisions Albert et Brayer, établies sur deux lignes à Moussey et à Roche, et chargées de couvrir et de défendre la route de Chaource. La cavalerie de Milhaud éclairait tous les chemins aboutissant à Troyes et flanquait la droite de Brayer.

A 3 heures de l'après-midi, le prince royal n'ayant reçu aucun ordre, laissait la division Crenneville à Villemorien, faisait rentrer le reste des troupes dans leurs cantonnements de la veille et poussait avec sa cavalerie une reconnaissance vers Les Maisons-Blanches[2]. A 4 heures seulement, il est en possession de

---

[1] Journal d'opérations du prince Eugène de Wurtemberg (*Archives topographiques*, n° 47344); Rapport journalier à l'empereur d'Autriche, Bar-sur-Aube, 4 mars (*K. K. Kriegs Archiv.*, III, 82).

[2] Taxis, Tagebuch (*K. K. Kriegs Archiv.*, XIII, 32), et Stärke, Eintheilung und Tagesbegebenheiten der Haupt-Armee im Monate März (*Ibid.*, III, 1).

l'ordre [1] par lequel on l'informe de l'attaque que les V⁰ et VI⁰ corps exécutent contre le pont de La Guillotière et Laubressel, on l'invite à soutenir leurs opérations en coopérant de son côté à la prise de cette ville, et on le prévient que, dans le cas où les Français se retireraient sur Sens, le général Seslavin couvrirait son aile gauche, tandis qu'avec ses deux corps il serait plus spécialement chargé de poursuivre les Français.

Le jour commençait à baisser : il était trop tard pour faire venir le III⁰ corps de Villemorien, Polisot et Gyé. Force était de remettre le mouvement au lendemain. On dut donc se borner à établir le IV⁰ corps à Saint-Parres-les-Vaudes, Chappes et Fouchères, et à pousser les avant-postes vers Isle-Aumont et Moussey.

Mouvement de Seslavin sur Auxerre. — Sur les derrières du prince, Seslavin informé à Rugny, par le maire et les habitants de Tonnerre, du mouvement d'Allix et de la présence de ce général à Auxerre, avait résolu de se diriger sur cette ville.

« D'après le dire des prisonniers et des grands propriétaires qui ont logé des troupes, écrivait-il à Toll, de Rugny, le 3 dans l'après-midi [2], le corps du vice-roi d'Italie, réuni aux troupes venues de Perpignan, est à Lyon et marche sous les ordres d'Augereau avec les garnisons de Lyon et de Besançon, pour se joindre à la Grande Armée. Comme l'ennemi n'a pas envoyé de troupes sur Dijon, ne serait-il pas utile de diriger de ce côté des partisans chargés de se procurer des renseignements exacts ? »

L'apparition de Seslavin à Tonnerre, dans la soirée du 2, avait eu pour conséquence de rappeler Allix de Montbard, d'abord à Étivey, puis à Noyers et Chablis, où il n'allait pas tarder à recevoir l'ordre de revenir derrière le Loing, à Nemours.

Immobilité des gardes et réserves. — Au centre et bien que Schwarzenberg eût transféré le soir son quartier général à Vendeuvre, Barclay de Tolly allait rester encore pendant quelques jours avec les gardes et réserves russes et prussiennes, à Chaumont, pour y garder les souverains.

---

[1] Schwarzenberg au prince royal de Wurtemberg, Bar-sur-Aube, 3 mars. (*K. K. Kriegs Archiv.*, III, 66.)
[2] Seslavin à Toll, Rugny, 3 mars, 3 heures 1/2 après-midi.

Escarmouche des cosaques de Platoff à Arcis-sur-Aube.
— A l'extrême droite, Platoff se rendant en Champagne avec ses cosaques, est arrivé aux environs d'Arcis où il compte traverser l'Aube. Le commandant, que les Français y ont laissé avec une centaine d'hommes, essaie vainement avec les habitants de lui disputer le passage. Après une escarmouche insignifiante, Platoff le fait prisonnier, désarme les habitants et envoie les mieux montés de ses cosaques, les uns vers Montmirail dans la direction suivie par l'armée française, les autres vers Vitry pour communiquer avec Saint-Priest et Iagoff[1]. Tettenborn avait, comme nous l'avons dit au chapitre précédent, repassé en barques à Dormans sur la rive droite de la Marne[2].

Il eût suffi de quelques marches assez courtes qui n'auraient pas empêché les troupes de la grande armée de se refaire et de se reposer pendant les journées des 1er et 2 mars, et d'une répartition plus logique des forces dans la journée du 3 mars pour compromettre sérieusement la situation des maréchaux et, en tous cas, les chasser de Troyes le même jour.

On savait, de manière positive, que les corps d'Oudinot et de Gérard, en retraite sur Troyes, avaient pris position en avant de cette ville et chercheraient à défendre les passages de la Barse au pont de La Guillotière. Il eût donc été simple, sage et rationnel, au lieu de les maintenir à une distance exagérée des avant-gardes, d'amener sans effort et sans fatigue les Ve et VIe corps à proximité de positions qu'on comptait moins enlever que tourner. On savait également que la position de La Guillotière, difficile à forcer de front et dont la valeur défensive était bien connue des Alliés, ne possédait aucune des qualités requises pour permettre aux troupes françaises d'en déboucher et de tenter par là un retour offensif contre les Alliés. Il était donc inutile, et par conséquent nuisible, d'immobiliser devant elle le Ve corps tout entier. Rien n'empêchait par suite de diriger, de Mesnil-Saint-Père sur Géraudot et Laubressel, le gros de ce corps et de le poster de façon à lui permettre de prendre part à l'attaque dirigée contre

---

[1] Stärke, Eintheilung und Tagesbegebenheiten der Haupt-Armee im Monate März. (*K. K. Kriegs Archiv.*, III, 1.)

[2] Tettenborn à Schwarzenberg, Port-à-Binson, 13 mars. (*Ibid.*, III, 24.)

ce dernier village par le corps russe de Gortschakoff. La profondeur démesurée des différents échelons des V⁰ et VI⁰ corps, la distance considérable qui les séparait et de leur avant-garde et du champ de bataille, obligèrent Schwarzenberg à fixer le moment de l'attaque à une heure déjà avancée de l'après-midi. Quelque faibles que fussent les divisions françaises, ce n'était pas en trois heures qu'on pouvait s'attendre à les déloger de leurs positions et à enlever Troyes. Dans ces conditions, il eût mieux valu profiter de la journée du 3 pour achever les préparatifs de l'attaque et pour faire prendre position au VI⁰ corps tout entier de Mesnil-Sellières à Dosches, pendant que la cavalerie du V⁰ corps et la division de Rechberg auraient masqué la marche de flanc du gros de ce corps sur les bois situés à l'ouest de Géraudot et au sud de Dosches. On aurait eu également la possibilité de réparer l'erreur commise en dirigeant les troupes du prince royal de Wurtemberg sur Chaource, erreur que le prince aurait pu et dû réparer de sa propre initiative, s'il n'eût pas perdu, pour la deuxième fois en deux jours, le contact des troupes du 11⁰ corps. La faute commise par le prince royal, son immobilité pendant toute la journée du 3 sont d'autant plus blâmables qu'il savait de façon positive que Macdonald cherchait à gagner Troyes et à y opérer sa jonction avec Oudinot. L'hésitation ne lui était donc pas permise et s'il voulait, pour se conformer aux ordres du quartier général et par excès de prudence, envoyer une colonne vers Chaource, il devait, dès le 3 au matin, pousser sur Les Maisons-Blanches et déborder la position par Moussey. En agissant de la sorte le prince royal aurait rejeté le 11⁰ corps sur Troyes, et l'apparition des III⁰ et IV⁰ corps en arrière de cette ville sur la rive gauche de la Seine, eût suffi pour épargner à l'aile droite de la grande armée le combat qu'elle livra le 4.

Le duc de Reggio, lui aussi, aurait aisément pu tirer un meilleur parti des troupes dont il disposait.

Au lieu de se laisser amuser par les quelques démonstrations des Alliés au nord de Troyes, il eût dû utiliser la cavalerie de Valmy, qui ne fit absolument rien. Au lieu de tenir la division Leval immobile et l'arme au pied dans les faubourgs de Troyes, il eût plus efficacement couvert la ville, il eût réussi à la conserver plus longtemps en postant cette division à Bouranton, en fermant ainsi la trouée par laquelle le prince Eugène de Wurtemberg et les cosaques débordèrent la gauche de Gérard.

Bien qu'ils eussent réussi à faire tomber les défenses avancées de Troyes à Laubressel et à La Guillotière, à enlever quelques canons et à mettre un millier d'hommes hors de combat, les Alliés avaient complètement perdu leur journée puisqu'il leur fallait procéder le lendemain à l'attaque de Troyes, sans avoir désormais la moindre chance de couper la retraite aux maréchaux.

4 mars 1814. — Mesures prises par Macdonald pour évacuer Troyes et défendre la position de Saint-Parres-aux-Tertres. — Le maréchal Macdonald, sentant parfaitement que les Alliés ne manqueraient pas de concentrer, dès le 4 au matin, leurs efforts pour se rendre maîtres de Troyes, avait mis à profit le temps qui lui restait pour en assurer l'évacuation sans compromettre ses troupes. Il était trop prudent et trop sensé pour s'acharner plus que de raison sur la position de Saint-Parres-aux-Tertres, et s'exposer à être renversé par une attaque de vive force. Aussi voulait-il se borner à disputer aux Alliés *le terrain de chicane*, qui s'étend entre Saint-Parres et la Seine, à défendre les faubourgs par une arrière-garde pendant le temps nécessaire à l'écoulement de son corps et de son artillerie ; puis, après avoir tenu le plus longtemps possible, il était décidé à se replier sur Nogent. Contraint à refaire le mouvement rétrograde qu'il avait déjà exécuté trois semaines auparavant, le maréchal, instruit par l'expérience, allait éviter les fautes commises à cette époque.

Deux routes se présentaient à lui au sortir de Troyes : l'une, connue sous le nom de vieille route de Paris, passait par le Pavillon ; l'autre, longeait la Seine. Ce fut cette dernière que le maréchal choisit pour deux raisons, d'abord parce qu'elle était meilleure, mais surtout parce qu'elle avait l'avantage de lui assurer des communications plus faciles avec l'Empereur. Pour éviter l'encombrement, il résolut toutefois de faire suivre la vieille route au 11e corps et au 5e corps de cavalerie, et d'affecter la grande route de Nogent aux autres corps. Enfin, pour éviter toute cause d'erreur et de malentendu, il écrivait dans la nuit du 3 au 4 à Oudinot : « Il me souvient que vous avez désiré conserver Troyes pendant toute la journée ; mon avis est que ce ne doit être que *par une défense d'arrière-garde sans compromettre ni les troupes ni la ville*[1]. »

Pendant la nuit, la cavalerie russe avait essayé à deux ou trois reprises d'alarmer les troupes postées à Saint-Parres. A 7 heures du matin, le maréchal, de son quartier général du faubourg Saint-Martin, envoyait aux chefs de corps sous ses ordres ses instructions définitives[2] :

« Le duc de Reggio[3] fera guetter les mouvements de l'ennemi pour être en mesure d'exécuter les siens sans compromettre le mouvement rétrograde des troupes échelonnées depuis Saint-Parres-aux-Tertres.

« Il faut considérer cette défense comme celle d'une arrière-garde et chicaner le terrain le plus possible. On préparera des barricades au pont de pierre et aux portes de la ville lorsque les dernières troupes auront passé.

« Si le général Milhaud, qui est échelonné des Maisons-Blanches aux faubourgs, entend l'action s'engager assez vivement, il repliera promptement sa cavalerie sur ce point et s'assurera de ce qui passe pour régler sa marche et arriver en arrière de la ville en même temps qu'Oudinot l'abandonnera.

« Le général Amey, qui occupe le faubourg, se retirera dès qu'il verra que le général Gérard repasse la rivière, et prendra position en arrière sur la chaussée du Pavillon ; il ne s'y arrêtera qu'autant que les marais et la ville continueront à être défendus. Après avoir fait halte au Pavillon, il se réunira aux deux autres divisions.

« La cavalerie de Milhaud étant rendue en arrière de la ville, se liera avec celle d'Oudinot et fera son mouvement rétrograde en même temps qu'elle, à sa hauteur, en suivant par échelons la route du Pavillon.

---

[1] Macdonald à Oudinot, Troyes, nuit du 3 au 4 mars. (*Arch. de la guerre.*)

[2] Ordres de Macdonald pour la retraite. Troyes, 4 mars, 7 heures du matin. (*Ibid.*)

[3] A 4 heures du matin, Oudinot avait envoyé l'ordre à Valmy de réunir à 6 heures toute sa cavalerie et celle de Saint-Germain, sur les hauteurs en arrière du faubourg Saint-Martin, à droite et à gauche de la grande route de Paris. Une heure après, le duc de Reggio, ignorant où se trouvait la cavalerie de Saint-Germain et la croyant en arrière de la ville, ordonnait au comte de Valmy de faire surveiller par un poste de cavalerie le gué de Villacerf (à 12 kilomètres en aval du faubourg Saint-Martin). (*Archives de la guerre.*)

« Lorsque l'évacuation de Saint-Parres, de la Seine et de la ville sera résolue, le général Sébastiani placera un bataillon à l'embranchement des rues du faubourg de Bar et de la ville, pour couvrir la retraite de la garnison qui aura protégé celle des troupes venant de Saint-Parres.

« Le duc de Reggio placera à son tour une bonne arrière-garde de toutes armes en arrière de la ville pour protéger le passage de Sébastiani. Cette arrière-garde, à laquelle sera jointe la cavalerie, sera définitive et fermera le mouvement d'Oudinot, de Gérard et de Sébastiani.

« L'infanterie ne restera à l'arrière-garde qu'autant que le terrain la favorisera.

« Tous les corps d'armée ayant ainsi repassé la ville, recevront de nouveaux ordres pour leur destination ultérieure.

« Le duc de Reggio enverra l'ordre au général Pacthod de partir le 5 avec une brigade, pour se rendre à Bray, couvrir cette ville et garder le pont. »

Ordres de Schwarzenberg. — Dans la nuit du 3 au 4, le prince de Schwarzenberg avait envoyé de Vendeuvre aux V⁰ et VI⁰ corps l'ordre d'attaquer Troyes le 4 mars à 7 heures du matin. Le prince royal de Wurtemberg devait coopérer à leur action en enlevant Les Maisons-Blanches.

Après la prise de la ville, le IV⁰ corps devait suivre la route de Sens, le VI⁰ celle de Nogent, tandis que le V⁰ resterait à Troyes [1].

Pendant la nuit, le prince royal de Wurtemberg avait également arrêté ses dispositions en vue de l'attaque du lendemain. Le III⁰ corps avait ordre de se porter contre la droite du 11⁰ corps, de passer le Hozain au moulin de la Vanne et de mettre son artillerie en batterie sur les hauteurs des Bordes. Des Bordes, le III⁰ corps pourrait, ou pousser sur Roche en marchant par le plateau, ou passer par Virloup et le ravin de l'Ousse pour tourner la position de Moussey. Le IV⁰ corps, se bornant d'abord à canonner le front du 11⁰ corps, devait ensuite déboucher par la route de Troyes dès que le mouvement du III⁰ corps aurait forcé les Français à évacuer Les Maisons-Blanches.

---

[1] Stärke, Eintheilung und Tagesbegebenheiten der Haupt-Armee im Monate Marz. (*K. K. Kriegs Archiv.*, III, 1.)

Parti de ses cantonnements de grand matin, Gyulay, arrivé à Vaudes, allait obliquer à gauche vers l'Hozain, lorsqu'une dépêche du prince royal, l'informant de l'évacuation des Maisons-Blanches et de Moussey, lui apporta l'ordre de continuer droit devant lui sur Les Maisons-Blanches avec les divisions Fresnel et Weiss et de diriger la seule division de Crenneville par la route de Chaource sur Villebertin. Lorsque les divisions du III° corps atteignirent ces points, elles y trouvèrent un nouvel ordre annonçant à Gyulay la retraite des Français et envoyant la division Crenneville se cantonner à Bouilly, la division Weiss à Saint-Pouange, et celle de Fresnel à Saint-Germain et à Linçon. Le quartier général de Gyulay vint au château de Courcelles [1].

Parvenu vers midi à hauteur de la Vacherie et prévenu par son avant-garde de l'évacuation des Maisons-Blanches, le prince royal de Wurtemberg avait continué sans difficulté sa marche sur Troyes où il n'arriva qu'après l'entrée des V° et VI° corps. Son corps, défilant par la ville, s'établissait le soir sur les hauteurs de Montgueux, entre les routes de Traînel et de Sens [2]. Les avant-postes de cavalerie gardaient la ligne Saint-Liébault — Estissac — Dierrey-Saint-Julien. Derrière eux deux régiments de cavalerie s'établirent à Bucey-en-Othe. Fontvannes et Macey furent occupés par les hussards et les dragons du IV° corps.

Prise de Troyes par les V° et VI° corps. — Dès le matin, les V° et VI° corps s'étaient mis en marche vers Troyes, après avoir tiré les deux coups de canon qui devaient servir de signal. Oudinot, craignant de les voir prolonger leur mouvement vers leur droite, s'était empressé d'envoyer à Méry un bataillon et deux pièces : le détachement chargé d'empêcher le rétablissement du pont de Méry allait y remplacer la brigade Delort, de la division Pacthod, qui avait reçu l'ordre de quitter cette position, de se diriger par Châtres sur Nogent et d'assurer, à partir du 5, la défense du pont de la Seine, à Bray.

Vers 8 heures, les troupes du prince Eugène de Wurtemberg, suivies par quatre bataillons bavarois, se déployaient devant

---

[1] STARKE, Eintheilung und Tagesbegebenheiten der Haupt-Armee im Monate März. (*K. K. Kriegs Archiv.*, III, 1.)
[2] *Id. in Ibid.*

Saint-Parres-aux-Tertres, encore occupé par Gérard qui avait échelonné entre ce point et Troyes ses troupes prêtes à battre en retraite. A 10 heures, les pièces de position de l'artillerie russe ouvrent le feu et protègent l'attaque de Saint-Parres, que Gérard défend jusqu'à 11 heures avant de se décider à se replier, d'abord sur le petit pont de Foissy, puis sur le faubourg Saint-Jacques par la levée.

A ce moment, Oudinot avec le 7ᵉ corps et la cavalerie de Valmy est déjà sorti de Troyes et s'est engagé sur la route de Nogent; sa cavalerie a pris position en avant de La Malmaison. Le 11ᵉ corps, venant des Maisons-Blanches, a dépassé le faubourg Saint-Martin et le 5ᵉ corps de cavalerie qui a contourné la ville, s'est déployé sur l'ancienne route entre Pouilly et le Pavillon.

Le prince Eugène de Wurtemberg suivant vivement l'arrière-garde de Gérard, a occupé derrière elle le faubourg Saint-Jacques. Ses troupes s'approchent des murs de Troyes, se préparent à enfoncer les portes que Gérard a fait barricader; ses obusiers ont déjà changé de position et lancé quelques projectiles dans la ville, lorsque Gérard, autorisé par le duc de Tarente, envoie un parlementaire demander un délai d'abord de 8 heures, puis de 4 heures pour évacuer la ville. Le prince Eugène de Wurtemberg[1], et non pas Wrède, comme l'ont prétendu les auteurs allemands et comme Macdonald lui-même le dit dans son rapport, consentit à accorder un délai d'une demi-heure que Gérard se vit contraint à accepter. A midi, les Bavarois, bien que tenus jusque-là en réserve et n'ayant pas donné, pénétrèrent dans la ville, précédant, par ordre de Wrède, les Russes du prince Eugène[1]. L'en-

---

[1] « J'avais signé une convention avec le général Gérard, dit le prince Eugène de Wurtemberg dans son Journal d'opérations (*Archives topographiques*, nº 47344), lorsque Wrède arriva. Il se conduisit personnellement fort bien, mais ses Bavarois, en pénétrant tout à coup devant moi dans la ville, me barrèrent le chemin et ce fut le soir seulement que je parvins avec Pahlen à rejoindre l'ennemi. »

Le général Heilmann, dans sa *Biographie de Wrède* et le général von Helldorff dans ses *Souvenirs du prince Eugène*, sont tous deux d'accord pour constater la scène à laquelle donna lieu l'entrée des Bavarois à Troyes. Le colonel von Hofmann, chef d'état-major du 2ᵉ corps russe, ayant protesté contre la faveur imméritée dont les Bavarois étaient l'objet, en privant les Russes de l'honneur de pénétrer les premiers dans la ville dont eux seuls avaient amené la reddition et la prise, Wrède lui répondit sèchement qu'il commandait en

trée simultanée à Troyes des Russes et peu après des Wurtembergeois du IVe corps y produisit une confusion qui augmenta encore l'avance prise par les Français, dont les dernières troupes réunies en arrière du faubourg Saint-Martin, filaient par la route de Nogent, couvertes par la cavalerie de Valmy, pendant que le 5e corps de cavalerie fermait la marche sur l'ancienne route.

Hourrah des cosaques et panique des corps français en retraite. — En raison même du désordre résultant et de l'encombrement de la ville et des directions différentes que les corps avaient ordre de prendre au sortir de Troyes, puisque le VIe corps devait suivre la route de Nogent, le IVe celle de Sens et le Ve s'arrêter à Troyes, il se passa un certain temps avant que le prince Eugène de Wurtemberg pût déboucher à son tour du faubourg Saint-Martin avec sa cavalerie et son artillerie. Schwarzenberg en personne le suivit plus tard avec la cavalerie des IVe, Ve et VIe corps qui s'engagea sur les routes de Châtres, de Nogent, de Trainel et de Sens. Le retard éprouvé par le prince Eugène de Wurtemberg et causé uniquement par la préséance accordée aux Bavarois, aurait dû avoir des conséquences nuisibles pour les Alliés. Heureusement pour eux, Oudinot avait négligé de prendre les mesures de précaution prescrites par Macdonald. Se croyant couverts par une arrière-garde qu'Oudinot aurait dû laisser en arrière de La Chapelle-Saint-Luc, les 7e et 2e corps se retiraient

---

chef et qu'il voulait que le bataillon bavarois, à la tête duquel marchait le prince Charles de Bavière, entrât le premier dans la ville. Pendant que le prince Eugène de Wurtemberg emmenait son chef d'état-major et le calmait en lui promettant, — ce qui devait, hélas ! se réaliser, — que le 2e corps russe entrerait le premier à Paris, plusieurs bataillons bavarois avaient suivi celui du prince Charles. Le roi de Bavière et Wrède éprouvèrent plus tard le besoin de faire oublier au prince cette scène qui, s'ajoutant à toutes celles auxquelles nous avons déjà fait allusion, montre sous leur vrai jour les rapports des généraux alliés entre eux et l'animosité existant entre leurs troupes. Le 11 avril 1814, Wrède adressait au prince Eugène de Wurtemberg la lettre suivante, dont la minute (en français) existe aux Archives d'Ellingen :

« Depuis longtemps Votre Altesse avait fixé et recueilli le tribut de mon admiration ; mais ses exploits à Arcis et la reprise de Troyes qui l'ont couverte de gloire, lui ont donné plus de force que jamais. Sa Majesté le Roi mon maître, à qui j'en ai rendu compte dans mes rapports, vient de m'adresser, pour Votre Altesse, la croix de commandeur de l'ordre militaire de Maximilien-Joseph que Sa Majesté lui a conférée par son ordre du jour du 7 du mois dernier. »

en toute sécurité par la grande route de Nogent, lorsque, vers la chute du jour, ils furent atteints par le prince Eugène de Wurtemberg qui, depuis sa sortie de Troyes, avait marché sans s'arrêter. Les projectiles de son artillerie et la surprise causée par un hourrah de cosaques et de uhlans de Tchougouïeff, occasionnèrent une telle panique au 2e corps qu'il entraîna le 6e corps de cavalerie malgré les efforts du comte de Valmy, et lui fit perdre un millier de chevaux [1]. Valmy ne parvint à rallier ses escadrons et à arrêter les fantassins qu'un peu avant d'arriver aux Grès.

Le contre-coup de cette panique s'était fait également sentir sur la vieille route de Paris où la brigade de cavalerie bavaroise de Dietz bouscula l'arrière-garde de Milhaud. La tête de la cavalerie du Ve corps ne s'arrêta de ce côté, aux environs du Pavillon, que lorsque la nuit était déjà tout à fait tombée [2]. Celle du VIe corps s'établit entre La Malmaison et Payns. Le gros du Ve corps occupa Troyes avec une partie du VIe, tandis que le reste de l'infanterie du IIe corps russe sous les ordres du prince Eugène de Wurtemberg s'échelonna pour la nuit depuis Les Noës jusqu'à Saint-Lyé.

Positions des Français le 4 au soir. — Ordres de Macdonald. — D'après les ordres donnés par Macdonald à La Malmaison, à 5 heures du soir, le 7e corps aurait dû venir le soir même jusqu'à Romilly; Gérard avec le 2e à Mesgrigny et à Châtres; Valmy à Courlanges, Vallant-Saint-Georges, Grand et Petit-Saint-Georges et Milhaud à Marigny-le-Châtel, Saint-Flavy, Ossey et même, s'il le jugeait opportun, plus près encore de Saint-Martin-de-Bossenay, tout en continuant à couvrir le 11e corps.

Le lendemain 5, toujours d'après ces ordres, le 11e corps de

---

[1] Macdonald au major-général et à Valmy, Châtres, 4 mars, 11 heures du soir (*Archives de la guerre*), et Stärke, Eintheilung und Tagesbegebenheiten der Haupt-Armee im Monate März (*K. K. Kriegs Archiv.*, III, 1).

[2] Taxis, Tagebuch (*ibid.*, XIII, 32.) « Un escadron de uhlans Schwarzenberg et un escadron de dragons de Knesevich poussèrent, dans la nuit du 4 au 5, jusque vers Echemines, enlevèrent deux petits postes de cavalerie française, ramassèrent jusque dans les lignes françaises près de 300 traînards et isolés, se tinrent toute la nuit à trois lieues en avant des lignes formées par les vedettes du Ve corps et surprirent, le 5 au matin, les 200 hommes qui occupaient Echemines.

« Ces escadrons faisaient partie, les uhlans de la division Antoine Hardegg, les dragons de la division Spleny. »

vait se mettre en route à 5 heures pour Saint-Aubin ; le 2ᵉ corps devait quitter Châtres et Mesgrigny à 4 heures du matin, suivi par la cavalerie, qui avait ordre de partir au jour. Mais les ordres du duc de Tarente ne purent s'exécuter à la lettre.

Les troupes du 7ᵉ corps arrivèrent si tard à Châtres, et dans un état d'épuisement tel que le duc de Reggio, n'osant leur imposer de nuit une nouvelle marche de 12 kilomètres, se décida à les laisser reposer pendant quelques heures, après en avoir donné avis à Macdonald. Il comptait se remettre en route à 3 heures du matin, de façon à être le 5 mars à 7 heures à Romilly, et, s'il le fallait, à 10 heures, à Nogent. La précipitation avec laquelle on avait évacué Troyes, la confusion causée par le hourrah de la cavalerie russe et la panique du 2ᵉ corps et du 6ᵉ corps de cavalerie, auraient de toute façon rendu impossible la continuation de la retraite au-delà de Châtres, où tous les parcs, les bagages, les ambulances et les chevaux de main étaient venus s'entasser dans le plus grand désordre. Il s'agissait avant tout de déblayer Châtres et la route de Romilly, de presser le départ et l'écoulement des convois. Pendant que le 11ᵉ corps continuait par la vieille route sur Saint-Aubin, Oudinot, couvert par Gérard et Valmy, recevait l'ordre de venir le 5 sur Nogent et d'établir son arrière-garde à Saint-Hilaire. Afin d'éviter le retour des paniques et des surprises de nuit, le duc de Tarente recommandait à nouveau, et cette fois d'une façon absolue, de faire couvrir, dès la chute du jour, la cavalerie par des postes d'infanterie.

En déployant un peu d'énergie et un peu d'activité dans la poursuite, la cavalerie alliée, si on l'eût laissé marcher au lieu de l'arrêter et de la retenir, eut pu convertir cette retraite en désastre et amener sans peine la dissolution et la dispersion de la petite armée des maréchaux, déjà démoralisée par les retraites et les échecs, épuisée par les privations de toutes sortes, éprouvée par les maladies et affaiblie par la désertion qui prenait, de jour en jour et malgré les efforts des officiers, des proportions de plus en plus considérables et de plus en plus inquiétantes[1].

---

[1] Sébastiani, gouverneur de Troyes, écrivant au major-général le 3 mars à 6 heures du soir, lui disait à ce propos : « Je remplis un devoir pénible en instruisant Votre Altesse que beaucoup de soldats quittent les rangs. Je suis parvenu à en arrêter 800 ; mais le plus grand nombre court dans toutes les directions. » (*Archives de la Guerre.*)

Remarques sur les opérations de la grande armée alliée.
— Au moment où, en les faisant suivre et harceler sans répit par la cavalerie, l'on aurait dû uniquement songer au grand quartier général des Alliés, à empêcher les maréchaux de se rallier et de se reformer, on préféra s'y occuper d'incidents insignifiants. On se borna à ordonner la destruction de quelques villages qu avaient fait mine de résister à Platoff dans sa marche d'Arcis sur Sézanne, à faire occuper cette dernière ville par l'avantgarde de l'ataman, sous les ordres de Kaïssaroff, à faire tenir des instructions de détail à l'ataman et à Seslavin[1], à régler le mouvement des patrouilles que Maurice Liechtenstein enverra d'Is-sur-Tille vers Montbard, afin de se relier par Châtillon-sur-Seine à la gauche de la grande armée[2].

La façon même dont on avait conduit les opérations depuis l'Aube jusqu'à Troyes suffisait, d'ailleurs, pour faire prévoir ce qui allait se produire après la reprise de cette ville. Sans revenir ici sur les causes qui empêchèrent le VI⁰ corps de couper aux Français la retraite sur Troyes, sans insister sur les dispositions défectueuses qui paralysèrent d'abord, et rendirent ensuite impossible le mouvement débordant que les corps du prince royal de Wurtemberg auraient dû exécuter à l'ouest de Troyes par la rive gauche de la Seine, on doit constater que, malgré sa supé-

---

[1] A ce moment, en effet, Schwarzenberg paraît, comme le montre la lettre ci-dessous à Toll, se préoccuper surtout de ce qui se passe sur ses ailes :

« Troyes, le 5 mars 1814. — La situation actuelle rend indispensable une action combinée de toutes les armées et nous oblige à les relier entre elles par des corps volants ou des troupes légères.

« J'ai dirigé sur Sézanne, où d'après ses rapports il est arrivé hier, l'ataman comte Platoff qui a dû envoyer, en outre, un parti de 500 chevaux vers Montmirail. L'armée est donc d'autant plus complètement couverte de ce côté que le général comte de Saint-Priest doit, avec le général Iagoff, se trouver du côté de Vitry et de Châlons-sur-Marne.

« Mais il est également nécessaire de couvrir notre gauche et, dans ce but, j'ai fait donner par le prince royal de Wurtemberg au général Seslavin l'ordre d'avoir à se diriger sur Nemours.

« En informant Votre Excellence de ces mesures, je la prie de donner des ordres en conséquence au général Seslavin et de l'inviter à m'adresser des rapports aussi fréquents et aussi détaillés que possible... Le général Seslavin ne sera pas fâché de savoir que le prince Maurice Liechtenstein se porte sur Montbard et doit occuper la ligne de Semur à Autun. » (*K. K. Kriegs Archiv.*, III, 88.)

[2] STÄRKE, Eintheilung und Tagesbegebenheiten der Haupt-Armee im Monate März. (*Ibid.*, III, 1.)

riorité numérique, la grande armée alliée mit cinq jours pour franchir un peu plus de 50 kilomètres, tandis qu'on aurait pu, sans trop exiger des troupes, les amener sans peine devant Troyes au moins quarante-huit heures plus tôt. On a cherché à motiver les hésitations et les lenteurs du commandement par la proximité à laquelle on supposait l'armée impériale. Mais si l'Empereur était déjà à Jouarre le 1er mars, ce fut seulement après l'entrée à Troyes qu'on eut connaissance du passage de la Marne et de son mouvement vers l'Aisne. En admettant donc que l'on eût été réellement retenu par la crainte de provoquer le retour immédiat de l'Empereur en écrasant ou en malmenant trop vivement Oudinot, il eût fallu attendre sur la rive droite de l'Aube la nouvelle de la marche de l'Empereur sur Fismes et sur Laon. Il est, au contraire, plus rationnel de penser que, tout en consentant à reprendre l'offensive, on était décidé à s'en tenir strictement aux idées contenues dans la lettre de Schwarzenberg à Blücher, à *n'accentuer le mouvement en avant que lorsque l'armée du Sud aurait fait des progrès sensibles dans la vallée de la Saône.*

C'est également pour cette raison que la marche sur Troyes s'est exécutée sans qu'on ait donné à l'opération un but bien net, un caractère bien déterminé, sans qu'on ait cherché à imposer une direction à la retraite de l'adversaire. Il est évident, en effet, que si l'on se fût proposé de fermer aux maréchaux la vallée de la Seine et de les rejeter plus à l'ouest vers Sens, on n'eût pas manqué d'amener la plus grande partie des forces à l'aile droite et de déborder Troyes du côté du nord par Villacerf et la rive droite de la Seine, afin d'interdire au duc de Reggio les routes de Troyes à Nogent. Pour renforcer l'aile droite, on pouvait avoir recours soit aux gardes et réserves venant de Chaumont, soit à l'un des deux corps confiés au prince royal de Wurtemberg, qui aurait été en mesure d'amuser Macdonald avec un seul corps, jusqu'au moment où les progrès de l'aile droite de la grande armée du côté de Troyes l'auraient obligé à se replier au plus vite, afin d'opérer sa jonction avec Oudinot. Si l'on avait voulu, au contraire, pousser les maréchaux vers la rive droite de la Seine, c'était alors à l'aile gauche qu'on devait confier l'effort principal, en prenant les mesures nécessaires pour contraindre le duc de Tarente à abandonner au plus vite sa position de Bar-sur-Seine.

Dans chacune de ces deux hypothèses il fallait, et c'est là ce qu'on ne voulait pas, agir résolument et suivre jusqu'au bout le développement d'une idée stratégique qu'on n'avait pas, et surtout qu'on ne voulait pas avoir. Dans l'impossibilité de rester absolument en place en attendant les événements, on se résigna à marcher le plus lentement possible et à manœuvrer sans avoir de but déterminé. Une fois arrivé à Troyes, on s'arrêta de nouveau pendant près de dix jours; on s'empressa de retomber dans les vieux errements, de disséminer des troupes qu'il était impossible de faire vivre dans des régions peu fertiles et absolument épuisées par la présence continuelle des armées. On s'étendit de nouveau de Sens et de Pont-sur-Yonne jusqu'à Méry, Troyes et Chaumont; on s'exposa de gaieté de cœur aux mêmes dangers auxquels on venait d'échapper, et au lieu de faciliter les opérations de l'armée de Silésie, de précipiter la marche des événements, de hâter le moment de la crise finale en poussant sur Paris, on fit halte et l'on donna à Macdonald le temps de renvoyer le grand parc à Provins, de prendre ses dispositions pour défendre la Seine et d'organiser des têtes de pont à Nogent, Bray et Montereau.

CHAPITRE XVI.

OPÉRATIONS DE L'ARMÉE DE SILÉSIE JUSQU'A LA MARCHE DE L'EMPEREUR SUR ARCIS-SUR-AUBE (DU 5 AU 17 MARS).
CRAONNE. — LAON. — REIMS.

5 mars 1814. — Surprise de Reims par les Français. — La fortune n'avait pu se décider à rester longtemps fidèle à Napoléon. Après lui avoir souri pendant quelques jours, elle venait déjà de lui faire payer chèrement ses bonnes grâces momentanées. La reddition de Soissons allait être le point de départ d'une ère nouvelle de malheurs et de déceptions, d'échecs et de désastres, sous le poids desquels le génie de l'Empereur devait finir par succomber. Un seul jour, un seul fait avaient suffi pour amener un changement aussi grave qu'inattendu dans la situation des deux armées. Le malheur causé par la criminelle défaillance de Moreau avait anéanti les légitimes espérances de l'Empereur sans parvenir à abattre son indomptable énergie, à voiler et à obscurcir sa merveilleuse lucidité. Atterré au premier moment par l'effondrement subit de ses combinaisons, il avait bientôt repris son sang-froid, retrouvé sa présence d'esprit habituelle et jugé que, si le mal était grand, il n'était pas encore irréparable.

N'ayant pu, comme il l'avait espéré, acculer Blücher à l'Aisne, l'obliger à combattre dans une situation désavantageuse avec une rivière à dos et empêcher sa jonction avec Bülow, il reconnut l'impossibilité de renoncer à des opérations offensives qu'il regrettait peut-être maintenant d'avoir commencées, mais qu'il lui était impossible d'abandonner. Aussi, prenant immédiatement une résolution énergique, il résolut de rejoindre au delà de l'Aisne l'adversaire qui venait de lui échapper, de déborder son aile gauche et de le couper de ses communications avec la Belgique.

Pour faciliter son mouvement et s'assurer quelques chances favorables, pour parvenir à exécuter sans danger, presque sous les yeux de l'armée de Silésie, sa marche de flanc sur Laon et son passage à Berry-au-Bac, l'Empereur donna l'ordre d'entreprendre une série d'opérations destinées à la fois à inquiéter son adversaire et à détourner son attention du point par lequel il comptait le déborder et le prévenir.

Tenant avant tout à protéger sa droite contre les entreprises de Saint-Priest qu'il sait en marche de Châlons vers Reims, à couper les communications de Blücher avec ce général et avec la grande armée alliée[1], à se mettre en relation avec les places des Ardennes dont il veut appeler à lui les garnisons qui, se réunissant à Mézières, doivent avec le général Janssens, le rejoindre à Laon, il a fait partir pour Reims, avec ordre d'enlever cette ville aux Russes, le général Corbineau avec la cavalerie du général La Ferrière-Lévesque. Marchant par des chemins de traverse afin d'être plus certain de dissimuler sa marche, secondé par les habitants qu'on a prévenus de l'entreprise et sur le concours desquels on peut compter, Corbineau, arrivé vers 4 heures du matin à Saint-Brice, tourne Reims par la route de Laon et pénètre dans la ville dont les habitants, après avoir couru aux armes, ont réussi à occuper les portes. Il parvient de la sorte à envelopper, surprendre et faire prisonniers, presque sans coup férir, les quatre faibles escadrons et les cosaques que le prince Gagarine a postés, les uns sur le plateau de la rive gauche de la Vesle à l'ouest du faubourg d'Epernay, les autres dans la ville même.

Surprise des cosaques à Braisne. — Au centre, Roussel avait mis à profit l'obscurité de la nuit pour réparer sa faute de la veille et, partant de Paars et de Bazoches, il tombait à Braisne, à 2 heures du matin, sur un millier de cosaques, en enlevait une centaine, délivrait les prisonniers faits la veille et s'établissait dans cette petite ville [2].

---

[1] Blücher à Schwarzenberg, Laon 10 mars, Rapport sur les événements du 3 au 10 mars, reçu par Schwarzenberg le 14 mars. (*K. K. Kriegs Archiv.*, III, 182.)

[2] On trouva à Braisne une curieuse proclamation de Bernadotte, affichée par ordre des Alliés.

« Le prince royal de Suède aux Français,

« Français ! J'ai pris les armes par ordre de mon roi, pour la défense des droits du peuple suédois. Après avoir vengé les affronts qu'il avait reçus et concouru à la délivrance de l'Allemagne, j'ai passé le Rhin. Revoyant les bords de ce fleuve où j'ai si souvent et si heureusement combattu pour vous, j'éprouve le besoin de vous faire connaître ma pensée.

« Votre gouvernement a continuellement essayé de tout avilir pour avoir le droit de tout mépriser ; il est temps que ce système change !

Ordres de mouvement de l'Empereur. — Pendant que la cavalerie française réussissait ces deux opérations de nuit, la nouvelle de la reddition de Soissons parvenait à l'Empereur à Fismes, quelques instants avant celle de la prise de Reims. « C'était assurément, comme il l'écrivait le soir même de Berry-au-Bac au duc de Feltre [1], un petit remède au grand mal fait par la trahison du commandant de Soissons. »

Délivré au moins momentanément des préoccupations que pouvait lui causer l'approche de Saint-Priest, Napoléon profita du rétablissement de ses communications avec les places des Ardennes pour revenir au plan qu'il avait précédemment formé et presser l'exécution du mouvement par lequel il voulait déborder la gauche de Blücher. Dès les premières heures de la matinée, tous les ordres de l'Empereur étaient déjà rédigés et expédiés.

Ne disposant que du seul pont de pierre de Berry-au-Bac, il a résolu de faire établir deux ponts de chevalets à Maizy et à Pont-Arcy. Les dragons de la garde, qui sont depuis la veille à Roucy, vont être immédiatement soutenus par Nansouty qui, avec les Polonais de Pac et la cavalerie d'Exelmans, se saisira du pont de Berry-au-Bac. Les Polonais ne se dirigeront toutefois sur Berry-au-Bac qu'après l'établissement et l'achèvement du pont de Maizy. Ney marchera de suite sur Maizy, pendant que Victor viendra de Fère-en-Tardenois à Fismes. Enfin, pour détourner encore plus complètement l'attention de Blücher des mouvements

---

« Tous les hommes éclairés forment des vœux pour la conservation de la France ; ils désirent seulement qu'elle ne soit plus le fléau de la terre.

« Les souverains ne se sont pas coalisés pour faire la guerre aux nations, mais pour forcer votre Gouvernement à reconnaître l'indépendance des Etats. Telles sont leurs intentions, et je suis auprès de vous garant de leur sincérité

« Fils adoptif de Charles XIII, placé par l'élection d'un peuple libre sur les marches du trône des *Grands Gustaves*, je ne puis désormais avoir d'autre ambition que celle de travailler à la prospérité de la presqu'île scandinave. Puissè-je, en accomplissant ce devoir sacré envers ma nouvelle patrie, contribuer en même temps au bonheur de mes anciens compatriotes.

« Donné à mon quartier général d'Avesnes, le 23 février 1814.
« Charles-Jean. »

Cette proclamation était accompagnée d'une lettre du commandant russe de Fismes, Barnecky, au maire de Braisne, l'engageant à conseiller aux paysans armés qui inquiétaient ses patrouilles, de cesser les hostilités et les menaçant de représailles. Ces deux pièces avaient été affichées à Braisne, le 27 février. (*Archives de la guerre.*)

[1] *Correspondance*, n° 21444.

que la droite de l'armée impériale va exécuter par les mauvais chemins qui conduisent à Berry-au-Bac. Mortier et Marmont ont ordre de tâter Soissons, de voir si l'ennemi a évacué cette place et, dans le cas contraire, de se porter sur Braisne dès que le pont de Pont-Arcy sera terminé.

Quelques heures plus tard, entre 9 et 11 heures du matin, le mouvement sur Berry-au-Bac s'accentue encore. Dans l'idée de l'Empereur, Mortier viendra des environs de Soissons à Braisne et Pont-Arcy; la vieille garde, Ney, Victor et le duc de Padoue marcheront sur Berry-au-Bac. Les Polonais de Pac ont ordre de passer sur la rive droite de l'Aisne pour couper la route de Laon et enlever un convoi d'artillerie parti de cette ville. Le reste de la cavalerie doit les suivre de près et faire, le 5, l'avant-garde sur Laon.

Ordres de Blücher. — Pendant ce temps, Blücher inquiété par les démonstrations faites sur Braisne dans l'après-midi du 4, mais n'envisageant pas encore l'éventualité d'un mouvement de l'Empereur sur Berry-au-Bac, se préoccupe uniquement d'une attaque de front contre le plateau qui s'étend entre l'Aisne et la Lette. La journée du 5 doit lui servir à achever la formation et le déploiement de son armée sur deux lignes face à l'Aisne. Il a cependant, un moment, l'intention de se mesurer avec l'Empereur et d'accepter la bataille, et l'ordre que dans la nuit du 4 au 5 il adresse à ses commandants de corps, commence par ces mots : « L'ennemi fait mine de vouloir déborder ma gauche et cherche à passer l'Aisne de Vailly à Berry-au-Bac. Dans le cas où Napoléon donnerait suite à ce projet, je l'attaquerai entre l'Aisne et la Lette. »

S'il était trop tard pour faire garder le pont de Berry-au-Bac, il était encore facile de faire occuper Craonne et Corbeny; cependant, dans son ordre, Blücher se borna à prescrire à Winzingerode, dont le corps, placé à son extrême gauche et composé de troupes fraîches, semblait tout désigné pour exécuter le mouvement vers Corbeny, de rester sur ses positions de Braye et de Cerny-en-Laonnois, et d'observer en avant de lui le terrain vers l'Aisne. Sacken viendra se poster à sa droite et, tout en laissant quelques troupes à Vailly, il se formera avec son gros d'Ostel à Braye-en-Laonnois. Le troisième des corps russes, celui de Langeron, à l'exception des troupes du général Rudsewitch, qui constituent la garnison de Soissons, viendra de Crouy à Aizy et surveillera le cours de l'Aisne, de Celles jusqu'à Soissons. Les corps prussiens formeront la deuxième ligne et ont ordre de se poster : le IIe corps (Kleist) entre La Royère et Filain ; le Ier corps (York), entre Jouy et Pargny ; le IIIe (Bülow), à la croisée des routes près de Laffaux.

Les troupes de l'armée de Silésie devaient commencer leur mouvement à 7 heures du matin ; les pontons avaient ordre d'attendre des ordres ultérieurs à la ferme de l'Ange-Gardien. Les bagages continuaient à filer sur Laon et allaient être parqués jusqu'à nouvel ordre sur la route de Crépy. Quant à Blücher, il restait de sa personne à Chavignon.

Marmont essaye infructueusement de reprendre Soissons. — Les différents corps de l'armée de Silésie avaient à peine commencé leur mouvement que les maréchaux Marmont et Mortier, espérant que l'armée de Silésie, en se retirant sur le plateau de Craonne, renoncerait à défendre sérieusement Soissons, se dirigeaient à 6 heures du matin de Noyant par Courmelles et Belleu sur cette ville. A 8 heures du matin, au moment où les têtes de colonnes françaises débouchaient en vue des faubourgs, elles eurent à défiler sous le feu des batteries d'un détachement russe qui avait passé la rivière à Missy. Il leur fallut plusieurs heures pour parvenir à se déployer dans la plaine, et ce fut en vain qu'elles attaquèrent, sous la protection de leur artillerie, le faubourg de Paris défendu par quatre régiments de chasseurs russes et un bataillon du régiment de Staroskol. Vingt-huit bouches à feu mises en batterie par le général Rudsewitch répondirent vigoureusement aux trente pièces des maréchaux. Malgré tous les efforts des Français, ce fut à peine si les tirailleurs de la division Christiani parvinrent à arracher une partie du faubourg de Saint-Christophe aux Russes du colonel Dournow. Le maréchal tenta alors vers 3 heures, avec la division Ricard, une attaque dirigée plus à droite contre le faubourg de Reims, défendu par le régiment de Biélosersk et le 48e de chasseurs. Les Français, qui s'étaient renforcés, parvinrent pendant quelques heures à occuper les faubourgs, mais ne réusssirent pas à pénétrer dans la ville, bien que leurs obus y eussent allumé plusieurs incendies, que leurs boulets eussent agrandi les brèches des murailles et qu'une de leurs batteries, établie à l'ancien couvent des Célestins, eût enfilé la route de Laon. A 6 heures du soir, le feu cessa entièrement. Cette attaque, que Marmont dans ses *Mémoires* appelle « une tentative légère et qui devait être infructueuse », avait dû lui coûter pas mal de monde, puisque les pertes des Russes, qui combattaient à couvert, s'élevèrent à 1056 hommes[1]. Elle eut pour Soissons des conséquences désastreuses ; occupés à faire face aux maréchaux, les officiers russes ne purent maintenir l'ordre dans la ville et empêcher les irréguliers et les maraudeurs de profiter du combat pour se livrer impunément au pillage. Enfin, le maréchal, en s'obstinant sans motif à attaquer sérieusement une place qu'il croyait enlever sans effort, avait perdu de vue les ordres formels de l'Empereur et se trouvait encore le 6 au matin, à Villeneuve-Saint-Germain, alors qu'on le croyait, et qu'en effet il aurait dû être rendu, à Braisne avec tout son corps.

Affaire de cavalerie de Berry-au-Bac. — Grâce à la rapidité de ses mouvements, au caractère tout particulier de vivacité et de décision que sa présence ne manquait jamais de donner aux opérations, grâce à la négligence de Blücher qui avait jugé superflu de faire garder le pont de Berry-au-Bac autrement que par quelques cosaques soutenus par un faible détachement d'infanterie et deux canons, grâce au grand nombre et à l'exactitude des renseignements que sa cavalerie et les gens du pays lui avaient fournis dans le courant de la matinée, Napoléon, sachant d'une façon positive que Blücher l'attendait sur le plateau entre l'Aisne et la Lette, avait pu, dès 11 heures, contremander la construction des ponts à Maizy et à Pontavert, pour diriger immédiatement toute l'armée sur Berry-au-Bac et lancer sans plus tarder sur ce point Nansouty avec les Polonais de Pac et la division de cavalerie d'Exelmans.

Chassant devant lui les cosaques envoyés en reconnaissance vers

---

[1] Major Mareschal à Schwarzenberg, Troyes, 12 mars (*K. K. Kriegs Arch.*, III, 228) ; Blücher à Schwarzenberg, Rapport, de Laon, 10 mars (*Ibid.*, III, 189), et Journal des opérations du comte de Langeron (*Archives topographiques*, n° 29103).

Roucy, Nansouty les ramène si vivement sur la ferme de Moscou qu'il traverse le pont pêle-mêle avec eux, culbute l'infanterie légère russe et la cavalerie de Tchernitcheff postée dans le village, enlève le prince Gagarine qui venait de rejoindre avec les débris de son détachement surpris le matin à Reims, s'empare en un clin d'œil de Berry-au-Bac et poursuit jusqu'au delà de La Ville-aux-Bois les Russes auxquels il prend deux canons et 300 hommes.

L'infanterie profite immédiatement de son succès : les divisions Meunier et Boyer traversent le pont à sa suite et viennent s'établir sur la rive droite de l'Aisne en avant de Berry-au-Bac où l'Empereur passera la nuit du 5 au 6, pendant que Nansouty continue sur Corbeny et que ses coureurs se montrent aux environs de Laon[1].

A 6 heures du soir, l'Empereur envoyait l'ordre : à Victor et au duc de Padoue, arrivés le premier à Fismes, le deuxième à Fère-en-Tardenois, de le rejoindre au plus vite; à Corbineau, de lui renvoyer la division La Ferrière; à Grouchy, de rallier le 6 au plus tard avec la cavalerie de Roussel, sur la route de Laon; à Mortier et à Marmont, qu'il croit déjà à Braisne, de se mettre en route le 6 au matin pour Berry-au-Bac; enfin, à Marmont, d'être rendu le 7 à Berry, de façon à prendre part à la bataille qu'il s'attend à devoir livrer à Laon.

La possession du pont de Berry-au-Bac avait d'autant plus d'importance pour l'Empereur que les cosaques qui surveillaient l'Aisne, depuis Soissons jusqu'à Berry, avaient sérieusement contrarié les tentatives d'établissement de ponts faites à Vailly, à Maizy et à Pontavert, et que l'équipage de pont du général Léry, parti le matin de Château-Thierry et attendu dans la nuit à Fismes, n'aurait pu être rendu à Berry-au-Bac avant le 6 au matin.

Escarmouches de la cavalerie de Tettenborn devant Reims. — Mouvements des partisans. — Pendant ce temps, Tettenborn, se dirigeant sur Reims et parti de Ville-en-Tardenois

---

[1] Blücher à Schwarzenberg, Laon, 10 mars (*K. K. Kriegs Archiv.*, III, 189), major Mareschal à Schwarzenberg (*Ibid.*, III, 228), et général Renny au prince Wolkonsky, du bivouac près de Laon, 8 mars (*Ibid.*, III, 157).

le 5 au matin avec ses cosaques, avait reçu presque simultanément la nouvelle de la prise de cette ville par Corbineau et l'avis de l'approche d'un régiment de dragons marchant sur Reims par la route de Fismes dans la sécurité la plus complète et sans se garder. Tettenborn se jette sur ces dragons avec deux de ses régiments de cosaques, les surprend, leur enlève une cinquantaine d'hommes et les poursuit jusqu'aux portes de Reims. Accueilli à coups de fusil et n'étant pas assez fort pour essayer de reprendre la ville, coupé complètement du corps de Winzingerode, il ne lui restait d'autre parti à prendre que de se retirer sur Épernay, où il fut rejoint par un régiment de cosaques du général Narischkine et d'où il se mit immédiatement en communication avec le général comte de Saint-Priest, qui venait d'arriver à Châlons [1].

Les partisans de Lützow et de Falkenhausen avaient quitté depuis la veille Berry-au-Bac et pris par la Selve et Dizy-le-Gros, le chemin de Montcornet, afin de surveiller ce qui se passait du côté des Ardennes et inquiéter les communications de l'Empereur avec Sedan et Mézières.

Malgré l'insuccès de l'attaque de Marmont contre Soissons, Napoléon avait néanmoins lieu d'être satisfait de sa journée. Son mouvement avait réussi : il était maître du pont de Berry-au-Bac; il avait pris solidement pied sur la rive droite de l'Aisne, sans avoir de combat sérieux à livrer, et, bien que Blücher ait affirmé quelques jours plus tard, dans son rapport à Schwarzenberg, que « son armée était postée de telle sorte qu'elle pouvait, ou s'opposer à l'ennemi sur les hauteurs entre l'Ange-Gardien et Craonne, ou prendre l'offensive en débouchant par Craonne [2], il n'en était pas moins évident que les démonstrations sur Soissons et Braisne avaient donné le change au feld-maréchal, détourné son attention de son aile gauche, point à la fois le plus vulnérable et le plus essentiel de sa position, lui avaient dérobé le mouvement débordant de Napoléon et l'empêchaient, enfin, de déboucher par Craonne sur Corbeny et de rejoindre sur ce point

---

[1] Tettenborn à Schwarzenberg, Port-à-Binson, 13 mars 1814. (*K. K. Kriegs Archiv.*, III, 241.)

[2] Blücher à Schwarzenberg, Rapport sur les opérations du 4 au 10 mars, Laon, 10 mars. (*K. K. Kriegs Archiv.*, III, 189.)

la grande route de Reims à Laon. L'Empereur avait donc déjoué le premier des projets de Blücher, celui en vue duquel le général prussien avait fait prendre position à son armée sur le plateau depuis Cerny jusqu'à Laffaux, celui qui consistait à lui disputer le passage de l'Aisne.

La présence de l'Empereur, les décrets qu'il venait de lancer avaient donné une impulsion nouvelle à la levée en masse et avaient ranimé le courage des populations des campagnes. Depuis La Ferté-sous-Jouarre jusqu'à Soissons, depuis Château-Thierry jusqu'à Ville-en-Tardenois, depuis Épernay jusque vers Laon, tous les paysans de la rive droite de la Marne avaient couru aux armes, massacrant les isolés et les traînards, attaquant les petits détachements et les convois faiblement escortés, enlevant les courriers et les ordonnances. Une de ces bandes avait déjà, quelques jours auparavant, pris aux portes mêmes de Châlons le colonel de Saint-Priest, frère du général [1].

Malgré la facilité avec laquelle il venait d'exécuter la première partie de son mouvement et de faire prendre pied sur la rive droite de l'Aisne à la tête de ses colonnes, la situation de l'Empereur était cependant encore assez précaire. Il ne disposait que d'un seul pont sur l'Aisne et n'avait pas encore pu gagner suffisamment de terrain pour ne pas avoir à redouter de combattre avec un défilé à dos.

La première partie de sa marche de flanc s'était exécutée sans encombre ; mais Marmont et Mortier étaient encore vers Soissons, Victor à Fismes et Padoue à Fère-en-Tardenois. Heureusement pour lui, Blücher, en maintenant sa gauche entre Cerny et Braye, en attendant son attaque sur le front de sa position, en négligeant de faire garder Berry-au-Bac, s'était de son plein gré interdit la possibilité de le bousculer avant qu'il eût achevé son déploiement et appelé à lui les corps qui le suivaient. De

---

[1] Lettre du général comte de Saint-Priest à l'empereur Alexandre, en date du 28 février/12 mars. (*Journal des pièces reçues*, n° 424.)

L'Empereur se plaisait à constater l'intensité du mouvement national. Écrivant le 6 mars à Clarke, de Berry-au-Bac, il lui disait : « Vous croyez, vous autres à Paris, que la France est perdue ; mais quand on voit les dispositions des paysans et du peuple on est loin de partager cette idée. On ne saurait être plus satisfait que je le suis des paysans qui ne demandent que vengeance et à courir aux armes. » (*Correspondance*, n° 21450.)

plus, le 5 au soir, le feld-maréchal ne possédait que des renseignements vagues et incomplets sur les événements de la journée et sur les mouvements de l'Empereur.

A la nouvelle que les courriers alliés expédiés le 4 et destinés à la grande armée, avaient été obligés de rebrousser chemin et avaient dans l'après-midi du 5 donné contre l'ennemi du côté de Reims, le feld-maréchal s'était contenté d'écrire vers le soir à Winzingerode, en lui recommandant de faire surveiller Berry-au-Bac, de lui signaler de suite le passage de l'ennemi, afin de lui permettre de masser son armée sur le plateau. Il le chargeait, en outre, de tenir la position de Craonne. Il avait, d'ailleurs, été informé par le major von Colomb, posté avec ses partisans entre Pont-Arcy et Beaurieux, des tentatives faites pour jeter un pont à Pont-Arcy et avait appris par cet officier que Benkendorff, rejeté de Braisne sur la rive droite de l'Aisne, signalait la marche de grosses colonnes se dirigeant sur Berry-au-Bac.

Malgré ces renseignements, il se refusa néanmoins à croire à la probabilité et à l'imminence du mouvement que l'Empereur avait si vivement exécuté dans la journée du 5. On laissa donc Winzingerode à Braye au lieu de le pousser de suite jusqu'à Craonne et de faire appuyer à gauche les autres corps; on crut inutile, nuisible même, d'envoyer une bonne partie de la nombreuse cavalerie de l'armée de Silésie, dont on ne savait que faire sur le plateau, dans la plaine de Corbeny où il n'y avait que les cosaques d'Ilowaïsky et quelques escadrons de Tchernitcheff.

6 mars 1814. — Blücher informé dans la nuit du 5 au 6 du passage de l'Empereur à Berry-au-Bac. — Ce fut dans la nuit du 5 au 6 et seulement vers le matin, que le feld-maréchal reçut le premier avis du passage de l'Aisne à Berry-au-Bac. Le 6 à minuit, Winzingerode lui avait expédié de son quartier général de Braye-en-Laonnois, les rapports que venaient de lui adresser les généraux Woronzoff et Tchernitcheff. « Avant que mon infanterie ait eu le temps de passer Craonne, ainsi s'exprimait Woronzoff dans sa dépêche à Winzingerode[1], datée du

---

[1] Woronzoff à Winzingerode. (*Original en français.*)

bivouac près de Craonne, le 21 février (5 mars) à 8 heures du soir, l'ennemi poussait si vivement le général Ilowaïsky qu'il fut chassé de Corbeny, et l'ennemi occupa cet endroit. Ilowaïsky s'est retiré sur le chemin de Laon, avec trois régiments de cosaques et quatre escadrons de cavalerie. Il paraît, en outre, que l'ennemi a poussé de Reims quelque chose sur Neufchâtel, car il y a eu quelques éclaireurs qui ont tourné nos bagages sur nos derrières. A présent, j'ai dû placer mon infanterie entre Craonne et Hurtebise ; il y a un chemin droit qui tombe dans celui de Laon et sur lequel tout notre corps pourrait aller, si l'intention de Votre Excellence était de couvrir Laon. J'envoie des partis, tant pour me mettre en communication avec Ilowaïsky, que pour agir sur les derrières de l'ennemi, entre Corbeny et Berry-au-Bac. Il m'est bien fâcheux que nous n'ayons pas pu défendre ce pont, et Votre Excellence peut voir, en calculant le temps, que la chose était impossible, l'infanterie n'étant partie de Soissons qu'hier vers le soir pour aller dans les quartiers. On attend avec impatience vos ordres et je vous enverrai, dès le moment, toutes les nouvelles que je recevrai. Il faut encore que, dans un moment comme celui-là, j'aie eu la jambe presque cassée hier au soir par un cheval, ce qui me fait souffrir l'impossible. » Winzingerode, en transmettant ce rapport qui lui avait révélé l'imminence d'une attaque, mandait au feld-maréchal qu'il avait aussitôt massé ses troupes et surtout sa cavalerie, prescrit à son avant-garde de remettre à Sacken la défense du pont de Vailly, de ne laisser qu'une chaîne de vedettes sur l'Aisne, de Vailly à Pontavert et de venir immédiatement le rejoindre, et il ajoutait[1] : « Je ferai de mon mieux. J'attaquerai l'ennemi ou me défendrai contre lui, d'après les événements, et si je suis contraint à me replier avant d'avoir été renforcé, j'exécuterai ce mouvement par la route[2], qui venant de Craonne, rejoint près de l'Ange-Gardien la chaussée de Soissons à Laon. La nuit, disait encore Winzingerode, m'empêche de me rendre compte des forces réelles de l'ennemi. On m'affirme par des rapports positifs et bien que je ne puisse y croire, que *l'ennemi se dirige de Berry-au-Bac sur Laon.* »

---

[1] Winzingerode à Blücher, Braye, 6 mars, minuit.
[2] Il s'agit ici du chemin des Dames.

Ordres et mouvements de l'Empereur. — Au moment où Blücher recevait ces nouvelles, l'Empereur, malgré le doute émis à ce sujet par Winzingerode, avait réellement l'intention de pousser droit sur Laon. Marmont, après avoir tenté une dernière fois, le 6, à 6 heures du matin, d'enlever Soissons de vive force, n'avait laissé devant la place qu'un rideau de cavalerie et avait commencé son mouvement sur Braisne, où ses troupes firent halte dans l'après-midi. La cavalerie et l'infanterie de Mortier, qui l'avaient précédé, avaient, dans la nuit du 5 au 6, relevé la cavalerie de Roussel. Celle-ci, filant dès le jour sur Berry-au-Bac, y avait rejoint l'Empereur avant son départ pour Corbeny. L'infanterie de Mortier et celle de Victor étaient en marche de Braisne et de Fismes sur Berry-au-Bac.

L'Empereur était, d'ailleurs, décidé à prendre lui-même la tête du mouvement sur Laon. Avant de quitter Berry-au-Bac pour se rendre à Corbeny, il avait eu le soin de faire part au roi Joseph et au duc de Feltre, du plan dont il comptait poursuivre la réalisation et que le major-général résumait en ces termes dans sa dépêche à Macdonald :

De Berry-au-Bac, le 6 mars à midi. — « Sa Majesté va aujourd'hui sur Laon et ordonne de faire sortir des places des Ardennes et de la Moselle, deux fortes divisions. Sa Majesté compte se jeter sur le flanc droit de la grande armée ennemie, par Saint-Dizier et Joinville, dans le temps qu'Augereau se jettera sur son flanc gauche par Bourg, Lons-le-Saunier qu'il occupe déjà et Besançon dont il a fait lever le siège [1]. » Pendant toute la matinée, les troupes françaises continuèrent à passer à Berry-au-Bac et un peu avant midi, l'Empereur en personne en partait avec la cavalerie de Grouchy, la division de La Ferrière-Lévesque revenue de Reims, une brigade du général Pierre Boyer, et se dirigeait sur Corbeny, après avoir prescrit au reste de l'infanterie de suivre son mouvement. Il est évident qu'à ce moment encore, l'Empereur espérait trouver libre la route de Reims et s'attendait à ne rencontrer, entre Corbeny et Laon, que des postes de cavalerie soutenus par des forces inférieures en nombre à celles

---

[1] Dans cette même dépêche, Berthier prescrivait à Macdonald de tenir à Troyes « qui est une bonne position » et lui recommandait en tout cas de se maintenir sur la Seine jusqu'au 12 mars au moins. (*Archives de la guerre.*)

qui le suivaient et dont il pensait venir aisément à bout. Poussant devant lui la cavalerie légère russe de Tchernitcheff que Winzingerode a fait descendre dans la plaine et qui se replie en tiraillant et en bon ordre, il occupe sans peine Corbeny. Il s'y arrête en attendant son infanterie, pendant que sa cavalerie chasse d'Aizelles les cosaques d'Ilowaïsky qui s'y sont établis depuis leur échec de la veille, et de Sainte-Croix, le corps volant de Colomb qui se retire à l'approche des cavaliers français jusque sur le plateau de la Maison-Rouge au sud de Festieux[1].

Premier ordre de Blücher. — Pendant que les troupes françaises se dirigeaient les unes sur Corbeny, les autres sur Berry-au-Bac, Blücher était déjà informé depuis quelques heures du passage de l'Aisne, de la concentration des Français entre Berry-au-Bac et Corbeny et de leur intention manifeste de continuer sur Laon. Dès que le jour fut venu, il se transporta de sa personne à la ferme de Froidmond et chargea le général von Müffling de reconnaître le terrain et les positions des Français. Mais le départ des maréchaux qui quittent les environs de Soissons pour se diriger vers sa gauche, acheva de lui prouver que l'Empereur, loin de songer à l'attaquer, se proposait, au contraire, de le prévenir à Laon. Renonçant à son premier projet, Blücher, sans attendre le retour de Müffling, se décide alors à déboucher par Craonne dans la plaine de Corbeny, dans l'espoir de tomber sur l'armée impériale pendant qu'elle exécutera sa marche de flanc sur Laon.

A 2 heures de l'après-midi, de Froidmont, il envoie à ses commandants de corps, l'ordre de se porter immédiatement sur Craonne, l'infanterie marchant massée au centre sur la route et flanquée à droite et à gauche par la cavalerie. « S'il y a bataille, ajoutait le feld-maréchal, la cavalerie restera massée. »

L'idée de Blücher était assurément logique. Le parti qu'il venait de prendre semblait devoir lui promettre un succès d'autant plus facile et plus certain que, Marmont et Mortier ne pouvant arriver entre Corbeny et Berry-au-Bac avant le 7 au soir, le feld-maréchal avait tout le temps d'écraser, avant leur arrivée,

---

[1] Aus dem Tagebuche des Rittmeisters von Colomb, 1813-1814.

l'Empereur qu'il comptait saisir dans sa marche de flanc de l'Aisne à la Lette.

L'exécution de ce plan était toutefois subordonnée à deux conditions essentielles que le feld-maréchal avait eu le tort de perdre de vue jusque-là : l'occupation de Craonne, dont la possession lui était indispensable pour pouvoir déboucher sur le flanc des colonnes françaises, et la possibilité d'amener en temps utile ses différents corps sur la nouvelle position qu'il comptait prendre, sa droite vers l'Aisne de Cerny et Paissy à Craonne, sa gauche de Bruyères à Festieux, son centre à La Bôve et dans la vallée de la Lette.

Mais Blücher avait si tardivement admis la possibilité d'une attaque dirigée contre son extrême gauche, il avait tellement peu tenu compte des difficultés de la marche et de la nature du terrain, il avait si fermement cru à une attaque de front du côté de Vailly, qu'il fit procéder à la reconnaissance du plateau de Craonne au moment seulement où l'Empereur, prévenu de la présence de troupes russes sur les hauteurs de Craonne, attaquait et enlevait cette position.

Le long plateau qui s'étend parallèlement à l'Aisne et à la Lette, prend naissance au nord-ouest de Soissons et vient mourir près de l'Aisne à hauteur de Corbeny. Depuis l'Ange-Gardien et Laffaux, où se trouvait, le 6 au matin, la droite de Blücher, ce plateau découvert dans toute son étendue a une longueur totale de près de 25 kilomètres. Borné au nord par la vallée étroite et marécageuse au fond de laquelle coule la Lette, limité au sud par l'Aisne, qui décrit de ce côté de nombreux replis, le plateau se compose en réalité de deux plateaux de dimensions inégales, de largeur essentiellement variable, reliés entre eux par un étranglement dont la largeur à Hurtebise est de moins de 150 mètres. C'est de cet étranglement légèrement dominé par les deux plateaux, que se détache, sur le versant sud de la montagne, un étroit ravin aux pentes escarpées et à pic, conduisant à la vallée Foulon et qui, connu sous le nom de *Trou d'Enfer*, donne seul accès de ce côté au col d'Hurtebise. Un autre ravin, le *Trou de la Demoiselle*, presque aussi difficile que le Trou d'Enfer, mais se partageant en plusieurs branches, donnait passage à un mauvais sentier qui, partant de la vallée de la Lette et du village d'Ailles, escalade le plateau et rejoint à Hurtebise le chemin des

Dames. En ce point même, ce dernier chemin, après s'être déroulé sur toute l'étendue du plateau depuis la route de Paris à Laon par Soissons, se dirige d'Hurtebise même sur le château de La Bôve, après s'y être rejoint avec le chemin qui, venant de la chaussée de Reims par Corbeny et Craonne, traverse dans toute sa longueur le promontoire escarpé formé par le petit plateau. L'existence de ce défilé par lequel doit passer toute troupe cherchant ou à déboucher entre l'Aisne et la Lette vers Corbeny, ou à s'établir sur la partie occidentale du plateau, semble avoir échappé à l'attention de l'état-major de l'armée de Silésie. Mises en route après deux heures, et en admettant même que trois seulement des six corps eussent suivi le chemin des Dames, les troupes russes et prussiennes auraient infailliblement perdu d'autant plus de temps pour déboucher en avant de Craonne que la gelée qui survint pendant la nuit, en augmentant les difficultés naturelles et les dangers du passage, aurait rendu une marche de nuit impossible, tout au moins pour l'artillerie.

Première affaire de Craonne. — Pendant que son armée s'engageait sur cette crête longue et étroite, flanquée au nord et au sud par les ravins qui s'inclinent vers la Lette et vers l'Aisne, le feld-maréchal, après avoir expédié ses ordres de marche, s'était dirigé sur Craonne, impatient de rejoindre Müffling, de combiner avec lui ses opérations ultérieures, et désirant, en outre, se rendre par lui-même un compte plus exact de la configuration du terrain.

Couvert en avant par les 13e et 14e régiments de chasseurs qui, sous les ordres du général Krasowsky, couronnaient l'extrémité orientale du plateau, Woronzoff avait pris position avec le gros de son infanterie à hauteur du moulin de Craonne. Le général Ponset, avec les régiments de Toula et de Navaguinsk, était en réserve à Hurtebise.

L'apparition des Russes à Craonne et à Chevreux avait suffi pour révéler le danger à l'Empereur. Confiant à son officier d'ordonnance, le capitaine de Caraman, deux bataillons de la garde, il le chargea de chasser les tirailleurs russes de Chevreux et de Craonne, de pousser une reconnaissance sur le plateau et de s'y établir.

Caraman, après avoir enlevé Chevreux et s'être solidement installé à Craonne, déboucha par le ravin du moulin Pontoy sur le plateau ; mais repoussé par les deux régiments de chasseurs à pied russes, il fut contraint à se replier sur Craonne qu'il conserva malgré tous les efforts des Russes [1].

En même temps, sur un ordre de l'Empereur porté par le général Dejean, Ney, afin de faciliter et d'appuyer la reconnaissance de Caraman, s'était dirigé par le bois de Corbeny et la rive droite de la Lette, sur La Bôve d'où il avait poussé la division Meunier en avant sur Hurtebise. Prise et reprise plusieurs fois, la ferme d'Hurtebise resta en fin de compte aux Russes, lorsqu'à 7 heures du soir, l'Empereur donna l'ordre de rompre le combat. La division Meunier campa sur les flancs du plateau, entre la ferme d'Hurtebise et l'abbaye de Vauclerc, se reliant par sa droite à la brigade du général Pierre Boyer, qui occupait la droite de la route de La Bôve et le moulin de Bouconville. La cavalerie de la garde (deux divisions), la division de vieille garde de Friant, les divisions des généraux Boyer de Rebeval et Curial bivouaquèrent entre Corbeny et Berry-au-Bac ; les dragons de Roussel s'installèrent à Berry-au-Bac avec une partie du corps de Victor. Padoue s'établit aux environs de Roucy, Mortier à Cormicy et Marmont à Braisne.

Bien que cette affaire n'eût pas eu tout le résultat qu'on en espérait et que seule la prise d'Hurtebise aurait pu assurer, en rendant superflue la sanglante bataille du lendemain, ou tout au

---

[1] Le comte Nostitz, témoin oculaire de l'affaire, s'exprime en ces termes dans son *Tagebuch* : « Le 6, on devait prendre position sur le plateau de Craonne. Je trouvai, au moulin situé à l'extrémité du plateau, le général Tchernitcheff avec quelques bataillons et un peu de cavalerie. Il observait de là la route de Reims à Laon, décidé à empêcher l'ennemi d'arriver de ce côté sur le plateau. Les pentes escarpées des hauteurs, au pied desquelles se trouve un bois qu'on n'avait pas cru nécessaire d'occuper, semblaient devoir rendre sa tâche assez facile. Nous aperçûmes tout à coup des tirailleurs français qui se glissaient dans le bois. On n'y fit guère attention. Peu après les balles arrivèrent sur le plateau. On essaya alors vainement de débusquer les tirailleurs : le bataillon envoyé contre eux fut repoussé, et nous fûmes forcés de quitter le moulin.

« Cette manœuvre fait le plus grand honneur à l'infanterie légère française. Elle avait, sous nos yeux mêmes, réussi d'abord à occuper ce bois en se dissimulant à merveille, puis à s'y maintenir contre nos attaques. » (Tagebuch des Generals der Kavallerie Grafen von Nostitz : die Feldzüge 1813 und 1814 ; *Kriegsgeschichtliche Einzelschriften* herausgegeben vom grossen Generalstabe, 1884, V, 119.)

moins en en modifiant complètement le caractère, elle s'était cependant terminée à l'avantage des Français. Elle leur avait valu la possession du petit plateau de Craonne qu'il leur eût été si difficile d'arracher le lendemain à un ennemi supérieur en nombre.

Elle avait surtout servi à montrer à Blücher qu'il était désormais impossible de déboucher du plateau pour tomber sur le flanc des colonnes françaises, et qu'il y avait urgence à prendre des mesures sérieuses et adaptées aux circonstances pour s'opposer au mouvement offensif de l'Empereur.

Bien qu'il fût évident que Napoléon ne se déciderait pas à filer avec le gros de ses forces sur Laon tant que l'armée de Silésie occuperait sur sa gauche une position aussi forte et aussi dangereuse, Blücher, sans attendre la fin du combat qui se livra sous ses yeux[1], annula à 5 heures l'ordre qu'il avait donné quatre heures plus tôt et qui devait amener son armée, l'aile droite à l'Aisne, la gauche à la Lette, à mi-chemin de Craonne et de Soissons, dans une position presque inexpugnable, devant laquelle l'Empereur, malgré tout son désir et toute sa hâte d'arriver à Laon, n'aurait pas osé défiler et contre laquelle les efforts de sa petite armée seraient infailliblement venus se briser.

Au lieu de chercher à provoquer cette bataille que l'Empereur aurait été contraint à lui livrer avec un défilé à dos, dans des conditions d'infériorité numérique telles qu'elles ne pouvaient laisser subsister aucun doute sur son issue, Blücher, craignant de se voir devancé à Laon par des troupes françaises filant par Corbeny et la grande route de Reims, donna à 6 heures des ordres qui modifiaient complètement ses dispositions de l'après-midi : « L'armée de Silésie marche sur Laon en exécutant un changement de front auquel l'infanterie de Winzingerode, sous les ordres de Woronzoff, soutenue par le corps de Sacken, servira de pivot. »

Dans son rapport au prince de Schwarzenberg[2], le feld-maréchal a, d'ailleurs, eu le soin d'exposer les causes, déterminantes à ses yeux, d'un mouvement décidé avec tant de précipitation

---

[1] Voir Nostitz. Tagebuch. (*Kriegsgeschichtliche Einzelschriften.*)
[2] Blücher à Schwarzenberg, Rapport sur les opérations du 4 au 10 mars ; Laon, 10 mars. (*K. K. Kriegs Archiv.*, III, 189.)

que l'on n'avait pas eu le temps d'en peser les inconvénients et les dangers, avec tant de hâte que l'on n'avait pu régler les détails de son exécution.

Bien qu'il eût dû logiquement amener l'Empereur à renoncer le lendemain aux opérations sur Laon, ce mouvement de l'armée de Silésie allait, au contraire, heureusement pour Blücher, exaspérer Napoléon et le pousser à compromettre en un instant les résultats heureux dus à son calme et à son sang-froid et à venir follement se briser contre le roc de Laon.

Nouveaux ordres de Blücher pour le 7 mars. — « Le 6 mars vers midi, dit le feld-maréchal[1], les colonnes ennemies défilèrent par Berry; je fis aussitôt avancer mon armée[2] vers les hauteurs de Craonne, pour déboucher de là dans la plaine ; mais Napoléon m'avait, avec sa garde, devancé à Craonne; il avait occupé les bois et tous les débouchés de façon à me rendre le passage extrêmement difficile. Le plateau de Craonne est trop étroit pour qu'il soit possible d'y déployer une armée de 80,000 hommes, et la nouvelle de la marche d'une colonne ennemie par Corbeny sur Laon, me décida à prescrire, le 6 mars à sept heures du soir, au général de cavalerie Winzingerode, de se porter immédiatement plus à gauche en passant, avec 10,000 chevaux[3], par Chevregny. Je voulais arriver avant l'ennemi sur la route de Laon et pouvoir prendre l'offensive contre lui. J'envoyai en même temps le général Bülow occuper le plateau de Laon, afin de conserver mes communications avec les Pays-Bas. »

Le major Mareschal[4] se charge encore de compléter les quelques indications que vient de nous fournir le feld-maréchal. « Le 6, dit-il dans son rapport à Schwarzenberg, Winzingerode (aile gauche de l'armée de Silésie) se prolonge à gauche sur Craonne :

---

[1] Blücher à Schwarzenberg, Rapport sur les opérations du 4 au 10 mars, Laon, 10 mars. (*K. K. Kriegs Archiv.*, III, 189.)
[2] Cette marche de toute une armée en colonne sur une seule route s'exécuta naturellement avec une grande lenteur : « C'était là un mouvement pénible, surtout pour la cavalerie, écrit le comte Henckel. Nous étions obligés de nous arrêter à tout instant, de faire de longues haltes pour avancer ensuite de quelques pas seulement. »
[3] La colonne de Winzingerode se composait, en outre des 10,000 chevaux, d'environ 60 pièces d'artillerie à cheval.
[4] Major Mareschal au prince de Schwarzenberg, Rapport sur les opérations du 2 au 11 mars, Troyes, 12 mars. (*K. K. Kriegs Archiv.*, III, 228.)

il est chargé de reconnaître l'ennemi et de le rejeter de l'autre côté de l'Aisne. L'ennemi débouche de Berry-au-Bac, attaque l'avant-garde de Tchernitcheff, occupe les bois de Corbeny et envoie sa cavalerie sur la route de Laon jusqu'à Festieux. L'armée de Blücher est resserrée sur le plateau, trop étroit pour elle, qui s'étend entre la Lette et l'Aisne, et l'ennemi tient la route la plus directe sur Laon, point vers lequel *le feld-maréchal Blücher dirige sa retraite.* Le feld-maréchal poste Woronzoff sur les hauteurs entre Ailles et Vassogne. Sacken lui sert de soutien à Braye. Bülow, chargé d'occuper le plateau de Laon, se met immédiatement en marche et doit passer la Lette au pont de Chavignon (Pont-Oger). Winzingerode, avec 10,000 chevaux et 60 pièces d'artillerie à cheval qui se rassembleront à Filain, doit gagner la rive droite de la Lette à Chevregny, prendre par Presles et Festieux, déboucher à la pointe du jour dans la plaine à droite de Bouconville, barrer à l'ennemi la route de Corbeny à Laon, chercher à le surprendre, menacer ses communications, l'occuper et l'arrêter de façon à l'empêcher de devancer Bülow à Laon. Winzingerode devait encore, si l'Empereur s'engageait sur le plateau de Craonne, tomber sur sa droite et sur ses derrières. Kleist et Langeron, passant la Lette derrière la cavalerie et prenant ensuite à Festieux le chemin de Laon, étaient chargés de soutenir éventuellement Winzingerode. Enfin, York restait dans le principe à Froidmont, prêt à se porter au premier avis sur les points où sa présence paraîtrait nécessaire. »

Les deux corps de Woronzoff et de Sacken paraissaient, en raison même de la configuration du terrain et du peu de largeur du plateau, suffisants pour résister aux attaques de l'Empereur, jusqu'au moment où la cavalerie de Winzingerode et, s'il le fallait, les corps de Kleist et de Langeron déboucheraient sur sa droite.

Blücher s'établit pour la nuit à Braye; il se proposait de diriger en personne la défense du plateau et se réservait de donner le signal de l'attaque dès que la cavalerie aurait paru. Au lieu de venir à Froidmont, le corps d'York reçut dans la soirée l'ordre de s'arrêter à hauteur de Jouy et de La Royère, où il passa la nuit. Kleist bivouaqua à la même hauteur. Les Russes de Sacken campèrent au sud de Froidmont, et Langeron en arrière du IIe corps prussien.

Entretien de l'Empereur avec M. de Bussy. — Ordres donnés par l'Empereur. — Pendant que Blücher modifiait ainsi son ordre de bataille et se préparait à exécuter son changement de front, l'Empereur, étudiant sur ses cartes le théâtre des opérations du lendemain, faisait rechercher dans le pays les personnes qui, grâce à leur connaissance des localités, leur situation personnelle et leur instruction, pouvaient lui donner les renseignements dont il avait besoin avant de prendre ses dernières dispositions. Le maître de poste de Berry-au-Bac lui signala le maire de Beaurieux, un ancien officier d'artillerie, M. de Bussy, que l'Empereur fit aussitôt appeler à Corbeny où il arriva au milieu de la nuit. Mettant en quelques mots son ancien camarade de régiment[1] au courant de la situation, l'Empereur lui explique qu'il compte établir son artillerie à Craonnelle, l'opposer aux batteries russes et les amuser sur leur front pendant que Ney déboucherait sur la gauche des Alliés, au point où la route des Dames arrive sur le plateau, et qu'on menacerait leur droite du côté de Vassogne. M. de Bussy fit remarquer à l'Empereur qu'il avait été incomplètement renseigné sur la configuration du terrain aux environs d'Hurtebise, que le chemin qu'il voulait faire suivre à Ney était impraticable pour l'artillerie et qu'en débouchant sur le plateau près d'Hurtebise, la colonne de Ney serait foudroyée à la fois par les batteries russes et par les canons français. Il conseillait, par suite, de renoncer à la route des Dames, de pousser plus avant dans la vallée de la Lette et d'aborder le plateau, non pas à Hurtebise, mais du côté d'Ailles, pendant que la cavalerie de Nansouty gravirait sur la droite des Russes les pentes du ravin d'Oulches et de la vallée Foulon. L'Empereur se rangea à cet avis, modifia ses ordres en conséquence et garda auprès de lui, en qualité d'aide de camp, M. de Bussy qu'il nomma colonel et qu'il chargea de servir de guide aux colonnes d'attaque[2]. Le maréchal Ney, soutenu sur sa gauche par Victor et par la cavalerie de Grouchy, devait exécuter le mouvement sur Ailles[3].

---

[1] M. de Bussy avait suivi les cours de l'école de Brienne en même temps que l'Empereur et avait servi dans le même régiment que lui.
[2] FAIN, *Manuscrit de 1814*, et FLEURY, *L'Invasion dans les départements du Nord-Est*.
[3] *Position des Français pendant la nuit du 6 au 7 mars. D'après la note du*

La nuit se passa sans incident : il tombait un peu de neige et la gelée survenue subitement allait encore augmenter les difficultés de la marche.

Après avoir arrêté ses dispositions à la suite de son entretien avec Bussy, l'Empereur, sur la foi de rapports erronés qui lui étaient parvenus pendant la nuit et qui lui représentaient l'armée de Silésie « découragée, déconcertée, en pleine retraite sur l'Ange-Gardien et de là sur Laon ou sur Soissons », espérait n'avoir à livrer qu'un combat d'arrière-garde. Il comptait arriver à Laon de bonne heure avec le gros de ses forces qui se trouvait encore entre Berry-au-Bac et Corbeny et « entamer la retraite à tout ce qui ne serait pas encore passé[1]. »

Dès 4 heures du matin, il avait fait prescrire au duc de Padoue de hâter son mouvement de Roucy sur Berry-au-Bac; à Colbert et à Roussel de venir à la pointe du jour s'établir en arrière de Corbeny; à Ney de faire suivre les Russes afin de savoir « si de l'Ange-Gardien ils vont sur Laon ou sur Soissons »; à la cavalerie du général Defrance de prendre position à mi-chemin de Berry-au-Bac à Reims; à Marmont de couvrir Braisne et Fismes et d'essayer de jeter à Maizy un pont qui lui permettrait de rejoindre deux ou trois heures plus tôt.

7 mars 1814. — L'Empereur reconnaît en personne la position. — Formation de combat de Woronzoff. — Tant afin de contrôler par lui-même l'exactitude des renseignements qu'il venait de recevoir, qu'afin de se rendre, dans le cas où ils ne seraient pas confirmés, un compte exact de la configuration du terrain et des positions des Russes, l'Empereur s'était, dès 7 heures du matin, transporté en personne sur le petit plateau.

---

général Belliard, les troupes de Ney (a), passèrent la nuit en avant d'Oulches dans le ravin de la vallée Foulon; celles de Victor sur le petit plateau de Craonne gardant militairement le bois de Corbeny, la cavalerie de la garde à Craonne et Craonnelle, la 1re division d'infanterie de la vieille garde à Corbeny où était le quartier impérial, la 2e à Cormicy, en arrière de Berry-au-Bac, où le duc de Trévise eut son quartier général; le corps du duc de Padoue à Fismes : celui de Marmont une division devant Soissons, l'autre à Braisne, les gardes d'honneur à Châlons-sur-Vesle. (*Archives de la guerre.*)

(a) Le général Belliard veut manifestement parler ici de la cavalerie de Nansouty.

[1] *Correspondance*, n° 21453; Registres de Berthier : Ordres à Padoue, Colbert et Roussel, à Ney et à Marmont. (*Archives de la guerre.*)

Du point où il était, il pouvait découvrir toute la position de Woronzoff qui s'était formé face à Hurtebise par bataillons en masse, sur trois lignes de force inégale. Sa première ligne à cheval sur la route des Dames, à 1100 mètres environ à l'ouest d'Hurtebise, la droite couronnant la tête du ravin de la vallée Foulon; la gauche, un peu en avant d'Ailles, se composait de quatorze bataillons (13e régiment de chasseurs, division Wouitch et brigade Ponset) sous les ordres du général Wouitch. Les sept bataillons de la 21e division étaient disposés parallèlement à la première ligne, à 400 mètres plus en arrière. Le général Laptieff, commandant de cette division, était chargé de diriger les deux premières lignes. A 500 mètres plus loin, le général Strogonoff avait pris position avec neuf bataillons appartenant à la brigade de Jeltoukhine et à la 12e division du prince Chowansky. Benkendorf, avec les hussards de Pavlograd et quatre régiments de cosaques, formait la droite de la première ligne, couverte en avant de son front par le général Krasowsky qui, avec le 14e régiment de chasseurs, occupait la ferme d'Hurtebise et s'éclairait sur sa droite par deux escadrons de hussards. Trente-six bouches à feu, dont douze de gros calibre, en batterie devant le centre de la première ligne, enfilaient le défilé d'Hurtebise que tenait également sous ses feux une batterie de douze pièces d'artillerie à cheval établie à la droite de la première ligne au-dessus du Trou-d'Enfer. Douze autres pièces, en position à la gauche de la première ligne, fouillaient le Trou-de-la-Demoiselle. Six autres en batterie à la gauche de la deuxième ligne, commandaient le ravin d'Ailles. La réserve d'artillerie disposait de trente bouches à feu, dont dix-huit vinrent, pendant le combat, remplacer les pièces démontées, tandis que les douze autres servirent à couvrir la retraite. Si l'on ajoute à ces troupes les trente-deux escadrons de la cavalerie régulière de Wassiltchikoff (2,700 hommes) et les 1500 cosaques de Karpoff qui vinrent, dans le cours de la bataille, se déployer entre Cerny et Troyon, on arrive pour le corps de Woronzoff à un total d'environ 22,000 hommes (dont 16,300 fantassins) et de 96 bouches à feu[1].

---

[1] Rapport du général-lieutenant comte Woronzoff au général de cavalerie Winzingerode, sur la bataille de Craonne, en date du 26 mars. (*Archives topographiques*, n° 47358.)

Woronzoff avait admirablement tiré parti du terrain, et sa position, très forte sur son front, presque inabordable sur ses flancs, était d'autant plus redoutable qu'en cas de retraite il disposait, en arrière de ses lignes et sur le plateau même, de trois autres positions successives : la première, entre Cerny et Troyon ; la deuxième, à hauteur de Warmont et de Braye ; la troisième, enfin, en arrière de Filain vers Jouy, positions sur lesquelles il lui était facile de prendre pied et d'arrêter la poursuite de l'ennemi dès qu'elle deviendrait trop vive.

Retard de Winzingerode. — Nouveaux ordres de Blücher. — Bataille de Craonne. — Bien que l'Empereur appréciât à leur juste valeur les obstacles que ses troupes auraient à surmonter, il n'hésita pas à maintenir ses ordres d'attaque, parce qu'après avoir débouché du défilé d'Hurtebise, il espérait encore parvenir à écraser Woronzoff avant qu'il n'eût reçu des renforts. Ne pouvant, avec les jeunes troupes dont il disposait, essayer d'enlever de vive force et à la baïonnette le défilé d'Hurtebise, obligé d'occuper Woronzoff sur son front, afin de l'empêcher de renforcer sa gauche sur laquelle il voulait faire effort, il résolut d'engager l'action par un combat d'artillerie[1]. Mais la gelée et le verglas avaient retardé la marche des batteries, et le feu ne put commencer qu'entre 9 et 10 heures. Ce retard, qui eût pu être fatal à l'armée française si Winzingerode avait paru dès les premières heures de la matinée au nord de Corbeny, avait au moins permis à la division Charpentier et au corps du duc de Trévise de se rapprocher de Craonne.

Quelques bataillons d'infanterie, servant de soutien à l'artillerie qui venait prendre position sur le petit plateau, avaient été aperçus par les avant-postes de Woronzoff, qui prévint immédiatement le feld-maréchal du mouvement offensif remarqué sur son front.

---

[1] « Si l'Empereur avait eu en grand nombre de la bonne infanterie, c'eût été le cas de lui faire passer en colonne serrée et au pas de charge le ravin du milieu et de couper, par cette manœuvre hardie, la ligne de son adversaire qu'il aurait occupé en même temps par des démonstrations sur ses ailes. Mais à l'exception de la 1re division d'infanterie de la garde, il n'avait que des soldats de nouvelle levée, exténués de fatigue. Il combina donc les effets de l'artillerie et mit préalablement en action une cinquantaine de bouches à feu de ce côté du ravin au centre. » (Général Belliard, Bataille de Craonne ; *Archives de la guerre.*)

Pendant que l'artillerie russe répondait à cette canonnade, l'armée française s'approchait de la position [1]. Si l'on s'en rapporte à la note du général Belliard sur la bataille de Craonne, le corps du duc de Bellune [2] était massé le long du mur du fossé de l'abbaye de Vauclerc. A 600 mètres environ sur la gauche était la 1re division d'infanterie de la vieille garde, sur la hauteur du moulin, en face de la ferme d'Hurtebise, sur le chemin de l'Ange-Gardien. Au fond du ravin d'Oulches, le prince de La Moskowa [2] avait massé son corps et deux divisions de cavalerie de la garde, sous les ordres de Nansouty. La 2e division d'infanterie de la vieille garde, ainsi que la division de cavalerie du général Roussel, étaient en marche pour se réunir à l'armée, la 1re, sur le plateau du moulin Pontoy ; la 2e, à Craonne.

Blücher, attendant à Braye la nouvelle de l'arrivée de la cavalerie de Winzingerode, qui devait, d'après ses calculs, être sur le point de déboucher à hauteur de l'aile droite française, se préparait déjà à monter à cheval pour prendre en personne la direction du combat que Woronzoff allait avoir à soutenir, lorsqu'il apprit que la cavalerie était encore dans la vallée de la Lette, aux environs de Chevregny, et que les corps de Kleist et de Langeron, trouvant la route barrée devant eux, avaient été forcés de rester en place. Ce contretemps, en déjouant tous les projets du feld-maréchal, en l'empêchant d'obtenir les grands résultats qu'il s'était promis, remettait tout en question et présentait surtout l'inconvénient de laisser la route de Laon ouverte aux Français qui pouvaient, ou y prévenir Bülow, ou l'empêcher de s'y maintenir. Confiant à Sacken le soin de régler les opérations des troupes engagées à Craonne, il modifie une fois encore ses ordres avant de courir à Chevregny. Il veut, en effet, diriger en personne le mouvement des escadrons de Winzingerode, prendre le commandement de cette masse de cavalerie et essayer encore de réparer par sa présence et par l'impulsion nouvelle qu'il donnera à la marche le temps que lui ont fait perdre l'obscurité, les

---

[1] Général Belliard, Bataille de Craonne. (*Archives de la guerre.*)

[2] Le général Belliard commet à nouveau l'erreur que nous avons signalée plus haut. Le corps de Ney était au nord du plateau entre la Bôve et l'abbaye de Vauclerc. Il n'y avait du côté d'Oulches et du ravin de la vallée Foulon que la cavalerie de Nansouty, et quant à Victor, venant de Berry-au-Bac et de Corbeny, il n'arriva à Craonne que lorsque la bataille était déjà engagée.

obstacles naturels, l'état des routes, la gelée, le verglas, les fautes ou les indécisions du général russe. Kleist, qui devait dans le principe régler son mouvement sur celui de Winzingerode, reçoit l'ordre de passer immédiatement la Lette à Chevregny et de prendre aussitôt à droite vers Festieux. York, passant par Chavignon, ira sur Bruyères, pendant que Langeron s'établira à Froidmont. Avant de partir, Blücher a encore prescrit à Sacken d'accepter le combat, de se retirer pied à pied et de position en position. Le général russe devra disputer le terrain avec acharnement dans le cas où Napoléon, par des attaques de flanc, réussirait à le déloger; en un mot, il cherchera à donner à la cavalerie le temps d'exécuter cette diversion à laquelle le feld-maréchal ne veut pas encore renoncer et d'achever ce mouvement tournant, dont les résultats seront d'autant plus considérables que Napoléon, s'éloignant de Craonne, se sera engagé plus avant sur le plateau.

C'était seulement dans le cas où il deviendrait impossible de réparer le temps perdu que le feld-maréchal se proposait d'envoyer plus tard à Sacken l'ordre de ramener à Laon, par Chavignon, les troupes engagées sur le plateau et de rappeler la garnison de Soissons qui, évacuant la place après en avoir détruit les défenses, regagnerait Laon par la route de Coucy, La Fère et Crépy.

Ney, qui avait entendu le canon de l'Empereur, avait mis ses troupes en mouvement à 10 heures et se porta contre la gauche des Russes.

La brigade du général Pierre Boyer marche sur Ailles par le chemin de Chermizy; la division Meunier, passant à travers les bois, vient se masser au fond du ravin du Trou-de-la-Demoiselle et commence, sous le feu des batteries russes de l'aile gauche et des tirailleurs qui garnissent la crête du ravin, à gravir le chemin rapide, étroit et escarpé qui aboutit au sommet du plateau. Woronzoff, auquel ces mouvements n'ont pas échappé, a donné au général Krasowsky l'ordre d'évacuer Hurtebise. Il établit le 14e chasseurs sur sa première ligne et charge les deux escadrons de hussards, mis jusque-là à la disposition de ce général, de servir de soutien à la batterie de l'aile gauche. Un régiment de chasseurs (le 2e régiment), tiré de la deuxième ligne, va occuper le village d'Ailles.

L'Empereur, qui n'a pas encore été rejoint par la division

Charpentier, par Mortier et par la cavalerie de La Ferrière, n'a pas assez de monde sous la main pour se risquer à engager la division de Boyer de Rebeval et la vieille garde de Friant. Malgré des prodiges de valeur, les jeunes soldats de Ney ne parviennent, ni à débusquer les chasseurs russes d'Ailles, ni à prendre pied sur le plateau. Woronzoff en profite pour renforcer de douze pièces l'artillerie de sa première ligne.

Bien que Ney eût attaqué trop tôt, il était cependant indispensable de le faire soutenir. L'Empereur donne en conséquence à Victor, qui vient d'arriver au moulin de Craonne avec la division Boyer de Rebeval, l'ordre de se porter en avant sans attendre Charpentier, de border le ravin de Vauclerc jusqu'à la route des Dames et de chercher, en débouchant derrière Hurtebise, à donner la main à Ney et à faciliter ses progrès. Couverte par les nuages de fumée qui s'élèvent des bâtiments en feu de la ferme d'Hurtebise, conduite par le maréchal en personne et suivie par son artillerie, qui réussit à se mettre en batterie à sa gauche, la division Boyer de Rebeval franchit en colonne serrée le défilé, se porte en avant, afin de gagner le terrain nécessaire au déploiement des troupes qui la suivront et de soutenir l'effort de l'ennemi en attendant l'entrée en ligne de ces corps qui ne peuvent que monter lentement sur le plateau. Elle s'arrête derrière le tertre de la *Mutte au Vent*[1], qui la protège, incomplètement il est vrai, contre le tir des batteries russes. L'artillerie de la division est parvenue à suivre l'infanterie; mais la maladresse des soldats du train et le peu d'habileté des canonniers a tellement ralenti le mouvement de ces batteries, que plusieurs pièces sont démontées avant d'avoir fait feu.

A ce moment, les attaques incessantes, quoique infructueuses, de Ney, le mouvement de Boyer de Rebeval et le tir de quatre batteries de la garde qui, arrivant par Hurtebise, ont pris position près de la ferme de La Roche, ont obligé Woronzoff à occuper une ligne plus oblique en refusant légèrement sa

---

[1] On désigne sous ce nom un mouvement de terrain perpendiculaire au plateau occidental de Craonne, et situé à un kilomètre environ de l'étranglement d'Hurtebise et à 400 mètres de la ferme de La Creute. Cette ondulation, qui s'étend depuis le bord du plateau, à l'endroit où débouche la Vallée Foulon, jusqu'au versant nord du côté du Trou-de-la-Demoiselle, domine de quelques mètres le défilé d'Hurtebise.

gauche. Quelques hommes de la gauche de Ney ont pris pied sur le plateau, pendant que, sur la droite des Russes, la cavalerie d'Exelmans et de Pac, sous les ordres de Nansouty, a traversé le ravin d'Oulches, gravi les pentes de Vassogne et ne va pas tarder à déboucher sur le plateau. Victor profite du léger flottement qui s'est produit dans les lignes russes pour se porter à 1000 mètres en avant, avec la division Boyer de Rebeval. Sa première brigade, marchant par bataillons en masse, avec ses flanqueurs et fusiliers seuls déployés en tirailleurs, s'établit dans le bois Marion [1]. Sa deuxième brigade reste en réserve en arrière du bois. Blessé à la cuisse pendant ce mouvement, le maréchal remet le commandement au général Boyer de Rebeval au moment où les tirailleurs de la division Meunier s'établissaient dans les bois qui garnissent les pentes du ravin au dessous du bois Marion.

Woronzoff, croyant n'avoir rien à craindre pour sa droite, continuait à concentrer toute son attention sur sa gauche qu'il venait de renforcer et empêchait une fois de plus les troupes de Ney de déboucher d'Ailles. Arrêtée par le tir à mitraille des Russes, la division Boyer de Rebeval ne pouvait s'aventurer en avant du bois Marion. Malgré le feu meurtrier auquel ses troupes étaient exposées, ce général avait été obligé de conserver sa division en masse « parce que, dit-il dans son Bulletin, les officiers et les serre-files parvenaient ainsi à contenir leurs hommes qui, déployés, leur auraient échappé et que leur défaut d'instruction empêchait de faire le moindre mouvement [2]. » On resta donc en masse et le massacre continua.

Vers 11 heures, la deuxième brigade de cette division s'avance sur l'ordre de Boyer de Rebeval, et débouche du bouquet de bois ; mais « comme les hommes n'auraient pas su faire une contre-marche, elle exécute ce mouvement par le troisième rang [2]. » Elle ne tarde pas à être arrêtée, puis ramenée vivement dans le bois par le général Wouitch qui se jette sur elle à la baïonnette avec les 2º et 19º régiments de chasseurs et la fait charger par deux escadrons de hussards de Pavlograd. Le feu

---

[1] Le bois Marion est un petit bouquet de bois bordant le versant nord du grand plateau dans toute la partie qui domine les fonds d'Ailles.
[2] Journal du général Boyer de Rébeval. (*Archives de la guerre.*)

des batteries françaises dirigé par Drouot « qui montrait aux canonniers comment on chargeait et pointait les pièces », dégage la brigade et oblige les Russes à revenir sur leur position.

L'Empereur, irrité et inquiet tout à la fois de l'insuccès de ces attaques, fait alors traverser le défilé d'Hurtebise à Grouchy qui, débouchant au trot avec les dragons du général Sparre (1re brigade de la division Roussel), se jette sur la batterie en position à l'aile gauche russe, sabre les canonniers russes et enlève la batterie dont le commandant, le colonel Parkinson, se fait tuer sur ses pièces. Quelques instants auparavant, la cavalerie de Nansouty, sortant du bois de Quatre-Heures[1], avait chargé la droite des Russes, enfoncé leurs carrés et ramené leurs troupes en désordre jusque dans le fond de Mourson, à peu de distance de Paissy ; mais les accidents du terrain et le feu des batteries de réserve russes l'empêchent de pousser plus en avant.

Woronzoff, dont la gauche a déjà cédé du terrain, dont la droite vient d'être culbutée, n'a cependant pas perdu l'espoir de se maintenir sur la position qu'il a ordre de défendre jusqu'à la dernière extrémité. A sa droite, son infanterie et les hussards de Pavlograd se sont ralliés rapidement sous la protection de la batterie ; ils se reportent en avant, regagnent vivement le terrain que la charge imprévue de Nansouty leur a arraché, et rejettent ses escadrons jusque vers les bords du plateau. En même temps, la brigade Gleboff (6e et 41e régiments de chasseurs) quitte au pas de course la troisième ligne et vient renforcer l'aile gauche. Le général Swarikine[2], avec le 19e chasseurs à pied et le régiment de Schirvan, s'élance à la baïonnette contre les dragons du général Sparre en train de se reformer pour prendre de flanc les hussards de Pavlograd. Mais Grouchy et Sparre sont blessés presque en même temps. Privés de leurs chefs, les dragons hésitent un moment et se retirent

---

[1] Le bois de Quatre-Heures est situé à l'extrémité sud du mouvement de terrain connu dans le pays sous le nom de la Mutte-au-Vent.

[2] « Le général Swarikine, ainsi s'exprime Woronzoff dans son rapport, voyant que la batterie à cheval de position du colonel Parkinson avait été sabrée et enlevée par la cavalerie française, passa un ravin avec le régiment de Schirvan, se jeta à la baïonnette contre cette cavalerie, reprit et ramena toutes les douze pièces qui avaient été un moment prises. » Rapport original en français. (*Archives topographiques*, n° 47353.)

ensuite à l'approche de l'infanterie russe. Leur mouvement rétrograde jette le désordre et la panique dans les régiments de la division Boyer de Rebeval et dans les rangs des jeunes troupes de Ney qui redescendent en courant les pentes du Trou-de-la-Demoiselle. Ni les exhortations de leurs chefs, ni les menaces, ni les coups de plat d'épée du maréchal ne parviennent à les arrêter; ils vont s'entasser dans le fond du ravin où les projectiles de l'artillerie russe font des ravages affreux dans cette masse d'hommes serrés les uns contre les autres. Boyer de Rebeval se maintient néanmoins, quoique avec peine, dans les bois, et Nansouty vient d'être rejoint et recueilli par la division Colbert, dont les éclaireurs, établis dans le bois de Quatre-Heures, tiraillent avec les Russes[1]. La position de la droite des lignes françaises n'en était pas moins critique. Les Russes avaient une fois encore réussi à reprendre possession du plateau. Ney n'avait plus guère que 3,000 hommes autour de lui. Les pièces de Boyer de Rebeval étaient presque toutes démontées. Le feu de son artillerie s'affaiblissait, celui de son infanterie devenait presque nul par suite du grand nombre de blessés. Ney envoie demander du secours et Boyer de Rebeval fait prévenir l'Empereur que sa division, si elle n'est pas soutenue immédiatement, va être culbutée. Les Russes redoublent leurs efforts, et leur supériorité en artillerie et en infanterie est telle, surtout depuis que leur cavalerie s'est avancée, qu'une plus longue défense de la position devient impossible[2].

L'Empereur, dont tous les calculs ont été déconcertés par l'attaque prématurée de Ney, est obligé d'engager les renforts au fur et à mesure de leur arrivée. Il ne dispose encore que de la division de cavalerie de La Ferrière à laquelle il donne l'ordre de

---

[1] « La bataille était engagée vivement sur la droite, lorsque le général Nansouty qui commandait toute la cavalerie de la garde me donna l'ordre de me porter avec une division en avant à gauche à un quart de lieue à peu près. J'exécutai cet ordre en passant homme par homme par un village au fond d'un ravin et je me formai à mi-côte. L'ennemi étant en force sur la hauteur où je devais m'établir, je commençai à tirailler pour chasser l'ennemi et découvrir son nombre que l'horizon masquait. » (Général Colbert, Notes sur la bataille de Craonne ; *Archives de la guerre*.) La division Colbert (3e division de cavalerie de la garde) se composait du 2e régiment de lanciers, du régiment d'éclaireurs des dragons et du régiment d'éclaireurs des lanciers polonais.

[2] Journal de Boyer de Rébeval. (*Archives de la guerre*.)

charger les batteries russes qu'il importe par-dessus tout de faire taire ou d'obliger au moins à reculer, si on ne parvient pas à les enlever. Les escadrons de La Ferrière franchissent le défilé d'Hurtebise à temps, au moment même où la 2ᵉ brigade de Boyer de Rebeval venait d'être culbutée par les troupes du général Swarikine et rejetée en désordre dans le bois. Mais si les charges de la cavalerie de La Ferrière réussissent à arrêter l'infanterie russe, elles ne parviennent pas à l'entamer. Décimés par le feu des carrés et des batteries russes, les escadrons de La Ferrière (grièvement blessé dans l'une de ces charges) reviennent se rallier derrière l'infanterie. Leur dévouement n'a cependant pas été inutile. Leurs charges ont permis à Charpentier, auquel l'Empereur a confié le commandement du corps de Victor, d'entrer en ligne avec sa division, de se former à la gauche de Boyer de Rebeval et de reprendre position sur le plateau en avant d'Hurtebise; à Ney de rallier les débris de la division Meunier et de lui faire remonter les pentes du Trou-de-la-Demoiselle. Sur la droite des Russes, Nansouty a reformé sa cavalerie, l'a ramenée sur le plateau et n'attend plus que l'occasion pour recommencer à charger. L'artillerie de la garde (70 pièces), conduite par l'Empereur en personne et renforcée par celle de la division Charpentier [1], franchit le ravin et canonne les batteries russes.

Pendant ce temps, Blücher a rejoint Winzingerode [2]. Renonçant à une diversion désormais trop tardive pour pouvoir être efficace et plus que jamais décidé à concentrer au plus vite toute son armée à Laon, il envoie vers deux heures à Langeron et à Sacken l'ordre de se replier sur cette ville. Sacken communiqua

---

[1] Rapport du général Charpentier sur les opérations de la 7ᵉ division de la jeune garde le 7 mars 1814. (*Archives de la guerre.*)

[2] « Le feld-maréchal, dit Müffling à propos de la bataille de Craonne et de la désignation de Winzingerode, aurait dû prendre lui-même le commandement des 10,000 chevaux de Winzingerode, passer la Lette, se porter sur Corbeny, pendant qu'York et Kleist auraient occupé, sur la rive droite de la Lette, une position leur permettant de tomber sur l'aile droite de Napoléon et peut-être même sur ses derrières. Qu'aurait fait l'Empereur si, engagé avec Sacken à Braye, débordé par York et Kleist passant par Ailles ou Vauclerc, tourné par les 10,000 chevaux, il avait été obligé de faire front de trois côtés à la fois ; il n'aurait eu d'autre ligne de retraite que les chemins impraticables qui mènent du plateau de Craonne à l'Aisne. Enserré entre l'Aisne où il n'avait pas de pont et Soissons encore occupé par les Russes, il aurait eu grand peine à échapper à un désastre.

immédiatement cet ordre à Woronzoff qui répondit « qu'ayant tenu déjà pendant cinq heures, il croyait que la continuation de la lutte coûterait moins de monde qu'une retraite s'effectuant en plein jour sous les yeux de la cavalerie française, et sous la protection d'un seul régiment de hussards. » Sacken renouvela son ordre et, avant de commencer lui-même son mouvement rétrograde sur Laon, il laissa sur la position de Cerny et de Troyon toute la cavalerie de Wassiltchikoff (3,900 chevaux formant les divisions Lanskoï, Pantchoulitcheff et Karpoff) avec l'ordre de soutenir et de couvrir la retraite de Woronzoff.

Malgré la fière réponse qu'il venait de faire à Sacken, Woronzoff ne se dissimulait pas la gravité de sa situation. Les Français étaient désormais maîtres des crêtes, leur artillerie écrasait les batteries russes, leurs réserves arrivaient à tout instant et les troupes de Mortier avaient pris position à hauteur d'Hurtebise. Au moment où, après avoir fait enlever les blessés capables de supporter le transport et vingt-deux de ses pièces démontées par l'artillerie française, Woronzoff allait commencer sa retraite par échelon et former ses troupes en carré, l'Empereur, qui avait remarqué le flottement des lignes russes, donnait l'ordre d'exécuter une attaque générale. Colbert débouche sur le plateau en avant de Vassogne, s'y déploie malgré les feux des batteries russes et des régiments de Nawaguinsk et de Toula, pendant que d'un autre côté du champ de bataille, Charpentier soutenu en deuxième ligne par la division Friant, reprend vigoureusement l'offensive. « A peine étais-je sur cette hauteur que j'aperçus, dit le général Colbert dans ses *Notes sur la bataille de Craonne*[1], toute la droite de l'armée marchant au pas de charge. Dans le même instant, la nuée de cavalerie russe que j'avais combattue se mit en retraite et, comme le succès de la journée me parut exiger une bonne poursuite, je fis charger cette cavalerie par mes deux régiments d'éclaireurs. Deux immenses ravins ne l'arrêtèrent pas et je passai à sa suite ces deux ravins. »

C'était le général-major Ponset, qui commandait la brigade formée par les régiments de Toula et de Nawaguinsk, que Colbert espérait entamer d'abord par ses charges et obliger ensuite à

---

[1] Notes du général Colbert sur la bataille de Craonne. (*Archives de la guerre.*)

mettre bas les armes. Souffrant encore des blessures reçues à Leipzig et forcé de marcher avec des béquilles, Ponset avait déjà, à deux reprises, reçu l'ordre de se replier : « Je me ferai tuer ici, mais je ne reculerai pas d'un pas. » La position devenait cependant intenable, et le général Wouitch, qui commandait la première ligne, ne parvint à triompher de l'héroïque entêtement du général Ponset qu'en lui déclarant qu'il pouvait se faire tuer si bon lui semblait, mais que, quant à lui, il donnait à sa brigade l'ordre de se replier[1]. « Je n'avais à ma disposition que des lanciers, dit à ce propos le général Colbert, et après une vingtaine d'attaques sans grands résultats, les Russes se retirèrent à l'approche de notre infanterie qui arrivait[2]. »

L'infanterie de Charpentier, ployée en colonne serrée, avait, en effet, repris son mouvement en avant contre l'aile gauche des Russes, et rejeté les 19e et 44e régiments de chasseurs. Woronzoff les fait soutenir par la brigade Sanders (régiments de Narva et de la Nouvelle-Ingrie) qui ralentit un moment les progrès de Charpentier, mais cède à son tour lors de l'entrée en ligne de la division Friant et d'une batterie de la garde. Le régiment de Schirvan seul tenait encore bon en avant des positions occupées par le reste de l'infanterie russe et restait immobile et inébranlable sous le tir à mitraille des batteries françaises, bien que sur sa gauche et sur ses derrières le général Pierre Boyer, soutenu par les divisions Meusnier et Curial, eût réussi à enlever Ailles, à rejeter les 2e et 6e régiments de chasseurs russes, à déboucher sur le plateau et à se prolonger dans la vallée de la Lette. La situation du régiment de Schirvan était d'autant plus critique que le corps entier de Mortier se portait en avant et que la cavalerie française pressait vivement la droite des Russes. A ce moment deux officiers russes, les frères Selenich, qui servaient l'un comme capitaine, l'autre comme *Stabs-capitaine*, dans le régiment de Schirvan et commandaient la compagnie de grenadiers placée en première ligne, demandèrent au général-lieutenant Laptieff l'autorisation de se jeter sur celle des batteries de

---

[1] Journal du colonel Maïewsky, qui commandait à Craonne le 13e régiment de chasseurs russes.

[2] Notes du général Colbert sur la bataille de Craonne. (*Archives de la guerre.*)

Drouot qui leur faisait le plus mal. « Avec l'aide de Dieu », leur répond le général qui, enlevant lui-même le régiment, prend la tête de l'attaque, tombe blessé quelques pas plus loin et cède le commandement au général Swarikine. Le régiment, continue à s'avancer, semant sur sa route le général Swarikine, blessé quelques instants après Laptieff, et la plupart de ses officiers. Mais ce retour offensif, exécuté au moment où tout le reste des lignes russes se repliait, a complètement isolé le régiment. Chargé par la cavalerie française, manquant de cartouches, entouré de toutes parts, force lui est de revenir en arrière et de se frayer un chemin à la baïonnette. Emportant avec lui ses généraux et ses officiers blessés, ramenant les corps des deux Selenich, cet héroïque régiment parvient après des efforts prodigieux à rejoindre le gros du corps de Woronzoff, qui a continué à se retirer pas à pas et en bon ordre.

A 4 heures, quoique serré de plus en plus près par la cavalerie française, dont Belliard a pris le commandement, et que les escadrons de Benkendorf, chargés de couvrir et de dégager l'aile droite russe, sont impuissants à contenir, Woronzoff s'établit sur le plateau en avant de Cerny, reforme ses régiments et s'appuie sur une batterie de 24 pièces en position à l'arbre de Cerny, au lieu dit le *Gros-Tillolet*, et dont le tir arrête à la fois la poursuite de la cavalerie sur le plateau et la marche des troupes de Ney dans la vallée de la Lette. Woronzoff essaye d'attendre sur cette position l'entrée en ligne de la cavalerie de Wassiltchikoff, dont l'intervention lui est d'autant plus indispensable qu'au delà de Cerny, le plateau s'élargit considérablement du côté du sud et que Belliard, après avoir bousculé les quelques escadrons de hussards et les cosaques de Benkendorf, manœuvre pour y déborder sa droite. La cavalerie de Wassiltchikoff arriva juste à temps pour recueillir Benkendorf et permettre à Woronzoff, dont l'artillerie française venait de faire taire les batteries, de reprendre sa marche en retraite au moment où l'armée impérialese reportait en avant.

Sans perdre un instant, Wassiltchikoff, précédant sa cavalerie, a procédé à une reconnaissance sommaire du terrain. Il a remarqué que les troupes françaises, protégées par leur artillerie s'avancent maintenant en masses profondes et dans l'ordre le plus parfait. Il lance immédiatement contre leur cavalerie qui presse vivement la droite des Russes, le général Lanskoï avec les hussards d'Alexandria et de Mariopol, soutenus en deuxième ligne par Benkendorf avec les hussards de Pavlograd et d'Élisabethgorod. Les hussards réussissent à arrêter un moment les escadrons français. Mais ces charges lui ont coûté deux de ses généraux : Lanskoï et Ouschakoff. A peine Wassiltchikoff a-t-il réussi à dégager quelque peu l'aile droite qu'il lui faut courir au secours de la gauche de Woronzoff, sérieusement menacée par les troupes de Ney qui, débouchant à l'ouest d'Ailles, cherchent à déborder la position de Cerny. Une charge du général-major Wassiltchikoff, à la tête des hussards d'Akhtyr et de la Russie-Blanche, rétablit un moment l'équilibre.

L'infanterie de Woronzoff continue désormais sa retraite sous la protection de la cavalerie de Wassiltchikoff qui, après avoir chargé, vient se reformer en arrière de Cerny, les hussards à droite de la route des Dames, les dragons à quelque distance derrière eux en réserve, et qui se replie lentement par échelons jusqu'à hauteur de Warmont.

Belliard avec les divisions des généraux Colbert et Roussel cherche, en se prolongeant vers sa gauche, à déborder la droite des Russes. Mais il ne peut parvenir à changer la retraite en déroute, et s'il oblige les escadrons de Wassiltchikoff à lui céder du terrain après chacune de leurs charges, il ne parvient ni à les culbuter, ni à arriver jusque sur les bataillons d'arrière-garde. La cavalerie française se rapproche cependant de plus en plus ; l'espace qui sépare la cavalerie de Wassiltchikoff de l'infanterie russe diminue sensiblement, et Woronzoff, dans la crainte de ne pouvoir faire défiler tout son corps par l'Ange-Gardien sur Chavignon, se décide, à hauteur de la ferme de Warmont, à jeter une partie des troupes de son aile gauche, trop vivement pressée par Charpentier et par Ney, dans un chemin creux qui, descendant dans la vallée de la Lette, aboutit à Chevregny. Charpentier amène aussitôt sur le bord du plateau, quelques bouches à feu qui enfilent le chemin et battent d'écharpe ces bataillons, qu'une division de Ney, marchant par la vallée même, se dispose à prendre à revers. Heureusement pour les Russes, Langeron, posté à Trucy, a eu le temps d'établir son artillerie sur la rive droite de la Lette. Ses batteries obligent les troupes de Ney à s'arrêter et les débris de la petite colonne russe parviennent à traverser la Lette et à gagner Chevregny.

Sur le plateau, la cavalerie française continue à suivre la droite des Russes toujours couverte par Wassiltchikoff que Colbert harcèle, sans lui donner le temps de souffler, jusqu'à ce que l'obscurité mette fin au combat et l'oblige à s'arrêter.

Woronzoff a atteint à ce moment Chavignon et laissé, en deçà de ce village, une arrière-garde composée des hussards de Pavlograd et du 1er régiment de cosaques du Boug (général Benkendorf) et de la brigade de chasseurs du général Krasowsky, pendant que Colbert, qui s'est arrêté à la croisée du chemin conduisant de la route des Dames à Chavignon, à hauteur de l'Arbre de la Croix, pousse jusqu'à l'Ange-Gardien ses avant-postes, « qui se tiennent à portée de carabine des vedettes et des petits postes de Benkendorf[1]. »

L'armée française s'arrêta complètement à 7 heures du soir. La division de cavalerie de Colbert campa à Aizy, les autres divisions de cavalerie de la garde sur le plateau à hauteur de Jouy, se couvrant par une ligne d'avant-postes s'étendant de l'Aisne à la Lette, de Celles à Pargny, et éclairant les routes de Laon et de Soissons; la division Roussel en deuxième ligne vers Ostel, le gros de l'armée entre Filain et Ostel, la garde avec l'Empereur à Braye.

Woronzoff, après avoir fait une halte de 4 heures à Chavignon, où il avait vainement attendu la garnison de Soissons qui avait suivi la route de La Fère, prit à 11 heures du soir le chemin de Laon.

Peu de batailles ont été plus sanglantes et plus acharnées que la bataille de Craonne, peu de batailles ont coûté aux deux armées un aussi grand nombre de généraux. Sur un effectif à peu près égal et s'élevant à un peu plus de 22,000 hommes, les deux armées avaient perdu : les Russes, 5,000 hommes; les Français, près de 6,000.

Les généraux Ouschakoff et Lanskoï avaient été tués, les généraux Laptieff, Chowansky, Swarikine, Gleboff et Masloff étaient au nombre des blessés. Le seul régiment de hussards de Mariopol, appartenant à la cavalerie de Wassiltchikoff (division Lanskoï), et qui ne donna qu'à la fin de la journée pour assurer la

---

[1] Notes du général Colbert sur la bataille de Craonne. (*Archives de la guerre.*)

retraite de Woronzoff, avait laissé 22 de ses officiers sur le terrain. Le régiment du colonel Maïeffsky (le 13ᵉ chasseurs) avait été aussi rudement éprouvé : ses pertes s'élevaient à 16 officiers et 400 hommes. Le régiment de Schirvan, réduit après la bataille à un faible bataillon, avait encore plus chèrement payé sa gloire. Mais Woronzoff, quoique obligé de céder le champ de bataille, pouvait à juste titre s'enorgueillir de la valeur de ses troupes : il n'avait perdu ni drapeaux, ni canons, ni équipages, ni caissons. C'est à peine si dans la retraite et dans la poursuite une centaine d'hommes étaient restés aux mains des Français, et, comme l'écrivait Fain[1], « la victoire de Craonne, disputée une grande partie de la journée, ne nous laissa pour trophées que les morts de l'ennemi[2]. »

La valeur française avait, d'ailleurs, égalé l'opiniâtreté moscovite, et les conscrits de l'Empereur, électrisés par l'exemple de leurs officiers et de leurs généraux, avaient fini par triompher de l'héroïque résistance des vieux régiments russes. Mais cette victoire, qui fait également honneur à la bravoure des deux armées, avait coûté trop cher à l'Empereur. Le maréchal Victor, les généraux Grouchy, Sparre, La Ferrière, Boyer de Rebeval, Bigarré, Le Capitaine et Rosier étaient blessés.

La division Boyer de Rebeval n'avait plus de généraux. Tous trois étaient blessés, tous leurs aides de camp tués ou blessés. La première brigade de cette division était presque toute entière restée sur le champ de bataille. Le 14ᵉ régiment de voltigeurs avait eu 30 officiers hors de combat sur 33, et la division, réduite de 3,000 hommes à 1200, versa ce qui lui restait d'hommes valides dans les divisions de jeune garde. La division Charpentier, presque aussi maltraitée que celle de Boyer de Rebeval, avait perdu 1600 hommes[3].

---

[1] Baron FAIN, *Manuscrit de 1814.*

[2] Pendant que les troupes russes en retraite se reformaient à Cerny, les régiments de Woronzoff rendaient, sous le feu même des batteries françaises, les derniers honneurs au fils du général Strogonoff, jeune officier de 18 ans qui venait d'être tué aux côtés du général Wassiltchikoff et qu'on enterra à Cerny. (Rapport de Woronzoff.)

[3] Des scènes d'incroyable sauvagerie ont malheureusement suivi la bataille de Craonne. Les paysans, ivres de vengeance et exaspérés par les brutalités des Alliés, massacrèrent, brûlèrent et enterrèrent vivants à Ailles et sur l plateau, les blessés russes restés sur le champ de bataille. De pareilles atrocités

S'il est impossible de partager la manière de voir de Woronzoff et de considérer la bataille de Craonne comme un éclatant succès pour les armes russes, il y a lieu de reconnaître que le général Renny avait le droit de dire dans son rapport au prince Wolkonsky [1] : « Ce fut pour nos troupes une des plus vives et des plus brillantes batailles qui ait eu lieu pendant cette guerre. Le comte Woronzoff et les troupes sous ses ordres se sont couverts de gloire. »

La bataille de Craonne aurait pu, en raison de l'avortement du raid de Winzingerode, être fatale à Blücher, si la résistance héroïque et acharnée de Woronzoff n'avait pas obligé l'Empereur à engager successivement toutes ses forces et à modifier son ordre de marche, en le contraignant à une conversion sur sa gauche, qui l'éloignait de son objectif, Laon.

La bataille de Craonne, comme certains panégyristes de Blücher se sont vainement évertués à le démontrer, ne pouvait pas être, dans l'esprit du feld-maréchal, un simple combat d'arrière-garde. Woronzoff avait un rôle autrement important à jouer : il devait, par sa résistance, permettre au feld-maréchal d'exécuter un changement de front protégé par le mouvement tournant et par le *raid* de Winzingerode.

Sans l'héroïsme, sans l'opiniâtreté des troupes russes, sans l'habileté qui présida au choix des positions, tout le plan de Blücher se serait effondré dès le moment où la cavalerie de Winzingerode n'arrivait pas à temps sur la route de Reims à Laon, ne débouchait pas sur les derrières des Français d'assez bonne heure pour contrarier et ralentir leur mouvement sur cette ville.

---

sont, Dieu merci, des exceptions qui contrastent par trop avec le caractère généreux du peuple français, pour qu'on essaie de jeter sur elles le voile de l'oubli, pour qu'on cherche à faire le silence sur des faits que le paroxysme du désespoir ne saurait excuser, sur d'indignes et lâches représailles qu'il importe de flétrir au nom de la civilisation, du droit des gens et surtout de l'honneur national.

[1] Général Renny au prince Wolkonsky, bivouac près de Laon, 8 mars. Rapport en français. (*K. K. Kriegs Archiv.*, III, 157.) Nous avons, sans parler des emprunts faits aux rapports de Belliard, de Colbert et de Boyer de Rébeval, utilisé surtout pour le récit de la bataille de Craonne, le rapport de Woronzoff à Winzingerode (Rapport n° 98, *Archives topographiques*, n° 47353), le Journal du général Krasowsky et celui du colonel Maïewsky.

Le plan de Blücher péchait donc par sa base, et si Bülow put atteindre Laon avant les Français, si la diversion manquée de Winzingerode n'eut pas de conséquences désastreuses pour Blücher, il le dut uniquement à la bravoure des Russes, à la ténacité de leur général, aux qualités de la position de Craonne, à l'intelligence avec laquelle Woronzoff, quoique abandonné à lui-même, sut en tirer parti.

Marche de Winzingerode. — Quels que soient les reproches sous lesquels on n'a pas manqué d'accabler Winzingerode et bien qu'avec un peu plus d'activité il lui eût été probablement possible de déboucher moins tardivement, il faut cependant reconnaître que, malgré l'importance capitale attachée, à juste titre, à la réussite de son mouvement, jamais peut-être entreprise de ce genre n'a été plus inconsidérément décidée, plus sommairement étudiée et surtout plus gravement compromise par les ordres mêmes du commandant en chef.

Il convient de se rappeler, avant tout, que ce fut seulement le 6 mars, à 6 heures du soir, que Blücher avait fait rédiger l'ordre confiant à Winzingerode une masse de 10,000 chevaux « qu'il devait prendre dans les différents corps, pour se porter ensuite, par Chevregny, sur la route de Laon à Reims [1]. » L'ordre de Blücher était conçu en ces termes :

« 5,500 chevaux et les batteries à cheval du corps Winzingerode, toute la cavalerie avec les batteries à cheval du corps Langeron, toute la réserve de cavalerie du Ier corps et son artillerie à cheval [2], le tout sous les ordres du général de cavalerie de Winzingerode, se rendront immédiatement à Filain où leurs chefs se présenteront au général de Winzingerode. » Des instructions spéciales prescrivaient à Winzingerode de passer, au sortir de Filain, la Lette à Chevregny, et de déboucher, par Festieux, sur la grande route de Reims à Laon. « J'avais pensé, dira plus

---

[1] Général Renny au prince Wolkonsky, bivouac près de Laon, 8 mars. (*K. K. Kriegs Archiv.*, III, 157.)

[2] Il ne s'agit ici que d'une partie de la cavalerie du Ier corps (8 escadrons de dragons et 5 de cavalerie de landwehr) sous les ordres du comte Henckel. Le reste de cette cavalerie (uhlans et hussards) sous les ordres de Katzler, formait l'avant-garde du Ier corps et ne prit aucune part au raid. Le général von Jürgass marcha avec les régiments de Henckel.

tard Blücher[1], que la cavalerie mise sous les ordres du général de Winzingerode arriverait à Festieux avant le jour et que l'infanterie y viendrait dans l'après-midi et lui servirait de soutien. Mais tout ce mouvement échoua malheureusement. »

Les ordres donnés par Blücher et par Gneisenau étaient pour beaucoup dans l'insuccès dont parle le feld-maréchal. Si l'on peut reprocher à Winzingerode de ne pas avoir fait preuve à Filain et à Chevregny de toute l'activité et de toute l'initiative désirables, il faut reconnaître que la fixation même du point de rassemblement à Filain et le choix de cet endroit fait par Gneisenau et ses officiers ont, en réalité, causé tout le mal. Il était, assurément, parfaitement rationnel de diriger sur Filain la cavalerie d'York et de Langeron et de lui faire passer la Lette à Chevregny, mais il était, au contraire, absolument illogique de faire revenir sur ce point la cavalerie du corps même de Winzingerode qui, postée fort avant sur le plateau, de Craonne, avait une dizaine de kilomètres à faire pour rétrograder sur Filain.

Winzingerode[2], se conformant strictement aux termes mêmes de l'ordre, n'osa rien prendre sur lui. Il pouvait épargner à sa cavalerie une route inutile, quitter avec elle le plateau à hauteur de Cerny, par exemple, descendre dans la vallée de la Lette, atteindre encore de jour la rive droite à hauteur de Chamouille et de Neuville et s'y arrêter jusqu'à l'arrivée des cavaliers d'York et de Langeron auxquels il aurait envoyé l'ordre de le rejoindre sur ce point. Ce qu'on peut lui reprocher, bien plus sévèrement et bien plus justement que son manque d'initiative, c'est la faute autrement grave qu'il commit en négligeant de faire immédiatement reconnaître les routes et les chemins dans lesquels ses 10,000 chevaux et ses 60 à 70 canons allaient s'engager.

« La cavalerie du général von Jürgass, lisons-nous dans le *Journal d'un officier d'état-major* du Ier corps qui prit part au

---

[1] Blücher à Schwarzenberg, Relation des opérations du 4 au 10 mars. Laon, 10 mars. (K, K. Kriegs Arch., III, 189).

[2] Winzingerode, dit Müffling, dans son livre *Aus meinem Leben*, p. 146, n'était pas homme à conduire cette masse de cavalerie. Mais Blücher avait un grand faible pour lui et le tenait en considération toute particulière « parce qu'il était ou plutôt avait été un brillant donneur de coups de sabre. »

raid[1], partit aussitôt. Quand elle arriva à Filain, le village et ses alentours, les fermes, les champs étaient encombrés par l'artillerie et la cavalerie russes. Les généraux et les officiers s'étaient mis à l'abri dans les maisons; mais le général Winzingerode n'était pas encore arrivé et il était impossible d'obtenir le moindre ordre. Le bruit courait cependant qu'on marcherait encore le soir même pour frapper un grand coup. Mais le général n'arrivait pas. Les Russes allumèrent de grands feux, donnèrent à manger à leurs chevaux et s'installèrent à leur manière. Le général von Jürgass, ne recevant aucun ordre, se décida à faire faire la soupe et à faire manger ses chevaux, pendant qu'un de ses officiers retournait chercher des instructions. »

Il avait fallu naturellement plus de temps à Winzingerode qu'à Langeron et à York, d'abord pour rallier sa cavalerie employée ce jour-là en première ligne et la former en colonne, ensuite pour la ramener sur Filain. Il faisait déjà nuit noire lorsqu'il arriva à Filain; mais soit qu'il ait, non sans raison, craint de s'engager de nuit dans des chemins de traverse non reconnus et courant au milieu de marécages, soit qu'il n'osât pas pénétrer dans une région inconnue et difficile sans être éclairé par Tchernitcheff, il résolut de ne commencer son mouvement que lorsqu'il aurait été rejoint par ce général qui, engagé toute la journée à Corbeny et à Craonne, dut faire manger ses chevaux avant de se mettre en route et ne put arriver à Filain qu'après minuit.

Qu'on accepte la version de Mareschal[2] qui prétend que Winzingerode n'ayant pu réunir sa cavalerie qu'à 3 heures du matin, déboucha de Filain, le 7, à 6 heures du matin, ou qu'on s'en tienne aux termes mêmes du rapport de Blücher[3] qui attribue aux difficultés rencontrées par la cavalerie au passage de la Lette, le retard et la lenteur de tout le mouvement, il est certain, en tout cas, qu'à 9 heures, au moment où on le croyait à Festieux, Winzingerode était à Chevregny, et qu'à 11 heures, au moment où Blücher quitta Froidmont pour le rejoindre, une

---

[1] Journal d'un officier de l'état-major du Ier corps.
[2] Major Mareschal à Schwarzenberg, Opérations du 2 au 8 mars. (K. K. Kriegs Archiv., III, 228.)
[3] Blücher à Schwarzenberg, Laon, 10 mars. (Ibid, III, 189.)

bonne partie de la cavalerie était encore embourbée sur les bords de la Lette. Quand Blücher, qui avait eu lui-même de la peine à se frayer un chemin au milieu de l'encombrement indicible d'artillerie et de cavalerie amoncelées et piétinant sur place dans des chemins étroits et glissants, rejoignit enfin Winzingerode à Bruyères, tout espoir de déboucher à temps sur la route de Reims pour tenter encore une diversion utile était irrémissiblement perdu. Winzingerode aurait pu, à la rigueur, essayer d'abréger la distance qu'il avait à parcourir jusqu'à Festieux en suivant sur la rive droite de la Lette, le chemin de Trucy, Colligis et Chamouille pour se rabattre à gauche par Macogny sur Festieux. Il s'exposait, il est vrai, à être aperçu par les Français engagés sur le plateau de Craonne; mais se conformant jusqu'au bout aux ordres qu'il avait en main, il avait préféré prendre, bien qu'il ne fût pas plus praticable que l'autre, le chemin le plus long qui passe par Presles et Bruyères [1].

« De toute ma vie, dit Henckel, je n'ai fait une marche plus horrible », et les détails que nous fournit le journal de l'officier de l'état-major d'York prouvent que le colonel ne saurait être taxé d'exagération. « Le 7 au matin [2], on reçut enfin l'ordre de suivre la division de dragons du général Korff. Le gros de notre cavalerie forma une espèce de longue colonne et se mit en mouvement, si toutefois on peut appeler mouvement une marche en colonne de route (par trois), dans laquelle la tête de colonne était arrêtée à chaque pas par les innombrables obstacles qu'on rencontrait dans ces mauvais chemins de traverse. La colonne s'y allongeait incessamment, force était de serrer au trot pour s'arrêter de nouveau, parfois pendant des heures entières. Tel a été le tableau présenté par la marche du matin au soir du 7 mars.

« Je ne saurai indiquer exactement les villages (Filain, Chevregny, Lierval, Laval, Presles, Vorges, Bruyères, Parfondru) que nous traversâmes dans cette marche désordonnée. L'état de rage continuelle, dans lequel je me trouvai, m'a empêché d'en garder la mémoire. Ce que je sais, c'est que pour être sûr de ne

---

[1] Major Mareschal au prince de Schwarzenberg, Troyes, 12 mars. (K. K. Kriegs Archiv., III, 228.)
[2] Journal d'un officier de l'état-major du 1er corps.

jamais arriver à destination, il n'y avait qu'à suivre cette route et à marcher dans cet ordre. Le terrain entre l'Aisne et la Lette est très accidenté, très coupé : les chemins de traverse y sont détestables, et la gelée, survenant après de grandes pluies, les avait rendus absolument impraticables. Force fut de hisser en haut des côtes les canons et les caissons de l'artillerie russe, de les retenir à bras d'hommes sur les descentes couvertes d'une épaisse couche de glace. De plus, il faisait un froid des plus vifs; enfin, l'absence absolue d'ordres, le silence du commandement, la fréquence et la longueur des haltes, imposées par la nécessité de remorquer l'artillerie et faites en plein champ, loin de tout village, contribuaient encore à exercer une action démoralisatrice sur les hommes. A peine commençait-on à donner l'avoine aux chevaux que tout à coup la tête de colonne repartait et se mettait inopinément en mouvement. Quiconque a pris part à cette marche en gardera un souvenir ineffaçable, comme celui d'une des plus tristes journées de sa vie militaire.

« Mais tous les maux ont une fin sur cette terre et cette fin nous la trouvâmes à Parfondru, à environ 15 kilomètres de Filain. Winzingerode était avec la tête de colonne à Maison-Rouge, en avant de Festieux où nous arrivâmes dans la nuit du 7 au 8. On y bivouaqua et c'est là que chacun reçut, le 8 au matin, l'ordre de rallier son corps d'armée.

« Le général von Jürgass rejoignit le Ier corps à Laon.

« Ainsi se sont passées les choses, ajoute en terminant l'officier prussien. Malgré les difficultés du terrain, on aurait pu passer et c'est d'ailleurs ce qu'à prouvé le IIe corps qui, marchant à côté de Winzingerode, a parcouru la même distance en une seule marche. Devant l'impossibilité de justifier cette marche de la cavalerie, on ne saurait en tirer qu'une seule conclusion : c'est ainsi qu'il faut conduire la cavalerie si l'on se charge de prouver son absolue inutilité[1]. »

---

[1] « Je n'ai pas eu le bonheur, écrivait Winzingerode à l'empereur Alexandre, d'arriver à temps avec ma cavalerie et d'assurer des avantages décisifs par une attaque dirigée sur les derrières de l'Empereur. Obligé de passer par des chemins creux avec ma nombreuse cavalerie et mon artillerie à cheval, j'ai débouché à la nuit seulement et avec ma tête de colonne à Corbeny. Mes troupes ont fait quelques prisonniers, faible consolation pour celui qui a le regret de n'avoir pu prendre part à la bataille. » (Lettre de Winzingerode, 8 mars, *Journal des pièces reçues*, n° 468.)

On peut aisément se figurer, avec le caractère de Blücher, la scène qui se passa entre lui et Winzingerode, à Bruyères, d'où l'on entendait le canon de Craonne. On peut se représenter la fureur du feld-maréchal, déjà malade et qui commençait à ressentir les premières attaques de l'ophtalmie, qui paralysa son activité pendant plus de trois semaines, deviner les reproches qu'il fit pleuvoir sur le général russe, reproches d'autant plus vifs que Kleist, parti le 7 au matin seulement et arrêté à Chevregny par la cavalerie, avait réussi, en passant par Pancy et Macogny, à arriver à Festieux à 4 heures, avec tout son corps et ses batteries de 12 livres [1]. Mais tout en rejetant la responsabilité de l'insuccès du mouvement sur Winzingerode, le feld-maréchal devait cependant s'avouer à lui-même que, plus encore que la lenteur et l'indolence de Winzingerode, les ordres mal donnés par son état-major, le choix déplorable de l'itinéraire imposé à la cavalerie et la préparation plus qu'insuffisante d'un mouvement d'une nature aussi complexe et d'une exécution aussi délicate, étaient les véritables causes du retard éprouvé et de l'effondrement de son plan.

On peut aussi se demander si Blücher ne s'était pas laissé séduire trop facilement par un vain mirage et si, même exécutée vivement, la diversion de Winzingerode aurait amené les résultats qu'il désirait. En débouchant même dans les premières heures de la matinée entre Festieux et Corbeny, Winzingerode avait bien des chances d'échouer dans son entreprise. Le principal élément de succès de semblables mouvements lui aurait fait défaut. Il aurait d'autant moins réussi à surprendre l'Empereur par une apparition qui, pour être couronnée de succès, devait être subite et imprévue, que la cavalerie française éclairait depuis la veille la route de Laon, qu'une partie de la division de Roussel occupait Corbeny et que les divisions Charpentier et de Padoue, les corps de Mortier et de Marmont en marche de Berry-au-Bac, seraient arrivés en ligne à temps pour soutenir la cavalerie et pour rejeter Winzingerode bien avant l'entrée en ligne de Bülow et de Kleist.

Quant à la bataille de Craonne, elle n'a été ni la victoire déci-

---

[1] Mareschal à Schwarzenberg, Troyes, 12 mars. (*K. K. Kriegs Archiv.*, III, 228), et Rapport de Blücher au roi de Prusse.

sive dont parlent les Bulletins et la Correspondance, ni une affaire d'arrière-garde comme on a voulu le prétendre depuis, ni un succès au point de vue stratégique, comme Clausewitz[1] essaye de le démontrer. « Il n'y a pas dans l'histoire, écrit-il dans sa *Critique stratégique*, parmi tous les combats se terminant par un échec, un seul engagement qui ait à un tel point le caractère d'une victoire stratégique, non seulement parce qu'on obtint le résultat qu'on s'était proposé en occupant l'ennemi jusqu'à ce que Blücher ait atteint son objectif principal, Laon, mais encore parce qu'on ne perdit ni un canon ni un prisonnier. » On comprend à la rigueur que s'adressant, dans son ordre du jour à ses troupes qui avaient si vaillamment combattu à Craonne, Woronzoff ait pu leur dire : « L'ennemi n'est parvenu ni à nous battre, ni à nous chasser de nos positions. Nous ne nous sommes repliés que sur un ordre formel du feld-maréchal et en raison des changements qu'il apporta à ses dispositions[2]. » Blücher lui-même n'ose pas aller aussi loin que Clausewitz, et dans son rapport à Schwarzenberg, en rendant compte de la retraite de Woronzoff, il se contente de dire : « L'artillerie et la cavalerie russes peuvent compter cette journée parmi l'une des plus glorieuses de leurs annales[3]. »

Il est, par exemple, impossible de laisser passer sans essayer de la réfuter, l'assertion de Clausewitz qui déclare dans sa *Critique* que la bataille de Craonne n'a pas été une faute, mais un moyen sanglant et forcé, auquel le feld-maréchal dut avoir recours[4].

Si, par respect pour le grand écrivain prussien, on va même jusqu'à admettre avec lui que la bataille de Craonne n'a pas été une faute, si on lui concède même que l'exécution de l'idée de

---

[1] Clausewitz, *Critique stratégique de la campagne de 1814.*
[2] Ordre du jour de Wozonroff, Laon, 12 mars 1814. (*Ordre n° 26.*)
[3] Blücher à Schwarzenberg, Laon, 10 mars. (*K. K. Kriegs Archiv.*, III, 189.)
[4] Le comte Nostitz, dans son *Tagebuch*, avoue lui-même que l'on n'aurait assurément pas songé à livrer la bataille de Craonne, si l'on ne s'était pas laissé aller à des illusions chimériques, fondées uniquement sur le résultat que devait amener le mouvement débordant de la cavalerie de Winzingerode. Et il ajoute : « La bataille de Craonne s'est ainsi transformée en combat partiel, dont l'issue nous a été absolument contraire. » (*Kriegsgeschichtliche Einzelschriften*, 1884, V, 120.)

Blücher a seule laissé à désirer, il est impossible de ne pas reprocher à Blücher les erreurs irréparables commises dans la journée du 6. erreurs qui l'ont obligé à renoncer, de l'avis même de Clausewitz, à sa première idée, meilleure et plus digne de lui. Ne peut-on pas aussi se demander, avec le général de Brünneck, quelles considérations empêchèrent, avant la bataille de Craonne, Blücher de jeter à gauche des hauteurs et du plateau entre l'Aisne et la Lette, trois de ses corps d'armée qu'il aurait établis entre Berry-au-Bac et Corbeny, et de faire occuper les hauteurs par un seul de ses corps ? Si l'on pénètre encore plus avant dans la question, on cherchera vainement les motifs pour lesquels le feld-maréchal a renoncé, avant de livrer cette bataille, au mouvement offensif et à l'attaque de flanc qu'il se proposait d'exécuter le 6. On se demandera encore s'il était nécessaire de faire rétrograder toute l'armée de Silésie sur la position de Laon, et si, en raison même des circonstances, en raison même du doute qui paralysa le mouvement de cette armée et de l'incertitude qui régnait au sujet des mouvements de l'Empereur, il n'eût pas mieux valu rester avec toutes les forces aux environs de Soissons pour pousser ensuite, en s'appuyant sur cette place, sur les communications de l'armée impériale ? Enfin, Blücher a commis une erreur non moins grave, en retirant, au moment de la bataille de Craonne, la garnison qu'il avait mise à Soissons. Son armée était tellement supérieure en nombre qu'elle n'avait pas besoin du faible appoint de ces 6,000 hommes. Soissons, abandonné par l'armée de Silésie devenait, au contraire, pour l'Empereur une base précieuse[1], un appui inespéré pour ses opé-

---

[1] Dès le 8 au matin, l'Empereur informé de l'évacuation de Soissons, faisait écrire par Berthier, de l'Ange Gardien, au Ministre de la guerre : « La ligne d'opérations de l'armée et du quartier général impérial doit être de Paris par Soissons, excepté pour ce qui concerne le 11e corps, le 5e de cavalerie, les 2e et 7e corps, les 2e et 6e de cavalerie et la division Pacthod qui vont sur Nogent. » (*Archives de la guerre.*)

Dans son rapport (*en français*) relatif à l'évacuation de Soissons et daté de Laon, le 9 mars, Langeron écrivait ce qui suit : « Le général Rudsewitch a encloué toutes les pièces trouvées à Soissons et brûlé tous les affûts. Le manque total de chariots l'a forcé d'y laisser ses blessés qui furent pris et soignés par les ennemis. Il marcha par Coucy et Saint-Gobain et vint me rejoindre près de Laon le 9 mars à 10 heures du matin. »

Aussitôt après l'évacuation de Soissons, le conseil municipal de Soissons avait adressé à Clarke la lettre suivante, datée du 8 mars : « Monseigneur,

rations sur la rive droite de l'Aisne, et l'on devait prévoir, ce qui est arrivé d'ailleurs, qu'après la bataille qu'on voulait donner, cette place, retombée aux mains des Français, gênerait considérablement les mouvements de l'armée victorieuse de Blücher.

Ne devait-on pas craindre également que la bataille de Craonne suffirait pour montrer à Napoléon la situation sous son véritable jour et qu'après une victoire qu'il avait si chèrement achetée, il s'empresserait de profiter de l'évacuation de Soissons pour y prendre une position expectante lui permettant de refaire son armée, de se lier avec Macdonald et d'attendre une occasion favorable pour donner une rude leçon à celui de ses adversaires, qui, reprenant l'offensive, viendrait l'y attaquer.

La bataille de Craonne était donc, quoi qu'en dise Clausewitz, une faute insuffisamment compensée par l'occupation de Laon où rien n'obligeait l'Empereur à aller chercher Blücher, une faute d'autant plus grave que cette bataille avait provoqué un mécontentement général dans son armée, réveillé l'animosité un moment assoupie entre Prussiens et Russes et mis en relief l'indécision et les défaillances du commandement.

L'indisposition de Blücher avait paralysé l'énergie ordinaire de ses conseillers. Les échecs éprouvés en février, le contraste existant, tant dans leur aspect extérieur que dans leur attitude, et leur moral, entre les soldats en haillons de Kleist et d'York et les troupes fraîches et bien habillées de Bülow, avaient exercé une singulière et désastreuse influence, même sur l'esprit de Gneisenau. Sa décision habituelle avait fait place à une prudence exagérée. Triste, préoccupé et hésitant, il cherchait à temporiser, à éviter tout engagement sérieux. Depuis la capitulation de Soissons, il avait en vain cherché à se ressaisir. Depuis que la jonction avec Bülow et Winzingerode avait relevé le moral des soldats, depuis qu'il était chargé de préparer les opérations d'une armée de 100,000 hommes, il s'était produit en lui une transformation

---

Nous avons l'honneur de vous informer que les armées coalisées ont évacué notre ville hier de 5 heures à 10 heures du soir en toute hâte et ont pris la route de Coucy et de Laon.

« Nous ne vous parlerons pas des malheurs de la ville et de la campagne. Les détails font frémir. Nous sommes dans l'état le plus déplorable.

« Nous sommes avec respect, etc. » (*Archives de la guerre.*)

soudaine. S'exagérant les difficultés, il se laissa arrêter par des obstacles insignifiants, par des considérations absolument secondaires, et lui qui, presque seul avec le feld-maréchal, n'avait jamais désespéré, même aux jours de Montmirail et de Champaubert, il commença à douter et à craindre pour la première fois depuis le début de la campagne. « On ne saurait se faire une idée », écrit un officier bien placé pour suivre et voir de près ce qui se passait à l'état-major de l'armée de Silésie, « de l'indécision, du trouble et de la confusion qui règnent au quartier général. »

Sans avoir à craindre de ternir la gloire de Blücher, de porter atteinte à la réputation méritée de Gneisenau, Clausewitz aurait assurément coupé court à des controverses, que son admiration par trop partiale devait provoquer, en laissant de côté une argumentation spécieuse et indigne de lui, en reconnaissant franchement les fautes commises, en leur attribuant leurs véritables causes, l'état de santé du feld-maréchal, la situation difficile et l'embarras assez naturel de son chef d'état-major général. Ne se sentant plus couvert et soutenu, encouragé et poussé par son général, Gneisenau recule, on ne saurait s'en étonner dans des circonstances aussi graves, devant une responsabilité aussi écrasante. N'osant compromettre son général malade par une action énergique s'exerçant forcément en dehors de la direction personnelle du feld-maréchal, il hésite devant des résolutions dont il reconnaît cependant l'importance et la nécessité, mais dont la bonne exécution et la réussite sont, il est vrai, en grande partie subordonnées à l'influence personnelle que Blücher exerce sur les troupes comme sur leurs chefs ainsi qu'à la confiance que seule sa présence, son intervention et son action peuvent inspirer au soldat.

Positions de l'armée de Silésie le 7 mars au soir. — Mouvements de Saint-Priest et de Tettenborn sur Reims. — Pendant que Russes et Français se couvraient de gloire sur le plateau de Craonne, les autres corps de l'armée de Silésie avaient exécuté les mouvements prescrits par Blücher avant son départ de Froidmont.

Arrivé à Festieux le 7 mars, à 4 heures du soir, Kleist avait immédiatement envoyé des partis de cavalerie dans la direction de Corbeny et chargé deux escadrons de uhlans d'observer le chemin de Craonne à Laon par Bruyères.

Bülow était en position à Laon.

York, parti de Chavignon, dépassa Étouvelles et vint camper le soir à Leuilly. Sacken et Langeron étaient encore en route et allaient marcher une partie de la nuit pour arriver aux environs de Laon, le 8 au matin [1].

Pendant les journées des 6 et 7 mars, Saint-Priest avait continué son mouvement sur Reims. Dès le 5, il avait essayé d'y devancer Corbineau, et aussitôt que le prince Gagarine lui eut donné avis de l'apparition des Français à Fismes, il avait immédiatement dirigé sur cette ville le général Emanuel avec le régiment d'infanterie de Polotsk, les dragons de Kiew et quatre bouches à feu, et envoyé à Jagoff l'ordre de venir au plus vite à Châlons [2]. Malgré toute la rapidité qu'il avait imprimée à sa marche, Emanuel était arrivé trop tard et s'était arrêté à Sillery à la nouvelle de la prise de Reims. Il avait aussitôt fait prévenir Saint-Priest qui, rejoint par une partie des troupes de Jagoff, s'établit le 6 à Beaumont-sur-Vesle. Saint-Priest s'était aussitôt mis en communication avec Tettenborn posté à Épernay et avait décidé de tenter le 7, de concert avec lui, un coup de main sur Reims.

Le 7 au matin, Tettenborn se montrait de nouveau devant Reims pour concourir à l'opération; mais, la matinée tout entière s'étant passée sans que ni les troupes de Saint-Priest, ni celles d'Emanuel eussent paru, Tettenborn dut se borner à envoyer vers Fismes des partis chargés d'observer les mouvements de l'ennemi [3].

A 3 heures de l'après-midi seulement, Saint-Priest arrivait par la rive droite de la Vesle, à demi-portée de canon de la ville avec 6,000 hommes (3 régiments du 8e corps russe, 6 bataillons de landwehr prussienne et 3 escadrons de dragons de Kiew). Un numéro du *Courrier français* et une dépêche interceptée du duc

---

[1] Blücher à Schwarzenberg, Laon, 10 mars. (*K. K. Kriegs Archiv.*, III, 189.)

[2] Saint-Priest au comte Wolkonsky, Châlons, 5 mars. (*Journal des pièces reçues*, n° 442.)

[3] Tettenborn à Schwarzenberg, Port-à-Binson, 13 mars. (*K. K. Kriegs Archiv.*, III, 241.)

de Vicence lui avaient fait connaître la présence de l'Empereur à Berry-au-Bac.

« J'ai d'abord cru que c'était une fausse nouvelle qu'on m'envoyait de Reims, mais cela ne m'a pas empêché de faire la reconnaissance projetée. Nous avons attaqué la ville assez vivement et j'ai fait enlever le faubourg de Rethel. Pendant ce temps, nous entendions une canonnade très vive du côté de Berry-au-Bac, et aussitôt nous avons vu arriver une forte colonne de cavalerie qui venait au secours de la ville [1]. Ignorant si cette cavalerie ne serait pas suivie d'un corps plus considérable, j'ai fait cesser le feu et j'ai concentré mes troupes à une lieue de la la ville [2]. »

Tettenborn, après cette tentative infructueuse, retourna à Épernay. Le soir, le reste du corps de Jagoff rejoignit Saint-Priest qui, cantonnant sur la rive gauche de la Vesle, les troupes russes à Sillery et à Taissy, les Prussiens de Jagoff à Puisieulx et à Champfleury et son avant-garde sous les ordres du général Emanuel à Bézannes, résolut d'attendre sur ces positions l'arrivée des 5,000 hommes de troupes russes que lui amenait le général Pantchoulitcheff pour tenter ensuite une attaque sérieuse contre Reims.

Napoléon reçoit des nouvelles de Châtillon. — Il semble, quand on examine de près les événements de cette campagne, que la fortune se soit complu à mettre un raffinement tout particulier dans l'acharnement avec lequel elle multiplia les coups qu'elle portait presque journellement à l'Empereur. A Fismes, Napoléon avait appris à la fois la capitulation de Soissons et la signature du traité de Chaumont. En rentrant à son quartier général de Braye, après une journée dont il avait lieu de n'être qu'à moitié satisfait, après une victoire qui ne lui valait que la possession du champ de bataille, il reçut la nouvelle que la commission de Lusigny était dissoute. Il y trouva M. de Rumigny qui venait, de la part de Caulaincourt, lui apporter les dépêches rendant compte de la séance du 28 février. En lui annonçant que

---

[1] Il s'agit là de quelques escadrons de gardes d'honneur du général Defrance.
[2] Saint-Priest à Wolkonsky, Sillery, 9 et 10 mars. (Original en français, *K. K. Kriegs Archiv.*, III, 205 *a* et 205 *b*.)

le délai suprême accordé par les plénipotentiaires alliés expirait le 10 mars, Caulaincourt suppliait l'Empereur « de céder et de prendre la seule résolution qui pouvait sauver son trône et la France. » Rumilly n'aurait pu arriver à un plus mauvais moment. S'il ne s'illusionnait pas sur la portée immédiate de la victoire de Craonne, Napoléon n'avait pas perdu l'espérance de rétablir ses affaires par une victoire décisive et de triompher de la coalition ; il ne considérait pas encore la partie comme perdue, et le lendemain Rumilly retournait à Châtillon, non pas avec le contre-projet réclamé par Caulaincourt, mais avec cette étrange réponse : « S'il me faut recevoir les étrivières, ce n'est pas à moi à m'y prêter et c'est bien le moins qu'on me fasse violence [1]. »

8 mars 1814. — Blücher concentre son armée à Laon. — Après la perte de la bataille de Craonne, ou pour mieux dire, dès le moment où, arrivé à Bruyères, il avait dû se convaincre de l'avortement du *raid* de Winzingerode et du mouvement tournant projeté sur Corbeny, Blücher avait pris le parti de concentrer au plus vite toute son armée à Laon et d'employer la journée du 8 à se préparer à la bataille décisive qu'il espérait y livrer à l'Empereur. A cet effet, il avait prescrit aux corps russes de Langeron, Sacken et Winzingerode (aile droite) de s'établir en avant de la route de Laon, à Crépy et La Fère, en arrière de Laniscourt, leur gauche appuyée au pied des hauteurs de Laon, leur cavalerie à la ferme de Loisy, entre la ville même et Besny. Bülow occupait au centre de ces lignes Laon et les villages voisins situés au sud de la ville. L'aile gauche (corps prussiens d'York et de Kleist) devait prendre position au nord-est de Laon, du côté du faubourg de Vaux, la cavalerie en deuxième ligne à l'extrême gauche, derrière la route de Chambry [2]. Le corps de cavalerie, mis à la disposition de Winzingerode depuis le 6 au soir, était dissous.

A l'aile droite, la ligne des avant-postes allait s'étendre de

---

[1] Fain, *Manuscrit de 1814*.

[2] Blücher à Schwarzenberg, Laon, 10 mars (*K. K. Kriegs Archiv.*, III, 189) ; Mareschal à Schwarzenberg, Troyes, 12 mars (*Ibid.*, III, 228), et général Renny au prince Wolkonsky, du bivouac en avant de Laon, 8 mars (*ibid.*, III, 157).

Clacy à Chivy et Étouvelles. Des partis de cavalerie avaient ordre de se tenir plus en avant, de conserver le contact avec les Français et de fournir des postes d'observation du côté de Crépy. La cavalerie légère de Winzingerode sous les ordres de Tchernitcheff, restait sur les hauteurs entre la Lette et Laon. Le centre était couvert par le colonel de Blücher posté entre Festieux, Veslud et Eppes, avec deux bataillons, quatre escadrons et une demi-batterie. Le général von Katzler remplissait le même rôle à l'aile gauche avec deux régiments de hussards, dont le gros se tenait sur la lisière ouest de la forêt de Samoussy et s'éclairait sur la route de Reims.

Marche de l'Empereur sur Laon. — L'Empereur, avant de prendre la funeste résolution de se porter sur Laon et surtout de marcher sur deux colonnes, semble avoir hésité pendant quelques heures. A 3 heures du matin, informé de la présence de partis cosaques sur ses derrières, il s'est borné à prescrire à Marmont et à Padoue de dégager ses communications et de balayer la route du côté de Corbeny.

A la pointe du jour, Belliard, avec les divisions de cavalerie de Roussel et de La Ferrière, avait repris la poursuite de Benkendorf. Échangeant avec lui quelques coups de canon, il l'avait suivi jusqu'à Urcel, où ce général rejoignit, vers les 4 heures, la cavalerie légère de Tchernitcheff et la brigade d'infanterie du général Krasowsky. Rien ne révélait jusque-là la direction du mouvement ultérieur de l'armée et, contrairement à ses habitudes, ce fut vers 10 heures du matin seulement que l'Empereur fit partir l'ordre fatal de marcher sur Laon. A-t-il réellement cru que Blücher n'avait laissé sur cette position qu'une arrière-garde chargée de masquer ou sa retraite vers le nord, ou un mouvement dirigé sur Paris par la vallée de l'Oise ? L'évacuation inattendue et inexplicable de Soissons, excluait cependant la possibilité d'une marche sur Paris, par cela même que, maître de Soissons, Napoléon était désormais en mesure de lui barrer la route. L'Empereur connaissait, d'ailleurs, trop bien le caractère et la ténacité de Blücher pour avoir pu penser qu'une défaite sans conséquence, qu'un échec sans lendemain, comme la bataille de Craonne, avait suffi pour décider le feld-maréchal à se replier vers Avesnes et les Pays-Bas, à céder d'un seul coup tout le nord-est de la France et à aller solliciter l'appui du prince royal de Suède. Aucune de ces hypothèses ne nous paraît admissible.

Il nous semble, d'ailleurs, qu'on tient souvent trop peu de compte de l'état moral des commandants d'armée au moment où ils doivent prendre de graves résolutions, qu'on attache trop peu d'importance à l'influence que des considérations de toutes sortes exercent sur l'esprit du chef, surtout lorsque, comme Napoléon, le général en chef est en même temps le souverain et que, pressé par un concours de circonstances, il se croit obligé de hâter la crise qui doit ou perdre ou sauver son armée, son pays et sa dynastie.

Sans l'arrivée de M. de Rumigny, sans les dépêches de Caulaincourt qui, s'acquittant courageusement en bon Français et en fidèle serviteur de son ingrate et difficile mission, suppliait l'Empereur de céder, sans l'imminence de ce délai suprême qui expirait 48 heures plus tard, il est probable que l'Empereur n'aurait jamais donné l'ordre de marcher sur Laon. Reprenant position à Soissons, il y aurait attendu le moment opportun pour entamer la nouvelle série de ces brillantes manœuvres sur les lignes intérieures dont il savait si merveilleusement tirer parti et qui lui avaient valu tant de victoires. Mais la bataille de Craonne n'avait rien décidé; l'échéance fatale approchait; il lui fallait une victoire éclatante pour contraindre de nouveau les Alliés à compter avec lui et leur arracher une paix basée sur les propositions de Francfort. Ce sont là, croyons-nous, les seuls, les véritables motifs qui ont décidé l'Empereur à attaquer sur des positions inexpugnables un ennemi deux fois plus nombreux que lui, à se départir de sa prudence et de sa logique ordinaires et à violer de la façon la plus formelle les principes mêmes qu'il avait toujours victorieusement appliqués.

A 10 heures du matin, la marche sur Laon est donc chose résolue : les ordres partent et, quelques instants après, l'armée française reprenait sa marche interrompue depuis la veille au soir. Deux routes, toutes deux aux mains des Français, celle de Soissons et celle de Reims, mènent à Laon. Le gros de l'armée impériale, après avoir délogé les Russes du plateau de Craonne, était déjà, depuis le 7 au soir, à proximité de la première de ces routes; le corps de Marmont était encore sur la deuxième, et l'Empereur (la journée de Craonne le lui aurait prouvé, si la carte et les renseignements des gens du pays ne lui avaient pas suffi) ne pouvait ignorer que les communications transversales étaient, si ce n'est absolument impossibles, du moins extrêmement difficiles dès qu'on avait dépassé la route des Dames. Il semble donc que Napoléon ne pouvait avoir d'hésitation que par rapport au choix entre l'une de ces deux routes. En marchant par la route de Soissons, il arrivait plus rapidement à Laon, et Marmont, rappelé de ce côté, pouvait aisément le rejoindre et entrer en ligne avant le 9 au matin. Mais il dégarnissait la route de Reims et permettait à Blücher non pas de filer vers la Belgique, mais de culbuter le faible détachement de Corbineau et d'opérer ensuite sa jonction avec la grande armée alliée. S'il se décidait, comme il n'aurait pas hésité à le faire en d'autres temps, à porter toute son armée sur la route de Reims, il ne courait aucun risque. Il est peu probable, en effet, que Blücher, qui venait de donner l'ordre d'évacuer Soissons, eût tenté d'enlever une fois de plus cette place, de reprendre par là sa marche sur Paris, de recommencer un mouvement auquel il avait déjà renoncé et qu'il n'aurait certainement pas osé entamer à nouveau sous les yeux de l'armée impériale prête à tomber sur son flanc. Bien qu'il fût, en outre, plus facile d'aborder la position de Laon en débouchant par Athies, bien que la présence de l'armée française au nord et à l'est de cette ville dût, après une bataille gagnée, faciliter singulièrement et sa jonction avec les troupes venant des places de la Moselle et son mouvement contre la droite de la grande armée, l'Empereur, oubliant les principes mêmes auxquels jusqu'alors il était toujours resté fidèle, se décida à marcher contre Laon en deux colonnes absolument séparées l'une de l'autre.

Marmont avec le 6e corps, la division du duc de Padoue et le 1er corps de cavalerie, se porte sur Laon par la route de Reims avec l'ordre de maintenir ses communications avec cette ville et avec Soissons qui a été réoccupé dès le 8 au matin, de nettoyer les derrières de l'armée et de laisser à Berry-au-Bac un détachement chargé à la fois d'y garder le pont et de servir de poste de correspondance avec Reims[1].

---

[1] Major-général à Marmont, 8 mars, Braye, 10 heures du matin, et Malval, 11 heures du matin. (*Archives de la guerre.*)

L'Empereur prend la route de Soissons avec Ney, Mortier, la garde (infanterie et cavalerie) et les dragons de Roussel. En commençant aussi tardivement son mouvement, l'Empereur avait donné aux troupes de Sacken et de Woronzoff la possibilité de prendre de l'avance et d'achever sans encombre une retraite qu'il aurait pu sérieusement contrarier en les poursuivant dès le matin. Benkendorf, mollement suivi, avait eu le temps de s'établir à Urcel derrière un ruisseau marécageux, de faire prendre position à sa batterie à cheval dont le tir arrêta la cavalerie française pendant une grande heure et l'obligea à faire un assez grand détour pour tourner Urcel, pendant que la cavalerie russe, ayant atteint son but, se repliait sur Étouvelles. Tchernitcheff, qui avait pris le commandement de l'arrière-garde de Winzingerode, avait fait occuper le village par l'un des régiments de Krasowsky et placé l'artillerie à cheval en batterie sur une position d'où elle enfilait dans toute sa longueur la levée sur laquelle la route traverse les marais. Le 2ᵉ régiment de la brigade de Krasowsky s'était établi sur son ordre à Chivy et la cavalerie de Benkendorf [1] avait été envoyée à Laon.

---

[1] Les cosaques du Bug, faisant partie du détachement de Benkendorf, avaient enlevé dans la nuit du 7 au 8 et immédiatement envoyé à Blücher, un secrétaire interprète de Berthier, un Hanovrien nommé Palm. York, venu de Leuilly à Laon pour chercher des ordres, assista avec Bülow, Sacken et d'autres généraux à l'interrogatoire de Palm. « Il est, écrivait, en parlant de Palm, Blücher à Schwarzenberg, de Laon le 12 mars (*K. K. Kriegs Archiv.*, III, 229), complètement au courant de la situation ; il a accompagné l'Empereur depuis le mois de janvier et raconte une foule de choses sur les derniers événements. Ainsi on a su par lui que les Français ont tellement négligé le service des espions que l'Empereur ignore toujours notre force et notre situation. On cherche à se servir maintenant de gendarmes déguisés ; mais les gendarmes refusent de se prêter à ce service qui ne leur plaît pas. L'armée française, d'après Palm, compterait en tout 90,000 hommes, dont 70,000 sur l'Aisne et 20,000 devant Votre Altesse. Tous les renforts expédiés de Paris allaient rejoindre Oudinot. D'après Palm, il y aurait dans l'armée française 12,000 hommes de vieille garde, 15,000 hommes (dont 3,500 de cavalerie, à savoir 7 régiments de dragons) venus d'Espagne et 16,000 hommes de jeune garde. Tout le reste ne se composerait que de conscrits. Toujours d'après Palm, l'Empereur voyant qu'il ne pouvait contraindre la grande armée à accepter une bataille décisive et craignant que Blücher ne se jetât sur Paris, se serait porté sur Château-Thierry et y aurait opéré sa jonction avec les corps de Marmont et de Mortier dans l'espoir de battre les corps de l'armée de Silésie isolément et successivement comme en février. Bien qu'on lui eût dit que Blücher était plus fort qu'à cette époque, il n'en persistait pas moins dans son idée de l'attaquer là où il l'atteindrait. Quand ses généraux se permettaient de lui parler de la

L'infanterie de Ney avait, pendant ce temps, rejoint la cavalerie et essayé en vain de forcer le passage. Après une tentative infructueuse, elle s'arrêta à Urcel. La cavalerie occupa, à gauche de la chaussée, Les Grands-Champs, à droite Mailly et Nouvion, s'éclairant sur sa droite dans la direction de Bruyères. La division Friant passa la nuit à Chavignon ; celles de Charpentier et de Boyer de Rebeval à La Malmaison ; Christiani, Poret de Morvan et la cavalerie de Nansouty en arrière de ce point. L'Empereur avait transféré son quartier général à Chavignon.

Marmont s'était arrêté aux environs de Corbeny et bien qu'il se fût couvert à droite par des détachements envoyés à Aizelles et à gauche dans la direction de Bruyères, son convoi n'en avait pas moins été surpris, pillé et mis en déroute entre Corbeny et Berry-au-Bac par un des innombrables partis cosaques qui battaient l'estrade de tous côtés.

Si l'état-major de l'armée de Silésie avait eu bien des négligences et bien des fautes à se reprocher dans ces derniers jours, il n'avait cessé, du moins, de s'occuper avec un soin tout particulier du service de sécurité et d'exploration. C'est ainsi qu'au moment même où l'on se préparait à recevoir la bataille à Laon, Gneisenau écrivait au major von Lützow, envoyé depuis le 6 à Montcornet, pour lui prescrire de percer au plus vite de l'Aisne vers Reims et de s'y mettre en communication avec Saint-Priest que l'on supposait à Vitry ou à Châlons. « Vous lui ferez connaître, à lui et au général Iagoff, ajoutait Gneisenau, que nous sommes prêts à accepter la bataille ici et que, si nous la gagnons, ces généraux auront à pousser sur la rive gauche de l'Aisne pour faire le plus de mal possible à l'ennemi [1]. »

---

supériorité numérique de l'armée de Silésie, il leur reprochait de colporter des mensonges et de faux bruits. Si Blücher avait attaqué, hier 7, les Français à Corbeny, il leur aurait infligé une défaite sanglante parce qu'on ne s'attendait pas à rencontrer l'ennemi de ce côté. Dès que les communications seront libres, ajoutait encore Blücher en resumant à Schwarzenberg cet interrogatoire, j'enverrai Palm à Votre Altesse. Il affirme d'une manière positive que le maréchal Suchet n'est pas et n'a jamais été à Dijon. D'après lui, il serait encore à Barcelone. »

(Voir encore pour l'interrogatoire de Palm, le rapport du général Krasoffsky sur la bataille de Craonne.)

Pour récompenser Palm de ces révélations, on l'attacha sous les ordres de Ribbentrop au service des subsistances de l'armée de Silésie.

[1] Gneisenau au major von Lützow, Laon, 8 mars. (*K. K. Kriegs Archiv.*, III, 205 c.)

Nuit du 8 au 9 mars. — Combat de nuit d'Étouvelles, de Chivy et de Semilly. — Les rapports qui parvenaient à l'Empereur et qui lui rendaient compte de l'état moral et des situations d'effectif de ses armées auraient suffi en d'autres temps pour le détourner de ses projets contre Laon. Le nombre des présents diminuait non seulement par le feu et par les maladies, mais surtout par la désertion. Les effectifs fondaient à vue d'œil. En quelques jours, le général Vincent avait arrêté à Château-Thierry 800 isolés, dont le nombre augmentait de 200 dans l'espace de 24 heures, du 7 au 8, et dont il formait deux bataillons prédestinés à disparaître au bout de quelques marches. Se réunissant en bandes pour marauder, les traînards et les isolés erraient dans les campagnes, y commettaient d'horribles excès et cherchaient à rentrer dans Paris où ils espéraient arriver plus facilement à se cacher. Leur nombre grossissait tous les jours, et la contagion de la désertion était telle que le major-général écrivait au Ministre, à Moncey et au général Hulin pour faire ramasser par la gendarmerie, décimer et fusiller les traînards et les isolés, les maraudeurs et les déserteurs.

Malgré ces symptômes si tristes de décomposition, de lassitude et de découragement, l'Empereur persistait plus que jamais dans la croyance qu'une victoire décisive relèverait le moral des soldats. Cherchant à s'étourdir lui-même, irrité de la résistance que l'avant-garde de Ney avait rencontrée à Étouvelles, craignant d'être retardé dans son attaque sur Laon, il résolut de brusquer les choses et d'essayer d'enlever la position de Blücher, de nuit, à l'aide d'un coup de main. Les paysans qu'il avait interrogés lui ayant fait connaître la possibilité de tourner le défilé d'Étouvelles, il conçut le projet de s'emparer de Laon par surprise. A cet effet, il confie à son officier d'ordonnance, le chef d'escadrons Gourgaud, deux bataillons de vieille garde, 300 chevaux polonais, chasseurs et dragons de la garde, deux pièces de canons et une compagnie de sapeurs avec lesquels il partira à 11 heures du soir pour se rendre à Chaillevois, tourner la position des Russes et continuer de là sur Laon qu'il a ordre d'attaquer entre 1 et 2 heures du matin. A minuit et demi, Ney devait se porter de front sur Étouvelles et Chivy, enlever ces deux villages pendant que Belliard, avec la cavalerie de Roussel, Colbert et La Ferrière, serait à cheval dès 1 heure du matin, prêt à déboucher aussitôt que l'attaque sur l'aile droite de Blücher aurait réussi. Cette cavalerie avait ordre de se porter, au grand trot, sur Laon, de tourner la position, de couper les différents chemins, de faire un hourrah sur la ville et de prendre tout ce qu'elle y trouverait. L'Empereur recommandait, en outre, à Belliard de laisser à tout événement, dans la plaine en avant de Laon, deux batteries à cheval et plusieurs escadrons chargés de le recueillir en cas de besoin. Belliard devait, s'il était contraint à la retraite, soit par des circonstances imprévues, soit par les forces de l'ennemi, se replier non pas sur Chivy, mais par Clacy sur Chaillevois où l'infanterie serait prête à le protéger. Un officier de l'état-major de Ney, envoyé aux avant-postes pour suivre les progrès du mouvement et en donner avis à Belliard, puis au maréchal Mortier, avait pour mission spéciale de diriger et de presser la marche des divisions Meunier et Boyer et de faire réparer par les sapeurs les ponts que les Russes auraient détruits sur la route d'Urcel à Étouvelles et à Chivy[1].

Retardé dans sa marche par l'obscurité, les mauvais chemins et surtout par une tourmente de neige, Gourgaud ne put, bien qu'il n'eût rencontré en route aucune patrouille russe, parvenir à s'acquitter de la mission dont il était chargé.

Ney, toujours infatigable, avait été plus heureux malgré toutes les précautions prises par Tchernitcheff. Ce général, remarquant le 8 au soir qu'il avait devant lui une forte avant-garde, avait gardé avec lui en réserve, derrière Étouvelles, les 13e et 14e régiments de chasseurs dont les régiments de Saratoff et de Pensa avaient repris à la tombée de la nuit les postes à Étouvelles et à Chivy et qui auraient dû, dès 9 heures du soir, se replier sur Laon. Le prince de La Moskowa, à la tête du 2e léger, n'en surprend pas moins les grand'gardes russes harassées de fatigue et endormies auprès de leurs feux de bivouac à demi-éteints. Sans leur laisser le temps de courir aux armes, il les chasse en désordre d'Étouvelles, les poursuit la baïonnette dans les reins et pénètre aux cris de : Vive l'Empereur! sans tirer un coup de fusil dans Chivy, où Gourgaud le rejoint vers 2 heures

---

[1] *Correspondance*, n° 21457 ; major-général à Drouot, Ney, Belliard et Gourgaud, Chavignon, 8 mars, 9 heures du soir, et Ney au général Boyer. (*Archives de la guerre.*)

du matin. Mais les 13ᵉ et 14ᵉ régiments de chasseurs russes ont fait bonne contenance et, au lieu de se laisser entraîner par les fuyards, ils se replient lentement et en bon ordre sur les troupes avancées de Bülow postées à Semilly[1].

Malheureusement la cavalerie de Belliard n'avait pu arriver à temps. Comme celle de Winzingerode à Filain deux jours auparavant, soit qu'elle se fût rassemblée trop tard, soit qu'elle eût perdu beaucoup de temps pour s'engager et s'écouler sur la route, ce fut seulement une demi-heure avant la pointe du jour, vers 5 heures et demie, que sa tête de colonne, la division Roussel, précédée par les 300 chevaux de Gourgaud, parvint à déboucher de Chivy, à donner la chasse aux troupes russes débusquées de ce village[1], à les suivre d'abord jusqu'à Semilly, puis jusqu'au pied de la montagne de Laon que les dragons espéraient déjà gravir sans obstacle, pêle-mêle avec les fuyards. Mais Bülow, prévenu de ce qui s'était passé à Étouvelles et à Chivy, était sur ses gardes et au moment où les cavaliers français arrivaient au pied même de la montagne, il démasqua un batterie de 12 pièces dont la mitraille faucha la tête de colonne. Arrêtés par cette salve, sachant désormais qu'une surprise est impossible, se rendant compte des dangers qu'offrirait une continuation plus longue d'une poursuite désormais sans but, Belliard et Roussel ramenèrent leurs escadrons hors de portée du canon de Bülow, dans l'espoir que leur adversaire commettra la faute de sortir de sa position, de s'engager avec eux et leur fournira, par son imprudence, l'occasion de réussir le coup de main que sa vigilance vient de faire échouer[2].

Mais Bülow resta immobile et, lorsque le jour parut, l'armée de Silésie tout entière était sur ses positions de combat, prête à recevoir l'attaque de l'Empereur.

9 mars 1814. — Positions et formation de combat de l'armée de Silésie. — Bâtie sur un mamelon isolé, de forme irrégulière, aux pentes escarpées, dominant d'environ 100 mètres

---

[1] Journal du général Krasoffsky, Blücher à Schwarzenberg, Laon, 10 mars (*K. K. Kriegs Archiv.*, III, 189), et Mareschal à Schwarzenberg, Troyes, 12 mars (*Ibid.*, III, 228).

[2] Journal de la division Roussel. (*Archives de la guerre.*)

une vaste plaine coupée de bois et de fossés marécageux, légèrement ondulée dans sa partie méridionale et complètement découverte au nord, la ville de Laon, centre de la position de Blücher, était entourée d'un mur percé de 11 portes. Les pentes de la montagne, couvertes de vignes du côté du sud et d'un accès naturellement difficile, étaient encore protégées par les faubourgs qui, situés à ses pieds et commandant chacun une route, forment autant d'ouvrages détachés qu'il est indispensable d'enlever avant de commencer l'escalade du piton même. Tant du côté de la route de Soissons que de celui de la chaussée de Reims, les petits cours d'eau qui sillonnent la plaine augmentent encore la force naturelle de la position de Laon. L'un de ces ruisseaux, l'Ardon, prend naissance au sud de Bruyères, court droit vers le nord, presque parallèlement à la chaussée de Reims, jusqu'au faubourg d'Ardon, s'infléchit de nouveau vers le sud-ouest et va se jeter dans la Lette à 3 kilomètres au sud-ouest d'Etouvelles, après avoir reçu sur sa rive droite, à Chivy même, les eaux d'un petit affluent qui, sortant de la forêt de Saint-Gobain, passe par Molinchart, le Pont-de-Thierret et Clacy. Ces deux cours d'eau, dont les eaux en s'écoulant lentement s'infiltrent dans la plaine, la rendent non seulement presque impraticable pour la cavalerie, mais défoncent le terrain au point de contrarier sérieusement les manœuvres de l'infanterie et couvrent complètement, au sud et à l'ouest, les approches de Laon que l'on ne peut guère aborder que par les routes de Soissons et de Reims, qui se réunissent à angle droit à Laon. A l'est de cette dernière chaussée, un autre ruisseau marécageux sortant d'un ravin près de Festieux, contourne Eppes et Athies, joint la route de Marle à hauteur de Chambry et se jette plus au nord, sous le nom de rû des Barantons, dans l'un des affluents de la Serre, la Souche. Coulant dans une sorte de bas-fonds marécageux, entrecoupé de fossés et de buissons, il servira à séparer du côté d'Athies la droite de Marmont de la gauche des lignes prussiennes.

Bülow, arrivé depuis le 8 dans la matinée à Laon, avait eu tout le temps d'organiser la défense de cette ville. Disposant à cet effet de 20 bataillons, 19 escadrons et 8 batteries représentant, sans y comprendre 2 batteries de position fournies par l'artillerie russe, un effectif total de 16,900 hommes, il avait établi

6 pièces de position russes à l'ouest de la route de Soissons, à mi-côte et commandant les abords de Semilly; sur un mamelon un peu plus à l'ouest et croisant ses feux sur Semilly et sur le débouché de la route de Soissons, une batterie prussienne de 6 pièces; plus à l'ouest encore, sur deux petites éminences formant saillant en avant de la montagne, deux demi-batteries prussiennes flanquaient la chaussée et fermaient l'espace qui séparait Semilly et le pied de la montagne de la gauche des corps russes postés à l'aile droite. A gauche de la route de Soissons, en sortant de la ville, on trouvait à hauteur de la batterie de position russe et, comme elle, prenant sous ses feux la route de Soissons et les abords de Semilly, une batterie prussienne de 10 pièces. 4 canons et 2 obusiers établis sur le versant de la montagne, au pied du mamelon sur lequel est bâtie l'abbaye de Saint-Vincent, barraient le chemin d'Ardon. 6 canons de position russes au nord-est du faubourg d'Ardon, sur un mamelon qui s'élève au-dessus de la ferme du Sauvoir, concouraient à la défense de ce point, pouvaient diriger leur tir, soit sur la chaussée de Reims, soit sur le chemin de Bruyères et reliaient la gauche de la position de Soissons avec la droite des corps prussiens de l'aile gauche. Une batterie russe et une demi-batterie prussienne restaient en réserve au nord de Laon, au faubourg Saint-Marcel; une autre batterie prussienne était établie sur la route de Reims. La garde de la ville même avait été confiée par Bülow à deux bataillons, l'un de la 3e, l'autre de la 6e brigade.

Les trois bataillons du 3e régiment de la Prusse orientale étaient, l'un à l'abbaye de Saint-Vincent, l'autre aux moulins de Morlot, le troisième en réserve. Deux bataillons gardaient l'extrémité est du piton de Laon. Le lieutenant-colonel de Clausewitz défendait, avec un peu plus de deux bataillons, Semilly qu'il avait fait couvrir, sur la route de Soissons, par un poste avancé d'une centaine d'hommes. Il disposait, comme réserves immédiates, d'un bataillon établi dans le chemin creux en avant de la porte Saint-Martin, de deux bataillons s'échelonnant sur les pentes en arrière du faubourg et d'un bataillon posté sur les flancs et au pied du saillant sud de la montagne.

Les trois bataillons du régiment de Colberg avaient pris position, l'un dans le ravin au pied de la citadelle, l'autre au nord de la route de Reims, le troisième avec deux de ses compagnies au sud de la route en soutien de l'artillerie postée près du Sauvoir, avec deux compagnies dans les chemins creux qui sillonnent les vignes et aboutissent à la promenade. Deux bataillons d'infanterie étaient postés en face du faubourg d'Ardon et un troisième bataillon à l'ouest de ce faubourg. Un quatrième bataillon gardait, au nord-est du faubourg, l'espace qui s'étend entre Ardon et Vaux et se reliait à l'un des bataillons du régiment de Colberg.

En outre, une chaîne de tirailleurs, fournis par les chasseurs de la Prusse orientale, garnissait tout le versant sud de la montagne.

Des trois régiments de cavalerie de landwehr, l'un avait pris position au faubourg de la Neuville, près de la route de La Fère; l'autre à la promenade près de la porte de Soissons; le troisième, au débouché du faubourg d'Ardon, prêt à charger les troupes ennemies qui chercheraient à en déboucher. La réserve de cavalerie du IIIe corps, sous les ordres du général von Oppen, se forma avec deux batteries à cheval en colonne par escadron, en avant du faubourg de Vaux, la droite à la route de Reims.

A l'aile droite, le corps de Winzingerode (28 bataillons, 36 escadrons, 15 régiments cosaques et 13 batteries) en colonne de bataillon, s'étendait du Pont-de-Thierret jusqu'à Laon, face à Clacy sur deux lignes parallèles, la première formée par les 12e, 21e, 14e et 24e divisions, la deuxième par les 13e et 15e en réserve à l'aile gauche. L'artillerie était en batterie sur le front.

La cavalerie du général Orurk était en bataille en troisième ligne, sa gauche en avant de la ferme d'Avin, sa droite vers Molinchart. Tchernitcheff, avec son avant-garde et son artillerie, était venu se placer à l'extrême droite de la ligne, au Pont-de-Thierret. L'effectif total du corps de Winzingerode s'élevait à environ 25,000 hommes.

Les deux autres corps russes, en réserve au nord de Laon, attendaient en colonne des ordres ultérieurs : celui de Sacken, à cheval sur la route de La Fère, à peu de distance du faubourg de La Neuville; celui de Langeron, des deux côtés du faubourg Saint-Marcel. Ces deux corps réunis avaient en ligne 69 bataillons, 52 escadrons, 15 régiments cosaques et 19 batteries, soit environ 36,000 hommes.

Les Ier et IIe corps prussiens (aile gauche de l'armée de Silésie,

30 bataillons et demi, 68 escadrons et 19 batteries, en tout près de 24,000 hommes), quittant leurs bivouacs de Vaux et de Chambry, étaient venus se former face au chemin d'Athies et à la route de Reims. A l'extrême gauche des lignes formées par l'infanterie, la division du prince Guillaume de Prusse, en colonne de bataillon, avait six bataillons en première ligne, deux en réserve à sa gauche appuyée à la ferme de Manoise qu'occupaient deux bataillons. Deux autres bataillons de cette division gardaient Athies. Le général de Katzler, avec le 2e régiment de hussards du corps, les hussards de Brandebourg et une batterie à cheval, s'était formé dans la direction de Samoussy, à gauche du prince Guillaume, et avait envoyé les hussards de Mecklembourg au delà du ruisseau des Barentons. L'artillerie, répartie sur ce front, avait pour mission de concentrer son tir sur les abords d'Athies. La division du général von Horn, placée en deuxième ligne, avait à sa gauche la réserve de cavalerie du général von Jürgass.

Kleist, dont l'infanterie était à cheval sur la route même de Reims, avait posté trois de ses batteries à la ferme de Chauffour, une batterie d'obusiers des deux côtés de la route de Reims et deux autres à gauche de cette chaussée. La brigade du général von Pirch I était massée en arrière des trois batteries de Chauffour, celle du général von Klüx prit position en réserve à droite de la route de Reims, entre le pied de la montagne et la ferme du Sauvoir, se reliant par sa droite à Bülow. Le lieutenant-colonel von Lettow, avec trois bataillons et une compagnie de tirailleurs, occupait le bois en avant de cette ferme. Les escadrons de cavalerie de landwehr et du 2e de hussards de Silésie, dont les effectifs étaient très réduits, servaient de soutiens aux batteries. Les dragons de la Nouvelle-Marche et le 1er hussards de Silésie se déployèrent derrière la brigade Pirch. La cavalerie et l'artillerie de réserve restèrent en colonne en arrière du IIe corps, à peu de distance et au nord de la route de Reims.

Deux escadrons de dragons et un régiment de hussards de Silésie, sous les ordres du colonel de Blücher, postés à Festieux et couverts en avant à La Maison-Rouge, par les deux autres escadrons de dragons de la Nouvelle-Marche, avaient pour mission de signaler la marche de l'ennemi et étaient échelonnés par le général von Katzler avec deux régiments de cavalerie établis, comme nous l'avons dit, à Eppes.

Ordre de Blücher. — Décidé à attendre sur ces positions l'attaque de l'Empereur, Blücher, aussitôt après la tentative de Belliard sur Semilly, s'était borné à adresser à ses commandants de corps l'ordre suivant :

« Si l'ennemi s'avance contre mes positions, je prendrai l'offensive.

« Chacun des commandants de corps devra se constituer une réserve.

« Au moment où l'on prendra l'offensive, on poussera les batteries en avant, et ce sera l'artillerie qui engagera la bataille.

« En raison du brouillard, je recommande de tenir les troupes massées et de faire surveiller le front par l'infanterie[1]. »

Blücher, malade, hors d'état de monter à cheval et parvenant seulement, grâce à un suprême effort d'énergie, à se tenir debout, s'était établi dès le matin sur la hauteur de Laon, près de l'abbaye de Saint-Vincent, d'où il dominait tout le pays et pouvait, dans les courts moments de répit que lui laissait la douleur physique, diriger les opérations et suivre le cours de cette bataille que l'Empereur, abusé par ses espérances, s'attendait de plus en plus à voir se réduire aux proportions d'un combat d'arrière-garde.

Déployement des corps de Ney et Mortier. — Affaires de Semilly et d'Ardon. — L'Empereur croyait si fermement à la retraite de l'armée de Silésie que, contrairement à ses habitudes, il resta non seulement à Chavignon pendant toute la matinée, mais qu'à sept heures du matin, annonçant à Marmont la réussite de l'affaire de nuit d'Étouvelles et sûr de recevoir d'un moment à l'autre la nouvelle de l'entrée de son avant-garde à Laon, il lui faisait dire de s'arrêter là où le trouverait la dépêche et de se tenir prêt à se diriger sur Reims, dès que l'occupation de Laon lui serait confirmée[2].

---

[1] Il y a tout lieu de penser que, comme l'écrit Schneidawind dans son livre *Prinz Wilhelm von Preussen in den Kriegen seiner Zeit*, la répartition des forces de l'armée de Silésie sur la position de Laon était motivée par le fait qu'on se refusait à croire à la marche de l'armée française en deux colonnes séparées l'une de l'autre et qu'on s'attendait à en voir une troisième déboucher au centre par Bruyères.

[2] Major-général à Marmont. (Registres de Berthier, *Archives de la guerre.*)
Cette dépêche, comme celle adressée deux heures plus tard au duc de Ra-

Lorsque le jour parut, la neige tombée en abondance pendant la nuit couvrait toute la plaine et un épais brouillard empêchait de distinguer les objets même les plus rapprochés.

Pendant que Belliard, dont la tentative avait été découverte et saluée par les batteries de Bülow, envoyait une partie de sa cavalerie à Leuilly et vers Ardon pour s'éclairer sur sa droite et que le reste de ses escadrons s'étendait à gauche vers Clacy, occupé par les Russes, le prince de La Moskowa profitait du brouillard pour marcher de Chivy sur Laon par la grande route et diriger le général Boyer sur Semilly. A sa droite, le maréchal Mortier chargeait le général Poret de Morvan d'enlever Ardon. Les troupes d'attaque du général Boyer (deux petites colonnes de 700 hommes en tout) arrivèrent jusqu'à une cinquantaine de mètres de Semilly sans être aperçues[1]. Découverte à ce moment et accueillie par les feux de salve des Prussiens du lieutenant-colonel von Clausewitz, l'une des deux colonnes s'arrête et plie, tandis que l'autre, celle de droite, pénètre dans le faubourg et en chasse Clausewitz, qu'elle rejette un moment jusque sur les premières pentes de la montagne. Grâce à l'arrivée des renforts qu'il a demandés (deux compagnies envoyées de Laon par le général von Thümen), le lieutenant-colonel von Clausewitz parvient à débusquer les Français de Semilly et les oblige à s'abriter dans les fossés, à une centaine de mètres de la lisière sud du faubourg, d'où ils continuent à tirailler avec les Prussiens.

Poret de Morvan, soutenu par la cavalerie de Belliard, avait été plus heureux à Ardon, d'où il avait chassé les Prussiens après un engagement de courte durée. Débouchant du faubourg, ses tirailleurs avaient déjà gravi la côte par le sentier de Bousson et étaient sur le point d'atteindre le sommet à proximité de l'entrée des jardins de l'abbaye de Saint-Vincent, lorsqu'une décharge générale de trois bataillons prussiens les rejeta dans la plaine et les contraignit à se replier au plus vite sur Ardon.

Pendant ce temps, les divisions Meunier et Curial du corps de

---

guse, a dû être interceptée en route. Le maréchal n'en parle pas dans ses *Mémoires*, et il n'eût pas manqué sans cela de les joindre toutes deux aux pièces justificatives.

[1] Blücher à Schwarzenberg, Laon, 10 mars. (*K. K. Kriegs Arch.*, III, 189.) « Le 9 au matin, pendant qu'un épais brouillard couvrait tout le pays, l'infanterie française repoussa nos avant-postes et enleva Sermilly et Ardon. »

Ney, la division Christiani du corps de Mortier, avec l'artillerie de ces deux corps en batterie sur leur front, s'étaient déployées, les deux premières face à Semilly, la troisième formant la droite à Leuilly. Charpentier avec ses deux divisions ne devait entrer en ligne que plus tard à l'extrême gauche et se porter de Chivy sur Clacy[1].

Friant, avec sa division de vieille garde, et Nansouty avec sa cavalerie restaient en réserve. Le gros de l'armée, sous les ordres directs de l'Empereur, ne dépassait pas 30,000 hommes, formant huit divisions d'infanterie et cinq de cavalerie.

A 11 heures du matin, le brouillard s'était dissipé; le déploiement de l'aile gauche de l'Empereur était achevé et les lignes françaises s'étendaient maintenant jusque vers Clacy. On continuait à tirailler. Au lieu d'une attaque violente, poussée à fond, comme Blücher s'y attendait de la part d'une armée forte de 70,000 hommes, au dire de Palm, il n'y avait eu depuis le matin que des engagements assez vifs, il est vrai, mais isolés à Semilly et à Ardon, et de petites affaires de détail vers Clacy. Blücher pouvait maintenant, du haut de son poste d'observation, évaluer l'effectif des troupes mises en ligne par les maréchaux. Le caractère de leurs attaques et les nouvelles contenues dans une dépêche de son fils signalant la marche d'une grosse colonne sur Festieux, l'amenèrent à penser que l'Empereur, dont les troupes manœuvraient maintenant devant lui de façon à ne pas donner trop de prise au tir de son artillerie, n'avait voulu faire contre l'aile droite de l'armée de Silésie qu'une démonstration destinée à faciliter l'attaque principale dirigée contre son aile gauche. La dépêche du colonel de Blücher était, on ne saurait le nier, de nature à corroborer cette manière de voir, et tout semblait indiquer que les attaques, jusque-là indécises et intermittentes, des Français changeraient de caractère dès l'entrée en ligne de la colonne s'avançant par la route de Reims.

Winzingerode et Bulow prennent l'offensive à 11 heures.

---

[1] L'ordre de mouvement sur Laon n'a été envoyé de Chavignon par le major-général à Charpentier qu'à midi (Registres de Berthier). On avait en même temps, écrit à Marmont pour lui prescrire de reprendre immédiatement sa marche sur Laon. Cette dépêche fut interceptée comme celle expédiée à à une heure du matin.

— « A 11 heures du matin, lorsque le brouillard se fut dissipé, écrit Blücher à Schwarzenberg[1], je prescrivis à Winzingerode et à Bülow de reprendre l'offensive, et la droite du général Winzingerode repoussa l'ennemi. » La 12e division russe soutenue par une brigade de cavalerie, reçut à ce moment l'ordre de se porter sur Clacy, d'inquiéter la gauche de l'Empereur, d'appeler son attention sur cette partie de la ligne de bataille et de l'empêcher, par ses progrès, de se relier avec l'attaque principale qu'on s'attendait à voir se produire par la route de Reims. On avait en même temps résolu de faire plier les Français devant Semilly et de leur reprendre Ardon.

L'infanterie russe du prince Chovansky, précédée par les cosaques et une brigade de hussards, pénétra dans Clacy. La cavalerie, traversant rapidement le village et passant à gué le ruisseau de Molinchart, sous la protection de l'artillerie légère, obligea l'aile gauche française à reculer assez vivement et, menaçant la retraite des troupes de Boyer engagées depuis le matin devant Semilly, les contraignit à quitter leur position. L'infanterie russe commençait déjà à déboucher de Clacy et se disposait à se rabattre vers la chaussée menant à Semilly, lorsque Ney, ramassant quelques escadrons de la garde, la chargea et l'obligea à rentrer dans Clacy. Au même moment, sur l'ordre de Belliard, le général Grouvel, avec sa brigade de cavalerie légère, bousculait les cosaques qui ne parvinrent à se rallier que sur leur ancienne position du Pont-de-Thierret. Soutenue par les feux de ses batteries qui, depuis que le brouillard s'était dissipé, écrasaient de projectiles les Français établis à Ardon et celles de leurs colonnes qui se montraient du côté de Semilly, la brigade du général von Krafft avait réussi à arracher Ardon au général Poret de Morvan et à l'obliger à se replier sur Leuilly. Ramenée en avant par son général et par le maréchal Mortier, renforcée par les dragons de Roussel conduits par Belliard qui s'étendent à droite vers la ferme du Sauvoir, l'infanterie française reprend de nouveau Ardon aux Prussiens, au moment où Blücher redoutant de plus en plus une attaque sérieuse dirigée contre sa gauche, annulait l'ordre à peine donné à la réserve de cavalerie du général von Oppen qu'il voulait diriger par le château de Corneil sur

---

[1] Blücher à Schwarzenberg, Laon, 10 mars. (*K. K. Kriegs Archiv.*, III, 189.)

les derrières des Français[1]. Le brouillard qui s'était épaissi de nouveau rendait le feld-maréchal plus circonspect que jamais, et les Français profitèrent du silence forcé des batteries prussiennes pour pousser vers Semilly et s'avancer d'Ardon jusqu'au pied de la montagne. Mais, dès que le brouillard se fut dissipé, les feux des batteries prussiennes et en particulier le tir de la batterie établie sur une éminence à l'est de la route de Soissons, obligèrent et l'infanterie du côté de Semilly et les dragons parvenus au pied de la montagne à se replier dans la direction de Leuilly.

Il n'y avait jusque-là rien de changé. Les Prussiens avaient conservé Semilly, les Français avaient repris Ardon. Napoléon et Blücher attendaient tous les deux, avec une égale impatience, des nouvelles de ce qui se passait sur la route de Reims : le premier parce qu'il tenait à combiner son action avec celle de Marmont, le deuxième parce que, malgré l'invraisemblance d'une attaque dirigée contre son front, il ne voulait se décider à dégarnir sa droite, à diriger ses réserves (les corps de Sacken et de Langeron) vers sa gauche, qu'après avoir vu son adversaire dessiner nettement ses projets et commencer son attaque contre York et Kleist.

Blücher renforce sa gauche. — Napoléon fait attaquer et prendre Clacy. — Reprise d'Ardon par les Prussiens. — Tandis que l'Empereur essayait en vain de correspondre avec le duc de Raguse, que les officiers envoyés par lui tombaient entre les mains des cosaques, s'égaraient en route ou revenaient sans avoir pu parvenir à passer, le feld-maréchal, comme il l'écrivait à Schwarzenberg[2], recevait à 2 *heures*, une nouvelle dépêche de son fils, l'informant de la marche de fortes colonnes débouchant sur sa gauche en avant de Festieux par la route de Reims. « Comme, ajoute-t-il un peu plus loin, il m'était impossible de voir ce qui s'y passait et comme je devais m'attendre à une attaque décisive par la route de Reims, je portai alors les corps

---

[1] S'il faut en croire certains documents, Blücher n'aurait, ni à ce moment, ni lors de la prise d'Ardon entre 4 et 5 heures du soir, donné contre-ordre au général von Oppen. Mais le mouvement prescrit à ce général aurait échoué à cause de la nature du terrain et de la présence des Français à Leuilly.

[2] Blücher à Schwarzenberg, Laon, 10 mars. (*K. K. Kriegs Archiv.*, III, 189.)

des généraux Sacken et Langeron à gauche (entre Laon et Chambry) et en réserve des corps d'York et de Kleist. J'ordonnai en même temps à York de marcher droit à l'ennemi dès l'entrée en ligne des corps que j'envoyais le soutenir[1]. »

L'inquiétude et l'impatience de l'Empereur croissaient à mesure que la journée s'avançait. Ignorant toujours ce que Marmont était devenu, il n'osait s'engager à fond contre le centre et la droite de l'armée de Silésie; mais, d'un autre côté, l'inaction pouvait avoir des conséquences dangereuses en permettant à Blücher, rassuré sur ce qui se passait d'Ardon à Clacy, de renforcer sa gauche. Aussi, vers 4 heures, à l'arrivée des troupes de Charpentier à hauteur de Chivy, Napoléon donna à ce général l'ordre de se porter avec sa division et celle de Boyer de Rebeval par Vaucelles et Mons-en-Laonnois sur Clacy, que Curial devait attaquer simultanément par l'est. La colonne de gauche, sous les ordres du général Lagrange, ne put, comme elle en avait l'ordre, déboucher par Laniscourt sur le Pont-de-Thierret et prendre à revers les défenseurs de Clacy; mais le général Montmarie, abordant la position de front, avait été plus heureux. Aidé par les tirailleurs de Curial, il réussit à enlever le village et à en chasser la brigade que Strogonoff y avait laissée quelques heures auparavant au moment où il tentait de percer par Vaucelles et qui dut se replier sous le canon des batteries établies en avant de la ferme d'Avin.

Les Français avaient été moins heureux plus à droite. Une nouvelle tentative faite contre Semilly avait complètement échoué, et, pendant que les corps de Sacken et de Langeron avec 6,000 chevaux cachés par la montagne aux vues des Français qui ne soupçonnaient pas leur présence dans ces parages, se portaient de La Neuville et de Saint-Marcel au nord du faubourg de Vaux, Bülow lançait de nouveau l'infanterie du général von Krafft et la cavalerie du général von Oppen sur Ardon. Après une lutte héroïque qui coûta la vie au général Poret de Morvan, les Prussiens, soutenus par leur artillerie qui suivait leur marche en avant, réussirent à déloger les Français d'Ardon. Bien que

---

[1] Une partie de la cavalerie de Winzingerode, sous les ordres du général de Benkendorf, passa également de l'aile droite à l'aile gauche de l'armée de Silésie.

la cavalerie du général von Oppen n'ait pu parvenir, comme le voulait le feld-maréchal, à pousser jusqu'à Leuilly, on n'en avait pas moins réussi, par la prise d'Ardon, à séparer complètement l'Empereur de Marmont, qui venait de s'établir à Athies. Napoléon, privé de communications avec le duc de Raguse, n'avait pu ni apercevoir les mouvements, ni entendre le canon du maréchal.

L'Empereur couche sur le champ de bataille. — Il était à ce moment plus de 5 heures. La nuit était trop proche pour se risquer à tenter de nouvelles attaques. Obligé d'attendre des nouvelles de sa colonne de droite, l'Empereur se borna à entretenir pendant quelque temps un combat d'artillerie. Comme, d'un autre côté, Bülow au centre et Winzingerode à l'aile droite de l'armée de Silésie ne cherchaient pas à attaquer les positions françaises et se contentaient de tirailler, l'Empereur, pensant avoir tout avantage à remettre le combat au lendemain, fit bivouaquer la plus grande partie de sa petite armée sur les positions de la journée. Seule, la division Friant repassa l'Ardon avec la cavalerie et alla se cantonner avec elle à Étouvelles, Laval et Chavignon, où l'Empereur avait son quartier général. Les Polonais de Pac fournirent les grand'gardes sur les deux flancs et la cavalerie légère du général Grouvel fut renvoyée à Soissons.

Marche de Marmont. — **Premiers engagements à l'aile gauche de Blücher.** — Sur son aile gauche, du côté où Blücher attendait l'effort principal, tout avait été relativement tranquille pendant une bonne partie de la journée du 9. Parti de grand matin de Corbeny, Marmont, dont la colonne s'éclairait par trois régiments de cavalerie, n'avait pas osé s'engager dans la plaine et déboucher de Festieux avant la disparition complète du brouillard.

Craignant de s'aventurer dans ces vastes plaines, au milieu d'une obscurité complète, de tomber, sans s'en douter, au milieu de forces supérieures, le duc de Raguse dont le parc venait d'être mis en désordre entre Berry-au-Bac et Corbeny par les cosaques qui rôdaient sur ses derrières, avait fait halte entre 8 et 9 heures du matin aux environs de La Maison-Rouge, dès que ses éclaireurs lui eurent fait connaître la présence de quelques troupes de cavalerie prussienne sur ce point. Le major von Dossow, posté de ce côté avec deux escadrons de dragons de la Nouvelle-Marche, parvint pour cette raison à conserver pendant quelques heures sa position et à rester en contact avec la pointe de la colonne française qui profita de cette longue halte pour diminuer ses intervalles de marche et serrer sur sa tête. A 11 heures du matin, les dragons prussiens se replièrent de La Maison-Rouge sur Festieux, et le colonel de Blücher, qui avait pu reconnaître pendant une éclaircie la force des Français, ne tarda pas, après avoir rendu compte des événements, à évacuer Festieux pour se rapprocher lentement et en bon ordre des hussards de Brandebourg et du 2e de hussards de corps (hussards noirs), que le général von Katzler avait déployés au sud d'Eppes, face à Veslud.

A peu près au même moment, les 9e et 10e brigades (IIe corps), placées sous les ordres du prince Auguste de Prusse, recevaient l'ordre de quitter leur bivouac de Laon, de laisser Athies à leur gauche et un peu en avant de leur front, d'appuyer leur droite à la chaussée de Reims et de se former sur deux lignes, la 9e brigade devant la 10e[1].

Vers 1 heure, l'horizon s'étant découvert, l'avant-garde française reprit son mouvement et se déploya. La cavalerie de Bordesoulle se préparait à quitter la chaussée pour se diriger vers la gauche de la cavalerie prussienne, tandis que Katzler et Blücher se retiraient dans la direction d'Athies jusqu'à hauteur de La Butte-des-Vignes et qu'une batterie prussienne amenée sur ce point ouvrait le feu contre les colonnes françaises. York, ne voulant pas livrer dans Athies même un combat acharné, avait placé à 500 mètres à peine en avant de ce village le major von Stockhausen, auquel il avait prescrit de se replier devant une attaque supérieure en nombre, après avoir mis le feu au village, et de borner sa résistance à la défense des dernières maisons s'élevant sur le chemin de Chambry. Il avait profité de l'arrêt des colonnes françaises pour faire venir sa cavalerie de réserve (général von Jürgass) de la position qu'elle occupait depuis le matin à la gauche de l'infanterie du général von Horn et celle du IIe corps (général major von Röder) sur le plateau au nord d'Athies. Cette

---

[1] Rapport du prince Auguste de Prusse.

cavalerie placée sous les ordres du général von Zieten et chargée de couvrir la gauche de l'armée de Silésie contre un mouvement débordant des Français, devait s'y déployer sur deux lignes, sa gauche à la lisière de la forêt de Samoussy, et dissimuler sa présence derrière un pli du terrain, la cavalerie du Ier corps à l'aile gauche, celle du IIe à l'aile droite; les uhlans de Brandebourg étaient spécialement chargés de la flanquer[1] et les hussards de Mecklembourg, appartenant à la division du prince Guillaume, envoyés en avant du château de Malaise, avaient pour mission de relier la cavalerie avec la gauche du Ier corps.

A deux heures, Zieten avait achevé sa formation et fait prendre position à trois batteries à cheval. La cavalerie française s'était jetée à droite au débouché de Veslud et avait cherché à déborder la gauche des corps prussiens; mais elle ne tarda pas à s'arrêter à peu de distance du ruisseau qui, sortant de la forêt de Samoussy, traverse la plaine et court dans la direction de Chambry.

Vers 3 heures et demie, l'infanterie française, continuant sa marche vers Athies, quittait la route pour prendre à droite vers la ferme de La Mouillée; son artillerie, soutenue par deux régiments de cavalerie, filant en partie par la chaussée de Reims, en partie par l'ancienne voie romaine, venait contrebattre d'un côté la batterie de La Butte-des-Vignes, de l'autre celle du Chauffour, et préparer l'attaque d'Athies confiée à la brigade Lucotte, de la division du duc de Padoue. Se conformant aux ordres qu'il avait reçus, le major von Stockhausen commença par refuser sa droite en abandonnant La Mouillée après un engagement de courte durée; il retira ensuite l'artillerie en position à La Butte-des-Vignes et recula sur Athies que l'artillerie française canonna aussitôt du haut de La Butte-des-Vignes, pendant que la brigade Lucotte suivait les fusiliers prussiens et les rejetait dans Athies. Il était alors près de 5 heures. L'artillerie française ripostait vigoureusement aux batteries prussiennes. Les cavaleries s'observaient et l'infanterie de Padoue s'ébranlait déjà pour enlever Athies. Le major von Stockhausen crut que le moment était venu d'exécuter les ordres d'York. Complétant l'œuvre commencée par Marmont, il mit le feu au village; puis, après avoir enlevé

---

[1] HENCKEL, *Erinnerungen*, et Rapport du général von Jürgass.

les blessés et les éclopés, il se retira avec ses deux bataillons sur la ferme du Pont qu'il se proposait de défendre pour arrêter les progrès des Français ; mais les troupes du duc de Padoue ne tardèrent pas à la lui enlever. Pendant que la brigade française s'emparait des ruines d'Athies et arrachait même aux Prussiens la ferme du Pont, les corps de Langeron et de Sacken étaient venus prendre position à l'ouest de la route de Marle, entre Vaux et Chambry, l'infanterie déployée sur deux lignes, la cavalerie également sur deux lignes, derrière l'aile gauche de Langeron du côté de Chambry. Trois batteries de réserve russes avaient passé sur la rive droite du ruisseau et s'étaient établies derrière le bois et le château de Chambry, prêtes à soutenir la droite des escadrons de Zieten. Benkendorf, avec deux régiments de cavalerie, escortait l'artillerie à cheval russe envoyée également à l'aile gauche.

Quoique Marmont eût entendu, pendant toute l'après-midi, le canon de l'Empereur, quoiqu'il eût reçu les ordres les plus formels à cet égard, ce fut seulement vers 6 heures, au moment où le feu avait cessé à Clacy et à Ardon, aussi bien qu'à Athies, que le maréchal songea à se mettre, par Le Breuil et Bruyères, en communication avec l'Empereur et chargea son aide de camp, le colonel Fabvier, d'aller avec 400 chevaux rendre compte de la situation, soumettre des propositions et chercher des ordres. Le colonel, ne pouvant passer, revint, heureusement pour Marmont, immédiatement sur ses pas.

Le maréchal avait remarqué, dans le cours de l'après-midi, que le canon de l'Empereur ne bougeait pas ; il en avait conclu, il le dit lui-même, « que c'était du bruit sans résultat et un simple échange de boulets ». Il avait eu, d'ailleurs, avant la tombée de la nuit, le temps d'apercevoir d'Athies les lignes des Prussiens et des Russes, et, comme l'Empereur, il avait jugé que la journée était trop avancée, ses propres forces trop insignifiantes pour essayer de pousser plus avant dans la plaine et de continuer son mouvement offensif. L'obscurité était venue. Le feu avait cessé depuis quelque temps déjà sur toute la ligne. A Athies même, les tirailleurs avaient renoncé à un tir que l'obscurité rendait inutile, et les batteries de Zieten s'étaient tues dès qu'elles eurent atteint leur but, en obligeant la cavalerie de Bordesoulle à faire un changement de front pour chercher un couvert derrière le ruisseau et dès que le général prussien eut reconnu que les escadrons français semblaient renoncer à toute entreprise ultérieure.

Les résultats de la journée étaient absolument insignifiants, pour ne pas dire négatifs. Blücher avait à peine eu besoin d'engager le tiers de son monde pour conserver toutes ses positions. La prise de Clacy était un incident sans portée, amplement compensé, du reste, pour le feld-maréchal, par la conservation de points tels que Semilly et surtout Ardon qui lui permettaient, non seulement de tenir les Français à distance respectueuse de Laon, mais aussi de prévenir toute jonction entre leurs deux colonnes. Sur sa gauche, York n'avait jamais eu l'intention de défendre sérieusement Athies; il ne voulait pas risquer inutilement un combat de rues, dans lequel le soldat français lui paraissait supérieur aux siens, pour s'assurer un village absolument en l'air, isolé au milieu d'une vaste plaine, accessible de flanc et à revers à sa cavalerie postée de façon à pouvoir, au premier signal, le déborder et le tourner. C'était à peine s'il s'était attendu, en raison de l'heure avancée de la journée, à voir Marmont, dont il avait pu constater la faiblesse, s'avancer aussi avant dans la plaine et faire choix d'une position aussi dangereuse pour y faire passer la nuit à ses troupes. Dans l'idée de York, qui avait vu le petit corps de Marmont s'établir parallèlement à la route, le maréchal avait uniquement voulu, par ses opérations de la journée, préparer le terrain de l'action du lendemain et s'assurer la possession d'un point qui lui permettrait de déboucher en force sur la route de Marle, afin de menacer les communications de l'armée de Silésie avec la Belgique. « Les manœuvres de l'ennemi, dit-il dans son rapport, m'ont prouvé que ses forces ne sont pas supérieures à celles des deux corps prussiens [1]. »

Position de Marmont le 9 au soir. — York pensait, pour cette raison, que Marmont ramènerait le gros de ses troupes en arrière vers Veslud et Festieux et se contenterait d'échelonner et de flanquer l'avant-garde qu'il laisserait à Athies. Le maréchal alla s'établir de sa personne au château d'Eppes. Bien que dans une de ses précédentes dépêches, il se fût plaint amèrement de

---

[1] York, Rapport sur la bataille de Laon

l'inexpérience des jeunes soldats de Padoue et des canonniers de la marine, il crut néanmoins possible de laisser sur les positions mêmes qu'ils occupaient à la fin de la journée, des conscrits qui avaient été au feu pour la première fois et des artilleurs qui n'avaient aucune notion du service en campagne. Ce que le maréchal appelle, dans son rapport au major-général, *se disposer à prendre une position de nuit*, avait consisté à poster la brigade Lucotte à Athies et le reste de la division du duc de Padoue sur la hauteur au sud du village, à arrêter le gros de son corps à cheval sur la chaussée en arrière de La Maison-Bleue; à laisser la cavalerie renforcée de deux pièces à la ferme de La Mouillée et à établir l'artillerie sur la voie romaine. L'insouciance et la négligence étaient telles que ni le maréchal, ni les officiers de son état-major, ni les généraux, ni les chefs de corps ne songèrent à s'assurer par eux-mêmes de la façon dont se gardaient des troupes qu'ils savaient inexpérimentées, et que les canonniers, au lieu de mettre leurs pièces sur les avant-trains, purent sans qu'on s'en aperçût les laisser à la prolonge lorsqu'ils les rassemblèrent au parc.

Affaire de nuit d'Athies. — Surprise et déroute de Marmont. — Quoique rendue plus dangereuse encore par ces fautes inconcevables, la position de Marmont n'avait pas été sans inspirer aux généraux prussiens certaines craintes au sujet de leurs communications, en raison même de la grande proximité d'Athies et de la route de Marle. Aussi, lorsqu'on vit le maréchal décidé à bivouaquer sur place, un des jeunes officiers de l'état-major de York, le capitaine Ferdinand von Schack[1], eut l'idée de proposer à son général de surprendre et de culbuter les Français par une attaque de nuit[2]. York se rangea sans hésiter à cette idée et envoya aussitôt le comte de Brandenburg demander

---

[1] Müffling, après avoir fait, dans l'après-midi, une reconnaissance qui lui avait permis de s'assurer de la faiblesse du corps de Marmont, avait à la vérité conseillé d'agir énergiquement contre le maréchal; mais l'honneur d'avoir conçu l'idée du hurrah d'Athies, appartient en réalité à Schack et à York, et non pas à Müffling dont le conseil n'avait pas été suivi.

[2] « Chacun de nous accepta avec joie ce hardi projet et quant à moi, j'enrageai seulement de n'avoir pas eu moi-même cette idée. » (Journal d'un officier de l'état-major d'York, cité par Droysen : *Das Leben des Feldmarschalls Grafen York von Wartenburg.*)

à Zieten s'il croyait, pour sa part, à la possibilité d'une pareille entreprise. « Je trouverai le moyen de charger avec ma cavalerie, » répondit Zieten. Sûr désormais du concours de Zieten et de celui de Kleist, auquel il avait fait part de l'entreprise projetée [1], il chargea le major comte de Brandenburg de se rendre au plus vite à Laon et de lui rapporter l'autorisation du feld-maréchal. A mi-chemin, le major rencontra l'un des aides de camp de Blücher, le général comte von der Goltz, qui apportait à York l'ordre d'attaquer l'ennemi. Réunissant ses chefs de corps dès que Goltz se fut éloigné [2], il leur donna de vive voix les instructions qu'il envoyait en même temps à Kleist [3]. « Dès

---

[1] Rapport d'York.

[2] D'après Droysen, Goltz aurait été invité par York à mettre, avant de retourner auprès du feld-maréchal, Sacken au courant de la résolution qui venait d'être prise et à le prier de servir de réserve au 1er corps, en occupant les positions que ce corps quitterait au moment où il se porterait sur Athies. Toujours d'après Droysen, York aurait, quelques instants plus tard, fait dire à Sacken par le lieutenant von Röder, que comptant sur la participation de son frère d'armes de la Katzbach, il ne laissait ni réserve ni soutien derrière lui. Sacken, se retranchant derrière les ordres qu'il avait reçus antérieurement et qui ne prévoyaient pas ce mouvement, refusa son concours. Le biographe d'York prétend qu'au reçu de cette réponse, le général prussien se contenta de dire : « Eh ! bien, nous en viendrons à bout sans lui. » Le journal d'opérations de Sacken est complètement muet sur ces incidents.

[3] L'ordre à Kleist fut porté par le lieutenant von Below. Le prince Auguste de Prusse rend, en ces termes, compte de la part prise par les 9e et 10e brigades à l'affaire d'Athies :

« A la tombée de la nuit, le général-lieutenant von York donna aux 1er et IIe corps l'ordre d'attaquer. Ma division destinée à servir de soutien à celle du prince Guillaume, devait former un échelon sur sa droite. Le colonel von Blücher avec l'infanterie du lieutenant-colonel von Lettow était chargé de soutenir cette attaque en débouchant du bois et le général von Zieten devait se jeter avec la cavalerie des deux corps contre la droite ennemie.

« Les 9e et 10e brigades s'avancèrent en colonnes d'attaque, tambours battant et trompettes sonnant, sans tirer un seul coup de fusil. J'avais ordonné à mes bataillons de se tenir très près les uns des autres, afin d'éviter les causes de confusion et de les protéger contre des charges de cavalerie.

« Je dois tout particulièrement des éloges à l'ordre et au calme avec lesquels cette attaque a été exécutée. Dès que j'eus constaté la réussite de l'attaque, j'accélérai la marche de ma brigade que je dirigeai quelque peu à droite vers la chaussée de Reims, afin de l'interdire si possible à l'ennemi, et je poussai en avant la cavalerie des deux brigades avec ordre de lui couper la retraite. La 10e brigade s'empara, en se portant en avant, d'une quantité de pièces abandonnées par l'ennemi et fit mettre bas les armes à des troupes ennemies. Arrivées à Festieux, les brigades reçurent du général von Kleist l'ordre de s'arrêter, puis de revenir camper auprès du moulin à vent d'Athies. » (Rapport du prince Auguste de Prusse ; *Kriegsgeschichtliche Einzelschriften.*)

que l'obscurité sera complète, le prince Guillaume de Prusse se portera droit sur Athies et le général de Horn prendra à droite du village. Ces troupes ployées en colonnes serrées par bataillon et marchant dans le plus grand silence, tomberont sur l'ennemi à la baïonnette sans tirer un coup de feu. La cavalerie de Zieten culbutera la cavalerie française, se jettera sur la droite et sur les derrières des Français et achèvera leur défaite. Le corps de Kleist, formant la seconde ligne, marchera à cheval sur la chaussée et cherchera à déborder le flanc gauche des Français. Mot d'ordre : *Dieu!* Mot de ralliement : *Frédéric!* [1] »

Il fallut un certain temps et pour rassembler les troupes sur la ligne : ferme du Sauvoir, ferme de Manoise et rû des Barentons, et pour organiser les colonnes d'attaque. On n'avait, d'ailleurs, aucun intérêt à se presser et tout avantage à attendre de l'obscurité de la nuit et de la fatigue des Français épuisés par une longue marche suivie d'un combat et endormis pour la plupart près de leurs feux de bivouac. Les dernières lueurs de l'incendie d'Athies éclaireront et guideront seules la marche silencieuse des Prussiens. A Athies même, tout est tranquille; la brigade Lucotte s'y repose en toute sécurité. Vers six heures, tous les préparatifs sont terminés dans les lignes prussiennes, depuis la ferme du Sauvoir jusqu'à l'étang de Samoussy, et, à 6 heures 1/2, toutes les colonnes reçoivent l'ordre de commencer leur mouvement. En tête de la division du prince Guillaume de Prusse viennent les quatre bataillons de la 8e brigade, sous les ordres du colonel von Borke, suivis de près par les quatre bataillons du colonel von Warburg (2e brigade). La cavalerie de Katzler s'avance à leur gauche et se relie à celle de Zieten. L'artillerie et York marchent avec la division de Horn. Plus à droite et presque à hauteur de la division du prince Guillaume, Pirch débouche du Chauffour, suivi par le général von Klüx. A l'extrême droite, le lieutenant-colonel von Lettow avec les trois bataillons d'avant-garde du IIe corps, sort du bois du Sauvoir, soutenu par le colonel von Blücher à la tête des dragons de la Nouvelle-Marche et du 1er de hussards de Silésie, en colonne par escadrons des deux côtés de la route de Remis.

---

[1] Journal d'opérations du 1er corps prussien tenu par le colonel von Schack. (*K. K. Kriegs Archiv.*, IV, E. 25.)

Les bataillons du colonel von Borke pénètrent la baïonnette croisée dans Athies, surprennent les jeunes soldats de Lucotte, endormis pour la plupart, engourdis par le froid, harassés de fatigue. Leur apparition a été si subite, leur marche si silencieuse, qu'ils ont réussi à se glisser jusqu'au cœur du village avant qu'on ait remarqué leur présence, avant qu'on ait pu donner l'alarme et courir aux armes. Tout ce qui est dans le village est pris ou massacré et les quelques hommes qui réussissent à s'échapper sont suivis de si près par les Prussiens qui débouchent du village sur leurs talons, qu'ils n'ont pas le temps de prévenir les troupes bivouaquées à La Butte-des-Vignes et plus en arrière, du danger qui les menace. C'est en vain aussi que quelques hommes ont essayé de résister en se jetant derrière les haies, derrière les murs, derrière les clôtures des jardins. Au silence de mort qui a régné jusque-là, succède tout à coup un bruit effroyable suivi d'une première décharge que les postes français de La Butte-des-Vignes exécutent contre les bataillons du prince Guillaume. Aux hourrahs poussés par les soldats de Borke et de Warburg, répondent de tous côtés les tambours et les clairons de Horn et de Kleist, les trompettes des cavaliers de Katzler et de Zieten. On bat et on sonne la charge en tête, à droite et à gauche des Français. De toute part, les Prussiens remplissent l'air de leurs cris qu'ils interrompent de temps en temps pour exécuter de pied ferme quelques salves, après lesquelles ils reprennent leur mouvement en avant. Horn a débordé Athies par le sud et a enlevé la colline du moulin. Il est arrivé à hauteur des batteries : « Voici les canons, dit-il à York. » « Je les vois. » — « M'autorisez-vous à les prendre? » demande-t-il à son général en chef. « Allez-y, à la grâce de Dieu! » répond York. Et l'on se précipite sur les pièces, on assomme les canonniers avant qu'ils aient pu faire feu. Les Français essaient en vain de sauver quelques pièces en les tirant à la prolonge; quelques mètres plus loin, elles culbutent, encombrent la route ou tombent dans les fossés. Les troupes de Kleist, électrisées par les hourrahs poussés par leurs camarades du Ier corps, ont accéléré leur marche et débouchent à leur tour sur la gauche des Français. Katzler, avec les hussards de Brandebourg et le 2e régiment de hussards du corps, a contourné vivement Athies par le nord, bousculé les vedettes françaises, culbuté et dispersé un régimen de chasseurs à cheval qu'il a surpris pied à terre, fait subir le même sort à des cuirassiers, qui, quoique remontés à cheval, n'ont eu le temps ni de se former ni de se reconnaître avant d'être sabrés[1].

Zieten a, de son côté, franchi le ruisseau des Barentons. Il n'a laissé en réserve pour protéger son artillerie que les cuirassiers de Brandebourg, s'est formé sur deux lignes et pousse maintenant sur la droite de Marmont vers la route de Reims. Le général von Jürgass conduit sa première ligne (dragons de Lithuanie et uhlans de Brandebourg). Henckel est en deuxième ligne avec les dragons de la Prusse occidentale et le régiment de cavalerie de landwehr de Silésie. Les cavaliers français de Bordesoulle fuient en désordre devant les dragons de Lithuanie[2] ; sabrés par les escadrons de Jürgass, ils se jettent pêle-mêle avec eux sur l'infanterie française, qui roule en masse confuse sur la chaussée, et s'engouffrent toujours pressés par les cavaliers de Jürgass, dans ce troupeau d'hommes qui essaie vainement de se reformer et de s'écouler par la route. « De la précipitation de cette retraite vint le désordre, et du désordre la confusion. De là une retraite sans ordres donnés et une espèce de fuite pour l'artillerie. » Tels sont les termes mêmes que Marmont emploiera quelques heures plus tard dans son rapport à l'Empereur, daté de Corbeny, le 10 mars, à 2 heures du matin.

---

[1] Rapport sur la part prise au combat d'Athies par le 2ᵉ régiment de hussards du corps. (*Kriegs Archiv. de Berlin*, IV, E, 8.)

[2] « Le combat était engagé à notre droite. L'incendie d'Athies éclairait le théâtre de la lutte et nous permettait d'apercevoir les Français s'enfuyant en désordre devant les colonnes serrées de nos fantassins s'avançant au pas gymnastique. Nous marchions sans savoir où l'on nous menait, dans le silence et au milieu des ténèbres. On n'entendait de temps à autre que le bruit produit par le choc des étriers ou des fourreaux de sabres. Puis tout à coup quelques balles sifflent à nos oreilles. L'artillerie française, d'après les bruits que nous percevons, est en train de filer à peu de distance de nous. A ce moment le général von Jürgass nous commande de charger. On prend le galop en poussant des hourrahs. Le régiment tombe sur des cuirassiers, les sabre et les disperse ; puis, il pousse à gauche vers la chaussée de Reims. L'artillerie française essaie de s'échapper ; mais nous galopons plus vite qu'elle, nous culbutons son escorte, nous coupons les traits de ses chevaux, nous massacrons les attelages. En moins d'une demi-heure, nous avons dépassé la tête de la colonne à laquelle nous fermons la route. Tout ce qui arrive alors sur nous est ou pris ou sabré... Le reste de la cavalerie nous rejoint avec une brigade d'infanterie et tous ensemble, nous poursuivons l'ennemi jusqu'à Festieux. » (Journal de marche du 1ᵉʳ régiment de dragons [dragons de Lithuanie], 9 mars.)

L'infanterie prussienne s'avance sans s'arrêter. Les uhlans de Silésie viennent renforcer les deux régiments de Jürgass. La cavalerie du deuxième corps, amenée par le général von Röder, rejoint celle du Ier corps; celle du colonel von Blücher continue à agir contre la gauche des Français. Les quelques tentatives faites par leur infanterie et leur cavalerie pour ralentir la poursuite ont échoué. Prises de flanc et à revers par la cavalerie prussienne, pressées de front par l'infanterie, les troupes de Marmont n'essaient même pas de résister ; elles se dispersent et s'enfuient à la débandade dans la direction de Festieux. La déroute ne se serait pas arrêtée là si, par bonheur, le colonel Fabvier, revenant avec son détachement de la mission dont l'avait chargé le maréchal et dont il n'avait pu s'acquitter, n'avait hâté sa marche au bruit de la déroute, n'avait occupé Veslud avec ses 400 chevaux et 4 bouches à feu et ne s'était résolument jeté sur les troupes de Kleist au moment où elles cherchaient à interdire le passage aux débris du corps de Marmont.

Grâce à cette diversion qui dégage un moment la route de Reims, le maréchal parvient à atteindre Festieux, à remettre un semblant d'ordre dans ses troupes et à faire filer sur la chaussée son infanterie flanquée par ce qui lui restait de cavalerie. Malgré l'intervention si opportune et presque inespérée du colonel Fabvier, Marmont n'eût peut-être pas réussi à se frayer un passage, si une centaine de soldats de la vieille garde, se rendant à l'armée et cantonnés ce soir-là à Festieux, n'avaient pris précipitamment les armes. Se portant à l'entrée du défilé de Festieux, ces vieux soldats avaient tenu bon, repoussé les attaques de la cavalerie prussienne, qui cherchait à prévenir Marmont sur ce point, et permis au maréchal de traverser le défilé et de gagner Corbeny.

Le gros de l'infanterie du corps de Kleist, parti des environs de la ferme du Sauvoir, après avoir traversé le bois de Lavergny, s'était arrêté à environ deux kilomètres de Festieux; les trois bataillons du lieutenant-colonel von Lettow poussèrent seuls jusqu'à Festieux avec la cavalerie de Zieten et de Blücher. Après un combat assez vif, ils finirent par en débusquer la poignée d'hommes auxquels Marmont dut son salut, mais ne dépassèrent pas ce point. La cavalerie seule continua la poursuite jusqu'à une heure du matin dans la direction de Corbeny; mais elle n'alla pas au delà de La Maison-Rouge. Quelques Cosaques poussèrent, il est vrai, jusque vers Corbeny, pendant que Benkendorf allait se poster avec sa cavalerie légère à Craonne[1]. La cavalerie légère de Sacken était venue s'établir au Chauffour et celle de Langeron avait poussé sur Bruyères.

L'affaire d'Athies, facilitée, il est vrai, par l'inexpérience des jeunes soldats de Marmont et par l'absence de toute mesure de précaution, constitue néanmoins un fait d'armes glorieux pour les corps qui, en exécutant ce coup de main, ont fait preuve d'une discipline remarquable, d'un calme et d'un ordre qui ne diminuèrent en rien l'impétuosité de leur attaque. L'aile droite française n'existait plus. « Nous n'avons encore pu ce soir mettre de l'ordre dans les corps qui sont confondus et hors d'état de faire aucun mouvement et de rendre aucun service, et, comme il y a bon nombre d'individus qui se sont portés à Berry-au-Bac, je me vois forcé de m'y rendre pour remettre tout dans un état convenable, » écrivait Marmont à l'Empereur, en terminant la lettre qu'il faisait partir de Corbeny, à 2 heures du matin[2].

Ce brillant coup de main qui avait fait perdre à Marmont plus de 3,000 hommes et presque toute son artillerie, n'avait pas coûté cher aux Prussiens. Le Ier corps avait perdu dans toute la journée : 7 officiers, 159 hommes et 31 chevaux ; le IIe, 26 offi-

---

[1] Rapport du général von Jürgass : « A Festieux, le général von Zieten me donna l'ordre de rallier nos régiments. Au milieu de la confusion de ce combat de nuit, il m'avait été d'autant plus impossible de faire enlever les pièces prises, que les escadrons ennemis, bien que chargés et rompus par la cavalerie du IIe corps, tentaient par des retours offensifs, partiels, mais incessants, à s'échapper et à se frayer un passage sur la route de Reims. Ce fut seulement lors de l'arrivée de la cavalerie du général von Röder et de l'infanterie du prince Auguste de Prusse, qu'on put faire filer en arrière les canons enlevés à l'ennemi. Mes deux régiments ont dû enlever une quinzaine de pièces. »
Blücher à Schwarzenberg, Laon, 10 mars (*K. K. Kriegs Archiv.*, III, 189), s'exprime ainsi : « L'imprévu de cette attaque et les charges brillantes de la cavalerie décidèrent du sort de la journée et mirent l'ennemi en déroute. Le général York poursuivit l'ennemi jusqu'à une heure du matin. Il m'est encore impossible d'apprécier à ce moment les conséquences de cette journée. A onze heures du soir, nous avions pris à l'ennemi une trentaine de canons, une masse de caissons et un grand nombre d'hommes. »
Cf. Rapport d'York à Blücher sur la part prise par le Ier corps prussien à la bataille du 9 mars.

[2] Marmont à l'Empereur, Corbeny, 10 mars, 2 heures du matin. (*Archives de la guerre.*)

ciers et 526 hommes[1]. Les dragons de la Nouvelle-Marche s'étaient emparés de 12 canons, le 1er hussards de Silésie en avait pris 6. Le 2e hussards du Roi, avec les hussards de Brandebourg, avait enlevé une batterie qui n'avait même pas eu le temps de faire feu; les dragons de Lithuanie et les uhlans de Silésie avec les cavaliers de Röder avaient de leur côté ramené une vingtaine de canons et d'obusiers[2]. La brigade de Henckel, restée en réserve près d'Athies, n'avait pas donné.

Sans vouloir en aucune façon diminuer l'importance du hurrah d'Athies et tout en rendant pleinement justice à l'énergie, à l'habileté, à l'intelligence des généraux chargés de son exécution, on peut cependant faire remarquer que ce brillant coup de main ne produisit pas tout l'effet qu'on était en droit d'en attendre. Cette affaire de nuit eût, en effet, pu devenir fatale à Marmont et entraîner la perte complète de son corps si, aussitôt après l'enlèvement d'Athies par la division du prince Guillaume, York eût fait filer sur Festieux la brigade de cavalerie de Henckel[3], qui

---

[1] Les pertes du IIe corps ne s'élevèrent pas à ce chiffre qui est en réalité la récapitulation des pertes subies par les troupes de Kleist du 29 février au 9 mars.

[2] La cavalerie des Ier et IIe corps versa à l'artillerie 36 bouches à feu et 131 caissons et voitures de munitions. D'après le premier lieutenant von Hagen, les dragons de la Nouvelle-Marche auraient à eux seuls pris 16 canons, 800 hommes et les équipages du duc de Padoue. L'affaire de nuit d'Athies n'aurait coûté à ce régiment que 6 hommes blessés ou tués et 44 chevaux. Il convient de remarquer, d'ailleurs, que les effectifs de la cavalerie prussienne avaient singulièrement fondu, puisque le 11 mars ce régiment ne comptait plus que 16 officiers et 272 hommes.

[3] On trouve dans le rapport ci-dessous du général von Zieten une explication à l'inaction de la cavalerie de Henckel : « Décidé à tourner l'ennemi, je plaçai la cavalerie de réserve du 1er corps (général von Jürgass) à ma gauche, celle du IIe (général von Röder) à ma droite et les formai sur deux lignes. Les cuirassiers de Brandebourg restèrent en réserve auprès de l'infanterie. Avec le reste de la cavalerie, je me portai sur Festieux.

« Parvenu à proximité de l'ennemi et désormais à même de mieux reconnaître le terrain, je poussai en avant la première ligne du général von Jürgass. Sa deuxième ligne eut ordre de couvrir le flanc de la première. La deuxième ligne du général von Röder restait massée et en réserve. L'infanterie tiraillait à Athies lorsque, arrivé presque sur la cavalerie française, je perçus le bruit produit par la retraite précipitée de l'artillerie. Je donnai aussitôt l'ordre d'attaquer. Le général von Jürgass se jeta sur la cavalerie française dont une partie n'était pas encore remontée à cheval et enleva plusieurs canons. *On apprit alors que la cavalerie française menaçait les derrières et le flanc de la cavalerie de réserve et la gauche du prince Guillaume. J'ordonnai alors à la*

resta inutilement en réserve et qui, à la condition d'être soutenue par les troupes de Horn ou par une brigade d'infanterie du IIe corps, eût pu aisément prendre position à l'entrée du défilé et en interdire le passage aux Français, dont la situation eût été alors d'autant plus critique et plus désespérée que Benkendorf poussa, comme nous l'avons dit, jusqu'à Corbeny et que Korff, avec la cavalerie russe de Langeron, arriva dans la soirée à hauteur de Bruyères.

York avait eu le soin de tenir le feld-maréchal au courant des progrès de ses troupes. Vers 9 heures du soir, aussitôt après la prise d'Athiés et de La Butte-des-Vignes, le major comte von Brandenburg s'était rendu au quartier général. Le feld-maréchal soupait à ce moment avec Gneisenau, Müffling et quelques officiers de son état-major; ces premières nouvelles l'avaient déjà rempli de joie et, en renvoyant Brandenburg, il l'avait chargé de dire à York de tout disposer pour marcher dès l'aube sur Festieux. Environ une heure plus tard, le capitaine von Röder arrivait à son tour annoncer que tout allait bien. Blücher venait de se coucher; une petite lampe éclairait faiblement sa chambre. Tout malade qu'il était, le vieux feld-maréchal ne put contenir sa joie : « Par Dieu ! s'écria-t-il, vous autres du corps York, vous êtes de braves et solides gaillards. Le ciel s'effondrera le jour où l'on ne pourra plus compter sur vous. » Enfin, à 11 heures, le capitaine von Lützow avait apporté la nouvelle de la réussite complète et définitive du coup de main. Il rapportait un peu plus tard de Laon, avec les ordres pour la journée du 10, la lettre suivante adressée par le feld-maréchal au commandant du Ier corps : « Votre Excellence a de nouveau donné la preuve de ce que peut faire la prudence unie à la décision. Je vous félicite de votre brillant succès et ne peux, dans la disposition ci-jointe, qu'achever ce que Votre Excellence a si bien commencé[1]. »

---

deuxième ligne du général von Jürgass, sous les ordres du colonel comte Henckel, de se porter vers Athies et, chargeant l'un des régiments du général von Röder, les uhlans de Silésie, de flanquer le général von Jürgass, je continuai l'attaque. Poussant l'ennemi sans lui laisser le temps de se remettre, j'enlevai toutes les pièces qui revenaient d'Athies. L'infanterie française se débanda. La déroute était générale. L'obscurité seule m'empêcha de faire plus de prisonniers. Ma cavalerie poussa jusque vers Festieux. »

[1] Blücher à York, Laon, 10 mars, minuit. (Lettre reproduite par Droysen et Bogdanovitch.)

10 mars 1814. — Positions de l'armée de Silésie à minuit et premiers ordres de Blücher. — Lorsque Blücher expédia à minuit les ordres que nous relaterons ci-dessous, l'armée de Silésie occupait les positions suivantes :

A l'aile gauche, en toute première ligne, la cavalerie du général Zieten et du colonel Blücher en avant du défilé de Festieux. Benkendorf avec la cavalerie légère russe, à leur droite au delà de Corbeny vers Craonne et allant sur La Ville-aux-Bois. Plus en arrière, les cavaliers de Korff à Bruyères. Le gros des corps d'York et Kleist, avec la brigade de cavalerie de Henckel, à Athies. L'avant-garde d'infanterie de ces deux corps entre Festieux et Eppes. En réserve, à Chambry, les corps de Sacken et de Langeron. Au centre, Bülow n'avait rien changé à sa position à Laon, et Winzingerode, formant toujours la droite, occupait Semilly et Ardon.

La disposition confiée par Blücher à Lützow et envoyée à minuit aux autres chefs de corps, était conçue en ces termes : « Le général von York m'annonce à l'instant qu'il a réussi, à la tombée de la nuit, à culbuter l'ennemi, à le mettre en pleine déroute et à lui enlever ses canons et ses équipages, et que son avant-garde est déjà à La Maison-Rouge. Le 10 mars, les corps d'York et de Kleist poursuivront l'ennemi et se porteront sur Berry-au-Bac ou, si le passage était détruit sur ce point, sur Neufchâtel. Ils sont chargés d'ouvrir par Reims la communication avec le comte de Saint-Priest et la grande armée et de leur faire connaître les derniers événements. Ils se jetteront sur l'aile droite française, qui cherchera vraisemblablement à se retirer sur Fismes.

« Le corps Sacken, partant de Chambry, suivra la grande route jusqu'à Corbeny. Le général Sacken, se guidant sur les circonstances, se dirigera de là, soit sur Berry-au-Bac, soit entre Berry-au-Bac et Vailly pour y passer l'Aisne.

« Le corps de Langeron, après s'être fait rallier par les pontons parqués à Chéry sur la route de Laon à Guise, se portera en passant par Bruyères, vers le plateau de Craonne et Heurtebise et enverra de là l'équipage de pont avec une bonne escorte à Maizy, avec ordre d'y jeter un pont sur l'Aisne. Langeron attendra à Heurtebise des ordres ultérieurs le dirigeant, soit sur L'Ange-Gardien, afin d'y couper l'aile gauche ennemie, soit sur Maizy, pour y traverser la rivière et marcher sur Braisne. Sa cavalerie poussera vers Soissons et cherchera à s'emparer du défilé de Noyant. Les corps de Bülow et de Winzingerode suivront le mouvement rétrograde de l'aile gauche ennemie, le corps de Winzingerode sur la vieille route par Pinon, celui de Bülow sur la route de Chavignon.

« Toute l'armée commencera son mouvement à 7 heures du matin. »

Au moment où Blücher envoyait cet ordre, il partait de l'idée que l'Empereur replierait le gros de ses forces sur Soissons dès qu'il aurait connaissance de l'échec de Marmont. Il pensait de plus que cette nouvelle ne pourrait lui parvenir guère avant 8 ou 9 heures du matin. Le feld-maréchal aurait donc dû essayer de profiter des premières heures de la matinée pour le chasser de Clacy et de Chivy et l'écraser sous le poids des 60,000 à 70,000 hommes de Winzingerode, Bülow, Langeron et Sacken. C'eût été la conséquence simple et naturelle des événements de la journée et de la soirée du 9. Mais le succès remporté par son aile gauche amena le feld-maréchal à une autre conception et, au lieu de s'en tenir à ce projet simple et logique, il voulut tenter d'obtenir des résultats plus considérables encore à l'aide d'un mouvement tournant et essayer de prévenir l'Empereur à L'Ange-Gardien. C'était cette opération qu'il avait en vue dans les ordres apportés le 9 au soir par Lützow, ordres qui devaient être annulés par la disposition de Gneisenau, le 10, à 8 heures du matin. De toute façon, Langeron venant des environs de Chambry, après avoir marché parallèlement à l'Empereur, n'aurait guère pu atteindre L'Ange-Gardien avant l'arrivée des troupes françaises qui, postées aux environs de Clacy, de Chivy et d'Etouvelles, disposaient d'une bonne route et avaient moitié moins de chemin à parcourir que les Russes, obligés en outre de passer la Lette et de gravir les pentes donnant accès au plateau de Craonne.

Ordres de l'Empereur pour le 10. — Si Marmont avait entendu, dans le courant de la journée du 9, le canon de l'Empereur, le vent d'ouest avait empêché Napoléon de percevoir le moindre bruit venant de sa colonne de droite. L'après-midi et la soirée se passèrent sans qu'on reçût des nouvelles du maréchal, et on se doutait si peu du désastre d'Athies que, comptant d'une façon absolue sur la coopération de son aile droite, l'Empereur arrêtait, quelques heures après la dispersion complète du 6e corps, des dispositions dans lesquelles il attribuait une part importante aux troupes du duc de Raguse dans l'attaque générale qui devait avoir lieu le 10 au matin :

« Les divisions Charpentier et Boyer de Rebeval formant tête de colonne et soutenues par le corps du prince de La Moskowa, la division Friant, les trois divisions de cavalerie et les réserves d'artillerie déboucheront de Clacy à 6 heures du matin et pousseront la droite des Alliés dans la direction de La Neuville.

« Le maréchal duc de Raguse, avec le 6e corps, la 2e division de la réserve de Paris et la cavalerie du général Bordesoulle, continuera à manœuvrer du point où il se trouve, pour couper la communication de Laon à Vervins.

« Le maréchal duc de Trévise, au centre avec les divisions d'infanterie Poret de Morvan et Christiani, les dragons du général Roussel et les lanciers polonais du comte Pac, se formera à gauche de la route de Soissons, en arrière d'Ardon, afin de pouvoir, en cas de besoin, soutenir la grande attaque.

« Par ces dispositions, le plateau de Laon sera tourné par la droite et par la gauche, observé et contenu sur la route de Soissons, c'est-à-dire sur son front[1]. »

Quelque singulier que puisse paraître au premier abord pareil ordre donné en un semblable moment, il suffira d'envisager la situation de l'Empereur pour découvrir en même temps, et les motifs qui lui ont vraisemblablement dicté cette dangereuse résolution, et les considérations politiques et militaires qui l'ont inspirée. Les dernières nouvelles venues de Troyes et de Châtillon étaient, en effet, de nature à justifier jusqu'à un certain point une entreprise hasardeuse, un acte de désespoir qui, s'il pouvait tout perdre en cas d'échec, pouvait en cas de succès tout sauver d'un seul coup. Ignorant à ce moment ce qui s'était passé à Athies, ne connaissant ni les projets ni les forces de Blücher, qui n'avait engagé contre lui que le tiers de son monde et avait caché soigneusement derrière la montagne de Laon le reste de son armée, n'était-il pas permis à l'Empereur de s'illusionner encore et de croire que la résistance qu'il avait rencontrée et les feux de tirail-

---

[1] Koch, *Mémoires pour servir à l'histoire de la campagne de 1814*, Ch. XIV, p. 418 et 419.

leurs qu'on n'avait cessé d'échanger jusque dans la soirée, étaient destinés à masquer la retraite de l'armée de Silésie, à faciliter l'écoulement de son matériel et à lui assurer l'avance nécessaire pour exécuter sans encombre un mouvement rétrograde que l'Empereur espérait, qu'il croyait même certain et dont la probabilité ne lui semblait nullement diminuée par les engagements du 9 mars, par une situation qui restait à ses yeux exactement semblable à ce qu'elle était la veille.

Par une coïncidence bizarre à signaler, les deux généraux opposés l'un à l'autre vont simultanément commettre des fautes qui, pour la deuxième fois dans le cours de cette campagne, permettront à l'Empereur de se tirer presque à bon compte d'une situation plus critique encore que celle dans laquelle il se trouvait après La Rothière et empêcheront Blücher de recueillir les fruits certains, les avantages considérables d'une victoire remportée dans des conditions exceptionnellement favorables à tous égards.

L'Empereur devait être, non seulement battu, mais écrasé à Laon, parce qu'il avait violé deux de ses maximes favorites, parce qu'il avait tenté de tourner et de déborder une aile en séparant son armée et que la jonction de ses corps d'armée allait s'opérer cette fois, non pas loin et en arrière de l'ennemi, mais sous ses yeux et sur la position même que cet ennemi occupait avec des forces supérieures. S'il échappa à un anéantissement complet, si, grâce au parti qu'il sut tirer du choix judicieux de ses lignes d'opération, de leur changement opportun, il se retrouva, quelques jours après la perte de la bataille de Laon, en état de reprendre l'offensive contre Saint-Priest et de tenir à nouveau la campagne, il le dut uniquement à ce fait que, contre toute attente, Blücher malade et terrassé par la douleur physique, n'eut pas l'énergie nécessaire pour rester, lui aussi, fidèle à l'unique maxime qu'il ait appliquée dans sa longue carrière. Le vieux feld-maréchal s'en laissa imposer par l'audace incompréhensible d'un ennemi qu'il pouvait croire détruit, et après avoir gagné une bataille décisive, comme s'il eût été étonné du succès qu'il venait de remporter, il resta immobile sur ses positions, sans oser porter à son adversaire épuisé et chancelant le coup qui l'aurait abattu et terrassé.

Les ordres d'attaque pour le 10 venaient à peine de partir du quartier impérial, que les fuyards d'Athies commencèrent à arriver. Dans le principe, l'Empereur se refusa à croire, d'abord à la nouvelle, puis à l'étendue du désastre; mais bientôt, le doute ne fut plus permis. L'officier de dragons qui commandait le poste de cavalerie de Nouvion-le-Vineux envoyait à 2 heures et demie du matin à Belliard, qui le transmit immédiatement à l'Empereur, un billet confirmant la déroute complète du duc de Raguse :

« Un officier du 30e de dragons, arrivé à l'instant du corps du duc de Raguse, assure que ce corps a été mis dans la plus grande déroute hier, vers 7 heures du soir. Il arrive à tout moment des fuyards. Je vais me retirer sur Etouvelles, où j'attendrai vos ordres.[1] »

La retraite immédiate sur Soissons semblait devoir être la conséquence naturelle et immédiate de la débandade du corps de Marmont. Cependant, malgré ce nouveau coup, l'Empereur ne peut se décider encore à un mouvement rétrograde que la raison, que la prudence conseillaient. Bien que son aile droite n'existe plus, Napoléon essaie encore de se faire illusion à lui-même. Il veut croire que Blücher a dégarni son centre et sa droite pour renforcer les troupes qui ont accablé Marmont; que le feld-maréchal, malgré son succès d'Athies, va lui abandonner la position de Laon et que sa présence, en obligeant son adversaire à immobiliser le gros de son armée, aura du moins pour conséquence de dégager le duc de Raguse, de sauver les débris de son corps, de ralentir et d'arrêter la poursuite. L'attaque qu'il a projetée est devenue impossible, mais il n'en restera pas moins sur ses positions de la veille en attendant les événements. Dans d'autres temps, Blücher eût fait chèrement payer à l'Empereur l'imprudence qu'il commettait en prenant une pareille résolution ; mais, comme Clausewitz[2] le reconnaît, « Blücher n'est plus lui-même. » Et c'est précisément cette audace incompréhensible, cette audace qui eût dû perdre l'Empereur, qui le sauvera.

Ordres d'York à son avant-garde. — Les ordres de mouvement apportés par le major von Lützow avaient causé une vive satisfaction aux états-majors des Ier et IIe corps. Grâce à

---

[1] Un officier de dragons au général Belliard, Nouvion-le-Vineux, 10 mars, 2 h. 1/2 du matin. (*Archives de la guerre.*)

[2] CLAUSEWITZ, *Critique de la campagne de 1814.*

cette disposition, York se croyait certain d'achever la défaite de Napoléon, surtout s'il continuait à s'entêter devant Laon. Il comptait, en outre, en poussant dans la journée du 10, jusqu'à une marche de Reims, pouvoir donner la main à Saint-Priest et attirer à lui les renforts destinés au corps de Kleist. Il s'était immédiatement entendu avec son collègue et avait prescrit de constituer, sous les ordres de Katzler, une avant-garde composée de troupes appartenant aux Ier et IIe corps et qui, forte de 5 bataillons et de 4 régiments de hussards, soutenue à peu de distance par la réserve de cavalerie du général von Zieten, devait dès la pointe du jour, pousser sur Corbeny avec l'artillerie à cheval. Le Ier corps avait ordre de prendre la route de Reims, à 8 heures du matin et de suivre le corps de Kleist, parti à 7 heures. Langeron et Sacken ne devaient commencer leur mouvement qu'un peu plus tard. La cavalerie de Benkendorff ne s'était pas arrêtée, et ses coureurs bordaient déjà l'Aisne.

A 9 heures, les deux corps prussiens avaient atteint et en partie dépassé le défilé de Festieux. Katzler était parvenu au delà de Corbeny. Langeron était entre Presles et Chevregny, sa cavalerie avec Korff à Bruyères. Quant à Sacken, il n'avait pas encore quitté Chambry lorsqu'on entendit le canon du côté de Laon.

A l'aile droite et au centre, Bülow et Winzingerode avaient, avant le jour, fait prendre les armes à leurs troupes et tout préparé pour suivre le mouvement rétrograde de l'Empereur.

Gneisenau annule les ordres de Blücher et arrête la poursuite. — Mais quand le jour se fut levé et que la brume se fut dissipée, Gneisenau, auquel Blücher malade, alité, épuisé par les efforts qu'il avait dû faire pour rester sur pied la veille, venait de déléguer ses pouvoirs, Gneisenau, déjà informé par les rapports des avant-postes de la présence de l'armée française, s'était rendu à son observatoire de la veille et avait pu constater que, loin de songer à la retraite, les Français se disposaient, au contraire, à renouveler leurs attaques. Malgré tout son savoir et toute son énergie, Gneisenau, effrayé de la responsabilité qui pesait sur lui, avait dès la veille au soir essayé de faire revenir le feld-maréchal sur les dispositions envoyées aux chefs de corps. Müffling nous raconte que Gneisenau, « trouvant ce projet trop hardi », avait déclaré qu'une pareille opération pouvait tout perdre et lui aurait de plus affirmé que le feld-maréchal étant très malade, il ne voulait pas, lui, son remplaçant, son délégué, assumer sur lui une pareille responsabilité.

Investi des pleins pouvoirs de Blücher, Gneisenau [1], malgré les observations fermes et respectueuses de tout l'état-major général, annula dès 8 heures du matin les ordres de la nuit, auxquels il substitua la disposition suivante :

« L'ennemi est encore en position devant notre aile droite. D'après le dire des prisonniers, l'Empereur a l'intention de tenter aujourd'hui 10 mars, une attaque générale.

« Les corps de Sacken et de Langeron différeront en conséquence leur mouvement, jusqu'à ce que l'ennemi ait dessiné ses projets. Ils resteront en colonne à l'endroit où ils se trouvent et me feront connaître leur position.

« Les corps d'York et de Kleist, laissant à leur cavalerie légère le soin de poursuivre l'ennemi, s'arrêteront auprès de Corbeny, à hauteur du chemin conduisant à Craonne, et y attendront mes ordres. »

Ces nouveaux ordres furent remis à Sacken à Chambry, à Langeron à Presles, à York et à Kleist aux environs de Festieux.

Au lieu d'attendre et de suivre les mouvements des Français,

---

[1] Le général comte Nostitz donne dans son *Tagebuch* (*Kriegsgeschichtliche Einzelschriften herausgegeben vom Grossen Generalstabe*, V, 1884, 121-123), des détails assez curieux sur les causes de la prudence exagérée de Gneisenau. Il attribue avant tout cette timidité en contradiction complète avec le caractère et l'attitude du chef d'état-major de l'armée de Silésie à l'influence qu'exerçait sur lui le général de Boyen, chef d'état-major de Bülow et qui croyait que l'intérêt même de la Prusse lui imposait la nécessité de ménager le plus possible l'armée de Silésie.

Nostitz raconte, en outre, que Gneisenau, lorsqu'on le réveillait pendant la nuit pour lui rendre compte des événements en lui demandant des ordres, parvenait si peu à secouer sa torpeur et son engourdissement, que le lendemain matin il ignorait absolument ce qu'il avait dit, fait et signé pendant la nuit. Pareil incident se serait, d'après Nostitz, passé dans la nuit du 9 au 10 mars. Dès que le major von Lützow eut rendu compte à Laon de l'affaire d'Athies, Müffling avait préparé l disposition qu'il fit porter à Gneisenau par le lieutenant von Gerlach. Lorsque Gneisenau eut approuvé ces ordres, on les fit signer par Blücher et on les expédia ensuite aux corps. Or, le lendemain, lorsque Gneisenau vit que les Français restaient en position et se disposaient à renouveler leurs attaques contre Bülow, il avait totalement oublié les ordres donnés pendant la nuit. Décidé à les reprendre, refusant de se rendre aux observations de son état-major, il parvint à arracher à Blücher l'autorisation de faire rétrograder les corps d'York et de Kleist.

Winzingerode et Bülow devaient, d'après les instructions de Gneisenau, prévenir une attaque dont on apercevait les préparatifs du sommet de la montagne de Laon [1].

« A 9 heures du matin, au moment où les troupes de Ney, de Charpentier et de Mortier prenaient leur formation de combat, Bülow avait commencé à se porter en avant et à descendre de la montagne de Laon; mais dès que ses têtes de colonnes parurent au pied de la montagne, elles furent accueillies par un feu tellement vif que, sur l'ordre du général, elles se replièrent immédiatement sur leurs anciennes positions où elles restèrent de nouveau immobiles [2].

---

[1] Toll, et Reiche dans ses *Mémoires*, expliquent d'une manière quelque peu différente l'ordre donné par Gneisenau. D'après eux, Bülow, voyant le 10 au matin que l'Empereur était décidé à tenir bon, ne se souciait guère de quitter ses positions pour descendre dans la plaine, attaquer, déloger et poursuivre les Français. On se préoccupait dans son entourage des conséquences fâcheuses que pouvait avoir, en cas d'une attaque rendue presque inévitable par la situation désespérée de Napoléon, un combat livré en plaine avec une montagne à dos. On craignait de perdre, en cas d'échec, la clef même de toute la position. On allait jusqu'à affirmer, c'est ainsi que s'exprime un des officiers de Bülow dans ses Notes manuscrites, que l'Empereur avait reçu pendant la nuit des renforts considérables. Malgré cela, Bülow avait commencé son mouvement, lorsqu'un déserteur, un trompette du corps de Ney, lui annonça d'une manière absolument positive que l'Empereur allait attaquer. Cette nouvelle suffit pour décider Bülow à rester en place et à retourner sur les positions qu'il venait de quitter. Blücher était malade, et l'on n'eut pas de peine à convaincre Gneisenau de la nécessité de modifier les instructions données par le feld-maréchal, d'envoyer à York et à Kleist l'ordre, d'abord de s'arrêter, puis un peu plus tard, lorsque le combat se fut engagé, de revenir sur leurs pas. (BERNHARDI, *Denkwürdigkeiten*, V, 194.)

[2] Extrait d'un rapport de Belliard à Berthier (à Chavignon), de Leuilly, 10 mars, 10 h. 3/4 du matin.

« L'ennemi est toujours en position à Laon avec son artillerie. Ce matin il a attaqué Clacy, il a été repoussé... On se bat toujours devant Clacy... L'ennemi vient de faire descendre une forte colonne et de l'artillerie sur la route de Paris. Le duc de Trévise a mis en batterie 12 pièces. On a arrêté le mouvement. Cette troupe a repris sa position à mi-côte... Le canon tire très fort à la gauche et sur le front du prince de La Moskowa au bois de Semilly. J'ignore si nous avons toujours le village. Je vais m'y porter. Il paraît que le général Charpentier exécute le mouvement qui lui a été ordonné. Je croyais qu'on l'avait suspendu. Le général Roussel me dit qu'il est passé à Ardon 1500 chevaux se portant sur Bruyères. Je viens d'envoyer sur ce point. Un autre rapport dit qu'une forte colonne de cavalerie manœuvre sur Chavignon. C'est un rapport de paysan.

« Le prince de La Moskowa a pris la position qu'on lui a ordonnée. Le duc de Trévise a pris la sienne conformément à l'ordre général. Vous m'avez dit qu'il devait être suspendu. Que doit-on faire pour la cavalerie? En attendant

Attaque de Clacy, de Semilly et d'Ardon. — A l'extrême droite de l'armée de Silésie, le général Woronzoff lançait la division Chovansky sur Clacy et la cavalerie du général Balk sur Mons-en-Laonnois par le pont de Thierret. Le général Charpentier avait profité de la nuit pour barricader les avenues et organiser la défense du village et du château. De fortes batteries, couvertes par des épaulements, enfilaient toutes les routes. L'infanterie de Charpentier occupait le château et le village. Ce qui restait de la division Boyer de Rebeval était en réserve en arrière. Plus à droite, les troupes de Pierre Boyer étaient en position à la tuilerie de Semilly. La droite de l'Empereur s'étendait depuis la route de Soissons jusqu'à Leuilly.

La 12e division russe (Chovansky) que Charpentier avait laissé s'avancer en colonne serrée jusqu'à 200 ou 300 mètres de Clacy, dut s'arrêter sous le feu des batteries et de l'infanterie française et se replier sur les petits bois au nord-est du village. Renforcés par la brigade Gleboff de la 21e division (Laptieff), puis par les troupes du général Wouitch, les Russes renouvelèrent à plusieurs reprises leurs tentatives et réussirent même à pénétrer dans Clacy. Ils ne parvinrent pas toutefois à s'y maintenir, bien que Woronzoff eût successivement engagé trois divisions, bien qu'une batterie russe fût venue se placer à l'est de Semilly sur le prolongement des défenses de Clacy et qu'une des batteries de Ney, en position sur une hauteur près de Mons-en-Laonnois, eût fait souffrir à la fois les Russes et les soldats de Charpentier. Il était alors 2 heures. Les troupes de Woronzoff, épuisées par leurs tentatives infructueuses, faiblissaient. Gneisenau, inquiet de la tournure prise par les affaires à Clacy, se décida à les faire soutenir par

---

elle est placée ainsi qu'il suit : la division Roussel à Leuilly appuyant et observant toute la droite. La division Letort en avant de Chivy en mesure d'appuyer le duc de Trévise, à sa gauche le prince de La Moskowa et les troupes de Clacy. La division Colbert a ordre d'appuyer le mouvement du général Charpentier. Le général Exelmans vient en réserve à Vailly et Etouvelles avec la vieille garde.

« P. S. A l'instant on m'annonce que la colonne de 1500 chevaux ennemis revient de Bruyères sur Ardon. Ce village est occupé par l'ennemi. Le général Colbert fait dire qu'il y a à sa gauche une route qui conduit à Mons-en-Laonnois, par laquelle l'ennemi peut venir et qu'il serait important d'occuper ce village avec de l'infanterie. » (*Archives de la guerre.*)

des renforts tirés des troupes de Bülow, restées jusque-là immobiles à Laon.

Dernières tentatives offensives des Français. — Ces mouvements n'avaient pas échappé à l'Empereur qui, après être resté quelque temps à Clacy, avait suivi les péripéties du combat du haut d'un mamelon à l'est de ce village [1]. Pensant que Blücher se décidait enfin à battre en retraite et à évacuer Laon [2], il crut le moment venu pour tenter une attaque générale et envoya l'ordre à Charpentier de déboucher de Clacy, à la division Curial d'enlever Semilly, à la division Meunier de s'emparer d'Ardon. Ces deux dernières divisions devaient se porter de Semilly et d'Ardon sur la ville pendant que Charpentier pousserait les Russes sur le faubourg de La Neuville.

Mais l'artillerie russe obligea Charpentier à rentrer dans Clacy. Sous la protection de ses batteries, dont les boulets criblaient Semilly, Curial s'avança en colonne serrée par bataillon, parvint jusqu'au pied de la montagne en avant de Semilly et poussa sur les pentes mêmes deux bataillons déployés en tirailleurs et soutenus par un troisième. Décimés par la mitraille d'une batterie que les Prussiens démasquèrent lorsqu'ils furent arrivés à bonne portée, ébranlés par le retour offensif des bataillons du lieutenant-colonel von Clausewitz qui les chargèrent à la baïonnette et culbutèrent même leurs soutiens établis sur la route, les soldats de Curial, ramenés vivement, furent obligés de quitter une fois encore Semilly. L'attaque sur Ardon n'avait pas mieux réussi [3].

L'Empereur se décide à la retraite à 4 heures. — Malgré l'insuccès de cette tentative, l'Empereur ne voulait pas encore se rendre à la réalité et se résoudre à renoncer à Laon. Avant de prendre le seul parti qui lui restait, le parti que la prudence et la raison auraient dû lui faire adopter dès le matin, il chargea d'abord Drouot, dont les observations n'avaient pas réussi à le convaincre, puis Belliard, de pousser avec un parti de cavalerie

---

[1] D'après Fleury, l'Empereur se serait tenu, au contraire, dans le clocher de Clacy.
[2] Ney avait cru lui aussi le matin à la retraite de Blücher sur Vervins et en avait informé le major-général. (*Archives de la guerre.*)
[3] Blücher à Schwarzenberg, Laon, 11 mars, 9 heures du matin. (*K. K. Kriegs Archiv.*, III, 189.)

en avant de Clacy, d'évaluer les forces des Russes et de voir s'il ne serait pas possible de déborder la droite de Blücher en passant par la route de La Fère. Mais les troupes de Strogonoff barraient le chemin entre La Neuville et Cerny, celles de Woronzoff et de Balk étaient fortement établies depuis Cerny jusqu'à Molinchart. Cédant alors aux représentations et aux prières des deux généraux, l'Empereur se décida enfin, vers 4 heures de l'après-midi, à la retraite sur Soissons.

Pendant qu'on expédiait les ordres et que la vieille garde retournait à Chavignon, on continuait néanmoins la canonnade. Le mouvement ne devait, en effet, commencer réellement qu'à la tombée de la nuit, et l'arrière-garde devait quitter le lendemain seulement les environs d'Étouvelles.

Mécontentement causé par les ordres de Gneisenau. — A l'aile gauche de l'armée de Silésie, on n'avait obéi qu'à contre-cœur à l'ordre de Gneisenau. On s'était arrêté, mais ni York ni Kleist ne pouvaient se faire à l'idée de perdre, sans motif sérieux, tous les avantages de leur brillant coup de main. L'étonnement et la stupéfaction des généraux n'avaient d'égale que la rage du soldat, qui ne comprenait rien à cet arrêt subit. Sans avoir besoin de se concerter entre eux, York et Kleist expédièrent immédiatement au quartier général à Laon, des officiers de confiance chargés d'exposer, avec leurs plaintes et leurs réclamations, des projets dont l'exécution, loin de compromettre le salut de l'armée de Silésie, aurait parachevé l'anéantissement de Marmont et placé l'Empereur dans une situation presque désespérée.

Le comte de Brandenburg arriva le premier à Laon; il venait, au nom d'York, supplier Gneisenau d'autoriser les deux corps prussiens à déboucher sur les derrières de Napoléon. En opérant de la sorte on empêcherait l'Empereur de repasser la Lette; on avait quelque chance de le prendre; en tout cas on était sûr de lui infliger des pertes sérieuses lorsqu'il lui faudrait s'ouvrir le chemin de Soissons. Gneisenau resta inébranlable. « L'Empereur tient devant Laon, répondait-il à tous les arguments, et il s'agit de redoubler de prudence. »

Renvoyé une deuxième fois par York, Brandenburg ne fut pas plus heureux. Découragé et désespéré par les réponses de Gneisenau, il rencontra aux portes de Laon le colonel de Grollmann, chef d'état-major du II⁰ corps, qui venait, au nom de Kleist, protester contre l'interruption de la poursuite. On pouvait espérer encore que l'influence personnelle de Grollmann, jointe à ses vieilles relations d'amitié avec Gneisenau, parviendrait à vaincre la résistance et les craintes du chef d'état-major général. Il n'en fut rien; loin d'obtenir l'annulation de la disposition donnée le matin, force fut à Grollmann d'apporter à son général et à York un ordre prescrivant à ces deux généraux de se rapprocher de Laon et de revenir, York à Athies, Kleist à Eppes.

Non content de s'arrêter après une bataille gagnée, Gneisenau obligeait ainsi des troupes victorieuses à rétrograder. Si l'Empereur pouvait dire qu'il représentait à lui seul une armée de 100,000 hommes, on peut conclure de ce qui se passa à Laon le 10 mars, que sans Blücher il n'y avait plus d'armée de Silésie. Tout s'arrête, tout languit à partir du moment où la maladie l'a terrassé et l'a empêché de faire passer le souffle puissant de son énergie et de sa haine dans l'esprit de ses conseillers, de ses collaborateurs. Gneisenau, malgré tout son mérite, malgré toute son intelligence, malgré toute a part qui lui revient dans les succès de son chef, n'était plus rien sans lui. N'ayant aucune influence, aucun ascendant sur le soldat, Gneisenau n'inspirait de plus aucune confiance aux commandants de corps qui, Prussiens aussi bien que Russes, le considéraient comme un pédant et comme un homme dépourvu de tout esprit pratique.

Dans une lettre écrite par Müffling, le 12 mars, on trouve ces mots : « L'attaque faite par Napoléon, le 9 mars, était une imprudence. Celle du 10 mars est le comble de l'imprudence. » Mais alors que dire du commandement qui tolère et subit à deux reprises de pareilles imprudences! Napoléon atteignit, grâce à son audace du 10, le but qu'il se proposait ce jour-là : il voulait en imposer et il y réussit, puisqu'il put sans encombre effectuer sa retraite dans l'après-midi et atteindre Soissons. On disait à ce moment dans l'armée que Blücher souffrait d'un dérangement des facultés mentales; on donnait comme preuve le fait qu'York aurait reçu des ordres avec une signature à l'envers. La vérité est que le feld-maréchal souffrait d'une ophtalmie qui l'empêchait de suivre personnellement et directement la marche du combat, de peser et d'examiner les résolutions qu'il avait à prendre comme général en chef.

Müffling, reparlant plus tard de ces événements, dans une lettre adressée à Droysen, le 13 décembre 1847, et oubliant la part de responsabilité qui lui incombe dans les résolutions prises par Gneisenau, dit : « Sacken était hors de lui. Woronzoff, pendant ce combat ridicule et enfantin, à l'aide duquel Napoléon chercha à nous tromper le 10 au matin, était accouru me demander pourquoi on avait repris et annulé les ordres donnés ; il considérait les nouvelles dispositions comme une calamité, comme une catastrophe. Langeron, qui, comme le plus ancien des généraux de l'armée de Silésie, craignait d'être obligé de prendre le commandement et sentait fort bien qu'il ne parviendrait pas à se faire obéir par les généraux prussiens, s'écriait en sortant de la chambre du feld-maréchal : « Au nom « de Dieu, transportons ce cadavre avec nous ».

Jusqu'à ce moment, la personnalité de Blücher avait empêché les jalousies, les défiances et les rivalités de se manifester. Dès que Gneisenau prit en main la direction des opérations, les dissentiments si longtemps étouffés éclatèrent, non seulement entre Prussiens et Russes, mais entre Prussiens et Prussiens. Qu'aurait pu faire dans de pareilles circonstances un général russe, chargé intérimairement du commandement en chef. Jusqu'à Craonne c'étaient les Russes qui avaient toujours marché en première ligne et l'on arrêtait les opérations au moment même où, en raison des pertes considérables éprouvées par eux dans les dernières affaires, le feld-maréchal avait décidé que les Prussiens prendraient la tête de l'armée.

York, plus qu'aucun autre des généraux, avait été profondément mortifié par l'ordre de Gneisenau, qu'il attribuait à l'animosité personnelle du chef d'état-major, avec lequel il était en mésintelligence depuis longtemps déjà. Trop maître de lui pour laisser rien paraître, trop fier pour récriminer, York s'inclina devant les ordres et cacha sous une gaieté factice, sous un calme apparent, les sentiments qui l'animaient et la rage qui couvait en lui.

Le 10 au soir, il avait ramené son corps à Athies. La détresse était tellement grande autour de Laon que les habitants des villages voisins vinrent supplier le général prussien de leur donner du pain. Le froid était tellement vif que malgré les ordres formels d'York, les Prussiens, pour se réchauffer, allumèrent et entretinrent leurs feux de bivouac, d'abord avec les chaises, puis avec la charpente de la toiture de l'église. Ces actes d'indiscipline et de vandalisme n'étaient guère de nature à calmer le ressentiment et le mécontentement d'York.

Le corps de Kleist passa la nuit à Veslud et à Festieux; Langeron et Sacken, à Chambry; Bülow, à Laon. Les troupes de Winzingerode bivouaquèrent à Semilly et Molinchart. La cavalerie de Katzler, à Corbeny; celle de Benkendorf, vers Berry-au-Bac.

Bien que, grâce à la timidité de Gneisenau, l'Empereur eût échappé au danger que pouvait lui faire courir un mouvement des corps d'York, de Kleist et de Langeron manœuvrant par Bruyères et le château de Corneil contre sa droite, par Festieux, Corbeny et le plateau de Craonne contre ses derrières, il n'en était pas moins grandement temps pour lui de songer à la retraite et de profiter des hésitations et des lenteurs inespérées de l'armée de Silésie.

Affaire des cosaques de Benkendorf à Crouy. — Pendant qu'on se battait encore à Laon, Benkendorf avait reçu l'ordre d'inquiéter les derrières de l'armée française. Ne pouvant déboucher à Laffaux, gardé par la cavalerie du général Grouvel qui assurait les communications entre Soissons, Chavignon et Étouvelles, obligé de faire un grand détour par Anizy-le-Château, Coucy-le-Château, Bagneux et Vauxrezis, il avait atteint les hauteurs au sud de Terny, réussi à jeter quelques partis entre Laffaux et Soissons du côté de Crouy, malmené les postes de cavalerie française et s'était replié à la nuit devant le bataillon de la Vistule, sorti de Soissons. En se retirant, il avait enlevé le baron Malouet, préfet de l'Aisne, se rendant en voiture de Soissons à Laon sur l'ordre de l'Empereur, et failli prendre Nansouty qui, vivement poursuivi, avait sabré les Cosaques et gagné les bords de l'Aisne. Le général, dont le cheval avait été tué au moment où il allait le lancer dans la rivière, avait dû, pour s'échapper, se jeter dans l'eau et traverser l'Aisne à la nage [1].

---

[1] Commandant Gérard, commandant de Soissons, au Ministre, Soissons, 11 mars; général Grouvel au major-général, L'Ange-Gardien, 10 mars; général Neigre au major-général, Soissons, 10 mars, 10 heures soir (*Archives de*

Marmont se prépare à la retraite sur Roucy et Fismes.
— Marmont était à Berry-au-Bac dont le commandant, prévenu par les fuyards du désastre d'Athies, avait fait barricader les abords et le pont. Le maréchal[1] y avait rallié son monde tant bien que mal; mais son infanterie n'avait plus de cartouches et son artillerie, réduite à dix pièces, manquait de munitions.

La cavalerie légère russe s'était montrée à La Bôve et sur le plateau de Craonne. Craignant, d'une part, un mouvement de l'avant-garde de l'armée de Silésie sur Vailly et de là sur la rive gauche de l'Aisne, voulant de l'autre se rapprocher de l'Empereur et de Soissons, le maréchal, après avoir communiqué ses intentions au général Corbineau à Reims, après lui avoir conseillé de rappeler le détachement envoyé du côté de Rethel, prit le parti de se porter, le 11 au matin, sur Roucy et Fismes.

Marmont pouvait d'autant moins songer à rester dans une position isolée et en pointe comme celle de Berry-au-Bac qu'il risquait à la fois de se voir coupé de l'Empereur dès que les alliés auraient passé l'Aisne à Vailly, attaqué de front par les troupes qui l'avaient chassé d'Athies, et enfin menacé sur ses derrières et sur sa droite par les Russes de Saint-Priest, les Prussiens de Iagoff et la cavalerie de Tettenborn.

Mouvements de Tettenborn. — Afin de surveiller de plus près les mouvements des troupes françaises, Tettenborn, après la tentative faite le 7 sur Reims, était retourné le 8 à Épernay et s'était de là rendu, le 9 au matin, à Dormans. Il y avait fait préparer tous les moyens de passage afin d'être en mesure de se jeter immédiatement sur les communications des Français dès que leur retraite s'accentuerait. Il avait sans plus tarder et pendant la journée du 9, envoyé des partis, d'un côté sur Château-

---

la guerre) ; BENKENDORFF, *Des Cosaques et de leur utilité à la guerre*, p. 36, 38, et Blücher à Schwarzenberg, Laon, 12 mars, 10 heures du matin (*K. K. Kriegs Archiv.*, III, 229).

« Le général Benkendorff qui le 10, pendant la bataille de Laon, était avec ses cosaques sur les derrières de l'ennemi, en a profité pour tirailler avec la garnison de Soissons et pour jeter le désordre et la terreur sur la route. Il a fait beaucoup de prisonniers. L'armée ennemie est très démoralisée. Elle manque de vivres et sa cavalerie n'a pas de fourrages. »

[1] Marmont au major-général, Berry-au-Bac, 10 mars, 8 heures du soir. (*Archives de la guerre.*)

Thierry et Montmirail, de l'autre vers Soissons par Fère-en-Tardenois et vers Villers-Cotterets par Oulchy-le-Château. Il faisait, en outre, observer la route de Fismes par le capitaine von Bismarck qui, après avoir ramassé dans ces parages un assez grand nombre de traînards et d'isolés, lui avait communiqué les premières nouvelles un peu positives sur les combats du 9[1]. Afin d'être plus à proximité de Saint-Priest qui se rapprochait, lui aussi, de la route de Soissons, Tettenborn résolut alors de ramener le gros de sa cavalerie sur une position plus centrale et vint s'établir à Port-à-Binson.

Il laissa toutefois deux régiments de cosaques à Dormans et un régiment à Épernay.

Mouvements de Saint-Priest. — Saint-Priest, toujours à Sillery, y attendait l'arrivée du général Pantchoulitcheff pour attaquer Reims. Informé par Tettenborn du mouvement rétrograde de Marmont, il avait poussé vers Fismes des partis qui avaient dû rétrograder devant des paysans armés. Il se proposait, en outre, de diriger sur Laon, par la route de Montcornet, le major Medvédieff qui venait de le rejoindre avec 600 cosaques du corps volant de Kaïssaroff et par l'entremise duquel il voulait donner au feld-maréchal des nouvelles de l'armée de Schwarzenberg[2].

Retraite de l'Empereur sur Soissons. — Heureusement pour l'Empereur, à qui les deux jours de bataille avaient coûté plus de 6,000 hommes, l'inaction de Gneisenau allait favoriser sa retraite et lui permettre de retirer successivement et sans trop de difficultés les troupes qu'il avait tenues jusqu'au soir devant Laon.

La vieille garde, une partie de son artillerie et les 2e et 3e divisions de cavalerie de la garde purent ainsi quitter le champ de bataille vers 6 heures du soir et venir coucher à Chavignon. Mortier se mit en route lorsque la nuit fut tombée, sans que ni

---

[1] Tettenborn à Schwarzenberg, Port-à-Binson, 13 mars. (*K. K. Kriegs Archiv.*, III, 241.)

[2] Saint-Priest à Wolkonsky, Sillery, 10 et 11 mars. (*K. K. Kriegs Archiv.*, III, 205 *a* et 205 *b*.)

les Prussiens de Bülow, ni les Russes de Winzingerode aient remarqué son mouvement sur Urcel. Charpentier et la cavalerie filèrent par la route d'Anizy-le-Château sur Laffaux. 2 bataillons, 300 chevaux et 2 canons formant l'arrière-garde, ne quittèrent Clacy qu'une heure avant le jour.

Sur la grande route, c'était Ney qui allait encore faire l'arrière-garde et tenir bon à Étouvelles avec une poignée d'hommes et les dragons de Roussel [1].

11 mars. — Affaires de Chaillevois, de Mailly et de Crouy. — La nuit avait été tranquille ; mais, dès le matin, la cavalerie russe de l'extrême droite s'élançait sur les traces de Charpentier et de Colbert, rejoignait leur dernier échelon entre Chaillevois et Pinon. Sur la grande route de Soissons, Tchernitcheff avec ses Cosaques, 1,500 hommes d'infanterie et quelques canons, avait attaqué à 9 heures et demie l'adjudant-commandant Sémery qui, marchant à l'extrême arrière-garde de Ney et de Rousseau, avait reconnu le matin encore la position de Laon et n'avait évacué Étouvelles qu'après s'être assuré que la colonne de Charpentier et de Colbert était sur le point d'atteindre Chavignon. Voyant qu'il lui serait impossible de tenir plus longtemps à Chivy et à Étouvelles sans compromettre le sort de sa troupe, il se mit en retraite sur Mailly. Harcelé par les Cosaques qui cherchaient à le déborder et à le tourner, Sémery résolut de leur tendre une embuscade et de leur donner une leçon qui les obligerait à se tenir à distance. Cachant une partie de son monde dans les bois qui bordent la route, il continua à se replier avec le reste de sa troupe, suivi par les Cosaques. Accueillis à ce moment par des feux partant des deux côtés de la route, chargés à la baïonnette par l'infanterie de Sémery qui a fait volte-face, poursuivis par les dragons de Roussel, les Cosaques tournèrent bride. Ils n'en continuèrent pas moins à observer l'adjudant-commandant, mais ils renoncèrent désormais à l'inquiéter et se tinrent pendant le reste de la journée à 2 ou 3 kilomètres de son dernier échelon.

---

[1] Jusqu'au dernier moment, l'Empereur crut à la possibilité de l'évacuation de Laon. En donnant à Ney ses ordres pour la retraite, il lui recommande de s'assurer avant de partir que « Blücher n'a pas évacué Laon. » (Ordre du bivouac devant Laon, 10 mars, 6 heures du soir. Registres de Berthier.)

Arrivé à Chavignon à 10 heures et demie, Sémery n'en repartit, après avoir fait former ses deux derniers échelons en colonne serrée, qu'à 1 heure de l'après-midi, lorsqu'il eut reçu l'ordre de se porter par Crouy sur Soissons et de dépasser les troupes de Mortier. Informé qu'une colonne de cavalerie russe inquiétait le général Charpentier, Sémery accéléra son mouvement et vint prendre position au moulin de Laffaux, à la jonction de la grande route et du chemin de Pinon. Il ne reprit son mouvement qu'après avoir donné à Charpentier et à Colbert le temps de filer, et avoir reçu du général Ismert, commandant une des brigades de Roussel, l'avis qu'il était en mesure de couvrir la retraite.

Lorsque sa petite colonne eut atteint Crouy, Sémery, conformément aux ordres qu'il avait reçus, dépassa les troupes du maréchal et se rendit auprès de lui pour connaître l'emplacement destiné à sa brigade. Pendant ce temps, le général Ismert, auquel l'ordre lui enjoignant de rester sur la hauteur, parvint probablement trop tard, s'était replié de son côté, et les Cosaques, profitant du départ des dragons pour charger la division de jeune garde de nouvelle formation postée sur les hauteurs, l'avaient culbutée et rejetée en désordre dans Soissons. L'infanterie de Mortier et celle de Sémery durent se déployer pour chasser les Cosaques et les contraindre de quitter les environs de Crouy[1].

A 3 heures, l'armée tout entière, moins la brigade Sémery, qui n'entra en ville qu'à 6 heures du soir, était en sûreté à Soissons et concentrée aux environs de la place dont le commandement était confié à un officier jeune et énergique, le commandant Gérard. La vieille garde était logée dans la ville ; Ney au faubourg de Saint-Wast ; Mortier à Crouy ; Charpentier à Cuffies ; Colbert à Saint-Médard avec des partis à Bucy-le-Long ; Letort au faubourg Saint-Crépin ; Exelmans au faubourg Saint-

---

[1] Adjudant-commandant Sémery au général Béchet de Léocourt, Soissons, 11 mars ; général Rousseau au maréchal Ney, Soissons, 11 mars (*Archives de la guerre*), et Blücher à Schwarzenberg, Laon, 12 mars, 10 heures du matin (*K. K. Kriegs Archiv.*, III, 229).

« Tchernitcheff a poursuivi l'ennemi sur la route jusqu'aux portes de Soissons où il y avait encore le soir de grosses masses d'infanterie. Napoléon a ramené par cette route une colonne de 20,000 à 25,000 hommes. Deux autres colonnes ont passé par Vailly. Les villages sont pleins de blessés ennemis, et l'aile gauche française surtout a dû perdre beaucoup de monde. »

Christophe ; Roussel à Crouy et à la ferme de La Perrière. Mortier commandait toutes les troupes restées sur la rive droite et composées de la 2ᵉ division de vieille garde, de la division de jeune garde postée à Crouy, des divisions Charpentier et Boyer de Rebeval, des dragons de Roussel et des Polonais de Pac[1].

Mais s'il avait réussi à sauver son armée, l'Empereur n'en était pas moins obligé de reconnaître que l'inutile et sanglante victoire de Craonne, que les deux journées de Laon avaient singulièrement diminué les effectifs déjà si peu considérables avec lesquels il avait entamé sa marche de l'Aube vers l'Aisne. « La jeune garde fond comme la neige, écrivait-il encore de Chavignon le 11 mars à Joseph[2]. La vieille garde se soutient. Ma garde à cheval fond aussi beaucoup. Il est indispensable que le général Ornano prenne tous les moyens pour remonter tous les dragons et chasseurs et d'abord les vieux soldats. » Blücher était donc bien renseigné lorsqu'il disait à Schwarzenberg dans sa dépêche du 12 mars[3] : « Les généraux de cavalerie ont représenté à Napoléon qu'il détruirait complètement sa cavalerie s'il continuait à opérer de la sorte ; mais ils ont été vertement tancés par lui. »

Ils n'étaient pas, d'ailleurs, les seuls que l'Empereur tançait vertement. Si, au premier moment, il avait, dans sa lettre du 10, envisagé froidement et avec un calme rare chez lui, le désastre d'Athies, s'il s'était borné à dire : « Ce n'est qu'un accident de guerre, mais c'est fâcheux dans ce moment où j'avais besoin de bonheur, » il n'avait pu contenir sa colère à la nouvelle du mouvement de Marmont sur Fismes.

« Le duc de Raguse s'est comporté comme un sous-lieutenant, » écrit-il à Joseph[4]. Déjà, quelques heures plus tôt, il a chargé le major-général d'exprimer au maréchal, dans les termes les plus sévères et les plus durs, le mécontentement que lui causait la marche du 6ᵉ corps sur Fismes. L'abandon du pont de Berry-au-Bac, d'une position qui, si elle était quelque peu en l'air, avait une importance d'autant plus grande qu'elle couvrait Paris, était

---

[1] *Correspondance*, nᵒˢ 21462 et 21463, et Ordres généraux, Soissons, 11 mars. (Registres de Berthier; *Archives de la guerre.*)
[2] *Correspondance*, nᵒ 21461.
[3] Blücher à Schwarzenberg, Laon, 12 mars. (*K. K. Kriegs Archiv.*, III, 229.)
[4] *Correspondance*, nᵒˢ 21460 et 21461.

en tout cas prématuré, puisque seules quelques troupes de cavalerie s'étaient montrées en avant de Corbeny et que les coureurs de Saint-Priest n'avaient pas dépassé Jonchery. Le maréchal, obligé de se conformer à des ordres aussi précis, laissa deux bataillons à Fismes et partit vers le soir avec le gros de son corps pour Roucy, non sans avoir écrit au major-général pour lui dire « qu'il était préparé à l'avance au sort qui l'attendait [1]. »

État de l'armée de Silésie. — Si l'Empereur avait échappé comme par miracle à l'étreinte de son adversaire, sa situation était encore loin d'être rassurante. Heureusement pour lui, l'arrêt total des opérations de l'armée de Silésie allait à tous égards être préjudiciable à cette armée. On avait cru nécessaire de faire reposer les troupes au moment même où le dernier soldat comprenait qu'une action immédiate, qu'une poursuite énergique pouvait mettre fin à une campagne que du haut en bas de l'échelle hiérarchique on s'accordait à trouver trop rude et trop longue. Mais on n'avait même pas songé à pourvoir aux besoins des corps, à assurer leur subsistance pendant cette halte inopportune, dans une région épuisée, dévastée et ruinée. Manquant de tout, les soldats de Blücher, malgré tous les efforts de leurs généraux, malgré l'intervention personnelle d'York [2], cherchèrent

---

[1] Marmont au major-général. (*Archives de la guerre.*)

[2] Nous avons cru bien faire en empruntant à la biographie d'York le récit de la scène qu'on va lire et qui permettra de se faire une idée du caractère de ce général, de l'état d'esprit dans lequel il se trouvait, des sentiments nobles et généreux d'un homme qui, animé du patriotisme le plus ardent, a toujours cherché à adoucir le sort des vaincus et à protéger les populations contre les excès et la brutalité de ses soldats:

« Le 11 mars, on célébra par ordre, des actions de grâce pour remercier Dieu de la victoire. York assista à ce service, et lorsque le prédicateur Schulz eut terminé son discours, York fit masser autour de lui la division Horn et prit à son tour la parole. Il dit aux troupes qu'il était heureux et fier d'avoir été avec son corps l'instrument de la Providence, mais que, s'il rendait pleinement justice à la bravoure de ses soldats, il était profondément peiné et douloureusement affecté par leurs excès et leur indiscipline. « Piller et détruire,
« disait le général, tel est désormais votre mot d'ordre et ce sont vos mains
« sacrilèges qui ont anéanti la maison de Dieu épargnée par le feu pendant le
« combat. Les pierres muettes, continua York, vous accuseront devant le tri-
« bunal du juge suprême. » Puis, montrant à ses soldats la croix (la croix pour
le Mérite) qui ornait sa poitrine : « Connaissez-vous, leur dit-il, cette croix ; en
« connaissez-vous l'exergue. Elle signifie : à chacun selon ses mérites. C'est la

à se procurer par le pillage les ressources que le commandement n'avait pas su leur fournir. Une lettre de Langeron à Blücher, datée de ce jour, permet de se faire une idée exacte de la détresse de l'armée de Silésie pendant les jours qui précédèrent et suivirent la victoire de Laon. « Je suis forcé d'exposer à Votre Excellence, ainsi s'exprime le général russe, la détresse de mon corps d'armée. Voici quatre jours que mes troupes sont ici[1]. Une partie de mes voitures de vivres est avec le corps du comte de Saint-Priest, l'autre a été enlevée par l'ennemi, et, depuis que j'ai pris position ici, *mon corps a touché 3,250 livres de pain.* A l'heure qu'il est, mes troupes sont absolument sans ressources et sans vivres. Le conseiller Timme m'assure qu'il lui est impossible de se procurer quoi que ce soit et qu'il n'a pu rien obtenir du conseiller d'Etat Ribbentrop. Les villages et les faubourgs avaient été complètement pillés avant mon arrivée et je supplie instamment Votre Excellence de subvenir d'urgence à mes besoins en sel, pain et viande[2]. »

Comme l'a dit si justement le général Lewal, dans sa *Tactique de Ravitaillement*, « au lieu d'avoir recours aux réquisitions régulières, les armées vivaient d'extorsions et de maraudes. Cette méthode inhumaine, immorale, aliénait les populations, faisait le vide, détruisait les sources d'alimentation, développait la cupidité et détruisait la discipline.

« Les causes de ces méfaits étaient l'absence de soins, de pré-

---

« devise de la Prusse. L'avez-vous respectée ? Vous l'avez souillée, vous avez
« fait mentir la devise du Roi, vous avez sali son nom et celui de la patrie,
« vous avez foulé aux pieds ma gloire et la sienne. Vous n'êtes plus le corps
« d'York ; je ne suis plus votre général. Vous êtes une bande de brigands et
« je suis un chef de bandits ! » Il leur exposa ensuite quelles seraient les conséquences de leur indiscipline, leur montra que, dès que les liens de cette discipline se relâchent, la vraie valeur militaire disparaît ; il reprocha aux grenadiers de la Prusse occidentale d'avoir laissé leur colonel blessé entre les mains de l'ennemi. Enfin, il les somma d'avoir à jurer que désormais ils feraient la guerre honnêtement, en braves Prussiens et non pas en bandits ; un homme par compagnie devait sortir des rangs pour prêter le serment qu'il demandait. Le général von Horn s'avança le premier et jura au nom du régiment du corps, puis vinrent des sous-officiers et des soldats des différents régiments qui prêtèrent entre les mains d'York, le serment demandé. » (DROYSEN, pages 365-60.)

[1] Langeron était depuis le 8 dans les faubourgs de Laon et à Chambry.
[2] Général Langeron à Blücher, Laon, 11 mars.

vision et de régularité dans la satisfaction des besoins des troupes. Ce qui a tant développé les mauvais sentiments, engendré la violence, c'est la privation des choses indispensables à l'alimentation. La faim est mauvaise conseillère. »

Les autres corps de l'armée de Silésie n'étaient pas mieux partagés que ceux d'York et de Langeron, et l'on peut aisément s'imaginer qu'une détresse aussi absolue n'était guère de nature à apaiser le mécontentement des généraux, à mettre un terme aux mésintelligences et aux ressentiments.

L'intervention personnelle de Blücher eût pu seule aplanir ces difficultés; mais le vieux feld-maréchal, toujours malade, était loin de pouvoir reprendre la direction des affaires et le commandement effectif de son armée.

Au lieu de pousser dans toutes les directions les deux colonnes de l'armée française battues à Laon, d'empêcher Marmont de se rallier, l'Empereur de donner à ses troupes quelques heures de repos et de réorganiser ses corps d'armée et ses divisions réduites à des effectifs dérisoires, Gneisenau, cédant à des considérations qu'il est impossible de déterminer d'une manière précise, prêtant vraisemblablement plus d'attention aux considérations politiques[1] qu'aux besoins de la situation militaire, n'osant prendre la seule résolution commandée par les circonstances, paralysé par une responsabilité dont il s'exagérait la portée et les conséquences, persistait à arrêter les opérations, à croire indispensable une concentration illogique et nuisible à tous égards, à mécontenter tout le monde, à imposer à son armée des souffrances et des privations qui portèrent une grave atteinte à la discipline en démoralisant les hommes, et à perdre par sa timidité, par son inaction, tout le bénéfice des avantages remportés pendant les journées des 9 et 10 mars.

Renseignements fournis par Tettenborn à Schwarzenberg. — Tettenborn et Saint-Priest, soustraits par la position même

---

[1] D'après le *Tagebuch* du comte Nostitz (*Kriegsgeschichtliche Einzelschriften*, 1884, V, 121), le général de Boyen, chef d'état-major de Bülow, que Gneisenau consultait à chaque instant, avait démontré au chef d'état-major de l'armée de Silésie qu'il importait avant tout d'opérer de façon que le roi de Prusse possédât une grande et belle armée au moment où l'on signerait la paix, et l'aurait convaincu de la nécessité de ne plus rien risquer.

qu'ils occupaient sur les derrières de l'Empereur et de Marmont, à l'action directe et immédiate de Gneisenau, avec lequel ils ne pouvaient correspondre que par de longs détours, s'étaient tenus soigneusement au courant des mouvements de l'Empereur. Tettenborn, revenu à Port-à-Binson, se reliait à droite avec Saint-Priest, à gauche par Orbais et Vertus, avec Kaïssaroff, qui avait succédé à Platoff et qui se tenait du côté de Fère-Champenoise. Ses partis continuaient à aller sur Reims, Fismes, Villers-Cotterets, Soissons, Château-Thierry, Coulommiers et La Ferté-Gaucher, malgré les difficultés qu'opposait à leur entreprise le soulèvement presque général des paysans, malgré les embuscades qu'on leur tendait et les coups de fusils qu'ils essuyaient aux abords des villages et à la traversée des bois. Prévenant les désirs et les ordres de Schwarzenberg, qui lui écrivait de Troyes[1] pour l'inviter à se procurer des nouvelles de l'ennemi, à se lier avec Kaïssaroff, à savoir ce qui se passait sur la route de Reims à Châlons et à Vitry, à renseigner le grand quartier général sur les mouvements de Saint-Priest, il avait déjà réussi à apprendre que l'Empereur, bien qu'il eût fait garder le pont de La Ferté-sous-Jouarre, réparer et barricader celui de Château-Thierry, ne paraissait en aucun cas disposé à descendre la vallée de la Marne[2].

Marche de Saint-Priest sur Reims. — Saint-Priest[3], auquel le généralissime avait fait tenir des instructions analogues[4], venait d'être rejoint par les renforts qu'il avait attendus pour reprendre les opérations contre Reims. Le 11 au matin, Pantchoulitcheff était arrivé à Sillery avec sa colonne, composée des régiments d'Eletz, Rilsk, Ekaterinburg, 1er et 30e de chasseurs, du

---

[1] Schwarzenberg à Tettenborn, Troyes, 11 mars. (*K. K. Kriegs Archiv.*, III, *ad* 199.)

[2] Tettenborn à Schwarzenberg, Port-à Binson, 13 mars. (*K. K. Kriegs Archiv.*, III, 240.)

[3] Il est bon de rappeler ici que Saint-Priest, arrivé dans les derniers jours de février à Saint-Dizier, avait reçu antérieurement l'ordre de se rapprocher de l'armée de Silésie. Le 5 mars, Saint-Priest avait opéré à Châlons sa jonction avec les renforts que le général von Iagow amenait à Kleist et avait attendu jusqu'au 11 à Beaumont l'arrivée du détachement du général Pantchoulitcheff.

[4] Schwarzenberg à Saint-Priest, Troyes, 11 mars. (*K. K. Kriegs Archiv.*, III, *ad* 199.)

régiment de chasseurs à cheval de Tchernigoff et de deux batteries, et forte d'environ 5,000 hommes. Ces renforts portaient l'effectif total des troupes sous les ordres de Saint-Priest au chiffre respectable de 14,000 à 15,000 hommes. Grâce aux intelligences qu'il avait réussi à nouer avec quelques royalistes de Reims, il ne lui avait pas été difficile de se procurer des données précises sur la faiblesse de la garnison qui ne comptait plus qu'une centaine de chevaux, une cinquantaine de gendarmes et trois petits cadres de bataillon. Il avait également appris que le général Corbineau avait vainement demandé des renforts et que le général Defrance, posté avec les gardes d'honneur à moitié chemin de Berry-au-Bac à Reims, n'avait guère plus de 300 chevaux à Saint-Thierry et Châlons-sur-Vesles. Ses espions rentrés le 10 au soir, lui avaient, enfin, apporté la nouvelle de la tentative infructueuse faite par l'Empereur contre Laon pendant la journée du 9. Les partis de cavalerie envoyés par le général Emanuel du côté de Fismes, complétèrent encore ces renseignements, et, dans l'après-midi du 11, Saint-Priest, certain désormais de la retraite de l'Empereur sur Soissons, prenait la résolution d'attaquer Reims sur trois colonnes, le 12 à la pointe du jour [1].

12 mars. — Prise de Reims par Saint-Priest. — La première de ces colonnes, celle de l'aile gauche, sous les ordres du général Iagow, composée uniquement de troupes prussiennes, se rassembla à Cormontreuil le 12 à 3 heures du matin ; à la même heure, celle du centre, forte de deux régiments russes et de deux bataillons prussiens, sous le général-major Pillar, se forma sur la hauteur en avant de Sillery. Ces deux colonnes marchant, la première par la rive gauche, la deuxième par la rive droite de la Vesle, étaient plus spécialement chargées de détourner l'attention des Français, de les amuser par des démonstrations dans le cas où la surprise, que devait tenter la troisième colonne, aurait échoué. Cette dernière, composée de quatre régiments russes et de trois bataillons prussiens, conduite par Saint-Priest en personne et par le général Emanuel et à laquelle on avait donné

---

[1] Saint-Priest au prince Wolkonsky, Sillery, 11 mars matin et 9 heures du soir (*K. K. Kriegs Archiv.*, III, 207 *a* et *b*), et général Emanuel au comte de Saint-Priest, Bézannes, 11 mars, 4 heures après-midi (*Ibid.*, III, 207 *c*).

Cernay-lez-Reims pour point de rassemblement, devait enlever le faubourg et la porte de Cérès. Les généraux Gourialoff et Pantchoulitcheff avec deux régiments russes, deux bataillons prussiens et deux régiments de cavalerie restaient en réserve entre la route de Mézières et celle de Berry-au-Bac.

A 5 heures du matin, Iagow arrivait devant la porte de Paris, qu'il canonnait et qu'il faisait enlever. Pillar rencontrait une certaine résistance à la porte Dieu-Lumière, que quelques voltigeurs de la garde, accourus en toute hâte de la porte Cérès, essayèrent de défendre; mais menacés sur leurs derrières par les Prussiens débouchant par la porte de Paris, ces voltigeurs n'eurent que le temps de se retirer au plus vite sur la porte de Mars. Saint-Priest et Emanuel, dont la colonne s'était égarée dans la nuit, arrivèrent au moment où les quelques troupes françaises, qui avaient réussi à se réunir à la porte de Mars, essayaient de se replier par la rive droite de la Vesle, sur Saint-Brice et La Neuvillette. L'infanterie, maintenue en bon ordre par ses chefs, couverte d'une part par les marais, puis protégée par les bois, fit bonne contenance et parvint, après avoir repoussé les charges des cavaliers de Pantchoulitcheff, à rejoindre le général Defrance à Châlons-sur-Vesle. La cavalerie, au lieu de rester à hauteur de l'infanterie, s'était rejetée plus à gauche au sortir de Reims et avait été rejointe, sabrée et prise par les dragons de Kiew[1]. Le général Defrance

---

[1] Rapport du général Defrance, Châlons-sur-Vesles, 12 mars, 10 heures du matin ; général Defrance à Marmont. *Ibid.*, 7 heures 1/2 du matin ; colonel Jacquemard, du 5ᵉ voltigeurs de la garde, au major-général (*Ibid.*, 11 heures du matin) (*Archives de la Guerre*), et extraits du rapport du général comte de Saint-Priest à l'empereur de Russie, Reims, 12 mars 1814 (*K. K. Kriegs Archiv.*, III, ad 243).

« Je m'empresse de faire hommage à Votre Majesté des clefs de la ville de Reims que j'ai prise d'assaut ce matin à 6 heures. La cavalerie de la garnison qui a voulu se faire jour, a été totalement détruite. 2,500 prisonniers, parmi lesquels le général Lacoste, le colonel Régnier et un grand nombre d'officiers avec 10 canons, sont tombés entre nos mains.

« Ce qui fait le plus d'honneur à nos troupes, c'est qu'il n'y a pas eu le moindre désordre. L'attaque a été faite sur plusieurs points avec une telle vivacité que la perte n'a pas été considérable...

« J'ai reçu ici la nouvelle positive de l'échec éprouvé par Napoléon à Laon et de sa retraite sur Soissons qui en a été la suite...

« J'ai déjà envoyé à Berry-au-Bac pour reconnaître l'ennemi et tâcher d'établir ma communication directe avec le feld-maréchal Blücher qui ne doit pas tarder à se porter en avant. »

s'était, d'ailleurs, porté immédiatement au secours des troupes surprises à Reims. Après avoir arrêté les cavaliers du général Emanuel à hauteur de La Neuvillette, il les avait reconduits jusque vers Reims, mais n'avait pas osé cependant tenter une attaque contre la ville même. A la nuit, il ramena sa cavalerie à Châlons-sur-Vesle, d'où il couvrait la position de Marmont à Roucy et Berry-au-Bac.

Les Russes prirent quartier dans la ville ; les Prussiens eurent ordre de se cantonner à Jonchery, Muizon, Rosnay, Thillois, Gueux, Ormes, Bézannes, Cormontreuil et Sillery, et de s'éclairer avec leur cavalerie en avant de Jonchery et Rosnay. Malgré les observations du général Iagow, malgré les avis donnés par la cavalerie qui avait trouvé Jonchery occupé par les Français, Saint-Priest refusa de resserrer les cantonnements de ses troupes. Il consentit cependant à laisser revenir la cavalerie prussienne à Rosnay, où Iagow avait dû poster deux bataillons du 3e régiment de landwehr de Poméranie. Se croyant absolument à l'abri de tout danger, surtout depuis qu'il avait reçu la nouvelle de la retraite de l'Empereur sur Soissons, convaincu que la cavalerie française signalée à Jonchery faisait partie des troupes chassées de Reims le matin, Saint-Priest, au lieu de redoubler de vigilance, avait donné l'ordre de faire chanter le 13 un *Te Deum*, à Reims pour les Russes, à Bézannes pour les Prussiens.

Affaire des Cosaques de Tettenborn à Treloup. — Les partis de Tettenborn avaient poussé sur la rive droite de la Marne dans la direction de Soissons et de Villers-Cotterets, sans remarquer jusqu'au soir aucun mouvement sérieux des Français. « Les revers de l'Empereur, écrivait-il à Schwarzenberg, me sont confirmés par les renseignements des gens du pays et surtout par la conduite des paysans qui s'opposaient jusqu'ici à mes partis les armes à la main, et qui depuis deux jours se tiennent tranquilles, malgré la présence de l'armée française[1]. » Une tentative, faite contre Dormans par des troupes envoyées de Château-Thierry, avait réussi à surprendre un parti cosaque de 300 chevaux à Tre-

---

[1] Tettenborn au prince de Schwarzenberg, Port-à-Binson, 13 mars. (*K. K. Kriegs Archiv.*, III, 241.)

loup sur la rive droite de la Marne, mais n'avait pu parvenir à déloger le colonel Pfuel qui occupait Dormans avec deux régiments de Cosaques [1].

Gneisenau modifie les cantonnements de l'armée de Silésie. — Nouveaux ordres. — De graves événements, quoique d'un ordre tout à fait intime, avaient marqué cette journée du 12. Blücher, toujours malade, alité, presque aveugle, était encore dans l'impossibilité de racheter par son énergie ordinaire les timidités de Gneisenau. Celui-ci, de plus en plus décidé à ne recommencer les opérations que lorsque le feld-maréchal serait à même de s'occuper des affaires ou tout au moins de ratifier les propositions qu'il lui soumettrait, avait résolu d'accorder quelques jours de repos à l'armée de Silésie et d'étendre, à cet effet, ses cantonnements.

Winzingerode, dont la cavalerie surveillait le cours de l'Aisne en amont de Soissons, devait avec son infanterie relever à Laon le IIIe corps (Bülow) qu'on dirigeait sur La Fère et sur la rive droite de l'Oise pour s'emparer d'abord de Pont-Sainte-Maxence et de Verberie, puis de Compiègne avec la coopération de Langeron. La cavalerie de ce dernier avait pour mission de battre le pays entre l'Aisne et l'Oise, tandis que son infanterie, dès qu'elle serait maîtresse du pont de Vic-sur-Aisne, se rabattrait sur Compiègne. Bülow devait, en outre, établir à La Fère et à Chauny des magasins destinés à ravitailler l'armée de Silésie. Sacken avait ordre de s'avancer le 12 jusqu'à Chavignon et, le 13 mars, de Chavignon dans la direction de Soissons. Kleist devait venir s'établir d'abord entre Bouconville et Chermizy, puis sur le plateau de Craonne à hauteur d'Oulches. Quant à York, l'ordre de Gneisenau attribuait à son corps les plus mauvais quartiers, les cantonnements les plus épuisés, allant de Corbeny jusque vers Berry-au-Bac.

Le 12 au soir, Bülow était aux environs de Chauny; Langeron, à Coucy-le-Château; Sacken, à Chavignon; Winzingerode, à Laon, Kleist, à Bouconville et Chermizy; son avant-garde de cavalerie avec le colonel Blücher, à La Maison-Rouge; le corps volant du major de Colomb, à Pontavert.

---

[1] Général Vincent au major-général, Château-Thierry, 12 mars. (*Archives de la guerre.*)

C'était là ce que Gneisenau, dans la lettre à Schwarzenberg [1] qu'il faisait signer à Blücher, appelait « s'avancer sur l'Aisne. » Il avait depuis deux jours attribué un rôle tellement anormal à sa nombreuse cavalerie qu'il était obligé d'ajouter : « Je saurai demain si l'ennemi va à Meaux ou à Château-Thierry. » Enfin, il se faisait une idée si singulière de la situation de l'Empereur auquel il venait de donner le temps de se refaire, qu'il terminait sa dépêche par ces mots : « *Une marche sur Reims dans l'espoir de battre Saint-Priest et d'agir par Epernay contre le flanc de Votre Altesse, serait chose désagréable ; mais je ne crois pas l'armée française en état d'exécuter actuellement un pareil mouvement.* »

York quitte l'armée. — Moyens employés pour le décider à reprendre son commandement. — York avait jusqu'à ce moment exécuté sans murmurer, sans rien laisser paraître de son mécontentement, des ordres qu'il condamnait. Katzler était venu avec sa cavalerie aux environs de Berry-au-Bac, la cavalerie de réserve à La Ville-au-Bois et Juvincourt, Horn à Craonne, sa cavalerie à Craonnelle, le prince Guillaume à Corbeny. Rien dans toute l'attitude du général ne faisait prévoir la résolution qu'il avait prise et qu'il allait, à la surprise générale, mettre tout d'un coup à exécution. Un incident, insignifiant en lui-même, une mesure à laquelle, dans des circonstances ordinaires, York n'aurait attaché aucune importance, devait le décider à donner une suite immédiate à des projets qu'un esprit aussi froid, aussi réfléchi que le sien, avait dû mûrir pendant les deux derniers jours, à une idée que lui avait suggérée d'abord et que n'avaient cessé de renforcer les déboires, les mortifications dont il se croyait abreuvé intentionnellement par Gneisenau depuis son brillant succès d'Athies.

Depuis le moment où il avait reçu l'ordre d'abandonner la poursuite, York avait été convaincu que Gneisenau profitait de son autorité momentanée pour satisfaire contre lui de vieilles rancunes. Il avait patienté depuis lors, essayé de renfermer en lui-même et de contenir ses sentiments et donné enfin avec le plus grand calme ses instructions pour la marche et l'établissement de

---

[1] Blücher à Schwarzenberg, Laon, 12 mars. (*K. K. Kriegs Archiv.*, III, 220.)

ses troupes dans des cantonnements dans lesquels son corps d'armée ne devait trouver aucune ressource. Tout semblait oublié ; la légitime irritation d'York paraissait calmée, lorsqu'un ordre insignifiant, le détachement d'une centaine de chevaux mis à la disposition de l'intendant général Ribbentrop et destinés, les uns à escorter un convoi dirigé sur les Pays-Bas, les autres à faire rentrer les vivres nécessaires à l'armée, vint mettre le comble à la mesure. York, après avoir montré cet ordre au major von Schack, après lui avoir exposé ses griefs contre Gneisenau, lui annonça qu'il avait pris la résolution de quitter l'armée. Ce fut en vain que cet officier chercha à le convaincre, à le faire revenir à d'autres sentiments. Schack dut obéir et écrire sous la dictée d'York deux lettres, l'une adressée au feld-maréchal dans laquelle il déclarait que sa santé l'obligeait à quitter l'armée et à se retirer à Bruxelles; l'autre au prince Guillaume auquel il confiait le commandement par intérim du Ier corps. Pendant ce temps, on chargeait la voiture de voyage dont York ne se servait presque jamais. Prévenu par Schack, l'aide de camp du général, le comte de Brandenburg, ne fut pas plus heureux. Persistant plus que jamais dans sa résolution, York chargea ces deux officiers de faire immédiatement parvenir à destination les deux lettres qu'il venait de signer. Le médecin en chef du quartier général du Ier corps, le docteur Hohenhorst, survint à ce moment. Il avait vu atteler la voiture et en avait conclu à une maladie du général qui lui répondit, en effet, qu'il était très souffrant et forcé pour cette raison de s'éloigner. Mais lorsque le docteur s'offrit pour l'accompagner, York refusa d'accéder à sa prière en lui faisant remarquer qu'il était attaché, non pas à sa personne, mais au quartier général du corps. Embrassant alors Schack et Brandenburg, il sortit rapidement de la chambre, traversa la salle où se trouvaient les autres officiers de son état-major qui, ne se doutant de rien jusqu'à ce moment, ne parvinrent pas à se remettre de la surprise qu'ils éprouvèrent lorsque leur général, serrant la main à chacun d'eux, leur fit ses adieux. Le lieutenant d'artillerie Hoeken, un des officiers d'ordonnance d'York, avait sauté à cheval et suivi pendant quelque temps l'équipage du général. York le renvoya en lui disant : « Je n'ai plus besoin d'officiers d'ordonnance. »

Au quartier-général du Ier corps, on était consterné ; on ne savait que faire, à quel parti s'arrêter. Le prince Guillaume avait déjà commencé son mouvement. Dans l'impossibilité de réunir un conseil et comme les instants étaient précieux, Schack résolut de se rendre avec les comtes de Brandenburg et Lehndorff, auprès du feld-maréchal et de tenter auprès de lui une démarche suprême qui aurait pour effet de leur rendre leur général. « Nous arrivâmes à Laon, raconte Schack, lorsque tout le monde était à table. Gneisenau était malade. Müffling, brouillé avec lui, prétextait une indisposition pour se tenir complètement à l'écart. Le feld-maréchal était réellement malade. » L'état-major de Blücher était d'avis de faire un exemple et de traduire York en conseil de guerre ; mais aucun d'eux n'aurait osé proposer à Blücher une mesure que le vieux feld-maréchal n'aurait jamais consenti à prendre [1]. On remit donc aux trois officiers d'York une lettre officielle que le vieux feld-maréchal signa sans savoir ce qu'elle contenait et dans laquelle on affectait de croire à la maladie du général, en se bornant à exprimer l'espoir de son prochain retour à l'armée. Schack et Brandenburg prirent connaissance de cette lettre. La transmettre à York, c'était le décider à persévérer dans sa résolution. Ils s'adressèrent alors au comte Nostitz, lui exposèrent la situation et le décidèrent à en rendre compte à Blücher. « Le feld-maréchal, écrit à ce sujet le comte Nostitz, se rendit à mes prières. Surmontant les douleurs intolérables qu'il éprouvait et bien qu'il souffrit d'une violente ophtalmie, Blücher, qui rendait justice à la valeur et aux mérites d'York, écrivit en gros caractères ces trois lignes : « Mon vieux camarade, l'histoire ne saurait « raconter chose pareille de nous. Soyez raisonnable et revenez. »

Au même moment, le prince Guillaume adressait à son général une lettre ainsi conçue : « Le départ de Votre Excellence plonge dans la plus profonde affliction tous ceux qui ont le bonheur de servir sous vos ordres. Tous ceux, pour lesquels les motifs, qui vous ont poussé à une pareille résolution, ne sont pas un mystère, connaissent votre caractère généreux et espèrent que vous

---

[1] D'après le *Tagebuch* du comte Nostitz, la lettre d'York aurait été lue au feld-maréchal entouré des généraux Gneisenau, Müffling et Goltz par les officiers chargés de l'apporter au quartier général de l'armée de Silésie. Les trois généraux n'auraient même pas jugé à propos de dissimuler la satisfaction que leur causait le départ d'York, et Goltz aurait aussitôt rédigé la lettre qu'on fit signer à Blücher sans lui laisser même le temps de réfléchir. (NOSTITZ, *Tagebuch* ; *Kriegsgeschichtliche Einzelschriften*, 1884, V, 125.)

n'abandonnerez pas dans un moment aussi critique la sainte cause de la patrie. Jamais la Prusse n'a eu plus que maintenant besoin de ses généraux. Sur lequel d'entre eux pourrait-elle plus sérieusement compter que sur celui qui, en Courlande, a commencé si brillamment à restaurer sa vieille gloire et qui, après avoir donné le signal du renversement de la domination étrangère, a victorieusement conduit ses bataillons des rives de la Duna jusqu'aux bords de la Seine. Comme votre concitoyen, comme votre lieutenant et comme petit-fils, fils et frère de vos rois, je vous supplie de ne pas abandonner le commandement[1]. »

Nantis de ces deux lettres, Schack et Brandenburg[2] coururent après la voiture d'York et réussirent à le ramener au milieu de ses troupes, que son départ avaient consternées et qui saluèrent son retour par d'enthousiastes acclamations.

La victoire de Laon n'avait donc eu jusqu'ici pour les Alliés, si l'on en excepte la recrudescence des défiances et des jalousies entre les différents généraux, que des conséquences négatives. La maladie de Blücher paralysait tout, les rivalités personnelles prenaient des proportions telles qu'elles empêchaient chacun de songer aux opérations les plus indispensables, aux mesures les plus nécessaires. Ni Gneisenau ni Müffling, jaloux l'un de l'autre et depuis longtemps en lutte et en opposition d'idées, ne voulaient rien entreprendre, rien proposer au feld-maréchal trop malade, trop affaibli, pour pouvoir prendre une décision. On attendait les événements et, en attendant, on se laissait si bien

---

[1] Prince Guillaume de Prusse à York, Corbeny, 12 mars.

[2] D'après le *Tagebuch* de Nostitz, la lettre de Blücher fut remise à York à Corbeny par un des officiers d'ordonnance de Blücher. La réponse d'York à Blücher est trop caractéristique pour ne pas être citée ici :

« La lettre autographe de Votre Excellence a été inspirée et dictée par sa loyauté que j'apprécie depuis longtemps et que j'apprécierai toujours ; mais cette loyauté même permettra à Votre Excellence de comprendre les sentiments que doit éprouver un homme profondément mortifié, qui a d'autant plus le sentiment de sa dignité qu'il se sait à l'abri de tout reproche. Je suis retourné à mon poste. Je me battrai aussi longtemps qu'il faudra me battre, mais aussitôt après je céderai avec joie ma place à l'*arrogance* (sic) et aux faiseurs de système.

« J'espère et je désire de tout cœur que Votre Excellence se rétablisse rapidement.

« Corbeny, 13 mars 1814.
« Von York. »

(*Kriegsgeschichtliche Einzelschriften herausgegeben vom Grossen Generalstabe*, 1884, V, 126, 127.)

aller aux illusions que Müffling écrivait le 12 à Knesebeck, une lettre qui contraste singulièrement avec le ton ordinaire de sa correspondance :

« La voilà donc terminée heureusement cette grande expédition qui a duré du 24 février au 10 mars. La fortune nous a souri et les derniers succès ont redonné de la cohésion à l'armée. Elle livrera, s'il le faut, encore dix batailles et je crois pouvoir dire qu'elle les gagnera. Mais tous les officiers supérieurs désirent la paix parce que la misère est si grande qu'on est dans l'impossibilité d'y porter remède. La situation de Napoléon doit être encore pire que la nôtre, et s'il se porte contre vous, sa cavalerie sera dans un état désastreux ; son infanterie affamée et éreintée sera hors d'état de résister à la vôtre. Mais attendez-vous de sa part à quelque coup d'une extrême hardiesse. » Et cette lettre déjà si curieuse, se termine par ces mots plus curieux encore : « Nous autres, nous sommes maintenant devenus prudents. »

Napoléon réorganise son armée. — Pendant que Müffling écrivait cette lettre, l'Empereur ne perdait pas son temps et se préparait à faire regretter aux stratèges de l'armée de Silésie ce que le quartier-maître général prussien qualifiait, par euphémisme, de prudence, mais ce qu'il aurait mieux fait de désigner par le terme plus juste de « crainte ». Qu'eussent fait les généraux alliés s'ils se fussent trouvés à la place de l'Empereur ? Chaque jour, chaque heure lui apportait de mauvaises nouvelles. Soult, Augereau et Macdonald battent en retraite. Bordeaux se soulève, proclame les Bourbons et ouvre ses portes aux Anglais. Murat, soutenu par les Anglais débarqués à La Spezzia, marche contre le prince Eugène et occupe déjà une partie de la Toscane. Les plénipotentiaires alliés sont sur le point de rompre les négociations. Le mécontentement et le découragement augmentent de jour en jour à Paris. La garde nationale refuse de quitter la capitale et de rejoindre l'armée. Le conseil de régence a émis à l'unanimité l'avis d'accepter les propositions des Alliés, et Joseph, au sortir de la séance, vient d'écrire à l'Empereur : « La paix prochaine, quelle qu'elle soit, est indispensable. »

Seul, Napoléon a retrouvé à la fois sa lucidité d'esprit, son énergie, son calme et conservé ses espérances. Le 12 au matin, il n'est cependant pas encore parvenu à voir assez clair dans la situation militaire pour prendre un parti définitif. Il inspecte avec le commandant Gérard les travaux de défense de Soissons que cet énergique officier pousse avec une incomparable activité. Le pont de l'Aisne est miné. On a démoli ou incendié les maisons que le général Rusca n'a pas eu le temps de détruire et que Moreau a cru superflu de raser. On abat les arbres pour en faire des palissades on répare les remparts, et Gérard est décidé à s'enfermer, s'il y est contraint, dans le faubourg de Saint-Waast et à y tenir bon jusqu'à ce qu'il ait brûlé sa dernière cartouche, mangé son dernier morceau de pain. Soissons est dès à présent en état de résister à une nouvelle attaque. Avant de retourner directement sur l'Aube et sur la Seine, ou de se décider à manœuvrer par Vitry, Saint-Dizier et Joinville sur les derrières de Schwarzenberg, il reste encore à l'Empereur à procéder pendant la journée du 12, à une réorganisation totale de son armée.

Les corps de jeune garde de Ney et de Victor et la division Poret de Morvan sont dissous et formeront désormais les divisions Curial et Charpentier qui, avec la division de vieille garde du général Christiani, feront partie du corps du maréchal Mortier, sous les ordres duquel passent également les dragons de Roussel, la cavalerie polonaise de Pac et, pour quelques jours seulement, la division des escadrons réunis du général de Berckheim composée de la brigade de grosse cavalerie du général Mouriez et de la brigade de cavalerie légère du général Curély. En attendant l'arrivée des troupes que le général Janssens allait amener de Rethel et de Mézières à Reims (3,000 hommes, 250 chevaux et 7 canons), Ney, qui laissait au commandant Gérard les débris de la division Meunier chargés de tenir garnison à Soissons et de fournir 600 hommes à Compiègne, n'avait plus avec lui qu'une brigade de la division Pierre Boyer, le régiment de la Vistule et le 122e de ligne. L'Empereur s'était réservé, comme par le passé, la direction immédiate de la vieille garde de Friant et des trois divisions de cavalerie de la garde d'Exelmans, Colbert et Letort, placées sous les ordres de Sébastiani. Le corps de Marmont, dont l'Empereur ignorait la situation d'effectif, conservait pour cette raison son ancienne organisation [1].

---

[1] *Correspondance*, nos 21466 et 21475 ; Registres de Berthier et de Belliard. (*Archives de la guerre.*)

La nouvelle de la prise de Reims par Saint-Priest n'avait fait qu'augmenter les préoccupations de Marmont qui, depuis qu'il avait dû, sur l'ordre formel de l'Empereur, se reporter de Fismes sur Roucy et Berry-au-Bac, n'avait cessé de redouter les conséquences d'un passage de rivière exécuté par l'armée de Silésie à Pontavert et surtout à Vailly. Par suite, en même temps qu'il prévenait le major-général de l'apparition de la cavalerie prussienne aux environs de Jonchery, il avait prescrit à ses troupes d'évacuer Berry-au-Bac et était retourné à Fismes en laissant une simple arrière-garde à Roucy.

13 mars. — Reprise de Reims par Napoléon. — Dans la situation de l'Empereur, l'occupation de Reims par Saint-Priest était d'autant plus dangereuse qu'elle rétablissait les communications directes, interrompues jusque-là, entre Blücher et Schwarzenberg. Un événement aussi grave s'ajoutant aux déconvenues incessantes des derniers jours, eût abattu et désespéré tout autre que Napoléon. La nouvelle produisit sur lui un effet diamétralement opposé. En un instant, il a pris son parti. Quelques minutes à peine se sont écoulées depuis qu'il a connaissance du nouveau coup qui le frappe, mais elles lui ont suffi pour dresser un nouveau plan d'opérations et dicter à Berthier les ordres destinés à Ney, Mortier et Marmont. Pendant que Gneisenau hésite, réfléchit, tâtonne et s'endort, l'Empereur tombera sur Saint-Priest, l'écrasera, effacera, par une victoire d'autant plus retentissante qu'elle sera plus inattendue, l'effet produit par la perte de la bataille de Laon. Il intimidera à nouveau ses adversaires, remontera le moral de son peuple et de son armée, et prouvera à Müffling qu'il avait raison de prévoir quelque coup hardi et imprévu.

Obligé de couvrir sa gauche et Soissons, dont la garnison n'est guère que de 1500 hommes et dont les travaux ne sont pas entièrement achevés, de faire observer l'armée de Silésie qu'il doit s'attendre à voir sortir à tout moment d'une inaction qui lui paraît inexplicable, il laisse Mortier à Soissons. Le duc de Trévise devra surveiller le cours de l'Aisne en aval jusqu'à Compiègne, et tenir en amont à Sermoise un poste suffisamment fort pour empêcher les coureurs alliés de couper la route de Soissons à Reims.

Ney et Sébastiani s'engageront immédiatement sur la route de Reims et se dirigeront sur Braisne. L'Empereur les suivra de près avec la division Friant. Marmont, qui formera l'avant-garde, laissera un petit corps d'observation à Berry-au-Bac et se mettra en mouvement à six heures du matin. « N'ébruitez pas votre marche par des coureurs, lui recommande le major-général. Il vaut mieux arriver en masse[1]. »

Soit qu'il eût ajouté complètement foi au bulletin de Blücher annonçant l'anéantissement complet de l'armée française, soit qu'il eût cru à un mouvement de l'Empereur sur Meaux ou Château-Thierry, Saint-Priest n'avait prêté aucune attention aux observations que le général Iagow lui avait faites la veille. Il était tellement tranquille et rassuré que, voulant donner à ses troupes quelques jours de repos en attendant les ordres de mouvement de Blücher ou de Schwarzenberg, non content de les installer à l'aise dans des cantonnements démesurément étendus, il avait même jugé superflu de prendre les mesures de précaution nécessaires, d'organiser un service de sûreté qu'il eût été, d'ailleurs, difficile de fournir sur une ligne aussi étendue.

Au jour, la cavalerie de Bordesoulle qui, avec les gardes d'honneur du général Defrance, précédait la colonne de Marmont, donna en avant de Rosnay contre deux bataillons de landwehr prussienne. Abandonnés par leur cavalerie, vivement poussés et débordés par les gardes d'honneur, ils se replièrent sur Ormes et s'enfermèrent dans le cimetière. La cavalerie prussienne avait filé jusqu'à Reims et apporta à Saint-Priest la première nouvelle de la marche des Français. Pendant ce temps, l'infanterie de Ricard rejoignait la cavalerie, cernait le cimetière d'Ormes et obligeait les Prussiens à mettre bas les armes. Les soldats de Iagow, surpris au même moment à Muizon, à Gueux et à Thillois pendant qu'ils faisaient la soupe et qu'ils astiquaient leurs effets, afin de paraître en tenue convenable au *Te Deum*, n'eurent pas le temps de courir aux armes. Iagow lui-même ne réussit à s'échapper du village de Gueux qu'en sautant sur un cheval non sellé[2].

---

[1] *Correspondance*, nos 21475 et 21476, et Registres de Berthier. (*Archives de la guerre.*)
[2] D'après Bogdanowitch, la plupart des landwehriens qui échappèrent de Thillois en se formant en carré, étaient les uns nu-pieds, les autres en bras de chemise.

Saint-Priest avait jusque-là refusé d'ajouter foi aux nouvelles apportées par la cavalerie prussienne. Il ne se rendit même pas à l'évidence quand il entendit le canon, quand, vers midi, il aperçut le 1er corps de cavalerie française en bataille à deux ou trois kilomètres du faubourg d'Épernay et masquant le déploiement de Marmont, qui prenait position en attendant l'arrivée de l'Empereur. Croyant n'avoir affaire qu'à un corps de cavalerie exécutant une reconnaissance offensive, le général russe ordonna à ses troupes de se former à l'ouest de la ville et chargea le général Bistrom avec le régiment de Riazan, le 33e de chasseurs et une batterie, de recueillir les troupes du général Iagow. En même temps, il ordonnait au colonel Albrecht de prendre les deux escadrons avec lesquels il venait de revenir des environs de Berry-au-Bac, de se porter au-devant de l'ennemi et de l'arrêter jusqu'à l'entrée en ligne du général Emanuel. Bistrom forma rapidement son infanterie sur une hauteur au pied de laquelle coule le ruisseau venant de Bézannes et donna ainsi aux troupes prussiennes le temps de se rallier et d'amener leur artillerie. Les deux escadrons du colonel Albrecht se mirent en marche au moment où sur l'ordre de l'Empereur, qui ne voulait pas attaquer avant d'avoir tout son monde sous la main, l'artillerie à cheval, interrompant son tir, venait avec la cavalerie de Bordesoulle, prendre position un peu plus en arrière.

Cette cessation du feu et ce léger mouvement rétrograde achevèrent d'abuser Saint-Priest. Malgré les avis des généraux sous ses ordres, malgré les affirmations de Iagow, qui, mieux qu'aucun autre, avait pu se rendre un compte exact du véritable caractère de l'attaque des Français, Saint-Priest, au lieu de se contenter de faire observer les mouvements de son adversaire masqué tant par sa cavalerie que par les accidents du terrain, au lieu de laisser devant lui un simple rideau ou tout au plus une arrière-garde et de filer pendant ce temps, soit sur Berry-au-Bac, soit sur Châlons, s'entêta à attendre l'attaque. Il se déploya à cet effet sur deux lignes, sa droite à la Vesles à Tinqueux, sa gauche vers la Basse-Muire, sa cavalerie sur ses flancs, ses réserves en avant du faubourg de Vesles. D'autre part, loin de faire couper le pont de Sillery, il détachait sur ce point un bataillon prussien, chargeait deux compagnies de chasseurs dirigées sur Beaumont-sur-Vesles d'y garder les parcs et les canons. Enfin, il donnait en même temps l'ordre de diriger au plus vite sur Reims et sur Berry-au-Bac tous les impedimenta qui ne devaient se replier sur le détachement du général-major Davidoff[1] arrivé la veille à Châlons, que dans le cas où l'on se verrait contraint à évacuer Reims. Les dragons de Kiew et les chasseurs à cheval de Tchernigoff, qui n'entrèrent en ligne que vers quatre heures, s'établirent en avant de l'extrême gauche qu'ils devaient protéger contre un mouvement tournant. La position choisie par Saint-Priest pouvait présenter certains avantages au point de vue de l'action de l'artillerie, mais elle avait le grave inconvénient d'être adossée, sans parler de la ville même, à un double défilé, le pont de la Vesles et les portes de Reims. Saint-Priest croyait, d'ailleurs, tellement peu à la possibilité d'une attaque sérieuse que, quelques instants avant le combat, il répondait fièrement à un de ses lieutenants qui le priait de lui faire connaître la direction à suivre en cas de retraite : « On ne reculera pas. » En admettant même que Saint-Priest eût de bonnes raisons pour ne pas vouloir abandonner sans combat la ville dont il venait de s'emparer, il eût dû, pour le moins, s'établir avec le gros de ses forces sur la route de Berry-au-Bac, laisser dans la ville un millier d'hommes et garnir simplement de tirailleurs les hauteurs de Sainte-Geneviève sur lesquelles il avait eu l'imprudence de prendre position. Enfin, puisqu'il n'existait plus aucun pont entre Reims et Sillery, il eût assurément été plus sage de détruire le pont de Sillery et de ne pas s'affaiblir inutilement en y détachant un bataillon.

Vers quatre heures, l'Empereur, arrivé avec la vieille garde, reconnut que la destruction des ponts de la Vesles l'empêchait de déborder la gauche de Saint-Priest et ordonna d'attaquer de front. Son armée s'était déployée à environ une lieue de la ville. Son artillerie canonnait vivement les troupes de Saint-Priest, dont la cavalerie cherchait à inquiéter les ailes.

A quatre heures, la division Merlin, soutenue par les cuirassiers du 1er corps de cavalerie, s'engageait la première à l'extrême gauche de Saint-Priest avec les bataillons prussiens établis à Cormontreuil et qui cherchaient vainement à gagner Sillery. Elle les cernait et les forçait à mettre bas les armes, pendant que l'in-

---

[1] Le détachement du général Davidoff se composait des régiments d'infanterie de Viatka et de Viborg, des dragons de Moscou et de 7 pièces de position.

fanterie de Marmont s'avançait par la route de Soissons en colonne par bataillon à distance de déploiement. Cette infanterie était précédée par les gardes d'honneur du général Defrance et flanquée à gauche par deux divisions de cavalerie de la garde sous Sébastiani, à droite par la cavalerie de Bordesoulle. La division Friant, la brigade du général Pierre Boyer et la division de cavalerie de Letort restaient en réserve entre Thillois et Tinqueux à hauteur du Mont-Saint-Pierre, A ce moment la division Ricard abordait déjà l'infanterie de Saint-Priest et la repoussait jusqu'à l'entrée du faubourg [1].

A la vivacité, à la simultanéité des attaques, et surtout à l'entrain des soldats français, Saint-Priest avait reconnu trop tard la présence de l'Empereur et l'impossibilité de se maintenir sur une position aussi étendue. Se décidant enfin à la retraite, il se proposait de rappeler en ville sa deuxième ligne, de faire reprendre par sept bataillons prussiens, un bataillon du régiment de Riazan et la cavalerie les positions occupées jusque-là par les troupes de cette deuxième ligne et de placer en réserve le régiment de Polotsk avec douze bouches à feu. Il venait à peine d'établir le 3e bataillon du régiment de Riazan et le 33e régiment de chasseurs près du faubourg de Paris, d'ordonner au reste de ses troupes de repasser la Vesles et de traverser vivement Reims pour se retirer dans la direction de Berry-au Bac, lorsqu'il fut mortellement blessé à l'épaule par un éclat d'obus.

Privées de leur chef au moment où elles en avaient d'autant plus besoin qu'aucun autre général ne se trouvait sur place et ne pouvait prendre le commandement [2], les troupes russes cédèrent

---

[1] C'est au moment où il se décida à la retraite que Saint-Priest fit connaître à Tettenborn les premières phases de l'attaque de Reims et que ce général adressa à Schwarzenberg la dépêche ci-dessous :
« Mon prince, j'ai l'honneur de prévenir Votre Altesse que je reçois la nouvelle que le maréchal Marmont, avec 12,000 hommes, a attaqué aujourd'hui Saint-Priest et a poussé jusque sous les murs de Reims. Le général Saint-Priest ne m'en a fait avertir que de bouche et je ne sais pas encore ce qu'il se propose de faire. Cependant, comme il serait très possible que l'ennemi voudrait aller jusqu'à Epernay, je me tiens sur mes gardes. Tout est préparé pour faire sauter le pont en cas de besoin. » (Tettenborn à Schwarzenberg, Port-à-Binson, 13 mars, 9 heures 1/2 soir (original en français). (*K. K. Kriegs Archiv*, III, ad. 241.)

[2] Au moment où Saint-Priest fut mis hors de combat, les troupes russes furent pendant un certain temps complètement abandonnées à elles-mêmes.

de tous côtés et se précipitèrent en désordre vers la ville. Le général de Ségur, à la tête du 3ᵉ régiment de gardes d'honneur, se jette à ce moment sur les dragons russes, placés à la jonction des routes d'Épernay et de Soissons, les culbute, leur enlève huit canons et les pousse jusqu'à la porte de la ville. Tout ce qui restait de Russes et de Prussiens sur la rive gauche de la Vesles était irrémissiblement perdu si l'on avait soutenu immédiatement Ségur et ses gardes d'honneur, qui, entraînés par l'élan de leur charge, avaient dépassé les troupes mêmes qu'ils venaient de rompre et de bousculer. Mais Defrance et Bordesoulle avaient hésité à le suivre, et le 1ᵉʳ bataillon du régiment de Riazan avait, sur l'ordre du colonel Skobeleff, formé un carré, au milieu duquel on emportait le général de Saint-Priest. Se frayant le passage jusqu'au pont de la Vesles, les Russes acculent aux murs de la ville les gardes d'honneur, que déciment les feux du 3ᵉ bataillon posté sur les remparts et le tir à mitraille de deux pièces mises en batterie à la porte de Soissons. Quand les cuirassiers de Bordesoulle arrivèrent, il était déjà trop tard : le colonel Skobeleff avait réussi à rentrer en ville et il ne restait plus de l'escadron du 3ᵉ régiment de gardes d'honneur qui avait traversé l'infanterie russe, qu'une soixantaine d'hommes auprès du général de Ségur blessé. Pendant que la cavalerie alliée s'échappait en passant la Vesles à gué, à Saint-Brice, le général Iagow s'était vainement efforcé d'enrayer le désarroi et d'arrêter la débandade. Avec trois bataillons prussiens et deux batteries, il avait tenté de reprendre pied en avant de la porte de Soissons. Chargé vivement par la cavalerie française, il ne tarda pas à être rejeté à son tour dans la ville et parvint seulement à ramener trois des douze bouches à feu qu'il avait mises en position. Traversant rapidement Reims, il rejoignit sur la route de Berry-au-Bac le général Emanuel, qui ralliait et reformait de ce côté ses deux régiments et une bonne partie de l'infanterie.

Le général Emanuel, ignorant que Pantchoulitcheff avait eu le matin un accident à la suite duquel il resta plusieurs heures sans connaissance et qui l'empêchait de prendre le commandement, bien qu'il fût déjà à peu près remis, s'était rendu à Reims pour prévenir ce général. Il ne restait en première ligne que le général prussien Iagow qui, ne sachant pas ce qui venait de se passer à sa droite, et ne recevant plus d'ordres, était extrêmement embarrassé et aurait, de toute façon, hésité à se charger de la direction du combat et du commandement d'un corps dans lequel les Russes étaient en majorité. (BOGDANOVITCH.)

On avait laissé dans la ville, avec l'ordre d'y tenir à outrance, les régiments de Riazan, de Polotsk, d'Eletz, les 30⁰ et 33⁰ régiments de chasseurs sous le général Bistram. Celui-ci avait confié la défense de la porte de Soissons à deux bataillons de chasseurs, placé quatre bataillons sur la partie du rempart la plus rapprochée de cette porte et gardé un dernier bataillon en réserve.

L'infanterie de Marmont s'était établie dans le faubourg ; mais elle n'avait pu parvenir à démolir à coups de canon la porte de la ville couverte par un tambour en terre, et le maréchal, contraint de retirer ses pièces, dont les canonniers tombaient successivement sous les balles des Russes, dut se borner à tirailler avec eux pendant toute la soirée jusque vers 11 heures.

Pendant ce temps, l'Empereur avait aussitôt après la réfection du pont de Saint-Brice, fait passer sur la rive droite de la Vesles la cavalerie légère de Krasinsky, qui, malgré les efforts du général Karpenko, se jeta sur le flanc gauche des troupes d'Emanuel et de Iagow, et soutenu par Exelmans, les rompit et les dispersa. L'apparition de la cavalerie française sur la route de Laon eut pour conséquence d'obliger Bistram à évacuer la ville dont il sortit à 2 heures du matin, et à prendre avec ses bataillons la route de Montcornet.

A 5 heures du matin, Iagow arrivait avec deux bataillons seulement à Berry-au-Bac. Bistram n'atteignit ce point que dans la matinée du 14, ramenant avec lui quelques troupes prussiennes, qui portèrent à 2,500 hommes l'effectif total des hommes à la tête desquelles Iagow rejoignit ensuite le corps de Kleist. La prise de Reims avait coûté aux Alliés près de 3,000 hommes hors de combat et 11 bouches à feu[1].

A 3 heures, l'Empereur entrait à Reims au milieu des acclamations des habitants, au bruit des derniers coups de fusil échangés avec l'arrière-garde russe. Marmont, dont les troupes avaient seules donné, avait pris sa revanche d'Athies. La victoire de Reims n'était, ni au point de vue politique, ni au point de vue militaire, un événement sans importance pour l'Empereur. Établi

---

[1] Sébastiani au major-général, et Berthier à Macdonald (*Archives de la guerre*) ; MARMONT, *Mémoires* ; Rapport du général Pantchoulitcheff au prince Wolkonsky ; Journal du général Emanuel et Journal du général Karpenko.

sur les communications de Blücher et de Schwarzenberg, il pouvait se porter à son choix, soit contre l'armée de Silésie, soit sur le flanc de la grande armée. La confiance était revenue, l'effet moral produit par la défaite de Laon était effacé, et les Alliés, qui l'avaient cru terrassé, se remirent à trembler. C'était, hélas, pour nous servir des expressions mêmes de Marmont, le dernier sourire de la Fortune. Mais ce sourire n'était pas sans valeur et sans portée, et Clausewitz lui-même ne peut s'empêcher de rendre à ce propos justice aux inépuisables ressources que l'Empereur trouvait dans son génie. « On ne saurait trop admirer, dit-il dans sa *Critique*, cette offensive hardie prise sur un théâtre de guerre sur lequel on vient de perdre une bataille. C'était là une dure leçon infligée par Bonaparte à son adversaire et un puissant correctif à la bataille perdue. »

Positions de l'armée de Silésie. — Affaire de Crouy. — Pendant que l'Empereur surprenait les Alliés par la reprise de Reims et venait troubler la joie de leur triomphe et la sécurité dans laquelle ils se complaisaient, l'armée de Silésie demeurait immobile et achevait les changements de cantonnements commencés la veille. Bülow se dirigeait tranquillement sur Chauny; Winzingerode et Langeron restaient, le premier, à Coucy-le-Château, le second, avec le quartier général de Blücher, à Laon. Kleist était venu s'installer à gauche de Sacken sur le plateau entre Oulches et Craonnelle, à la droite d'York, cantonné du côté de Corbeny. L'avant-garde de ces deux corps, observant le cours de l'Aisne, occupait Pontavert et Berry-au-Bac où les hussards du corps eurent une petite affaire avec quelques dragons.

Sacken s'était avancé de Chavignon vers Soissons. A 10 heures du matin, il débouchait par la route de Laon sur Crouy qu'il attaquait à midi. Après un combat qui dura jusqu'à 7 heures, les Russes, qui avaient pris et reperdu trois fois Crouy, ne parvinrent à en conserver que les premières maisons. Ils avaient également tenté pendant la journée une attaque plus à droite contre un poste français établi dans un petit bois sur la hauteur, entre Clamecy et la route de Terny à Crouy. Les cosaques, soutenus par quelques tirailleurs, en chassèrent le poste français presque sans coup férir, mais se retirèrent ensuite à l'approche d'un bataillon. Le général Grouvel n'avait pas pu arriver à Bucy-le-Long que Sacken avait fait occuper ; il avait été arrêté, au coude formé par la rivière, par le canon des Russes et par un parti de cavalerie avec lequel il avait tiraillé jusqu'au soir sans parvenir à forcer le passage. Sermoise et Venizel étaient tenus par des postes français, et le général Neigre, arrivé à Fismes, avait donné avis des tentatives faites par la cavalerie alliée pour passer l'Aisne du côté de Maizy.

Tous ces mouvements semblaient indiquer de la part de Sacken l'intention de renouveler le lendemain l'attaque que sa tête de colonne avait seulement esquissée. Mortier et Belliard prirent aussitôt des mesures de précaution que la nouvelle de la victoire de Reims devait rendre inutiles en décidant une fois encore Gneisenau à concentrer toutes les forces de l'armée de Silésie autour de Laon.

14 mars. — Ordres de Gneisenau. — La maladie persistante de Blücher, l'impossibilité de pénétrer les projets de l'Empereur, les renseignements vagues et incomplets fournis par la cavalerie à laquelle, depuis le 10 au soir, on n'avait laissé rien entreprendre de sérieux et qui, par suite des modifications apportées à l'assiette des cantonnements, avait été jusqu'à un certain point mise dans l'impossibilité d'établir réellement le contact, tout avait contribué à augmenter l'embarras et les indécisions de Gneisenau.

En attendant les nouvelles plus précises que devaient lui fournir d'une part Tettenborn, qui correspondait avec Kaïssaroff, de l'autre Lützow qu'on avait fait revenir d'au delà de Montcornet vers Reims, Colomb qu'on avait envoyé à Beaurieux, et Tchernitcheff qui, avec environ 3,000 chevaux, se tenait en amont de Berry-au-Bac, à l'extrême gauche de l'armée de Silésie, Gneisenau avait cru agir sagement en étendant les cantonnements des différents corps. Il avait pour cette raison remplacé son ancienne base de Châlons — Vitry — Nancy, par une nouvelle ligne venant des Pays-Bas, par Avesnes et La Fère à Laon, et exposé ses idées dans une disposition qui, bien que modifiée complètement le 14 au soir à la nouvelle des événements de Reims et n'ayant par suite reçu qu'un faible commencement d'exécution, mérite cependant d'être reproduite.

« L'ennemi, disait Gneisenau, peut :

« Ou bien rester sur la ligne Soissons—Fismes jusqu'à ce qu'il ait reçu des renforts lui permettant de reprendre l'offensive ;

« Ou bien se porter avec le gros de ses forces par Château-Thierry ou Meaux contre la grande armée. Dans le premier cas, la cavalerie légère prussienne et celle des généraux Winzingerode et Saint-Priest suffisent pour savoir ce qui se passe à Fismes ; celle du corps Sacken pour surveiller la position de Soissons ;

« Si, par suite d'un arrêt dans les opérations de la grande armée, l'ennemi voulait prendre l'offensive, c'est à Laon qu'il y aurait lieu d'accepter la bataille. Si l'ennemi qui, pour exécuter un pareil mouvement, est obligé de franchir l'Aisne, attaque sérieusement un des corps d'armée, ce corps devra se replier sur Laon, après avoir prévenu les corps voisins qui transmettront immédiatement la nouvelle et se dirigeront, eux aussi, sur Laon.

« Le corps de Bülow, en raison même de la distance considérable qui le sépare du reste de l'armée, est excepté de cette mesure. Ce corps devrait cependant, pourvu qu'il n'ait pas devant lui des forces considérables, revenir sur La Fère afin de pouvoir prendre part à la bataille.

« Le comte Langeron fera soigneusement reconnaître les chemins menant de Coucy à Anizy-le-Château qu'il aurait à suivre éventuellement pour revenir sur Laon.

« Dans le second cas, je compte sur la cavalerie légère du comte Winzingerode, postée sur la Marne avec le général Tettenborn, pour m'envoyer les premières nouvelles de la marche de l'armée française et me mettre à même de prendre de suite les dispositions nécessaires. Ordre de fusiller immédiatement tout paysan qui aura tiré sur nos troupes. »

A cette disposition, qui arrêtait jusqu'au semblant d'offensive esquissé la veille à Crouy, était jointe une espèce de note explicative adressée aux commandants de corps et commençant par ces mots :

« En faisant occuper à l'armée ses positions actuelles, on a bien moins songé à la réalisation d'une idée stratégique qu'aux moyens d'assurer aux troupes épuisées de fatigue un repos dont elles ont besoin et de leur procurer des subsistances aussi abondantes que possible. »

Cette phrase, assurément singulière dans la bouche du chef d'une armée victorieuse, donne donc pleinement raison à

Schack lorsqu'il écrit à ce propos dans son Journal : « En réalité, on réduisait officiellement notre armée à un rôle purement défensif et l'on avait recours à un prétexte, la fatigue des troupes, pour justifier à nos yeux l'inexplicable inaction dans laquelle on allait tenir pendant plusieurs jours une armée si nombreuse et si supérieure en forces à celle de l'ennemi. »

Gneisenau inaugurait là des procédés inconnus jusqu'ici à l'armée de Silésie, et les Alliés venaient déjà d'expier cruellement à Reims l'immobilité dont le chef d'état-major de Blücher ne voulait pas se décider à sortir. Napoléon, après avoir, grâce aux fautes de Gneisenau, échappé à une véritable catastrophe, avait profité de la première occasion pour frapper le coup de Reims dont l'annonce officielle allait augmenter dans la journée la consternation et l'embarras du quartier général de l'armée de Silésie.

De plus, comme le montre la dernière phrase de l'ordre de Gneinesau, les populations, d'abord indifférentes lors de l'entrée des Alliés en France, exaspérées maintenant par les violences, les excès, les atrocités et les pillages, cruellement éprouvées et complètement ruinées par les horreurs de la guerre, électrisées par les succès remportés par l'Empereur en février, intimidées un moment par la marche de l'armée de Silésie et la défaite de Laon, avaient repris courage lorsqu'elles virent les Prussiens et les Russes réduits à l'inaction, n'osant rien entreprendre contre les troupes impériales, et couraient de nouveau aux armes même dans les départements de l'Aisne et de la Marne.

Sur les derrières, la situation était encore plus critique. L'insurrection générale, la levée en masse ordonnée par le décret du 4 mars, avaient pris en Alsace et en Lorraine un caractère des plus graves, une tournure des plus inquiétantes pour les Alliés. Des officiers de l'armée étaient venus se mettre à la tête des bandes de paysans et de citoyens armés. Les places de la Meuse et de la Moselle servaient de points d'appui et de refuge à cette *guerre nationale* qui commençait trop tard.

Lützow avait déjà eu grand'peine à traverser les Ardennes avec son corps volant, et les *blouses bleues* paraissaient suffisamment fortes et nombreuses pour compromettre la marche ultérieure des opérations.

Enfin, la prise de Reims, en coupant les communications entre les armées de Schwarzenberg et de Blücher, assurait à l'Empereur des communications directes avec les départements insurgés, avec les places dans lesquelles on avait rassemblé une certaine quantité de conscrits qui, ayant déjà quelques notions d'instruction militaire, allaient venir rejoindre et renforcer les troupes avec lesquelles il tenait la campagne.

« On ne pouvait se dissimuler, dit Droysen dans sa biographie d'York, que plus on tardait à provoquer la crise finale, plus l'issue de la campagne devenait douteuse. Il est impossible, ajoute-t-il encore, de dire ce qui ce serait passé si, s'identifiant complètement avec des populations qu'animait un véritable enthousiasme guerrier, Napoléon eût pu se résoudre à unir intimement sa fortune personnelle à celle de la nation, s'il eût suivi l'exemple donné l'année précédente par la Prusse et s'il eût, comme le roi Frédéric-Guillaume, remis le sort de sa couronne et de sa dynastie entre les mains de son peuple. Heureusement pour la Coalition, l'Empereur n'osa pas tenter ce coup d'audace. »

Ordres de l'Empereur et mouvements des corps français. — Quelques heures après son entrée à Reims, l'Empereur avait définitivement pris son parti. Il avait à nouveau, et avec un calme qui lui avait malheureusement fait défaut pendant sa marche de Craonne sur Laon, examiné la situation. Rassuré par l'inaction de l'armée de Silésie, il avait deviné juste en pensant que la prise de Reims ne ferait qu'augmenter les indécisions de l'état-major prussien et contribuerait à intimider et à immobiliser les chefs de l'armée de Silésie. Dès le 14 au matin, sa résolution était arrêtée en principe ; il était décidé à se jeter une fois encore sur Schwarzenberg. Il ne lui restait plus qu'à fixer le point par lequel il comptait déboucher contre la grande armée. En attendant, il avait envoyé Ney au pont de Sillery, ne sachant encore s'il le dirigerait sur Châlons ou sur Épernay. Quelques heures plus tard, le maréchal recevait l'ordre de se porter sur Châlons avec son corps, la division Defrance et celle du général Janssens qui, arrivé à Tagnon le matin, se proposait, sauf contre-ordre, d'aller coucher le soir du côté de Vitry.

Le gros du corps de Marmont[1] restait avec la garde à Reims,

---

[1] L'Empereur revit ce jour-là Marmont pour la première fois depuis l'affaire

tandis que la cavalerie de Bordesoulle allait poursuivre les débris du corps de Saint-Priest sur Berry-au-Bac, dont elle cherchera à occuper le pont. De forts partis de cavalerie, s'établissant à Maizy et Pont-Arcy, se relieront à Vailly avec les postes de Mortier.

Combat de cavalerie de Berry-au-Bac. — Pendant que la cavalerie du général Merlin, précédant d'assez loin l'infanterie de Ricard, s'avançait vers Berry-au-Bac, York, qui faisait mettre Corbeny en état de défense, avait envoyé à Juvincourt le général Zieten, avec la réserve de cavalerie. Il avait également ordonné au général von Katzler, posté avec la cavalerie d'avant-garde à Berry-au-Bac, d'établir un poste en amont à Neufchâtel, d'en brûler le pont à l'approche de l'ennemi et de se replier, s'il y était contraint par des forces supérieures, sur la position de Zieten à Juvincourt.

Vers midi, le général Merlin donna, entre Cauroy et Cormicy, contre la grand'garde de Katzler (60 chevaux des hussards de Brandebourg), qui fit parvenir immédiatement l'avis de la marche de la cavalerie française au gros de la cavalerie d'avant-garde (hussards de Brandebourg et 2e hussards du corps), établi sur la rive droite de l'Aisne. Une compagnie d'infanterie occupait Berry-au-Bac ainsi que les quelques maisons situées sur la rive gauche de la rivière. Le pont que les Français avaient fait sauter avait été sommairement réparé de façon à permettre aux cavaliers d'y passer à pied en tenant leurs chevaux par la bride. Outre la grand'garde postée sur la route de Reims, on avait encore détaché sur la rive gauche, pour s'éclairer du côté de Fismes, le major von Schenk

---

d'Athies. Le maréchal se garde naturellement de parler dans ses Mémoires des reproches que l'Empereur lui adressa et que, d'après Fain (*Manuscrit de* 1814), le duc de Raguse ne pardonna pas à son souverain, bien que l'Empereur se fût calmé presque aussitôt, lui eût exposé ses projets et expliqué ce qu'il attendait de lui pendant le mouvement qu'il allait entreprendre.

Le calme relatif de l'Empereur en un pareil moment, alors qu'il avait de si légitimes griefs contre le duc de Raguse, est d'autant plus remarquable que, depuis quelque temps déjà, il était fort mécontent de la manière de servir du maréchal. Déjà avant l'affaire d'Athies, dans une lettre écrite le 6 mars de Bézu-Saint-Germain, il disait à Clarke : « Vous m'envoyez des lettres de Marmont qui ne disent rien. Il est toujours méconnu de tout le monde. Il a tout fait, tout conseillé. Il est fâcheux qu'avec quelques talents, il ne puisse pas se débarrasser de cette sottise, ou du moins se contenir, de manière que cela ne lui échappe que rarement. » (*Correspondance*, n° 21426.)

avec le 4e escadron du 2e hussards. Le gros des deux régiments se croyant suffisamment couvert était tranquillement installé au bivouac en arrière de Berry-au-Bac et en train de faire la soupe lorsqu'un peu après midi, on entendit tout à coup crier : « La grand'garde se replie ! Les Français arrivent ! » On retira aussitôt les marmites du feu et l'on se prépara à combattre et à marcher. Le général von Katzler envoya au même moment l'ordre au 1er escadron du 2e hussards (major von Krafft) de se porter au secours de la grand'garde. Bien que cet escadron, destiné à relever le 3e escadron qui surveillait la rivière en avant de Berry-au-Bac, fût déjà tout prêt à marcher, le passage du pont prit néanmoins un certain temps. Dès qu'il eut atteint la rive gauche avec ses cavaliers, le major von Krafft envoya son premier peloton occuper au grand trot une hauteur sur laquelle venaient précisément de se montrer quelques officiers français reconnaissant le terrain. Les trois autres pelotons de l'escadron suivirent au trot et prirent à droite de la grande route. Arrivé au pied de la hauteur, le premier peloton fut accueilli par des coups de mousqueton tirés par les vedettes françaises. On leur opposa de suite quelques flanqueurs qui les obligèrent à se retirer, ainsi que les officiers envoyés à la découverte et en observation, et le peloton se disposa à gagner la crête en prenant par sa gauche, afin de voir ce qui se passait en avant de lui. Un peloton de lanciers français s'élança à la rencontre des hussards prussiens pour leur barrer le passage ; mais chargé vigoureusement, il se replia presque immédiatement, au moment où le major von Krafft arrivait au galop pour reconnaître par lui-même ce qu'il y avait de l'autre côté du mamelon. Il aperçut bientôt trois lignes de cavalerie française, déployées derrière la hauteur, fortes de huit escadrons pour le moins : la première, formée de lanciers, la deuxième, de gardes d'honneur, la troisième, de dragons. Comme un escadron de lanciers accourait au secours du peloton qui venait d'être rejeté, il ordonna à son peloton de hussards de se replier sur l'escadron. L'escadron français s'arrêta sur la hauteur.

Le général von Katzler, arrivé sur les lieux, avait ordonné aux autres escadrons des hussards du corps, au régiment de hussards de Brandebourg et à un escadron de chasseurs russes de passer sur la rive gauche. Il avait, en outre, donné avis du mouvement de la cavalerie française aux généraux Zieten et Jürgass. Malgré la supériorité numérique des Français, il importait cependant d'arrêter leurs progrès. Le général ordonna donc de les charger. Le major von Krafft expliqua en peu de mots aux officiers et soldats de son escadron le procédé qu'il comptait employer pour faire descendre les Français de la hauteur et les attirer en rase campagne. Il allait essayer contre eux une fausse attaque au trot, commander tout à coup : *demi-tour par peloton,* se retirer en ordre serré et à une allure vive. Il comptait bien que les Français, s'abandonnant à leur impétuosité ordinaire, le poursuivraient à la débandade. Tout son escadron devait alors se tenir prêt à exécuter le commandement de *demi-tour,* faire brusquement volte-face et sabrer les Français avant qu'ils aient pu se reconnaître et se rallier.

Tout s'exécuta et se passa au gré du major. Les Français donnèrent dans le piège, se dépassant les uns les autres dans la chaleur de la poursuite, la lance en arrêt. Au lieu de conserver une formation serrée, ils s'éparpillent et s'échelonnent en raison de la vitesse de leurs chevaux. Le major von Krafft les laisse arriver jusqu'à quelques mètres de ses cavaliers, commande brusquement : *Demi-tour!* et se jette en ordre compact sur les lanciers. Ceux-ci, pour la plupart, n'étaient plus maîtres de leurs chevaux et étaient gênés dans l'usage de leurs armes. Quelques-uns veulent se rendre et crient qu'ils sont déserteurs ; on les sabre sans pitié. Le reste avec les officiers se réfugie dans les rangs de leur régiment qui suivait leur mouvement. L'escadron prussien se rallie vivement, s'arrête et revient lentement reprendre sa place dans son régiment. Ce dernier, commandé par le lieutenant-colonel von Stössel, se portait à ce moment en avant. Le lieutenant-colonel ordonna au régiment de prendre le trot et se dirigea contre les lanciers français arrêtés sur la hauteur, bien que dans ce mouvement en avant son flanc gauche pût être menacé par quelques escadrons de chasseurs français rangés en bataille de l'autre côté de la route. Sur ces entrefaites, les hussards de Brandebourg étaient accourus : un de leurs escadrons (major von Zastrow) avait passé le pont et s'avançait au trot contre les chasseurs. Désormais, sans inquiétude pour son flanc gauche, le lieutenant-colonel von Stössel résolut de prendre franchement l'offensive. Il fit sonner la charge. Le régiment français se borna tranquillement à présenter de pied ferme la pointe de ses lances.

Tout le monde attendait avec une vive anxiété ce qui allait

arriver. Les rangs prussiens étaient fortement serrés. Les chefs d'escadron avec leurs adjudants-majors, leurs trompettes et leurs ordonnances étaient devant le centre. Les officiers se tenaient alignés devant le régiment comme sur le terrain d'exercice. Le son des trompettes, le hennissement des chevaux, tout concourait à faire de cette scène un spectacle imposant. Arrivé à 30 pas de la ligne française, le major von Krafft ordonna au lieutenant Timm de faire une conversion avec le premier peloton et de culbuter le flanc gauche de l'ennemi. Comme les deux ailes des lignes opposées se trouvaient correspondre exactement sans se déborder, le peloton prussien, pour exécuter cet ordre, dut prendre le galop de charge, exécuter un demi-tour à droite et séparer beaucoup ses files, afin d'exécuter la conversion. Les files placées à l'aile gauche de la ligne française commencèrent, d'ailleurs, à plier au moment où le régiment prussien arriva de front. Enfonçant sans peine les lanciers, le lieutenant-colonel von Stössel les rejeta sur leur soutien que les hussards prussiens mirent également en déroute. Pendant ce temps, deux pelotons du 4e escadron s'étaient précipités sur les chasseurs qui menaçaient la gauche du régiment et, soutenus par l'escadron de hussards de Brandebourg, ils avaient obligé ces escadrons à se replier lestement.

La poursuite commença alors, d'abord à toute vitesse, puis au galop ordinaire, ensuite au trot et enfin au pas. On continua à sabrer tant que les chevaux des hussards purent marcher. Au bout d'un quart d'heure, après avoir poursuivi l'ennemi pendant une lieue environ, le lieutenant-colonel von Stössel fit sonner le ralliement. Des deux côtés, on se reforma et on se couvrit par des éclaireurs. Cette attaque resta longtemps gravée dans la mémoire des hussards qui l'appelèrent depuis « la longue charge[1] ».

Les hussards avaient à peine achevé de se rallier lorsque leurs éclaireurs signalèrent l'approche d'une colonne d'infanterie (une brigade de la division Ricard) venant de Reims avec de l'artillerie. Les hussards de Brandebourg reçurent l'ordre de se replier à pas comptés, suivis par les hussards du corps. La cavalerie prussienne repassa le pont de l'Aisne, traversa Berry-au-Bac et vint s'établir au bivouac à un quart de lieue en arrière de ce

---

[1] Relation des officiers du dépôt de la guerre de Berlin.

village. Un poste de 30 chevaux servit de soutien à deux pièces braquées contre le débouché de Berry-au-Bac. Le reste de la brigade de cavalerie était couvert par un fossé s'étendant en avant de son front et bordé par la compagnie d'infanterie qui avait évacué d'abord les maisons de la rive gauche, puis Berry-au-Bac, pour se dérober au tir de l'artillerie française. Cette affaire, dans laquelle les Prussiens n'eurent que quelques blessés, avait coûté à la cavalerie française bien près de 200 hommes. Les Français n'essayèrent pas de forcer le passage de la rivière. Ils barricadèrent et minèrent le pont pour mettre à l'abri de toute surprise leur cavalerie établie à Sapigneul et couvrant le 6e corps installé aux environs de Cormicy.

Tettenborn, informé par les fuyards de la reprise de Reims, n'avait pas perdu un instant pour rappeler à Port-à-Binson ses différents partis ; le 14 au soir, il quittait cette localité et se rendait à Épernay, où il opérait sa jonction avec les deux escadrons prussiens du major von Falkenhausen. Le général russe avait eu d'excellents motifs pour remonter la Marne. D'Épernay, il pouvait plus facilement surveiller les mouvements de l'Empereur et s'opposer aux entreprises dirigées contre lui. Ses émissaires et ses coureurs lui avaient, d'une part, signalé la marche d'une colonne de cavalerie française (division Colbert) de Reims vers Épernay et, d'autre part, ses avant-postes avaient été attaqués et rejetés sur Dormans par 500 à 600 hommes sortis de Château-Thierry et conduits par le général Vincent.

Mouvements sur Soissons. — Organisation de la défense de cette place. — Du côté de Soissons, l'infanterie de Sacken avait quitté dans la matinée les environs de Crouy; l'artillerie avait filé, dans l'après-midi, de Bucy-le-Long et de Crouy. On avait tiraillé, dans l'après-midi, à Vailly, obligé le poste français de la rive gauche à se replier sur Pont-Arcy et les habitants à y construire un pont de chevalets. Aussi, pour maintenir la communication libre entre Reims et Soissons, Belliard avait donné l'ordre au général Curély d'aller s'établir à Fismes avec sa brigade de cavalerie légère, deux bataillons et trois bouches à feu ; au général Mouriez, d'occuper Braisne et Sermoise. Ces deux généraux étaient, en outre, chargés d'éclairer et d'observer l'Aisne en amont de Soissons jusqu'à Berry-au-Bac.

On continuait pendant ce temps, à pousser les travaux de défense de Soissons avec une activité d'autant plus grande qu'on y avait connaissance d'un mouvement des Prussiens sur Compiègne. Les habitants de Blérancourt avaient signalé la marche de cavalerie et d'infanterie prussiennes, descendant sur Vic-sur-Aisne par Audignicourt. D'autres rapports avaient révélé la présence de troupes d'infanterie à Nouvron, Morsain et Autrêches. La cavalerie de Grouvel avait confirmé l'exactitude de ces nouvelles et reconnu l'existence d'une ligne continue de vedettes s'étendant depuis Pommiers jusqu'à Attichy.

Attaque de Compiègne. — Les craintes de Mortier et de Belliard au sujet de Compiègne n'étaient que trop fondées. Il ne s'agissait pas maintenant d'un coup de main, mais bien d'une première attaque, peu sérieuse encore il est vrai, que Bülow, parti de Noyon avant d'avoir reçu l'ordre qui lui enjoignait d'arrêter son mouvement, allait faire exécuter par son avant-garde. Dès le matin, quelques cavaliers prussiens s'étaient montrés en vue de Compiègne. Dans l'après-midi, 1500 chevaux, 2 bataillons d'infanterie avec 2 canons et 1 obusier, venant de Noyon, avaient sommé le major Otenin de leur rendre la place et répondu à son refus[1] par quelques coups de canon. Vers le soir, les troupes prussiennes, tout en restant aux environs de la place, se retirèrent hors portée de son canon et hors des vues de ses défenseurs.

Nouveaux ordres pour le 15 mars. — Dans le courant de la journée du 14 mars, on avait reçu à Laon, à l'état-major de l'armée de Silésie, l'avis positif de la reprise de Reims par l'Empereur. A la stupéfaction causée par cette nouvelle, avait succédé une véritable inquiétude augmentée encore par l'inanité des mesures de répression prises contre les paysans armés et surtout par l'attitude singulière de Bernadotte. Arrivé à Liège depuis le 4 mars, Bernadotte y restait immobile, uniquement occupé à protester contre les procédés employés à son égard, contre l'affaiblis-

---

[1] Otenin avait fait la réponse suivante à la sommation de l'avant-garde de Bülow : « Je rendrai la place quand S. M. l'Empereur Napoléon m'en aura donné l'ordre. » (Otenin au Ministre de la guerre, Rapports; *Archives de la guerre.*)

sement de son armée, dont on avait distrait les corps de Winzingerode et de Bülow, dont on avait voulu détacher celui du prince de Saxe-Weimar, et passant une partie de son temps d'une part à essayer de négocier avec Maison, son ami et son ancien aide de camp, de l'autre à correspondre avec Joseph, dont il gardait l'un des agents auprès de lui, à Liège. On s'exagérait évidemment au quartier général de Laon la portée et la gravité de cette attitude. On allait jusqu'à prêter à Bernadotte l'intention de trahir la cause des Alliés, de désarmer à la première occasion la brigade Borstell pour passer avec armes et bagages aux Français. On ne voulait pas se rendre compte de la situation exceptionnelle que lui faisait sa qualité de prince royal. On oubliait que Bernadotte était trop habile pour compromettre, par une attitude catégorique, les titres qu'il se réservait de faire valoir après la chute de l'Empereur et qui devaient, si ses rêves ambitieux venaient à se réaliser, lui permettre d'échanger la couronne de Suède contre le trône de France. En attendant qu'on ait remplacé, dans son armée, les corps dont on l'avait privé, il était, comme il l'écrivait lui-même quelques jours plus tard, le 18, à Blücher, comme il l'avait écrit déjà aux souverains alliés, résolu à rester immobile « jusqu'à ce qu'on l'ait mis à même de coopérer d'une manière efficace à la conquête de la paix que l'humanité réclame et que toutes les puissances alliées ont pour but. » Trop heureux d'avoir trouvé un prétexte qui servait si bien ses intérêts et son ambition, il ajoutait : « Je ne puis me considérer ici seulement comme général, mais comme représentant un roi et une nation alliée. Par toutes ces considérations, je ne me trouve pas en position d'aller relever personne ; si cependant il arrivait que vous fussiez obligé de vous replier, je ne perdrai pas un instant pour vous porter secours. La cause commune et votre gloire personnelle m'intéressent trop pour ne pas marcher en avant et vous soutenir, et vous devez penser que si cela arrive, je dois reprendre les corps que les traités mettent directement sous mes ordres. »

Il n'est donc pas étonnant que Gneisenau, déjà préoccupé par le soulèvement national, partageant les craintes chimériques qu'une lettre conçue dans des termes aussi diplomatiques n'eût pu en aucun cas parvenir à dissiper, naturellement porté, en outre, à s'exagérer les conséquences de l'échec de Reims, ait admis la possibilité d'un retour offensif de Napoléon. Aussi crut-il prudent d'attendre le choc sur une position presque inexpugnable, et de donner, sous l'impression des sentiments qui l'animaient, l'ordre aux commandants des corps formant l'aile droite de l'armée, de se rapprocher de nouveau de Laon[1]. Sacken devait revenir entre Chavignon et Étouvelles; Langeron entre Anizy-le-Château et Clacy; Bülow à La Fère; Sacken et Bülow laissaient, le premier, quelques postes d'observation sur l'Aisne, le dernier, sa cavalerie du côté de Noyon. La cavalerie légère de Winzingerode devait surveiller le cours de l'Aisne en avant de Neufchâtel.

15 mars. — Mouvements des corps de Sacken, Langeron et Bulow. — Ces mouvements s'exécutèrent dans la matinée du 15. Sacken se replia en arrière de la Lette, en évitant de s'engager avec la cavalerie de Belliard qui le suivit jusqu'au delà de L'Ange-Gardien. En amont de Soissons, du côté de Sermoise et de Vailly, il fit même rentrer les postes de Missy, de Condé, de Celles et de Vailly, se bornant à tenir son avant-garde sur la rive droite de la Lette.

Avant de se replier, Bülow avait fait renouveler par sa cavalerie et par le colonel von Sydow, les tentatives de la veille contre Compiègne, dont la garnison avait été renforcée pendant la nuit par un bataillon du 6e de voltigeurs de la garde venant de Senlis. Le major Otenin avait répondu par des refus catégoriques à deux nouvelles sommations, et les Prussiens, après avoir bombardé la ville d'abord le matin, puis dans l'après-midi, se retirèrent vers 3 heures par échelons dans la direction de Laon. Un de ces échelons, qui occupait la montagne de Margny, fut atteint et malmené par une troupe de 200 paysans armés qui inquiétèrent sa retraite, lui tuèrent et lui blessèrent quelques hommes.

Position des corps de l'aile gauche de l'armée de Silésie.

---

[1] Gneisenau écrivait, en effet, au général von Boyen (Laon, 15 mars 1814) : « L'empereur Napoléon veut déborder notre gauche, qui est, en effet, notre côté faible. Les hauteurs et les bois situés à l'est de la route qui mène d'Athies à Chambry sont dangereux pour nous et devraient être occupés ; mais en le faisant, nous étendrions par trop nos lignes. Pour le moment, je suis d'accord avec vous : nous devons nous borner à tenir Laon, y accepter la bataille si on nous l'offre et ne rien faire de plus. Mais les vivres ? »

— A l'aile gauche de l'armée de Silésie, York et Kleist restèrent sur leurs positions de Corbeny et de Craonne.

La cavalerie seule exécuta quelques mouvements rendus nécessaires par le retrait des postes tenus jusque-là par l'avant-garde de Sacken ; deux escadrons du 2ᵉ hussards de Silésie vinrent s'établir sur les hauteurs entre l'Aisne et la Lette. Le major von Colomb resta à Pontavert ; Benkendorf du côté de Neufchâtel, dont le pont avait été coupé le 14 après l'affaire de Berry-au-Bac ; la réserve de cavalerie toute entière avec Zieten, à Javincourt. Tchernitcheff participa avec sa cavalerie légère au service de sûreté fourni par les cavaliers du Iᵉʳ corps, et observa le cours de l'Aisne depuis Beaurieux jusque vers Château-Porcien.

Dès le 15, à 10 heures 1/2 du matin, York avait fait savoir au quartier général que Tchernitcheff avait déjà remarqué la veille un mouvement assez important de voitures sur la route de Fismes à Soissons. Le commandant du Iᵉʳ corps ajoutait avec la netteté et le coup d'œil qui le caractérisaient, que, dans sa pensée, les Français, redoutant un mouvement offensif de l'armée de Silésie, débouchant de Berry-au-Bac, ne s'étaient emparés du passage de l'Aisne qu'afin de pouvoir manœuvrer à leur aise contre la grande armée par Reims et Épernay. Dans la même dépêche, il répondait avec sa franchise habituelle aux questions posées la veille et relatives aux subsistances et au repos à accorder aux troupes.

Les arguments et les faits invoqués par le commandant du Iᵉʳ corps réduisaient à néant les prétextes mis en avant par l'état-major général pour justifier l'inaction et l'immobilité de l'armée. « Les mouvements de l'ennemi, écrivait York, ont empêché mes troupes de prendre le moindre repos ; mes cavaliers bivouaquent depuis hier matin, le bras passé dans la bride de leurs chevaux. Quant à la région qu'on m'a assignée, elle a été depuis 10 jours le théâtre des opérations des deux armées ; elle offre d'autant moins de ressources qu'on y a massé aujourd'hui mon corps, celui de Kleist, la cavalerie de Tchernitcheff et, qu'ayant à redouter une attaque qui peut se produire à tout instant, il m'est impossible d'envoyer fourrager au loin. Le corps de Kleist n'est pas mieux partagé que le mien sous le rapport des subsistances. »

L'immobilité de Blücher et de Gneisenau servait à merveille les intérêts et les projets de l'Empereur en lui donnant le temps nécessaire pour reformer son armée, attirer des renforts et faire reposer quelque peu ses troupes avant de recommencer une nouvelle série d'opérations.

Rien n'était venu troubler ses préparatifs et il avait pu sans peine surveiller de près et écarter sans grand effort les corps détachés qui cherchaient à découvrir ses intentions. S'il était permis de conserver encore l'ombre d'un doute sur l'étendue et la gravité des fautes commises par Gneisenau depuis Laon, la lettre que Marmont adressait ce jour-là à l'Empereur en lui signalant l'immobilité des Prussiens du côté de Berry-au-Bac, suffirait, malgré les exagérations qu'elle peut contenir, malgré l'aigreur mal dissimulée qui perce à chaque ligne, pour accabler le chef d'état-major de l'armée de Silésie et donner raison à ceux qui, dans l'armée prussienne même, lui reprochaient son manque de sens pratique. Marmont se plaignait amèrement de n'avoir que 22 bouches à feu. La division Ricard ne comptait plus que 400 hommes, et la division Janssens, au lieu de le rejoindre, était destinée à faire partie des troupes sous les ordres de Ney.

Bordesoulle n'avait plus, y compris les détachements qu'il fournissait sur l'Aisne, que 400 à 500 chevaux. Et c'était cependant la présence de cette poignée d'hommes et des 1000 chevaux de Curély, entre Fismes et Roucy, qui suffisait pour immobiliser l'armée de Silésie, sans même lui assurer le repos dont elle avait besoin.

L'Empereur avait compris sa situation d'une autre manière que Gneisenau. Ses troupes étaient aussi fatiguées que celles de son adversaire. Elles avaient eu à endurer les mêmes privations, et, malgré cela, tout en reconstituant et en réorganisant ses forces, tout en donnant le repos nécessaire au gros de son armée, il n'avait cessé de manœuvrer.

Obligé de s'arrêter pendant trois jours à Reims avant de recommencer les grandes opérations, il eut le soin de profiter des moindres occasions pour entraîner, pour aguerrir ses soldats et les préparer aux efforts qu'il comptait leur demander.

Mouvement de Ney sur Châlons. — Occupation de cette ville. — Pendant que la division Janssens arrivait de Rethel à Reims, Ney, précédé par les 400 cavaliers du général Defrance.

s'était porté de Reims sur Châlons. Le général Davidoff évacua cette ville à son approche et se replia sur Vitry[1]. Le maréchal y trouva un magasin contenant 80,000 rations de biscuit, 14,600 rations de pain, 8,000 bouteilles de vin, 400 quintaux de farine, 3,000 livres de viande, 800 bottes de foin, 26,000 de paille et 160 boisseaux d'avoine, plus un magasin de pain au collège, un autre à Saint-Loup, trois greniers de farine et un magasin d'avoine au Cloître[2]. C'était là une trouvaille inespérée, une aubaine précieuse, un résultat d'autant plus heureux que le petit corps de Ney, même en y comprenant la division Janssens, n'atteignait pas l'effectif total de 6,000 hommes.

Le maréchal transféra son quartier général à Châlons même. Comme il s'attendait à rester sur ce point jusqu'au moment où l'Empereur s'ébranlerait avec le gros de sa petite armée, il prescrivit : à la 1re brigade (général Rousseau) du général Janssens de quitter le 16 au matin la position de La Folie-Sainte-Croix qui domine la vallée de la Marne en arrière de Compertrix pour venir s'installer à Compertrix et Coolus, en laissant à Châlons même un régiment; à la 2e brigade (général Jacquemard), de s'établir ce même jour à Fagnières, Saint-Gibrien et Villers-aux-Corneilles.

La cavalerie du général Defrance, établie à Mairy-sur-Marne, Nuisement-sur-Coole et Togny-aux-Bœufs, devait, à la fois, éclairer par ses patrouilles et ses reconnaissances la rive gauche de la Marne jusque vers Vitry, les directions de Bar-sur-Aube, d'Arcis-sur-Aube et de Montmirail, et envoyer des partis volants de 40 à 50 hommes, rentrant tous les soirs à Châlons, après avoir poussé, sur la rive droite de la Marne, jusqu'à hauteur de La Chaussée, et sur la route de Verdun. Enfin, elle devait avoir un poste à Jâlons pour faciliter la correspondance avec Épernay, dès que la route de Châlons à Épernay serait libre.

Combat d'Épernay. — Décidé à balayer les partisans alliés qui tenaient la vallée de la Marne, Napoléon avait donné l'ordre au général Vincent, posté à Château-Thierry, d'en barricader le

---

[1] Major Mareschal au prince de Schwarzenberg, Vitry, 17 mars. (*K. K. Kriegs Archiv.*, III, 316.)

[2] Ney au major-général, Châlons, 15 mars, 8 heures du soir. (*Archives de la guerre.*)

pont, de laisser quelques centaines d'hommes dans le château de cette ville et de se porter, avec les gardes d'honneur et les isolés, contre Épernay que Colbert devait attaquer de son côté en débouchant de la forêt de Reims.

Dans la matinée du 15, une colonne française, forte de 300 hommes d'infanterie et de trois escadrons, se montra sur la lisière de la forêt, chassa devant elle les vedettes de Tettenborn et se dirigea vers le pont. Chargée par deux régiments de Cosaques, la cavalerie française lâcha pied et s'enfuit, abandonnant l'infanterie qui, cernée et coupée de sa ligne de retraite, dut mettre bas les armes. A ce moment, par une circonstance restée inexpliquée, le pont de pierres, qu'on avait miné par précaution, sauta tout à coup. Tettenborn avait à peine eu le temps d'y établir une passerelle provisoire qui permit aux Cosaques de regagner la rive gauche avec leurs prisonniers, lorsque le gros de la colonne de Colbert arriva sur la rive droite de la Marne. Le général russe, protégé par ses deux canons, dont les feux enfilaient le pont, se maintint jusque vers le soir à Épernay et se replia avec le major von Falkenhausen sur Vélye (sur la Somme-Soude), après avoir envoyé sur sa droite un parti chargé de l'éclairer dans la direction de Châlons. L'infanterie française entra seule à Épernay le 15 au soir, la cavalerie ne put passer le pont que le lendemain [1].

La colonne du général Vincent ne dépassa pas Dormans.

L'Empereur appelle à lui les garnisons des places de la Moselle. — La marche que venait d'exécuter la division Janssens, pour venir de Rethel à Reims, avait suggéré à l'Empereur l'idée de profiter de son séjour à Reims, de la présence de Ney à

---

[1] Répondant aux reproches que l'Empereur lui avait adressés au sujet de l'affaire d'Epernay, le général Colbert écrivait au major-général : « Je suis fâché que la réussite ne suive pas toujours ce que j'entreprends. Dire à Votre Altesse que j'y donne tous mes soins est ma seule excuse. L'infanterie de la jeune garde est mauvaise, très mauvaise, du moins celle que j'ai. Elle ne sait ni tenir ni charger ses armes. Ce matin, un peloton gardant le pont s'est laissé prendre sans brûler une amorce. Les officiers les ont disculpés en disant qu'ils n'avaient pas de pierres. Le fait est que j'aime mieux ne pas avoir d'infanterie que d'en avoir de cette espèce. Je ne pouvais pas avoir une belle affaire puisque l'ennemi, à l'approche du moindre danger, était décidé à faire sauter le pont. J'ai retrouvé à Epernay, une partie des prisonniers faits ce matin. » (*Archives de la guerre.*)

Châlons pour attirer à lui une partie des garnisons des places de la Moselle, pour envoyer au général Durutte l'ordre de sortir de Metz avec 12,000 hommes[1]. Il avait réussi à correspondre avec le commandant de Verdun, le général Cassagne, et à lui faire parvenir, par le général Duvigneau qui commandait l'insurrection en Argonne, l'ordre de pousser des partis sur les derrières des Alliés. Ces généraux avaient d'ailleurs prévenu les intentions de l'Empereur.

Les paysans de l'Argonne avaient couru aux armes, chassé les partis alliés qui réquisitionnaient du côté des Islettes et de Clermont, et se préparaient, sous la conduite du général Duvigneau, à déloger le détachement établi à Sainte-Menehould.

Affaire de Lützow à Chestres. — Lützow allait, d'ailleurs, constater le jour même à ses dépens que la levée en masse avait pris des proportions inquiétantes pour les Alliés dans toute cette partie de la France.

Envoyé d'abord le 6 mars du côté de Montcornet, Lützow avait reçu, le 8, l'ordre de revenir sur ses pas et de passer par Reims pour remettre à Saint-Priest les instructions de Blücher. Traversant l'Aisne à Château-Porcien le 9, et informé à ce moment de l'occupation de Reims par les Français, il s'était dirigé, par Isles-sur-Suippes et le Petit-Mourmelon, sur Châlons, puis, au moment où l'Empereur reprenait Reims à Saint-Priest, il avait été s'établir, le 13, à Ludes. Le 14, au matin, il avait pu, des hauteurs qu'il occupait, apercevoir les colonnes françaises en marche sur les routes d'Épernay et de Châlons, en avait donné avis à Châlons et s'était porté sur Saint-Étienne-au-Temple, d'où après avoir regagné à Vouziers la rive droite de l'Aisne, il se proposait de déborder l'armée française et d'opérer en même temps sa jonction avec le reste de son corps franc qu'il croyait en marche avec l'armée du prince royal de Suède.

Le 15, au soir, Lützow arrivait à Vouziers qu'il traversait sans encombre ; mais le pont de l'Aisne était gardé. Sans la rapidité du mouvement exécuté par son avant-garde qui ne laissa pas aux paysans le temps de se reconnaître, il est probable que les

---

[1] Des ordres analogues furent envoyés au général Merle à Maëstricht, au général Morand à Mayence, au général Broussier à Strasbourg.

partisans auraient eu un combat assez vif à livrer pour forcer le passage.

Ils arrivèrent toutefois sans encombre à Chestres où Lützow comptait donner quelques heures de repos à son monde et faire manger ses chevaux. Un château, qui paraissait inhabité, et dont les portes et les volets étaient clos, s'élevait au centre de ce village. Après avoir posté ses grand'gardes et ses vedettes, Lützow établit un de ses escadrons dans la cour entourée de murs du château, l'autre escadron sur la place même du village.

On fit comparaître le maire, tant pour réquisitionner des vivres et des fourrages, que pour se procurer des renseignements sur la viabilité des chemins.

L'organisation de l'insurrection avait fait de tels progrès que la marche des partisans de Lützow avait été signalée dès le matin, qu'on avait eu le temps de se préparer et que le sous-préfet de Vouziers, comme on le sut par la suite, avait expédié 19 courriers à cheval appelant aux armes les paysans et les gardes nationales des communes environnantes. Le propriétaire du château, le général Le Clerc-Milfort-Tastanegy, s'y était barricadé et enfermé avec un certain nombre de paysans armés et attendait un signal convenu, le commencement de l'attaque des grand'gardes, pour se jeter de son côté sur les hommes de Lützow [1]. Pendant que cet officier conférait avec le maire, les grand'gardes, attaquées par les gardes nationales, se repliaient vivement, et des coups de feu partaient tout à coup de toutes les fenêtres et du toit du château.

Lützow quitta immédiatement, non sans avoir perdu quelques hommes, le village à l'intérieur duquel il lui aurait été impossible de se défendre contre des fantassins et se dirigea sur Vandy [2], emmenant avec lui le maire de Chestres qu'il gardait comme guide et comme otage.

---

[1] Rapport de Lützow, de Beaumont, 5 avril 1814.

[2] Il y a lieu de rectifier, à propos de l'affaire de Chestres, les assertions de Lützow. Il n'y avait pas de fantassins dans le village. La résistance n'y était pas organisée et ce fut, comme on le verra, une circonstance fortuite qui amena l'affaire de Chestres.

Le château de Chestres était habité depuis le 10 juin 1813, par Jean-Antoine Le Clerc-Milfort (*dit* François), Tastanegy ou grand chef de guerre de la nation Creeck, général de brigade en retraite.

Né le 2 février 1752 à Thin-le-Moutier, canton de Signy-l'Abbaye, arrondissement de Mézières, Le Clerc-Milfort aurait servi de 1764 à 1775 au régi-

Le chemin, dans lequel Lützow s'était engagé, était enserré entre des collines tombant à pic sur sa droite et une grosse haie qui en bordait la gauche. Le village de Vandy, qu'il s'agissait de tra-

---

ment d'infanterie des Gardes lorraines (devenu Lorraine en 1766). Passé en 1776 en Amérique, il vécut plusieurs années dans le pays occupé alors par une confédération de tribus indiennes, les Muscogees, où il acquit rapidement une grande réputation. Nommé peu de temps après Tastanegy, ou grand chef de guerre de la nation Creeck, il joua un rôle important dans la guerre entre les Indiens et les colons américains et devint commissaire du gouvernement espagnol près des peuplades sauvages de la Louisiane. Rentré en France en 1795 avec des pouvoirs de la nation Creeck pour négocier la rétrocession de la Louisiane, il expose ses vues et reçoit en récompense « de sa valeur, expérience, vigilance, bonne conduite, zèle, fidélité et attachement à la cause du peuple », le 19 avril 1796 du Directoire exécutif, un brevet de général de brigade.

Admis au traitement de réforme le 12 mai 1803, il obtenait une solde de retraite de 2,000 francs le 7 juillet 1811. En décembre 1813 et en janvier 1814, il avait demandé à reprendre du service, mais sa requête n'ayant pas été accueillie, il se trouvait encore à Chestres, lorsque, comme il le raconte lui-même dans un rapport qu'il adressa au général commandant la 2e division militaire à Mézières (voir *Ministère de la guerre, Archives administratives*) :

« Le 15 mars 1814, vers 9 heures du soir, il entra dans le village de Chestres un nombre de cosaques que je peux porter à 250 et qui, se disant troupes françaises dans la crainte que les habitants ne se soulevassent, y furent reçus en cette qualité. A leur arrivée, ils firent venir les maires et adjoints auxquels ils demandèrent des vivres et une cour assez vaste pour pouvoir y bivouaquer tous ensemble. La mienne fut indiquée.

« Quoiqu'elle fût très bien fermée, ils ouvrirent sans fracture et ils y pénétrèrent. Ils avaient planté le long des murs de mon jardin des piquets pour y attacher plusieurs de leurs chevaux. Le restant des chevaux était dans ma cour avec tous les hommes sans faire de bruit. Pendant ce temps-là, je dormais profondément et ne fus éveillé que vers 10 heures, au bruit qui se faisait pour enfoncer mes portes. J'avais fait depuis six semaines des préparatifs de défense. Il y a au rez-de-chaussée un vestibule communiquant avec cinq pièces. J'y établis, avec mon bois de chauffage, une espèce de redoute défendant l'entrée des pièces et j'y déposai mes armes et munitions. J'y ménageai une meurtrière commandant l'entrée de ma cour.

« A 10 heures, éveillé par un bruit extraordinaire, je m'habille à la hâte et je descends l'épée à la main au moment où l'on attaquait les portes de ma redoute. Trouvant partout de la résistance, les cosaques réunissent leurs efforts contre la porte de la cuisine donnant dans ma redoute. A coups de hache, ils y font une petite ouverture et me laissent apercevoir dans la cuisine une douzaine d'hommes qui continuent à faire une brèche jusqu'à ce qu'un homme puisse y passer. Le premier qui se présente est un jeune homme qui retombe mort dans la cuisine en poussant un grand cri. Les autres rient, croyant que c'était la peur qui le faisait tomber. Un deuxième le suit et a le même sort.

« Pris de peur, ils éteignent la lumière, jettent les morts par la fenêtre et prennent la fuite. Je m'approche alors de ma meurtrière et j'aperçois une masse de plus de 200 hommes. Je prends un de mes fusils doubles très fortement chargés et je vise un groupe d'officiers qui se chauffaient. Au premier

verser, était fortement occupé et solidement barricadé. Au milieu de l'obscurité, il était impossible de songer à l'enlever par une charge. Lützow obligea le maire de Chestres à le tirer d'embarras, et à conduire la colonne qui, contournant le village par un sentier, s'engagea ensuite dans le chemin menant aux Alleux. Accueilli par un feu assez vif dirigé contre la tête, les flancs et la queue de sa troupe, Lützow fut obligé de faire prendre le trot à ses cavaliers et pénétra dans le village. Deux routes, celle du Chesne-le-Populeux et celle de Voncq, bifurquent au débouché même du village des Alleux. L'escadron de tête, conduit par

---

coup, j'en abats un qui tombe la figure dans le feu. J'en blesse trois du deuxième coup. Je reprends une autre arme chargée de deux coups ; je vise et tire sur un autre groupe, en changeant de direction à chacun de mes coups.

« A ce moment, j'aperçois cinq hommes se dirigeant sur ma cuisine pour me prendre à revers en pénétrant par la brèche. Je renverse d'un coup de feu celui qui venait en tête. Les quatre autres se retirent dans la cour dans la foule sur laquelle je tire encore trois coups. Je comptais déjà 5 ou 6 tués et un plus grand nombre de blessés. Il régnait dans la cour un tumulte extraordinaire. J'en profite pour recharger mes armes et recommencer le feu. L'ennemi s'enfuit avec une telle précipitation qu'il y avait engorgement à la porte sur laquelle je continuai à tirer.

« Au moment où je croyais être entièrement débarrassé, j'en aperçois un armé d'un tison qui se dirige à pas précipités sur mon écurie pour y mettre le feu. J'ajuste et je l'étends mort sur son brandon. Je recharge mes armes pour la troisième fois. Au même instant, j'en vois un revenir à la charge avec une hache à la main. Il serre la maison de si près et la tourne avec tant d'habileté qu'il parvient à mettre le feu à ma grange sans qu'il m'ait été possible de tirer.

« 11 heures venaient de sonner. Le feu de ma cour s'était éteint ; ma cour était débarrassée ; une voiture dans la rue recevait les morts et les blessés et j'étais sur mes gardes. Je vois tout à coup une lanterne et deux hommes. L'un d'eux me lâcha un coup de fusil par ma meurtrière. La balle effleure le collet de mon habit. Je lui envoie mon coup ; il tombe mort et son camarade prend la fuite.

« Le feu faisait des progrès rapides et ma grange était toute en flammes, lorsque deux cosaques se présentent à cheval dans ma cour, soit pour activer le feu, soit pour empêcher de porter secours. Deux coups tirés sur eux les font tomber morts l'un sur l'autre. Cinq autres arrivent pour les emporter. Je tire sur eux ce qui me reste de coups. C'est ainsi que se termine ce petit combat dans lequel je tirai 25 coups chargés de chevrotines et de lingots. L'ennemi laissa sur le terrain 15 à 16 morts et un plus grand nombre de blessés. »

Le général Le Clerc-Milfort mourut à Charleville en 1820. Le château de Chestres n'existe plus. On l'a démoli dans l'espoir de trouver une cachette dans laquelle devaient se trouver des trésors. L'église, autrefois la chapelle du prieuré, a seule été rebâtie.

La défense de Chestres, le bruit du tocsin et les lueurs de l'incendie avaient donné aux gardes nationaux le temps de se rassembler et d'organiser la résistance.

Lützow, s'engagea sur la route de Voncq, et ce fut seulement au bout d'un certain temps que le major constata l'absence de son autre escadron qui, continuant droit devant lui, avait suivi celle du Chesne. Lützow, après s'être arrêté pendant quelques instants pour donner au reste de sa colonne le temps de le rejoindre, reprit sa marche en faisant passer sa troupe pour un escadron de lanciers polonais, tandis que son autre escadron courait infructueusement après lui dans la direction du Chesne. Au milieu des ténèbres et séparés l'un de l'autre par un terrain coupé et accidenté, plein de chemins creux et de ravins, les deux escadrons ne pouvaient s'apercevoir, tandis qu'au contraire, leurs moindres mouvements étaient signalés, soit par des paysans montés, soit par des feux. Grâce au stratagème employé par son chef, la colonne de Lützow arriva cependant, sans avoir à combattre, jusqu'à hauteur de Villers-le-Tourneur. Reconnus par une patrouille de gendarmes, les uhlans tentèrent vainement de forcer le passage; ils durent se rejeter dans les bois, suivis et harcelés par les paysans, et, après avoir marché sans s'arrêter, atteignirent, enfin, le 17, Mainbressy, où l'on fit une courte halte. Mais la garde nationale de Rethel s'approchait. Les paysans des environs s'étaient rassemblés à Rozoy. Lützow s'empressa de décamper et gagna au plus vite Montcornet, où il retrouva un poste de cosaques. Ceux-ci, ne voulant pas croire aux nouvelles apportées par le major, envoyèrent un petit parti, conduit par un officier, qui se fit prendre à Rozoy[1].

L'autre escadron, après avoir filé jusque dans la direction de Rocroy et de Chimay, rejoignit quelques jours plus tard (le 21 mars) Lützow à Vervins. Les deux escadrons du corps volant rallièrent ensuite le corps de Bülow dans les environs de Soissons[2] et opérèrent avec lui jusqu'à la fin de la campagne.

Journées des 16 et 17 mars. — L'empereur Napoléon prépare et commence sa marche contre Schwarzenberg. —

---

[1] Rapport de Lützow, de Beaumont, le 5 avril 1814.
[2] L'escadron, séparé de Lützow, dut son salut à un guide français qui s'offrit volontairement. Le conduisant à travers champs et forêts, il le fit passer par Sy, Omont, Mondigny, Rouvray, Foulzy et Beaulieu. Le 17, à 5 heures du soir, cet escadron retrouva les avant-postes russes à Rocroy et alla jusqu'à Chimay.

L'Empereur, contre lequel l'armée de Silésie continuait à ne rien entreprendre, profita des journées des 16 et 17 mars pour achever tranquillement ses derniers préparatifs. Les nouvelles de Macdonald ne cessaient pas d'être inquiétantes. Mais l'armée de Schwarzenberg occupait une fois encore un front démesurément étendu, appuyant son extrême droite aux cosaques de Tettenborn à Épernay, tandis que sa gauche était à Sens. La route de Château-Thierry à Épernay était libre, Ney tenait à Châlons, l'Empereur pouvait donc se porter sans danger sur la Marne, et peut-être même sans difficulté jusqu'à l'Aube. S'il parvenait à dissimuler cette marche et à l'exécuter le plus vivement et le plus secrètement possible, il espérait encore surprendre l'armée de Schwarzenberg avant qu'elle ait eu le temps de se concentrer. C'était là, d'ailleurs, le projet qu'il avait conçu en rentrant à Reims, et, dès le 14 au matin, lors de son entrevue avec Marmont, il lui avait déjà fait part de son projet de marcher contre la Grande armée.

Le 16, rassuré par les nouvelles qu'il a reçues de Belliard et de Mortier sur ce qui se passe à sa gauche, du côté de Compiègne et de Soissons, il s'était borné à prescrire à Mortier de transférer le 17 son quartier général à Fismes, de laisser à Soissons la division Charpentier et une brigade de la cavalerie de Roussel, et d'exécuter ce mouvement, dont l'armée de Silésie ne doit pas s'apercevoir, si les corps, que le maréchal avait devant lui, continuent à s'éloigner de Soissons.

Le même jour, il a mis la dernière main à l'organisation de la petite armée destinée à le suivre (le corps de Ney, la garde impériale, cavalerie et infanterie, et la division des escadrons réunis), en tout 10,000 hommes et environ 6,000 chevaux. A ces forces doivent venir s'ajouter, d'après ses calculs, les 11,000 hommes des généraux Lefebvre-Desnoëttes et Decaen, qui ont ordre de quitter Paris les 16 et 18 mars. Marmont et Mortier allaient être de nouveau chargés de gagner du temps, de chicaner Blücher, de lui disputer le terrain et de couvrir la route de Paris. Malheureusement, l'Empereur n'avait pu se résoudre à investir l'un des deux maréchaux du commandement en chef des 22,000 hommes avec lesquels ils étaient appelés à tenir tête aux 103,000 hommes de l'armée de Silésie. Il avait cru mieux faire en faisant écrire, le 17, à Marmont : « Comme le duc de Trévise est le plus ancien, ayez l'air de vous concerter avec lui plutôt que d'avoir la direction supérieure. » C'était, comme le disait le major-général, une question de tact, mais dans des circonstances aussi graves et malgré les bons rapports des deux maréchaux entre eux, l'absence d'une direction unique et d'une autorité supérieure, en plaçant chacun des deux maréchaux dans une position absolument fausse, allait être quelques jours plus tard la cause déterminante de la catastrophe de Fère-Champenoise.

Le 17, l'Empereur a pris définitivement sa résolution. Trois partis, comme il le dit lui-même dans la note qu'il dicta à Atthalin, se présentaient à lui. Il peut, ou aller à Arcis-sur-Aube et passer l'Aube pour se porter le 20 sur Troyes, ou se rendre à Sézanne et de là à Provins, ou enfin aller droit sur Meaux.

Il écarte presque immédiatement le deuxième projet, parce qu'il serait obligé de se servir de mauvaises routes. Le troisième n'a, à ses yeux, qu'un avantage, celui de le rapprocher de Paris, et il se décide en fin de compte au mouvement sur Arcis, parce qu'il est « le plus hardi et que les résultats en sont incalculables [1]. »

Le 17 au soir, l'Empereur, avec sa garde, est à Épernay, où la population le reçoit avec enthousiasme. C'est de là qu'il envoie à Ney l'ordre de rappeler le général Defrance, que le maréchal a envoyé sur Vitry, de laisser un détachement à Châlons pour y garder la ville, de concert avec la garde nationale, de partir comme lui avant le jour et de former sa colonne de gauche en se portant par Vatry sur Mailly, pendant qu'il marcherait lui-même sur Fère-Champenoise. L'Empereur ne voulant pas appeler l'attention de Schwarzenberg sur Arcis-sur-Aube, recommandait de faire reconnaître cette ville par des paysans.

Pendant la journée du 17, Mortier s'était porté de Soissons sur Fismes et avait laissé en avant de Soissons, sur les hauteurs de Crouy, la division Charpentier. Marmont se tenait toujours entre Corbeny et Berry-au-Bac.

Immobilité de l'armée de Silésie. — A l'armée de Silésie, on ignora jusqu'au 17 au soir les mouvements de l'Empereur.

---

[1] *Correspondance*, n° 21506.

On avait seulement appris dans la journée du 16, par un déserteur amené à Zieten à Juvincourt, que le gros des forces françaises refluait sur Reims. Ce fut seulement le 17 au soir que Gneisenau [1], informé du mouvement des Français par les avant-postes qui avaient constaté la diminution sensible et l'attitude timide et passive des postes avancés français du côté de Soissons, résolut de concentrer l'armée de Silésie sur son aile gauche entre Laon et Reims, et de charger les corps d'York et de Kleist, soutenus par la cavalerie de Winzingerode, de forcer le passage de l'Aisne à Berry-au-Bac, et de déborder la droite de Marmont par Neufchâtel.

L'inaction et la maladie de Blücher avaient sauvé l'Empereur; mais, si l'on doit reconnaître avec Clausewitz que le feld-maréchal n'était plus lui-même, on aurait tort de vouloir rendre un vieillard terrassé par la fièvre, et presque aveugle, responsable des incompréhensibles fautes commises par son chef d'état-major. Malgré tous les avis qui ne cessèrent de lui parvenir,

---

[1] Gneisenau écrivait, en effet, au général von Boyen, de Laon, le 17 mars à 8 heures du matin : « Je suis toujours sans nouvelles. Il y a cependant tout lieu de penser que *Napoléon continuera encore pendant un certain temps à s'occuper de nous*. Nous ne pouvons compter sur la grande armée. Sans parler des trois cours qu'elle traîne avec elle, elle serait, en raison même de sa composition, hors d'état de faire quoi que ce soit de sérieux, même si ses chefs le voulaient.

« Quant à nous, notre situation n'en devient que plus critique. En restant concentrés, nous mourrons de faim. En nous étendant, nous nous exposerons à voir un de nos corps malmené par la cavalerie ennemie qui est remarquablement commandée. Il peut donc se faire que nous soyons obligés d'opérer vers l'ouest, si l'ennemi menaçait nos communications avec Avesnes. Dites-moi si, le cas échéant, nous pourrions établir une nouvelle ligne d'étapes de ce côté et si nous trouverons dans ces parages un champ de bataille convenable.

« P.-S. J'apprends par un déserteur que l'armée française était hier matin près de Reims. La position de Laon deviendrait dangereuse, si l'ennemi se concentrait réellement sur cette ville. »

Il nous semble curieux de faire remarquer que Gneisenau a eu, après Laon, exactement les mêmes craintes que Schwarzenberg environ un mois auparavant. Le généralissime, on s'en souvient, avait écrit le 21 février à la princesse : « Entre nous, je ne puis me dissimuler que, comme je l'avais prévu, notre situation est des plus précaires ; car si je divise mon armée, je serai battu en détail et si je la tiens concentrée, je la condamne à mourir de faim. »

Les inquiétudes de Schwarzenberg étaient, en partie du moins, admissibles au lendemain des défaites de ses lieutenants à Mormant, Nangis et Montereau, tandis que l'on trouverait difficilement une explication plausible des craintes de Gneisenau, moins de huit jours après la victoire de Laon.

Gneisenau n'avait pas voulu comprendre toute l'importance que l'Empereur attachait à la possession de Reims d'où, maître de toutes les routes conduisant vers les positions occupées par la grande armée alliée, il pouvait à son choix l'attaquer en tête, au centre ou en queue. S'entêtant dans une immobilité qui n'assurait même pas les besoins des soldats, il n'avait même pas admis dans le principe la possibilité d'une marche de l'Empereur de Soissons sur Reims. Possédant une excellente et nombreuse cavalerie, il avait trouvé le moyen de perdre pour ainsi dire le contact d'une armée battue et dont une des ailes avait été écrasée. La reprise de Reims par l'Empereur n'avait même pas réussi à le faire sortir de sa torpeur. Enfin, le départ de Napoléon, dont le nom seul semble l'épouvanter et le clouer sur place, ne lui inspira aucune de ces résolutions énergiques, violentes, quelquefois même hasardeuses, que le feld-maréchal était habitué à prendre. Bien que l'état de santé de Blücher eût commencé à s'améliorer à peu près au moment où l'Empereur quitta Reims, il était encore trop affaibli pour pouvoir se charger de la direction des opérations, et c'est à cet état de santé, plus qu'à toute autre cause, qu'il convient d'attribuer la lenteur et le décousu des mouvements que, sur l'ordre de Gneisenau, l'armée de Silésie exécutera jusqu'au moment où, sous la pression même des événements, elle reprendra sa marche sur Paris[1].

Opérations du corps de partisans du colonel baron de Geismar du 2 au 19 mars au soir. — Avant de terminer ce chapitre, il est indispensable de consacrer quelques lignes aux mou-

---

[1] Le comte Nostitz, l'aide de camp et l'homme de confiance de Blücher, donne dans son *Tagebuch* des détails curieux et intéressants sur l'état de santé du vieux feld-maréchal : « Obligé de garder la chambre à cause de son ophtalmie, forcé par le régime qui lui était imposé de renoncer à tout exercice, furieux de se sentir réduit à l'impuissance au moment où il fallait porter le coup décisif, Blücher était devenu un autre homme. Son état physique et moral avait exercé une influence néfaste, non seulement sur sa santé, mais sur son humeur et son caractère. En l'observant attentivement, on le voyait penser avec crainte à la mort, gémir de ses douleurs, se mettre l'esprit à la torture pour découvrir en lui les symptômes de nouvelles maladies, ne songer alors qu'à lui-même, indifférent à tout et ne prêter aucune attention aux événements les plus graves et les plus importants. Puis, dès que les douleurs se calmèrent, dès qu'il commença à se remettre, il retrouva sa force de caractère, sa volonté, son mépris pour le danger ; on était forcé de se rendre un

vements des partisans de Geismar¹. La prise de La Fère par le général de Borstell, la marche de Winzingerode et de Bülow sur Soissons, l'arrivée des troupes prussiennes du III⁰ corps à Chauny avaient permis à Geismar de retourner avec son corps volant à Noyon d'où il avait l'intention d'entreprendre de nouveaux coups de main. Il dut cependant y faire halte pendant les

---

compte exact de l'influence que l'état physique exerce, même chez les hommes les plus énergiques, sur les forces morales.

« Pour le moment le feld-maréchal, moralement épuisé, complètement indifférent à tout ce qui se passait autour de lui, ne songeait qu'à se démettre du commandement et à quitter l'armée. Le moindre rapport, les communications, quelles qu'elles fussent, l'exaspéraient et n'avaient aucun intérêt pour lui.

« C'était à peine si j'avais le droit de sortir pendant quelques instants de sa chambre où je devais souvent passer la nuit. L'existence de son médecin, qu'il aimait beaucoup et dans lequel il avait grande confiance, n'était pas plus enviable que la mienne. Obligés tous deux à nous tenir dans la chambre du feld-maréchal, plongée dans une obscurité presque complète, nous devions rester des heures entières dans une immobilité complète et sans prononcer une parole, pendant qu'il sommeillait ou maugréait contre son sort...

« Plusieurs jours se passèrent ainsi. J'avais pendant ce temps réussi à empêcher le feld-maréchal de donner suite à son idée de retraite et fait de mon mieux pour cacher à tout le monde l'état du commandant en chef... Lui seul était de force à maintenir un peu d'union entre des éléments aussi hétérogènes.

« Des six corps placés sous les ordres du feld-maréchal, trois étaient composés de troupes prussiennes, trois de troupes russes, et c'était Langeron qui en sa qualité de plus ancien aurait dû provisoirement prendre le commandement en chef, si Blücher avait quitté l'armée. Mais moins que tout autre, Langeron avait les qualités nécessaires et la main assez ferme pour occuper des fonctions particulièrement difficiles.

« Les difficultés de notre situation augmentèrent surtout lorsqu'il devint impossible de demeurer plus longtemps à Laon et que les mouvements de l'armée obligèrent le quartier général à se déplacer. Ce ne fut qu'après avoir parlementé et lutté longtemps avec le feld-maréchal que nous parvînmes à le décider à prendre place dans une voiture fermée qui nous conduisit à Berry-au-Bac et le 21 mars à Fismes. Mais le feld-maréchal continuait à ne vouloir entendre parler de rien et se refusait à prêter la moindre attention aux nouvelles qu'on recevait des différents théâtres de guerre. »

(*Tagebuch des Generals der Kavallerie Grafen von Nostitz: die Feldzüge 1813 und 1814* [*Kriegsgeschichtliche Einzelschriften herausgegeben vom Grossen Generalstabe*, 1889, V, 127-130]).

¹ Tagebuch des Streifcorps unter die Befehle des kaiserlich-russischen Obersten von Geismar während dem Feldzuge vom 1814, von 13ten Februar bis zum 11 April 1814 (*K. K. Kriegs Archiv.*, IV, 178), *Oesterreichische Militärische Zeitschrift*, 1838, IV, *Zeitschrift für Kunst und Wissenschaft des Krieges*, et BUCHER: *Feldzug des dritten deutschen Armee Corps in Flandern im Befreiungs Kriege des Jahres 1814*; CRUSIUS, *Der Winterfeldzug in Holland, Brabant und Flandern*.

journées des 2, 3 et 4 mars et se borner à pousser des reconnaissances sur la route de Roye.

Le 5 mars, Geismar fait reconnaître les ponts d'Ourscamps et du Francport et tâter les postes avancés de Compiègne. Mais la vigilance des avant-postes français et la présence de troupes relativement nombreuses l'obligent à renoncer à un coup de main qui lui aurait coûté trop de monde et n'aurait pu avoir que des conséquences fatales pour lui. Le 6 et le 7, Geismar, qui semble paralysé par le voisinage des corps de Bülow et de Winzingerode, reste immobile à Noyon ; une de ses patrouilles délivre quelques prisonniers sur la route de Péronne.

Dans la nuit du 7 au 8, le colonel apprend à la fois que les troupes prussiennes ont quitté Chauny ; que les Français ont repris Soissons ; que Blücher se replie sur Laon et que la garnison de Compiègne a reçu des renforts. Un séjour plus prolongé à Noyon ne pouvait que compromettre inutilement son corps. Aussi, malgré le temps épouvantable qu'il faisait, malgré les ouragans de neige, malgré le verglas et la gelée, il se résout, surtout en raison du soulèvement presque général des paysans, à quitter Noyon et à se replier par Chauny et Genlis sur Jussy. C'est de ce point, situé à égale distance de Ham, de La Fère et de Saint-Quentin, qu'il fait sommer cette dernière ville d'avoir à lui ouvrir ses portes.

Le 10 mars, attendant pour prendre un parti définitif des nouvelles de l'armée de Silésie, Geismar remonte le cours de l'Oise et va s'installer à Ribemont où il apprend le résultat de la première journée de la bataille de Laon et du hurrah d'Athies. Décidé à reprendre l'offensive et à frapper un grand coup que l'hostilité des populations rend de plus en plus nécessaire, il se porte le 11 avec tout son monde sur Saint-Quentin. Cette ville, située sur une hauteur, couverte au sud et à l'est par les eaux de la Somme et du canal Crozat, entourée de vieilles murailles, était défendue par 1200 bourgeois armés qui avaient barricadé les faubourgs et réussi jusque-là à interdire l'entrée de leur ville aux partis alliés. Saint-Quentin comptait à cette époque 12,000 habitants qui, la veille encore, avaient refusé d'écouter les propositions de capitulation. Le mouvement offensif et les succès de l'Empereur avaient redonné de l'espoir et du courage aux populations. De tous côtés, on avait repris les armes. Chaque villag essayait de se défendre et des bandes armées dont le nombre et la force s'augmentaient tous les jours, barraient toutes les routes et fouillaient tous les bois. Depuis quelques jours déjà, le corps volant de Geismar avait dû, pour éviter des engagements dans lesquels il aurait eu chance de succomber sous le poids du nombre, dissimuler plus que jamais ses mouvements et tourner les villages où cette poignée de cavaliers aurait été vraisemblablement massacrée. L'attitude des grandes villes, intimidées par la crainte des représailles que les Alliés menaçaient d'exercer contre elles, était moins énergique et moins résolue. Aussi, comptant sur l'effet produit par la nouvelle de l'échec éprouvé le 9 par Napoléon devant Laon, Geismar jugea le moment opportun pour profiter, sans perdre un instant, du découragement qui devait avoir succédé à l'enthousiasme des journées précédentes, pour reprendre plus vigoureusement que jamais l'offensive, et répandre la terreur autour de lui par une entreprise dont le retentissement agirait sur le moral des populations. N'ayant avec lui que des cavaliers, ne pouvant songer à enlever de vive force une ville comme Saint-Quentin, il eut recours à la ruse et à l'intimidation. Dès qu'il arriva en vue de la ville, il déploya ses cavaliers sur une seule ligne décrivant une espèce de demi-cercle au sud de Saint-Quentin, en ayant soin de se tenir à une distance qui permît à la garnison de l'apercevoir sans pouvoir le compter. Des chariots pris dans les villages voisins et qu'on fit circuler bruyamment sur les routes après les avoir chargés de troncs d'arbres destinés à figurer des canons, furent amenés sur les points où l'artillerie aurait pris position. Enfin, quelques cosaques mirent pied à terre et firent mine de s'approcher des remparts et des portes. Dès qu'il eut achevé ses préparatifs, le colonel somma de nouveau la ville de se rendre, déclarant qu'en cas de refus il n'hésiterait pas à la bombarder et à l'incendier. Une demi-heure après Saint-Quentin ouvrait ses portes. Trop heureux d'un pareil résultat pour risquer de le compromettre par des exigences exagérées, Geismar consentit à autoriser 400 hommes de gardes urbaines (tous anciens soldats) à en sortir avec armes et bagages et avec les honneurs de la guerre. Il désarma les habitants; mais, au lieu de les faire prisonniers, il les autorisa à rester chez eux et à vaquer à leurs occupations. La capitulation de Saint-Quentin était d'ailleurs, dans les circonstances du moment et en raison même de la détresse de l'armée de Silésie, un fait considérable. Sans parler des prisonniers qu'on remit en liberté, la prise de cette ville assurait aux Alliés la possession d'un hôpital dont les ressources allaient leur rendre de grands services, d'une fonderie de canons et d'une centaine de bouches à feu de gros calibre destinées à l'armement de Paris. Elle leur permettait, enfin, de tirer des vivres et des subsistances d'une région qui avait comparativement peu souffert [1].

Le 12, un détachement composé d'un bataillon d'infanterie russe, d'un régiment de cosaques avec quatre canons et chargé par le général Langeron de s'emparer de Saint-Quentin, arriva devant cette ville et y rejoignit les partisans de Geismar. Trouvant la besogne toute faite, les troupes détachées par Langeron repartirent le 13 pour rejoindre le gros du corps, tandis que les partisans, occupés à rechercher et à repêcher les canons jetés dans le canal ou cachés à bord des péniches, restèrent dans la ville jusqu'au 16 au matin.

Descendant la Somme et désormais décidé à pousser vers l'Oise afin de se rapprocher de Paris, le colonel se dirigea sur Ham dont il occupa le château-fort évacué avant son arrivée. Geismar disposait enfin d'une pièce d'artillerie à cheval prussienne de 6 livres servie par cinq canonniers, qu'il réclamait depuis le commencement de son raid et dont il comptait faire usage pour démolir les barricades établies à l'entrée des villages et pour enfoncer les portes des villes. Le colonel russe pensait, non sans raison, qu'il lui serait toujours possible de se faire suivre par une pièce légère et par son caisson, les deux seules voitures de son corps, et que quelques coups de canon envoyés à propos étaient, par leur effet moral, appelés à faciliter ses coups de main.

Le 18, il marche sur Roye et détruit en route un poste de télégraphie aérienne.

Le 19, il entre à Montdidier dont la petite garnison détale, comme celle de Roye, sans attendre les cavaliers de Geismar qui

---

[1] Un détachement français, se rendant à Saint-Quentin avec le commandant d'armes désigné pour cette place, avait trouvé Roye occupé par un parti de Geismar et arriva par des chemins de traverse devant Saint-Quentin après la capitulation. Ce détachement se replia sur Le Catelet. (*Archives de la guerre.*)

pousse le soir même jusqu'à Saint-Just-en-Chaussée, tandis qu'un de ses partis va alarmer les 800 hommes qui occupent Clermont-sur-Oise.

Pendant la nuit, on prend un courrier porteur de dépêches importantes du général Maison.

Partout où il a passé depuis son départ de Saint-Quentin, Geismar a réquisitionné au nom du général de Bülow, et toutes les fois que la chose a été possible il a expédié au IIIe corps les vivres qu'il a réussi à faire rassembler. Mais en restant à Saint-Just, il lui eût été d'autant plus difficile de communiquer avec le général prussien, que *les blouses bleues* continuaient à battre le pays, à tendre des embuscades aux courriers et aux petits partis. Le colonel crut, par suite, plus sage de revenir dès le 20 au matin à Montdidier.

Un partisan à la tête de 500 à 600 chevaux, avait plus fait pour l'armée de Silésie, avait à lui seul rassemblé plus de vivres et plus de fourrages que Ribbentrop et que tous les fonctionnaires sous ses ordres. Si le corps de Bülow, toujours privilégié depuis le commencement de la campagne, fut de toute l'armée de Silésie celui dont la détresse fut la moins grande, il le dut moins à la situation des cantonnements qu'on lui avait assignés, qu'à la prise de Saint-Quentin, à l'intelligente énergie de Geismar et aux réquisitions de ses cavaliers.

Avant de terminer ce chapitre et tout en nous gardant d'examiner à nouveau les fautes commises par Gneisenau, il nous semble cependant impossible de partager à son sujet l'opinion de Clausewitz. Le grand écrivain militaire allemand attribue l'inaction du chef d'état-major de l'armée de Silésie après Laon, puis le décousu et la lenteur de ses mouvements jusqu'à la reprise de la marche sur Paris, d'une part, à un sentiment de défiance envers la grande armée alliée qui, jusque-là avait imposé la tâche la plus ingrate à l'armée du feld-maréchal, de l'autre, au souvenir des échecs éprouvés en février et à la crainte de les voir se renouveler.

Si Gneisenau s'était contenté d'être simplement prudent, on serait mal venu de lui en faire un reproche. Mais la prudence conseillait précisément de pousser de suite l'Empereur sur Soissons, de marcher sur Fismes et sur Reims, afin de se relier à

Saint-Priest et d'être en mesure de tomber sur l'armée impériale, soit lorsqu'elle aurait cherché à tenter quelque opération par la route de Paris à Soissons, soit au moment où elle aurait commencé son mouvement vers l'Aube.

La crainte de la responsabilité, la terreur inspirée par le nom seul de l'Empereur avaient paralysé Gneisenau, et l'on ne saurait mieux caractériser sa conduite qu'en lui appliquant ces paroles du cardinal de Retz, citées par le général Dragomiroff :

« Le présent touche toujours les âmes faibles plus que l'avenir même le plus proche. »

CHAPITRE XVII.

OPÉRATIONS DE LA GRANDE ARMÉE ALLIÉE CONTRE LES MARÉCHAUX JUSQU'A LA MARCHE DE L'EMPEREUR SUR ARCIS-SUR-AUBE. — OPÉRATIONS CONTRE L'EMPEREUR JUSQU'A LA RÉUNION AVEC L'ARMÉE DE SILÉSIE. — OPÉRATIONS DE L'ARMÉE DE SILÉSIE DU 18 AU 23 MARS. — OPÉRATIONS DE L'EMPEREUR ET DES ARMÉES ALLIÉES PENDANT LA JOURNÉE DU 24 MARS.

ARCIS-SUR-AUBE.

5 mars 1814. — Motifs qui déterminent Schwarzenberg à s'arrêter à Troyes. — Le 5 mars au matin, la grande armée alliée tout entière était concentrée autour de cette ville de Troyes qu'on venait d'enlever cette fois sans difficulté, et dont la prise avait coûté, un mois auparavant, tant d'efforts et tant de temps. Les conférences de Lusigny étaient rompues, les commissaires des puissances alliées retournaient à Chaumont, près des souverains. L'armistice demandé à Wrède sous le prétexte d'épargner à Troyes les horreurs d'un assaut, la retraite précipitée des troupes françaises, le grand nombre de traînards, d'isolés et de déserteurs ramassés par la cavalerie des Ve et VIe corps — symptômes manifestes d'une démoralisation et d'une dissolution que les interrogatoires des prisonniers avaient déjà révélés — le faible effectif des corps chargés par l'Empereur de s'opposer à la marche de la grande armée, enfin, la nécessité d'opérer une diversion en faveur de l'armée de Silésie, tout militait en faveur d'une continuation vigoureuse de l'offensive.

L'encombrement des routes suivies par l'armée française en retraite, l'entassement à Châtres des parcs, des équipages, des bagages, entassement que la cavalerie avait remarqué, suffisaient pour démontrer qu'une poursuite quelque peu énergique et surtout immédiate, changerait la retraite des maréchaux en déroute. Mais le généralissime en avait décidé autrement. Il lui semblait imprudent de s'engager à la suite des maréchaux dans des régions absolument épuisées, presque désertes, complètement dévastées, dont les villages n'étaient plus pour la plupart qu'un monceau de ruines, qu'un amas de décombres, avant d'avoir réussi à se ravitailler par l'arrière et à assurer les subsistances de son armée. C'était là, d'ailleurs, la seule difficulté réelle et sérieuse que Schwarzenberg eût à surmonter à ce moment. Les autres raisons qu'il fit valoir pour justifier la suspension des opérations, pour motiver cette halte imprévue, sont loin d'avoir la même valeur. La levée en masse et l'insurrection des campagnes avaient évidemment fait des progrès et commençaient à lui inspirer de justes préoccupations, surtout à un moment où il avait plus que jamais besoin de se servir de ses lignes de communication inquiétées et parfois interceptées par l'apparition de bandes de paysans armés.

Mais ce n'était pas là un motif suffisant pour s'éterniser à Troyes. Ce n'était pas en restant immobile au lieu de pousser au moins jusqu'à Provins, qu'on pouvait arriver à rétablir l'ordre et à ramener la sécurité sur les lignes d'étapes. Une marche rapide, des succès réels et sérieux auraient, mieux que des colonnes mobiles, mieux que des mesures de répression, mis un terme aux coups de main des *blouses bleues*. De plus, ce n'était pas en se cantonnant dans une région épuisée qu'on pouvait arriver à remédier à la rareté des subsistances. Il eût donc, de toute façon, mieux valu allonger la ligne d'étapes, achever la défaite des maréchaux et surtout changer le plus souvent possible de place afin de chercher à suppléer, par les ressources trouvées sur les lieux mêmes, à l'insuffisance des ravitaillements venant de l'arrière.

Les deux autres arguments mis en avant par le généralissime sont également plus spécieux que réels. Les effectifs de la grande armée étaient, on ne saurait le nier, sensiblement réduits par les combats qu'elle avait eus à livrer, par les maladies, par les fatigues et les privations. La chaussure et l'habillement des hommes étaient en mauvais état, la ferrure laissait beaucoup à désirer [1] ; mais les derniers succès avaient remonté le moral du

---

[1] Lors de la prise de Troyes, plusieurs commandants de corps avaient en effet demandé au généralissime d'accorder quelque repos à leurs troupes.

soldat et l'on n'avait pas à redouter une dissolution comme celle dont les premiers symptômes s'étaient manifestés lors de la retraite sur Chaumont et sur Langres.

Il y avait d'autant moins de nécessité d'attendre les renforts annoncés que le généralissime disposait, lors de son entrée à Troyes, de près de 90,000 combattants [1], c'est-à-dire, de forces pour le moins trois fois supérieures à celles des maréchaux.

Enfin, on a prétendu, et c'est peut-être là qu'il faut aller chercher la véritable raison de l'arrêt des opérations de la grande armée, que le généralissime ne voulait pas s'engager plus à fond tant qu'il serait sans nouvelles de l'armée de Silésie. Depuis deux jours, en effet, on n'avait pas reçu le moindre renseignement relatif à ce qui se passait entre la Marne et l'Aisne.

Mais c'était la distance même qui séparait les deux armées et plus particulièrement les directions divergentes qu'elles suivaient, qui devaient, surtout si l'une d'entre elles restait à peu près en place, s'opposer à la transmission sûre et rapide des nouvelles que Schwarzenberg avait besoin de se procurer. Il fallait, enfin, considérer que Platoff n'était arrivé que le 4 à Sézanne, que de ce point il lui était impossible de savoir ce qui se passait sur la rive droite de la Marne, qu'il ne pouvait recevoir des nouvelles qu'indirectement en correspondant, soit avec Tettenborn alors à Dormans, soit avec Saint-Priest, du côté de Châlons. Il n'y avait qu'un moyen de se procurer des nouvelles, de se mettre en communication : il fallait marcher de l'avant et diminuer avant tout la distance entre les lignes d'opération des deux armées [2].

Mais c'était là demander à un homme du caractère de Schwarzenberg des résolutions que, malgré la rupture des conférences de Lusigny, il lui était impossible de prendre. Essentiellement méthodique et prudent, il aurait cru tout compromettre en marchant avec le gros de son armée, soit sur Paris, soit vers la Marne, sur La Ferté-sous-Jouarre et Château-Thierry, pendant

---

[1] La grande armée alliée et l'armée autrichienne du Sud comptaient, dans les premiers jours de mars, 400 officiers et 50,000 soldats malades dans les hôpitaux.

[2] Taxis, dans son *Journal* (*K. K. Kriegs Archiv.*, XIII, 32), écrit à la date du 5 mars : « L'armée alliée prend position entre la Seine et l'Yonne pour attendre des nouvelles de Blücher qui a passé la Marne. »

qu'il aurait fait observer et suivre les maréchaux par Gyulay et le prince royal de Wurtemberg, soit enfin sur Châlons et Épernay pour se rapprocher de Blücher et de Saint-Priest. C'est pour cela qu'avant de retourner à son quartier général de Vendeuvre, fermement décidé à donner avant tout du repos à ses troupes, il se contenta de pousser des avant-gardes dans des directions essentiellement divergentes, et assigna au gros de ses corps des cantonnements étendus, dans l'espoir de parvenir de la sorte à se procurer les vivres et les fourrages nécessaires à ses soldats et à ses chevaux.

Positions et mouvements de la droite de la grande armée de Bohême : V^e et VIe corps. — A la droite de la grande armée, sans parler de Tettenborn dont nous nous sommes occupé au chapitre précédent, Platoff était à Sézanne. 200 cosaques d'élite, conduits par des officiers de choix, s'étaient sur son ordre dirigés vers la Marne pour chercher à établir une communication avec l'armée de Silésie.

La cavalerie légère du VIe corps, chargée de suivre la retraite des Français par la grande route de Troyes à Nogent, avait établi le soir ses avant-postes à Saint-Hilaire, Gélannes et Saint-Martin-de-Bossenay. Quelques vedettes françaises se tenaient seules devant les cavaliers russes à Crancey. La retraite des Français avait été si précipitée que l'avant-garde de Pahlen, qui les avait vus filer le matin des Grez, n'avait pu parvenir à les rejoindre, ni sur la grande route, ni sur la vieille route où leurs grand'gardes étaient signalées du côté de Quincey. Pahlen avec le gros de l'avant-garde s'arrêta à Romilly; Rüdiger, à Pars-les-Romilly. Le quartier général de Wittgenstein était à Châtres, et les corps du prince Eugène de Wurtemberg et de Gortchakoff cantonnèrent le long de la route dans les villages, depuis Maizières jusqu'à Savières. Leurs troupes occupaient également Méry, et quelques partis recherchaient par Arcis-sur-Aube la communication avec l'ataman [1].

A gauche du VIe corps, Frimont avec l'avant-garde du Ve corps s'était avancé sur la route de Traînel jusqu'à Avon-la-

---

[1] Stärke, Eintheilung und Tagesbegebenheiten der Haupt Armee im Monate März 1814. (*K. K. Kriegs Archiv.*, III, 1.)

Pèze avec les Autrichiens d'Antoine Hardegg et de Spleny, qui se reliaient aux avant-postes de Pahlen par Rigny-la-Nonneuse. La cavalerie bavaroise s'était établie à Marigny-le-Châtel et avait poussé quelques partis à gauche vers Traînel et Bray. L'infanterie était cantonnée à Prunay et dans les villages environnants. Le quartier-général de Wrède était au Pavillon, qu'occupait une division du Ve corps.

Position des corps de Macdonald à Nogent. — Gérard, avec le 6e corps de cavalerie qui avait fait l'arrière-garde, avait pris position de Crancey à Pont-le-Roi. Le 11e corps avec le 5e de cavalerie, était à Saint-Aubin avec des avant-postes à Quincey. Oudinot était venu en avant de Nogent où Macdonald avait son quartier général. Le grand parc avait filé sur Provins escorté par une brigade de la division Pacthod ; les bagages et convois repassaient la Seine. Saint-Germain avec sa cavalerie éclairait le pays au nord de Nogent et flanquait Provins à mi-chemin de Villenauxe. L'une des brigades de Pacthod partait pour Bray où elle avait ordre de relever la brigade qui gardait déjà ce pont et que l'on envoyait couvrir le passage de la Seine à Montereau. Le 11e corps se mettait, d'ailleurs, en route dans la nuit du 5 au 6 et allait prendre position le lendemain à Bray, tandis que le maréchal qui voulait essayer de conserver le plus longtemps la tête de pont de Nogent, concentrait le reste de sa petite armée autour de cette ville [1].

Grâce aux renseignements fournis par l'aide de camp du général Flahault « dont le retour, disait le maréchal dans sa lettre au roi Joseph [2], a produit un bien triste effet, » le duc de Tarente connaissait à peu près exactement la position de ses adversaires, qui ne lui avaient montré dans la journée que de la cavalerie. S'attendant à être attaqué le lendemain matin, il avait pris ses précautions et prescrit à Gérard, s'il venait à être menacé à Pont-le-Roi, de se replier en arrière de La Chapelle-Godefroy, d'y mettre son artillerie en batterie, prête à foudroyer les cavaliers

---

[1] Macdonald à Gérard, au roi Joseph, au major-général et à Oudinot. (*Archives de la Guerre.*)

[2] Le maréchal ajoutait : « Il y a beaucoup d'indiscipline et surtout de désertion. » (Macdonald à Joseph, Nogent, 5 mars, 6 heures du soir.)

alliés s'ils cherchaient à déboucher. Valmy avait l'ordre de surveiller avec ses escadrons les routes de Trainel et de Bray, tout en restant en mesure de s'opposer, de concert avec le général Milhaud, aux efforts que les Alliés pourraient tenter pour forcer l'étroit défilé de la grande route de Troyes.

Pour compléter l'ensemble de ces dispositions défensives, le duc de Tarente avait ordonné à Oudinot de faire prendre les armes au 7e corps avant le jour et de placer deux bataillons de sa réserve avec du canon à la tête du faubourg de Nogent, à l'endroit même d'où partaient les routes de Trainel et de Bray. Tenant à tout prix à garder solidement un point par lequel la cavalerie alliée pouvait arriver, il avait, en outre, chargé la division Leval d'occuper solidement avec son artillerie le même faubourg du côté de la route de Troyes.

Mouvements et positions de l'aile gauche de la grande armée de Bohême (IIIe et IVe corps). — Pendant que l'avant-garde des deux corps formant la droite de la grande armée, prenait pour objectifs les ponts de Nogent, Bray et Montereau, l'aile gauche (IIIe et IVe corps) devait se diriger sur Sens et se cantonner de Villemaur-sur-Vanne à Villeneuve-l'Archevêque. Plus à gauche, la division légère du prince Maurice Liechtenstein, spécialement chargée de relier la grande armée avec l'armée du Sud, avait reçu du généralissime l'ordre de revenir d'Is-sur-Tille à Montbard. Le général avait fait occuper Semur et envoyé à Autun un escadron dont il était encore sans nouvelles. L'arrivée à Tonnerre du général Seslavin, qui couvrait avec Liechtenstein l'extrême gauche de la grande armée, avait obligé les généraux Allix et Vaux qui, avec 2,000 hommes, 3 escadrons et 8 canons, s'étaient dirigés le 4 d'Etivey sur Chablis, à se replier sur Auxerre où ils arrivèrent le 5 mars à 4 heures. Le mouvement rétrograde d'Allix avait été motivé par la nouvelle de l'évacuation de Troyes. Un escadron de chevau-légers O'Reilly avait suivi et atteint son arrière-garde à Aigremont [1].

Au IIIe corps, qu'on avait renforcé de quelques bataillons tirés

---

[1] Liechtenstein à Schwarzenberg, Montbard, 5 mars (*K. K. Kriegs Archiv.*, III, 112), et Schwarzenberg à l'empereur d'Autriche, Troyes, 7 mars (*Ibid.*, III, 127).

des réserves autrichiennes, la division Crenneville, dont le gros venait à Saint-Liebaut et à Thuisy, avait envoyé des partis à gauche, vers la forêt d'Othe et Saint-Florentin et en avant de son front dans la direction de Sens. Fresnel s'était cantonné en avant de Crenneville à Villemaur, où Gyulay avait son quartier général, et la division Weiss s'était établie à sa gauche à Aix-en-Othe.

L'avant-garde du IVe corps, arrivée à Pont-sur-Vanne, avait poussé vers Sens 500 à 600 chevaux qui avaient réussi à entrer sans coup férir dans la ville vers 5 heures de l'après-midi. Le gros du corps du prince royal de Wurtemberg s'arrêta ce jour-là aux environs de Villeneuve-l'Archevêque [1].

Les réserves russes continuaient à rester immobiles à Chaumont.

Progrès constants du soulèvement national contre les Alliés. — Il est hors de doute que si Macdonald avait pu tenir quelques jours de plus à Troyes, si Allix avait pu continuer à opérer du côté de Montbard, les décrets du 5 mars auraient produit d'autant plus d'effet que la présence de troupes françaises aurait puissamment encouragé et probablement généralisé la prise d'armes des populations. Bien qu'il se fût produit à ce moment quelques défaillances isolées, bien que quelques maires eussent cru plus sage de sauvegarder leur situation personnelle et les intérêts de leurs communes en pactisant avec les Alliés, le soulèvement national avait pris, en Alsace et en Lorraine, en Champagne et en Bourgogne, dans les Vosges comme dans les Ardennes, dans l'Argonne comme dans le Morvan, du côté de Soissons comme dans les environs de Saint-Étienne et de Roanne, dans tout le pays autour de Châtillon-sur-Seine, de Semur et d'Avallon comme à Fayl-Billot et sur le plateau de Langres, des proportions inquiétantes pour la coalition. La terreur inspirée par les troupes alliées, les violences qu'on redoutait de leur part, les réquisitions que leurs chefs étaient obligés de lever, avaient décidé même les timides et les timorés à courir aux armes. La

---

[1] STÄRKE, Eintheilung und Tagesbegebenheiten der Haupt-Armee im Monate März (*K. K. Kriegs Archiv.*, III, 1); Schwarzenberg à l'empereur d'Autriche, Troyes, 6 mars (*Ibid.*, III, 114), et Schwarzenberg à l'empereur d'Autriche, Troyes, 7 mars (*Ibid.*, III, 127).

crainte des représailles avait suppléé en plus d'une occasion au patriotisme. On faisait le vide devant les Alliés. Les villages étaient déserts ; les autorités s'enfuyaient à l'approche de leurs troupes. Les bandes se multipliaient, se renforçaient chaque jour. Les bois étaient remplis de paysans armés. Chaque chemin creux, chaque ravin était gardé. Les courriers, les estafettes ne pouvaient circuler que sous la protection de fortes escortes et à la condition d'éviter les villages, les bois, et de faire d'énormes détours. On se battait tous les jours sur les lignes d'étapes ; plus on prenait de mesures de répression, plus on procédait avec rigueur et sévérité, plus on exaspérait des populations réduites au désespoir, complètement ruinées et qui n'avaient plus désormais qu'une idée : se venger avant de mourir de faim et de misère.

6 mars 1814. — Macdonald prend position sur la rive droite de la Seine. — Le 6 au matin, l'ataman Platoff, informé de la retraite des maréchaux sur Nogent, se porta de Sézanne sur La Ferté-Gaucher, s'avançant ainsi dans l'espace que la marche de Napoléon contre Blücher avait laissé inoccupé.

Il pouvait battre d'autant plus impunément le pays entre la Seine et la Marne, y enlever des courriers et de petits détachements, qu'un gros parti de cosaques, débouchant de Villenauxe par La Saulsotte, faisait mine de menacer les derrières des corps français postés sur la Seine.

Macdonald qui, contrairement à son attente, n'avait pas été attaqué le 6 au matin à Nogent, avait cru au premier moment que ce mouvement des cosaques pouvait bien être le prélude d'une série de manœuvres offensives des Alliés dirigées contre sa gauche par la rive droite de la Seine et ayant Provins pour objectif. Mais bien qu'il n'eût pas tardé à être rassuré sur la nature des intentions des Cosaques et bien que les Alliés se fussent contentés de déployer leurs avant-gardes sans oser rien entreprendre, le maréchal, en raison même de la triste situation dans laquelle se trouvait son armée, pensa qu'il avait tout avantage à se couvrir de la Seine et employa la journée du 6 à préparer et à exécuter, à Nogent et à Bray, son passage sur la rive droite.

L'état moral de ses soldats, plus encore que les considérations stratégiques, obligeait le maréchal à un pareil mouvement.

Le nombre des traînards s'était tellement accru, les excès auxquels se livraient les maraudeurs avaient pris de telles proportions que le duc de Tarente demandait au Ministre de créer des camps de ralliement, dont la police serait confiée à des colonnes mobiles de gendarmerie à pied et à cheval. En attendant la réponse du Ministre, il mettait à l'ordre du jour de ses corps d'armée une décision punissant de mort tout militaire se livrant à des excès ou pillages, ou maltraitant les habitants [1].

Dans ces conditions, le maréchal devait se résigner, comme il le fit, à aller prendre sur la rive droite une position défensive. L'apparition des cosaques à La Saulsotte et à Chalautre du côté des bois de Sourdun, lui avait inspiré des craintes, presque aussitôt dissipées, il est vrai, pour le grand parc et le quartier général administratif de l'armée qu'il fit rétrograder sur Nangis pendant qu'Oudinot et Valmy venaient couvrir Provins et prendre position, le premier à Sourdun, le second à L'Échelle.

Le 2e corps (Gérard) avec la cavalerie de Milhaud, s'établissait sur la rive droite vis-à-vis de Nogent dont on avait préalablement ruiné les défenses et coupé les ponts, et s'échelonnait jusqu'au Plessis-Mériot. Les quelques troupes dont se composait le faible 11e corps, gardaient le pont de Bray qu'on devait brûler, et s'échelonnaient depuis Everly et Les Ormes jusqu'à Saint-Sauveur et Mouy [2].

Ces positions, comme l'écrivait Macdonald au major-général, permettaient au duc de Tarente de réunir en peu d'heures sa petite armée, le mettaient à même de recevoir ou de prévenir une attaque. Quelques avant-postes restèrent seuls sur la rive gauche de la Seine à Nogent, à Saint-Aubin, à La Chapelle-Godefroy et à Pont-le-Roy.

Mais si la défense de la Seine était assurée dans la limite des faibles moyens dont disposait Macdonald qui n'avait plus guère autour de lui que 10,000 hommes et 4,000 à 5,000 chevaux, il était loin d'en être de même pour l'Yonne où l'on n'avait à opposer à un mouvement dirigé de Sens sur Moret ou sur Melun,

---

[1] Macdonald au Ministre, Mériot, 6 mars, et ordre du jour de Macdonald, Nogent, 6 mars. (*Archives de la guerre.*)

[2] Macdonald au major-général, au général Albert, à Milhaud, à Oudinot et au Ministre, 6 mars. (*Archives de la guerre.*)

que les quelques troupes sous les ordres du général Delort, auquel on envoyait l'ordre de garder Pont-sur-Yonne, d'y détruire le pont et d'envoyer à Moret un détachement qui y attendrait l'arrivée de la 1ʳᵉ brigade de la division de réserve de Paris commandée par le général Souham [1].

Mouvements et positions de la grande armée de Bohême. — Les quelques nouvelles qu'on avait reçues au grand quartier général, bien que signalant un mouvement des Français dans la direction de Reims, n'avaient en rien modifié les idées du généralissime qui, plus décidé que jamais à accorder quelques jours de repos à son armée et désirant avant tout faire vivre ses troupes, résolut d'étendre plus encore leurs cantonnements entre la Seine et l'Yonne et de ne rien entreprendre de décisif avant d'être définitivement fixé sur la tournure prise par les opérations de Blücher. Il résolut, en conséquence, de faire occuper par Wittgenstein et Wrède les défilés de Pont-sur-Seine, de Nogent et de Bray et de charger le prince royal de Wurtemberg de détruire les moyens de passage existant à Montereau [2].

L'avant-garde du VIᵉ corps, avait remarqué et suivi le mouvement rétrograde opéré le 6 au matin par les avant-postes français. Le gros de cette avant-garde s'était aussitôt dirigé sur Saint-Hilaire. Rüdiger, avec les hussards de Grodno et les Cosaques, s'était mis en marche de Pars sur Quincey et Saint-Aubin. Il devait être soutenu, vers le soir seulement, par la brigade de cuirassiers russes du général Léontieff, deux bataillons et deux pièces d'artillerie à cheval. L'arrière-garde française postée derrière l'Ardusson à Saint-Aubin et à La Chapelle-Godefroy, accueillit à coups de feu la cavalerie russe, l'arrêta et tirailla avec elle toute la journée. Le gros de l'avant-garde ne dépassa pas Marnay.

---

[1] Le major-général écrivant ce jour-là à Macdonald, de Berry-au-Bac, lui disait : « Sa Majesté espère que vous tiendrez à Troyes qui est une bonne position et Elle me charge de vous faire connaître que *dans aucun cas, vous ne devez quitter la Seine où vous devez tenir jusqu'au 12 au moins.* » Grâce à l'arrêt presque complet des opérations de la grande armée, le duc de Tarente réussit, en effet, à rester sur les positions qu'il avait occupées dans la journée du 6 mars.

[2] Stärke, Einstheilung und Tagesbegebenheiten der Haupt Armee im Monate März. *K. K. Kriegs Archiv.*, III, 1.)

Le prince Eugène de Wurtemberg occupa Pont-le-Roi. Wittgenstein restait encore avec Gortchakoff à Romilly.

Les troupes légères du V⁰ corps allèrent jusqu'à Traînel ; mais elles s'avancèrent si lentement dans la direction de Bray qu'elles y arrivèrent trop tard, non seulement pour prévenir et empêcher l'occupation du défilé par les troupes françaises, mais aussi pour constater d'une manière positive la nature et la force de cette occupation. Un peloton de hussards envoyé par le comte Hardegg à Bray, pour savoir si ce point était encore occupé, rencontra le soir sur la route de Nogent à Bray, le quartier général d'Oudinot. Mais l'officier qui commandait ce petit parti, ne s'en aperçut qu'au moment où il était déjà au milieu des Français. Se jetant avec ses hommes sur les cavaliers les plus voisins, il réussit un moment à s'emparer de deux officiers du génie, qui ne tardèrent pas à lui échapper. Poursuivi pendant plus d'une heure par les chasseurs à cheval, l'officier autrichien ne parvint à rentrer à Traînel que vers le matin [1].

Dès le moment où l'on était décidé à ne rien entreprendre et, puisqu'on avait renoncé, comme il eût été si facile de le faire le 6 dans l'après-midi, à rejeter de vive force Macdonald sur la rive droite de la Seine, on a de la peine à découvrir les raisons qui ont pu motiver la marche de Rüdiger sur Saint-Aubin. En l'envoyant seul en pointe avec sa cavalerie, on l'exposait à quelque mésaventure, et il est évident que s'il eût été appuyé par quelque réserve et surtout par quelque infanterie, il n'eût pas été obligé de s'arrêter devant l'Ardusson et n'eût pas été tenu en échec pendant toute la journée par quelques tirailleurs.

Les corps de l'aile gauche étendirent immédiatement leurs cantonnements. Le III⁰ corps surtout se répandit presque sur toute la ligne de Troyes à Sens. Gyulay mit son quartier général à Saint-Liébaut. La division Crenneville alla à Cerisiers et poussa jusqu'à Villeneuve-sur-Yonne deux escadrons qui envoyèrent des partis vers Auxerre et vers Montargis. Ces escadrons recherchèrent la

---

[1] Stärke, Eintheilung und Tagesbegebenheiten der Haupt-Armee im Monate März. (*K. K. Kriegs Archiv.*, III, 4.)

Schwarzenberg dit à ce propos : « Il est extrêmement regrettable que les deux officiers du génie aient réussi à s'échapper. Par eux, on aurait su plus vite et plus sûrement que par des rapports que j'attends encore, ce qui se passe du côté de l'ennemi. »

communication à gauche, tant avec Seslavin qui occupait Tonnerre, qu'avec Maurice Liechtenstein en marche sur Auxerre et devant lequel le général Allix, pressé de gagner Montargis et Nemours et de couvrir la ligne du Loing, se repliait par Aillant-sur-Tholon et Château-Renard [1].

Une brigade du IV° corps occupait Sens ; le gros du corps s'était établi plus en arrière ; mais, comme le III° corps, les troupes du prince royal de Wurtemberg restèrent, jusqu'au 13, immobiles sur les points qu'elles venaient d'occuper.

Réorganisation du IV° corps. — Le prince royal de Wurtemberg profita de ce temps d'arrêt pour dissoudre les régiments de landwehr n°s 3, 4, et 5, dont les hommes furent versés dans les régiments qui avaient le plus souffert à Montereau et pour modifier l'organisation de son corps d'armée. Le IV° corps se composa à partir de ce moment de deux divisions d'infanterie, la 1re, celle du général-lieutenant von Koch, comprenant les trois brigades des généraux-majors prince de Hohenlohe, von Misany et von Lalance; la 2e, général-lieutenant von Döring, comprenant la brigade Stockmayer forte de trois régiments.

Le quartier général de Schwarzenberg vint à Troyes, et les gardes et réserves continuèrent à rester à Chaumont [2].

La grande armée occupait de nouveau, à l'exception des gardes et réserves, tenues cette fois plus en arrière, les mêmes quartiers et s'étendait sur une ligne aussi longue que trois semaines auparavant.

7 mars 1814. — Pahlen occupe Nogent. — Afin d'arriver à connaître les intentions des maréchaux et la force des troupes françaises, le généralissime, revenant de nouveau au genre d'opérations qu'il affectionnait particulièrement, avait prescrit aux avant-gardes des V° et VI° corps de pousser le 6 au matin des

---

[1] Allix, obligé de se replier devant Liechtenstein et Seslavin, au moment où il était sur le point d'achever l'organisation de la levée en masse dans les départements de la 18° division militaire, fit sonner le tocsin dans tout le département de l'Yonne dans la nuit du 6 au 7, appelant aux armes des hommes que les Alliés eurent peu de peine à disperser et qui rentrèrent dans leurs foyers, dès qu'ils se virent dans l'impossibilité de rejoindre le général.

[2] Stärke, Eintheilung und Tagesbegebenheiten der Haupt-Armee im Monate März. (K. K. Kriegs Archiv., III, 1.)

reconnaissances offensives sur Nogent. S'attendant à rencontrer une certaine résistance, tant derrière l'Ardusson qu'à La Chapelle-Godefroy, il avait chargé Winzingerode d'attaquer de front la position dont Wrède, débouchant par Macon, devait déborder la droite. Mais les Français avaient évacué pendant la nuit la ligne de l'Ardusson et la ville même de Nogent, et laissé un simple rideau de vedettes et de postes du côté de La Chapelle-Godefroy. Macdonald, afin de couvrir Provins, avait en revanche poussé dans la direction de Villenauxe, de Pont-le-Roi, de Sézanne et de La Ferté-Gaucher, la plus grande partie de sa cavalerie qui ne rencontra dans ces parages que de petits partis. Pahlen s'était pendant ce temps, porté en avant vers l'Ardusson sur deux colonnes. L'une tirailla de front avec les postes français qui, voyant leur ligne de retraite menacée par la deuxième colonne débouchant du côté de Tournebride, se replièrent sur Nogent, repassèrent ensuite la Seine, brûlèrent derrière eux la passerelle provisoire établie sur les ruines du pont de pierre, et garnirent de tirailleurs la rive droite du fleuve. L'infanterie de l'avant-garde du VIe corps occupa Nogent; celle de Gortchakoff, se rapprochant de l'avant-garde et du corps du prince Eugène de Wurtemberg, vint s'établir à Saint-Hilaire, et les cosaques filèrent dans la direction de Bray pour soutenir la reconnaissance dirigée sur ce point par le Ve corps [1].

Oudinot, qui avait réuni pendant la journée à Sourdun son corps couvert en avant par les troupes de Gérard, se tenait prêt à se porter au premier ordre sur Provins. Comme on avait des craintes sérieuses pour la ligne de l'Yonne et comme le général Delort ne paraissait pas avoir l'énergie nécessaire pour organiser sérieusement la défense à Montereau et y tenir ferme jusqu'à l'arrivée des troupes de Souham à Moret, on le renforça par une brigade que le général Pacthod fut chargé de conduire de Nangis à Montereau.

Comme, d'autre part, des partis cosaques, cherchant à intercepter la route de Provins à Nangis, s'étaient montrés à la ferme de Vimbré entre Jouy-le-Châtel et Chenoise, et avaient même

---

[1] Wittgenstein au prince de Schwarzenberg, Romilly, 7 mars (*K. K. Kriegs Archiv.*, III, 138), et Schwarzenberg à l'empereur d'Autriche, Troyes, 7 mars (*Ibid.*, III, 127).

paru à Maison-Rouge, Valmy, tout en continuant à être chargé de la surveillance des routes de Sézanne et de La Ferté-Gaucher, avait reçu l'ordre de mettre un poste à Maison-Rouge, de tenir des patrouilles sur la route de Provins à Nangis, d'envoyer des reconnaissances sur Jouy-le-Châtel, Courchamp et Courtacon.

Mouvement du général Hardegg sur Bray. — Tandis que Pahlen obligeait le 7 au matin les avant-postes français à lui céder la ligne de l'Ardusson, Frimont avait dirigé sur Fontenay-de-Bossery le comte Antoine Hardegg avec la brigade de cavalerie autrichienne de Géramb (hussards Archiduc-Joseph et hussards de Szekler), la brigade bavaroise de Diez (2 régiments de chevau-légers) et une batterie. Ce général poussa de là vers sa droite, dans la direction de Macon, des patrouilles qui le relièrent avec l'avant-garde du VI⁰ corps et le tinrent au courant des mouvements des Français, pendant que quatre escadrons de dragons de Knesewich venaient lui servir de soutien entre Fontenay et Traînel, et que deux escadrons de uhlans de Schwarzenberg, poussés vers Bray et trouvant cette ville fortement occupée, s'établissaient à Villiers-sur-Seine. Frimont, avec le gros de ses troupes, n'avait pas quitté Avon-la-Pèze.

Dans l'après-midi, il fit prendre position à la brigade de chevau-légers de Diez à l'endroit même où le chemin de Traînel rejoint la route de Nogent à Bray, et chargea cette cavalerie de se relier, d'une part avec Pahlen à Nogent, de l'autre avec la division Spleny établie plus en arrière, enfin, vers sa gauche, avec la droite du IV⁰ corps. Hardegg s'avançait, pendant ce temps, avec la cavalerie autrichienne de Geramb du côté de Bray. Lorsqu'il arriva en vue de cette petite ville, la nuit était déjà proche. L'infanterie française qui occupait les abords de Bray, qu'elle avait eu le soin de barricader, faisait bonne garde et accueillit ses éclaireurs à coups de fusil. L'artillerie était en batterie sur la rive opposée et placée de façon à enfiler le débouché. Il était impossible d'enlever la position sans infanterie ; Hardegg se replia et alla passer la nuit à Grisy.

A l'extrême gauche, les III⁰ et IV⁰ corps étaient restés immobiles. Allix, qui avait évacué Auxerre, avait quitté Senan le 7 au matin et marché jusqu'à Château-Renard où il allait passer la nuit. Il comptait être le 8 à Nemours et le 9 à Moret.

Raid des cosaques du colonel Kostitz sur Lagny. — A la droite de la grande armée alliée, un parti de cosaques détaché du corps de l'ataman, sous les ordres du lieutenant-colonel Kostitz, avait poussé jusqu'à Lagny. Arrêté sur ce point par la présence d'une colonne composée d'environ 1000 hommes et de 400 chevaux qui lui barraient la route et menaçaient sa retraite, Kostitz avait dû renoncer à se rapprocher davantage de Paris. Suivi d'abord pendant sa retraite, puis dépassé par les Français, il fut, à plusieurs reprises, contraint de se frayer un passage, d'abord sur Coulommiers, puis sur Rebais. Ce fut par l'intermédiaire de cet officier que l'on reçut, au quartier général de Schwarzenberg, des nouvelles de Blücher allant jusqu'au 3 mars, qu'on eut connaissance du passage de la Marne par l'armée de Silésie, de sa marche sur Soissons et du mouvement que Napoléon exécutait à sa suite dans la direction de l'Aisne et de Soissons [1].

D'autres partis de cosaques battaient l'estrade du côté de Meaux, de Nangis et de Provins.

Mémoire de Schwarzenberg sur la situation. — Les renseignements transmis par les cosaques de Kostitz avaient été, d'ailleurs, confirmés le jour même par une lettre adressée le 3 mars du quartier général de Blücher à Oulchy-le-Château au roi de Prusse par son aide de camp, le comte Schwerin. Mais, avant même d'apprendre ainsi, d'une façon positive, que Blücher et l'Empereur allaient sous peu se rencontrer sur l'Aisne, le généralissime avait cru nécessaire de communiquer ses projets à ses commandants de corps et d'exposer aux souverains l'idée qu'il se faisait de la situation dans un mémoire que lord Burghersh a reproduit dans ses *Memoirs of the Operations of the allied Armies under prince Schwarzenberg and marshall Blücher during the latter end of 1813 and the year* 1814.

Revenant d'abord sur les motifs qui l'avaient décidé à refuser la bataille que Napoléon, vainqueur à Mormant, Nangis et Montereau, voulait lui offrir à Troyes, puis remontant aux causes qui l'avaient

---

[1] Schwarzenberg à l'empereur d'Autriche, Troyes, 7 mars (*K. K. Kriegs Archiv.*, III, 127), et STÄRKE, Eintheilung und Tagesbegebenheiten der Haupt-Armee im Monate März (*Ibid.*, III, 1).

déterminé à maintenir ses réserves à Chaumont, insistant enfin à nouveau sur l'obligation de donner quelques jours de repos aux troupes de la grande armée, Schwarzenberg examinait ensuite les conséquences probables de la situation. Si Blücher défait l'armée de l'Empereur, la grande armée alliée suivie par les gardes et réserves pourra, sans peine, déboucher par la rive gauche de la Seine, pendant que l'armée du Sud, qui sera débarrassée d'Augereau, marchera sur Orléans et rejoindra la grande armée sous Paris. Si Napoléon est vainqueur de Blücher, la grande armée sera en état de l'empêcher de tirer parti de sa victoire et de donner à Blücher le temps de rallier ses corps et de reprendre l'offensive, pendant que Napoléon se dirigera soit sur Troyes, soit par la Haute-Marne contre l'aile droite de la grande armée. Dans ce cas, tout dépendra encore de l'état dans lequel se trouvera l'armée de Silésie. Si cette armée est dans l'impossibilité de se remettre des coups qui lui auront été portés, la grande armée ne pourra accepter la bataille que du côté de Chaumont et de Langres, c'est-à-dire sur une position qui lui assurerait et sa retraite et ses communications avec l'armée du Sud. Si, au contraire, l'armée de Silésie n'a besoin que de quelques jours pour se remettre, ce serait alors à la grande armée alliée que reviendrait la tâche d'occuper l'ennemi en prenant l'offensive sur la Seine, en inquiétant les communications de l'Empereur et en menaçant Paris. Enfin, si au lieu d'attendre les événements, on veut prendre immédiatement position entre l'Aube et la Marne, il sera bon de considérer qu'un pareil mouvement demandera quatre jours et qu'à cette époque on sera définitivement fixé sur le sort de Blücher. Le généralissime concluait de ce qui précède « qu'il n'y avait aucun motif pour éloigner, sans raison plausible, sans aucun avantage, la grande armée de l'armée du Sud. »

En un mot, Schwarzenberg était plus que jamais irrévocablement décidé à ne rien tenter avant de connaître le résultat des opérations de l'Empereur sur l'Aisne. Les véritables intentions de Schwarzenberg semblent n'avoir été un secret pour personne et l'on trouve, par exemple, dans l'historique du 120e régiment d'infanterie Kaiser Wilhelm (2e Wurtembergeois), par le major Pfister, la lettre suivante, écrite le 7 mars par le général comte de Franquemont: « Sans vouloir parler ici des erreurs politiques, on est forcé de reconnaître que les malheurs de la grande armée alliée sont dus à bien des fautes militaires et principalement au manque d'unité, à la faiblesse du commandement supérieur. Blücher est absolument indépendant de Schwarzenberg. Les Russes ne font que ce qui leur convient.

« Veut-on, par hasard, tenter quelque grande opération ? On est forcé de faire entreprendre une tournée à Radetzky et d'obtenir le consentement des Russes. On perd, de la sorte, un temps précieux. *Les Russes et les Autrichiens s'exècrent mutuellement* et ces derniers ne pensent qu'à la paix.

« En adoptant la malencontreuse idée qui consistait à réduire à la défensive une **armée victorieuse**, on a, une fois plus, isolé les différents corps, on les a fait battre séparément et on a fourni à l'empereur Napoléon le moyen de reprendre pied. On a encore commis depuis le début des opérations une autre faute capitale. L'armée alliée n'a jamais poursuivi l'ennemi battu, n'a jamais tiré parti de ses avantages. Satisfait d'avoir remporté la victoire, on a toujours laissé l'ennemi s'en aller tranquillement. On a perdu le contact. Il en résulte qu'on connaît rarement, au grand quartier général, le point sur lequel se trouve Napoléon.

« Comme on n'a pas de magasins, le service des subsistances n'existe pas. On a encore un peu de viande et de vin, mais le pain et la farine font défaut. L'armée fond à vue d'œil. Les renforts russes et autrichiens qu'on attend de jour en jour n'arrivent pas. On ne se sert ni des cuirassiers autrichiens, ni de la garde russe, ni de la grosse cavalerie. Ce sont autant de bouches inutiles. Tout l'espoir de l'armée repose pour le moment sur le feld-maréchal Blücher. Son avant-garde est, dit-on, à Meaux. »

8 mars 1814. — Deuxième tentative de Hardegg contre Bray. — Le 8 mars, à 7 heures du matin, le comte Antoine Hardegg, avec sa cavalerie, se reportait de Grisy vers Bray.

Accueilli par le feu de dix pièces en position sur la rive droite auxquelles sa batterie à cheval était hors d'état d'imposer silence, n'ayant pas d'infanterie à sa disposition, ne pouvant songer ni à incendier la ville, ni à en débusquer rien qu'avec ses cavaliers le général Amey qui, grâce à l'existence du pont, pouvait être soutenu à tout instant, il se contenta de sommer, à plusieurs reprises, Amey de lui livrer la place et, sur son refus, il prit le parti d'investir Bray. A cet effet, il envoya les deux régiments de chevau-légers bavarois du général Diez à Montigny-le-Guesdier. Trois escadrons de cette brigade fournirent les postes d'investissement de l'aile gauche; le quatrième éclaira la route de Montereau pendant que les hussards autrichiens de la brigade Geramb observaient à droite les abords de Bray, depuis Montigny jusqu'à Grisy.

Frimont, lui, avait continué à rester immobile à Avon-la-Pèze avec les uhlans de Schwarzenberg, les dragons de Knesevich et la brigade bavaroise de chevau-légers du général Vieregg, se contentant de se relier par Sergines avec les avant-postes des IIIᵉ et IVᵉ corps, cantonnés du côté de Sens.

Au VIᵉ corps, Wittgenstein, désirant faire passer quelque cavalerie sur la rive droite de la Seine, avait infructueusement essayé de faire réparer le pont de Nogent ; mais ses tirailleurs avaient dû se replier devant le feu des tirailleurs français et le général russe avait désormais résolu d'attendre l'arrivée des pontons pour effectuer le passage [1].

Enfin, Schwarzenberg avait donné à Platoff l'ordre de descendre la Seine et d'obliger l'arrière-garde française à se replier; mais l'ataman ayant appris dans l'après-midi que d'assez fortes colonnes de cavalerie française manœuvraient pour le déborder et le tourner, se retira sur Sézanne, ne laissant à Rebais que le lieutenant-colonel Kostitz avec ses cosaques [1].

Ordres et positions de Macdonald. — Le duc de Tarente, qui n'avait pu s'attendre à une pareille inaction de la part des généraux alliés, avait, par un premier ordre, prescrit à 2 heures de l'après-midi : à Oudinot, de ramener le 7ᵉ corps à Provins et d'envoyer Valmy en avant de Rouilly et de Cucharmoy, afin de couvrir, du côté du Nord, Provins et Nangis; à Milhaud, de laisser à Herme une division chargée d'observer la Seine jusqu'à Bray, de prendre position avec les deux autres à Léchelle et d'éclairer la route de Sézanne; enfin, à Saint-Germain, de faire occuper Chalautre-la-Grande. Deux heures plus tard, complètement rassuré par le caractère insignifiant des mouvements de

---

[1] Rapport journalier à l'empereur d'Autriche, 9 mars. (*K. K. Kriegs Archiv.*, III, 171.)

Hardegg contre Bray, il reprenait cet ordre et mandait à Oudinot de placer ses deux divisions à Chalautre-la-Petite, Poigny et Sourdun, de suspendre le mouvement de la cavalerie de Valmy, dont le rôle se borna à éloigner les partis alliés de la route de Provins à Nangis. Milhaud, qu'il envoyait à Herme, Gouaix et Chalmaison, devait, avec Valmy, soutenir en cas de besoin les troupes du 11ᵉ corps postées : Amey, à Bray; Brayer, à Éverly et aux Ormes; Albert, à Saint-Sauveur.

Ces dispositions fort rationnelles et ce contre-ordre, rendu indispensable par les événements de la journée et envoyé d'ailleurs à un moment où les troupes avaient à peine pu commencer les mouvements prescrits par la première disposition, avaient cependant indisposé Oudinot. Le duc de Reggio avait été froissé de voir Macdonald lui indiquer, d'une manière précise, les cantonnements qu'il devait faire occuper à ses troupes [1]. Ce n'étaient pas là, d'ailleurs, les seules difficultés que le duc de Tarente eût à surmonter. Dans l'impossibilité de rien obtenir de la cavalerie de Saint-Germain, il se voyait contraint à signaler au major-général le peu d'entrain de ce général et surtout l'insuffisance du général Maurin [2]. Dans la même dépêche, il exposait également à Berthier les motifs pour lesquels il avait dû diriger sur Montereau le général Pacthod : « C'est une pitié, écrivait-il au major-général, qu'un certain général Delort, de cette division. La peur l'a saisi. Malgré des ordres formels, il a brûlé ou détruit tous les ponts de Montereau et repassé sur la rive droite de la Seine, sans même se croire en sûreté, quoiqu'il n'ait encore vu qu'une patrouille. Au premier mot que j'ai su de lui, je me suis hâté de le remplacer par le général Pacthod. »

Heureusement pour le maréchal, il n'allait pas tarder à pouvoir se rassurer sur le sort de son extrême droite. Allix était arrivé à Nemours, après avoir laissé à Montargis un bataillon chargé de surveiller le cours du Loing.

A Nemours et à Souppes, il avait trouvé deux bataillons du général Langevin (1ʳᵉ brigade de la 2ᵉ division de réserve de

---

[1] Général de Gressot, chef d'état-major du 7ᵉ corps, au général Grundler, chef d'état-major de Macdonald, 8 mars. (*Archives de la guerre.*)

[2] Macdonald au major-général, 8 mars. (*Archives de la guerre.*)

Paris du général Souham), qui occupait Moret, avec le reste de sa brigade.

9 mars 1814. — Cessation du feu à Nogent. — Le 9 mars, la situation ne se modifia en aucune façon et la journée se passa encore plus tranquillement que les précédentes. Dans l'impossibilité de tenter un passage de rivière à Nogent et de parvenir à réparer le pont sous le feu des tirailleurs français, Pahlen accepta la proposition de Gérard, et, d'un commun accord, les deux généraux convinrent de mettre fin à une tiraillerie inutile, sous la condition de pouvoir recommencer le feu une demi-heure après avoir dénoncé la suspension d'armes.

Schwarzenberg [1], en effet, venait de faire savoir à Wittgenstein que l'équipage de ponts, arrivé seulement à Bar-sur-Seine, ne pourrait être rendu que le 10, à Troyes, d'où l'on expédierait immédiatement aux Grez 18 pontons destinés au VIe corps. Insistant, dans la même lettre, sur la nécessité d'établir des communications aussi directes et aussi sûres que possible avec l'ataman, le généralissime s'exprimait en ces termes :

« *Comme dans notre situation actuelle, nous devons agir défensivement*, je laisse Votre Excellence libre de voir si l'on n'arriverait pas au résultat désiré en établissant cette communication, non pas par Plancy, mais par Méry; il me semble que l'on atteindrait, par cette route, Vatry et Fère-Champenoise, aussi bien et aussi vite que par Arcis, où il n'y a probablement pas de pont. »

Pour la première fois aussi, Schwarzenberg parle à Wittgenstein d'un changement de cantonnements et lui conseille, dans ce cas, de se placer, avec le gros de son corps à cheval sur la Seine, à Méry et à Châtres, de manière à pouvoir se concentrer rapidement, d'occuper Nogent et Plancy et de tenir à Villenauxe un poste d'observation, fourni surtout par la cavalerie, « qui, surveillant l'ennemi entre Nogent et Provins, serait à même de transmettre des renseignements précis sur les mouvements que l'ennemi voudrait faire plus à droite. »

Il résulte, enfin, de cette lettre, qu'on savait, au grand quartier général, à la date du 9, que Soissons avait capitulé, que

---

[1] Schwarzenberg à Wittgenstein, Troyes, 9 mars. (*K. K. Kriegs Archiv.*, III, 161.)

Reims était occupé par les Français, que les généraux Saint-Priest, Tettenborn et Iagow se réunissaient pour reprendre cette ville et tenaient Châlons ; mais qu'on était, en somme, sans nouvelles plus récentes de l'armée de Silésie, parce qu'on n'avait pu parvenir à communiquer, d'une façon rapide et suivie, avec ces généraux.

Platoff est remplacé par Kaïssaroff. — Mouvements des Cosaques. — Malgré toute la longanimité dont il n'avait cessé de faire preuve à l'égard de Platoff, que seul le souvenir de ses services passés et de sa brillante carrière avait maintenu jusque-là à la tête de ses cosaques, l'empereur Alexandre avait finalement dû se rendre aux réclamations générales provoquées par la mollesse, l'insuffisance et la vantardise de l'ataman. Mais, toujours généreux, le tzar avait tenu à montrer que, tout en cédant à l'intérêt général, tout en accomplissant un acte de justice, il lui était impossible d'être ingrat. Désirant atténuer dans la limite du possible la mesure à laquelle il avait été contraint de souscrire, il tint à sauvegarder la situation personnelle d'un bon serviteur, d'un officier qui s'était fait remarquer, tout récemment encore, par sa belle conduite, en 1812, et, en même temps qu'il plaçait Kaïssaroff à la tête de ses cosaques, il crut devoir adoucir la disgrâce de l'ataman en l'appelant auprès de lui et en l'attachant à sa personne.

Dès le 9, Kaïssaroff avait pris le commandement des troupes légères, confiées, jusqu'à cette date, à l'ataman, et, le 9 au soir, il adressait, de Sézanne, au prince de Schwarzenberg, son premier rapport (en français)[1]. Renforçant ses partis du côté de Villenauxe et de Courtacon, il avait obligé les cavaliers de Saint-Germain à se rapprocher de Nogent et de Provins. 500 cosaques battaient l'estrade sur la route de Provins à Nangis et se disposaient à se porter contre un petit corps français qui, venu de La Ferté-sous-Jouarre, occupait Saint-Germain-sur-Doue et semblait vouloir se porter sur Rebais. Kaïssaroff ajoutait que, les Français tenant tous les passages de la rive droite de la Marne,

---

[1] Rapport du général Kaïssaroff au prince de Schwarzenberg, Sézanne, 9 mars (en français dans l'original). (*K. K. Kriegs Archiv.*, III, 177.)

il lui était impossible d'établir une communication directe avec Blücher autrement que par Épernay et par Reims ; qu'il avait fait partir dans cette direction trois partis conduits par des officiers de choix et que de gros détachements de troupes françaises ne cessaient de filer par Meaux sur Château-Thierry. Envoyant en même temps au généralissime une lettre de l'intendant général Marchant au duc de Tarente, interceptée par ses cosaques [1] et qui lui semblait exclure la possibilité d'une action utile sur la route de Paris, Kaïssaroff informait Schwarzenberg des résolutions que lui avait suggérées la lecture de cette lettre. Il avait aussitôt dirigé sur Épernay, d'où il devait observer Reims et les routes de Châlons, un petit détachement de cosaques d'élite, qu'il avait confié au capitaine des gardes russes Berkmann. Il allait, avec le gros de son corps, se replier de Sézanne sur Fère-Champenoise, en faisant surveiller par des partis les routes de Château-

---

[1] L'intendant général Marchant au maréchal duc de Tarente :

« Nangis, le 8 mars.—Monsieur le maréchal, On m'assure que Votre Excellence prolonge son séjour à Provins.

« Si elle croit que ma présence y soit nécessaire, je m'empresserai de m'y rendre. Veuillez, Monsieur le maréchal, me faire connaître s'il est nécessaire que j'envoie des subsistances à Provins. Il y a ici un convoi de 24,000 rations que je ferai filer immédiatement. Votre Excellence est sans doute informée que la route de Provins à Nangis est souvent interceptée par un parti de cavalerie ennemie qui se trouve à Jouy-le-Châtel et qui a des postes à Châteaubleau, à trois quarts de lieue de la Maison-Rouge.

« On m'annonce que Votre Excellence a envoyé une brigade dans ce dernier endroit.

« Elle jugera si un mouvement combiné, qu'on pourra faire demain soir de Provins, Maison-Rouge et Nangis, ne donnerait pas pour résultat l'enlèvement de la plus grande partie de cette cavalerie, qui est, dit-on, de 500 à 600 hommes, et l'éloignement du surplus.

« Le bois qui est entre Châteaubleau et Jouy-le-Châtel parait être rempli de leurs postes. M. Sarleboux a éprouvé un nouveau malheur ; sa voiture a été prise. M. Mercier qui l'a conduit à Nangis est parvenu à s'échapper ; il a été au milieu du bois dont il s'agit.

« Je n'ai pas de nouvelles de Sa Majesté. Je sais cependant par une lettre que je viens de recevoir que son quartier général était le 6 à Corbeny. J'avais espéré que Sa Majesté se porterait rapidement sur Châlons et Arcis-sur-Aube, ce qui, me semble, aurait péniblement embarrassé l'ennemi qui se trouve devant Votre Excellence.

« Au surplus, je suis trop éloigné pour bien juger les choses et j'espère apprendre bientôt que Sa Majesté aura un grand avantage sur le roi de Suède qu'on assure être venu jusqu'à Laon.

« Le maître des requêtes, intendant général, baron Marchant.

(K. K. Kriegs Archiv., III, ad 191.)

Thierry et de Rebais, où se trouvaient les extrêmes avant-postes français. Il annonçait enfin à Schwarzenberg que les cosaques envoyés sur la route de Paris avaient dû se retirer devant la supériorité numérique des Français; que Napoléon était, le 5, à Berry-au-Bac, Blücher, à Soissons, Marmont à Braîne, et que, d'après les dernières nouvelles, il n'y aurait eu aucun engagement le 6 [1].

Mouvements des IV° et V° corps et de la division légère Liechtenstein. — Du côté de Bray, le comte Antoine de Hardegg n'avait pas même fait la moindre démonstration.

Au IV° corps, on s'était contenté de pousser quelques patrouilles jusque vers Montereau. Un parti s'était montré à Saint-Valérien, et les troupes établies à Pont-sur-Yonne avaient établi un poste à Saint-Serotin, pendant que le général Langevin, posté à Moret avec une brigade de la division Souham et dont deux bataillons gardaient Souppes, envoyait des reconnaissances sur Villecerf et Fossard, et correspondait avec le général Allix à Nemours.

L'avant-garde du prince Maurice de Liechtenstein était entrée à Auxerre, et le prince royal de Wurtemberg annonçait, d'après le dire d'ouvriers italiens et suisses venus de Paris, qu'il n'y avait pas de troupes entre Montereau et la capitale [2].

L'empereur de Russie proteste contre l'inaction de la grande armée. — L'inaction prolongée de la grande armée commençait cependant à peser à l'empereur de Russie. Dès le 7, Wolkonsky, écrivant à Toll au nom du tzar, trouvait qu'il n'y avait aucun motif pour maintenir les gardes et réserves russes à Chaumont. Le lendemain 8, Wolkonsky, s'adressant cette fois directement au généralissime, lui disait : « Sa Majesté pense que le mouvement de la grande armée sur Sens nous éloignerait entièrement de l'armée ennemie, et que, par conséquent, il serait

---

[1] Kaïssaroff au prince de Schwarzenberg, Sézanne, 9 mars. (*K. K. Kriegs Archiv.*, III, ad 177.)

[2] Prince royal de Wurtemberg à Schwarzenberg, Villeneuve-l'Archevêque, 10 mars (*K. K. Kriegs Archiv.*, III, 193) ; général Allix au Ministre, Nemours, 9 mars, et général Langevin au même, Moret, 9 mars. (*Archives de la guerre*).

urgent de porter toutes nos masses vers la droite, dans la direction d'Arcis, entre cette ville et Vitry, et de les faire appuyer pour tous les cas par les réserves en les faisant avancer [1]. »

Enfin, le lendemain 9 mars, Alexandre, revenant sur le même sujet, insistait plus vivement encore sur la nécessité de se rapprocher de l'armée de Silésie. « La communication avec le feld-maréchal Blücher étant déjà interrompue depuis quelque temps, écrivait Wolkonsky[2], l'empereur craint que, s'il éprouve quelque échec sans que nous en ayons connaissance, Napoléon, profitant alors de la position étendue où se trouvent actuellement nos différents corps d'armée, se porte avec rapidité sur nos réserves sans donner le temps aux corps avancés de se réunir, et voilà pourquoi il suppose que la marche sur Sens les éloigne absolument de nos réserves et désire beaucoup que Votre Altesse fasse de suite un mouvement avec tous les corps avancés à droite pour avoir nos masses réunies entre Arcis et Vitry. »

10 mars 1814. — Propositions de Schwarzenberg approuvées par les souverains. — Ces indications ne devaient cependant pas décider le généralissime à se rendre, pour le moment du moins, au désir du tzar.

Elles motivèrent toutefois le départ de Schwarzenberg qui crut nécessaire de se rendre, le 10, à Chaumont, pour conférer avec les souverains et leur exposer de vive voix les idées qu'il avait émises dans son mémoire en date du 7.

S'il ignorait encore lors de son arrivée à Chaumont les gros événements qui venaient de se passer sur les bords de l'Aisne, s'il savait seulement que Blücher avait réussi à opérer sa jonction avec Bülow et Winzingerode et occupait une forte position à Laon [3], Schwarzenberg comprenait néanmoins qu'il allait incessamment falloir remettre en mouvement des corps d'armée, qui auraient eu assurément le temps de se refaire, si l'on avait pu assurer convenablement le service des subsistances. Aussi, bien que sa situation personnelle fût loin d'être enviable, par cela

---

[1] Journal des pièces expédiées, n° 157.

[2] Wolkonsky à Schwarzenberg, 9 mars, Journal des pièces expédiées, n° 164. (En français dans l'original.)

[3] Taxis, Tagebuch. (*K. K. KriegsArchiv.*, XIII, 32.)

même que ses résolutions, de quelque nature qu'elles fussent, ne manquaient jamais d'être l'objet des critiques amères de l'entourage des souverains, il avait, non sans raison, cru indispensable de soumettre au préalable à leur approbation un plan élaboré le 9 mars par son état-major et reposant sur les deux hypothèses suivantes :

« 1re *hypothèse*. — Une partie de l'armée française s'est imprudemment avancée et a été battue. L'armée même n'a cependant pas livré une bataille décisive, et l'Empereur se retire volontairement avec elle sur Paris, décidé à masser toutes ses forces en avant de la capitale et à tomber sur celle des armées alliées qui, dans sa marche contre lui, prêtera le flanc à ses entreprises.

2e *hypothèse*. — L'armée même de Napoléon a été battue et l'Empereur forcé de se replier sur Paris.

Dans le premier cas, l'ennemi, marchant en trois colonnes, peut, en venant de Soissons, passer la Marne à Château-Thierry, La Ferté-sous-Jouarre et Meaux pour opérer, le 16 mars au plus tôt, sa jonction avec l'armée de Macdonald et d'Oudinot, postée à Nangis ou à Provins.

La grande armée alliée aurait alors à rejeter d'abord les corps français établis à Provins, afin d'être en mesure de connaître, en temps utile, les mouvements ultérieurs de l'Empereur. La grande armée ne devrait toutefois se porter en avant que lorsque le généralissime aurait en main des renseignements positifs sur la direction et la nature des opérations offensives de l'armée de Silésie.

Dans ce cas, le VIe corps, qui aura jeté un pont à Pont-le-Roi, fera passer sur la rive droite de la Seine des troupes en quantité suffisante pour déblayer le défilé de Nogent et s'assurer la possession de Villenauxe occupé au préalable par les cosaques.

Le gros du VIe corps ira prendre position à Chalautre-la-Grande. Toutefois, si le dégel avait rendu le terrain impraticable sur la rive droite, le gros du VIe corps resterait à hauteur de La Chapelle-Godefroy jusqu'à ce que le défilé de Nogent soit complètement libre et qu'on ait jeté à Nogent des ponts lui permettant d'aller s'établir à Mériot.

Le IVe corps, destiné à servir de soutien au VIe, se rassemblerait le 14 mars, vers midi, à Mâcon et à Fontenay-de-Bossery, occuperait Nogent, passerait la Seine, dès que le VI⁰ corps aurait gagné assez de terrain en avant, s'établirait avec son gros en arrière de Mériot et enverrait par la rive droite, sur Bray, une colonne chargée d'en chasser l'ennemi.

Le III⁰ corps se dirigerait à marches forcées sur Sens.

Le V⁰ resterait à Arcis, enverrait sur la rive droite de l'Aube une partie de sa cavalerie à Faux et à Fresnay. On établirait un passage provisoire à Plancy, et la division Antoine Hardegg, passant sur la rive droite de la Seine à Bray, après le départ de l'ennemi, y attendrait l'ordre de rallier le V⁰ corps.

Les gardes et les réserves établies à Brienne-le-Château occuperaient Lesmont.

Les nouvelles relatives aux mouvements de l'ennemi permettraient de déterminer d'une façon précise les opérations offensives qu'exécuteraient le 15 mars les IV⁰ et VI⁰ corps, ayant pour soutien le V⁰. Les gardes et réserves passeraient le défilé de Méry et viendraient s'établir à Mesgrigny.

Dès que l'ennemi aurait été contraint de quitter Nangis, la grande armée prendrait sa direction ou sur Melun ou sur tout autre point indiqué par les circonstances, pendant qu'on poursuivrait l'ennemi sur la route par laquelle il chercherait à se retirer.

Pendant ce temps, le III⁰ corps, marchant par Pont-sur-Yonne et Moret sur Fontainebleau, aura été rejoint par le prince Maurice Liechtenstein venant de Nemours, et Seslavin, qui continuera à former l'extrême gauche, aura, dans l'intervalle, occupé Pithiviers.

Quand les corps de tête seront arrivés à Melun, on verra si la grande armée doit ou non accepter la bataille. Dans le premier cas, elle préviendra les intentions de l'ennemi. Dans le deuxième, en repassant la Seine, elle forcera l'ennemi à manœuvrer et donnera à l'armée de Silésie le temps ou de tomber sur les derrières de l'ennemi, ou de continuer ses opérations droit sur Paris.

Si l'on se trouve en présence de la 2⁰ hypothèse, si Napoléon lui-même a été battu et rejeté sur Paris, on n'aura plus qu'à se conformer à la disposition élaborée pour les 14 et 15 mars. Mais, dans ce cas, il s'agirait absolument d'atteindre le 16 Melun, de passer la Seine et de continuer la marche sur Paris, de concert avec l'armée de Silésie. »

Ces belles combinaisons, grâce auxquelles l'état-major de la grande armée alliée avait cru prévoir toutes les éventualités, sauf celle qui devait se réaliser, furent acceptées par les souverains, qu'elles n'avaient toutefois pas eu le don de satisfaire, s'il faut s'en rapporter à cette phrase de lord Castlereagh, qui résume la situation par ces mots : « *If Blücher gains a battle, we shall then do wonders !* » (Si Blücher gagne une bataille, nous ferons alors des merveilles de notre côté.)

En attendant, Schwarzenberg avait lancé à Troyes une proclamation qui, loin de produire l'effet espéré par le généralissime, loin d'épouvanter les populations et d'étouffer par la terreur et la sévérité des répressions l'explosion du soulèvement national imprima, au contraire, un nouvel élan au désespoir et au patriotisme des populations.

Séance du congrès de Châtillon. — Pendant que Schwarzenberg exposait ses combinaisons aux souverains, le délai fixé par les plénipotentiaires alliés avait expiré, et Caulaincourt, auquel M. de Rumigny n'avait pas rapporté le contre-projet désiré, avait dû se borner, dans l'espoir de gagner du temps et d'amener l'Empereur à accepter ses idées, à donner lecture d'une note basée, en somme, sur celle que l'Empereur lui avait adressée le 2 mars et qu'il appuyait sur une note de Saint-Aignan en date du 9 novembre 1813, sur une lettre de Metternich au ministre des relations extérieures de France, en date de Francfort le 25 novembre 1813, sur une dépêche qu'il avait adressée à ce prince le 2 décembre 1813, sur la déclaration de Francfort et, enfin, sur un extrait d'un discours du prince régent au parlement d'Angleterre.

Ce n'était pas là le contre-projet qu'attendaient les plénipotentiaires qui se disposaient déjà à lever la séance et à prononcer la clôture du congrès, lorsque Caulaincourt, pour parer à ce coup, déclara verbalement que l'Empereur était prêt à reconnaître l'indépendance de l'Espagne sous Ferdinand VII, celle de l'Italie et de la Suisse sous la garantie des grandes puissances, celle de l'Allemagne et enfin celle de la Hollande sous la souveraineté du prince d'Orange, et à faire même des cessions au delà des mers, moyennant un équivalent raisonnable destiné à écarter les causes de mésintelligence entre la France et l'Angleterre.

Les plénipotentiaires alliés, tout en protestant contre cette déclaration qui ne résolvait pas la question, ne pouvaient faire autrement que d'accepter la déclaration *ad referendum*. C'était là tout ce que pouvait désirer Caulaincourt.

Opérations militaires du 10 mars. — Changement de position du VIe corps. — Au point de vue des opérations militaires, la journée du 10 mars n'est guère mieux remplie que les précédentes et fut presque exclusivement consacrée à des préparatifs.

A l'extrême droite, Kaïssaroff signale l'apparition de patrouilles françaises envoyées de Villenauxe jusqu'à Conflans et Marcilly-sur-Seine et la présence de la cavalerie de Saint-Germain à Villenauxe, pendant que Wittgenstein, qui considère le mouvement rétrograde du chef des cosaques sur Fère-Champenoise comme prématuré, l'invite à revenir à Sézanne[1].

Wittgenstein avait employé les derniers jours à faire réparer le pont de Méry, de façon à le rendre praticable pour la cavalerie et l'artillerie. Il devait, en effet, sur l'ordre du généralissime pousser au plus vite vers Vitry un corps volant chargé uniquement de se procurer des nouvelles de l'armée de Silésie, tandis qu'un poste de deux compagnies garderait le pont de l'Aube à Arcis.

Dans l'après-midi du 10, le même général recevait à Romilly une disposition, en date du 9, modifiant de la façon suivante les positions des troupes du VIe corps. Le prince Eugène de Wurtemberg, qui se tenait à Pont-sur-Seine depuis le 6, allait remonter la Seine jusqu'à Méry et y prendre position à cheval sur le fleuve. Pahlen avait ordre de laisser à Nogent un régiment de uhlans et deux de chasseurs, d'envoyer un régiment de cosaques à gauche à Froidparoy, de faire passer d'abord la

---

[1] Wittgenstein à Schwarzenberg, Romilly, 10 mars. (*K. K. Kriegs Archiv.*, III, 191.)

Kaïssaroff avait, en outre, intercepté le 10 une lettre de Napoléon, en date du même jour, dans laquelle l'Empereur manifestait déjà l'intention, s'il réussissait à battre Blücher, de se porter par Châlons sur Arcis et de se jeter sur la droite de la grande armée.

Seine à Méry, puis l'Aube, à Anglure et à Plancy, à un régiment de hussards et à un régiment de cosaques chargés de se relier avec Kaïssaroff qui devait se reporter en avant de Fère-Champenoise sur Sézanne. Pahlen lui-même, avec un régiment de cosaques, deux escadrons de hussards, une brigade de cuirassiers et une batterie à cheval allait à Pont-le-Roi. Une brigade de cuirassiers lui servait de soutien et s'arrêtait à Marnay. Le corps du prince Gortchakoff restait à Romilly et fournissait des postes le long de la Seine jusqu'à hauteur de Conflans-sur-Seine et de Périgny-la-Rose.

Du côté des Français, au nord de Provins, la cavalerie de Milhaud devait se réunir le 11 à la pointe du jour avec celle de Valmy, dont les avant-postes se tenaient à Courchamp, Champcenest et Courtacon, pour se porter sur La Ferté-Gaucher, soutenue de loin par deux bataillons d'infanterie, pendant que Saint-Germain déboucherait de son côté de Villenauxe dans la direction de Sézanne.

A Bray, bien que le comte Hardegg eût été rejoint à Grisy par l'infanterie dont il attendait l'arrivée, on n'avait rien entrepris, et le général Amey n'y avait aperçu, comme les jours précédents, que des patrouilles de hussards de Szekler.

Le grand parc français avait filé de Nangis sur Guignes, et son escorte, composée de deux bataillons de tirailleurs de la jeune garde, devait, dès qu'elle aurait été relevée par une des brigades de Pacthod, venir rallier à Provins la division Rothembourg.

Affaire du curé de Pers. — L'arrivée de Pacthod à Montereau [1], la présence d'Allix et de Souham à Moret, à Nemours

---

[1] Macdonald était encore tellement indigné de la conduite du général Delort à Montereau qu'il écrivait le 10 à Oudinot : « Voilà une espèce de généraux sur lesquels reposent l'existence des troupes et le sort de postes si importants ! »

Le même jour, le maréchal avait mis à l'ordre du jour la décision suivante qui permet de se faire une idée exacte de l'état de son armée :

« L'Empereur, étant informé qu'il y a beaucoup de maraudeurs, fuyards et déserteurs sur les derrières de l'armée, que des soldats jettent leurs armes, baïonnettes, gibernes ou cassent les chiens de leurs fusils, Sa Majesté ordonne qu'ils soient réunis, décimés conformément aux ordres du jour. En conséquence, chaque commandant de division d'infanterie ou cavalerie nommera une commission pour constater les causes et identités. Elles feront de suite exécuter les jugements dont double expédition sera adressée au major-général et au ministre de la guerre. » (*Archives de la guerre.*)

et à Souppes, assuraient jusqu'à un certain point la sécurité de l'extrême droite des maréchaux. Quelques partis cosaques s'étaient montrés sur la route de Nemours à Montargis ; mais ils avaient été atteints dans leur retraite par les habitants de Pers qui, ayant leur curé à cheval à leur tête et secondés par les habitants de Ferrières, leur avait repris à Chéroy la malle de Paris et la diligence de Montargis dont ce parti s'était emparé le matin près de Fontenay. Comme l'écrivait le commandant de Montargis, le major Legros, au général Hulin [1], le 11 mars, « la conduite du curé de Pers mérite des éloges et mérite surtout d'être signalée. » C'était le brave curé qui avait donné l'exemple à ses paroissiens, lui qui les avait décidés à courir aux armes, lui qui avait fait feu le premier. Le curé de Pers a, d'ailleurs, laissé une relation si simple, si naturelle, de la part qu'il prit à la défense du territoire national, que nous ne pouvons résister au désir de rendre justice à son patriotisme, d'essayer de faire sortir de l'oubli le nom de ce brave desservant, l'abbé Pothier, et de mettre sous les yeux du lecteur le récit qu'il fait des événements du 10 mars [2] :

« Averti le 10 mars, dit l'abbé Pothier, qu'un parti de cosaques détaché du camp de Saint-Valérien, s'était rendu par Ferrières dans les environs de Fontenay sur la route de Paris à Lyon pour intercepter les communications et s'était emparé de la malle et de la diligence au moment où elles s'étaient croisées, je pris la résolution de réunir 8 à 10 habitants de la commune et de me mettre à leur tête. Je montai à cheval. Ils étaient tous ainsi que moi bien armés de fusils doubles, et nous fûmes au-devant de l'ennemi que nous rencontrâmes à 10 heures du matin sur le chemin de Ferrières au Bignon, entre le hameau des Roudiers et celui d'Urson. Nous n'avions à combattre que 5 hommes, 2 en avant, 3 en arrière, conduisant au camp la prise qu'ils avaient faite.

« Je mis le sabre à la main et, soutenu par les hommes qui m'accompagnaient, je fondis sur ces brigands. Au premier coup

---

[1] Major Legros au général Hulin. (*Archives de la guerre.*)
[2] Rapport de l'abbé Pothier, desservant de Pers, au major Legros sur les événements arrivés dans sa commune les jeudi 10 et mercredi 16 mars 1814. Pers, 19 mars. (*Ibid.*)

de fusil, l'un des deux cosaques de l'avant-garde prit précipitamment la fuite et le second fut grièvement blessé d'un coup de feu à l'épaule. Les trois autres, épouvantés de la vigueur de l'attaque, s'enfuirent également et nous abandonnèrent les deux voitures, les chevaux, les postillons, les voyageurs et les dépêches encore intactes. Dans la crainte où j'étais d'être surpris ou atteint par un plus grand nombre, je fis conduire la prise par quatre de mes concitoyens dans le bois de Forville, voisin du point où nous étions placés.

« Au même instant, je fus averti et j'aperçus une portion du même détachement restée en arrière et amenant dans la même direction une voiture chargée de marchandises également arrêtée sur la route de Fontenay.

« Secondé par quatre de mes habitants, nous tirâmes sur l'escorte ; elle prit la fuite et nous lui enlevâmes les chevaux, la voiture et les marchandises. Le tout fut de suite conduit au village où les chevaux harassés de fatigue et de mauvais traitements furent obligés de séjourner pour prendre du repos.

« Un quart d'heure après notre arrivée, tous ces brigands s'étant ralliés, arrivent et demandent qu'on leur rende les voitures, menaçant les habitants du pillage et de l'incendie. La porte du domicile du particulier devant lequel était la voiture du marchand fut enfoncée ; ils lui prirent la couverture de son lit, plusieurs autres objets et mirent le feu sous cette voiture, ce qui fait éprouver au propriétaire une perte d'environ 6,000 francs.

« Néanmoins l'ennemi, convaincu que les habitants, qui m'avaient si courageusement secondé, ne seraient pas moins braves en défendant leurs foyers qu'en rase campagne, a promptement évacué la commune n'emmenant avec lui que mon cheval, parce que, lors de la première rencontre ayant mis pied à terre pour, en tirant, être plus sûr de mes coups, il s'est effrayé, a pris la fuite et a été se joindre à ceux des cosaques. Le résultat de cette journée est : 1° 14 chevaux arrachés à l'ennemi ; 2° la reprise des valeurs et dépêches.

« Dès que j'ai été débarrassé de la présence des Cosaques, j'ai expédié un exprès à Montargis d'où l'on a envoyé chercher la malle, la diligence et les voyageurs dont le retour a été protégé par une escorte de 100 hommes de la garnison de cette ville. »

10-11 mars 1814. — Affaire du major Wüsthoff contre les paysans armés à Avallon. — Pendant ce temps, Seslavin avait rejoint à Auxerre Maurice Liechtenstein, qui continuait à rendre compte à Schwarzenberg de la situation des partis qu'il avait envoyés à Avallon et à Autun. Ces rapports, que nous croyons utile de reproduire *in extenso*, permettront de se rendre un compte exact des progrès faits par le soulèvement national, d'apprécier les résultats que la levée aurait pu produire, si l'on avait songé à l'organiser à temps, à la soutenir par la présence de quelques troupes, à fournir aux bourgeois et aux paysans les fusils, la poudre et les balles qui leur manquaient.

« J'ai reçu d'Autun, écrit le prince Maurice Liechtenstein au généralissime [1], des nouvelles du capitaine von Œhnhausen, qui y a été rejoint par le capitaine Böhm, des chevau-légers O'Reilly. Ces deux officiers et leurs troupes se trouvent complètement en l'air par suite du départ de l'infanterie de Bianchi. Les populations prennent partout les armes, et ces deux officiers sont forcés de bivouaquer en arrière d'Autun pour ne pas courir le risque d'être surpris.

« Leur retraite sur Auxerre sera d'ailleurs facilitée par une affaire heureuse (?) que le major von Wüsthoff a eue hier avec des *insurgés* dans sa marche de Saulieu à Avallon, entre Rouvray et Avallon. La chose est curieuse et je joins à ma dépêche le rapport de cet officier. Votre Altesse verra par là que les paysans et les populations se conforment aux instructions du général Allix.

« J'ai donné des ordres précis au major von Wüsthoff et, s'il arrivait quelque chose à Avallon, je m'y porterai de suite avec ce que j'ai de troupes disponibles et deux batteries pour châtier sévèrement les coupables.

« On n'a pas pu jusqu'à présent joindre les paysans armés, ni de ce côté, ni à Saint-Fargeau, où il y en aurait, dit-on, 1200, parce qu'ils se dispersent à l'approche de nos troupes.

« Comme il n'y a pas de forces régulières de l'ennemi dans ces parages, je désirerais, si Votre Altesse m'y autorise, recevoir l'ordre d'aller occuper Joigny, d'où je pourrai couvrir et la gauche de l'armée et la route de Dijon.

---

[1] Prince Maurice Liechtenstein au prince de Schwarzenberg, Auxerre, 10 mars. (*K. K. Kriegs Archiv.,*, III, 204.)

« Je reçois à l'instant du major von Wüsthoff la nouvelle que la patrouille qu'il envoyait au capitaine von OEhnhausen et qui lui portait des ordres, a été attaquée par des paysans armés dans les bois de Saulieu. Le capitaine von OEhnhausen n'a donc pu recevoir l'ordre de rentrer et il m'est impossible de communiquer avec lui.

« Je recommande au major von Wüsthoff de faire bonne contenance et, le cas échéant, de se replier sur moi, s'il y est contraint. Je n'ai d'ailleurs, pour le soutenir, absolument rien de disponible avant l'arrivée du 7e bataillon de chasseurs.

« Le capitaine von OEhnhausen, avec lequel mes communications sont interrompues et coupées, ira, je l'espère, à Dijon.

« *Seul ici, avec des troupes d'un effectif par trop faible, je ne peux rien faire, d'autant plus que les maires, épouvantés par les menaces du général Allix et ne voulant ou n'osant plus rien nous fournir, s'enfuient, dès que notre approche est signalée.* »

Les rapports du major von Wüsthoff, en date des 10 et 11 mars, entrent plus avant encore dans le détail des événements qui se passèrent à Avallon. Ils prouvent que le généralissime n'avait pas tout à fait tort, lorsqu'il appelait l'attention des souverains sur les dangers auxquels étaient exposées ses lignes d'étape et ses communications avec l'armée du Sud, sur les proportions inquiétantes que pouvait prendre, à la suite d'un revers éprouvé par la grande armée, un mouvement national qui se manifestait de tous côtés, mais auquel l'ensemble, l'appui de troupes de ligne, le lien moral et surtout les ressources matérielles faisaient encore défaut :

« A peu près à une demi-lieue d'ici, au point de croisée des routes de Sauvigny-le-Bois et d'Avallon, c'est ainsi que s'exprime le major von Wüsthoff dans le premier des rapports qu'il adresse à Maurice Liechtenstein [1], j'ai, en passant à 500 pas de la lisière d'un bois, été attaqué à l'improviste par des paysans insurgés.

« Avant d'arriver à ce bois, j'avais déjà remarqué sur les pierres de nombreuses inscriptions de : « Vive Napoléon ! » Cela me rendit attentif, et je m'imaginai que les auteurs de ces

---

[1] Major von Wüsthoff au prince Maurice Liechtenstein, Avallon, 10 mars. *K. K. Krieg Archiv.*, III, 204 a.)

inscriptions devaient s'être cachés dans le bois pour regarder de là la figure que nous ferions en lisant ces inscriptions.

« Dans un champ situé tout près de la croisée des routes, il y avait des paysans sans armes qui causèrent avec nous. A peine se furent-ils éloignés que plusieurs hommes parurent à la lisière du bois et, au nombre de 20 environ, se mirent à tirer sur nous. J'envoyai contre eux une demi-compagnie avec ordre de fusiller tout ce qu'on prendrait. Cet ordre fut ponctuellement exécuté, malgré le feu violent qui partait du bois. La demi-compagnie se porta rapidement en avant et réussit à saisir et à fusiller 15 insurgés, parmi lesquels se trouvait le chef de la bande.

« On m'amena un des prisonniers que j'interrogeai et je sus que tous ces gens venaient de Rouvray et de Bussières, qu'ils s'étaient mis en route après notre départ en passant par les bois, suivant en cela les conseils de Didier Picarda et de Germain Telau; qu'il y avait avec eux, Jacques Grossetête, Jean Lazardeux, César Picarda, Blaise Forestier, tous de Rouvray et 20 habitants de Bussières, dont il ne savait pas les noms. Quant à lui, c'était un nommé Pierre Bierri, de Rouvray. Je le fis fusiller sur place devant les paysans accourus, parce que je n'osais pas l'emmener à Avallon où j'avais d'abord eu l'intention de procéder à l'exécution en présence de la population de la ville. Les nouvelles que je venais de recevoir d'Avallon, et que m'avait rapportées le lieutenant baron Godart que j'y avais envoyé avec un peloton, m'avaient amené à modifier ainsi mes projets.

« Cet officier me rendit compte de l'agitation hostile qui régnait dans cette ville, du départ du maire et de l'adjoint, qui s'étaient enfuis, quand on avait eu connaissance de notre marche et de l'existence d'un gros rassemblement de 1000 habitants qui paraissaient disposés à s'armer contre nous.

« Pour toutes ces raisons je crus prudent de ne pas entrer dans la ville, et je campai en vue d'Avallon. Prière de m'envoyer des renforts si je dois rester ici ; le pays est très difficile. »

Une deuxième dépêche de Wüsthoff, datée d'Avallon le lendemain 11 mars à 9 heures du matin, n'était guère plus rassurante. Ce n'était pas à Avallon seulement qu'on était décidé à résister ; c'était sur toute la contrée que s'étendait le soulèvement, malgré la pusillanimité, la défaillance et la lâcheté du maire de Rouvray qui, probablement dans la crainte d'être emmené comme otage, ou d'être rendu responsable de l'attitude hostile de ses concitoyens, essayait de se mettre à l'abri des représailles en renvoyant au major les dragons autrichiens pris par les gens de Saulieu et avait le triste courage de prier le major de distinguer sa commune « à cause du zèle qu'elle a montré pour le bon service des troupes alliées[1]. » Le major von Wüsthoff, dans l'un de ses rapports du 11 mars (*K. K. Kriegs archiv, III, 204 d*), nous a conservé le nom de ce lâche. Il s'appelait Gaillard.

Voici d'ailleurs, d'après le rapport même du major, les faits qui avaient précédé cette lettre de Gaillard et motivé la mise en liberté des dragons :

« Le caporal de chevau-légers[2], que j'ai envoyé hier au capitaine von Œnhausen et qui était porteur de vos ordres, n'a pu passer. Il a été attaqué, au delà de Saulieu, par des paysans armés et a reçu un coup de feu dans la poitrine. Ses hommes l'ont mené à Saulieu et l'y ont mis à l'hôpital. Ils avaient eu le soin de lui enlever la dépêche dont il était porteur et voulaient continuer leur route; mais le maire et le maître de poste, gens honnêtes, leur dirent qu'ils ne passeraient pas et qu'ils ne trouveraient personne disposé à risquer sa vie pour les conduire et leur servir de guide. Ces quatre cavaliers se replièrent donc, lorsque, entre Rouvray et Saulieu, ils furent de nouveau attaqués et pris par des paysans. Ils eurent toutefois le temps et la présence d'esprit d'anéantir la dépêche. Le maire de Rouvray les remit en liberté et me les renvoya sous escorte de six hommes avec une lettre de lui.

« Ici tout est encore tranquille, mais, comme le maire a quitté la ville et comme il n'y a aucun magistrat auquel je puisse m'adresser pour me procurer des vivres, je ne pourrai rester ici bien longtemps. On a, à grand'peine, consenti à me donner ce qu'il me faut pour cette nuit et, même en ayant recours aux menaces, il m'a été impossible de rien obtenir de plus. Pendant le combat que j'ai eu hier avec les paysans, j'avais envoyé un escadron sur la route de Cussy-les-Forges. Cet escadron a trouvé

---

[1] Lettre du maire de Rouvray, Gaillard, au major von Wüsthoff. (*K. K. Kriegs Archiv.*, III, 204 d.)
[2] Rapport du major von Wüsthoff au prince Maurice Liechtenstein, Avallon, 11 mars, 9 heures du matin. (*K. K. Kriegs Archiv.*, III, 204 b.)

devant ce village 300 paysans en armes avec un tambour et deux chefs à cheval. Les paysans ne se sont pas portés contre l'escadron qui les avait fait prévenir par un autre paysan (celui-là inoffensif et sans armes), qu'ils seraient tous sabrés s'ils faisaient un pas en avant. »

Wüsthoff ne s'illusionnait pas sur la situation. Ce n'était pas avec quelques cavaliers qu'il lui était possible de réprimer un mouvement qui se propageait à tout instant. Mais, pour assurer sa retraite, pour parvenir à rejoindre la division, il lui fallait faire bonne contenance. Il résolut donc, avant de se replier, de frapper Avallon d'une espèce de réquisition en se faisant donner les vivres et les fourrages nécessaires à son détachement.

La chose était loin d'être facile, comme le montre le rapport ci-dessous [1]. Le ton des habitants prouvait bien que l'intimidation n'avait plus aucune prise sur eux. Ils avaient conscience de leur force et de la faiblesse du détachement autrichien, et ils étaient fermement décidés à résister énergiquement contre toute attaque.

« Le lieutenant baron von Godart, que j'ai envoyé en ville, rentre à l'instant et me dit que la population est de plus en plus excitée contre nous. On prétend que le général Allix va revenir et est déjà tout près d'Avallon.

« Un habitant a eu l'impudence et l'audace de dire au lieutenant : « Si vous voulez nous promettre de vous retirer à dix heures du soir, on vous donnera de quoi manger. »

« On lui a, à la fin, promis un peu d'eau-de-vie, du pain et du fromage. Prière de m'envoyer des ordres. »

Post-scriptum. « Le lieutenant baron von Godart a demandé des vivres pour 400 hommes. Le peuple s'est mis à rire en lui disant que nous n'étions même pas 300. 100 hommes sont en face de nous et observent tous nos mouvements. »

Wüsthoff, ne pouvant plus sans danger prolonger son séjour dans ces parages, ne tarda pas à se replier.

L'exemple tiré des événements, dont les environs d'Avallon venaient d'être le théâtre, suffit, il nous semble, et c'est pour cette raison que nous avons cru devoir insister sur les rapports du

---

[1] Wüsthoff au prince Maurice Liechtenstein, Avallon, 11 mars. (*K. K. Kriegs Archiv.*, III, 204 c.)

major von Wüsthoff, pour montrer le parti qu'on aurait pu tirer de la levée en masse si l'on avait songé à l'organiser dès le début de l'invasion.

11 mars 1814. — Nouvelles de l'armée de Silésie. — Lettre du tzar à Schwarzenberg. — Le 11 au matin, Schwarzenberg venait à peine de quitter Chaumont, lorsque l'empereur Alexandre y reçut de Saint-Priest la nouvelle de l'affaire de Craonne et l'avis qu'on avait entendu, le 9, le canon du côté de Laon. Saint-Priest ignorait encore le résultat de la bataille livrée par Blücher[1]. Le tzar s'était aussitôt empressé de faire écrire par Wolkonsky à Schwarzenberg un billet l'invitant à donner immédiatement à l'aile droite de la grande armée l'ordre de commencer son mouvement dans la direction de Vitry et d'Arcis-sur-Aube. Puis, sans attendre la réponse du généralissime et pour mieux lui marquer l'importance qu'il attachait à l'exécution immédiate de cette opération, il avait, dans le courant de la journée, chargé les généraux Diebitsch et Toll de se rendre auprès du prince, de lui exposer ses idées et de le décider à se conformer, sans plus tarder, à ses volontés.

Ordres à Wittgenstein et à Kaïssaroff pour le 12 mars. — Dans l'intervalle le généralissime s'était contenté de donner aux généraux Wittgenstein et Kaïssaroff l'ordre d'exécuter le lendemain 12, par Boulages ou Plancy, sur la rive droite de l'Aube, une reconnaissance offensive dans la direction de Villenauxe. « Je passerais volontiers la Seine, disait le généralissime, si je savais exactement ce que fait l'ennemi[2]. » Mais toujours méthodique, ne voulant rien livrer au hasard, tenant par-dessus tout à ménager ses troupes, le généralissime ajoutait : « Je ne le ferai que lorsque je serai renseigné suffisamment et sûr d'éviter à mon infanterie, déjà très fatiguée, des marches inutiles. »

En attendant, afin de permettre à Wittgenstein de profiter de l'éloignement ou de la faiblesse de l'ennemi, de le mettre à même

---

[1] Saint-Priest à Wolkonsky, Sillery, 10 mars (*K. K. Kriegs Archiv.*, 205 *b*). Voir le chapitre précédent.

[2] Schwarzenberg à Wittgenstein, Troyes, 11 mars. (*K. K. Kriegs Archiv.*, III, 199.)

d'aller par Mériot déblayer le débouché de Nogent, il lui avait envoyé 15 pontons.

Pendant ce temps, le VI⁰ corps achevait de s'établir sur les nouvelles positions qu'il avait commencé à occuper la veille et, dès l'arrivée des pontons, on procéda, le 11 au soir, à l'établissement du pont de bateaux de Nogent, tandis que le général Doctoroff, qui avait passé la Seine à Méry et l'Aube à Plancy avec les hussards d'Olviopol et les cosaques de Rebrikoff, recherchait entre Villenauxe et Sézanne la communication avec Kaïssaroff.

Macdonald continuait à tenir des postes d'observation sur la Seine et à faire surveiller l'Yonne du côté de Sens et de Pont-sur-Yonne. Il se proposait, en outre, de faire venir les troupes du général Souham à Montereau et d'ordonner aux deux brigades de Pacthod de rejoindre le 7e corps.

12 mars 1814. — Apparition de la cavalerie du VI⁰ corps sur la rive droite de la Seine. — Dans la nuit du 11 au 12, Wittgenstein avait fait jeter à Pont-le-Roi un pont de bateaux qui servit dans le courant de la matinée au passage sur la rive droite de deux escadrons de hussards et de 200 Cosaques de Wlassoff. Bien que le général russe ait eu, comme il l'écrit à Schwarzenberg[1], l'intention de ne faire de ce côté qu'une simple démonstration, il semble qu'il aurait eu tout avantage à choisir un autre point que Pont-le-Roi. Il était difficile de croire que les Français se laisseraient prendre à un piège de ce genre, et de toute façon, le général russe, au lieu de s'exposer à être contraint à relever le soir le pont qu'il venait de jeter, eût assurément agi plus rationnellement en se bornant à de simples manifestations à Pont-le-Roi et en se servant de ces pontons, qui avaient déjà mis tant de temps à le rejoindre pour établir tout à son aise et en pleine sécurité, plus en amont, du côté de Marcilly, par exemple, un passage qui eut permis à sa cavalerie de déboucher par la forêt de la Traconne sur le plateau de Provins, à son infanterie de se déployer sans encombre sur la rive droite.

La cavalerie, qui s'était servie du pont de bateaux de Pont-le-Roi, resta sur la rive droite après avoir battu le pays à droite et

---

[1] Wittgenstein au prince de Schwarzenberg, Romilly, 12 mars. (*K. K. Kriegs Archiv.*, III, 225.)

à gauche de ce point ; mais la nuit étant arrivée, elle s'arrêta à La Villeneuve-au-Châtelot, sans parvenir à connaître la direction prise par les troupes françaises qui se retiraient de Villeneuve devant les Cosaques de Kaïssaroff.

La colonne de cavalerie du général Doctoroff n'avait pu arriver à temps pour soutenir les Cosaques et ne dépassa pas le soir Villiers-aux-Corneilles et Esclavolles.

Le 12 au soir, Wittgenstein qui avait profité du prétexte que lui fournissait une blessure reçue à Bar-sur-Aube pour demander à l'empereur Alexandre l'autorisation de quitter momentanément l'armée, se disposait à remettre au général Raïeffsky un commandement que cet officier général n'allait guère exercer que nominalement. Les vrais chefs du VI⁰ corps seront plus que jamais, à partir de ce moment, Pahlen et surtout le prince Eugène de Wurtemberg.

C'est d'ailleurs, moins à une blessure presque entièrement guérie qu'à la tension de ses rapports avec Wrède, qu'il convient d'attribuer le départ de Wittgenstein. L'élévation de Wrède à la dignité de feld-maréchal aurait, d'ailleurs, motivé de toute façon la retraite du général russe qui, ayant commandé en chef en 1812 et 1813, n'aurait jamais consenti à recevoir des ordres du feld-maréchal bavarois. Les deux généraux avaient, du reste, vécu en mauvaise intelligence depuis le commencement de la campagne, et les incidents qui avaient précédé et suivi l'entrée à Bar, le 27 février, avaient mis le comble à la mesure.

Affaire de Villenauxe. — Le 12 au matin, Kaïssaroff, sachant que Wittgenstein avait couvert les ponts de Méry et d'Arcis-sur-Aube, et informé de la présence à Villenauxe d'un détachement français qui, composé de 500 à 600 chevaux sous les ordres de Montbrun et de 500 hommes d'infanterie du général Maurin, avait profité de son mouvement rétrograde sur Fère-Champenoise pour s'établir sur ce point, paraissait à l'improviste devant cette petite ville avec deux régiments cosaques.

Montbrun, croyant n'avoir rien à craindre, avait négligé de se garder. A la pointe du jour, les cosaques, sans avoir été arrêtés ou même aperçus, se jetèrent sur les six escadrons postés en avant de Villenauxe, culbutèrent ce qui se trouva devant eux, mirent 200 hommes hors de combat et enlevèrent une centaine de prisonniers. Des renforts de cavalerie envoyés par Saint-Germain arrivèrent trop tard pour rétablir les affaires.

Les escadrons de Montbrun s'étaient rejetés en désordre au-delà de Villenauxe poursuivis par les cosaques, et les cavaliers de Saint-Germain se bornèrent à se déployer sans oser rien entreprendre contre Kaïssaroff. Le général russe essaya alors d'incendier Villenauxe que l'infanterie de Maurin évacua. Pressée par les cosaques qui mirent en déroute la cavalerie française, elle se rejeta en désordre dans la direction de Provins. Les cosaques s'arrêtèrent le soir à Montpothier et poussèrent leurs avant-postes entre Nogent et Provins. Kaïssaroff était désormais en mesure de faire savoir au généralissime que Macdonald, Gérard et Oudinot étaient avec 20,000 hommes au plus aux environs de Provins et ne tenaient le long de la Seine que de faibles avant-postes [1].

A la suite de ces événements, Saint-Germain s'était replié d'abord sur La Saulsotte, puis sur Le Port où Macdonald lui fit tenir l'ordre de garder Chalautre-la-Grande et lui annonça en même temps que le général Gérard l'appuyerait, le 12 au soir, par de forts détachements d'infanterie et que le 13, à 3 heures du matin, Milhaud aurait 1200 chevaux à Léchelle et à Saint-Martin-Chennetron.

Nouveau plan d'opérations de Schwarzenberg. — En revanche, tout était resté tranquille du côté de Bray.

Pendant que Diebitsch et Toll s'acquittaient auprès de Schwarzenberg de la mission que l'empereur Alexandre leur avait confiée et conféraient avec le généralissime pendant la plus grande partie de la journée, on avait, comme le raconte Taxis [2], reçu des nouvelles, encore vagues, parce qu'elles arrivaient par des voies

---

[1] Stärke, Eintheilung und Tagesbegebenheiten der Haupt-Armee im Monate März (*Ibid.*, III, 1); Wittgenstein à Schwarzenberg, Romilly, 12 mars (*Ibid.*, III, 225), et Kaïssaroff à Schwarzenberg (*Ibid.*, III, 227 et III, *ad* 227, original en français).

Kaïssaroff terminait en ces termes l'un de ses rapports : « J'ai l'honneur de transmettre à Votre Altesse les dépêches que j'ai reçues du comte de Saint-Priest, la lettre du général Tettenborn au capitaine Berkmann, qui est avec un de mes détachements à Epernay, et des exemplaires d'un journal surnommé (sic) *le Bivouac*. »

[2] Taxis, *Tagebuch*. (*K. K. Kriegs Archiv.*, XIII, 32.)

détournées, de la bataille de Laon et de la retraite de Napoléon sur Soissons. Schwarzenberg, tout en reconnaissant que le moment d'agir était arrivé, ne pouvait cependant se décider à prendre un parti définitif avant d'avoir la confirmation officielle de nouvelles dont l'authenticité était loin d'être établie. Les termes mêmes dans lesquels était conçue la lettre [1] que Wolkonsky adressait à ce propos sur l'ordre du tzar au généralissime, sont là pour prouver que les souverains eux-mêmes ne possédaient encore, le 12 au soir, que des renseignements insuffisants et incomplets sur les événements dont la plaine de Laon venait d'être le théâtre. Dans ces conditions, il était tout naturel que le généralissime se préoccupât à l'avance de l'examen et de la solution des différentes situations dans lesquelles les événements pouvaient le placer.

Comme le montre la lettre de Wolkonsky, on avait examiné, dans la journée du 12, trois hypothèses et préparé en conséquence trois plans d'opérations qui complétaient les dispositions déjà étudiées et que le généralissime avait présentées aux souverains quarante-huit heures auparavant.

Première hypothèse : Napoléon, battu par Blücher, se met en retraite sur Paris.

Dans ce cas et conformément aux dispositions contenues dans le projet du 10 mars, la grande armée se concentre autour de Provins et se porte sur Melun. Le généralissime entrant toutefois dans le détail des mouvements, se proposait alors de masser, le 13 mars, le VIe corps entre Pont-le-Roi et Méry, afin de le diriger, soit sur Arcis, soit sur Villenauxe, de poster le Ve corps

---

[1] Lettre du prince Wolkonsky au prince de Schwarzenberg, Chaumont, 12 mars. (*K. K. Kriegs Archiv.*, III, 207, texte original en français) :

« Monseigneur, je m'empresse de communiquer à Votre Altesse les nouvelles que je viens de recevoir du comte de Saint-Priest.

« Sa Majesté me charge de vous dire qu'Elle croit qu'un mouvement offensif dans ce moment est plus que jamais indispensable.

« Au moment où j'allais finir cette lettre, arrive le général Diebitsch avec les plans de Votre Altesse basés sur trois suppositions différentes.

« Vu l'état des choses chez le maréchal Blücher où *Napoléon paraît avoir éprouvé quelque échec*, Sa Majesté croit qu'actuellement il serait plus convenable de se tenir à la première supposition à laquelle les souverains ne sauront refuser leur approbation.

« Veuillez me faire savoir le plus tôt possible votre décision sur cet objet pour la mettre sous les yeux de Sa Majesté, et agréez, etc. »

à Arcis, de faire marcher le IIIe corps, non plus sur Sens, mais sur Prunay, de réunir le IVe corps entre Prunay et Avon-la-Pèze, et les gardes et réserves entre Brienne et Montier-en-Der.

La grande armée, à cheval à ce moment sur la Seine, aurait passé tout entière sur la rive droite le lendemain. Les IIIe et IVe corps devaient traverser le fleuve à Nogent et à Pont-le-Roi, tandis que les Ve et VIe corps marcheraient, l'un sur Sézanne, l'autre sur Villenauxe, et que les gardes et réserves viendraient à Arcis-sur-Aube.

Le 15, l'armée de Schwarzenberg tout entière se rassemblerait entre Provins et Nangis; Blücher chercherait à arriver à Meaux et opérerait à nouveau sa jonction. Le 16, marche générale des corps de la grande armée sur Melun.

C'était là, toujours d'après la lettre de Wolkonsky, l'hypothèse dont la réalisation semblait la plus probable aux souverains, l'hypothèse à laquelle on s'arrêta et en vue de laquelle on manœuvra.

La deuxième hypothèse supposait que Napoléon, vainqueur de Blücher, se portait par Châlons, contre la droite de Schwarzenberg, et arrivait à Châlons le 15 mars.

On se proposait alors de concentrer toute l'armée entre Arcis-sur-Aube et Méry, à l'exception du IIIe corps, laissé à Troyes et sur la Seine, des cosaques de Seslavin à Saint-Valérien, et du prince Maurice Liechtenstein à Joigny. Les gardes et réserves venaient alors à Saint-Dizier.

Le 14 mars, le gros de l'armée, moins le IIIe corps, aurait été tout entier formé sur la rive droite de l'Aube, de Sompuis à Ramerupt, et les gardes auraient continué leur marche de Saint-Dizier à Vitry, où toute l'armée aurait été réunie le 15.

Enfin, dans une troisième hypothèse, on admettait que Napoléon, sans avoir voulu se mesurer avec Blücher, se dirigerait sur Châlons. Dans ce cas, après avoir porté, le 14, les Ve et VIe corps sur Arcis, les IIIe et IVe sur Troyes, les gardes et réserves de Saint-Dizier sur Joinville ou d'Arcis sur Brienne, on aurait ramené, le 15, les deux premiers corps sur Brienne, les deux autres sur Vendeuvre et les gardes sur Chaumont. Le 16, les quatre corps auraient dû venir à Bar-sur-Aube, et le 17, l'armée tout entière aurait pris position à Chaumont.

Il convient de remarquer, à ce propos, dit le feld-maréchal lieutenant Gallina, dans le beau travail qui a pour titre : *Armee-Leitung und Truppenführung in ihren Wechselbeziehungen*, que les ordres émanant de Schwarzenberg prouvent qu'il avait assurément l'intention de ne remettre la grande armée en mouvement qu'après réception de nouvelles positives sur la direction prise par Napoléon, et sur l'état et la situation de l'armée de Silésie. Or, comme pour exécuter chacun des mouvements qu'il prévoyait dans ces ordres et qui faisaient l'objet de suppositions différentes, l'armée avait besoin de quatre jours, le commandement aurait donc dû savoir au moins quatre jours à l'avance la direction de marche choisie par l'ennemi.

On peut, il est vrai, quand il s'agit, comme c'était là le cas, d'un ennemi posté sur l'un des flancs, arriver, grâce à l'activité de la cavalerie, à savoir approximativement quelles sont les positions occupées journellement par l'ennemi; mais il est difficile, pour ne pas dire impossible, de découvrir à l'avance la direction qu'il imprimera les jours suivants à sa marche. Ainsi, par exemple, il était difficile de savoir si, après avoir repris Reims, Napoléon se porterait, de là, sur Provins, plutôt que sur Chaumont ou sur un point intermédiaire situé entre ces deux villes et sur le cours de l'Aube.

On avait également pris pour base de ces suppositions et admis comme fait positif et indiscutable, l'impossibilité pour Napoléon d'atteindre la Marne avant le 16 mars.

Si les événements ont donné raison à cette supputation, il n'en est pas moins certain qu'ils auraient parfaitement et tout aussi bien pu en démontrer la fausseté et l'inanité.

Car ce ne fut que le 13 mars que Schwerzenberg apprit, par des émissaires et des voyageurs, — par conséquent, d'une manière absolument accidentelle et de sources peu dignes de foi, — qu'il y avait eu des engagements sérieux à Craonne et à Laon. De plus, il est urgent de remarquer que, le 12 mars, le jour où il lança ses ordres éventuels, le généralissime ignorait complètement les mouvements de Napoléon et le sort de Blücher. On savait seulement au quartier général de Schwarzenberg, que Napoléon avait passé la Marne le 3 mars.

Or, de La Ferté-sous-Jouarre à Laon, il y a au plus quatre jours de marche; de Laon à Châlons, il n'y en a pas davantage;

soit huit jours de marche en tout ; de sorte que Napoléon ne pouvait pas être revenu sur la Marne avant le 11 mars.

Mais pour déclarer qu'il ne pouvait y ramener son armée avant le 16, il fallait être certain — et on ne pouvait pas l'être — que Blücher parviendrait à retarder de cinq jours la marche des Français sur Laon. Du reste, rien ne prouvait non plus que Napoléon pousserait sur Laon et que, se contentant d'avoir obligé l'armée de Silésie à rétrograder, il ne ferait pas volte-face en route pour revenir rapidement sur la Marne.

C'est peut-être aussi pour cela que Schwarzenberg a hésité, jusqu'à la réception de nouvelles positives, à pousser vers l'ouest son armée qui, à vrai dire, ne bougea plus depuis le 5 mars. Il semble, en effet, que, dès ce moment, il ait par-dessus tout tenu à pouvoir opérer la concentration dans l'une des trois directions qu'il prévoyait dans ses ordres du 12, et négligé, d'autre part, de s'occuper de la date à laquelle Napoléon pouvait revenir sur lui. Enfin, il est de toute évidence qu'il aurait dû, avant tout, rechercher et appliquer les moyens qui lui auraient permis de découvrir la direction prise par Napoléon. Une telle opération était assurément difficile, mais elle était loin d'être inexécutable.

Si, après avoir repris Reims le 13, Napoléon avait pu continuer à marcher sur Brienne, s'il n'avait pas été contraint à rester à Reims du 14 au 17, il aurait certainement débouché, avec son armée, du côté de Brienne le 17 au plus tard. Or, ce ne fut que le 16 dans la nuit, que Schwarzenberg fut informé de la prise de Reims, et il lui eût été, par suite, absolument impossible d'amener en deux jours son armée sur la position de Trannes, qu'il avait choisie comme point de ralliement général dans ses ordres du 12 et qu'on ne saurait atteindre de Nogent en moins de quatre jours.

C'est donc un hasard heureux, une coïncidence fortuite qui, en décidant Napoléon à ne passer la Marne que le 18 et à se porter vers le cours central de cette rivière au lieu de se jeter par la haute Marne sur les derrières et sur la queue de Schwarzenberg, a tiré la grande armée alliée de la situation plus que critique dans laquelle elle se serait trouvée placée, par suite des lenteurs et des hésitations de son chef.

D'ailleurs, en présentant ces différents projets aux souverains, Schwarzenberg cherchait moins à se préparer en vue des éventualités les plus diverses qu'à éviter de prendre un parti définitif avant de savoir exactement à quoi s'en tenir sur l'issue des opérations de Napoléon contre Blücher, sur les intentions ultérieures du *maréchal Vorwärts*. Les lettres que le généralissime écrit à sa femme nous en fournissent la preuve et nous montrent qu'il était loin d'être décidé en principe à livrer la bataille décisive qui pouvait, dans de certaines conjonctures, devenir absolument nécessaire. Le jour même de sa conférence avec Diebitsch et avec Toll, il disait à la princesse : « *Cette fois Blücher a été sage, il a refusé la bataille tant qu'il n'a pas eu toutes ses forces sous la main..... Mais je suis sans nouvelles de lui depuis le 9 et j'avoue que je tremble. Si Blücher, qui a des troupes aussi bonnes et aussi nombreuses que Napoléon, est battu, je me demande s'il est sage d'accepter la bataille; car si je suis vaincu, quel triomphe pour Napoléon et quelle humiliation pour les souverains forcés de repasser le Rhin à la tête d'une armée battue !*

Lord Burghersh avait donc bien jugé la situation, lorsqu'il écrivait à lord Castlereagh : « *Nos opérations sont bien bizarres. Le fait est qu'on a peur de se battre. Je suis convaincu qu'on ne risquera pas une action générale sans laquelle il est impossible d'en finir avec Bonaparte. Ce que Schwarzenberg aimerait le mieux, ce serait de pouvoir revenir sur le Rhin. Dans sa situation actuelle, il est aux prises avec une infinité de difficultés qu'une victoire seule lui permettrait de surmonter; mais il trouve le remède trop dangereux. N'osant se replier, tant qu'il n'y sera pas forcé, il reste là où il est, sans avoir, je le crains, l'intention de faire grand'chose, à moins toutefois que les victoires des autres armées alliées ne simplifient sa besogne* [1]. »

Et un peu plus loin, l'officier anglais trace un tableau désolant de l'état moral de la grande armée alliée pendant les journées de repos que son chef lui a accordées dans l'espoir de la voir se refaire : « Les officiers n'aspirent qu'à une chose, n'ont qu'un désir : *la paix*. Il m'est pénible de vous le dire, mais je crois de mon devoir de vous faire connaître la vérité : la grande armée est en pleine dissolution ; on n'y fait plus que piller et voler ; les habitants de Troyes n'ont plus de pain et mangent les chevaux morts qui gisent dans les rues. »

---

[1] Castlereagh, *Correspondance*, III, 336.

13 mars 1814. — Ordres pour la journée du 13 mars. — Aussi, pendant que Diebitsch emportait à Chaumont les plans d'opération que nous venons de résumer, le généralissime, n'ayant reçu aucune nouvelle plus récente et plus positive de l'armée de Silésie, envoyait le 12 au soir à ses commandants de corps des ordres faisant exécuter à son armée les mouvements qu'elle aurait eu à faire si, comme le prévoyait la première hypothèse, Napoléon, battu à Laon, avait pris le parti de se replier sur Paris.

Ces mouvements, d'ailleurs, n'étaient en aucun cas de nature à compromettre l'armée. Ils ne tendaient, en somme, qu'à resserrer quelque peu des cantonnements démesurément étendus en rapprochant les différents corps de l'Aube, qu'à couvrir le prolongement de l'aile droite en faisant venir les gardes et réserves à Brienne.

A partir de ce moment, la grande armée renonce à cette inaction, à cette immobilité qui n'a pas duré moins de neuf jours, bien qu'en réalité ce ne soit guère que le 18 au soir et même le 19 qu'elle recommencera à manœuvrer et à opérer sérieusement. Pendant les journées qui vont s'écouler du 13 au 19, le généralissime va se borner, en effet, à lui faire exécuter des mouvements sans conséquence, à livrer des combats insignifiants et partiels aux environs de Provins. On eût pu assurément mieux faire. Rien n'empêchait encore de réparer le temps perdu et d'écraser par une offensive énergique la poignée d'hommes qui suffisait à peine pour surveiller le cours de la Seine et de l'Yonne et couvrir Provins.

Mais de semblables opérations ne cadraient pas avec les idées de prudence, avec la circonspection méthodique du généralissime.

Escarmouches de Villenauxe et de Courtavant. — Le VI⁰ corps et les cosaques de Kaïssaroff occupaient déjà les positions que leur assignaient les nouveaux ordres de Schwarzenberg et les avant-postes de Pahlen étaient déjà établis sur la Seine à Froidparoy, Nogent et Marnay ; sur l'Aube à Plancy et à Anglure, tandis que Kaïssaroff couvrait sa position centrale de Sézanne par des détachements qui occupaient Villenauxe et Mœurs.

Du côté des maréchaux français, le maréchal Macdonald concentrait, le 13 au matin, le corps d'Oudinot entre les routes de Nogent et de Bray ; Trelliard, qui remplaçait Valmy, recevait l'ordre de pousser vers Sézanne jusqu'à hauteur de Courgivaux, avec 2,400 chevaux des 5e et 6e corps de cavalerie, soutenus par la brigade Montfort de la division Leval, et Milhaud laissait une seule de ses divisions à Herme. Enfin, Saint-Germain était venu attaquer Villenauxe, en avait chassé les cosaques qu'il avait poussés en arrière du canal de Courtavant. L'infanterie qui le soutenait occupa Courtavant, qu'elle quitta ensuite dans le courant de l'après-midi. Attaquée et cernée à ce moment par les cosaques d'Ilowaïsky XII, elle ne parvint à se frayer une route qu'au prix de pertes assez sérieuses [1].

Mouvements des Ve, IVe et IIIe corps et des gardes et réserves. — Le gros du Ve corps exécutant son mouvement sur Arcis, avait passé la Seine à Méry et à Saint-Lyé et laissé à Traînel le général Antoine Hardegg dont la cavalerie, sous les ordres de Geramb, continuait à observer Bray du côté de Montigny-le-Guesdier [2].

Au IVe corps, le prince royal de Wurtemberg avait fait serrer ses troupes sur Saint-Martin-de-Bossenay, où il avait établi son quartier général, Avon-la-Pèze et Marcilly-le-Hayer.

Outre les troupes wurtembergeoises, le prince avait maintenant sous ses ordres un régiment de hussards autrichiens, la 2e division de cuirassiers russes du général Krétoff, une partie des réserves autrichiennes commandées par le comte Nostitz et comprenant huit bataillons de grenadiers et les quatre régiments de cuirassiers du feld-maréchal lieutenant Kroyherr.

Le prince royal, en opérant ce mouvement de concentration vers l'Aube, avait fait replier sur Trancault-le-Repos la brigade de cavalerie légère du général Walsleben, chargée précédemment de surveiller le cours de l'Yonne, et la brigade d'infanterie du général Stockmayer, postée pendant les huit derniers jours à Sens.

Pour couvrir sa marche et celle du IIIe corps et ne pas perdre

---

[1] Rapport journalier à l'empereur d'Autriche, 14 mars. (*K. K. Kriegs Archiv.*, III, 254.)

[2] STÄRKE, Eintheilung und Tagesbegebenheiten der Haupt-Armee im Monate März. (*K. K. Kriegs Archiv.*, III, 1.)

de vue les mouvements que les Français auraient pu faire du côté de Montereau, le prince avait laissé à Pont-sur-Yonne et à Michery un régiment de chasseurs à cheval chargé de maintenir les communications avec Seslavin qui, venant d'Auxerre, était arrivé à Saint-Valérien. La brigade autrichienne du général Schäffer passa au même moment du IVe au Ve corps et dut fournir la garnison de Troyes.

Le IIIe corps vint s'établir à Marigny-le-Châtel, Prunay, Villeloup et au Pavillon avec le quartier général de Gyulay à Dierrey-Saint-Pierre. La division Crenneville avait fait mouvement de Cerisiers sur Villeneuve-l'Archevêque d'où elle allait observer la route de Sens, et la division légère de Maurice Liechtenstein restait à Auxerre.

Les gardes et réserves russes et prussiennes avaient enfin quitté les environs de Chaumont pour venir à Brienne et Montier-en-Der. Barclay de Tolly et l'empereur de Russie transférèrent leurs quartiers généraux à Bar-sur-Aube. L'empereur d'Autriche et le roi de Prusse restaient encore à Chaumont.

Tous ces mouvements n'avaient aucun caractère offensif ; on voulait uniquement grouper et concentrer des corps par trop épars et combler, en postant le Ve corps à Arcis et les gardes à Brienne, le vide par trop considérable qui avait existé jusque-là entre les réserves établies à Chaumont et le reste de la grande armée.

Nouvelles de l'armée de Silésie. — Dans le courant de la journée, on avait reçu, au quartier général de Schwarzenberg, une quantité de renseignements, les uns d'authenticité contestable puisqu'ils reposaient sur des rapports d'espions ou des récits de voyageurs, les autres, au contraire, parfaitement positifs et absolument précis. Les derniers, parmi lesquels on peut ranger les deux rapports de Saint-Priest, en date de Sillery le 11 mars (*K. K. Kriegs Archiv.*, III, 208, *a* et *b*), ne contenaient guère en dehors de l'annonce officielle du mouvement sur Reims, que ce général se proposait d'exécuter le lendemain, que des appréciations personnelles sur la direction suivie par l'Empereur. Ces indications avaient cependant paru suffisantes à l'empereur Alexandre, et le prince Wolkonsky avait, sur son ordre, écrit au généralissime en insistant à nouveau sur la nécessité de prendre immédiatement l'offensive. Bien que Schwarzenberg eût été, en outre, mis au courant des événements, qui s'étaient passés à Soissons et à Laon. du 3 au 10 mars, par l'officier même qu'il avait détaché au quartier général de l'armée de Silésie, le major Mareschal[1], bien qu'il eût reçu la nouvelle officielle de la reprise de Reims par Saint-Priest, il avait persisté à croire à la probabilité de la retraite de l'Empereur sur Paris. Toutefois, au lieu de pousser directement et vivement sur Paris, il avait cru plus prudent de s'en tenir encore à des mesures préparatoires, de rapprocher quelques-uns de ses corps des positions occupées par Macdonald, dans l'idée que Napoléon, à la nouvelle de ce mouvement, renoncerait à se jeter sur la droite de la grande armée et s'empresserait de venir couvrir sa capitale. Il semble, d'ailleurs, qu'avant de s'engager plus à fond, le généralissime ait voulu se ménager un entretien qu'il demandait à l'empereur de Russie de lui accorder le lendemain, lors de l'arrivée de ce monarque à Troyes, et dans lequel il comptait se justifier des reproches que ce prince venait de lui adresser.

« J'espère, lui avait écrit le tzar, qu'à l'avenir vous ne serez plus lié et que vous pourrez agir en tenant uniquement compte de la situation stratégique. »

14 mars 1814. — Mouvements préparatoires des corps de la grande armée. — Le 14 au matin, les corps de la grande armée procédèrent à l'exécution des quelques mouvements prescrits par la disposition donnée le 13 à 5 heures du soir.

Deux des divisions du IIIe corps en marche sur Sens, se cantonnèrent aux environs de Villeneuve-l'Archevêque. La 3e division, celle de Crenneville, venant de Cerisiers par Villeneuve-l'Archevêque, occupa Sens dans l'après-midi. Elle envoya sur la la rive gauche de l'Yonne une partie de sa cavalerie, d'une part, afin de se relier avec le prince Maurice Liechtenstein à Auxerre, et Seslavin posté à Saint-Valérien qui, lui, avait ordre de se replier sur Sens et auquel Gyulay était chargé désormais de donner des instructions, et de l'autre, afin de surveiller du côté de

---

[1] Rapport du major Mareschal au prince de Schwarzenberg sur les opérations de Blücher du 2 au 9 mars, Troyes, 12 mars (*K. K. Kriegs Archiv.*, III, 228), et STARKE, Eintheilung und Tagesbegebenheiten der Haupt-Armee im Monate März (*Ibid.*, III, 1).

Courtenay les mouvements des Français sur le Loing [1]. A droite du IIIe corps, la cavalerie légère wurtembergeoise occupait Pont-sur-Yonne.

Le prince royal de Wurtemberg n'avait reçu qu'à 10 heures du matin la disposition confiée le 13 à 6 heures du soir à un officier qui, ne connaissant pas les chemins, avait pris par Nogent pour se rendre de Troyes à Saint-Martin-de-Bossenay.

Le IVe corps ne put par suite commencer qu'à midi son mouvement sur Fontenay-de-Bossery, Mâcon et Saint-Aubin. A 4 heures, la brigade wurtembergeoise du général Misany relevait à Nogent les russes du général Lissanovitch, qui rejoignaient aussitôt le VIe corps du côté de Pont-le-Roi. La cavalerie de Walsleben et l'infanterie de Stockmayer venant de Trancault-le-Repos, arrivèrent le 14 au soir à Fontenay et les chasseurs à cheval wurtembergeois, postés à Pont-sur-Yonne et servant momentanément d'avant-garde à la division Crenneville, poussèrent leurs patrouilles et leurs postes avancés jusque dans les environs de Montereau.

A Nogent, les Français tenaient toujours sur la rive droite le faubourg des Ponts. Le prince royal, en attendant l'arrivée de ses pontons, avait, à la suite d'une reconnaissance, résolu de jeter un premier pont en amont de la ville. Il voulait ensuite, lorsqu'il aurait réussi à faire évacuer les faubourgs, établir à l'aide des bateaux qu'on parviendrait à trouver, un deuxième pont dans la ville même.

Une fois ces deux ponts achevés, il avait l'intention, conformément aux ordres du généralissime, de pousser avec son gros sur la route de Provins, tandis qu'une autre colonne, marchant par la rive droite, obligerait les Français à évacuer Bray.

Il suffit de jeter un coup d'œil sur les mouvements exécutés par les IIIe et IVe corps pour voir que les opérations du 14 mars, loin d'avoir un caractère offensif, tendaient uniquement à amuser l'ennemi.

Si l'on avait eu réellement l'intention de prendre, quoique bien tardivement, l'offensive contre Macdonald, le 14, à un mo-

---

[1] Gyulay à Schwarzenberg, Villeneuve-l'Archevêque, 14 mars. (*K. K. Kriegs Archiv.*, III, 262.)

ment où Napoléon, maître de Reims, pouvait à la première attaque sérieuse dirigée contre Provins, se jeter sur les derrières de la grande armée alliée engagée sur les traces de Macdonald et la prendre entre deux feux, on n'aurait évidemment pas envoyé Gyulay sur Sens et chargé le VI⁰ corps seul et les cosaques d'entreprendre quelque chose contre les Français.

L'idée du prince royal de Wurtemberg d'établir un pont à Nogent et en amont de cette ville, était d'autant moins rationnelle que les Français occupaient encore la rive droite et qu'il y avait tout intérêt à choisir un point de passage plus avantageux et assurant aux Alliés un débouché facile sur la rive opposée.

Au V⁰ corps, Frimont avait passé dès le matin l'Aube à Arcis avec la division Spleny et s'était dirigé par la rive droite sur Plancy où il arriva à midi et qu'il fit occuper par un régiment de cavalerie, trois bataillons et une batterie. Un régiment de cavalerie, deux bataillons et une batterie flanquaient sa droite en s'établissant à Salon, Faux et Fresnay. Deux escadrons, soutenus par deux compagnies, lui servaient d'avant-postes à Boulages et envoyaient des patrouilles dans la direction de Sézanne. Mais Frimont n'avait pu parvenir à rétablir, comme Wrède l'aurait désiré, le pont de Plancy, et le pont de Boulages ne pouvait être utilisé que par un temps sec, parce que le chemin de terre qui y donnait accès devenait impraticable dès qu'il pleuvait. En arrière de Frimont, la cavalerie du général Diez et l'infanterie bavaroise du général de La Motte étaient venues se cantonner, la première à Allibaudière, la seconde à Villiers-Herbisse et à Herbisse, à Viâpres-le-Grand, à Viâpres-le-Petit et à Champigny-sur-Aube. Le reste du V⁰ corps occupait Ormes et Arcis [1].

Affaires de cavalerie de Mœurs et de Villenauxe. — A 7 heures du matin, Trelliard, après avoir passé par Montceaux-les-Provins, Courgivaux et Retourne-Loup, à la tête de 2,400 chevaux, soutenus par la brigade d'infanterie du général Montfort, attaquait à Mœurs les avant-postes de Kaïssaroff, pendant qu'une autre reconnaissance de cavalerie tombait au même moment sur les cosaques qui gardaient Villenauxe.

---

[1] Stärke, Eintheilung und Tagesbegebenheiten der Haupt-Armee im Monate März (*K. K. Kriegs Archiv.*, III, 1), et Taxis, *Tagebuch* (*Ibid.*, XIII, 32).

Heureusement pour Kaïssaroff, ses cosaques tinrent bon en avant de Sézanne et se retirèrent lentement devant Trelliard, qui, se conformant aux ordres qu'il avait reçus, n'osa ni s'engager à fond, ni se retirer à propos. Pendant ce temps, Kaïssaroff avait rejeté la colonne qui avait fait une démonstration sur Villenauxe et s'était mis immédiatement en route pour Sézanne. Contournant cette ville sans y entrer, il s'était jeté sur la droite des cavaliers de Trelliard et de Piré, que son artillerie canonnait de front pendant qu'une partie de ses cosaques tombait sur leur gauche. Piré, obligé de se replier sur les dragons laissés en arrière, eut quelque peine à repasser le défilé de Mœurs.

Le combat de Mœurs et la retraite inquiétée par les cosaques jusqu'à Châtillon-sur-Morin avaient coûté à la cavalerie française 150 hommes hors de combat et une trentaine de prisonniers[1]. En terminant son rapport, Kaïssaroff attribuait son succès à une ruse qui aurait trompé la cavalerie française : « Je dois avouer à Votre Altesse, écrit-il en français à Schwarzenberg, que les Français auraient réussi à occuper Sézanne s'ils n'avaient pas pris les chevaux de bât des cosaques que je réglais en escadrons pour de la cavalerie réelle. » Enfin, comme il ajoutait en finissant qu'il ignorait encore si les troupes du VIe corps occupaient militairement Villenauxe et que, au cas contraire, il s'attendait pour le lendemain à une attaque sérieuse sur Sézanne dont la conservation lui paraissait de plus en plus indispensable, on envoya à 11 heures du matin à Wrède l'ordre de le soutenir.

A 4 heures, Frimont dirigeait une colonne de cavalerie par Pleurs sur Sézanne et un gros parti par Marsangis sur Villenauxe. Lui-même devait venir le 15 au matin avec son gros à Pleurs et à Marsangis. La division La Motte et la brigade de cavalerie de Vieregg avaient ordre de suivre le mouvement de Frimont et de lui servir de soutien.

Au VIe corps, que Raïeffsky n'avait pas encore rejoint, Wittgenstein continuait à diriger les opérations en attendant l'arrivée de son successeur. Il avait employé la matinée et une partie de

---

[1] Kaïssaroff à Schwarzenberg, Sézanne, 14 mars, en français dans l'original (*K. K. Kriegs Archiv.*, III, 255); Rapport journalier à l'empereur d'Autriche, Pont-le-Roi, 15 mars (*Ibid.*, III, 270), et STARKE, Eintheilung und Tagesbegebenheiten der Haupt-Armee im Monate März (*Ibid.*, III, 1).

la journée à jeter à nouveau un pont à Pont-le-Roi. Chargeant la brigade Lissanovitch, relevée à Nogent par les Wurtembergeois, du soin de garder Pont-le-Roi, Pahlen, suivi par le corps du prince Eugène de Wurtemberg, passait sur la rive droite et se dirigeait, vers 4 heures, à droite sur Villenauxe, à gauche sur Plessis-Mériot. Au même moment, Saint-Germain débouchait de Villenauxe et rejetait les escadrons de Pahlen. Soutenue presque immédiatement par l'infanterie du prince Eugène qui avait pris pied sur la rive droite, l'avant-garde de Pahlen chassa à son tour les cuirassiers français de La Villeneuve-au-Châtelot, pendant que les cosaques d'Ilowaïsky se dirigeaient à gauche vers La Saulsotte. A droite, les cosaques de Rebrikoff et les hussards d'Olviopol venant de Villiers-aux-Corneilles avaient atteint Villenauxe, s'y étaient rejoints avec les hussards de Grodno et deux escadrons de hussards de Lubny et avaient contraint la cavalerie de Saint-Germain et l'infanterie du général Belair à se replier au plus vite des environs de Villenauxe et de Montpothier, de Courtavant et des Planches sur Le Port. L'infanterie du prince Eugène de Wurtemberg appuya et soutint la cavalerie russe qui, renforcée par les hussards d'Olviopol et la brigade de cuirassiers du général Leontieff, se disposait déjà à se porter de La Saulsotte sur Chalautre-la-Grande, au moment où le général Gérard, arrivé de Plessis-Mériot, faisait prendre position à une de ses divisions sur les hauteurs de Montpothier. Pendant ce temps, le général Rüdiger, avec les cosaques de Wlassoff et de Rebrikoff, les hussards de Grodno et les deux escadrons de hussards de Lubny que le prince Eugène de Wurtemberg lui avait renvoyés, les hussards de Soumy et la brigade de cuirassiers du général Staal, avait poussé de Villenauxe sur Saint-Martin-Chennetron et, de là, jusqu'au delà de Léchelle, sans donner contre le moindre poste. Rüdiger voyant toutefois que Richebourg était solidement occupé par l'infanterie française, ne poussa pas plus loin et, ramenant le gros de sa cavalerie à Saint-Martin-Chennetron, il ne laissa que des avant-postes à Léchelle et à Chalautre-la-Grande[1].

---

[1] STÄRKE, *Eintheilung und Tagesbegebenheiten der Haupt-Armee im Monate März* (*K. K. Kriegs Archiv.*, III, 1), et Journal du prince Eugène de Wurtemberg (*Archives topographiques*, n° 47344).

Le corps du prince Gortchakoff avait également passé la Seine et était venu s'établir en arrière du canal de Courtavant.

Le VIe corps tout entier avait par suite pris pied le 14 au soir sur la rive droite de la Seine.

L'occupation du faubourg de Nogent et du Port n'avait désormais plus d'objet, et le maréchal, craignant pour sa gauche, résolut aussitôt de ramasser ses troupes, pour nous servir de l'expression même qu'il employait dans sa lettre au général Souham.

Oudinot devait venir à Sourdun et y être rejoint, le 15 au matin, par la division Brayer, retirée de Bray. Rottembourg occupait, avec sa division, Provins et Les Filles-Dieu. Gérard restait encore sur ses positions de l'après-midi avec son corps et une partie de la cavalerie de Milhaud.

Le maréchal avait l'intention d'attaquer son adversaire, le 15, de tâcher de le rejeter sur la rive gauche, et, s'il n'y parvenait pas, de masser toutes ses forces pour lui livrer bataille le 16.

Les gardes et réserves russes étaient venues se cantonner sur la rive droite de l'Aube, entre Brienne, Lesmont, où l'on avait jeté un pont de bateaux, et Arcis.

15 mars 1814. — Ordres de Schwarzenberg. — Renseignements positifs sur les mouvements de l'Empereur. — Plus encore que la présence de l'empereur Alexandre à Troyes, les nouvelles reçues dans le cours de la journée du 14 ne devaient pas tarder à modifier, du tout au tout, et la situation et les projets du généralissime. La relation officielle de la bataille de Laon[1], confiée au major von Brüneck, aide de camp de Blücher, qui avait mis près de quatre jours pour rejoindre par des détours le quartier général, ne laissait plus l'ombre d'un doute sur la défaite de l'Empereur et venait confirmer et compléter les renseignements apportés déjà vingt-quatre heures plus tôt par le major Mareschal. On n'en persistait pas moins à croire au quartier général de Troyes à la marche de l'Empereur vers Meaux et vers la Seine. Bien que Schwarzenberg eût reçu, le 14 dans la

---

[1] Blücher à Schwarzenberg, Laon, 10 et 11 mars. (*K. K. Kriegs Archiv.*, III, 189.)

soirée, une dépêche de Tettenborn [1], partie le 13 au soir de Port-à-Binson et faisant prévoir la reprise de Reims par les Français, le généralissime crut néanmoins qu'il suffisait encore, pour le moment, de s'assurer la possession du débouché de Nogent et de charger le VIe corps de s'en emparer en prenant à revers la position des Français par un mouvement dirigé du Mériot vers Provins. Le IVe corps avait pour mission de soutenir les Russes de Raïeffsky et de leur servir de réserve en passant sur la rive droite de la Seine et en venant s'établir au Mériot, pendant que le Ve corps reviendrait d'Arcis-sur-Aube sur Villenauxe et Chalautre-la-Grande. Quant au IIIe corps, on le laissait continuer sa marche sur Sens. C'était là tout le parti qu'on croyait pouvoir tirer pour le moment d'un renseignement aussi précieux, aussi important que celui qui venait, pour la première fois, de déterminer, d'une façon précise, la position de l'Empereur et de permettre de deviner ses projets.

Au moment où elle pouvait être exposée à une de ces attaques rapides, imprévues, que l'Empereur affectionnait, la grande armée allait, une fois encore, se répandre sur une longue ligne de près de 100 kilomètres, s'étendant de Brienne jusqu'à Sens. Et cependant, pour la première fois depuis le 10 au soir, on savait exactement où était l'Empereur. Jusque-là, la cavalerie de Blücher s'était contentée d'observer les environs de Berry-au-Bac et de Soissons. Les cosaques de Tettenborn avaient surveillé le cours de la Marne sans parvenir à pénétrer les desseins de Napoléon, à l'obliger à montrer des forces sur un point quelconque de son échiquier stratégique. Jusque-là, on n'avait pu déchirer le voile derrière lequel l'Empereur abritait sa petite armée ; on en était réduit aux hypothèses, et c'était pour cela qu'on avait admis la probabilité d'une retraite par Meaux sur Paris. Mais l'occupation de Reims par Saint-Priest avait eu pour conséquence la reprise inattendue de cette ville, et la défaite, que le général russe aurait pu s'épargner s'il eût été moins imprudent et moins présomptueux, était le premier indice sérieux et incontestable du mouvement que l'Empereur avait commencé et qu'il

---

[1] Tettenborn à Schwarzenberg, Port-à-Binson, 13 mars. (*K. K. Kriegs Archiv.*, III, *ad* 241.)

allait continuer aussitôt après avoir achevé de reformer son armée.

Si le général Corbineau avait pu se maintenir à Reims, s'il eût été possible à l'Empereur de lui envoyer les renforts que ce général avait demandés, l'armée française serait arrivée jusqu'à Châlons ou jusqu'à Vitry sans que la grande armée eût rien su de ce mouvement, sans que Tettenborn, obligé par la marche de l'Empereur à se rejeter vers le Nord et coupé de ses communications avec Schwarzenberg, eût pu prévenir le généralissime du danger que couraient sa droite et ses derrières. Enfin, comme on ne savait pas au quartier général de Troyes que l'Empereur serait obligé de rester trois jours à Reims, il eût été sage de laisser, dès le 14, sur l'Aube, des forces en état d'arrêter son armée. On dirigea, au contraire, le 15, le V° corps sur Villenauxe et sur Provins, de sorte que si, comme on devait le prévoir et le craindre, l'Empereur avait paru sur l'Aube ou poussé par Vitry sur Brienne ou sur Joinville, il n'aurait trouvé devant lui, le 16 au soir, que les gardes russes et prussiennes en position aux environs de Brienne et de Lesmont.

Les ordres de mouvement pour le 15 ne répondaient donc, en aucune façon, à la situation nouvelle faite par la prise de Reims. On crut même superflu de reprendre ou de modifier les instructions

Cette fois cependant, un contre-ordre eût été d'autant plus opportun que les dispositions données étaient, en outre, presque inexécutables et que, par suite de circonstances diverses, la plupart des corps de la grande armée se trouvèrent dans l'impossibilité de se conformer aux instructions du généralissime.

Mouvements des corps de l'aile gauche. — A l'aile gauche, les Autrichiens n'éprouvèrent aucune difficulté à exécuter les quelques mouvements prescrits par le prince de Schwarzenberg.

La division légère du prince Maurice Liechtenstein vint d'Auxerre, où on ne laissa qu'un poste d'observation et de correspondance, s'établir à Joigny et envoya à Villeneuve-sur-Yonne un parti chargé de la relier, d'une part, avec Seslavin, de l'autre avec Gyulay.

On avait déjà rappelé d'Avallon le détachement du major von Wüsthoff, qui rejoignit la division sans être autrement inquiété.

Le gros du III⁰ corps entra à Sens dans la matinée et l'une de ses divisions occupa la ville et le faubourg de l'Yonne sur la rive gauche de la rivière, pendant que la division Fresnel prenait position, à l'est de la ville, de Saligny à Mâlay-le-Vicomte, et la division Crenneville au nord, à Saint-Martin-sur-Oreuse, et que les patrouilles de l'avant-garde poussaient, les unes dans la direction du Loing jusqu'à Saint-Valérien, les autres du côté de Villeneuve-la-Guyard et de Montereau vers Champigny-sur-Yonne. La ligne des avant-postes partait sur la rive gauche de Gron et de Collemiers pour aller, par Saint-Serotin, aboutir à la rivière à hauteur de Pont-sur-Yonne. Le III⁰ corps ne parvint cependant pas à remplir complètement la mission qui lui avait été donnée. Son avant-garde aurait dû, en effet, occuper Pont-sur-Yonne même, et pousser de là plus en avant sur la rive gauche de la rivière. Seslavin s'était conformé aux instructions que Gyulay lui avait fait tenir et avait ramené à nouveau ses cosaques de Sens à Saint-Valérien. D'après les renseignements qu'il avait fournis au feldzeugmeister, on croyait savoir que les Français avaient un millier d'hommes du côté de Montargis, 3,000 hommes à Nemours avec le général Allix, quelques dépôts de conscrits à Fontainebleau et à Melun, 1500 hommes à Moret et à peu près autant de monde sur les hauteurs de Montereau qu'on travaillait à mettre en état de défense [1].

IV⁰ corps. — Combat de Nogent. — A Nogent, le prince royal de Wurtemberg était resté immobile toute la matinée, attendant pour jeter un pont et pour essayer de déboucher sur la rive droite de la Seine que le général Raïeffsky eut commencé son mouvement contre la forêt de Sourdun. Le prince royal, ne pouvant correspondre avec le VI⁰ corps, ignorait naturellement que le général russe n'avait pas reçu les ordres de mouvement en temps utile.

A 10 heures du matin, tout était encore tranquille sur la rive droite; les avant-postes russes n'avaient pas bougé du côté de La Saulsotte et les Français continuaient à occuper avec quelques tirailleurs le faubourg de Nogent et à tenir solidement Le Port et les hauteurs de Saint-Nicolas.

---

[1] STÄRKE, Eintheilung und Tagesbegebenheiten der Haupt-Armee im Monate März (*K. K. Kriegs Archiv*. III, 4), et Gyulay à Schwarzenberg, Sens, 15 mars (*Ibid*., III, 280).

En présence de cette immobilité qu'il ne parvenait pas à s'expliquer, le prince royal résolut d'essayer de donner le change à Gérard par des démonstrations. S'attendant à voir les postes français du faubourg des Ponts et du Port, déjà compromis par la présence de l'avant-garde de Raïeffsky du côté de l'église de Saint-Féréol, se retirer sans coup férir dès qu'il ferait mine de les attaquer, il ordonna à une batterie de position de canonner le faubourg, à la brigade Misany de passer sur la rive droite, en se servant des pontons amenés en aval de la ville. Les feux de la batterie et l'apparition de la brigade sur la rive opposée devaient, dans son esprit, faciliter et accélérer l'établissement du pont. Un bataillon, transporté sur la rive droite par les bateaux, réussit momentanément à chasser les avant-postes français et à occuper une partie du faubourg ; mais les Français se maintinrent dans les maisons qu'ils avaient crénelées, derrière les murs des jardins dans lesquels ils avaient pratiqué des embrasures et derrière les barricades qu'ils avaient élevées au débouché des rues.

Soutenus par deux bataillons que Gérard envoya en toute hâte sur ce point, ils rejetèrent à leur tour le bataillon wurtembergeois et l'obligèrent à repasser sur la rive gauche, après lui avoir mis une centaine d'hommes hors de combat. La canonnade dura jusqu'au soir sans amener aucun résultat, et ce fut seulement dans la nuit du 15 au 16 que le maréchal Macdonald, craignant pour sa gauche, redoutant de voir sa ligne d'opération menacée, se décida à renoncer au faubourg de Nogent et donna au général Gérard l'ordre de rappeler les quelques postes qui s'y étaient maintenus jusque-là.

VI° corps. — Affaires de Léchelle et de Saint-Nicolas. — Le 15 au matin, Rüdiger, qui s'était arrêté la veille à Saint-Martin-Chennetron et dont les avant-postes occupaient Léchelle et Chalautre-la-Grande, avait signalé l'approche du général Trelliard dont la cavalerie, après les affaires qu'elle avait eues la veille du côté de Sézanne, se repliait vers Provins par Villegruis, et remarqué que l'infanterie d'Oudinot s'était établie, d'une part en avant de Provins sur la hauteur par laquelle passe la route menant à Léchelle, de l'autre, entre Léchelle et Chalautre-la-Grande où la brigade Montfort qui avait pris part à l'expédition de Trelliard, devait rejoindre la 2° brigade (général Chassé) de la division Leval. La cavalerie de Trelliard, sans s'occuper autrement de la présence des escadrons de Rüdiger avec lesquels on se contenta de tirailler, continua sa marche vers Provins, et les avant-postes russes évacuèrent Léchelle, que la division Leval occupa aussitôt après leur départ.

Pendant ce temps, le général Raïeffsky, auquel aucun ordre n'était encore parvenu, faisait quitter pendant la matinée du 15 à l'infanterie du prince Gortchakoff la position qu'elle occupait en arrière du canal de Courtavant et la dirigeait sur Villenauxe. Raïeffsky reçut la disposition vers midi seulement et reconnut aussitôt la position des Français dont la droite était encore à ce moment à la Seine, au faubourg des Ponts et au Port, dont le centre occupait les hauteurs de Saint-Nicolas, la forêt de Sourdun, les collines de Nozeaux et de Saint-Féréol et dont la gauche s'appuyait à Léchelle. Quelques escadrons de Milhaud se montraient en avant de la forêt de Sourdun, et le gros de la cavalerie se tenait sur le plateau en arrière de Saint-Martin-Chennetron. Bien que, d'après les prévisions de la disposition, les conditions, dans lesquelles devait s'exécuter la marche du VI corps, fussent loin d'être remplies, malgré la présence des Français, tant dans le faubourg de Nogent que du côté du Mériot, malgré la tentative infructueuse du passage de la Seine esquissée par le IV corps, les colonnes du VI corps gravissaient déjà les hauteurs de Montpothier et avaient ordre d'attaquer les positions françaises de Saint-Féréol et de Nozeaux, lorsqu'un officier de l'état-major général (le lieutenant Reich) vint, de la part de Radetzky, prescrire à Raïeffsky de ne rien entreprendre du côté de Saint-Nicolas et du Mériot avant d'avoir constaté, par une reconnaissance offensive dirigée sur Provins, que le VI corps n'avait rien à craindre pour sa droite et pour ses derrières. Raïeffsky fit faire halte à son infanterie et donna sur-le-champ l'ordre à Pahlen de profiter des quelques heures de jour qui restaient pour pousser vers Provins et reconnaître les forces de l'ennemi aux environs de cette ville et de Saint-Martin-Chennetron.

Cette reconnaissance projetée n'eut d'ailleurs pas lieu. Au moment où Pahlen se portait dans la direction indiquée, la cavalerie de Saint-Germain, dépassant Léchelle, s'avança contre les Russes ; mais elle ne tarda pas à plier devant eux et à être rejetée jusqu'au delà de Léchelle où elle reprit position sous la protection de l'artillerie en batterie sur le plateau. Comme les patrouilles envoyées par Pahlen sur le flanc gauche des Français avaient signalé la présence, en arrière des hauteurs, d'une forte réserve de cavalerie et que la nuit approchait, les Russes crurent prudent de ne pas pousser plus avant.

Pahlen, ayant derrière lui le corps du prince Eugène de Wurtemberg, s'arrêta à Saint-Martin-Chennetron. Vers 9 heures du soir, les Français essayèrent encore une fois de se réinstaller à Saint-Martin ; mais ils furent ramenés jusqu'à Richebourg. Le prince Schakhoffskoï, avec deux régiments d'infanterie, les hussards d'Olviopol, les cosaques d'Ilowaïsky et quelque artillerie, avait pris position du côté de Saint-Nicolas. Au centre des positions du VIe corps, Gortchakoff occupa le soir Montpothier[1].

A droite du VIe corps, Kaïssaroff avait suivi dans la nuit la cavalerie de Trelliard et de Piré jusqu'à Retourneloup. Jugeant, comme il le dit lui-même[2], qu'en raison de la disposition générale et des mouvements des corps de la grande armée, l'envoi des quelques faibles partis qu'il aurait pu pousser sur Provins « n'aurait pas contribué à faciliter les opérations du reste de la cavalerie de l'armée, Kaïssaroff avait préféré s'arrêter à Sézanne, afin d'observer Château-Thierry et La Ferté-sous-Jouarre et ce qui se passerait du côté de Reims. » Il avait, à cet effet, détaché à Montmirail un régiment de cosaques qui avait ordre de faire filer des partis « vers les deux premières villes pour en tirer des nouvelles et, vu les circonstances agréables qui pourraient arriver à Reims, j'avancerai alors, écrivit-il au généralissime[2], jusqu'à 10 lieues même pour agir sur le grand chemin de Paris et, au cas contraire, je me porterai où les circonstances l'exigeront. »

Mouvements du Ve corps. — A 6 heures du matin, Wrède qui venait d'être élevé à la dignité de feld-maréchal et dont le corps était destiné à servir de soutien au VIe, avait envoyé l'ordre à Frimont de se porter avec les divisions La Motte et Spleny et la

---

[1] STÄRKE, Eintheilung und Tagesbegebenheiten der Haupt-Armee im Monate März (*K. K. Kriegs Archiv.*, III, 1) ; Rapport journalier à l'empereur d'Autriche, Pont-le-Roi, 15 mars (*Ibid.*, III, 272); Rapports en français de Raïeffsky à Schwarzenberg, Villenauxe, 15 mars (*Ibid.*, III, 274 et III, *ad* 274).

[2] Kaïssaroff à Schwarzenberg (rapport en français), Sézanne, 15 mars. (*K. K. Kriegs Archiv.*, III, 275.)

brigade de cavalerie bavaroise de Vieregg dans la direction de Villiers-aux-Corneilles, de s'y former en deux colonnes qui, en attendant des ordres ultérieurs, pousseraient des partis vers Villenauxe et Chalautre-la-Grande, positions vers lesquelles Frimont avait à se porter dès que l'ennemi aurait dessiné nettement sa retraite sur Provins.

Wrède avait en même temps dirigé sur Barbonne la brigade de cavalerie bavaroise de Diez, qui devait continuer de là vers Sézanne. Quelques heures plus tard, il faisait marcher l'une des brigades de la division Rechberg d'Arcis à Anglure, l'autre de Voué à Plancy et Vouarces. La brigade autrichienne Schäffer, à laquelle il avait prescrit de venir de Troyes à Arcis pour couvrir la marche de ses batteries de position embourbées dans les chemins de traverse, resta encore momentanément à Troyes [1].

Mais ce fut seulement entre 9 et 10 heures du matin que les troupes de Frimont, réparties dans des cantonnements assez éloignés les uns des autres, parvinrent à se rassembler et à se mettre en marche. Dans l'impossibilité de se servir de la route qui longe la rive droite de l'Aube et que les pluies et le dégel avaient rendue impraticable, l'infanterie de Frimont prit plus au nord, par Courcemain; la cavalerie, l'artillerie et les équipages furent obligés de faire un grand détour et de passer par Faux et Pleurs.

On n'arriva donc qu'à la nuit à Villiers-aux-Corneilles, et, comme il redoutait la présence de la cavalerie française dans la forêt de la Traconne, Frimont ne se décida à cantonner ses troupes que fort avant dans la soirée : l'infanterie à Villiers-aux-Corneilles et Potangis, les uhlans de Schwarzenberg à Conflans-sur-Seine et Esclavolles, les dragons de Knesewich à Périgny-la-Rose et La Villeneuve-au-Châtelot, les chevau-légers bavarois de Vieregg à Montgenost, ceux de Diez à Barbonne. La brigade bavaroise Habermann et la brigade autrichienne Volkmann n'allèrent pas au delà de Saron-sur-Aube et les avants-postes de Frimont s'étendirent à gauche depuis La Villeneuve-au-Châtelot en passant par Montgenost jusqu'à la lisière sud-est de la forêt de la Traconne. Quelques partis poussèrent seuls jusqu'à Villenauxe et de Barbonne vers Sézanne.

---

[1] Taxis, *Tagebuch* (*K. K. Kriegs Archiv.*, XIII, 32), et Wrède à Schwarzenberg, Plancy, 15 mars. (*Ibid.*, III, 278.)

Mouvements des gardes et réserves. — En même temps, et comme il l'avait fait savoir à Wrède[1], Barclay de Tolly avait poussé le général Tchalikoff avec les seize escadrons de la division de cavalerie légère de la garde russe à Semoine, Gourgançon, Corroy et Œuvy, avec ordre d'y servir de soutien aux cosaques de Kaïssaroff, de se relier à gauche par Pleurs avec le V⁰ corps, d'observer à droite la route de Vertus. La cavalerie de la garde prussienne alla s'établir à la droite de Tchalikoff à Brebant. Le reste des gardes et réserves, à l'exception d'un détachement envoyé à Arcis, s'était borné à resserrer ses cantonnements entre Brienne et Lesmont.

Schwarzenberg établit son quartier général à Pont-le-Roi.

En somme, et bien qu'ils fussent en eux-mêmes plutôt insignifiants, aucun des mouvements prescrits aux IV⁰, V⁰ et VI⁰ corps n'avait pu être exécuté parce qu'ils avaient été incomplètement préparés et insuffisamment étudiés par l'état-major général[2].

Le V⁰ corps, destiné à servir de soutien au VI⁰ et à venir s'établir du côté de Châlautre-la-Grande, était trop éloigné des positions en question pour pouvoir les atteindre en temps utile. De Plancy jusque vers Villenauxe, il y a par la route la plus directe

---

[1] Barclay de Tolly à Wrède, Brienne, 15 mars. (*K. K. Kriegs Archiv.*, III, ad 278.)

[2] Toll n'avait pas pu s'empêcher d'écrire, à propos des dispositions prises pour les 15 et 16 mars, une lettre à Wolkonsky et d'y critiquer, dans des termes plus que vifs, les mesures de Schwarzenberg. « La lecture de la disposition ci-contre, écrivait-il, vous montrera que les Autrichiens ne savent guère donner des ordres simples. Il peut fort bien arriver que Macdonald, qui a environ 25,000 hommes, concentre ses forces à Provins et nous y attende. Que verra-t-il alors ? Le seul corps de Raïeffsky, puisque le corps de Wrède doit simplement se cantonner et que le prince royal de Wurtemberg doit passer la Seine à Nogent. — Peut-on imaginer quelque chose de plus bête ?

« Aujourd'hui Radetzky croyait que l'ennemi évacuerait la rive droite, ce qui n'a pas été le cas. Le prince royal, voulant forcer le passage, a jeté deux compagnies de chasseurs sur la rive droite et les chargea de couvrir l'établissement du pont ; les malheureux ont été reçus par l'ennemi de telle façon qu'ils ont à peine réussi à se sauver en se rembarquant, et l'on a, sans utilité aucune, perdu ainsi une centaine d'hommes. Il était cependant simple et aisé de procéder autrement. Après avoir occupé Nogent avec une partie de l'infanterie, on aurait poussé quelque cavalerie sur Bray. Avec le reste de ses troupes, le prince royal aurait passé à Pont-sur-Seine et se serait avancé sur la route de Provins de concert avec Wrède. On aurait disposé ainsi de trois corps pour attaquer et battre Macdonald. Avouez qu'il ne fallait ni une intelligence transcendante, ni des connaissances extraordinaires, pour établir une pareille disposition. » (*Journal des pièces reçues*, n° 505.)

une trentaine de kilomètres. Or, cette route était impraticable, et, par suite du mauvais temps qui avait défoncé les chemins, par suite des détours que Frimont dut faire en passant par Courcemain et par Pleurs, il lui était impossible de franchir cette distance en un jour. Du reste, en admettant même qu'on eût pu marcher par la route qui longe l'Aube, la tête des colonnes de Frimont serait de toute façon arrivée trop tard pour permettre aux troupes du VI° corps, qui auraient attendu leur entrée en ligne, d'exécuter une attaque dans la journée du 15.

La transmission des ordres laissait d'ailleurs de plus en plus à désirer, et cette fois c'était le VI° corps qui recevait les instructions tellement tard qu'il lui était absolument impossible, comme on l'aurait voulu, de faciliter au prince royal de Wurtemberg le passage sur la rive droite de la Seine. De toute façon, en admettant même que Raïeffsky eût été en mesure de commencer ses opérations dès les premières heures de la matinée, le IV° corps aurait eu de la peine à déboucher de Nogent de manière à pouvoir, comme on le pensait, faire exécuter à une partie des troupes wurtembergeoises un mouvement sur Bray, où, d'ailleurs, les troupes de Hardegg n'avaient pas plus bougé qu'à l'ordinaire.

Dispositions prises par Macdonald. — Les mouvements esquissés par trois des corps de l'armée de Schwargenberg pendant la journée du 15, avaient non seulement suffi pour révéler à Macdonald les intentions du généralissime, mais lui avaient donné le temps nécessaire pour prendre ses dispositions et concentrer le peu de forces qu'il pouvait opposer à l'attaque imminente de la grande armée. Le 15, à 8 heures du soir, il expédiait ses instructions en conséquence. Saint-Germain, laissant 200 chevaux à Gérard, se mettait en marche pour se rendre sans s'arrêter sur la rive gauche du ruisseau de Rouilly. La division Brayer, traversant Provins, venait s'établir à côté du général Leval à Richebourg et de la cavalerie des 5° et 6° corps. La 2° des divisions d'Oudinot échelonnait le 7° corps et occupait les environs des Filles-Dieu. Gérard, après avoir fait évacuer le faubourg des Ponts, Le Port et Saint-Nicolas, s'arrêtait sur les hauteurs de Sourdun. Le 11° corps repliait son parc à Donnemarie, évacuait Bray, en détruisait le pont et échelonnait les faibles divisions des généraux Albert et Amey du faubourg de Bray jusqu'à Saint-Sauveur et aux Ormes [1]. Le maréchal se concentrait de façon à pouvoir, selon les circonstances, ou attaquer ou recevoir les Alliés avec 12,000 hommes environ. Le général Pacthod, qu'il faisait informer de ces dispositions par Oudinot, avait ordre de rester à Montereau et de se tenir sur ses gardes.

Tous ces mouvements qui auraient dû être terminés le 16 avant le jour, ne furent achevés qu'entre midi et 1 heure.

7ᵉ et 8ᵉ séances du Congrès de Châtillon. — Dans l'intervalle, les plénipotentiaires alliés avaient déclaré, lors de la séance tenue le 13 à Châtillon qu'il leur était impossible de mettre en discussion le mémoire présenté par Caulaincourt, le 10 mars. La nouvelle de la victoire de Laon avait augmenté leurs exigences et leurs prétentions et, se refusant à examiner sa déclaration verbale, ils avaient commencé par inviter le plénipotentiaire français à déclarer s'il comptait accepter ou rejeter le projet présenté par les Alliés ou bien leur remettre un contre-projet. Caulaincourt, grâce à ses patriotiques efforts, parvint cependant à arracher un dernier délai de 36 heures, en s'engageant toutefois à présenter, au plus tard le 15 au matin, un contre-projet qu'il allait établir à la hâte et qu'il ne pouvait, faute d'instructions, faire reposer que sur les bases de Francfort.

Le duc de Vicence ne se faisait pas d'illusions sur une situation qu'il avait justement appréciée, en écrivant à l'Empereur, au sortir de la seconde des séances du 13 : « Si nous ne cédons pas, il faut renoncer à négocier. »

Le 15 au matin, Caulaincourt avait donc donné lecture d'un projet par lequel l'Empereur renonçait aux provinces illyriennes, aux départements français au delà du Rhin et au delà des Alpes, excepté l'île d'Elbe, cédait la couronne d'Italie au prince Eugène, reconnaissait l'indépendance de la Hollande sous le prince d'Orange, de l'Allemagne, de la Suisse, de l'Italie et de l'Espagne, remettait le pape en possession de ses États, moins le duché de Bénévent, attribuait les îles Ioniennes à l'Italie, l'île de

---

[1] Macdonald à Oudinot, Sourdun, 15 mars, 9 h. 1/2 du soir; Macdonald, ordre général, Sourdun, 8 heures soir; Macdonald au major-général, 9 heures soir, et Macdonald à Gérard, 10 heures soir. (*Archives de la guerre.*)

Malte à l'Angleterre, réclamait pour Brême, Hambourg, Lubeck, Dantzig et Raguse le privilège d'être considérées comme villes libres et stipulait le maintien de la princesse Elisa dans les duchés de Lucques et de Piombino, de la principauté de Neufchâtel à Berthier, le rétablissement du roi de Saxe, l'attribution du grand-duché de Berg à Murat, la conservation des propriétés et biens possédés par les sujets des différents Etats dans les pays soumis ou cédés à une des puissances belligérantes. Bien que Caulaincourt eût ajouté, après avoir achevé la lecture de cette pièce, qu'il était prêt à entrer en discussion dans un esprit de conciliation sur tous les articles de son projet, les plénipotentiaires alliés, qui avaient accueilli la communication avec un silence glacial, se contentèrent de déclarer qu'il leur était impossible de donner séance tenante une réponse quelconque et qu'ils lui proposeraient une conférence ultérieure.

L'issue des négociations n'était plus douteuse. Les dernières espérances de Caulaincourt étaient anéanties. La paix n'était plus possible qu'à la condition d'accepter les propositions des Alliés.

16 mars. — Première disposition de Schwarzenberg. — Le 15, à huit heures du soir, Schwarzenberg avait envoyé de Pont à ses commandants de corps une première disposition qui n'était guère que l'amplification et la paraphrase de celle à laquelle il avait été impossible de se conformer douze heures auparavant. Comme cette dernière, elle avait pour base, réelle cette fois, l'évacuation par les Français du défilé de Nogent, pour objectif l'occupation de la forêt de Sourdun et, si faire se pouvait, même celle de Provins. Le VIe corps avait ordre d'être maître de la forêt à neuf heures du matin et de pousser en même temps l'avant-garde de Pahlen de Saint-Martin-Chennetron vers Provins. Le Ve corps venait derrière le VIe à Villenauxe et Chalautre-la-Grande. Le IVe jetait ses ponts à Nogent, passait sur la rive droite, envoyait de là son avant-garde vers Bray et se plaçait en soutien du VIe corps au Mériot et à Plessis-Mériot. Si, contre toute attente, l'ennemi tenait bon et restait sur sa position, le VIe corps devait avoir formé à midi trois colonnes, la plus forte, celle de droite, à Saint-Martin-Chennetron, celle de gauche à Saint-Ferréol, celle du centre à Fouchères. Au même moment, le Ve corps aurait formé deux colonnes, l'une dont la tête serait à Villegruis, l'autre sur la hauteur de Villenauxe. La forêt de la Traconne et Sézanne restaient occupées pour couvrir la droite de Wrède. Le VI⁰ corps n'avait dans ce cas que des démonstrations à faire. Kaïssaroff allait de Sézanne à Montmirail. Enfin, l'instruction spéciale adressée au prince royal de Wurtemberg l'invitait à diriger au plus vite sur Pont-sur-Yonne Gyulay, qui aurait à envoyer des partis sur Montereau, Moret et la route de Fontainebleau, et à s'entendre pour surveiller la ligne du Loing avec le prince Maurice de Liechtenstein posté à Joigny.

Le généralissime semble donc s'en tenir toujours à la première des hypothèses prévues par la disposition générale du 12, et manœuvre dans l'idée que Napoléon, battu par Blücher, s'est retiré sur Paris.

Les nouvelles parvenues dans la soirée du 15 et dans la nuit du 16, tant à Pont-sur-Seine qu'au quartier général des souverains à Troyes, n'allaient pas tarder à le désabuser et à motiver l'envoi d'une deuxième disposition. Dès le 15 au soir, au reçu des premiers renseignements arrivés à Troyes, l'inquiétude s'empara non seulement de l'entourage des souverains, mais surtout de l'empereur de Russie dont l'agitation fiévreuse et le trouble momentané contrastaient avec le calme et le sang-froid qu'il avait su conserver jusque-là au milieu des circonstances les plus critiques et les plus difficiles. Une dépêche du général Davidoff, partie de Châlons le 15 au matin et arrivée le soir entre six et sept heures à Troyes, annonçant la reprise de Reims, la défaite, la blessure de Saint-Priest et la marche des Français sur Châlons, et faisant prévoir l'évacuation de cette dernière ville et le mouvement rétrograde du détachement du général, des parcs, des pontons et des bagages sur Vitry, avait suffi pour jeter le désarroi dans les esprits, pour réveiller des craintes mal éteintes. On s'attendait si peu à voir Napoléon reprendre l'offensive que l'on attribua à un événement, en réalité secondaire, comme la prise de Reims, une importance tout à fait anormale, et que l'empereur Alexandre, s'exagérant les conséquences de ce mouvement imprévu, hors d'état d'en apprécier la portée et les suites, voyait déjà les gardes et réserves russes et prussiennes écrasées par l'Empereur. Le tzar ordonna aussitôt de joindre au rapport de Davidoff, qui parvint à Schwarzenberg à Pont-le-Roi, dans le courant de la nuit, quelques mots prescrivant au généralissime de lui rendre immédiatement compte, et de ce qui se passait de son côté, et de ce qu'il comptait faire pour parer à une attaque imminente dirigée contre la droite ou plus probablement encore contre les derrière des Alliés.

Toll, auquel on remit les dépêches du tzar, réveilla aussitôt Schwarzenberg et l'on réunit immédiatement à Pont-le-Roi un conseil de guerre. Aux renseignements fournis par Davidoff, vinrent s'ajouter, pendant qu'on délibérait, d'abord une dépêche de Tettenborn, d'Épernay, 15 mars, onze heures du matin, confirmant les événements de Reims et signalant la marche des Français de Reims sur Épernay, puis un billet du capitaine Bergmann, transmis par Kaïssaroff, faisant connaître à ce général l'occupation de Dormans par les Français, leur mouvement sur Épernay et la retraite de Tettenborn sur Vitry [1].

Deuxième disposition de Schwarzenberg. — Il s'agissait de prendre immédiatement un parti. On avait, il est vrai, dans le plan d'opérations élaboré par Schwarzenberg et Diebitsch, envisagé la possibilité d'un mouvement de l'Empereur contre Châlons et les derrières de la grande armée après une victoire remportée sur Blücher ; mais on n'avait cru à un pareil mouvement qu'après une victoire des Français. On pouvait donc, à bon droit, se demander si Napoléon, au lieu de venir sur Châlons et sur les communications de la grande armée, ne préférerait pas se rejeter à nouveau contre la gauche de l'armée de Silésie ; si Blücher, ne l'ayant pas suivi, ne pouvait plus ni l'atteindre ni le battre de nouveau le 17 ou le 18 sur la Marne. De toutes les façons, il fallait hâter la concentration sur l'Aube afin de pouvoir donner la main à l'armée de Silésie si elle était victorieuse, et s'opposer à la marche que l'Empereur, s'il était vainqueur, exécuterait par la rive droite de la Marne dans la direction de Brienne. Il résultait en somme des renseignements que l'on possédait à ce moment, que Napoléon voulait menacer la droite de la grande armée, la surprendre avant qu'elle ait pu opérer sa concentration en arrière et l'empêcher de se joindre à Blücher.

---

[1] STÄRKE, Eintheilung und Tagesbegebenheiten der Haupt-Armee im Monate März. (*K. K. Kriegs Archiv.*, III, 1.)

Schwarzenberg se décida donc à couvrir immédiatement ses communications avec l'Aube et à renforcer sa droite; il comptait alors aller se masser sur la position de Trannes « qui forme comme une digue s'opposant à la marche de l'ennemi entre l'Aube et la Marne [1]. »

A deux heures du matin on rédigea en conséquence, à Pont-le-Roi, la disposition suivante :

« Le Ve corps se concentre à Arcis; il laisse sur les hauteurs de Faux sa cavalerie chargée de soutenir le VIe corps et d'assurer les communications avec lui. Cette cavalerie se reliera avec le général Kaïssaroff, posté à Fère-Champenoise et qui occupe Sézanne. Un détachement de cavalerie légère ira à Vitry-le-Français et maintiendra les communications avec le général Davidoff.

« Le VIe corps se concentre à Montpothier.

« Le IVe reste sur les positions qu'il occupe et fait garder Pont-le-Roi par une brigade d'infanterie, quelque cavalerie et deux batteries.

« Le IIIe se replie par la route de Troyes.

« Les gardes et réserves se massent entre Brienne et Bar-sur-Aube. Le quartier général va à Arcis. »

En même temps, le généralissime croyait nécessaire d'ajouter pour Barclay de Tolly quelques renseignements complémentaires. « Votre Excellence sait, lui écrivait-il [2], que si le gros de l'armée ennemie se portait contre nous, nous irions nous poster à Trannes. Je crois donc bon de concentrer mon armée à Trannes, et je prie Votre Excellence de donner dans ce sens des ordres aux gardes et réserves. »

Au général Raïeffsky, il adressait également des instructions spéciales. « Il importe de cesser de suite, lui écrivait-il [3], le mouvement sur Provins. Le général Raïeffsky prendra une position concentrée sur les hauteurs de Montpothier, de façon à pouvoir

---

[1] Stärke, Eintheilung und Tagesbegebenheiten der Haupt-Armee im Monate März. (*K. K. Kriegs Archiv.*, III, 1.)

[2] Schwarzenberg à Barclay de Tolly, Pont-sur-Seine, 16 mars, 2 heures du matin. (*Ibid.*, III, 285.)

[3] Schwarzenberg au général Raïeffsky, Pont-sur-Seine, 16 mars, 2 heures du matin. (*Ibid.*, III, 287.)

repousser des attaques peu sérieuses, éviter tout engagement à fond contre un ennemi supérieur en nombre, et se replier dans ce cas sur Pont-sur-Seine. Il faut toutefois se garder de provoquer un mouvement en avant de l'ennemi par une retraite hâtive et prématurée. Je compte sur votre corps qui sera soutenu par le Ve pour retarder la marche de l'ennemi. Le général Kaïssaroff continuera à occuper Sézanne et Fère-Champenoise. Le IVe corps se tiendra du côté de Pont-sur-Seine. »

Le généralissime, en revanche, s'était contenté de faire savoir à l'empereur d'Autriche que, « conformément aux principes acceptés préalablement, il concentrait son armée et transférait le jour même son quartier général à Arcis. » Enfin, Schwarzenberg avait encore donné l'ordre à l'équipage de ponts de partir de suite pour Méry, d'envoyer à Plancy de 6 à 10 pontons et de se tenir prêt à établir au premier avis des ponts sur ces deux points.

Troisième disposition de Schwarzenberg. — Mais cette deuxième disposition elle-même était encore loin d'être définitive. Les renseignements n'avaient pas cessé de parvenir à Pont-le-Roi pendant le reste de la nuit et les premières heures de la matinée. D'une part, c'était une deuxième dépêche du général Davidoff donnant avis de l'entrée des Français à Châlons, et un billet de Kaïssaroff signalant la marche de la cavalerie française d'Épernay sur Vertus; de l'autre, des rapports émanant des VIe et IVe corps et faisant savoir que le défilé de Nogent était libre. Le généralissime crut alors que le moment était venu de tirer parti du mouvement rétrograde du duc de Tarente, et à neuf heures du matin, une troisième disposition vint modifier les instructions envoyées précédemment aux VIe et IVe corps et aux cosaques de Kaïssaroff.

On ordonna de nouveau à Raïeffsky de pousser sur Provins l'avant-garde de Pahlen, de faire occuper par le prince Eugène de Wurtemberg la forêt de Sourdun, de tenir le reste de son corps à Montpothier et Saint-Ferréol. Le IVe corps devait se conformer aux ordres contenus dans la première disposition.

Kaïssaroff envoyait des partis vers Montmirail et Épernay, ainsi que sur la route d'Arcis à Châlons. La deuxième disposition restait en vigueur pour les autres corps.

On ne saurait aborder l'examen des mouvements de la grande armée pendant la journée du 16 sans résumer en quelques mots ces trois dispositions.

La première avait, si on la compare aux deux autres, un caractère offensif; on veut attaquer Macdonald et le chasser de Provins. La deuxième tend à une concentration en arrière que rien ne justifie encore et qui est ou trop tardive si Napoléon ne s'est pas arrêté à Reims et a marché par Châlons sur Vitry et les derrières de l'armée, ou prématurée et inutile s'il a été suivi par Blücher dont on n'a pas de nouvelles. La troisième est une demi-mesure peu rationnelle à tous égards : il faut ou culbuter Macdonald, comme on en a eu l'intention dans le principe, ou prendre position, soit à Trannes, soit à Arcis. Mais on ne pouvait espérer de grands résultats d'une manœuvre qui faisait marcher un corps, le VIe, contre Provins, une colonne du IVe sur Bray, pendant que le reste de l'armée s'éparpillait des environs de Sens jusque vers l'Aube, à Arcis, Brienne, Doulevant et Bar-sur-Aube.

Au lieu de se borner à se donner un peu d'air sur sa gauche avant de se retourner contre l'Empereur, de se contenter de lui arracher quelques kilomètres de terrain, il eût été facile et utile, non seulement d'empêcher le duc de Tarente d'arriver à temps à Arcis, mais d'anéantir, grâce à une offensive énergique, les restes de la petite armée que Macdonald avait concentrée autour de Provins.

Ordres et contre-ordres donnés au IIIe corps. — A l'aile gauche, le prince Maurice Liechtenstein était à Joigny. Seslavin n'avait guère bougé. Gyulay, resté à Sens, jusque dans l'après-midi, reçut, vers trois heures seulement, du prince royal de Wurtemberg, l'ordre de se mettre de suite en mouvement dans la direction de Troyes, de dépasser le jour même, avec le gros de son corps, Villeneuve-l'Archevêque, de replier la division Crenneville jusqu'à Pont-sur-Vanne, de confier le soin de couvrir Sens à Seslavin et de rappeler les chasseurs à cheval wurtembergeois de Pont-sur-Yonne à Thorigny, où ils devaient rejoindre Crenneville. Mais les ordres de mouvement n'étaient pas encore expédiés qu'une nouvelle dépêche du prince royal de Wurtemberg enjoignait à Gyulay de rester immobile sur ses anciennes positions.

Le IVᵉ corps reste sur la rive gauche de la Seine. — Malgré le départ des derniers avant-postes français, la tête de colonne du IVᵉ corps ne déboucha sur la rive droite de la Seine et n'occupa le faubourg des Ponts que vers une heure de l'après-midi. Au moment où le prince royal de Wurtemberg se disposait à faire passer les quelques régiments de cavalerie qu'il voulait diriger par Gouaix sur Everly, pendant que le comte Antoine Hardegg ferait par la rive gauche une démonstration sur Bray, afin d'obliger, par cette action combinée, les Français à lui abandonner ce passage, il avait reçu du prince Eugène de Wurtemberg un billet lui faisant savoir que Pahlen était à Saint-Martin-Chennetron, qu'une brigade d'infanterie et quatre escadrons se tenaient à Saint-Ferréol, qu'Ilowaïsky avec ses cosaques observait les environs du Mériot, mais qu'il y avait encore dans la forêt de Sourdun quatre bataillons français avec de la cavalerie et quelques bouches à feu. Le prince royal, se portant de sa personne au Mériot, reconnut que le chemin conduisant à Bray courait au pied de la position occupée par les Français et qu'un mouvement sur cette ville pouvait présenter des inconvénients et des dangers. Il résolut, en conséquence, non seulement de renoncer à cette diversion, mais de garder le gros du IVᵉ corps aux environs de Nogent. Pendant ce temps, les troupes françaises avaient évacué Bray, détruit le pont et laissé sur la rive droite 300 hommes et deux canons. Hardegg ayant aussitôt occupé la ville, le prince royal envoya vers le soir, au Mériot, quelques troupes qui poussèrent sur la rive droite un détachement chargé d'obliger les Français à quitter les bords de la Seine en face de Bray [1].

Positions du VIᵉ corps. — Le 16 au matin, Pahlen, avec l'avant-garde du VIᵉ corps, était en position en avant de Saint-Martin-Chennetron; le prince Eugène, en soutien de cette avant-garde derrière le village. Gortchakoff occupait les hauteurs de Montpothier, et le prince Schakhoffskoï celles de Châlautre-la-Grande. A six heures du matin, ce général avait remarqué et signalé l'évacuation du faubourg de Nogent et le mouvement rétrograde des Français, qui n'avaient laissé dans le bois de

---

[1] Stärke, Eintheilung und Tagesbegebenheiten der Haupt Armee im Monate März 1814. (*K. K. Kriegs Archiv.*, III, 1.)

Sourdun que les quelques troupes dont le prince Eugène de Wurtemberg allait, un peu plus tard, faire connaître la présence au prince royal. Les renseignements fournis par Schakhoffskoï étaient parvenus à Raïeffsky quelque temps après la réception de la deuxième disposition et de l'instruction spéciale qui l'accompagnait. Le général russe avait, en conséquence, pris toutes ses dispositions pour se replier devant une attaque supérieure en nombre, non pas sur Pont-le-Roi, parce qu'il aurait dû se servir d'une mauvaise route, mais sur Arcis-sur-Aube. Lié par les ordres qu'il venait de recevoir, Raïeffsky s'était borné à faire observer le mouvement des Français par quelques escadrons de cavalerie qui reconnurent la position des avant-postes ennemis à Léchelle et Cormeron et l'existence d'une concentration de forces évaluée à 8,000 hommes[1], du côté de Luboin et de Lugrand.

Combat de Cormeron et de Lunay. — Au moment où le maréchal Macdonald se disposait à procéder à une reconnaissance générale dirigée contre Saint-Martin-Chennetron, Raïeffsky, auquel le général Trappe avait apporté la troisième disposition et les instructions de Schwarzenberg, faisait, de son côté, ses préparatifs d'attaque et, prévenant le mouvement des Français, il lançait, à cinq heures, sur Léchelle et Lunay, le prince Eugène de Wurtemberg, pendant que sur la gauche du VI⁰ corps, le prince Schakhoffskoï avait ordre de débusquer les troupes de Gérard de la forêt de Sourdun et de se rabattre contre la droite de la position de Macdonald.

Le prince Eugène de Wurtemberg dirigea aussitôt sur le parc et le château du Houssay et sur Saint-Martin-des-Champs, le général Rebrikoff avec ses cosaques et les uhlans de Tchougouieff, qu'il chargea de déborder la gauche française et qui eut d'autant moins de difficulté à s'acquitter de sa mission que la cavalerie de

---

[1] Général-major Trappe à Schwarzenberg, Villenauxe, 16 mars, 8 heures soir. (*K. K. Kriegs Archiv.*, III, 292.)
Ces renseignements sont confirmés par le rapport du général Gründler, chef d'état-major de Macdonald, au ministre, en date de Provins, 16 mars (*Archives de la guerre*) : « Le maréchal avait réuni sur les plateaux en arrière de Léchelle les divisions Leval, Brayer et Rottembourg, en tout 7,000 à 8,000 hommes, plus les 5⁰ et 6⁰ corps de cavalerie. Le général Gérard occupait la position de La Fontaine-aux-Bois à Sourdun. Le 2⁰ corps de cavalerie avait été envoyé le matin à Rouilly pour couvrir et éclairer notre gauche. »

Milhaud et celle de Saint-Germain n'essayèrent même pas de contrarier sa marche et de ralentir son mouvement. Le prince, avec son infanterie suivie par la brigade de cuirassiers du général Leontieff, marchant à gauche de Rebrikoff, se porta contre Léchelle, que les avant-postes français évacuèrent sans combat. A six heures, pendant qu'il faisait préparer l'attaque de Lunay par son artillerie, le prince Eugène enlevait aux tirailleurs français Cormeron, sans pouvoir toutefois réussir à les déloger des bouquets de bois voisins, d'où leur tir empêcha les Russes de déboucher de Cormeron et de se diriger sur Richebourg. Le général Leval, lançant à ce moment une de ses brigades, parvint non seulement à reprendre le village, mais à s'y maintenir jusqu'à 7 heures.

Une nouvelle attaque des Russes chassa définitivement les Français de Cormeron; mais les feux de l'artillerie de Leval et des troupes françaises entrées en ligne pour recueillir les défenseurs de Cormeron arrêtèrent les progrès ultérieurs du prince Eugène qui, plus heureux sur sa droite, avait, dans l'intervalle, enlevé le village de Lunay.

La belle résistance des troupes du général Leval, la présence sur le plateau de troupes qui n'avaient pas encore donné, l'efficacité du tir de l'artillerie française décidèrent le prince Eugène de Wurtemberg à attendre, pour renouveler son attaque, l'entrée en ligne de Schakhoffskoï dont il était toujours sans nouvelles. Bien que renforcé par les hussards de Grodno et la brigade de cuirassiers du général Stahl, Schakhoffskoï n'avait pu parvenir à déloger les bataillons de Duhesme de la forêt de Sourdun. De toutes les façons, du reste, il eût été impossible au prince Eugène de Wurtemberg d'entreprendre quoi que ce soit. La nuit était venue, et ses troupes, comme celles de Leval, bivouaquèrent sur leurs positions, pendant que les bataillons de Duhesme profitaient des ténèbres pour se replier, sans être inquiétés, sur Provins [1].

Mouvements du V⁰ corps et positions des gardes et réserves. — Wrède avait reçu de bon matin, avant cinq heures, la première disposition et envoyé aussitôt à Frimont l'ordre de

---

[1] Journal d'opérations du prince Eugène de Wurtemberg (*Archives topographiques*, n° 47344), et général-major Trappe à Schwarzenberg, Villenauxe, 16 mars, 8 heures soir (*K. K. Kriegs Archiv.*, III, 292).

se porter avec les divisions Spleny et La Motte et la brigade de cavalerie bavaroise de Vieregg jusqu'aux environs de Villenauxe, de s'y former en deux colonnes, d'y attendre des ordres ultérieurs et de se cantonner entre Villenauxe et Châlautre-la-Grande, dans le cas où l'ennemi aurait évacué ces parages. Les deux brigades de la division Rechberg restaient en soutien à Anglure et à Plancy.

Dans l'après-midi, l'infanterie de Frimont était arrivée à Montgenost; le général avait donné avis de sa présence sur ce point à Raïeffsky, qu'il avait prévenu en même temps du mouvement de Kaïssaroff [1], de Sézanne sur Montmirail, lorsqu'il reçut vers le soir communication de la deuxième disposition et l'ordre de Wrède (parti de Plancy à midi) de se replier par Potangis sur Arcis, d'établir la division La Motte à Champfleury, la brigade Volkmann à Salon, la cavalerie à Faux et de pousser jusqu'à Arcis la division Spleny. Les troupes de Frimont ayant à passer par des chemins difficiles et marécageux durent marcher toute la nuit pour se rapprocher des positions qui leur avaient été assignées et qu'il leur fut, d'ailleurs, impossible d'atteindre.

Dans le courant de la soirée, la division Rechberg était revenue s'installer à Herbisse et le quartier général de Wrède à Allibaudières [2].

Les gardes et réserves russes et prussiennes occupaient, à cheval sur l'Aube, des positions qui leur permettaient d'arriver à Vitry en une seule marche, un peu rude à la vérité. Le colonel de La Roche avec la cavalerie de la garde prussienne, était en avant d'Arcis à Mailly avec des postes à Sommesous et Sompuis qui envoyaient des patrouilles vers Châlons et Vitry; le général Tchalikoff, avec la cavalerie légère de la garde russe, n'avait pas bougé de Gourgançon; son avant-garde fournissait de Sommesous des patrouilles allant vers Vitry, Vatry, Vertus, Châlons et Pont-Saint-Prix. Les grenadiers étaient à Champigny-sur-Aube, les gardes prussiennes et badoises à Lhuître, les gardes russes à Ramerupt, la 1re division de cuirassiers à Donnement et la 3e à Saint-Étienne-sous-Barbuise.

---

[1] Général Trappe à Schwarzenberg, Villenauxe, 16 mars, 8 heures soir. (*K. K. Kriegs Archiv.*, III, 292.)

[2] Taxis, *Tagebuch* (*K. K. Kriegs Archiv.*, XIII, 32), et Stärke, Eintheilung und Tagesbegebenheiten der Haupt-Armee im Monate März (*Ibid.*, III, 1).

Les corps volants se tenaient : celui de Tettenborn à Coole[1], celui de Kaïssaroff du côté de Montmirail[2]. Raïeffsky, bien que sachant par Frimont que Sézanne était abandonné depuis le départ de Kaïssaroff, avait trouvé avec raison que, malgré toute son importance, ce point était trop loin des positions occupées par son corps pour pouvoir risquer d'y envoyer du monde.

Macdonald évacue Provins dans la nuit du 16 au 17. — Au moment où l'Empereur établissait sa nouvelle ligne d'opération par Meaux, La Ferté-sous-Jouarre, Château-Thierry, Épernay et Reims, où Ney occupait Châlons, Macdonald, bien qu'ayant réussi à conserver ses positions pendant toute la journée du 16, craignant d'être débordé le lendemain par sa gauche et rejeté sur la mauvaise position en avant de Provins adossée à des ravins, ignorant enfin si la route de Rozoy était couverte et si les Français avaient des troupes sur la Marne, avait pris le parti d'évacuer Provins le 17 avant le jour et de venir se poster entre Provins et Nangis. Oudinot, laissant ses arrière-gardes aux Filles-Dieu et à Haute-Maison et des réserves à l'entrée de la ville, devait venir prendre position à Vullaines, sa gauche à Cucharmoy. Une des divisions du 11e corps s'établissait à Maison-Rouge, l'autre à Saint-Sauveur, Donnemarie et Villeneuve-les-Bordes. Toute la cavalerie couvrait la gauche du maréchal. Le général Gérard formait cette fois encore l'arrière-garde et s'établissait en arrière de Provins, après avoir laissé une extrême-arrière-garde d'infanterie à La Chapelle-Saint-Hubert et un parti de cavalerie en arrière de Sourdun.

Pacthod restait à Montereau, qu'il ne devait quitter que s'il y était contraint par des forces supérieures.

Souham et Allix étaient informés qu'ils recevraient leurs instructions ultérieures du Ministre de la guerre.

Etat des esprits au quartier général des Alliés. — Si le duc de Tarente avait pu se douter de ce qui s'était passé pendant la journée aux quartiers généraux de Schwarzenberg et des souverains, il n'eût assurément pas pris cette résolution que la pru-

---

[1] Tettenborn à Schwarzenberg, Cosle. (*K. K. Kriegs Archiv.*, III, 310.)
[2] Général Trappe à Schwarzenberg. (*Ibid.*, III, 292.)

dence et la raison conseillaient, mais à laquelle il ne se serait pas décidé s'il avait eu connaissance des causes qui amenèrent l'arrêt inattendu du mouvement offensif de la grande armée et qui eut pour conséquence fatale de le mettre dans l'impossibilité de prendre part à la bataille d'Arcis.

L'attaque insignifiante de Schwarzenberg eut de la sorte des résultats qui, bien que n'ayant pas été prévus par le généralissime, rendirent à la cause des Alliés un service qu'on a par trop laissé dans l'ombre. D'ailleurs, malgré les contre-ordres incessants et forcés de cette journée, le généralissime avait atteint son but. Le IIIe corps, avant d'avoir commencé son mouvement, avait reçu l'ordre de rester à Sens. Le Ve corps seul eut à supporter les conséquences des événements et à exécuter une marche de nuit des plus pénibles. Il n'en est pas moins certain que le 16 au soir, grâce à cette multiplicité de dispositions aussitôt reprises que données, la grande armée était disséminée de Joigny, de Sens, de Bray, de Sourdun et de Léchelle jusqu'à Mailly, Pougy et Lesmont.

Du reste, au milieu de la confusion générale, de l'inquiétude qui avait gagné jusqu'à l'empereur de Russie, Schwarzenberg avait presque seul réussi à garder tout son calme, tout son sang-froid. Chaque renseignement nouveau qui parvenait au quartier général donnait naissance à des combinaisons nouvelles proposées par un des innombrables conseillers qui s'agitaient autour des souverains.

Bien que Blücher vînt, dans sa lettre du 12[1], de donner avis de son projet de reprendre le 13 l'offensive contre Napoléon qu'il supposait en retraite sur Meaux ou sur Château-Thierry, Radetzky croyait que le feld-maréchal attaquerait l'Empereur à Reims. Barclay de Tolly et Diebitsch ne considéraient le mouvement sur Reims et Épernay que comme une opération destinée à donner le change sur les intentions de Napoléon et à lui permettre de se retourner contre Blücher. Pour cette raison, ils demandaient à cor et à cris l'autorisation de pousser jusqu'à la Marne sur Vitry et Châlons. Duka, au contraire, rejetait les idées de Radetzky qui, persistant à croire à la certitude de la défaite de Napoléon

---

[1] Blücher à Schwarzenberg, Laon, 12 mars. (*K. K. Kriegs Archiv.*, III, 229.)

du côté de Reims, voulait qu'on se jetât sur lui pour l'écraser entre les deux armées alliées.

Quant à l'empereur Alexandre, son impatience et sa préoccupation étaient telles qu'elles donnaient de véritables soucis à son entourage et que Wolkonsky, écrivant confidentiellement à Toll, lui disait : « En un mot, nous ne savons plus ce que nous voulons. Pour l'amour de Dieu, tranquillisez-nous, rassurez-nous. Je perds mon temps à écrire de tous les côtés. »

17 mars. — Ordres de mouvements de Schwarzenberg. — Au milieu de cette agitation fiévreuse, causée en grande partie par la crainte, Schwarzenberg restait parfaitement calme et maître de lui-même. S'il ne partageait pas la manière de voir de son chef d'état-major, il croyait encore moins à la retraite de Napoléon sur Paris. C'est pour cela, qu'en attendant les renseignements qui devaient l'éclairer, il prit le sage parti de continuer la concentration à Arcis et à Troyes, couvrant ainsi et la position de Trannes et sa ligne de retraite. De pareilles mesures n'étaient guère faites pour calmer les impatiences et dissiper les inquiétudes, et, si, l'on veut se faire une idée de l'irritation que causèrent la disposition du 17 et l'arrêt subit des opérations offensives contre les maréchaux, il suffira de lire la lettre que le colonel Bocke, aide de camp de l'empereur de Russie, adressait le 17 mars de Saint-Martin-Chennetron à Toll :

« Mon général [1], recevez l'hommage de ma plus vive reconnaissance pour la lettre obligeante dont Votre Excellence a bien voulu m'honorer. Vous pouvez me croire sur ma parole sans me soupçonner de la moindre flatterie, que si nous espérons encore tant soit peu, ce n'est que dans la magnanimité de notre bon et excellent empereur et en les conseils du digne élève de Koutousoff et de son estimable compagnon Diebitsch. Si la bêtise autrichienne n'est pas *raisonnée* (ce que je crains), les leçons terribles et ridicules à la fois que nous *forçons* l'ennemi de nous donner feront enfin ouvrir les yeux à cette malheureuse VERDURE ou plutôt ORDURE viennoise. Est-il possible de jouer un rôle aussi

---

[1] Lettre (en français) citée par BERNHARDI : *Toll, Denkwürdigkeiten*, V, 422.

misérable dans une époque si sublime dans les annales de l'histoire !

« Je veux bien croire que le gros héros puisse accoucher de jumeaux, mais je désespère que, *sans l'opération césarienne,* on le fasse accoucher d'une idée saine.

« Je suis enragé de tout ce que nous faisons et surtout de ce que nous ne faisons pas. Pour l'amour de Dieu, mon général, donnez-moi 200 cosaques et envoyez-moi chez Wellington. S'il s'agit de faire des bêtises, j'en préfère une qui soit chevaleresque à une sortie de la fabrique privilégiée impériale et royale.

« Nous avons attaqué hier avec moins de 8,000 Russes, Macdonald qui avait 20,000 hommes bien comptés, au nombre desquels la belle cavalerie de Milhaud et de Trelliard que les déserteurs font monter à 24 régiments. Pour 3 divisions (18 régiments) je réponds.

« Macdonald s'est retiré, non pas sur Provins, mais dans la direction de La Ferté-Gaucher. Notre infanterie a passé la Seine où l'on ôte tous les ponts. A Plancy, il en restera un pour nous, à ce que l'on dit.

« Kaïssaroff a été pressé hier par 2,000 chevaux français vers Sézanne.

« Nous voilà frais si l'ennemi occupe ce passage, ce que personne ne l'empêche de faire. »

Le généralissime avait expédié ses ordres à 2 heures du matin. « Les gardes et réserves se concentreront sur leurs positions du 16. Le VI⁰ corps occupera le défilé de Nogent et s'échelonnera jusqu'à Méry. Le IV⁰ corps viendra à moitié chemin de Troyes. Le III⁰ corps se rapprochera de cette ville. Le V⁰ corps s'établira sur la rive gauche de l'Aube par Arcis. Ses avant-postes à Mailly communiqueront avec les généraux Tettenborn et Kaïssaroff. »

Le généralissime cherchait par cette disposition à réparer, dans la mesure du possible, la faute qu'il avait commise en disséminant son armée de l'Yonne à l'Aube. Il voulait, d'une part, se préparer à prendre l'offensive dans le cas où les succès de l'armée de Silésie lui auraient permis de le faire sans danger et surtout tout disposer de façon à être en mesure de masser son armée sur une position comme celle de Trannes, aussitôt que l'armée impériale, débouchant de Châlons, dessinerait nettement son mouvement contre la droite de la grande armée.

Dans l'impossibilité de porter plus rapidement remède aux fautes commises antérieurement, de réparer le préjudice causé par une inaction trop prolongée et dénuée de motifs sérieux, Schwarzenberg, étant donné les circonstances, il est juste de le reconnaître, ne pouvait agir autrement. Enfin, il importe de se rappeler qu'au moment même où, le 17 mars, l'Empereur quittait Reims pour se rendre avec sa vieille garde à Épernay, il n'avait pas encore arrêté définitivement son plan d'opérations et faisait écrire par le major-général à Marmont : « Il est possible que Sa Majesté revienne à Reims ou se porte sur Châlons; les événements en décideront. »

L'Empereur lui-même hésitant encore sur le parti à prendre, le généralissime ne pouvait donc, comme il le fit d'ailleurs, que chercher par des mouvements préparatoires à ramener le gros de son armée sur une position centrale et y attendre les événements, tout en rapprochant progressivement ses différents corps de ceux de son aile droite.

Marches et positions des corps de la grande armée alliée. — Les gardes et réserves se massèrent par suite, le 17, entre Lesmont et Bar-sur-Aube. La cavalerie légère de la garde russe, relevant la cavalerie prussienne du colonel de La Roche à Brébant et à Sompuis, occupa à droite Margerie, envoya des patrouilles sur Vitry, Saint-Dizier et Châlons, se reliant à droite avec les vedettes prussiennes par Châtillon-sur-Broué, à gauche par Sommesous avec les cosaques. Le gros de la cavalerie du général Tchalikoff bivouaqua à Braux-le-Grand. Le colonel de La Roche, poussé plus à droite jusqu'à Montier-en-Der, se reliait avec la cavalerie légère russe par Braucourt et Châtillon-sur-Broué et s'éclairait sur Vitry et Saint-Dizier. La 3e division de cuirassiers avec l'artillerie à cheval servant de réserve et de soutien à ces deux groupes, s'était établie en cantonnements serrés à Perthes-en-Rothière. Les grenadiers occupaient sur la Voire Lassicourt et Rosnay; les gardes russes, prussiennes et badoises, La Rothière et Dienville. La 1re division de cuirassiers avec l'artillerie de réserve vint à Arsonval, et le quartier général de Barclay à Brienne-le-Château.

Les troupes de Frimont rejoignirent sur la rive gauche de l'Aube la partie du Ve corps qui occupait déjà Arcis. Mais cette longue et rude marche de près de 36 heures avait complètement épuisé et démoralisé les corps auxquels on l'avait imposée. Trois bataillons autrichiens, couverts par les dragons de Knesevich et les uhlans de Schwarzenberg à Mesnil-la-Comtesse et Saint-Étienne-sous-Barbuise, occupaient la ville même d'Arcis.

Une brigade de chevau-légers bavarois envoyée sur la rive droite, s'était établie à Mailly, observant les routes de Vitry et de Châlons, de Vertus et de Sézanne et assurant les communications avec les cosaques [1].

Au VIe corps, il avait été impossible d'exécuter les mouvements prescrits par le généralissime. Les arrière-gardes de Macdonald étaient restées en avant de Provins, en présence des troupes de Pahlen et du prince Eugène de Wurtemberg, et comme on savait que le gros des corps français se tenait encore à peu de distance de Provins sur la route de Nangis, on craignait, en évacuant de suite la position de Saint-Martin-Chennetron et la forêt de Sourdun que Schakhoffskoï avait occupée le matin, de donner l'éveil et de provoquer un nouveau mouvement en avant du maréchal. Le prince Eugène de Wurtemberg résolut donc d'attendre le soir pour ramener son infanterie à Nogent et à Pont-le-Roi et laisser une partie de la cavalerie de Pahlen aux environs de Saint-Martin-Chennetron, et les cosaques d'Ilowaïský en avant de la forêt de Sourdun. Le gros de l'avant-garde de Pahlen prit position à hauteur du Mériot. Le corps de Gortchakoff avait, pendant la journée, marché de Nogent et de Pont jusque vers Méry.

Le prince royal de Wurtemberg s'était vu en conséquence obligé de laisser à Nogent et à Pont deux de ses brigades qui ne se mirent en marche qu'après l'arrivée du corps du prince Eugène de Wurtemberg. Il en avait été de même pour les chasseurs à cheval wurtembergeois qui occupaient seuls Bray, depuis que le comte Antoine Hardegg avait pris avec sa division le chemin d'Arcis pour y rejoindre le Ve corps. Le gros du IVe corps n'en avait pas moins commencé dès le matin sa marche sur Troyes. Il s'arrêta le soir à hauteur de Saint-Martin-de-Bossenay et d'Echemines [1].

---

[1] STÄRKE, Eintheilung und Tagesbegebenheiten der Haupt-Armee im Monate März. (*K. K. Kriegs Archiv.*, III, 1.)

Il eût été, il semble, plus rationnel de procéder autrement. Il eût suffi, en effet, au lieu de faire revenir le VI⁰ corps sur Méry, de laisser Pahlen et le prince Eugène de Wurtemberg sur les positions qu'ils occupaient à Saint-Martin-Chennetron et du côté de Sourdun, et de ramener — ce qui pouvait se faire dès le matin sans être remarqué par les Français — Gortchakoff à Nogent et à Pont-le-Roi. On aurait de la sorte permis au IV⁰ corps d'arriver le 17 au soir au moins à Méry.

Le III⁰ corps n'avait pas, lui aussi, pu atteindre en une seule marche les cantonnements qui lui étaient indiqués. L'ordre de marcher sur Villemaur avec son gros, de ramener Crenneville à Villeneuve-l'Archevêque et de confier la surveillance de l'Aube à Seslavin n'était, en effet, parvenu à Gyulay que dans l'après-midi.

Bien qu'il n'eût pas tardé un seul instant à se mettre en route, Gyulay dut s'arrêter le soir à Villeneuve-l'Archevêque avec les divisions Weiss et Fresnel qu'il comptait remettre en mouvement à minuit afin d'arriver avec elles le 18 au matin à Villemaur. Crenneville, venant de Saint-Martin, ne dépassa pas Sens où il entra en même temps que Seslavin [1]. Le prince Maurice Liechtenstein, ayant reçu le soir seulement à Joigny l'ordre de retourner sur la route de Dijon, ne put partir pour Saint-Florentin que le 18 au matin.

Nouveaux coups de main du curé de Pers. — Avant de quitter Saint-Valérien pour revenir à Sens, les cosaques de Seslavin avaient eu une fois encore maille à partir avec le brave curé de Pers. « Pour mieux observer la marche et les mouvements des cosaques, dit le curé de Pers [2], je me rendis le 16 vers 10 heures au village de Bignon où je vis passer 50 cosaques se rendant du camp de Chéroy à Fontenay par la route qu'avaient suivie ceux du 10. Présumant qu'ils reviendraient le soir au camp par le même chemin, je courus chez moi, j'assemblai ma commune. Encouragés par le premier succès et toujours armés de fusils

---

[1] Stärke, Eintheilung und Tagesbegebenheiten der Haupt-Armee im Monate März. (*K. K. Kriegs Archiv.*, III, 1.)

[2] Rapport de l'abbé Pothier, desservant de Pers, au major Legros, commandant la place de Montargis, Pers, le 19 mars. (*Archives de la guerre.*)

doubles, nous nous rendîmes sur les 5 heures dans une vallée entre Chevannes et Pers. Je plaçai, à deux cents pas de moi, au bout d'un bois appelé la Boulinière, un avant-poste auquel je recommandai de ne faire feu que sur la deuxième personne du détachement dans la crainte que la première ne fût un guide pris dans le pays. Quant à moi, avec le surplus de mes hommes, je pris position dans un lieu élevé, appelé le Miroir.

« Nous attendîmes dans le silence jusqu'à 8 heures du soir. L'obscurité ne permettait pas de distinguer aucun objet et les cosaques marchant à petits pas sur un terrain doux, on entendait à peine leurs mouvements. Enfin, le poste placé au bout du bois laissa approcher à dix pas de lui l'avant-garde, tira trois coups et la força de se replier sur le détachement qui se rangea sur-le-champ en bataille. Alors nous nous réunîmes et nous fîmes une fusillade si bien soutenue que nous pûmes, à la lueur des amorces, distinguer le nombre d'hommes que nous avions à combattre et en même temps apercevoir que tous avaient, sur le devant de leurs selles, de gros paquets blancs sans que nous puissions soupçonner ce qu'ils renfermaient. N'étant qu'à quinze pas de l'ennemi, tous nos coups ont porté, l'ont dispersé et l'ont forcé, pour fuir avec plus de vitesse, d'abandonner ces paquets. Le hasard m'en fit rencontrer un dans l'obscurité et j'éprouvai la satisfaction de sentir qu'il contenait une quantité considérable de dépêches..... Alors, je jugeai — et le postillon dont les cosaques s'étaient emparés me le confirma — que la malle de Lyon à Paris avait été saisie une deuxième fois par ces brigands et qu'afin d'éviter de la conduire au camp par des chemins difficiles où elle pouvait leur être ravie, comme le fut celle qu'ils avaient enlevée le 10, ils l'avaient pillée et laissée sur la route..... Dans l'impossibilité où nous étions, à cause de l'obscurité, d'aller à la recherche et de ramasser les autres paquets, je laissai sur les lieux une garde de nuit de 6 hommes et me rendis chez moi avec les 11 autres et le postillon, qui me témoigna de vives inquiétudes sur le sort du courrier qui ne nous avait pas suivis.

« Le 17, à la pointe du jour, nous revînmes sur le terrain et nous trouvâmes morts sur la place un Cosaque et à quinze pas de lui, derrière une haie, le malheureux courrier qu'ils avaient massacré..... En parcourant les environs, nous avons ramassé et recueilli le surplus des paquets et nous avons trouvé morts 11 autres cosaques, savoir : 9 dans les bois de Chevannes, Pers et Rozoy où, après avoir été blessés, ils s'étaient retirés, et 2 au Bignon. 6 autres sont, paraît-il, morts en arrivant au camp à Saint-Valérien. Ainsi, cette expédition a coûté 17 hommes aux cosaques.

« Le même jour, le 17, à 10 heures du matin, au moment où je venais de rendre au courrier les derniers devoirs de mon ministère, le village de Pers fut investi par 150 cosaques qui, pour se venger de l'échec de la veille et de la capture du 10, se livrèrent jusqu'à 4 heures du soir au pillage, volant et brisant tout ce qui leur tombait sous la main. Enfin, pour combler la mesure, ils se saisirent de 15 habitants et les emmenèrent la corde au cou au camp de Saint-Valérien, où ils furent questionnés, garrottés et menacés d'être fusillés s'ils ne livraient pas le chef et les coopérateurs de l'expédition. Ils s'en sont tirés en prétextant que c'étaient les troupes de ligne envoyées de la garnison de Montargis. Quant aux paquets, je les ai tous remis, le 18, au sieur Fereau, directeur de la poste aux lettres d'Egreville, qui, informé par moi de l'événement, est venu accompagné de M. Bernier, maire, les chercher avec une voiture.

« Il n'est pas inutile d'observer à Monsieur le Major que j'avais eu, dans la matinée, la précaution de cacher les paquets de la malle sous de la paille, dans une grange. S'ils s'en fussent doutés, ils les auraient repris et peut-être incendié le village ; mais j'ai auguré de leur silence à ce sujet que, parmi eux, il n'y en avait pas un seul de ceux de la veille ; ce qui me porte à croire que le nombre des morts excède 17 et que les autres ont reçu des blessures graves. Ceux-ci, disparus dans l'obscurité, ont dû nécessairement s'égarer, car ils ne pouvaient apercevoir aucun signe de reconnaissance ; alors, plusieurs ont dû succomber dans les bois, vers Bazoches, où on a, dans la journée du 17, ramassé plusieurs lettres éparses provenant des paquets.....

« Quant à moi, si le zèle de mes concitoyens ne se ralentit pas, je continuerai de donner au gouvernement des preuves de mon dévouement. »

Renseignements reçus par Schwarzenberg. — Le 17, au matin, on avait bien reçu au quartier général de Pont-le-Roi deux dépêches de Blücher, datées de Laon, le 16 mars à midi.

Mais ces deux dépêches n'étaient guère de nature à renseigner et à rassurer le généralissime et l'empereur de Russie. Dans l'une — la seule qui existe au *K. K. Kriegs Archiv.*, (III, 295) — le feld-maréchal, dans la crainte de voir cette dépêche interceptée par les Français, se complaisait à peindre sa situation sous un jour qui n'était pas le vrai et c'est pour cette raison qu'il disait au généralissime :

« Votre Altesse a dû savoir par mes courriers que les Français ont repris Reims et que Saint-Priest, avec la plus grande partie de son corps, a rejoint mon armée à Berry-au-Bac.

« Demain, je reçois mes renforts venant des Pays-Bas.

« Les convois qui me donnent dix jours de vivres pour mon armée sont arrivés ce matin et vont me permettre de reprendre l'offensive. »

L'autre dépêche, celle qui était réellement destinée à Schwarzenberg, celle dans laquelle Blücher exposait au généralissime la véritable situation de son armée, mais dont il est impossible de retrouver la trace aux *Archives de la guerre* de Vienne était loin de présenter les choses sous le même aspect : « Je lutte, écrivait le feld-maréchal, contre la plus grande détresse. Le soldat manque de pain depuis plusieurs jours, et, l'ennemi m'ayant coupé de la ligne de Nancy, il m'est impossible de rien faire arriver. D'ailleurs, j'immobilise l'ennemi à Reims. L'Empereur y était encore hier à 2 heures avec sa garde. J'en conclus que la grande armée n'a pas encore dû se rapprocher de Paris. »

De semblables nouvelles étaient d'autant moins faites pour tranquilliser Alexandre Ier et ramener le calme dans les esprits au quartier général, que les rapports de Tettenborn et de Diebitsch[1], signalant d'autre part la marche des Français sur Épernay et leur entrée à Châlons, semblaient justifier complètement la résolution prise par Schwarzenberg d'arrêter, au moins momentanément, les opérations offensives du côté de Provins. Ces rapports rapprochés de la véritable dépêche de Blücher et le fait que les Français n'avaient débouché ni de Châlons ni d'Épernay, paraissaient donner raison à ceux qui, dans l'entourage du généralissime et des souverains, ne croyaient pas à la marche de

---

[1] Rapport de Diebitsch à Wolkonsky, Arcis-sur-Aube, 16 mars, n° 123.

l'Empereur vers l'Aube. Schwarzenberg était à peu près le seul qui ne partageât pas cette manière de voir, et c'est pour cela qu'avant de s'engager tête baissée dans une direction, il avait commencé par préparer sa concentration sur Arcis, sans renoncer pour cela à la possibilité de reprendre l'offensive contre Macdonald et de pousser contre Provins, Fontainebleau et Melun.

Mais, dans l'après-midi, le tableau change tout à coup. Le généralissime a appris que l'Empereur est resté plusieurs jours à Reims, que ses troupes gardent les passages de la Marne en aval de Châlons. Il se range alors à l'idée de Radetzky, de Toll, de Diebitsch, de Barclay de Tolly; il admet la probabilité d'un nouveau mouvement offensif de l'Empereur contre Blücher et peut-être la la possibilité d'une marche ultérieure contre les derrières de la grande armée. Toutefois, au lieu de pousser avec toutes ses forces réunies vers Châlons, ce sera son aile droite seule qu'il rapprochera, le 18, de la Marne.

18 mars. — Disposition pour le 18 mars. — Pendant que Macdonald, étonné de la tranquillité qui n'avait cessé de régner à Provins et du côté de Bray, ordonnait à sa cavalerie de pousser, le 18 au matin, une reconnaissance sur Saint-Martin-des-Champs et pendant que l'Empereur quittait Reims pour aller coucher à Épernay, le généralissime envoyait ses ordres de mouvement pour le 18 et s'arrêtait à des résolutions que des renseignements ultérieurs ne tardèrent pas à modifier [1].

Le Ve corps, qu'on venait de ramener sur la rive gauche de l'Aube, retournait sur la rive droite, de Ramerupt à Allibaudières. Il devait faire occuper Fère-Champenoise, Bussy-Lettrée et Faux-sur-Coole et porter son avant-garde à Sommesous et à Mailly.

Les gardes et réserves, descendant le cours de l'Aube, se rapprochaient de Wrède, en se cantonnant à Dammartin-le-Coq, Jassennes et Donnement.

Le VIe corps avait ordre de venir se masser sur la rive gauche de l'Aube, de Charny-le-Bachot à Villette. En revanche, les IIIe et IVe corps, Seslavin et le prince Maurice Liechtenstein, retournaient sur la Seine et sur l'Yonne et devaient couvrir tout l'espace

---

[1] Stärke, Eintheilung und Tagesbegebenheiten der Haupt-Armee im Monate Marz. (*K. K. Kriegs Archiv.*, III, 1.)

compris entre Pont-le-Roi et Joigny. En cas de retraite forcée, les IIIᵉ et IVᵉ corps avaient ordre de se replier sur Troyes; Seslavin, de Pont-sur-Yonne et de Sens sur Châtillon; Liechtenstein, de Joigny par Montbard sur Dijon.

En un mot, à l'exception du VIᵉ corps, toutes les troupes de la grande armée avaient, à peu de chose près, à retourner sur les positions qu'on leur avait fait quitter la veille. Le prince royal de Wurtemberg, sous les ordres duquel on plaçait de nouveau le IIIᵉ corps, allait relever le VIᵉ corps, qui venait reprendre ses positions le 17 au soir. Or, rien qu'en raison de la distance qu'il avait à parcourir, il était aisé de prévoir que le prince ne parviendrait pas à remplir un programme aussi complexe en un seul jour.

Schwarzenberg avait senti lui-même qu'il était nécessaire de joindre à cette disposition des notes explicatives, spéciales à la situation nouvelle créée à chacun de ces corps par ces marches et contre-marches. A Barclay, il s'était contenté de dire que les gardes et réserves allaient occuper de nouveaux cantonnements, afin de pouvoir prendre ensuite la direction qui paraîtrait la plus convenable.

Il faisait savoir à Wrède « qu'il avait choisi cette nouvelle dislocation des troupes de l'aile droite afin d'être en mesure de se porter au-devant de l'ennemi, s'il faisait mine de prendre sa direction de Châlons sur Vitry. » Avec le prince royal de Wurtemberg, il était, en revanche, moins laconique. « Napoléon, lui écrit-il[1], peut se porter, ou contre l'armée de Silésie, ou par Châlons contre la droite et les derrières de la grande armée. » Même dans le cas où l'ennemi se tournerait vers le nord sur Laon, le généralissime, décidé à régler sa conduite d'après les circonstances, se réservait de décider ultérieurement quelles opérations il y aurait lieu de faire entreprendre à l'aile droite; mais il jugeait impossible d'appeler à lui le prince royal, tant que les corps de Macdonald et d'Oudinot se tiendraient entre la Seine et la Marne. Quand l'aile droite se portera en avant, le prince royal, s'il n'est pas supérieur en nombre à ce qu'il trouvera devant lui, aura à tenir en échec les corps ennemis postés à Provins et à les empêcher

---

[1] Schwarzenberg au prince royal de Wurtemberg, Arcis-sur-Aube, 17 mars. (*K. K. Kriegs Archiv.*, III, 229.)

d'opérer leur jonction avec l'Empereur. Mais si Macdonald prévient le prince royal en se portant sur la Marne pour s'y réunir à l'armée impériale, il conviendra de ne laisser sur la Seine que les forces nécessaires pour s'assurer le cours de ce fleuve et de ramener, par le chemin le plus court et le meilleur, le gros des III⁰ et IV⁰ corps à Arcis, où ces corps formeront l'aile gauche de la grande armée. Si, par impossible, les troupes laissées sur la Seine étaient contraintes à se replier, elles feraient alors leur retraite sur Troyes. Mais Seslavin devrait rester à Pont-sur-Yonne et communiquer avec Maurice Liechtenstein, qui se retirerait alors de Joigny dans la direction de Dijon. »

Ces différentes instructions spéciales ne jetaient en somme que peu de lumière sur les intentions du généralissime, puisque, tout en parlant d'une concentration qu'on avait commencé à opérer la veille, Schwarzenberg venait, au contraire, de prendre le parti de disséminer ses forces.

Lord Burghersh[1] est heureusement là pour nous dire exactement ce qui se passait à ce moment dans l'esprit de Schwarzenberg. Pour l'officier anglais, la prise de Reims a eu pour conséquence de faire croire au généralissime que l'armée française allait entamer une nouvelle série d'opérations offensives contre Blücher, et la disposition du 17, tendant à concentrer le 18 l'armée entre Arcis et Pont-le-Roi et à amener les réserves à Dommartin et Donnement, a été prise en vue d'un mouvement sur Sommesous et Vitry, et de là par Châlons contre les derrières de l'armée française manœuvrant contre Blücher.

---

[1] LORD BURGHERSH, *Memoir*, 206 : « Prince Schwarzenberg has been impressed with the conviction that *after the capture of Reims on the* 13 the operations of the french army would again be directed against Marschall Blücher. The orders he had issued on the 17 for the concentration of his army between Arcis and Pont-sur-Seine with the reserves at Donnement and Dommartin were given out with the intention of moving from those positions upon Sommesous and Vitry and thence upon Chalons and upon the rear of the french army while engaged in this supposed operation. » (Le prince de Schwarzenberg était convaincu qu'après la prise de Reims [13 mars] Napoléon manœuvrerait de nouveau contre le maréchal Blücher. Lorsqu'il expédia les ordres du 17, tendant à une concentration de la grande armée alliée entre Arcis et Pont-sur-Seine, avec ses réserves à Donnement et à Dommartin, il avait l'intention de se porter de ces positions par Sommesous et Vitry sur Châlons et les derrières de l'armée française pendant que cette dernière aurait été en train d'exécuter le mouvement en question.)

Une lettre de Toll à Wolkonsky, écrite le 18 au matin, confirme les assertions et les appréciations de lord Burghersh : « Les rapports des avant-postes assurent que l'ennemi n'a que peu de monde à Châlons et à Épernay ; il semble qu'il masque ainsi ses entreprises contre Blücher. On peut donc affirmer que nous ferons notre mouvement sur Châlons; mais ce ne sera guère possible avant après-demain 20, puisque Raïeffsky aura bien de la peine à arriver aujourd'hui avec le gros de ses forces du côté d'Arcis. »

Renseignements reçus par Schwarzenberg le 18 mars au matin. — Il convient, d'ailleurs, de reconnaître que les renseignements reçus jusque-là par Schwarzenberg n'attribuaient qu'une importance absolument secondaire à l'apparition des Français, tant à Épernay qu'à Châlons. C'était d'abord le major Mareschal qui, renvoyé au quartier général de l'armée de Silésie et n'osant, de peur d'être enlevé, pousser au delà de Vitry, annonçait dans une première dépêche de Vitry, le 17 au matin[1], qu'il avait trouvé le général Davidoff sur le point de se retirer, de repasser avec ses deux régiments et ses 300 chevaux sur la rive gauche de la Marne et d'abandonner Vitry pour aller couvrir les parcs déjà dirigés sur Saint-Dizier. « L'ennemi, disait le major Mareschal, a occupé Châlons le 15 avec huit escadrons suivis par une colonne d'infanterie de 6,000 à 7,000 hommes. Hier 16, il a envoyé vers La Chaussée une patrouille de 50 chevaux qui est retournée le soir à Châlons. La garde et Napoléon n'ont pas été vus à Châlons. L'ennemi se borne à occuper Châlons et n'a nullement l'intention d'attaquer Vitry. »

Une deuxième dépêche du même officier expédiée le 17 à sept heures du soir, ne signalait aucun mouvement inquiétant. « L'ennemi, écrivait Mareschal[2], aurait, d'après le dire de Tettenborn posté à Coole, envoyé à midi deux colonnes de cavalerie sur les routes d'Arcis et de Vitry, mais le poste de Loisy-sur-Marne n'a rien vu. L'ennemi occupe toutefois Togny et y a de l'infanterie et de la cavalerie. »

---

[1] Major Mareschal à Schwarzenberg, Vitry, 17 mars. (*K. K. Kriegs Archiv.*, III, 316.)

[2] Major Mareschal à Schwarzenberg, Vitry, 17 mars, 7 heures du soir *Ibid.*, III, ad 316.)

Le major annonçait ensuite que le colonel prussien von Swichow mettait Vitry en état de défense et conseillait de diriger Tettenborn sur Sainte-Menehould afin de couvrir les communications.

Sans parler même de deux rapports de Tettenborn, conçus à peu près dans les mêmes idées et que Barclay de Tolly transmit au généralissime en lui proposant une expédition contre Châlons et en lui faisant part du départ pour Vitry d'une colonne aux ordres du général Lambert, qui lui semblait de force à tenter avec les troupes de Tettenborn et de Davidoff un coup contre Châlons, le généralissime avait reçu, le 18 au matin, le rapport suivant (en français) de Tettenborn[1]. Ce rapport expédié la veille de Coole à quatre heures un quart du soir, devait, plus encore que les précédents, faire croire au généralissime que les Français ne songeaient même pas à déboucher sur la rive gauche de la Marne : « Je m'étais porté hier (16), ici (à Coole) pour mieux observer le mouvement de l'ennemi.

« Je ne suis pas en état de répondre en ce moment des forces rassemblées à Châlons et Épernay, mais à ce dernier endroit il n'y avait hier matin que de l'infanterie ; la cavalerie campait vis-à-vis d'Épernay sur la rive droite de la Marne.

« L'ennemi n'a poussé de ce côté ses patrouilles que jusqu'à Avise d'où il s'est retiré ayant rencontré les miennes.

« A Châlons, il est d'abord entré 4,000 hommes, puis trois régiments de cavalerie ; mais je n'ai aucun renseignement sur les troupes qui pourraient avoir suivi celles-là. Ce qui est certain, c'est que mes partis ont passé la nuit à Coolus et ont poussé leurs patrouilles jusque vers les portes de Châlons. Ils n'ont remarqué nulle part de feux de bivouac, de manière que toutes les troupes doivent avoir été logées dans la ville.

« Ce matin l'ennemi est sorti de Châlons sur les trois routes de Châlons à Coole, à Vatry et à Vitry avec 10 escadrons ; mais ayant rencontré mes partis et après avoir été engagé quelque temps, il s'est arrêté à une lieue et demie de Châlons près du pont sur la rivière ; il ne s'est pas porté plus loin sur la route de Vitry.

Cela me fortifie dans une opinion que j'avais conçue d'abord,

---

[1] Tettenborn au prince de Schwarzenberg, Coole, 4 h. 1/4 après-midi, 17 mars, en français dans l'original. (*K. K. Kriegs Archiv.*, XIII, 340.)

que Napoléon ne tentera pas de ce côté un mouvement offensif contre la grande armée, mais que toute cette opération contre la Marne n'a eu d'autre but que de s'assurer les passages de la rivière.....

« Je me suis proposé de rester ici jusqu'à demain pour avoir la pleine certitude que l'ennemi ne forme pas de dessein ultérieur de ce côté ; mais si demain après-midi il n'a pas fait de mouvement en avant, je crois de mon devoir de me replier promptement par Vitry sur l'autre côté de la Marne pour me jeter sur les communications de l'ennemi entre Châlons et Reims et remplir ma destination primitive d'entretenir la communication entre nos armées.

« ..... J'ai envoyé hier à Vitry 50 cosaques pour escorter le major Mareschal, ils rencontreront en route un autre parti de moi qui pourra en cas de nécessité se joindre à eux. »

Enfin, une deuxième dépêche de Tettenborn, plus récente encore et du 18 au matin, devait dissiper les derniers doutes, les dernières inquiétudes qui auraient pu subsister : « L'ennemi, disait Tettenborn, ne fait aucun mouvement. Personne ne s'est montré sur la route d'Épernay à Châlons que mes cosaques n'ont cessé de surveiller. Ici, tout est absolument tranquille. » Et il ajoutait que, se proposant de donner suite à son projet de passer sur la rive droite de la Marne, il se préparait à partir pour Vitry.

Première disposition de Schwarzenberg pour le 19 mars. — Il est assez naturel que, sous l'influence de ces renseignements, Schwarzenberg ait arrêté encore avant midi une disposition pour le 19, basée sur la nécessité de surveiller les mouvements des Français, tant du côté de Provins que le long de la Marne, de Châlons jusqu'à Meaux, et d'empêcher Napoléon de masquer, derrière le rideau formé par ses troupes légères, ses opérations sur la rive droite de la Marne. Le généralissime prescrivait, par suite, à Raïeffsky de passer le 19, dès le matin, sur la rive droite de l'Aube à Ormes, de s'établir en cantonnements serrés entre ce point et Allibaudières, et d'occuper Salon, Herbisse et Semoine, de façon à pouvoir recueillir les avant-postes de Pleurs, Corroy, Sézanne et Fère-Champenoise. Kaïssaroff devait aller à Vertus. Wrède restait immobile, à l'exception de celles de ses troupes qui devaient céder leurs cantonnements au VIe corps. Les gardes et réserves ne bougeaient pas; leurs avant-gardes seules devaient se rapprocher de la Marne[1].

Schwarzenberg s'était empressé de communiquer cette disposition à Blücher et avait joint à son envoi une lettre dans laquelle il disait, entre autres, au feld-maréchal : « L'ennemi s'approche de la Marne, il occupe Châlons et a évidemment l'intention de couper notre communication directe. Pour la maintenir et pouvoir opérer de concert avec Votre Excellence, je concentre, comme l'indiquent les ordres donnés à mon armée, mes forces de l'autre côté de l'Aube, entre Sézanne et Vitry. Dès que j'aurai des nouvelles plus précises, et de l'ennemi et de Votre Excellence, j'opérerai avec toute l'énergie compatible avec ma situation[2]. »

Schwarzenberg avait à peine achevé d'expédier ces pièces et d'approuver la proposition de Barclay de Tolly relative à l'envoi du général Lambert vers Vitry et Châlons, lorsqu'il reçut la première nouvelle du mouvement que les Français exécutaient de Vertus contre Fère-Champenoise. Sans attacher encore une réelle importance à un mouvement à peine ébauché, il invita, toutefois, Barclay à concentrer les gardes entre Dommartin, Jassennes et Donnement, de façon à être prêt à soutenir tout mouvement en avant vers Sompuis ou Mailly, mouvement qu'on pourrait faire exécuter aux troupes alliées, postées à Arcis.

Mouvements des corps de la grande armée alliée. — A ce moment, il était environ midi, les différents corps avaient exécuté en partie les mouvements prescrits par la disposition du 17.

A l'aile gauche, Crenneville était arrivé à six heures du matin à Villeneuve-l'Archevêque, et le reste du IIIe corps atteignait, vers huit heures, Villemaur-sur-Vanne.

Le IVe corps marchait, par Méry, sur Maizières-la-Grande-Paroisse.

Le VIe corps était réparti, le 18 au matin, entre Romilly, où se trouvait Gortschakoff, Pont-le-Roi, où se tenait le général

---

[1] Prince de Schwarzenberg, première disposition pour le 19 mars, Arcis-sur-Aube, 18 mars. (*K. K. Kriegs Archiv.*, III, ad 320.)

[2] Schwarzenberg à Blücher, Arcis-sur-Aube, 18 mars. (*K. K. Kriegs Archiv.*, III, 320.)

Raïeffsky, les hauteurs du Mériot, occupées par le prince Eugène de Wurtemberg, et Saint-Martin-Chennetron, où l'on avait laissé une partie de la cavalerie de Pahlen pour surveiller les arrière-gardes de Macdonald. Soit parce que les ordres arrivèrent cette fois encore trop tardivement, soit parce que les IIIe et IVe corps n'avaient pas encore relevé sur la Seine les postes et les troupes du VIe corps, la matinée tout entière et une partie de l'après-midi se passèrent avant que Raïeffsky eût commencé son mouvement sur Charny et Villette.

Dans la matinée, la cavalerie de Pahlen avait reconnu les postes français du côté de Provins ; mais elle s'était immédiatement repliée sur ses positions de Saint-Martin-des-Champs, Le Houssay, Cormeron et Léchelle. Cette tranquillité, jointe à la nouvelle du mouvement de l'Empereur sur Épernay, qui venait de parvenir à Macdonald, avait fait croire au maréchal à la possibilité d'une marche rétrograde des Alliés. Désirant se rendre un compte exact de sa nouvelle situation avant de reprendre l'offensive, Macdonald avait aussitôt fait partir 2,000 à 3,000 chevaux chargés de percer le rideau formé par les avant-postes alliés.

L'infanterie du Ve corps avait passé sur la rive droite de l'Aube et s'était établie entre Allibaudières et Ramerupt, la cavalerie formée sur trois lignes en avant. Le comte Antoine Hardegg, venant de Bray, avait rejoint.

Les gardes et réserves étaient arrivées à Donnement et Dommartin, de sorte qu'à l'aile droite deux corps étaient, dès ce moment, prêts à se porter dans la direction de Vitry.

A l'extrême gauche, Maurice Liechtenstein, laissant une arrière-garde à Saint-Florentin, marchait sur Tonnerre, et Seslavin était venu se poster à Cerisiers.

A droite, Kaïssaroff occupait Fère-Champenoise, mais ses avant-postes avaient été, dès le matin, chassés de Vertus par des partis de cavalerie française venus d'Épernay.

Plus à droite encore, le général Lambert était entré à Vitry dans la matinée et s'occupait de rassembler les troupes de Davidoff et de Tettenborn, avec lesquelles il se porta, dans l'après-midi, vers Châlons. Mais n'ayant pu commencer sa marche qu'assez tard, il s'arrêta à la nuit sur la rive droite, à hauteur de la Chaussée. Sur la rive gauche, Tettenborn, venant de Coole, ne dépassa pas Togny.

Dans les premières heures de l'après-midi du 18, Gyulay avait reçu à Neuville-sur-Vanne un ordre du prince royal de Wurtemberg, lui enjoignant de s'établir sur une position défensive derrière la Seine, et de charger le prince Maurice Liechtenstein et Seslavin du soin de couvrir la ligne de l'Yonne. Crenneville devait venir, le 18, occuper Nogent, y relever la brigade wurtembergeoise de Misany, mettre une brigade à Pont-le-Roi et envoyer à Bray un fort parti qui détacherait par Bazoches vers Montereau.

Le lendemain 19, quand le gros du III⁰ corps aurait atteint Nogent, Crenneville pousserait sur la rive droite vers Provins Seslavin avait, dans cette combinaison, à retourner à Pont-sur-Yonne et Liechtenstein à Joigny.

Le III⁰ corps se mit en mouvement dans l'après-midi du 18. Crenneville se rendit à Nogent et dirigea un détachement vers Bray. Fresnel et Weiss vinrent se cantonner à Charmoy et Avon-la-Pèze. Mais Seslavin et Liechtenstein reçurent ces nouveaux ordres trop tard et ne purent commencer leur marche que le 19.

Le prince royal de Wurtemberg se proposait à ce moment de marcher le 19 sur Villenauxe, et le 20, avec ses deux corps réunis, sur Provins.

Marche de l'Empereur et du maréchal Ney. — Combats de Sommesous, de Fère-Champenoise et d'Allibaudières. — Mais au moment où le prince royal combinait ses mouvements pour les journées des 19 et 20, la situation avait déjà singulièrement changé. L'armée française débouchait sur deux colonnes : l'une, celle de gauche, sous les ordres de Ney, de Châlons vers Sommesous par la route de Vitry; l'autre, celle de droite, conduite par l'Empereur, d'Épernay par Vertus sur Fère-Champenoise. Toutes deux vinrent donner presque simultanément contre les Cosaques de Kaïssaroff qui, avec ses 1,500 chevaux et ses six bouches à feu, allait avoir affaire aux divisions de cavalerie de la garde et à la division des escadrons réunis, placées sous le commandement de Sébastiani.

A onze heures du matin, Kaïssaroff faisait déjà savoir de Fère-Champenoise à Schwarzenberg qu'il était attaqué par une nombreuse cavalerie, suivie de près par des troupes d'infanterie, que l'avant-garde française avait de l'artillerie avec elle, et que l'ennemi, s'avançant à la fois par les routes d'Épernay et de Châlons, il serait sous peu contraint de se replier sur Arcis, à moins d'être immédiatement secouru. Une demi-heure plus tard, il expédiait une seconde dépêche que Schwarzenberg reçut à Arcis vers trois heures : « L'empereur Napoléon a passé cette nuit à Épernay ; il m'attaque en ce moment avec la garde[1]. » Cette nouvelle qui bouleversait, au moment où l'on s'y attendait le moins, toutes les combinaisons qu'on avait eu tant de peine à échafauder les unes sur les autres, jeta l'alarme au quartier général. On aurait cependant dû reconnaître de suite qu'on s'était trompé en croyant à une marche de l'Empereur contre Blücher, qu'il y avait d'autant moins lieu de s'inquiéter que l'on avait sous la main les Austro-Bavarois de Wrède et les gardes et réserves russes et prussiennes. Il eût donc suffi de diriger ces troupes sur Mailly, par exemple, pour être en mesure d'arrêter l'ennemi, pendant que, d'autre part, on aurait repris les ordres déjà donnés pour les mouvements du 19. Mais l'émoi, le trouble, la confusion, l'indécision étaient tels que l'on se borna à faire prendre les armes au V⁰ corps, qu'on ordonna à Frimont de se porter sur Sompuis avec la cavalerie de Spleny. En même temps, le généralissime adressait à Kaïssaroff la dépêche suivante[2] : « Je viens de recevoir votre rapport de ce matin. Je m'empresse de vous faire part que la cavalerie du V⁰ corps doit avoir occupé à l'heure qu'il est Fère-Champenoise, et j'espère, en conséquence, que, conjointement avec cette cavalerie, vous parviendrez à arrêter l'ennemi.

« En cas que, par un événement imprévu, vous soyez forcé de quitter Fère-Champenoise, je vous recommande de vous replier sur Sézanne.

« Je n'ai pas besoin de vous dire que je compte sur ce que vous ne ferez ce mouvement rétrograde que si vous y êtes forcé. »

Mais lorsque cette dépêche partit du quartier général et bien qu'il eût été soutenu, dès le début de l'engagement, par le 1ᵉʳ ré-

---

[1] Kaïssaroff à Schwarzenberg, Fère-Champenoise, 18 mars, 11 heures et 11 heures 1/2 du matin; *Billets en russe*. (*K. K. Kriegs Archiv.*, III, 133.)

[2] Schwarzenberg à Kaïssaroff, Arcis-sur-Aube, 18 mars; original en français. (*K. K. Kriegs Archiv.*, III, 323.)

giment de chevau-légers bavarois envoyé en reconnaissance du côté de Fère-Champenoise, Kaïssaroff avait depuis longtemps dû plier devant les cavaliers de Sébastiani. Les escadrons français le ramenant bon train, le poussèrent d'abord sur Œuvy et le poussèrent sans le laisser souffler jusqu'à Herbisse, où Cosaques et chevau-légers furent recueillis par l'infanterie bavaroise.

Pendant ce temps, la colonne de Ney avait été retardée dans sa marche par le général Defrance qui, chargé de pousser une reconnaissance sur Vitry, n'avait pu rallier la colonne qu'à 4 heures 1/2 à Sommesous. Le maréchal n'en avait pas moins obligé les Cosaques et la cavalerie austro-bavaroise à se replier, après un semblant de résistance, sur Mailly où ils se rejoignirent avec les dragons de Knesewich et les uhlans de Schwarzenberg, que Frimont ramenait de Sompuis. Dès qu'il eut aperçu les colonnes françaises en marche par la grande route de Châlons à Vatry et par celle de Fère-Champenoise, Frimont, se voyant menacé sur sa gauche et craignant d'être coupé de sa retraite sur Arcis, se replia vers l'Aube pendant que le général Defrance, débouchant de Mailly, poursuivait son arrière-garde jusqu'à Allibaudières. Mais l'infanterie bavaroise, qui avait pu prendre position derrière un ruisseau, recueillit les fuyards et réussit à arrêter les cavaliers français que l'approche de la nuit empêcha, d'ailleurs, de pousser plus loin[1].

Frimont resta sur la rive droite de l'Aube que Kaïssaroff passa le soir à Arcis. Le général russe continua aussitôt sur Rhèges et Plancy. En somme, la cavalerie de la grande armée, bien que supérieure en nombre à celle de l'Empereur, bien qu'échelonnée sur trois lignes en avant des positions occupées par le Ve corps et les gardes, avait été bousculée et ramenée de Fère-Champenoise, Sommesous et Sompuis jusqu'à l'Aube sans avoir pu obliger Napoléon à lui montrer ses forces, sans avoir réussi à percer sur un point quelconque le rideau qui couvrait la marche de l'armée française. Les progrès des Français compromettaient, en outre, les

---

[1] Taxis, *Tagebuch* (*K. K. Kriegs Archiv.*, III, 32); Stärke, Eintheilung und Tagesbegebenheiten der Haupt-Armee im Monate März (*Ibid.*, III, 1); Rapport journalier à l'empereur d'Autriche, 18 mars (*Ibid.*, III, 326). — Ney au major-général, Mailly, 7 heures soir; Sébastiani au même, Semoine, 7 heures et 9 h. 1/2 soir (*Archives de la guerre*). — Rapport de Kaïssaroff à Barclay de Tolly, 19 mars (*Journal des pièces reçues*, n° 527).

petits corps des généraux Lambert et Davidoff et surtout celui de Tettenborn. Dès le soir, les deux premiers s'empressèrent de se replier sur Vitry, et Tettenborn, repassant sur la rive droite de la Marne, s'établit en avant de cette place sur la route de Châlons qu'il allait réoccuper le 19.

Il est impossible, ainsi s'exprime le prince de Taxis[1], de se faire une idée de la confusion et du trouble qui régnèrent au quartier général pendant cette journée à partir du moment où l'on reçut la nouvelle de l'approche de Napoléon.

L'empereur de Russie chez Schwarzenberg, à Arcis-sur-Aube. — Un peu après 5 heures de l'après-midi, Schwarzenberg avait à peine envoyé à Raïefsky l'ordre, d'ailleurs inexécutable, de se replier de suite sur Arcis-sur-Aube et de chercher par tous les moyens possibles d'y passer le soir même sur la rive droite de la rivière, dût-il même pour cela laisser l'avant-garde de Pahlen sur ses positions à l'est de Provins, lorsqu'à 6 heures du soir, l'empereur de Russie, venant de Troyes, entra dans la chambre du généralissime, cloué dans son lit par une violente attaque de goutte. Dévoré d'impatience, irrité depuis longtemps contre le généralissime, en proie depuis quelques jours déjà à une inquiétude fébrile que les nouvelles contradictoires et surtout les derniers événements n'avaient fait qu'augmenter, l'empereur de Russie avait mandé près de lui le généralissime. Celui-ci, trop souffrant pour entreprendre, le 17, le voyage de Troyes, avait chargé le général prussien Haacke de l'excuser et de fournir au souverain les explications qu'il semblait désirer. Troublé à l'extrême par les événements du 18, l'empereur, n'y tenant plus, avait quitté Troyes avec Wolkonsky et, sautant dans une voiture, s'était fait conduire au quartier général. Apercevant Toll, il l'interpella d'un ton sec et irrité : « Que se passe-t-il ? Veut-on perdre « toute l'armée ? » Celui-ci, mécontent lui-même et troublé par les nouvelles envoyées par Kaïssaroff, répondit : « Votre Majesté se « rendra elle-même compte de l'indécision de ces Messieurs, bien « que j'aie tout fait pour leur représenter les dangers de la situa- « tion. C'est un grand bonheur que Votre Majesté ait daigné venir « en personne, car il est encore possible de réparer toutes nos

---

[1] Taxis, *Tagebuch.* (*K. K. Kriegs Archiv.*, III, 32.)

« fautes. » Se tournant alors vers Radetzky et vers les officiers présents dans la chambre : « Eh ! bien, Messieurs, leur dit l'empereur, que comptez-vous faire pour sortir de cette situation critique ? » Surpris par une question aussi directe, ne tenant peut-être pas non plus à émettre une opinion personnelle, ils répondirent qu'il y avait tout lieu d'attendre des nouvelles des troupes de première ligne qu'on avait renforcées et fait soutenir. Toll, impatienté et irrité d'une réponse aussi insuffisante et aussi évasive, prit alors la parole et, s'adressant au tzar, lui dit « que les minutes étaient précieuses, qu'il n'y avait à ses yeux qu'un parti à prendre, qu'il importait de donner immédiatement à tous les corps de la grande armée l'ordre de se concentrer entre Troyes et Pougy ; qu'il fallait faire repasser séance tenante Wrède sur la rive gauche de l'Aube et le charger de défendre la ville et le pont d'Arcis jusqu'à la dernière extrémité. »

L'empereur de Russie approuva immédiatement cette concentration en arrière qui lui semblait devoir être le premier acte du mouvement rétrograde qu'il réclamait en vain depuis quelque temps. Il accepta même d'autant plus volontiers les idées de Toll qu'il était en somme arrivé à Arcis sans avoir de plan bien arrêté à proposer. Pénétrant avec lui dans la chambre de Schwarzenberg qui n'osa refuser son assentiment, il fit appeler Radetsky et le chargea de procéder de suite à l'établissement de la disposition. Dans la conférence qui eut lieu alors et à laquelle Schwarzenberg n'assista pas, Radetzky parvint néanmoins à modifier quelque peu les idées qu'on venait d'émettre. Représentant à l'empereur de Russie l'impossibilité pour Raïeffsky d'atteindre le soir même les bords de l'Aube, lui démontrant que les Français pouvaient être à Plancy avant les Alliés, voyant qu'Alexandre redoutait par-dessus tout un mouvement débordant de Napoléon sur Bar-sur-Aube et Chaumont, le chef d'état-major de Schwarzenberg amena le tzar à consentir à une concentration générale, non plus entre Troyes et Pougy, mais sur la position de Trannes que les différents corps pouvaient atteindre en deux marches.

Mais, avant de quitter Arcis pour retourner à Troyes, l'empereur Alexandre avait fait donner des ordres directs à Raïeffsky. Depuis deux jours il n'avait cessé d'avoir des craintes sérieuses pour le VIᵉ corps, dont il trouvait la situation trop en l'air et trop isolée. Aussi sachant qu'il faudrait un certain temps pour établir les ordres et les traduire en français à l'usage de Raïeffsky qui ne parlait pas l'allemand, il avait, dès 8 heures du soir, tenu à voir partir pour le quartier général de Raïeffsky le lieutenant Chomoutoff, porteur d'une lettre qu'il avait fait écrire par Toll. Sur l'ordre du tzar, Toll commençait par mettre Raïeffsky au courant des événements de la journée et du mouvement sur Arcis que Wrède allait exécuter. Il lui enjoignait ensuite de se replier sur Méry, d'y attendre Pahlen, d'aller le 19 prendre position à Troyes, d'y couvrir la retraite des IIIe et IVe corps, et éventuellement celle de Wrède dans le cas où, chassé d'Arcis, le feld-maréchal bavarois ne parviendrait pas à prendre la direction de Lesmont et de Brienne où il devait se rejoindre, en cas d'échec, avec les gardes et réserves. Il lui prescrivait, en outre, de faire repasser immédiatement son avant-garde sur la rive gauche de la Seine et d'en détruire tous les passages[1].

Une demi-heure plus tard, le major Medwedieff portait à Raïeffsky la disposition définitive que d'autres officiers étaient chargés de remettre aux différents chefs de corps.

Disposition pour les journées des 19 et 20 mars[2]. — « Le Ve corps s'établira ce soir même (18 mars) sur la rive gauche de l'Aube dont il interdira le passage à l'ennemi. Il s'échelonnera demain 19 jusqu'à Pougy.

« Les IVe, VIe et IIIe corps se replient sur Troyes, laissant derrière eux le général Seslavin et les détachements nécessaires pour couvrir le mieux possible, pendant la journée du 19, les passages de Bray et de Nogent.

« Les gardes et réserves prennent position derrière la Voire, qu'elles devront défendre jusqu'à l'arrivée à Lesmont du Ve corps chargé de tenir la ligne de l'Aube pendant la journée du 19.

« Le 20, les IIIe, IVe et VIe corps iront à Vendeuvre, les gardes et réserves à Trannes et Maisons, le Ve corps à Brienne moins une arrière-garde laissée à Lesmont et à Rosnay.

« Le quartier général sera le 19 à Pougy, le 20 à Bar-sur-Aube.

---

[1] Toll à Wolkonsky, Arcis-sur-Aube, 18 mars. (*Journal des pièces reçues*, n° 588.)

[2] Dispositions pour les journées des 19 et 20 mars, Arcis-sur-Aube, 18 mars, 8 heures du soir. (*K. K. Kriegs Archiv.*, III, 325.)

« Le V⁰ corps laisse sur l'Aube des partis chargés d'observer l'ennemi et qui rejoindront leur corps d'armée en passant par Dienville, s'ils y sont contraints.

« Le prince royal de Wurtemberg renverra les équipages de pont à Bar-sur-Aube et fera surveiller la Seine par un détachement, qui se replierait en cas de besoin sur la division du prince Maurice Liechtenstein. »

Aussitôt après avoir fait partir cette disposition, le généralissime avait rendu compte à l'empereur d'Autriche de l'énergique résistance de Kaïssaroff et de l'approche de l'armée ennemie forte de 30,000 hommes, d'après le dire des prisonniers. Il ajoutait que « Raïeffsky, qui avait dû venir se poster entre Charny et Villette, ayant pris position à Méry, il se trouvait dans l'impossibilité de déboucher en avant d'Arcis, et par suite de concentrer, comme il le voulait, son armée entre l'Aube et la Marne, et se voyait contraint de reprendre l'idée d'une concentration générale sur la position de Trannes et de Bar-sur-Aube, sur laquelle on se préparera à la lutte[1]. »

En même temps, il faisait parvenir à Kaïssaroff, auquel il témoignait la satisfaction que lui avait causée la conduite de sa cavalerie, l'ordre de rejoindre le V⁰ corps et de prendre les ordres du feld-maréchal Wrède[2].

Dans la soirée, le prince royal de Wurtemberg écrivait de son côté au généralissime[3] : « Les III⁰ et IV⁰ corps se replient sur Troyes. J'essayerai de tenir à Méry, afin de couvrir la retraite de la brigade que j'ai laissée à Nogent, le départ des deux équipages de ponts de Nogent et de Pont-le-Roi et la marche du III⁰ corps. Comme on ne peut couper les ponts avant le passage du comte Pahlen et qu'il faut compter que les pontons mettront douze heures pour arriver à Troyes, je ne puis m'empêcher d'avoir quelque inquiétude à leur sujet. J'ai mis le prince Maurice Liechtenstein et le général Seslavin à la disposition du feld-zeug-

---

[1] Stärke, Eintheilung und Tagesbegebenheiten der Haupt-Armee im Monate März. (*K. K. Kriegs Archiv.*, III, 1.)

[2] Le prince de Schwarzenberg à Kaïssaroff, Arcis-sur-Aube, 18 mars, 8 heures du soir; ordre en français. (*Ibid.*, III, 322.)

[3] Le prince royal de Wurtemberg au prince de Schwarzenberg, Méry, 18 mars. (*Ibid.*, III, 332.)

meister comte Gyulay que j'ai chargé de leur donner des instructions. J'essaierai de franchir demain le défilé de Troyes et je me concerterai au sujet des mouvements ultérieurs avec le général Raïeffsky. »

Enfin, à dix heures du soir, Raïeffsky, arrivé à Méry avec le corps de Gortchakoff, annonçait au généralissime qu'il venait d'envoyer au prince Eugène de Wurtemberg et à Pahlen encore en position devant Provins, l'ordre de repasser sur la rive gauche de la Seine et qu'il exécuterait le 19 les mouvements indiqués par la disposition.

Positions de la grande armée alliée et de l'armée française le 18 mars au soir. — Si l'on jette un coup d'œil sur les positions occupées le 18 au soir par les différents corps de la grande armée on verra [1] que Raïeffsky était avec Gortchakoff à Méry, le prince Eugène de Wurtemberg aux environs de Pont-sur-Seine, Pahlen encore à proximité de Provins, Kaïssaroff à Rhèges, les dragons de Knesewich et les uhlans de Schwarzenberg à Pouan et Villette, Wrède en train de passer sur la rive gauche et de venir s'établir d'Arcis à Chaudrey, le prince royal de Wurtemberg avec son gros à Méry et son arrière-garde à Nogent, le III⁰ corps à Nogent, Charmoy et Avon-la-Pèze, Seslavin sur l'Yonne aux environs de Pont et de Sens, le prince Maurice Liechtenstein à Tonnerre, enfin les gardes et réserves en avant de Brienne.

Napoléon passa la nuit à Fère-Champenoise. Sa garde cantonna autour de la ville. Sébastiani, avec sa cavalerie dont les partis vinrent vers Plancy, Boulages et Anglure, occupait Gourgançon, Semoine et Herbisse, d'où il comptait le lendemain se porter sur Plancy pour y forcer le passage de l'Aube. Ney s'était arrêté à Sommesous et se disposait à continuer sur Arcis. Macdonald de son côté avait remarqué la retraite des Alliés. Renseigné par sa cavalerie, qui n'avait rencontré que quelques partis, il se proposait de pousser le lendemain Molitor sur Bray, Oudinot en avant de Provins, vers Léchelle et Saint-Martin-Chennetron, et Gérard au delà de Sourdun dans la direction de Nogent;

---

[1] Journal d'opérations de Barclay de Tolly. (*Archives topographiques*, n° 29188.)

toute la cavalerie devait se porter sur les traces des Russes et jeter des partis à gauche pour savoir ce qui se passait du côté de La Ferté-Gaucher et de Sézanne [1].

Dernière séance du Congrès de Châtillon. — Les supplications de Caulaincourt avaient cependant fini par émouvoir ou par convaincre l'Empereur. Avant de commencer ses opérations contre Schwarzenberg, il avait expédié au duc de Vicence un courrier qui, porteur d'une note autorisant le plénipotentiaire français à faire les concessions demandées par les Alliés, fut arrêté par leurs avant-postes et ne rejoignit Caulaincourt que lorsque tout était fini. Lors de la séance du 18, le duc de Vicence n'avait, par suite, reçu aucune instruction, et les plénipotentiaires alliés, loin d'aborder la discussion du projet qui leur avait été remis le 15, se bornèrent à donner lecture d'une déclaration dans laquelle, « proclamant une fois de plus les intentions pacifiques des puissances qu'ils représentaient, essayant de démontrer que c'était seulement en faisant rentrer la France dans les limites qu'elle avait en 1792, qu'on pouvait arriver à une paix basée sur une juste répartition des forces et à la reconstruction politique de l'Europe, ils faisaient retomber sur l'Empereur l'insuccès des négociations entamées ainsi que le résultat négatif des conférences, et affirmaient une fois encore qu'indissolublement unies pour le grand but qu'elles espéraient atteindre avec l'aide de Dieu, les puissances alliées ne faisaient pas la guerre à la France, mais ne poseraient pas les armes avant que leurs principes aient été reconnus et admis par le gouvernement français. »

Dès ce moment, tous les efforts de Caulaincourt étaient inutiles. Les plénipotentiaires alliés avaient des ordres formels. Le duc de Vicence essaya vainement de protester, le 19, en termes dignes et élevés, contre les insinuations perfides de la déclaration de la veille; de déclarer à nouveau qu'il était prêt à discuter dans un esprit de conciliation et de paix, qu'il ne pouvait considérer sa mission comme terminée. Avant de se séparer et de dissoudre le Congrès, on ne consentit à discuter que le protocole. Tout espoir de paix avait définitivement disparu. Les plénipotentiaires rejoi-

---

[1] Registres de Berthier et ordre de mouvement de Macdonald (*Archives de la guerre*); *Correspondance*, n°s 21518 et 21519.

gnirent immédiatement leurs quartiers généraux et lancèrent, quelques jours après, une dernière déclaration dans laquelle ils paraphrasaient les arguments qu'ils avaient fait valoir le 18 et cherchaient une fois de plus à séparer la cause de la France de la personne de l'Empereur.

Projets de l'Empereur. — Le 17, au soir, lorsqu'il faisait écrire par le major-général à Belliard [1], l'Empereur avait évidemment songé a se porter par Semoine et Arcis sur Troyes et à envoyer Macdonald, rendu disponible aussitôt après la retraite des corps de la grande armée alliée sur la rive gauche de la Seine, rejoindre Marmont et Mortier du côté de Reims et de Berry-au-Bac. Mais dès son arrivée à Fère-Champenoise, le 18, l'Empereur renonça au mouvement sur Troyes. Ne croyant pas que Schwarzenberg prendrait aussi vivement un parti aussi radical et se déciderait à exécuter rapidement un mouvement rétrograde sur Arcis-sur-Aube, il avait, au premier avis sérieux signalant la présence du V⁰ corps sur la rive droite de l'Aube, aux environs d'Arcis, des gardes et réserves du côté de Brienne et de Lesmont, résolu de se porter sur Plancy, d'y passer sur la rive gauche de l'Aube. En débouchant encore assez à temps pour tomber entre les corps épars de l'armée de Schwarzenberg, il voulait, avant de se retourner contre l'aile droite du généralissime, essayer d'écraser et de prendre entre deux feux les troupes restées en présence de Macdonald, auquel il envoyait, avec un avis de sa marche, l'ordre de venir le rejoindre [2].

19 mars. — Mesures prises par Napoléon pour passer l'Aube à Plancy. — Les mesures prises par l'Empereur, le 18 au soir et le 19 dans la nuit, pour assurer le passage de l'Aube, peuvent encore aujourd'hui servir de modèle. L'équipage de ponts, parqué entre Corroy et Fère-Champenoise, a l'ordre de se mettre en route à une heure du matin, précédé par la brigade Curély, de la division des escadrons réunis, de se porter, avec l'artillerie

---

[1] Registres de Berthier : ordres de mouvement à Belliard, 17 mars. (*Archives de la guerre.*)

[2] Major-général à Macdonald, Fère-Champenoise, 19 mars, 9 h. 1/2 du matin. (*Archives de la guerre.*)

de réserve, par Faux-Fresnay sur Plancy et Boulages. L'Empereur veut avoir, à onze heures du matin, quatre ponts sur l'Aube et, plus tard, deux sur la Seine, ou tout au moins deux ponts sur l'Aube, dans le cas où le génie pourrait raccommoder ceux de Plancy et de Boulages. Cette double opération de l'établissement des ponts de l'Aube sera couverte à Boulages par la brigade Curély, à Plancy par la division de cavalerie de la garde du général Colbert, qui fera passer du monde à gué pour s'éclairer du côté de Méry. La division de cavalerie d'Exelmans soutiendra et rejoindra celle de Colbert à Plancy, tandis que la cavalerie de Letort et l'autre brigade des escadrons réunis avec l'infanterie de la garde impériale attendront l'Empereur à Salon : Ney venant de Mailly par Villiers-Herbisse et Champfleury, flanqué sur sa gauche par la cavalerie du général Defrance, couvert en queue par les dragons et grenadiers à cheval de la garde, le rejoindra entre Salon et Plancy. Le duc de Tarente reçoit l'ordre de pousser au plus vite sur Plancy et Arcis-sur-Aube [1].

Mouvements de la grande armée alliée. — Positions des gardes et réserves. — Pendant que la petite armée de l'Empereur exécutait ces différents mouvements, les corps de la grande armée alliée, se conformant à la disposition du 18 mars au soir, se mettaient en marche pour se rapprocher de la position de Trannes. Mais cette concentration ne pouvait s'opérer que lorsque l'aile gauche (IIIe, IVe et VIe corps) aurait diminué la distance qui la séparait de l'aile droite ; cette dernière devait elle-même rester à peu près immobile jusqu'à l'arrivée en ligne sur l'Aube de troupes en force suffisante pour combler un vide qu'un adversaire tel que l'Empereur n'aurait pas manqué de remarquer et dont il aurait tiré parti pour se jeter entre les corps de Schwarzenberg.

Malgré les événements de la veille, on était loin de voir encore clair dans le jeu de l'Empereur. D'après les renseignements fournis par les partisans, on croyait Napoléon en marche par

---

[1] *Correspondance*, n°s 21518 et 21520. — Registres de Berthier, 19 mars, 5 h. 1/2 du matin, ordres à Ney, à Drouot; 6 heures du matin, à Berckheim; 8 heures, à Sébastiani; 11 heures, à Macdonald. — Ney, ordre de mouvement, Mailly, 19 mars. (*Archives de la guerre.*)

Épernay et Vertus contre la droite de la grande armée, et l'on supposait qu'il avait été rejoint par les corps d'Oudinot et de Macdonald, venant de Provins[1].

Dès le matin, le prince de Schwarzenberg avait transféré son quartier général d'Arcis-sur-Aube à Pougy. L'empereur de Russie et le roi de Prusse restaient à Troyes; l'empereur d'Autriche était allé s'établir à Bar-sur-Seine. Les gardes et réserves étaient postées sur trois lignes aux environs de Perthes, la droite à Perthes-en-Rothière, la gauche entre Brienne et Lesmont, couvertes à Braux-le Comte par une division de cavalerie, dont les avant-postes étaient établis le long du Meldançon à Sainte-Thuise, Donnement et Saint-Léger-sous-Margerie et dont les patrouilles poussaient vers Arcis, Mailly, Poivre Sainte-Suzanne et Sompuis. Un parti, fourni par cette cavalerie, maintenait les communications avec Vitry. Deux bataillons, trois escadrons et quatre canons gardaient le confluent de l'Aube et de la Voire.

Positions du V⁰ corps et de Kaïssaroff. — Wrède, qui devait se maintenir le plus longtemps possible sur l'Aube, retarder la marche des colonnes françaises et donner aux III⁰, IV⁰ et VI⁰ corps le temps d'atteindre Troyes, profita de la matinée pour achever de prendre ses mesures défensives. Le feld-maréchal bavarois disposa ses troupes en échelon sur la rive gauche de la rivière, dont il coupa les ponts et dont il fit surveiller les gués. La brigade autrichienne Volkmann, chargée de la garde d'Arcis, barricada les rues conduisant à la rivière et mit son canon en batterie sur la terrasse du château. Les troupes sous les ordres de Frimont s'étaient établies : la division Spleny entre Arcis et Villette; celle d'Antoine Hardegg, de Torcy-le-Grand à Saint-Nabord. Plus en amont, Rechberg et la brigade de cavalerie de Vieregg s'échelonnaient de Vaupoisson à Chaudrey, où une brigade d'infanterie, avec huit escadrons, une batterie de campagne et une de position, gardait le passage de l'Aube. Derrière elle, le division La Motte et la brigade de cavalerie Diez avaient deux bataillons, deux escadrons et une batterie à Nogent-sur-Aube, et

---

[1] Stärke, Eintheilung und Tagesbegebenheiten der Haupt-Armee im Monate März. (*K. K. Kriegs Archiv.*, III, 1.)

le reste de leurs troupes le long de la rivière, à Coclois et à Pougy. Sur toute cette ligne, des piquets de cavalerie gardaient les gués, et Wrède, qui s'était établi de sa personne à Nogent-sur-Aube, avait donné l'ordre à Frimont de ramener ses Autrichiens sur les positions occupées par Rechberg, dès que les Français auraient forcé le passage à Arcis [1].

En aval d'Arcis, Kaïssaroff était venu, sur l'ordre de Wrède, prendre position, à trois heures du matin, à Rhèges et s'était relié à droite avec Spleny, du côté de Villette, à gauche, vers Méry, avec l'avant-garde de Raïeffsky. Ses postes, soutenus par du canon, gardaient les gués et observaient les mouvements des Français sur la rive droite. Kaïssaroff devait, si les Français réussissaient à forcer le passage à Plancy, se replier sur l'aile gauche de Spleny [2].

A l'extrême droite, Tettenborn marchait sur Châlons pendant que les Russes de Lambert et de Davidoff et les Prussiens de Schwichow se préparaient à tout événement à défendre Vitry.

Marche et contre-marche du III° corps. — A l'aile gauche, le III° corps achevait les mouvements prescrits la veille par le prince royal de Wurtemberg. Crenneville avait envoyé à Bray un détachement qui s'éclairait du côté de Montereau. On avait appris de la sorte par un parti que Seslavin occupait Sens et tenait à Pont-sur-Yonne un poste avancé dont les coureurs battaient l'estrade aux environs de Montereau. Le gros de la division Crenneville, arrivé à Nogent, y avait relevé la brigade wurtembergeoise Misany qui, après avoir replié et fait filer les ponts de bateaux, s'était dirigée sur Les Grez pour rejoindre le IV° corps. Un escadron autrichien gardait Pont-le-Roi.

Gyulay, se dirigeant sur Nogent, avait déjà quitté Avon-la-Pèze et Charmoy, avec ses deux autres divisions (Fresnel et Weiss), lorsqu'il reçut du prince royal de Wurtemberg l'ordre, expédié dans la nuit, de faire demi-tour et de venir s'établir sur les hauteurs de Montgueux en laissant son arrière-garde aux Grez et

---

[1] Taxis, *Tagebuch* (*K. K. Kriegs Archiv.*, XIII, 32), et Stärke, Eintheilung und Tagesbegebenheiten der Haupt-Armee im Monate März (*Ibid.*, III, 1).

[2] Kaïssaroff au prince de Schwarzenberg, Rhèges, 19 mars, 3 heures du matin. (*K. K. Kriegs Archiv.*, III, 355.)

quelques escadrons de la division Crenneville à Nogent et Pont-le-Roi. Ces escadrons ne devaient se mettre en marche que dans la nuit du 19 au 20 et se replier alors, soit sur le gros de leur division qui avait ordre de prendre position au Pavillon, soit sur la division légère de Maurice Liechtenstein, dans le cas où ils auraient été coupés. Seslavin devait, d'ailleurs, chercher à arriver dans la journée jusqu'à Nogent et Pont-le-Roi, y relever les escadrons de Crenneville et fournir le cordon de cavalerie en observation sur la Seine, tout en continuant à assurer les communications avec Maurice Liechtenstein qu'on poussait de plus en plus sur la route de Dijon.

A la réception de cet ordre, qu'il communiqua sans tarder à Crenneville, Gyulay reprit avec ses deux divisions le chemin de Troyes. La division Weiss s'établit le 19 au soir à l'ouest de Montgueux, l'une des brigades de Fresnel au nord de ce point, à La Grange-l'Évêque, Barberey-Saint-Sulpice et La Chapelle-Saint-Luc ; l'autre resta au Pavillon avec ordre d'y attendre la rentrée de la division légère de Crenneville.

Seslavin, auquel Gyulay avait prescrit de se porter de Sens par Villeneuve-l'Archevêque sur Bar-sur-Seine, reçut ses instructions si tardivement que bien qu'ayant quitté en toute hâte Sens et Pont-sur-Yonne, il ne put arriver à Troyes que le 20 dans l'après-midi. .

Maurice Liechtenstein, qu'on voulait maintenant diriger par Montbard sur Dijon, avait été rejoint le 19, à Tonnerre, par une dépêche de Gyulay datée de Villeneuve-l'Archevêque le 18, l'informant de la marche du IIIe corps sur Nogent et du IVe vers Provins. A cette nouvelle, Liechtenstein s'était porté sur Saint-Florentin d'où il comptait pousser le lendemain sur Joigny. Obligé par l'heure avancée de s'arrêter à Saint-Florentin, il y reçut l'ordre de Gyulay lui enjoignant de rétrograder vers Dijon. Le 20 au matin, sa division légère reprit par suite le chemin de Tonnerre.

Mouvements des IVe et VIe corps. — Au IVe corps, le prince royal de Wurtemberg avait laissé une arrière-garde à La Malmaison, deux bataillons de grenadiers autrichiens et deux escadrons de hussards Archiduc-Ferdinand à Méry. Ces troupes étaient chargées de recueillir la division Crenneville du IIIe corps, l'avant-garde du VIe corps aux ordres de Pahlen et de couvrir le mouvement des ponts relevés à Nogent-sur-Seine et Pont-le-Roi. Le gros du IVe corps dépassait Troyes.

Raïeffsky, à la tête des troupes de Gortchakoff, quittait Méry et se repliait sur Troyes, pendant que le prince Eugène de Wurtemberg venant du Mériot, par Pont-le-Roi, prenait la même direction. Pahlen, formant l'arrière-garde, restait quelques heures de plus sur ce dernier point et ne se mettait en route qu'après avoir assisté au départ des équipages de ponts. La tête de colonne de Raïeffsky ne commença à défiler par Troyes que vers les 9 heures du soir et vint prendre position à Saint-Parres-aux-Tertres. Le prince Eugène de Wurtemberg, après avoir passé la Seine à Villacerf, s'arrêta à 10 heures aux portes de Troyes, à Pont-Sainte-Marie. Pahlen y arriva une heure plus tard, après une marche forcée de plus de 14 lieues [1].

La matinée avait été tranquille. L'Empereur avait mis à profit les premières heures de la journée pour préparer le passage de l'Aube, et le généralissime, encouragé par ce répit momentané, renonçant à la concentration en arrière de Trannes et de Bar-sur-Aube à laquelle tendait la disposition du 18 au soir, se décida de nouveau à essayer de masser le 20 mars, sous la protection des gardes et réserves postées sur la Voire, toutes ses forces sur la rive droite de l'Aube.

Deuxième disposition de Schwarzenberg. — Croyant encore que l'Empereur continuait à se diriger sur Brienne pour menacer de là les lignes de communication de son armée, Schwarzenberg espérait se ménager de la sorte la possibilité d'opérer contre la gauche de l'Empereur tout en se rapprochant quelque peu de l'armée de Silésie. Par une disposition datée de Pougy à 9 heures du matin [2], il donnait au Ve corps l'ordre de fournir, dès le 20 au matin, des avant-postes sur la ligne de Braux-le-Comte et d'Aulnay, d'occuper plus en avant encore Donnement et Dommartin-le-Coq, de pousser des patrouilles sur Corbeil, Dampierre

---

[1] Stärke, Eintheilung und Tagesbegebenheiten der Haupt-Armee im Monate März. (*K. K. Kriegs Archiv.*, III, 1.)

[2] Disposition de Schwarzenberg, Pougy, 19 mars, 9 heures du matin. (*Ibid.*, III, 349.)

et Ramerupt, de tenir Arcis avec des forces suffisantes pour y interdire le passage de la rivière et de se masser entre Coclois et Pougy. Les gardes et réserves, chargées de surveiller les passages de la Voire, devaient y servir de soutien aux avant-postes.

Le VIe corps avait ordre de venir par Lesmont rejoindre sur la Voire les gardes, dont le gros restait aux environs de Perthes-en-Rothière.

Le IVe corps continuait son mouvement sur Piney et Précy-Notre-Dame.

L'arrière-garde de Gyulay avait pour mission de tenir à Troyes le plus longtemps possible ; mais le gros du IIIe corps devait prendre position entre Montier-Amey et Vendeuvre.

Les cosaques de Seslavin auraient, dans ce cas, surveillé la Seine, et Kaïssaroff aurait eu pour mission d'observer le cours de ce fleuve depuis Méry jusqu'au confluent de l'Aube. Il semble donc qu'au moment où il expédiait cette deuxième disposition, Schwarzenberg cherchait encore à faire face à la fois du côté de Troyes et du côté de Brienne. Bien qu'il dût cependant savoir que le faible effectif de l'armée française ne permettait guère une semblable entreprise, il craignait de voir Macdonald pousser sur Troyes, Vendeuvre et Bar-sur-Aube pendant que l'Empereur aurait manœuvré sur la rive droite de l'Aube vers Lesmont et Brienne. Aussi un officier de l'état-major de chacun des corps d'armée devait être rendu au quartier général, à midi, pour y recevoir les ordres de détail déterminant plus exactement les positions assignées à chacune des grandes unités.

On se mit aussitôt à jeter un pont de bateaux en aval de Précy-Notre-Dame. Tout continuait à être tranquille et, à 2 heures de l'après-midi, le prince royal de Wurtemberg écrivait de Méry au généralissime : « Rien à signaler, si ce n'est quelques rares coups de canon échangés ce matin du côté de Plancy. Pahlen a repassé sur la rive gauche de la Seine sans être inquiété, et tout me porte à croire qu'on aura pu, sans encombre, replier les deux ponts de bateaux. »

Le prince royal de Wurtemberg n'avait pas encore reçu la deuxième disposition. Induit en erreur par le calme qui n'avait cessé de régner pendant la matinée du 19, il croyait tellement peu à la présence et à la proximité du gros des forces françaises, à l'imminence d'opérations offensives sérieuses, qu'il ajoutait :

« Comme mon arrière-garde, les équipages de ponts et le IIIe corps ont à faire une longue étape aujourd'hui, je compte, à moins d'ordres contraires, me porter demain seulement de Troyes sur Vendeuvre et arrêter le IIIe corps à Montier-Amey. » Au moment où il terminait cette dépêche, le prince royal venait d'être informé par le général Ilowaïsky de l'apparition de quelquelques escadrons français sur la rive gauche de l'Aube, à Plancy ; mais il se contentait de signaler le fait sans y attacher la moindre importance.

Les dépêches envoyées à peu près à la même heure par Wrède, de Nogent-sur-Aube, au quartier-général, étaient également des plus rassurantes. Les rapports de Frimont et de Kaïssaroff ne signalaient aucun mouvement inquiétant, et le feld-maréchal bavarois ajoutait : « L'ennemi ne se montre pas sur la route de Châlons ; il n'entreprend rien du côté de Vitry. J'en conclus qu'il s'est replié ou, tout au moins, qu'il a arrêté son mouvement en avant. »

Mais, à ce moment déjà, la situation avait complètement changé d'aspect. Le généralissime, au reçu d'un billet de Kaïssaroff lui annonçant que la cavalerie française avait passé l'Aube à Plancy, se hâtait d'annuler la disposition du matin.

Voulant, par-dessus tout, éviter des engagements partiels, il ne perdait pas un instant pour informer le prince royal de Wurtemberg des mouvements des Français et remettre en vigueur la disposition du 18 au soir, aux termes de laquelle le IVe corps et les troupes de l'aile gauche devaient prendre, le 20, le chemin de Vendeuvre.

Motifs du mouvement de l'Empereur sur Plancy. — Si l'Empereur avait pu se douter de la confusion, du désarroi, de l'irrésolution qui avaient régné, surtout pendant les deux derniers jours, au grand quartier général des Alliés, il est plus que probable qu'il n'aurait pas renoncé à son projet primordial, à son intention de manœuvrer entre l'Aube et la Marne. Il aurait pu alors, en marchant droit sur Arcis, en y passant la rivière et en poussant droit sur Troyes, culbuter une bonne partie de la grande armée et tomber sur elle au moment où ses corps isolés et épars essayaient de se rapprocher les uns des autres et de se concentrer.

Obligé de baser ses combinaisons sur des données positives et ne pouvant faire entrer en ligne de compte des facteurs moraux, qui lui étaient d'ailleurs inconnus, il espérait encore que la précipitation, avec laquelle les Alliés avaient l'habitude de se retirer devant lui, amènerait, une fois de plus, un désordre dont il ne manquerait pas de profiter, et il se décida à exécuter une marche de flanc sur Plancy. Après avoir franchi l'Aube sur ce point, il comptait tomber sur les flancs des colonnes, éparses et en retraite, de l'armée de Schwarzenberg, et ce fut évidemment pour donner le change à son adversaire qu'il dirigea sa colonne de gauche, sous les ordres de Ney, sur Arcis. Si, en marchant sur Plancy, il cherchait à se rapprocher de Macdonald, il tenait surtout à s'assurer la possession du point essentiel d'Arcis. Il s'agissait d'autant plus d'y arriver avant les troupes de Wrède que la présence du gros des Austro-Bavarois à Arcis aurait singulièrement compromis le succès de ses opérations sur l'Aube. On peut donc admettre qu'en portant une partie de sa petite armée sur Plancy, l'Empereur cherchait à se ménager la possibilité de séparer l'aile gauche de la grande armée de ses réserves. Enfin, on doit reconnaître, d'autre part, que l'Empereur, en agissant de la sorte, poursuivait, par-dessus tout, la réalisation d'un autre projet.

Décidé à attaquer son adversaire, espérant encore parvenir à battre chacun de ses corps séparément, il lui fallait, avant tout, s'assurer un débouché et prendre, au plus vite, solidement pied sur la rive gauche de l'Aube.

Une autre considération a pu également exercer une certaine influence sur l'esprit de l'Empereur et le décider à exécuter le passage de la rivière à Plancy, au lieu d'essayer de pousser droit devant lui, avec tout son monde, sur Arcis. Il importe, en effet, de se rappeler qu'on avait intercepté l'ordre, prescrivant à Raïeffsky de venir se poster, le 18 au soir, de Charny-le-Bachot à Villette. L'Empereur avait donc tout lieu de penser qu'en passant à Plancy, il ne trouverait rien ou presque rien devant lui. Profitant du vide existant dans les lignes de Schwarzenberg, il pensait parvenir à s'établir au cœur même des positions des Alliés. Enfin, une fois maître des passages de Plancy et de Méry, il pouvait manœuvrer à son gré, soit sur l'Aube, soit sur la Seine.

Combat de Plancy. — Les corps alliés de l'aile droite venaient de s'établir au bivouac, sur les positions indiquées par la disposition de Schwarzenberg, lorsque, entre une heure et deux heures de l'après-midi, l'avant-garde de Sébastiani, débouchant de Courcemain et chassant devant elle les postes cosaques, parut sur la rive droite de l'Aube. A deux heures de l'après-midi, douze pièces de gros calibre traversent Plancy, viennent se mettre en batterie vis-à-vis de Charny. Après une canonnade assez vive, elles font taire les six bouches à feu de Kaïssaroff, qui est obligé de retirer son artillerie, pendant que la cavalerie de Sébastiani commence le passage du dernier bras de l'Aube à Charny : « J'ai attaqué les premiers escadrons, écrit à ce propos Kaïssaroff[1], et les ai culbutés sous le feu de leurs canons, qui, à leur tour, me firent rebrousser chemin, la cavalerie française s'accroissant à toute minute. De là-bas, je me suis borné à remarquer les mouvements de l'ennemi et, pendant trois heures de temps, la rive droite de l'Aube, par le chemin de Fère-Champenoise, était couverte de cavalerie, infanterie et artillerie, qui défilait continuellement. »

A cinq heures, les Français, aidés par les habitants, ont réparé les ponts de Plancy, que leur artillerie et leur infanterie passent aussitôt, pendant que des partis de cavalerie filent sur Méry[2] et que Kaïssaroff se met en retraite, par Rhèges et Bessy, vers Arcis. Ses cosaques, pressés par les divisions Exelmans et Colbert, ne peuvent reprendre pied nulle part et repassent au trot le défilé de Pouan. Son artillerie l'a précédé sur ce point et s'est mise en batterie sur la rive droite de la Barbuise. Son tir permet à Kaïssaroff de ralentir un moment la poursuite et d'arrêter les cavaliers de Sébastiani, en mettant le feu au village.

La nuit était venue entre temps[3] et dans l'impossibilité de faire défiler ses escadrons à travers les ruines fumantes de Pouan et d'amener, par un autre chemin, son artillerie sur la rive droite

---

[1] Kaïssaroff à Schwarzenberg, Villette, 19 mars ; original en français. (*K. K. Kriegs Archiv.*, III, 358.)

[2] Taxis, *Tagebuch* (*K. K. Kriegs Archiv.*, XIII, 32) et Stärke, Eintheilung und Tagesbegebenheiten der Haupt-Armee im Monate März (*Ibid.*, III, 1). — Sébastiani au major-général, Bessy, 19 mars, 9 heures du soir. (*Archives de guerre.*)

[3] *Ibid.*

de la Barbuise, Sébastiani est forcé de s'arrêter. Le gros de sa cavalerie reste avec lui à Bessy [1]; il ne laisse devant Pouan que 300 chevaux : « Malgré une pluie de grenades qu'il lança sur ma cavalerie, dit encore Kaïssaroff [2], mon artillerie et mes cosaques tinrent ferme, et l'ennemi fut obligé de remettre ses attaques, ayant retiré ses escadrons de son côté du village de Pouan, au milieu duquel je tiens en ce moment mes postes, en attendant les ordres de S. Exc. le maréchal comte Wrède. »

Dès qu'il avait eu connaissance du passage de la cavalerie française à Plancy, Wrède avait, dans l'après-midi, donné à Frimont l'ordre de rectifier sa position tout en répartissant ses troupes de façon à pouvoir recueillir Kaïssaroff. Les dragons de Knesewich et les uhlans de Schwarzenberg échelonnés jusque-là sur la rive gauche de l'Aube entre Arcis et Saint-Nabord, étaient venus dans le courant de l'après-midi s'établir à Villette, leur droite appuyée à l'Aube. Les hussards de Szeckler et Archiduc-Joseph s'étaient déployés au même moment un peu en arrière de Villette face au chemin menant à Saint-Étienne-sous-Barbuise. Deux bataillons d'infanterie autrichienne occupaient Arcis; un bataillon de chasseurs, Grand et Petit-Torcy. Enfin, les cinq bataillons autrichiens de la brigade Volkmann servaient de réserve à la cavalerie à partir de cinq heures [3].

A sept heures du soir, on avait entendu à Pouan une vive canonnade du côté de Méry, et comme Sébastiani avait presque aussitôt renoncé à ses tentatives de passage de la Barbuise, on

---

[1] Taxis, *Tagebuch* (*K. K. Kriegs Archiv.* XIII, 32) et Stärke, Eintheilung und Tagesbegebenheiten der Haupt-Armee im Monate März (*K. K. Kriegs Archiv.*, III, 1); Sébastiani au major-général, Bessy, 19 mars, 9 heures du soir. (*Archives de la guerre.*)

[2] Kaïssaroff à Schwarzenberg, Villette, 19 mars. (*K. K. Kriegs Archiv.*, III, 358.)

Il y a lieu de rectifier sur ce point le rapport de Sébastiani qui prétend avoir suivi les cosaques jusqu'à Villette. Les avant-postes de cavalerie française ne prirent pas pied le 19 au soir sur la rive droite de la Barbuise et ne poussèrent pas jusqu'à Villette. Kaïssaroff avait été recueilli et soutenu à la sortie de Pouan par les Austro-Bavarois du V⁰ corps. « Les Français, dit Taxis qui était sur les lieux et qui alla aussitôt rendre compte des événements à Wrède, s'en tinrent à ce petit succès et s'arrêtèrent devant Pouan. »

[3] Taxis, *Tagebuch* (*K. K. Kriegs Archiv.*, XIII, 32), Stärke, Eintheilung und Tagesbegebenheiten der Haupt-Armee im Monate März (*Ibid.*, III, 1) et Rapport du feld-maréchal-lieutenant Spleny sur les événements des 19 et 20 mars, daté de Rungis, 8 avril 1814.

avait naturellement cru que, après avoir fait une simple manifestation contre Arcis, les Français se proposaient de concentrer leurs efforts contre Méry et de pousser de là vers Troyes. Il ne s'agissait cependant, comme nous le verrons plus loin, que d'une reconnaissance dirigée sur Méry par l'Empereur en personne à la tête de la division de cavalerie de Letort et des escadrons de service.

Wrède rectifie la position du V⁰ corps. — Dans l'intervalle, Wrède avait, d'ailleurs, modifié la position des troupes bavaroises du V⁰ corps et leur avait fait faire front du côté d'Arcis et de la Barbuise. Dès que la nuit fut complètement tombée, Frimont ramena les dragons de Knesevich et les uhlans de Schwarzenberg de Villette sur l'aile gauche des Autrichiens d'Hardegg et de Spleny postés en arrière de la route d'Arcis à Troyes et les fit relever à Villette par la brigade de cavalerie de Geramb. Les lignes d'Hardegg et de Spleny s'étendaient désormais depuis les environs d'Arcis jusqu'auprès de Saint-Rémy-sous-Barbuise. A l'approche des Français, le V⁰ corps avait abandonné complètement la rive droite de l'Aube et coupé le pont d'Arcis.

Kaïssaroff ne quitta la rive gauche de la Barbuise et les environs de Pouan que dans le courant de la soirée. Il replia d'abord ses avant-postes sur Villette où il trouva deux escadrons de hussards Archiduc-Joseph, dont les postes avancés allaient jusqu'à la Barbuise, et vint s'établir à la gauche de la division Spleny entre Saint-Rémy-sous-Barbuise et Voué. Au moment où la cavalerie de Sébastiani s'arrêtait sur les bords de la Barbuise, l'aile droite de l'armée de Schwarzenberg occupait en somme les positions suivantes : le V⁰ corps couvrait sur la rive gauche de l'Aube tout l'espace compris entre Pouan et Pougy, et les gardes et réserves prêtes à marcher au premier signal lui servaient de réserve et de soutien derrière la Voire.

A l'extrême droite de Schwarzenberg, Tettenborn [1], avec deux régiments de cosaques, venait d'occuper, sans coup férir, Châlons où le prince de La Moskowa n'avait pu laisser de garnison. Ses

---

[1] Tettenborn à Schwarzenberg, Notre-Dame-de-l'Epine, 19 mars, 7 heures du soir.

partis se préparaient à pousser dès le jour dans la direction de Reims, d'Épernay et de Vatry.

Première dépêche du généralissime au prince royal de Wurtemberg. — Au moment où Schwarzenberg avait reçu à Pougy le billet par lequel Kaïssaroff lui annonçait que les Français, après avoir passé sur la rive gauche de l'Aube à Plancy, débouchaient de Rhèges sur Bessy, on s'était, par cela même qu'on ignorait la direction ultérieure que l'Empereur pouvait donner au gros de son armée, préoccupé de la situation et du sort des corps de l'aile gauche. Quoique couverts par le cours de la Seine, ces corps étaient encore bien loin d'avoir opéré leur concentration et se repliaient chacun pour son compte sur Troyes. L'Empereur ne pouvait, il est vrai, inquiéter sérieusement leur marche pendant la journée du 19; mais on avait tout lieu de redouter de sa part un mouvement qui aurait sérieusement compromis celui que ces corps allaient avoir à exécuter le lendemain pour se porter des environs de Troyes par Piney sur Lesmont.

Vers le soir, le généralissime, en faisant connaître au prince royal de Wurtemberg ce qu'il savait à ce moment des mouvements des Français en avant de Plancy, avait ajouté à cette communication des instructions assez vagues. « Je ne peux, lui écrivait-il, vous indiquer pour le moment la direction à donner à vos colonnes. Vous seul êtes à même de connaître les points que vos corps peuvent atteindre ce soir. Si vos têtes de colonne étaient à même d'arriver demain matin à neuf heures sur la ligne Onjon — Sacey, il y aurait lieu de continuer la marche sur Lesmont et Précy-Saint-Martin. Afin de couvrir ce mouvement, le Ve corps prendra position sur la ligne Mesnil-Lettre — Longsols. Toutefois, si les renseignements ultérieurs et les mouvements de l'ennemi modifiaient la situation, vous auriez à vous conformer à la disposition antérieure et à vous porter par Vendeuvre sur Bar-sur-Aube. Dans ce cas, toute la cavalerie du Ve corps resterait entre Arcis et Piney, et l'infanterie austro-bavaroise occuperait Lesmont. »

Troisième disposition de Schwarzenberg. — **Ordre d'attaquer l'armée française le 20 mars.** — Schwarzenberg hésitait encore, et cette fois on ne saurait s'étonner de le voir réfléchir pendant quelques heures avant de prendre une résolution.

La manœuvre de l'Empereur est à peine commencée. Les renseignements qu'il possède ne signalent que des mouvements de cavalerie. Avec un adversaire comme Napoléon, il fallait s'attendre à tout, et l'affaire de Plancy pouvait fort bien passer pour une diversion destinée à lui donner le change, à l'induire en erreur, pendant que, masquant son mouvement derrière un rideau de cavalerie, l'Empereur aurait cherché le 20 à écraser les corps de l'aile gauche disséminés du côté de Troyes. La situation était grave, les moments précieux. Mais, pour la deuxième fois dans le cours de cette campagne, Schwarzenberg allait se montrer à la hauteur des événements. Les rapports de Kaïssaroff avaient prouvé au généralissime qu'il n'avait plus à redouter un mouvement dirigé contre sa droite; mais les événements de Plancy et de Pouan n'étaient pas de nature à lui révéler l'objectif précis des opérations ultérieures de l'Empereur. Aussi Schwarzenberg se rendant un compte exact de la situation, reconnaissant le danger auquel il s'exposerait en laissant l'armée française prendre pied sur la rive gauche de l'Aube, se décida, dans les premières heures de la journée du 19, à modifier une fois encore ses dispositions et prit la résolution d'attaquer Napoléon le lendemain.

Au lieu de se retirer sur Trannes, ou tout au moins sur la Voire, la grande armée se massera entre l'Aube et la Seine autour d'Arcis.

A 9 heures du soir, avant même d'avoir reçu les rapports de Frimont, Wrède et Kaïssarof, qui le mettaient au courant des événements de la soirée du 19, le généralissime a fait partir du quartier général de Pougy la troisième disposition : l'ordre de prendre l'offensive et de se porter sur Arcis le lendemain 20.

« Le général Kaïssaroff m'annonce (ainsi commençait l'ordre du généralissime[1]) que l'ennemi a passé l'Aube et occupé Rhèges. On ignore encore et la force des corps qui ont pris pied sur la rive gauche de la rivière, et la direction qu'ils suivent. Le généralissime se propose, en conséquence, de concentrer au plus vite son armée et compte atteindre son but en se portant au-devant de l'ennemi, qui paraît vouloir percer en masse entre l'Aube et la Seine.

---

[1] Disposition de Schwarzenberg, Pougy, 19 mars, 9 heures du soir. (*Journal des pièces reçues*, n° 521.)

« Après avoir confié à une partie de ses troupes le soin de garder Troyes et de surveiller le cours de la Seine, le prince royal de Wurtemberg se portera sans tarder avec les IIIe, IVe et VIe corps sur Charmont, où sa tête de colonne devra être rendue à 9 heures et où il recevra l'ordre réglant ses mouvements ultérieurs.

« La cavalerie de ces corps couvrira la marche des colonnes; mais elle évitera tout engagement avec l'ennemi jusqu'au moment de l'attaque générale. Elle se bornera, en attendant, à faire reconnaître l'ennemi par des partis sous les ordres de chefs déjà familiarisés avec ce genre de missions.

« Dans le cas probable où le prince royal de Wurtemberg se porterait avec ses corps sur Plancy, point vers lequel le Ve corps, soutenu par les gardes et les réserves, se dirigera également, sa cavalerie devra se relier avec celle de Frimont postée entre Nozay et Saint-Etienne-sous-Barbuise.

« Comme j'ai l'intention d'agir surtout par mon artillerie, les batteries devront prendre place dans les colonnes de façon à pouvoir ouvrir le feu dès le commencement du combat. L'artillerie de réserve se tiendra à proximité, afin d'être à même de briser la résistance de l'ennemi par la supériorité de notre tir.

« Dès le début de l'affaire, l'infanterie placée en première ligne se déploiera. La deuxième ligne et les réserves se formeront en colonnes de bataillon. L'infanterie agira de préférence en masse sur les points où elle aura à faire effort.

« La cavalerie sera autant que possible tenue concentrée de façon à pouvoir opposer des forces au moins égales à la cavalerie ennemie qui opère généralement en masse.

« L'artillerie se déploiera en échiquier parce que cette formation est de nature à contrarier l'action de la cavalerie ennemie.

« La cavalerie du Ve corps sera à 9 heures du matin en position entre Arcis et Charmont et se reliera à celle des IIIe, IVe et VIe corps. L'infanterie de ce corps formera à la même heure ses colonnes d'attaque à Nogent-sur-Aube; sa tête se tiendra à hauteur de Chaudrey.

« La cavalerie de la garde se déploiera au même moment en soutien du Ve corps à Mesnil-Lettre. L'infanterie de la garde et des réserves passera à Lesmont et à Précy-Saint-Martin sur la rive gauche de l'Aube. Leur tête de colonne devra être en position à 9 heures sur la ligne Longsols — Onjon.

« Je me tiendrai de ma personne à Mesnil-Lettre, où l'on aura à me faire parvenir les rapports[1]. »

Affaire de Méry. — Surprise des hussards Archiduc-Ferdinand. — Pendant que le généralissime prenait sans hésiter une résolution qui allait exercer une influence décisive sur l'issue de la campagne, son aile gauche était déjà depuis quelques heures aux prises avec une partie de la cavalerie française. Dès 5 heures du soir, l'Empereur, à la tête d'une colonne de cavalerie composée des divisions Letort et Berckheim et des escadrons de service, s'était porté rapidement de Plancy sur Méry, où il arrivait vers 7 heures. Le prince royal de Wurtemberg, dont la cavalerie s'était déjà repliée sur Troyes, n'avait laissé sur la rive droite de la Seine en avant de Méry que deux bataillons de grenadiers autrichiens et deux escadrons de hussards Archiduc-Ferdinand qui, après après avoir coupé le pont, se retirèrent à l'approche des Français sur la rive gauche. Bien que l'artillerie française se fût immédiatement mise en batterie, les grenadiers autrichiens se maintinrent pendant quelques heures sur leurs positions et ne se replièrent sur Troyes, dans le courant de la soirée, que sur l'ordre formel du prince royal.

Un escadron de hussards Archiduc-Ferdinand, laissé en observation du côté de Méry, fut surpris peu de temps après le départ des grenadiers, sabré, culbuté et presque entièrement anéanti par les cavaliers de Letort qui passèrent la Seine à gué[2].

Affaire de Nogent. — Plus en aval, les Français s'étaient rendus, presque sans coup férir, maîtres des passages de la Seine à Nogent et à Bray.

Au moment où Crenneville avait reçu l'ordre de quitter la rive gauche de la Seine et de rétrograder sur le Pavillon, après avoir coupé le pont et mis les pontons en route sur Troyes, il avait laissé à Nogent, trois compagnies d'infanterie des confins mili-

---

[1] Schwarzenberg, disposition pour le 20 mars. (*K. K. Kriegs Archiv.*, III, 376.)

[2] Journal d'opérations du IV° corps par le général comte Baillet de La Tour. (*K. K. Kriegs Archiv.*, XIII, 56); STARKE, Eintheilung und Tagesbegebenheiten der Haupt-Armee im Monate März (*Ibid.*, III, 1).

...res qu'il avait chargées de surveiller le passage jusqu'à la ...mbée de la nuit.

Vers 5 heures du soir, les troupes du général Gérard débusaient les Croates qui, se joignant en route au détachement que ...enneville avait laissé à Méry, se replièrent en toute hâte sur Le...villon où ils rallièrent leur division vers minuit. L'équipage de ...nts venant de Nogent arriva sans encombre à Troyes le 20 au ...tin[1].

Affaire de Châtres. — Prise d'un équipage de ponts. —
...équipage de pont qui avait servi à l'établissement du passage ...Pont-le-Roi avait été moins heureux. Pahlen, n'ayant quitté les ...virons du Mériot que vers midi, avait été obligé d'attendre ...ndant un certain temps quelques-uns de ses détachements et ...vait pu commencer à replier le pont qu'après 1 heure 1/2 ...l'après-midi. Entre 4 et 5 heures, les voitures étaient chargées, Pahlen, au lieu d'escorter l'équipage avec une brigade d'infan...ie et l'arrière-garde de cavalerie du VIe corps, prit avec ces ...upes la vieille route menant à Saint-Martin-de-Bossenay. L'équi...ge de pont s'engagea, sur son ordre, sans escorte sur la ...ande route de Troyes par Châtres qu'il croyait encore absolu...nt libre. Le général russe avait évidemment craint de voir cet ...uipage de pont s'embourber dans les chemins de traverse ...nduisant à Saint-Martin-de-Bossenay; mais il avait commis une ...ave imprudence en le faisant marcher sans escorte. Atteint aux ...virons de Châtres par un escadron de chasseurs de la garde, ...quipage de pont tomba tout entier entre les mains des cava...rs de Letort dont les partis battaient tout le pays le long de la ...ine depuis Châtres jusqu'aux Grez[2].

Positions de l'armée française le 19 mars au soir. — Aus-

...Macdonald au major-général. Villenauxe, 19 mars, 9 heures du soir, et ...éral Amey au général Molitor, Pont de Bray, 19 mars, 4 heures après-...i (*Archives de la guerre*). — Colonel comte Baillet de La Tour au prince ...al de Wurtemberg, Feuges, 20 mars (*K. K. Kriegs Archiv.*, III, 367 b).

[2] Colonel des chasseurs à cheval de la garde au major-général, Châtres, nuit ...19 au 20 mars (*Archives de la guerre*), et colonel comte Baillet de La Tour ...prince royal de Wurtemberg, Feuges, 20 mars (*K. K. Kriegs Archiv.*, III

sitôt après l'affaire de Méry, l'Empereur était retourné avec les escadrons de service à Plancy, où il passa la nuit avec l'infanterie de sa garde campée sur les deux rives de l'Aube. La cavalerie de Sébastiani s'était arrêtée à Pouan ; celle de Letort et de Berckheim était entre Châtres et Les Grez. La colonne de Ney, arrivée à 4 heures de l'après-midi sur les bords de l'Aube, campait : l'infanterie de Janssens en arrière de la ferme de Rivarelle, la division de cavalerie légère du général Defrance à Viapres-le-Grand, s'éclairant sur Arcis-sur-Aube.

Macdonald avait quitté, le 19 au matin, ses positions à l'ouest de Provins et poussé en avant sa cavalerie qui suivait la retraite de Pahlen et bordait la rive droite de la Seine. Sur sa gauche, des partis de cavalerie envoyés aux nouvelles battaient le pays dans les directions de La Ferté-Gaucher et de Sézanne. Le gros de son infanterie, partant de Cucharmoy, La Maison-Rouge et Donnemarie, avait traversé Provins et s'échelonnait le soir depuis Marcilly-sur-Seine, en passant par Villenauxe et Montpothier, jusqu'à Saint-Martin-Chennetron qu'occupaient les troupes des 7e et 11e corps. Le 2e corps (Gérard) avait repris ses anciennes positions le long de la Seine du côté de Nogent et de Pont-le-Roi.

Si le maréchal avait commencé ce mouvement offensif vingt-quatre heures plus tôt, il n'aurait pas eu besoin de s'excuser en écrivant au major-général : « La retraite de l'ennemi a été si précipitée que nous n'avons pu l'atteindre [1]. » S'il avait poussé vivement en avant, si, dès la veille, il avait tâté sérieusement ce qu'il avait devant lui au lieu de rester à peu près immobile entre La Maison-Rouge et Villaines, il aurait certainement réussi à joindre et à malmener tout au moins la cavalerie de Pahlen.

Allix avait reçu du duc de Tarente l'ordre de réoccuper Sens évacué par les Alliés et de garder Pont-sur-Yonne, Villeneuve-sur-Yonne et Joigny. Une des brigades de la division Pacthod occupait Montereau ; l'autre était en marche sur Bray et devait relever le général Amey, auquel on confiait le soin de garder Nogent-sur-Seine.

Il est évident, et la correspondance de l'Empereur est là pour le prouver, que Napoléon, en se portant de la Marne sur l'Aube

---

[1] Macdonald au major-général, Villenauxe, 19 mars, 6 heures du soir. (*Archives de la guerre.*)

avait uniquement l'intention de détourner Schwarzenberg de Paris. Il espérait que, comme au lendemain de Montereau, sa seule apparition suffirait pour décider le généralissime à se replier sur Chaumont. Aussitôt que la grande armée alliée aurait commencé sa retraite, l'Empereur comptait mettre à exécution l'idée qu'il caressait depuis longtemps : se rabattre sur l'Est, attirer à lui les garnisons des places, déplacer le théâtre de la guerre et opérer sur les derrières, sur les lignes de communication des Alliés.

L'Empereur compte marcher par Arcis sur Vitry. — Depuis le passage de la Marne, il ne s'était produit aucun fait de nature à amener l'Empereur à modifier ses projets. Blücher était encore trop souffrant pour reprendre le commandement effectif de l'armée de Silésie et imprimer aux opérations de cette armée une activité et une vigueur dont elle s'était déshabituée depuis Laon. De ce côté, Marmont et Mortier semblaient encore en mesure de tenir tête aux entreprises timides et décousues de Gneisenau. A Plancy, l'Empereur n'avait trouvé devant lui que les cosaques qu'il avait malmenés la veille à Fère-Champenoise, et qui, sans opposer une résistance bien sérieuse, avaient repassé à Pouan sur la rive gauche de l'Aube. A Méry, on n'avait rencontré qu'une arrière-garde. En se dirigeant de ce côté, l'Empereur avait voulu contrôler l'exactitude des renseignements fournis par sa cavalerie et par les paysans, et se rapprocher de Macdonald et d'Oudinot. Il savait désormais que Schwarzenberg, prévenu de son mouvement, ne l'avait pas attendu et s'était mis immédiatement en retraite. Il renonça, par suite, à la marche sur Troyes et sur Brienne, qu'il s'était proposé d'entreprendre, tant qu'il avait cru à la possibilité d'arriver sur la rive gauche de la Seine, à temps pour empêcher les corps alliés venant de Nogent de défiler sur Brienne ou sur Bar-sur-Aube.

Il avait si peu l'intention d'opérer une concentration générale de ses corps, en présence de l'armée alliée, et de lui livrer bataille, qu'avant même de savoir que Marmont s'était replié sur Fismes et que Winzingerode était entré à Reims, il se mit en marche par les deux rives de l'Aube pour remonter, par Arcis-sur-Aube, sur Sompuis et Vitry, où il comptait établir son quartier général. L'enlèvement de l'équipage de ponts à Châtres devait encore le confirmer dans l'idée de la retraite générale de la grande armée alliée sur Chaumont et sur Langres, et l'amener à penser que, fidèle à ses principes de prudence et toujours préoccupé de ses communications, Schwarzenberg allait, comme un mois auparavant, continuer sans interruption la retraite.

Dès ce moment, et il le dit bien clairement dans sa correspondance et dans ses ordres, il était décidé à négliger Troyes, comme il avait, le matin du 19, négligé Arcis, pour se rapprocher des maréchaux et tâter la position et les intentions des Alliés. Peu lui importait que Schwarzenberg eût concentré les trois corps de son aile gauche à Troyes. Il avait admis la possibilité de cette concentration, et il savait fort bien que les corps, amenés de ce côté par le généralissime pour couvrir la route de Langres et assurer le mouvement rétrograde de son armée, avaient encore, en moyenne, une forte étape, de 25 kilomètres au moins, à faire pour atteindre les bords de l'Aube, à hauteur de Charmont, d'Aubeterre et de Voué [1]. Leur présence à Troyes lui permettait d'autant moins de prêter au prince de Schwarzenberg l'intention de lui livrer bataille le 20 à Arcis, que ces trois corps étaient dans l'impossibilité d'y arriver à temps. L'aile gauche de Schwarzenberg pouvait, en effet, se porter indifféremment des environs de Troyes, soit vers un point quelconque du cours de l'Aube, entre Plancy et Brienne, soit sur Bar-sur-Aube, La Ferté-sur-Aube et Charmont, soit enfin, en remontant la Seine, prendre ensuite la direction de Langres.

« Napoléon, écrit à ce propos le commandant de la cavalerie du IVe corps, le général-lieutenant (alors lieutenant-colonel) von Bismarck [2], est admirable après Laon. Son armée est réduite de 46,000 à 30,000 hommes. Ses généraux sont découragés, ses troupes épuisées, ses ressources diminuent à vue d'œil. Rien ne fait fléchir son énergie. Son génie, son esprit entreprenant sont toujours aussi vivaces, aussi féconds, et sa grandeur ne s'est jamais manifestée d'une manière plus éclatante que dans cette

---

[1] Taxis dans son *Tagebuch* (*K. K. Kriegs Archiv.*, XIII, 32) dit à ce propos : « Le prince royal de Wurtemberg auquel on avait fait faire le 19 une marche forcée de Nogent-sur-Seine à Troyes était dans l'impossibilité d'arriver à temps le 20 à Charmont. De plus, on aurait mieux fait de lui attribuer la route de Voué par laquelle il aurait pu marcher sur un front plus étendu. »

[2] *Aufzeichnungen des General-Lieutenants Friedrich Wilhelm Grafen von Bismarck.*

crise. La victoire, restée enfin aux Alliés, n'a rien ajouté à leur gloire et n'a rien ôté à la sienne. » « Le 19 au soir, dit encore le général von Bismarck, les trois corps de l'aile gauche de la grande armée sont arrivés aux environs de Troyes. Wrède et Barclay sont échelonnés entre Arcis et Brienne, lorsque Schwarzenberg prend la résolution hardie de renoncer à la concentration en arrière sur Bar-sur-Aube et se décide à se masser autour d'Arcis. Au même moment, Napoléon, auquel rien n'a pu faire prévoir une combinaison aussi peu en rapport avec les habitudes et le caractère du généralissime, reprend l'idée, un instant abandonnée par lui, de déborder Blücher [1], de tourner la droite de Schwarzenberg, de manœuvrer sur ses derrières et de se diriger par Arcis-sur-Aube sur Vitry [2]. »

C'était là le plan qu'il avait préparé à la fin de février et qui aurait pu amener alors des résultats décisifs.

Ordres de l'Empereur pour la journée du 20 mars. — Le 20 mars, dans la matinée, il donne [3] en conséquence, à Ney, à Sébastiani, à Letort l'ordre de marcher sur Arcis par la rive gauche de l'Aube ; à Defrance, Mouriez et Drouot de faire mouvement sur ce point par la rive droite, de s'y placer, de manière à pouvoir partir le 20, dans la nuit, par la route de Vitry. Il prescrit à Oudinot de continuer d'Anglure sur Arcis, sans trop fatiguer ses troupes ; à Macdonald de laisser Souham à Nogent et Bray, et de venir sur Arcis par la rive droite de la Seine et de l'Aube avec son corps et celui de Gérard, et d'emmener même les gardes nationales. Il enjoint à Vincent de rester à Épernay, à Allix de se porter sur Sens, et enfin à Marmont et à Mortier de venir lui donner la main à Châlons.

Dans tout cela, on le voit, il n'est nullement question de dispositions en vue d'une bataille, et les panégyristes de Schwarzenberg, comme les auteurs allemands, commettent, par suite, une

---

[1] *Correspondance*, n°ˢ 21524 et 21528.

[2] *Correspondance*, n°ˢ 21524 et 21528.

[3] *Correspondance*, n°ˢ 21522, 21523, 21524 et 21525. — Registres de Berthier ; ordres de Ney, 20 mars au matin ; Macdonald au major-général, Villenauxe, 20 mars à midi, et Anglure, 7 heures du soir ; ordres d'Oudinot. (*Archives de la guerre.*)

erreur, peut-être volontaire, lorsqu'ils affirment que l'Empereur avait l'intention de livrer bataille à Arcis. Le mouvement qu'il venait de prescrire coïncidait seulement avec celui des Alliés, et la résolution prise par Schwarzenberg, au moment où l'Empereur s'y attendait le moins, amena, seule, une rencontre que Napoléon ne recherchait, ni ne désirait.

Inquiétude et mécontentement de l'empereur de Russie. — La disposition offensive expédiée par Schwarzenberg, le 19 au soir, était si imprévue, si inespérée, si peu en rapport avec ses procédés habituels et ses ordres antérieurs qu'on en vint tout naturellement à attribuer la décision spontanée et toute personnelle du généralissime à l'intervention de ses conseillers ordinaires, et plus particulièrement de Radetzky. Il n'en était rien cependant. L'initiative et le mérite de cette mesure appartiennent en propre à Schwarzenberg seul. Toll, qu'on ne saurait suspecter de partialité à l'égard du généralissime, n'hésite pas à le reconnaître. Envoyé par Schwarzenberg à Brienne auprès de Barclay, rentré au quartier général de Pougy le soir après huit heures, il ne fut pas peu surpris de voir le généralissime, qui avait commencé par lui communiquer les rapports de Kaïssaroff, le charger d'adresser à Troyes, aux souverains, le résumé des nouveaux ordres qu'il avait résolu d'expédier à ses lieutenants. Contre toute attente, ces ordres, loin de satisfaire l'empereur Alexandre, l'inquiétèrent et lui causèrent un vif désappointement, dont il n'était pas encore remis, le lendemain vers midi, lorsque, accompagné du roi de Prusse, il rejoignit Schwarzenberg et son état-major du côté de Mesnil-Lettre.

20 mars. — Arcis-sur-Aube. — Positions du Ve corps le 20 mars au matin. — Le 20 mars au matin, Wrède, arrivé de Nogent-sur-Aube où il avait passé la nuit, fit prendre position au Ve corps qui vint se former sur la ligne Mesnil-la-Comtesse — Chaudrey. Le général Frimont qui, avec les divisions Ignace Hardegg et Spleny, avait fourni les avant-postes pendant la nuit du 19 au 20, couvrait le Ve corps à une assez grande distance en avant et faisait face à l'Aube. Au centre de ces avant-postes, deux bataillons de Szeckler (infanterie des confins militaires) occupaient encore Arcis ; à leur droite, un bataillon de chasseurs tenait Torcy-le-Grand, Torcy-le-Petit et Saint-Nabord. A gauche, quatorze escadrons de cavalerie autrichienne (huit de hussards Archiduc-Joseph et six de hussards de Szeckler) étaient en position à l'ouest d'Arcis, aux environs de Villette, faisant front du côté de la Barbuise et de Pouan.

Premiers mouvements de la cavalerie du Ve corps et de l'aile droite des Alliés. — A 8 heures du matin, Hardegg mandait à Frimont que quelques éclaireurs de cavalerie française, qui avaient dépassé Villette, se repliaient sur Pouan, suivis par ses hussards. A cette nouvelle, Frimont ordonna au général Von Geramb de pousser les hussards Archiduc-Joseph par Villette jusqu'à Pouan et de reconnaître la position, la force et les intentions de l'ennemi, sans toutefois s'engager avec lui.

Mais les Français avaient déjà mis en mouvement de fortes colonnes de cavalerie et le général autrichien, obligé de se replier presque immédiatement sur Villette, ne put recueillir le moindre renseignement.

Il ne restait plus à Frimont qu'à se conformer aux ordres formels qui lui interdisaient de rien entreprendre, même contre un adversaire plus faible que lui. Comme le lui prescrivaient ses instructions, il dut se résigner à ramener toute la cavalerie de l'avant-garde à Ortillon et à renvoyer à Chaudrey son infanterie. Il envoya, en outre, à Kaïssaroff l'ordre de s'établir avec ses cosaques à Voué et de se maintenir en communication par Mesnil-la-Comtesse avec la gauche de la division Antoine Hardegg.

A 9 heures, l'infanterie autrichienne évacuait Arcis. Suivie par la cavalerie, elle se replia avec les chasseurs des environs de Torcy et de Saint-Nabord sur Ortillon et Chaudrey. Il ne resta plus en avant de la position sur laquelle s'était massé le Ve corps, que les avant-postes de Spleny à Torcy-le-Petit et que deux escadrons de hussards de Szeckler en observation sur la route d'Arcis à Troyes et destinés à donner la main à Kaïssaroff.

Enfin, pendant que Wrède confiait à Frimont le commandement de toute sa cavalerie, les gardes et réserves arrivées à Onjon y formaient la réserve de l'aile droite[1].

---

[1] Taxis, *Tagebuch* (*K. K. Kriegs Archiv.*, XIII, 32); Stärke, Einrichtung und Tagesbegebenheiten der Haupt-Armee im Monate März (*Ibid.*, III, 1).

Premiers mouvements des trois corps de l'aile gauche.
— Aussitôt après avoir reçu à Troyes, dans la nuit du 19 au 20, la dernière disposition de Schwarzenberg, le prince royal de Wurtemberg avait fait savoir au généralissime[1] que ses têtes de colonne arriveraient vraisemblablement à Charmont vers 10 heures du matin.

Le 20 au point du jour, les corps de l'aile gauche reprenaient, en effet, leur mouvement sur trois colonnes. Le VI⁰ corps, formant la droite, se dirigeait de Villechétif, par Créney, sur Charmont. Pahlen, avec la cavalerie légère, lui servait d'avant-garde. La colonne de gauche, composée du IV⁰ corps et d'une partie du III⁰, débouchait de Troyes, par Pont-Hubert, et s'engageait sur la route de Feuges à Voué et Arcis. La division de cavalerie autrichienne du comte Nostitz et la cavalerie wurtembergeoise du prince Adam côtoyaient la gauche de la deuxième colonne.

Les troupes de cette aile gauche étaient tellement fatiguées par les marches forcées des derniers jours que les têtes de colonne étaient, entre 9 et 10 heures, encore fort loin de Charmont. Plus tard, lorsqu'elles furent sur le point d'arriver à hauteur de ce point, le prince royal, auquel la disposition indiquait Plancy comme objectif général du mouvement offensif de toute l'armée, crut bien faire en prenant sur lui d'épargner à ses trois corps le passage difficile du défilé marécageux formé par la Barbuise. Il ordonna, en conséquence, à ses trois corps de prendre à gauche en sortant de Feuges et de se diriger, par les Petites et les Grandes-Chapelles et Premierfait, droit sur Plancy. Kaïssaroff, qu'il savait posté à Voué, lui paraissait en mesure d'assurer avec ses cosaques la communication entre ses troupes et le V⁰ corps.

Cette résolution du prince royal de Wurtemberg jointe au mouvement des Français sur Arcis, détruisait toutes les combinaisons de Schwarzenberg. La marche de l'aile gauche dans la direction de Premierfait privait, en effet, le généralissime du concours de trois de ses corps pendant toute la bataille du 20, et l'armée alliée allait, pendant toute cette journée, se composer de deux ailes isolées l'une de l'autre, séparées par le cours de la Barbuise et opérant, l'une contre Arcis, l'autre sur Plancy.

---

[1] Prince royal de Wurtemberg à Schwarzenberg, Troyes, **20 mars, 3 heures du matin.** (*Ibid.*)

La plus grande partie du IIIe corps était encore sur la rive gauche de la Seine. Un de ses régiments fournissait, sous les ordres du général Pflüger, la garnison de Troyes; la division Crenneville surveillait les routes venant de Sens, de Traînel et de Nogent, et un régiment de chasseurs à cheval wurtembergeois, posté à Villacerf, y gardait les passages de la Seine et de la Melda et maintenait les communications entre les corps de l'aile gauche et Troyes.

Bien que Gyulay n'eût reçu les ordres de marche qu'à quatre heures du matin, et bien que toutes ses troupes fussent cantonnées à deux lieues en moyenne à l'ouest de Troyes, le gros du IIIe corps avait néanmoins réussi à arriver à l'entrée de la ville à six heures du matin. Arrêtées à cet endroit par les équipages des IVe et VIe corps, les divisions du IIIe corps durent y faire une assez longue halte avant de pouvoir défiler par la ville, passer le pont de Pont-Hubert et s'engager sur la route de Feuges où Gyulay finit par rejoindre le IVe corps. Mais le prince royal, craignant de voir Troyes tomber entre les mains des Français, ordonna à l'une des brigades de Gyulay (la brigade Csollich) de se remettre aussitôt en route avec deux batteries et d'aller s'établir sur les hauteurs de Pont-Hubert. Dans le cas où l'armée aurait été contrainte de battre en retraite, cette brigade devait, en outre, prendre position au pont de la Guillotière et couvrir la route de Vendeuvre. Ces mesures, plus que suffisantes pour couvrir Troyes et les derrières de l'aile gauche qu'aucune troupe française ne menaçait, ne semblent pas avoir complètement rassuré le prince royal. Le général Fresnel, déjà en marche sur Arcis, reçut, lui aussi, l'ordre de retourner à la Guillotière afin de recueillir éventuellement la division Crenneville et de prendre le commandement des troupes chargées de la défense de Troyes et de la Barse. Les avant-postes poussés à deux lieues en avant de Troyes, à droite aux Grez, au centre au Pavillon, à gauche à Macey, n'avaient rien aperçu d'inquiétant, par cela même que la cavalerie du général Letort, qui avait campé pendant la nuit vers Les Grez, avait repassé dans la matinée sur la rive droite de la Seine [1].

---

[1] Le feld-maréchal lieutenant Fresnel au feldzeugmeister Duka, Troyes, 20 mars (*K. K. Kriegs Archiv.*, III, 367). Cette dépêche permet de se faire une

Frimont évacue Arcis-sur-Aube. — Positions des corps français à 11 heures du matin. — Pendant ce temps, l'armée française marchait en échelons vers Arcis par les deux rives de l'Aube, Sébastiani et Ney par la rive gauche, Defrance et la vieille garde par la rive droite. Sébastiani qui formait la tête de colonne avec les divisions de cavalerie Exelmans et Colbert, était arrivé avant 10 heures à hauteur de Pouan où il passa la Barbuise, rejetant sur la route de Troyes les partis cosaques de Kaïssaroff, et sur Arcis les cavaliers de Frimont. L'infanterie de Ney, appuyant le mouvement de la cavalerie française, s'était montrée sur la rive droite de la Barbuise entre Pouan et Villette.

A 10 h. 45, Sébastiani entrait à Arcis que Frimont, se conformant aux ordres du généralissime, avait évacué pour se replier lentement sur les hauteurs de Mesnil-la-Comtesse où il prit position à droite du Ve corps [1]. On se mit aussitôt à réparer le pont de l'Aube que les Austro-Bavarois avaient négligé de détruire.

A ce moment même, l'Empereur est loin de croire qu'il va avoir à livrer bataille. Ney et Sébastiani viennent de lui rendre compte que la cavalerie austro-bavaroise se retire devant eux par la route de Brienne et que les cosaques ont pris la route de Voué. L'aile gauche alliée vient d'obliquer à gauche de Feuges sur Les Grandes-Chapelles et ne s'est pas encore montrée. L'Empereur a donc tout lieu de penser que Schwarzenberg continue sa retraite en remontant l'Aube. Ney, qui est arrivé à Arcis et qui a pu se rendre par lui-même un compte exact de la situation, n'a remarqué aucun symptôme inquiétant et vient de donner à ses troupes l'ordre « de passer sur la rive droite de l'Aube dès que le pont sera rétabli. Son artillerie parquera à la ferme des

---

idée exacte des craintes des Alliés pour leurs ailes et pour leurs derrières. Fresnel y dit entre autres que Seslavin ayant, contre son attente, quitté la route de Sens, il a prescrit à Crenneville d'envoyer du monde aux Maisons-Blanches et il ajoute encore que Crenneville avec sa faible cavalerie ne lui paraît pas suffisamment fort pour couvrir à lui seul Bar-sur-Seine et assurer la sécurité des quartiers de l'empereur d'Autriche.

[1] Taxis, *Tagebuch* (*K. K. Kriegs Archiv.*, XIII, 32), Stärke, Eintheilung und Tagesbegebenheiten der Haupt-Armee im Monate März (*Ibid.*, III, 1) et Sébastiani au major-général (*Archives de la guerre*).

Vasseurs et la cavalerie de Defrance enverra des reconnaissances sur Lhuître et Ramerupt[1], » pendant que la cavalerie de la garde éclaire les routes de Brienne et de Troyes[2].

Ordres donnés par le prince de Schwarzenberg à 9 heures du matin. — Le hasard et surtout les modifications que le prince royal de Wurtemberg s'était cru autorisé à faire subir à la troisième disposition du généralissime devaient, cette fois encore, servir les intérêts des Alliés en s'opposant à l'exécution ponctuelle des ordres que Schwarzenberg venait d'expédier de Pougy à 9 heures du matin.

Décidé à arrêter l'ennemi qui a passé l'Aube à Plancy, s'attendant à voir ses différentes colonnes arriver sur leurs positions entre 9 et 10 heures du matin, le généralissime a fixé pour 11 heures l'attaque générale dont le signal doit être donné par un grand feu allumé sur les hauteurs de Mesnil-Lettre et par trois coups de canon[3].

A ce signal, le V⁰ corps, appuyant son aile droite à l'Aube, devait pousser sur Arcis. Les colonnes des III⁰, IV⁰ et VI⁰ corps établies à Charmont, leur gauche à la Barbuise, ont ordre de se diriger sur Voué et Saint-Rémy-sous-Barbuise, de se relier à droite avec le V⁰ corps de manière à pouvoir se souder à lui lorsqu'on se déploiera.

La cavalerie de ces trois corps avait pour mission de couvrir pendant cette marche la gauche du prince royal. Les cosaques de Kaïssaroff étaient chargés de rechercher et de maintenir les communications entre l'avant garde de l'aile gauche sous Pahlen et la gauche du V⁰ corps. De cette façon, la jonction des quatre corps d'armée s'accomplissait lors de l'arrivée des colonnes de gauche sur les positions de Montsuzain et de Voué, et de celles de droite à hauteur de Saint-Nabord.

On se proposait alors de pousser immédiatement en avant la cavalerie de réserve. Les gardes et réserves avaient ordre de suivre en colonne la marche des autres corps d'armée et de se

---

[1] Ordres de Ney, Arcis-sur-Aube, 20 mars. (*Archives de la guerre.*)

[2] Sébastiani au major-général, Arcis-sur-Aube, 20 mars, 11 heures du matin. (*Archives de la guerre.*)

[3] Taxis, *Tagebuch*. (*K. K. Kriegs Archiv.*, XIII, 82.)

porter sur Voué et Saint-Rémy-sous-Barbuise. Les différentes colonnes devant traverser le plus rapidement possible le défilé de la Barbuise, on avait attaché à l'artillerie de réserve du V⁰ corps des équipages de ponts volants et des pionniers. Le V⁰ corps, après avoir franchi la Barbuise, devait prendre à droite et chercher à chasser l'ennemi du pont de Plancy. Enfin, aussitôt après l'arrivée des colonnes à Rhèges, la cavalerie, précédée par ses batteries légères, devait prendre les devants et inquiéter sérieusement l'ennemi qu'on s'attendait à rencontrer en marche sur Méry.

Le généralissime terminait son ordre par les instructions suivantes :

« Tous les mouvements devront être exécutés vivement. On évitera les canonnades de pied ferme ; on emploiera l'artillerie en grande masse afin de donner plus d'efficacité à ses feux. »

Enfin, le généralissime informait ses commandants de corps qu'en cas d'insuccès, le V⁰ corps se retirerait sur Lesmont et Précy-Saint-Martin, les III⁰, IV⁰ et VI⁰ sur Dolancourt, Spoy et le pont de Bar-sur-Aube, les gardes et réserves sur Dienville et Bossancourt [1].

Escarmouches de cavalerie sur la rive droite de l'Aube. — Dans la matinée, deux régiments de cavalerie de la garde russe (de la division du général Ocharoffsky), envoyés en reconnaissance vers Arcis par la rive droite de l'Aube, avaient donné contre une colonne de cavalerie française (général Defrance) qui les avait ramenés jusqu'à Isle-sous-Ramerupt. Les escadrons français s'établirent avec cinq bouches à feu sur les bords de Lhuitrelle et tinrent leurs postes avancés en avant d'Isle.

Mais lorsque les corps alliés reçurent un peu après 11 heures la nouvelle disposition, les Russes, renforcés par quatre escadrons de la garde russe venus de Lesmont à Ramerupt avec le général Tchaïlikoff, obligèrent les avant-postes français à se replier d'Isle jusqu'à Vinets. Accueillis sur ce point par le feu de l'artillerie française, attaqués par la cavalerie, les Russes furent à leur tour contraints à reculer dans la direction de Ramerupt.

---

[1] Disposition de Schwarzenberg, Pougy, 20 mars, 9 heures du matin.

Déploiement du V⁰ corps à midi. — Sur la rive gauche, Wrède, inquiété par l'apparition de la cavalerie française sur la rive opposée, craignant de compromettre la marche de l'armée alliée sur Plancy en poussant plus avant, désirant, en outre, se protéger contre toute attaque dirigée contre sa droite ou contre ses derrières, avait donné à la même heure à Spleny l'ordre de faire surveiller le cours de l'Aube depuis Nogent-sur-Aube jusqu'à Arcis par les dragons de Knesevich et les uhlans de Schwarzenberg. Il envoya en même temps la brigade autrichienne Volkmann prendre position entre Torcy-le-Petit, Saint-Nabord et Vaupoisson avec une batterie dont les feux, battant d'enfilade la droite des escadrons français, les obligèrent à s'arrêter. Quelques instants plus tard, la cavalerie française remarque le mouvement de l'infanterie autrichienne sur la rive gauche et se met lentement en retraite sur la rive droite de l'Aube. Spleny, qui côtoie son mouvement en marchant à sa hauteur sur la rive opposée, reconnaît l'existence d'un gros rassemblement de cavalerie aux environs du Chêne et échelonne ses postes d'observation sur les bords mêmes de la rivière entre Torcy-le-Grand et Torcy-le-Petit.

Un peu avant midi, le V⁰ corps a achevé son déploiement sur deux lignes.

A sa droite, la brigade Volkmann (cinq bataillons) s'appuie à Torcy-le-Petit. La cavalerie de Spleny et un bataillon de chasseurs s'étendent jusqu'à l'Aube, soutenus en deuxième ligne par deux bataillons. Le centre, établi en avant de Chaudrey, se compose de la division Rechberg en première ligne, de la division La Motte en deuxième et de la brigade de cavalerie bavaroise Diez en réserve derrière l'infanterie.

Frimont et Antoine Hardegg sont à l'aile gauche avec la brigade de cavalerie autrichienne Geramb et la brigade de cavalerie bavaroise Vieregg. Toutes ces troupes ont avec elles leur artillerie. L'aile gauche est renforcée par deux batteries de 12 livres de la réserve.

Kaïssaroff est à ce moment à gauche de Frimont, à Voué, où il ne tarde pas à être rejoint par les cosaques de Seslavin, venant par Troyes, des environs de Sens.

Marche de l'aile gauche de Feuges sur Premierfait. —

A 10 heures du matin, le colonel Baillet de La Tour, chef d'état-major du IV⁰ corps, mandait au prince royal de Wurtemberg qu'arrivé avec la tête de la cavalerie sur les hauteurs de Feuges, il s'y arrêtait pour attendre la concentration des troupes conduites par le prince et l'arrivée du VI⁰ corps sur la hauteur en arrière de Charmont. « J'ai envoyé, écrivait encore le colonel, un régiment de cavalerie à Villacerf pour surveiller le gué et maintenir la communication avec Troyes, et fait partir dans différentes directions des partis chargés de reconnaître la position de l'ennemi. Le général comte Pahlen cherche à se relier avec l'avant-garde du V⁰ corps[1]. »

Vers 11 heures, lorsque l'infanterie fut arrivée à hauteur de Feuges, le prince royal forma ses deux corps d'armée en deux colonnes. Les déployant sur un front assez étendu par bataillons en colonne serrée, il se dirigea à gauche en marchant à travers champs sur Les Grandes-Chapelles et Premierfait, se faisant précéder à droite par Pahlen, avec la cavalerie légère du VI⁰ corps: au centre, par le comte de Nostitz, à la tête de quatre régiments de cuirassiers autrichiens; à gauche, par le prince Adam de Wurtemberg et la cavalerie wurtembergeoise.

Arrivée des souverains sur le plateau de Mesnil-Lettre. — Vers midi, l'empereur Alexandre et le roi de Prusse, partis de Troyes le matin, rejoignaient le généralissime à Mesnil-Lettre.

Les mouvements des troupes françaises sur Arcis, le manque de nouvelles et le retard de l'aile gauche, avaient déconcerté Schwarzenberg et contrarié tous ses projets. Il ignorait ce qui se passait sur sa droite, du côté de Vitry et, n'ayant pas encore reçu la dépêche par laquelle Tettenborn lui annonçait son entrée à Châlons, il venait de recommander au général Lambert de ne rien entreprendre pour le moment et d'attendre à Vitry le résultat des événements dont les bords de l'Aube allaient être le théâtre. Du haut du plateau de Mesnil-Lettre et de Mesnil-la-Comtesse et surtout des positions occupées par le V⁰ corps, on distinguait nettement les mouvements des Français; on aperce-

---

[1] Le colonel comte Baillet de La Tour au prince royal de Wurtemberg, hauteurs de Feuges, 20 mars, 10 heures du matin. (*K. K. Kriegs Archiv.*, III, 369 a.)

vait leur infanterie massée autour d'Arcis. Ce n'était pas là ce que le généralissime avait prévu. Pensif et soucieux, il regrettait déjà la résolution prise le matin. Ne sachant pas si les Français vont déboucher d'Arcis pour l'attaquer ou se contenteront d'attendre son attaque, n'ayant sous la main qu'un seul corps d'armée, il hésitait à donner le signal convenu. L'arrivée des souverains et l'accueil que lui fit Alexandre n'étaient guère de nature à mettre fin à ses hésitations, à calmer ses inquiétudes. L'empereur de Russie, étonné et mécontent des ordres donnés par le généralissime, s'était borné à le saluer et à échanger avec lui quelques paroles insignifiantes. Puis, mettant pied à terre et prenant à part Barclay de Tolly et Toll, et s'adressant à ce dernier, il lui avait demandé en russe et d'un ton courroucé pourquoi le généralissime avait tout à coup changé d'idée, pourquoi l'armée n'avait pas continué sa retraite sur Trannes. Toll, qui avait approuvé la résolution de Schwarzenberg, lui répondit : « Si, hier matin, au lieu de se porter sur Plancy pour se rapprocher de Macdonald, Napoléon avait forcé notre poste avancé d'Arcis, il aurait fallu continuer la retraite sur Trannes. Mais il a perdu 24 heures et nous a permis de nous concentrer entre Pougy et Troyes. Nous avons la supériorité du nombre, pourquoi ne pas en profiter pour frapper un coup décisif? Nous avons l'avantage du terrain. L'ennemi sera obligé de combattre avec un fleuve marécageux à dos, qu'il ne peut traverser que sur deux points. Nous sommes, au contraire, maîtres des hauteurs, et nous pouvons manœuvrer à notre guise et à couvert. »

Ces arguments ne parvinrent ni à dissiper le mécontentement, ni à calmer les inquiétudes du tzar. Plus que jamais il était persuadé que Napoléon allait les amuser à Arcis pendant que le gros de son armée continuerait à filer, par la rive droite de l'Aube sur Brienne et les communications de la grande armée. Aussi, se tournant vers Barclay de Tolly, il lui avait donné l'ordre de faire marcher jusqu'à Saint-Rémy-sous-Barbuise les réserves qui auraient dû s'arrêter à Longsols[1].

Napoléon à Arcis. — Pendant cette conférence, l'empereur

---

[1] BERNHARDI, *Denkwürdigkeiten aus dem Leben des Grafen von Toll*, V, et BOGDANOWITCH, *Campagne de 1814*, II.

Napoléon était arrivé vers une heure à Arcis. Bien que la configuration du terrain cache les positions des Alliés, bien que la cavalerie n'ait encore rien aperçu d'inquiétant, Ney et Sébastiani, informés par les paysans de la marche et de l'approche du Ve corps, ont cru nécessaire de prendre toutes leurs mesures pour assurer de leur mieux la défense d'Arcis. La cavalerie de Sébastiani est tout entière en avant de cette ville. L'infanterie de Ney occupe Torcy-le-Grand.

Mais l'Empereur se refuse à ajouter foi aux rapports de ses lieutenants et aux renseignements des gens du pays. Il persiste à croire la grande armée alliée en retraite. Les troupes, que les paysans déclarent avoir vues, ne doivent être qu'une arrière-garde chargée de couvrir le mouvement rétrograde de Schwarzenberg. Il envoie, cependant, un de ses officiers d'ordonnance en reconnaissance avec un escadron. Mais cet officier, au lieu de pousser jusqu'au haut du plateau qui s'étend en avant d'Arcis, revient au bout de quelque temps, annonçant qu'il n'a aperçu qu'un millier de cosaques, et l'Empereur, rassuré par ce rapport, ordonne à ses lieutenants de rester sur leurs positions et d'y attendre l'arrivée de Macdonald. Lui-même se rend de sa personne à Torcy-le-Grand, tandis que Sébastiani, que le rapport de l'officier d'ordonnance n'a pas réussi à rassurer, se porte avec deux escadrons sur la route de Voué.

Schwarzenberg donne vers 2 heures le signal de l'attaque.
— Bien que le prince royal de Wurtemberg fût encore loin et bien que l'aile droite continuât à être complètement séparée de l'aile gauche, il était cependant impossible à Schwarzenberg d'attendre plus longtemps sans prendre une résolution. Du point où il se tenait avec les souverains, Barclay et Wrède, il avait suivi depuis plus d'une heure les mouvements des cavaliers de Sébastiani et de l'infanterie de Ney. L'occupation de Torcy-le-Grand pouvait être le précurseur d'un mouvement offensif de la part des Français. Craignant d'être battu avant d'avoir pu opérer sa jonction avec sa gauche, il se décide vers 2 heures à faire tête à Napoléon et à donner de Mesnil-Lettre le signal convenu [1].

---

[1] STÄRKE, Eintheilung und Tagesbegebenheiten der Haupt-Armee im Monate März. (*K. K. Kriegs Archiv.*, III, 1.)

Quel qu'ait pu être le motif de cette résolution, c'était assurément et à tous égards le meilleur parti que pût prendre Schwarzenberg.

Mouvement offensif du V⁰ corps. — Dès que le signal est donné, le V⁰ corps s'ébranle sur l'ordre de Wrède en colonnes serrées. A sa droite, la brigade Volkmann (quatre bataillons du régiment Archiduc-Rodolphe, un bataillon du régiment de Jordis) se porte contre Torcy-le-Grand. Deux bataillons de Szeckler (division Spleny) lui servent de réserve. A la tête de ces troupes, le général Volkmann doit, après avoir enlevé Torcy-le-Grand, pousser droit contre les ponts d'Arcis, s'en emparer et chercher à couper les troupes françaises établies sur la rive gauche. Le gros de la division Spleny, les uhlans de Schwarzenberg et les dragons de Knesevich, restaient encore échelonnés le long de la rivière, de Chaudrey à Torcy-le-Petit. Le centre attendait pour se porter en avant que les ailes aient gagné du terrain. A l'aile gauche, la cavalerie de Hardegg et les cosaques de Kaïssaroff en première ligne, la cavalerie bavaroise de Vieregg en deuxième ligne, avaient ordre de se diriger vers la lisière ouest d'Arcis.

Combat de cavalerie à la gauche du V⁰ corps. — Ces différents mouvements étaient déjà presque achevés au moment où Sébastiani arrivait avec ses deux escadrons sur le haut du plateau.

N'ayant pas le temps matériel pour manœuvrer et recourir à des combinaisons nouvelles, il ne lui restait plus que le choix entre deux partis : ou attendre de pied ferme avec ses divisions de cavalerie l'attaque des escadrons alliés, ou jeter contre eux, sans perdre un seul instant, sa division de première ligne. Reprenant au galop le chemin d'Arcis, jugeant avec raison qu'une cavalerie qui attend de pied ferme la charge de son adversaire a de grandes chances pour faire demi-tour, il ordonne à la division Colbert de se déployer et de se porter à la rencontre des cosaques de Kaïssaroff.

Pendant que cette division exécute les ordres de Sébastiani et se déploie en avant en bataille sur un front oblique par rapport à la route de Voué, à hauteur de Saint-Étienne-sous-Barbuise, sa batterie à cheval a pris les devants et ouvert le feu contre les hussards de Hardegg en train de se former en bataille sur la gauche de Colbert. Kaïssaroff, que Frimont a déjà fait renforcer par deux escadrons de hussards Archiduc-Joseph, a continué pendant ce temps à pousser vers la droite de la cavalerie française. Les quatre autres escadrons de ce régiment, conduits par Geramb, le rejoignent au moment où il se jette sur la batterie. Cosaques et hussards enlèvent quatre pièces et tombent sur la droite de Colbert qu'ils culbutent. La gauche de la cavalerie française cherche en vain à dégager les escadrons de droite. Prise en écharpe par le tir à mitraille d'une batterie autrichienne renforcée par l'arrivée d'une batterie wurtembergeoise, chargée sur son flanc gauche par les hussards de Szeckler, toute la division de Colbert fait volte-face, se rabat dans le plus grand désordre sur Arcis et entraîne dans sa déroute la division Exelmans postée en deuxième ligne. Pressée par les cosaques et les hussards autrichiens, cette cavalerie se précipite en poussant les cris de « Sauve qui peut ! » vers les ponts de l'Aube [1].

De Torcy-le-Grand, l'Empereur a entendu le canon sur sa droite. Suivi seulement par son escorte, il arrive à Arcis en même temps que les escadrons en déroute de Sébastiani. Un moment entraîné par eux, il réussit à se dégager. L'épée à la main, il se porte au-devant des fuyards avec quelques fantassins qu'il a fait former en carré et qui arrêtent les cavaliers de Colbert et d'Exelmans. Se plaçant alors à la tête du pont, il parvient, par ses reproches et plus encore par sa présence et par l'ascendant qu'il exerce sur les troupes, même dans les moments les plus critiques, à les rallier et à les reporter en avant. Bien que ce retour offensif

---

[1] Journal d'opérations de Barclay de Tolly (*Arch. topographiques*, n° 29188); Taxis, *Tagebuch* (*K. K. Kriegs Archiv.*, XIII, 32); Stärke, Eintheilung und Tagesbegebenheiten der Haupt-Armee im Monate März (*Ibid.*, III, 1), et général-major Kaïssaroff au feldzeugmeister comte Gyulay, Premierfait, 22 mars (*Ibid.*, III, 404).

Dans ce dernier rapport rédigé en français, Kaïssaroff, remerciant Gyulay des éloges qu'il a faits au généralissime au sujet de la conduite des cosaques, ajoute la phrase que nous reproduisons textuellement ci-dessous : « L'attaque qu'ont fait mes cosaques, le 20 près d'Arcis, où ont été pris les canons, je dois attester à Votre Excellence qu'elle a été secondée aussi par les efforts du lieutenant-colonel Schmidt, du régiment Joseph-Houssard qui, avec ses deux escadrons, vint à temps pour secourir mes cosaques, tous déjà engagés contre une cavalerie démesurée en nombre... »

de la cavalerie française ait arrêté les progrès de Frimont et de Kaïssaroff, la situation de l'Empereur n'en est pas moins très compromise. Ney est trop sérieusement engagé pour qu'on puisse lui demander des renforts.

Les batteries à cheval des Alliés criblent déjà Arcis de boulets. L'Empereur se borne à en tenir les abords jusqu'à l'arrivée de la tête de colonne de la division Friant qui débouche enfin d'Ormes au pas de course, passe les ponts et vient se former en bataille en avant de la ville. Ce renfort était d'autant plus opportun que les affaires prenaient une tournure des plus défavorables du côté de Torcy-le-Grand.

Le Ve corps attaque Torcy-le-Grand. — En effet, dès que Wrède a remarqué ce qui se passe sur sa gauche, il a imprimé une nouvelle impulsion au mouvement offensif de son infanterie. Au centre, les Bavarois s'avancent sur Arcis en colonnes serrées par bataillons en masse. A son aile droite, les Autrichiens de Volkmann ont dépassé Torcy-le-Petit et se portent contre Torcy-le-Grand. La possession de ce village est d'autant plus essentielle que 500 mètres à peine séparent ses dernières maisons du château d'Arcis et des ponts par lesquels les Français peuvent recevoir les renforts venant de la rive droite, par lesquels passe aussi leur ligne de retraite. Le général Volkmann a si bien compris l'importance de ce point qu'il lance sans hésiter ses bataillons de tête sur le village, réussit à l'enlever et pousse sur Arcis un bataillon du régiment Archiduc-Rodolphe. Le centre continuait, lui aussi, à s'approcher d'Arcis. « Tout allait pour le mieux, écrit à ce propos Taxis dans son *Tagebuch* [1], lorsque les troupes de Ney, qui se repliaient sur Arcis, font tout à coup volte-face, et soutenues par deux bataillons de grenadiers et un de gendarmes de la garde, reprennent Torcy-le-Grand et tentent à leur tour de percer sur Torcy-le-Petit. » Un combat acharné s'engage à partir de ce moment autour de Torcy-le-Grand. De 3 à 5 heures, les Autrichiens l'ont repris et reperdu deux fois encore. A 5 heures, la division Rechberg qui, avec les réserves russes, avait pris trop à gauche, entre enfin en ligne. Les Austro-Bavarois arra-

---

[1] TAXIS, *Tagebuch*. (**K. K. Kriegs Archiv.**, XIII, 32.)

chent encore une fois le village aux Français ; mais presque au même moment l'Empereur engage deux nouveaux bataillons de sa garde et parvient à chasser de nouveau les Austro-Bavarois de Torcy-le-Grand. Malgré tous les renforts successifs dirigés de ce côté par Wrède et bien qu'il ait, de 5 à 8 heures, lancé contre le village quinze bataillons appartenant à la brigade Volkmann, à la division Rechberg, à la brigade Habermann, tous les efforts des Austro-Bavarois viennent se briser contre la résistance des troupes françaises électrisées par la présence de Napoléon et par l'exemple de Ney.

La lutte acharnée dont Torcy-le-Grand était le théâtre depuis plusieurs heures, avait coûté cher aux deux armées. Du côté du V⁰ corps le général Habermann, et du côté des Français le général Janssens étaient tous deux grièvement blessés, et le seul régiment Archiduc-Rodolphe avait eu plus de 500 hommes hors de combat. Les Autrichiens de Volkmann avaient épuisé toutes leurs munitions et s'étaient repliés sur Chaudrey sous la protection des dragons de Knesevich et des uhlans de Schwarzenberg[1].

Malgré les demandes réitérées de Wrède qui a successivement engagé toutes ses troupes, le V⁰ corps n'a reçu aucun renfort. A

---

[1] Dans le rapport qu'il rédigea près de trois semaines après la bataille d'Arcis et qui porte la date du 8 avril, le feld-maréchal lieutenant Spleny exposait en ces termes le rôle joué par sa cavalerie pendant la journée du 20 mars : « Le 20, après avoir exécuté les reconnaissances prescrites, je quittai Arcis, et le corps d'armée se replia sur les hauteurs de Torcy-le-Petit. L'ennemi, qui suivait nos mouvements, occupa Arcis. Deux régiments de cavalerie russe avaient essayé de reconnaître Arcis par la rive droite de l'Aube. L'ennemi envoya contre eux 1500 chevaux et 5 canons, et les Russes, trop faibles pour pouvoir accepter la lutte, se retirèrent et furent vivement poursuivis par l'ennemi jusqu'à Isle.

« Pendant ce temps, on avait reçu la disposition aux termes de laquelle l'armée tout entière devait attaquer Arcis. Comme l'ennemi menaçait l'Aube sur plusieurs points, je fus chargé d'en surveiller le cours avec les dragons de Knesevitch et les uhlans de Schwarzenberg. . . . .

« Au Chêne, en face de Torcy-le-Grand, j'aperçus des forces assez considérables d'infanterie et de cavalerie. Je résolus par suite de garder mes deux régiments entre Torcy-le-Grand et Torcy-le-Petit et de faire surveiller la rive gauche par des piquets et des patrouilles.

« Pendant ce temps, Torcy-le-Grand avait été pris et repris six fois, et l'ennemi en menaçant les derrières de cette localité avait fini par empêcher les nôtres de s'y maintenir. . . . . »

5 heures, une batterie russe de 12 est seule venue appuyer l'artillerie bavaroise sérieusement éprouvée et dont la plupart des pièces sont démontées [1].

À son aile gauche, Frimont et Kaïssaroff ont vainement essayé de lui venir en aide et de rejeter sur Arcis la cavalerie française. Vers 6 heures, les batteries de l'Empereur les ont obligés à renoncer à leurs tentatives. On avait laissé échapper l'occasion; et le moment où l'intervention de la cavalerie aurait pu produire un effet utile, était passé. Après la blessure de Hardegg qui dut remettre le commandement de sa division à Geramb, la cavalerie n'entreprit plus rien, et tout se borna de ce côté à une violente canonnade.

La nuit était déjà venue lorsque les premiers renforts demandés à Miloradovitch [2] (la brigade Jemelianoff, forte de 1700 grenadiers des régiments de Kexholm et de Pernoff), précédant le corps des grenadiers russes en marche sur Chaudrey, entrèrent en ligne du côté de Torcy-le-Grand. Wrède les envoie aussitôt soutenir la brigade du prince Charles de Bavière et essaye une dernière fois d'enlever le village. Décimés par les feux croisés de l'artillerie française, les Russes et les Bavarois renoncent à leur entreprise au moment où la brigade de cuirassiers russes du général Levaschoff, les régiments de grenadiers de Tauride et de Saint-Pétersbourg et l'artillerie de la garde russe, venant de Mesnil-la-Comtesse, se rapprochaient d'Arcis et dégageaient le V⁵ corps, auquel cette journée avait coûté 40 officiers et 3,200 hommes [3].

---

[1] Taxis, *Tagebuch*. (*K. K. Kriegs Archiv.*, XIII, 32.)

[2] On ne s'explique pas pour quel motif les souverains et le généralissime négligèrent de faire soutenir Wrède dans le courant de la journée. Les gardes et les réserves se trouvaient en effet, dans le courant de l'après-midi, à peu de distance de Mesnil-la-Comtesse, à huit kilomètres d'Arcis. Leur entrée en ligne aurait suffi non seulement pour dégager Wrède, mais pour enlever Arcis et rendre la rive gauche de l'Aube intenable. Le généralissime, ignorant ce qui se passait à son aile gauche, n'osa pas faire donner les seules réserves qu'il eut sous la main. Quand il se décida à faire renforcer Wrède dans la soirée, il n'y avait plus rien à faire. On avait perdu la journée et permis à l'Empereur de conserver, avec 12,000 hommes au plus, placés dans les conditions les plus défavorables, des positions devant lesquelles les Alliés (V⁵ corps et gardes et réserves) disposaient de forces qu'on peut, sans exagération, évaluer à 50,000 hommes.

[3] Stärke, Eintheilung und Tagesbegebenheiten der Haupt-Armee im Monate

L'artillerie russe releva les batteries bavaroises et contrebattit pendant toute la soirée et une partie de la nuit les batteries françaises de Torcy-le-Grand.

Marche du prince royal de Wurtemberg et combat de cavalerie de Premierfait. — Pendant que Wrède et le Ve corps essayaient en vain d'arracher Torcy-le-Grand à Ney et aux quelques bataillons de renfort amenés sur ce point par Napoléon en personne, l'aile gauche sous les ordres du prince royal de Wurtemberg continuait sa marche en deux colonnes dans la direction de Plancy sur Les Grandes-Chapelles et Premierfait.

Le prince royal, sans nouvelles du quartier général, s'était mis lui-même à la tête de sa cavalerie et avait atteint les hauteurs de Premierfait sans rien trouver devant lui. Il était 5 heures environ lorsque la cavalerie légère, qui précédait de loin les corps de l'aile gauche, aperçut, un peu après avoir dépassé Premierfait, une colonne de cavalerie française défilant sur la route de Méry à Lesmont. C'étaient, comme on l'apprit plus tard par les prisonniers, deux régiments de chasseurs de la garde faisant partie de la division Letort qui, ayant quitté leur bivouac des Grez vers 2 heures et de Méry à 4 heures, se dirigeaient avec quelque artillerie sur Arcis.

La cavalerie légère wurtembergeoise (régiments de chasseurs du duc Louis et du prince Adam n°s 2 et 4, régiment de dragons du Prince royal n° 3), sous les ordres du colonel von Bismarck, se porte vivement au devant des chasseurs et grenadiers à cheval de la garde et les oblige d'abord à s'arrêter, puis à se rejeter vers Charny-le-Bachot. Pahlen, qui s'est tenu à la même hauteur que Bismarck et qui marche à sa droite, a remarqué le mouvement rétrograde des cavaliers français. Il pousse immédiatement ses cosaques sur la route d'Arcis, la barre à la cavalerie française qu'il force à se replier dans la direction de Bessy et de Rhèges. Les hussards de Grodno et d'Olviopol appuient le mouvement des cosaques; les uhlans de Tchougouïeff, formant la troisième ligne, se dirigent vers Pouan, et la 2e division de cuirassiers

---

Marz (*K. K. Kriegs Archiv.*, III, 1); Journal d'opérations de Barclay de Tolly (*Archives topographiques*, n° 29128), et Barclay de Tolly à Schwarzenberg, Montsuzain, 20 mars, 10 h. 1/2 du soir (*K. K. Kriegs Archiv.*, III, 370).

reste encore en réserve. Les cosaques font reculer les régiments français, les harcèlent et les ramènent jusqu'à la croisée des routes de Méry à Arcis et Lesmont et de Troyes à Plancy. Sur l'ordre du prince royal, les cosaques, les hussards de Grodno et d'Olviopol se jettent alors avec Pahlen sur le flanc gauche des régiments français. Le colonel von Bismarck, chef d'état-major de la cavalerie wurtembergeoise, attaque leur droite avec les régiments Duc-Louis et Prince-Adam. Les cuirassiers autrichiens de Nostitz et les cuirassiers russes de Kretoff se déploient devant le front des Français. Rompus par les charges de cette masse de cavalerie, les escadrons français, sabrés et culbutés, s'enfuient par la route de Méry, laissant entre les mains du prince royal de Wurtemberg 1 colonel, 12 officiers et 300 hommes.

La nuit, l'entrée en ligne de la brigade Curély, sortie de Méry pour recueillir les fuyards, et le tir de l'artillerie de cette brigade qui a pris position en avant de Méry, arrêtèrent la poursuite et permirent aux débris des deux régiments de repasser sur la rive gauche de la Seine. L'intervention opportune de Curély mit fin aux entreprises de la cavalerie alliée et le prince royal n'essaya même pas d'enlever Méry qu'occupaient seulement quelques pelotons de cavalerie, auxquels Curély avait fait mettre pied à terre et qu'il chargea de la défense du pont et des barricades élevées sur la grande route [1].

Les colonnes d'infanterie de l'aile gauche s'étaient arrêtées en arrière de Premierfait.

---

[1] Stärke, Eintheilung und Tagesbegebenheiten der Haupt-Armee im Monate März (*K. K. Kriegs Archiv.*, III, 1) ; Journal d'opérations du IV° corps par le colonel comte Baillet de La Tour (*Ibid.*, XIII, 52) ; Prince royal de Wurtemberg au prince de Schwarzenberg, Grandes-Chapelles, 20 mars, 9 heures du soir (*Ibid.*, III, 369) ; Prince royal de Wurtemberg à Schwarzenberg, Paris, 13 avril, relation du combat de Plancy et de Méry (*Ibid.*, IV, 115). — Général Curély au major-général, Méry, 20 mars, 10 heures du soir (*Archives de la guerre*) ; Général Letort au major-général, Plancy, 21 mars (*Ibid.*) ; Général Grundler à Molitor, Anglure, 21 mars, 4 heures du matin (*Ibid.*) ; Général Milhaud au major-général, Plancy, 21 mars, 3 heures du matin (*Ibid.*).

Milhaud dans ce rapport et le général Neigre dans sa dépêche à Oudinot, annonçaient, en outre, que trois seulement des pontons enlevés aux Alliés étaient arrivés à Plancy. Dix autres n'avaient pu suivre. Le général Neigre ajoutait : « Trois de ces bateaux qui se trouvaient sur la route ont été enlevés ; je crois que les sept autres sont restés à Méry où se trouvaient 600 à 700 chevaux. (*Archives de la guerre.*)

Ordres donnés par Schwarzenberg au prince royal de Wurtemberg pour la journée du 21 mars. — A 9 heures du soir, le prince royal, revenu aux Grandes-Chapelles, envoyait à son infanterie l'ordre de s'installer immédiatement au bivouac. Il y trouva une dépêche de Schwarzenberg, partie de Pougy à 5 heures de l'après-midi et contenant les premières instructions du généralissime pour la journée du lendemain.

Positions de l'aile gauche de la grande armée alliée le 20 au soir. — Le prince royal, en accusant réception de ces instructions au généralissime et en lui rendant compte de l'affaire qu'il venait d'avoir avec la cavalerie de Letort, lui indiquait les positions des corps de l'aile gauche. L'infanterie du VIᵉ corps occupait Premierfait et Saint-Étienne-sous-Barbuise. Une partie de la cavalerie de Pahlen était vers Arcis. Les troupes légères de l'avant-garde se tenaient à Charny et à Rhèges avec des postes avancés vers Plancy et vers Pouan. Le gros des IIIᵉ et IVᵉ corps (moins les corps de troupes laissés à Troyes) bivouaquaient aux Grandes et aux Petites-Chapelles. Les cuirassiers s'étaient arrêtés à Droup-Sainte-Marie et la cavalerie légère wurtembergeoise observait le pays entre Rhèges et Méry[1].

Quelques heures plus tard, le prince royal savait par un rapport du général Jett, qui se tenait aux environs de Méry, que les Français ne faisaient aucun mouvement inquiétant contre Troyes et que sa cavalerie communiquait par Villacerf avec les escadrons de hussards autrichiens Archiduc-Ferdinand postés à La Malmaison.

Les rapports que Fresnel et Crenneville adressèrent encore dans la soirée du 20 au feldzeugmeister Gyulay et que celui-ci transmit au prince royal pendant la nuit[2], les nouvelles que le major Hauer lui adressa directement à Troyes à 10 heures du soir, confirmaient les renseignements envoyés par le général Jett.

D'après la dépêche du major[3], le gros de la division Crenne-

---

[1] Prince royal de Wurtemberg au prince de Schwarzenberg, Grandes-Chapelles, 20 mars, 9 heures du soir. (*K. K. Kriegs Archiv.*, III, 369.)

[2] Gyulay au prince royal ; Fresnel et Crenneville à Gyulay. (*K. K. Kriegs Archiv.*, III, 388, III, 388 *b* et III, 388 *c*.)

[3] Major Hauer au Prince royal, Troyes, 20 mars, 10 heures du soir. (*Ibid.*, III, 388 *a*.)

ville et la brigade Pflüger étaient en réserve à Troyes et la brigade Csollich gardait le pont de la Guillotière. Un escadron des hussards Archiduc-Ferdinand était établi à La Malmaison, un autre au Pavillon. Un troisième escadron avait deux pelotons sur la route de Sens et deux pelotons sur celle de Bar-sur-Seine.

Les portes de Troyes étaient barricadées, les maisons les plus proches de ces portes crénelées et occupées par le régiment d'infanterie Archiduc-Louis.

Chargé de fournir les postes d'observation le long de la Seine de Bray à Nogent, Seslavin, au lieu de se porter dans cette direction, avait au contraire passé par Troyes, fait halte à Pont-Sainte-Marie pour donner à manger à ses chevaux et continué de là pour rejoindre l'armée sur l'Aube. Ce mouvement de Seslavin, qui découvrait la route de Sens à Bar-sur-Seine par Chaource, avait obligé Crenneville à envoyer aux Maisons-Blanches un parti de 50 chevaux conduits par un officier.

Arrivée à Arcis-sur-Aube de la cavalerie de Lefebvre-Desnoëttes. — Du côté d'Arcis et de Torcy-le-Grand, le combat d'artillerie avait continué plus vif et plus violent que jamais depuis l'arrivée des batteries russes. Les Austro-Bavarois avaient renoncé à toute nouvelle tentative sur Torcy-le-Grand; mais plus à gauche, sur la route de Troyes, les cavaliers de Sébastiani, d'Exelmans et de Colbert n'avaient pas cessé de charger avec des alternatives de succès les cosaques de Kaïssaroff et la cavalerie austro-bavaroise de Frimont. Entre 7 et 8 heures, Lefebvre-Desnoëttes, laissant à Plancy l'infanterie du général Hanrion trop fatiguée pour continuer sa route, avait traversé Arcis vers 9 heures et était venu avec environ 2,000 chevaux prendre position en deuxième ligne derrière les cavaliers de Sébastiani.

La cavalerie française tente une attaque de nuit contre les positions de Kaïssaroff et de Frimont. — L'Empereur profita de l'arrivée de ce renfort et de l'obscurité de la nuit pour essayer d'en finir.

Il donne l'ordre à Sébastiani de réunir toute sa cavalerie et de la jeter sur le flanc gauche des cosaques de Kaïssaroff postés à l'extrême gauche des lignes du Ve corps. Les lanciers polonais et les éclaireurs de la garde soutenus par les cuirassiers, formant la tête de la colonne d'attaque des Français, surprennent les cosaques, enlèvent leur artillerie, les culbutent, les mettent en déroute et les rejettent sur la brigade de cavalerie bavaroise Vieregg que les cosaques entraînent dans leur fuite. Ils se tournent ensuite contre une batterie russe en position à l'aile gauche du V⁰ corps et contre la brigade de grenadiers russes du général Sulina (régiments de Tauride et de Saint-Pétersbourg) qui lui servait de soutien. Le colonel Timroth a néanmoins, malgré la vivacité de l'attaque, le temps de faire former le carré au régiment de Tauride et réussit à arrêter la charge de la cavalerie française. Se ralliant vivement et soutenus par les régiments de grosse cavalerie venant en deuxième ligne, les cavaliers de Lefebvre-Desnoëttes et de Sébastiani se précipitent de nouveau contre la brigade russe qu'ils sont sur le point d'entamer au moment où la troisième division de cuirassiers russes et un escadron de cavalerie légère de la garde prussienne viennent la dégager et obligent la cavalerie française à renoncer à ses entreprises contre la batterie et l'infanterie russes[1].

Pendant ce temps, Frimont a entendu les cris poussés par les cosaques en déroute et lancé contre la cavalerie française le 7⁰ régiment de chevau-légers bavarois qui est également obligé de plier devant les chasseurs à cheval français.

Mais les cosaques ont eu le temps de se rallier; le 7⁰ chevau-légers se reforme rapidement derrière le 2⁰ de même arme que Frimont a porté en avant. Toute cette ligne s'ébranle de nouveau. Les cosaques et les deux régiments de chevau-légers, soutenus par le général Vieregg à la tête du 1ᵉʳ de chevau-légers et par les hussards de Szeckler qui débordent la gauche de Sébastiani déjà ébranlée par l'entrée en ligne des cuirassiers russes, parviennent enfin à rejeter les Français, à leur reprendre les pièces[2] et à les obliger à se replier sur leur infanterie postée en avant d'Arcis.

Frimont, arrivé à ce moment avec les hussards Archiduc-Joseph et la brigade de cavalerie bavaroise du général Diez, se proposait d'attaquer à son tour la cavalerie française et d'essayer

---

[1] Barclay de Tolly à Schwarzenberg, Montsuzain, 20 mars, 10 h. 1/2 du soir. (*K. K. Kriegs Archiv.*, III, 370.)

[2] Taxis, *Tagebuch* (*K. K. Kriegs Archiv.*, XIII, 32) et Stärke, Eintheilung und Tagesbegebenheiten der Haupt-Armee im Monate März (*Ibid.*, III, 1).

de la culbuter lorsqu'on lui fit savoir que la cavalerie de Ney cherchait à se jeter contre l'infanterie du V⁰ corps. Se portant aussitôt de la gauche pour laquelle il n'avait plus rien à craindre vers le centre de la position, emmenant avec lui les brigades Geramb et Vieregg, il donna l'ordre à Spleny de prendre avec lui deux régiments et d'aller s'établir à l'aile droite. Mais l'obscurité était si profonde que la cavalerie dut, des deux côtés, renoncer à de nouvelles entreprises [1].

Démonstrations de cavalerie sur la rive droite de l'Aube. — Les quatre escadrons de la garde russe en observation sur la rive droite de l'Aube avaient dans l'après-midi signalé la marche d'une colonne de troupes françaises qui, allant de Ramerupt sur Sainte-Thuise, semblait se diriger sur Lesmont.

Cette nouvelle, transmise aussitôt par Wrède au quartier général à Pougy, y avait ravivé des inquiétudes à peine calmées. On en vint à penser que cette colonne pourrait bien être l'avant-garde d'un gros corps chargé de déborder la droite de la grande armée, et l'on donna immédiatement au général Ocharoffsky l'ordre de se porter le soir même sur la rive droite de l'Aube et d'en surveiller le cours depuis Magnicourt jusqu'à Ramerupt.

Positions de Wrède et de Barclay de Tolly pendant la nuit du 20 au 21 mars. — A minuit, le feu avait enfin cessé sur toute la ligne, et Wrède, se conformant aux ordres qu'il venait de recevoir, ramena son V⁰ corps sur les hauteurs de Chaudrey. Il n'avait laissé devant Torcy-le-Grand que deux escadrons de dragons de Knesevich et deux de uhlans de Schwarzenberg. Sur l'ordre du généralissime, Barclay de Tolly avait mis les grenadiers en route pour Chaudrey, et pour ne pas laisser l'aile gauche en l'air, il avait retenu à Montsuzain les gardes et la troisième division de cuirassiers russes [2] dont les avant-postes conservaient le contact avec les vedettes de Sébastiani à Nozay.

Le prince de Schwarzenberg et l'empereur de Russie passèrent la nuit à Pougy, le roi de Prusse à Piney et Wrède à Coclois.

---

[1] Taxis, *Tagebuch.* (*K. K. Kriegs Archiv.*, XIII, 32.)

[2] Barclay de Tolly à Schwarzenberg, Montsuzain, 20 mars, 10 heures du soir. (*Ibid.*, III, 370.)

Les bivouacs et les avant-postes de la grande armée alliée décrivaient donc dans la nuit du 20 au 21 un vaste arc de cercle suivant le cours de l'Aube depuis les environs de Chaudrey jusqu'à Torcy-le-Grand, s'infléchissant de là vers Mesnil-la-Comtesse et Voué et se terminant de l'autre côté de la Barbuise en avant de Premierfait. La petite armée de Napoléon en occupait le centre et attendait sur la ligne Villette—Arcis—Torcy-le-Grand l'arrivée des troupes de Macdonald.

Marche des corps français placés sous les ordres du maréchal Macdonald. — De Villenauxe, où il avait établi son quartier général le 19 au soir, le duc de Tarente avait prescrit à Molitor de reprendre au point du jour son mouvement, de venir avec les divisions Albert et Brayer prendre position à Villenauxe et de diriger sur Nogent la division Amey. Il avait donné au duc de Reggio et à la cavalerie de Saint-Germain l'ordre de s'échelonner de Potangis à Anglure et de pousser des partis en reconnaissance vers Arcis-sur-Aube, et confié au général Milhaud le soin de surveiller la Seine de Marcilly à Marnay et de s'éclairer du côté de Sézanne. Le 2ᵉ corps était, d'après cette disposition, chargé de garder la Seine de Marnay à La Motte [1].

Le 20 à midi, le maréchal recevait à Villenauxe un premier ordre du major-général et modifiait aussitôt les dispositions prises la veille. Oudinot, avec son corps et la cavalerie de Saint-Germain, continuait sur Plancy et Arcis-sur-Aube. Milhaud se mettait en route pour Arcis. Il ne devait s'arrêter qu'à nuit close et reprendre sa marche le 21 au jour. Molitor était chargé de faire venir la division Amey à Villenauxe, et le général Gérard partait immédiatement pour Conflans, Marcilly-sur-Seine et Saron-sur-Aube.

Trois heures plus tard, le duc de Tarente trouvait à son arrivée à Potangis un deuxième ordre expédié par le major-général, de Plancy à midi, lui enjoignant de venir avec tout son monde à Arcis par la rive droite de la Seine et de l'Aube, et d'envoyer Allix sur Sens et Souham sur Nogent et Bray. Le major-général

---

[1] Macdonald, Villenauxe, 19 mars, 8 heures du soir, ordres de mouvement pour le 20; Macdonald au major-général, 11 heures du soir (*Archives de la guerre*) et ordres d'Oudinot, Villenauxe, 20 mars, 1 heure du matin (*Ibid.*).

annonçait déjà au maréchal que l'Empereur comptait porter son quartier général à Vitry[1].

Le 20 au soir, malgré toute la diligence apportée à la marche, la tête de colonne du 7ᵉ corps avait seule atteint Boulages. Le corps d'Oudinot, échelonné de Boulages à Anglure, où était le quartier général du duc de Tarente, passa la nuit sur ces points pour reprendre dès le matin la marche sur Arcis où le duc de Reggio, précédant son infanterie avec la cavalerie de Saint-Germain, espérait arriver le 21 à la première heure. La tête de colonne de la cavalerie était à Plancy et à Viapres-le-Grand ; le gros à hauteur de l'infanterie du 7ᵉ corps. Gérard et Molitor n'avaient pu pousser au delà de Marcilly-sur-Seine. Valmy s'était arrêté à Marsangis, au nord d'Anglure. Il était désormais évident que seuls la cavalerie et le 7ᵉ corps d'Oudinot pourraient atteindre Arcis dans la matinée et dans la journée du 21. Gérard et Molitor, même en forçant leur marche, étaient dans l'impossibilité d'y arriver avant le 21 au soir.

A l'extrême droite des lignes françaises, Allix était arrivé dans l'après-midi à Sens, évacué par les Alliés, et comptait pousser sur Joigny. Souham avait également fait un mouvement vers l'Yonne, laissé quelques partis à Moret et à Villeneuve-la-Guyard et occupé Pont-sur-Yonne avec le reste de ses forces : 1200 à 1500 hommes et 8 bouches à feu[2].

En somme, l'Empereur avait, malgré la faiblesse numérique des troupes dont il disposait, réussi à se maintenir à Arcis et à Torcy-le-Grand sans parvenir, il est vrai, à gagner du terrain. Des deux côtés il y avait eu si peu de monde d'engagé que l'Empereur pouvait, à bon droit, supposer que Schwarzenberg, résolu à continuer le lendemain son mouvement rétrograde, avait uniquement accepté le combat à Torcy-le-Grand dans le but de couvrir sa retraite vers la haute Aube. La position prise à Chaudrey par le Vᵉ corps, dans la soirée du 20, était de nature à justifier ses suppositions et à le décider à concentrer toutes ses forces pour agir offensivement dans la direction de Vitry.

---

[1] Registres de Berthier. (*Archives de la guerre.*)
[2] Allix au ministre, Sens, 20 mars, 6 h. du soir, et Souham à Macdonald, Pont-sur-Yonne. (*Ibid.*)

21 mars. — **Première disposition de Schwarzenberg pour la journée du 21.** — Pendant que l'Empereur expédiait à Macdonald et à Oudinot les ordres les appelant d'urgence à Arcis, Schwarzenberg, après avoir rendu compte à l'empereur d'Autriche des événements de la journée[1], après en avoir sommairement informé Blücher[2], expédiait le 20, entre 11 heures et minuit, de son quartier général de Pougy, ses ordres pour la journée du lendemain. Bien que Wrède se fût rendu dans la soirée à Mesnil-la-Comtesse pour réclamer une concentration générale et immédiate de la grande armée entre la Barbuise et l'Aube, et pour se plaindre au généralissime de l'abandon dont ses troupes avaient eu si cruellement à souffrir pendant la journée[3], il est juste de reconnaître que la première des trois dispositions de Schwarzenberg pour la journée du 21 ne faisait, en somme, que reproduire à peu de chose près les ordres envoyés dans l'après-midi au prince royal de Wurtemberg et dont l'ac-

---

[1] Dans son rapport à l'empereur d'Autriche, de Pougy, 20 mars au soir (*K. K. Kriegs Archiv.*, III, 374), le généralissime rejette toute la responsabilité des événements du 20 sur le prince royal de Wurtemberg.

« La colonne formée par les IIIᵉ, IVᵉ et VIᵉ corps, écrit-il à l'empereur, au lieu d'aller à Charmont s'est portée en avant par Les Chapelles sur la rive gauche de la Barbuise et n'a pu prendre part à l'action que nous projetions. L'ennemi a eu de la sorte le temps et le moyen d'amener de grosses forces par Villette à Arcis et de s'y déployer, et comme il paraissait tenir à la possession d'Arcis, il l'a défendu énergiquement avec beaucoup d'artillerie et s'est maintenu partout jusqu'à la nuit.

« D'après le dire des prisonniers, l'Empereur a passé la nuit à Plancy et est venu avec sa garde à Arcis. Je prends mes mesures pour m'opposer à lui.

« La tenue du Vᵉ corps et l'action des troupes du général Seslavin qui ont pris 4 canons ont fait beaucoup de mal à l'ennemi. Il a dû mettre tout son monde en ligne puisqu'il a fait donner même la compagnie de grenadiers de la garde de service auprès de Napoléon qui a pris part à la défense d'Arcis. »

[2] La dépêche adressée à Blücher, bien qu'expédiée de Pougy, le 20 à 10 heures du soir (*K. K. Kriegs Archiv.*, III, 374), lorsque le combat était sur le point de finir, est conçue dans des termes encore plus vagues. Schwarzenberg y rend sommairement compte des mouvements du 19 et ne fait pour ainsi dire pas allusion au combat du 20 mars :

« J'ai écrit à Votre Excellence pour lui dire que je comptais masser les IVᵉ, VIᵉ, IIIᵉ et Vᵉ corps à Arcis et les gardes derrière la Voire pour prendre ensuite l'offensive. Mais le 19, l'ennemi continua à s'avancer en avant de Plancy et y jeta un pont. Il passa l'Aube sur ce pont et à gué avec sa cavalerie et de l'infanterie, et réussit à s'emparer d'Arcis que nous n'occupions que faiblement. »

[3] Taxis, *Tagebuch* (*K. K. Kriegs Archiv.*, XIII, 32), en rendant compte de la démarche de Wrède, ajoute que les troupes du Vᵉ corps eurent un homme sur quatre hors de combat dans les affaires du 20.

cusé de réception était déjà entre les mains du généralissime 9 heures du soir, bien avant la venue de Wrède.

L'ordre adressé dans l'après-midi du 20 au prince royal était, en effet, conçu dans ces termes : « L'ennemi essaye de déboucher d'Arcis. Le prince royal de Wurtemberg mettra ses corps en marche de façon à être le 21, à 5 heures du matin, en position sur la ligne de Saint-Rémy-sous-Barbuise à Chaudrey. Le Ve corps y formera la droite de l'armée ; le VIe corps, le centre en arrière de Mesnil-la-Comtesse, les IIIe et IVe corps, la gauche. Une brigade de cavalerie, avec une batterie d'artillerie à cheval, restera sur la rive gauche de la Barbuise. Elle sera chargée de couvrir l'aile gauche de l'armée et de surveiller les routes menant de Plancy et d'Arcis à Troyes. Le Ve corps sera soutenu et renforcé par une brigade de grenadiers russes.

« Les gardes et réserves prendront position à Mesnil-Lettre.

« Il serait bon de charger le général Seslavin d'éclairer l'armée du côté de Troyes [1]. »

L'ordre parti le soir à 11 heures de Pougy ne modifiait en rien ces premières dispositions. Le généralissime se contentait d'ajouter que chacun des corps d'armée ferait d'abord agir son artillerie et se formerait sur trois lignes ; cette dernière constituée par la réserve spéciale de chaque corps. Comme au moment où le généralissime envoyait cette instruction, les gardes et réserves russes étaient en position à Mesnil-Lettre, il leur enjoignait d'établir sur leur front une grosse batterie de 48 bouches à feu. Enfin, la cavalerie légère de la garde russe du général Oscharoffsky, avec une batterie à cheval, devait continuer à couvrir l'aile droite, surveiller les routes venant de Sézanne et de Vitry et chercher à prendre une bonne position, entre Dommartin-le-Coq et Donnement. Le généralissime ajoutait enfin qu'il se tiendrait dans la matinée sur la hauteur entre Mesnil-Lettre et Montsuzain.

Il est également utile de faire remarquer, en ce qui concerne Seslavin, que le généralissime n'avait pas encore connaissance le 20 au soir du mouvement exécuté par les cosaques placés sous

---

[1] Prince de Schwarzenberg au prince de Wurtemberg, Pougy, 20 mars, après-midi. (*K. K. Kriegs Archiv.*, III, 367.)

les ordres de ce général, et qui les avait amenés de Troyes jusque vers la gauche de la grande armée alliée [1].

Il est facile de voir que la lutte opiniâtre, dont les environs de Torcy-le-Grand ont été le théâtre; les préoccupations qu'a pu avoir Schwarzenberg au sujet de sa ligne de retraite dont il n'était pas maître, puisque, suivant d'abord la rive gauche de l'Aube, elle repassait à Lesmont, sur la rive droite; enfin, la dispersion démesurée des corps de la grande armée qui vient de l'empêcher d'écraser le corps de Ney, n'ont pas été sans exercer une certaine influence sur l'esprit du généralissime. L'accueil glacial de l'empereur Alexandre, le mécontentement que ce souverain a éprouvé lorsqu'il a vu le généralissime renoncer tout à coup au mouvement rétrograde sur Trannes, ont également dû contribuer à inspirer à Schwarzenberg cette disposition expectante, à l'empêcher de se décider à commencer l'attaque dans la matinée du 21. Bien qu'il disposât, dès le matin, de plus de 80,000 hommes, bien qu'il sût, comme nous le dit Taxis dans son *Tagebuch* [2], que Blücher avait réoccupé Reims et tenait les passages de la Marne, Schwarzenberg, en raison même de la situation personnelle qui lui est faite, croit prudent, — et l'on ne saurait guère l'en blâmer, — d'attendre sur sa position l'attaque d'un adversaire inférieur en nombre, il est vrai, mais dont il ignore les intentions.

Depuis minuit, depuis la retraite du Ve corps sur Chaudrey, le calme le plus absolu a d'ailleurs régné sur toute la ligne. Le généralissime doit donc penser que l'Empereur, croyant à la continuation de la retraite de la grande armée, débouchera, dès le matin, de Torcy le-Grand et d'Arcis dans l'espoir de suivre et de pousser vers l'Aube l'arrière-garde des Austro-Bavarois.

Réception tardive des ordres destinés au prince royal de Wurtemberg. — Les rapports de la nuit parvenus le matin

---

[1] Une dépêche de Fresnel à Gyulay rendant compte de ce mouvement, ne parvint au feldzeugmeister Gyulay que le 21 au matin. Schwarzenberg reçut également, mais seulement dans la nuit du 20 au 21, un rapport de Tettenborn (Châlons, 20 mars) annonçant que Blücher avait recommencé ses opérations le 19 et qu'il communiquait avec l'armée de Silésie par un poste de Winzingerode établi à Beaumont.

[2] Taxis, *Tagebuch.* (*K. K. Kriegs Archiv.*, XIII, 32.)

au grand quartier général ne signalaient aucun fait saillant. Mais cette fois encore, les ordres destinés au prince royal de Wurtemberg étaient arrivés tardivement. Ce fut à 5 heures du matin seulement que ce prince reçut les dispositions pour la journée du 21. « Il me sera, par conséquent, impossible, écrit-il des Grandes-Chapelles au généralissime [1], d'amener avant 9 heures du matin, mes trois corps d'armée sur les positions indiquées. » Le VI⁰ corps se rend, en effet, par Nozay, à Mesnil-la-Comtesse. Les IV⁰ et III⁰ corps, après avoir passé la Barbuise à Voué, doivent se former sur trois lignes sur les hauteurs de Saint-Rémy. La cavalerie de Pahlen, soutenue en deuxième ligne par les cuirassiers de Nostitz, a ordre de prendre position entre le VI⁰ et le IV⁰ corps et de se relier à la cavalerie wurtembergeoise du prince Adam, postée à l'aile droite de ce corps. Kaïssaroff, avec ses cosaques, restait entre la Barbuise et la Seine ; il était chargé de couvrir la route de Plancy à Troyes. Enfin, comme le prince royal n'avait pas encore eu connaissance du mouvement de Seslavin, de Troyes vers l'Aube, il avait prescrit à Gyulay de laisser dans cette ville la division Fresnel et de se faire rejoindre aussitôt après l'arrivée de Seslavin, par la division de Crenneville.

Positions de l'armée française le 21 mars au matin. — Pendant que les trois corps d'armée destinés à former le centre et la gauche de l'armée de Schwarzenberg, s'ébranlaient pour aller s'établir sur le plateau de Mesnil-la-Comtesse à Saint-Rémy, l'Empereur avait été rejoint par les dépôts de la garde, par les 2⁰ et 5⁰ corps de cavalerie et par la division Leval, tête de colonne du 7⁰ corps d'armée. Sa petite armée avait, à ce moment, sa droite à Moulin-Neuf, à la lisière sud de Pouan, son centre à Arcis, sa gauche à Torcy.

Comme le prince royal de Wurtemberg, au lieu de faire filer le III⁰ corps des Petites-Chapelles sur Montsuzain, le IV⁰ corps des Grandes-Chapelles sur Voué et de masquer ce mouvement en massant le VI⁰ corps entre Saint-Rémy et Saint-Étienne-sous-Barbuise, avait cru préférable d'ordonner à Raïeffsky de passer

---

[1] Prince royal de Wurtemberg au prince de Schwarzenberg, Les Grandes-Chapelles, 21 mars au matin. (*K. K. Kriegs Archiv.*, III, 380.)

la Barbuise à Nozay, le VI⁰ corps allait être obligé d'exécuter son passage de rivière sous les yeux mêmes des Français et de déboucher sur un terrain dont ils étaient maîtres depuis la veille.

Premier engagement de cavalerie sur la Barbuise. — Pendant que Pahlen se hâte de sortir de Nozay et de se déployer à 8 heures du matin, sur la rive droite de la Barbuise, la cavalerie française débouche de Moulin-Neuf et de Villette. Soutenue par le tir de son artillerie qui contrebat énergiquement les batteries à cheval de Pahlen, elle se jette contre les têtes de colonne du VI⁰ corps, au moment même où, sortant de Nozay, elles prennent la direction de Saint-Rémy. La cavalerie française a remarqué le mouvement qu'exécutent les corps du prince royal et cherche à les arrêter au passage de la rivière. Heureusement pour le prince royal, Nozay est déjà fortement occupé par l'infanterie de Raïeffsky. La cavalerie française ne parvient pas à remonter plus loin le cours de la Barbuise, et Pahlen, la chargeant à son tour, l'oblige à se retirer sur ses anciennes positions [1].

Le prince royal de Wurtemberg modifie la position des corps du centre et de la gauche. — Cette démonstration a pour résultat de révéler au prince royal de Wurtemberg les dangers que peut courir le VI⁰ corps en se portant des bords de la Barbuise à Mesnil-la-Comtesse, et en exécutant une marche de flanc sous les yeux de l'ennemi. Le prince se décide, en conséquence, à modifier immédiatement ses premiers ordres. Il ordonne à Raïeffsky de former la gauche de la ligne et de prendre position en appuyant sa gauche à la Barbuise à Saint-Rémy, pendant que les IV⁰ et III⁰ corps fileront derrière lui en passant par Voué pour aller prendre position sur les hauteurs de Mesnil-la-Comtesse et que toute la cavalerie de ces corps viendra se déployer dans la plaine sur la droite des Russes et comblera le vide existant sur le front de combat [2].

Déploiement de la grande armée alliée à 10 heures du

---

[1] Prince royal de Wurtemberg au prince de Schwarzenberg, Voué, 21 mars (*K. K. Kriegs Archiv.*, III, 379), et prince de Schwarzenberg à l'empereur d'Autriche (*Ibid.*, III, 378).

[2] STÄRKE, Eintheilung und Tagesbegebenheiten der Haupt-Armee im Monate März 1814. (*Ibid.*, III, 1.)

matin. — A dix heures du matin, la grande armée alliée tout entière en formation de combat, couverte par les ondulations du terrain, occupe les positions suivantes : A l'extrême droite et sur la rive droite de l'Aube, le général Oscharoffsky se tient avec la division de cavalerie légère de la garde russe à hauteur de Dommartin. Le Ve corps, formant la droite de la grande armée sur la rive gauche de l'Aube, s'est déployé sur deux lignes sur le plateau, à peu près à mi-chemin entre Ortillon et Chaudrey, les Autrichiens à droite, les Bavarois à gauche ; il est couvert en avant sur sa droite par la brigade autrichienne Volkmann postée à Vaupoisson. Le IVe corps, établi au centre de la ligne de bataille, a fait occuper Mesnil-la-Comtesse par un bataillon et deux escadrons et se relie sur sa gauche avec les troupes disponibles du IIIe corps. La cavalerie des IVe, IIIe et VIe corps comble l'espace qui serait resté vide entre la gauche du IIIe corps et la droite du VIe. Ce dernier corps appuie sa gauche à la Barbuise, à Saint-Rémy, et occupe fortement Saint-Etienne-sous-Barbuise et Nozay. Les cosaques de Kaïssaroff battent le pays à l'extrême gauche entre la Barbuise, l'Aube et la Seine.

En arrière de cette première ligne, la 1re division de grenadiers russes du général Tschoglokoff, postée à Chaudrey, sert de réserve à Wrède. Les 1re et 2e divisions de cuirassiers forment le centre de la deuxième ligne de bataille. Les 2e et 3e divisions de grenadiers russes, établies à cheval sur la route de Troyes, à mi-chemin environ entre Voué et Saint-Rémy, sont chargées de soutenir éventuellement le VIe corps.

Le roi de Prusse est déjà sur le terrain ; l'empereur Alexandre, mécontent et légèrement indisposé, n'a pas quitté Pougy, et le prince de Schwarzenberg, arrivé depuis le matin à Mesnil-Lettre, nerveux, indécis, impatient, cherchant vainement à deviner les projets de son adversaire, espère que l'Empereur, en se précipitant tête baissée contre les masses des armées alliées, ne tardera pas à lui fournir l'occasion de donner le signal d'un mouvement convergent sur Arcis. Malgré sa supériorité numérique, il ne veut pas prendre sur lui l'initiative de l'attaque. Au lieu d'engager son armée dès 10 heures, il attend impatiemment que l'Empereur vienne lui offrir la bataille.

La disposition donnée par le généralissime à 11 heures prouve bien qu'il ne voulait rien faire avant de savoir au juste à quoi s'en tenir sur les intentions de son adversaire. Il se contente à ce moment de prescrire à la cavalerie du V⁰ corps de se former en masse et sans se montrer au nord-est de Mesnil-la-Comtesse ; elle doit s'y tenir prête à tomber sur le flanc gauche des Français dès qu'ils feront mine de se porter contre les hauteurs. Un ordre analogue est envoyé à la cavalerie des corps confiés au prince royal de Wurtemberg. La cavalerie de la garde doit, en outre, venir en arrière de Mesnil-la-Comtesse, pour être à même de soutenir, le cas échéant, la cavalerie de Frimont ou celle du prince royal.

Premiers mouvements de l'armée française. — Bien qu'il n'eût rien entrepris dans les premières heures de la matinée, l'Empereur n'avait cependant pas renoncé à continuer les opérations offensives. Mais il avait avant tout tenu à assurer un point d'appui solide à sa droite en faisant occuper Moulin-Neuf et à donner aux troupes, qu'il attendait, le temps de le rejoindre et d'entrer en ligne. Un peu après 10 heures, comme rien n'avait bougé en avant de Torcy-le-Grand, à son retour d'une petite reconnaissance qu'il avait exécutée en personne en avant de ce village et où il n'avait aperçu que quelques vedettes et quelques petits postes qui s'étaient repliés aussitôt et avaient disparu sur les hauteurs, l'Empereur ordonna à Sébastiani de se porter en avant avec sa cavalerie, de déboucher avec elle sur le plateau ; à Ney d'appuyer avec son infanterie le mouvement offensif de la cavalerie. Quelques instants plus tard, la cavalerie se porte en avant ; l'infanterie formée en colonnes la suit, et l'armée française commence à gravir les pentes du plateau qui s'étend des bords de la Barbuise à la rive gauche de l'Aube.

L'artillerie à cheval, soutenue par quelques escadrons de cavalerie, s'est mise en batterie et canonne déjà les hauteurs. Mais dès que leurs têtes de colonnes sont arrivées sur les crêtes, Ney et Sébastiani aperçoivent devant eux l'armée alliée tout entière formée en bataille et dont les longues lignes dessinent un immense arc de cercle autour d'Arcis. D'un coup d'œil, ils ont reconnu la gravité de la situation. Ney se garde bien de déployer son infanterie. Toutefois, comme il s'agit avant tout de prévenir l'Empereur, d'attendre ses ordres, et par suite de gagner du temps sans s'engager à fond, Sébastiani lance contre l'extrême gauche des Alliés quelques-uns de ses escadrons qui crèvent la première ligne de la cavalerie de Pahlen, mais viennent se briser contre la deuxième.

Jamais, peut-être, une armée n'a couru de dangers plus grands que la petite armée de l'Empereur. Afin de pouvoir jeter sur le plateau des masses plus considérables, on avait abandonné Torcy-le-Grand et on n'avait presque rien laissé à Arcis Si les Alliés s'étaient résolument portés en avant à ce moment, le Ve corps aurait pu percer sans difficulté de Torcy-le-Grand jusqu'aux ponts de l'Aube, s'établir sur les derrières des troupes françaises, mettre la main sur les ponts et s'emparer d'Arcis pendant que le reste de la grande armée se serait engagé avec les troupes de Ney et de Sébastiani.

Heureusement pour l'Empereur, dont la situation eût été alors presque désespérée, le généralissime n'osa pas prendre de suite une résolution qui semblait commandée et par sa supériorité numérique et par les avantages de sa position. Avant de donner à son armée l'ordre d'attaquer, il réunit auprès de lui, sur la hauteur située entre Mesnil-la-Comtesse et Mesnil-Lettre, les commandants de ses différents corps et les invite à lui faire connaître leur avis. On perdit de la sorte un temps précieux que Napoléon s'empressa de mettre à profit.

Deuxième disposition de Schwarzenberg. — C'est à midi seulement que, voyant que les généraux français ne tentaient rien de sérieux et, loin de prononcer leur attaque, se bornaient à garnir légèrement les crêtes du plateau et à entretenir faiblement leur canonnade, le prince de Schwarzenberg se décide à donner la deuxième disposition réglant les détails de l'attaque que son armée exécutera plus tard à un signal qu'il se réserve de donner au moment opportun par trois coups de canon tirés sur la hauteur de Mesnil-la-Comtesse.

« L'attaque, dit le généralissime dans cette disposition, se fera sur trois colonnes.

« La première colonne, formée par le Ve corps, soutenu par la division de grenadiers russes et une division de cuirassiers, se portera de Chaudrey sur Torcy-le-Grand qu'elle essaiera de prendre à revers.

« La cavalerie de cette première colonne se formera en masse et marchera entre la première et la deuxième colonnes, de façon à être toujours *à portée* de ces deux colonnes.

« La deuxième colonne, comprenant les III⁰ et IV⁰ corps, laissant Mesnil-la-Comtesse à sa droite, prendra sa direction sur Arcis et se maintiendra à hauteur du V⁰ corps.

« La troisième colonne (VI⁰ corps) se portera également contre Arcis. Appuyant sa gauche à la Barbuise, elle restera à hauteur de la deuxième colonne.

« La cavalerie de la deuxième colonne formée en masse se tiendra entre les deuxième et troisième colonnes.

« L'infanterie de la garde occupera la hauteur de Mesnil-Lettre sans se montrer.

« La cavalerie de la garde suivra en masse les mouvements de la deuxième colonne de façon à pouvoir en cas de besoin se porter au secours de la cavalerie de l'aile droite ou de l'aile gauche[1]. »

L'empereur Napoléon se décide à rompre le combat. — Il est évident qu'au moment où il donnait ces ordres, Schwarzenberg ne s'attendait pas à voir l'Empereur profiter, sans perdre une minute, de l'occasion inespérée que les hésitations de son adversaire lui offraient. Le généralissime, toujours méthodique, était évidemment loin de penser qu'éclairé par les rapports de Ney et de Sébastiani sur la position des deux armées, l'Empereur, renonçant à ses dernières illusions, prendrait résolument et immédiatement le seul parti, quelque osé qu'il puisse paraître, qui lui permît de dérober sa petite armée à l'étreinte des masses prêtes à l'envelopper et à l'écraser. Loin d'essayer de tenir jusqu'à la nuit sur une position aussi dangereuse, avec un défilé et une rivière à dos, il se décide immédiatement à refuser sa gauche, à charger la cavalerie de son aile droite de masquer son mouvement, à essayer de battre en retraite en plein jour. Mais après avoir ramené son armée sur la rive droite de l'Aube, il va se diriger par Vitry sur Saint-Dizier pour tomber, comme il en avait depuis longtemps l'intention, sur les derrières des Alliés. Il

---

[1] Schwarzenberg, disposition d'attaque, hauteur de Mesnil-Lettre, 20 mars, midi. (*K. K. Kriegs Archiv.*, III, 367 d.)

espère encore parvenir à rallier les garnisons de ses places d'Alsace et de Lorraine, pouvoir donner un essor nouveau à la levée en masse et essayer de sauver Paris en entraînant les Alliés à sa suite et en transportant le théâtre de la guerre des plaines de la Champagne dans les régions accidentées et montagneuses des Vosges et du Jura.

Cette fois encore, il se passe à peine quelques instants entre la conception et l'exécution d'un ordre dont, l'Empereur le savait mieux que personne, les conséquences devaient être incalculables.

Pendant que Schwarzenberg hésitait à donner l'ordre d'attaquer, l'Empereur avait donc jugé d'un seul coup d'œil qu'il n'y avait pas un moment à perdre. En présence de la supériorité numérique dont les Alliés ne savent pas profiter, d'une concentration générale dont il ne lui est plus permis de douter, il a reconnu que, pour essayer de rétablir ses affaires, pour éviter un désastre plus grave et plus certain que celui auquel l'immobilité et la maladie de Blücher lui ont permis de se dérober après Laon, il lui faut étonner son adversaire par une opération insolite, par une manœuvre d'une extrême hardiesse. Sans tarder une seule minute, il donne l'ordre de rompre brusquement le combat qui vient à peine de commencer.

En plein jour, et sous les yeux mêmes d'un adversaire trois fois supérieur en nombre, l'Empereur se décide à traverser l'interminable défilé formé par la ville d'Arcis, les ponts de l'Aube et la levée étroite qui, sur la rive droite, permet de franchir les bords marécageux de la rivière et aboutit aux routes menant à Fère-Champenoise, Châlons et Vitry. Pendant que le général Léry jette, entre Villette et Ormes, un deuxième pont qui, malgré toute l'activité déployée, ne sera achevé qu'à 1 heure 1/2, la vieille garde, la division Janssens et l'artillerie de réserve défilent par le pont d'Arcis. Dès que les pontonniers ont achevé leur œuvre, dès que le pont est praticable, le mouvement sur Vitry s'accentue. A 1 heure 3/4, l'Empereur [1] prescrit à Drouot de faire filer toute la vieille garde sur Sompuis. Ney reçoit l'ordre de

---

[1] Ordres à Drouot, Ney, Milhaud, Berckheim, Macdonald, Oudinot et Sébastiani, Arcis-sur-Aube, 1 h. 3/4 après-midi. (*Archives de la guerre.*)

faire suivre à la division Lefol la route prise par la division Janssens et d'atteindre le soir même Sompuis où sera le quartier général impérial. Milhaud partira lui aussi de suite avec le 5e corps de cavalerie et le corps de cavalerie de Saint-Germain ; comme l'infanterie qui le précède, il se dirigera sur Sompuis. La brigade de cavalerie de Curély et la division de vieille garde qui viennent de Méry, continueront droit sur Sompuis. Macdonald, que Napoléon a informé de son mouvement sur Vitry, prendra position sur la rive droite de l'Aube et fera garder les ponts de Boulages et de Plancy.

L'Empereur se réserve de lui envoyer des instructions plus détaillées quand il connaîtra plus exactement les points atteints par les troupes du maréchal et la position des généraux Gérard et Pacthod.

Oudinot gardera pendant le reste de la journée les abords d'Arcis, et Sébastiani a ordre de rester sur place et de couvrir la retraite jusqu'à la nuit close. Alors seulement il passera le pont et viendra s'établir à Dosnon [1].

Heureusement pour l'Empereur, Schwarzenberg ne saisit pas de suite la nature du mouvement rétrograde de l'armée française. « L'ennemi, lisons-nous dans les *Tagesbegebenheiten* [2], fait des mouvements à Arcis. On peut croire qu'il se prépare à attaquer les Alliés ; mais vers 2 heures, on aperçoit sur la rive droite de l'Aube de grosses colonnes se dirigeant sur les hauteurs qui vont de Châlons à Vitry, pendant que le reste de l'armée française se reportait sur Arcis. Napoléon se trouvant en présence de toute l'armée alliée, repassait le défilé et laissait seulement son arrière-garde en avant d'Arcis. »

Le quartier-maître général des réserves et gardes russes, le général Diebitsch, nous fournit encore d'autres détails précieux dans la lettre que, de Mohilew, le 9/21 mai 1817, il adressait à Jomini [3]. « Après midi, écrit-il, on voyait que les masses fran-

---

[1] Ordres à Drouot, Ney, Milhaud, Berckheim, Macdonald, Oudinot et Sébastiani, Arcis-sur-Aube, 1 h. 3/4 après-midi. (Registres de Berthier ; *Archives de la guerre*.)

[2] Starke, Eintheilung und Tagesbegebenheiten der Haupt-Armee im Monate März. (*K. K. Kriegs Archiv.*, III, 1.) Voir également à ce sujet le rapport adressé par le général comte Franquemont au roi de Wurtemberg.

[3] *Archives de la guerre*.

çaises, après une faible affaire contre Raïeffsky et le prince de Wurtemberg, commençaient à se replier sur le bord droit de l'Aube et continuaient leur route dans la direction de Sommesous. Les avis étaient partagés sur la direction que prendrait l'ennemi. Les uns se flattèrent que c'était une retraite sur Sézanne; d'autres, avec plus de raison, crurent qu'il se portait sur Vitry. On restait pourtant dans l'incertitude parce que le général Oscharoffsky, qui se trouvait en observation sur la rive droite de l'Aube, ne donna aucun avis de la marche de l'ennemi. »

Schwarzenberg ne commence son attaque qu'à 3 heures. — Malgré ces indices manifestes et bien qu'à partir d'une heure de l'après-midi, toutes les troupes de l'armée alliée eussent pris leur formation de combat, ce fut à 3 heures seulement que le généralissime donna le signal convenu pour l'attaque [1] et que l'armée alliée commença son mouvement convergent sur Arcis.

« A ce moment, nous apercevions la garde qui filait sur les hauteurs de Dosnon, dans la direction de Vitry, lisons-nous dans le Journal rédigé par le général Maulmont [2], et il ne restait plus sur la rive gauche de l'Aube que la cavalerie de Saint-Germain et 5,000 hommes d'infanterie du 7ᵉ corps lorsque toute l'armée ennemie s'ébranla pour l'attaque. » Le *Journal* du prince de Taxis [3] nous confirme l'exactitude de ce renseignement et nous prouve que le mouvement rétrograde de l'Empereur n'avait pas échappé aux généraux alliés. « Napoléon, écrit à ce propos l'aide de camp de Wrède, se décide à quitter sa position et à repasser sur la rive droite de l'Aube, sous les yeux mêmes des généraux alliés. Il se porte sur Lhuitre et Dosnon, et, de là, sur Vitry et Saint-Dizier. Il ne reste plus à Arcis qu'une arrière-garde. *On laisse Napoléon exécuter ce mouvement*, et, après de longues hésitations, on se décide à faire passer l'Aube à Ramerupt et à Coclois au Vᵉ corps, qui doit chercher à arriver avant l'Empereur à Vitry. »

Dans sa dépêche à l'empereur d'Autriche, comme dans son

---

[1] Note faisant suite à la disposition de Schwarzenberg pour l'attaque d'Arcis, 21 mars, midi. (*K. K. Kriegs Archiv.*, III, 367 a.)

[2] Mouvements de la division Leval (7ᵉ corps) pendant la campagne de 1814, du 24 février au 8 avril. (*Archives de la guerre.*)

[3] Taxis, *Tagebuch*. (*K. K. Kriegs Archiv.*, XIII, 32.)

Journal d'opérations [1], le généralissime ne cherche d'ailleurs pas à expliquer le retard qu'il a mis à donner le signal de l'attaque. Dans l'un comme dans l'autre de ces documents, il glisse, il est vrai, sur l'heure même à laquelle ce signal a été donné et se contente de dire à son souverain : « Jusqu'à 1 heure et demie, tout était resté tranquille, et les armées se tinrent l'une en face de l'autre, prêtes à engager le combat. A ce moment, je remarquai que l'ennemi filait par la rive droite de l'Aube dans la direction de Vitry. Une forte arrière-garde française restait seule en avant d'Arcis. J'ordonnai alors au prince royal de Wurtemberg de faire, avec les IIIe, IVe et VIe corps, une attaque convergente sur Arcis, pendant que j'envoyai le Ve corps, avec sa cavalerie, à Ramerupt, avec son infanterie, vers Lesmont. L'attaque d'Arcis, ajoute le généralissime, commença à 3 heures. »

Deuxième disposition de Schwarzenberg à 3 heures et demie, et attaque d'Arcis. — Ce fut, en effet, à 3 heures et demie de l'après-midi, une demi-heure après le commencement du mouvement général sur Arcis, que le généralissime modifia par sa deuxième disposition les directions primitivement assignées à ses différents corps [2]. Wrède, au lieu de continuer sur Arcis, reçoit l'ordre de n'envoyer contre l'ennemi qu'une brigade de cavalerie avec une batterie à cheval et d'aller, avec le gros de son V^e corps, occuper, au plus vite, une position militaire entre Dommartin-le-Coq et Donnement. Sa cavalerie doit, à cet effet, chercher à gagner, de suite, la rive droite de l'Aube. Elle établira ses avant-postes à Ramerupt, Dampierre et Corbeil.

La cavalerie légère de la garde russe du général Oscharoffsky, qui n'a cessé de se tenir sur la rive droite, passe à cet effet, mais momentanément seulement, sous les ordres du feld-maréchal comte Wrède. Une des divisions de grenadiers russes reste à Chaudrey ; l'autre continue à occuper les hauteurs de Mesnil-la-Comtesse. Une division de cuirassiers russes servira de soutien à ces deux divisions. Le reste des réserves se met en marche.

---

[1] Schwarzenberg à l'empereur d'Autriche, Pougy, 21 mars (*K. K. Kriegs Archiv*, III, 378), et STÄRKE, Eintheilung und Tagesbegebenheiten der Haupt-Armee im Monate März (*Ibid.*, III. 1).

[2] Deuxième disposition du prince de Schwarzenberg, 21 mars, 3 h. 1/2 après-midi. (*K. K. Kriegs Archiv.*, III, 367 b.)

suit le V⁰ corps et va se poster derrière la Voire, de façon à pouvoir éventuellement le recueillir. L'artillerie et les parcs des réserves passeront l'Aube au pont de Précy.

Pendant que Wrède quitte de sa personne le plateau de Mesnil-la-Comtesse pour engager ses divisions dans la nouvelle direction donnée par le généralissime, les corps placés sous les ordres du prince royal ont continué leur mouvement sur Arcis en trois colonnes. Le VI⁰ corps avec sa cavalerie, qui passe de la droite à l'aile gauche de Raïeffsky, part de Saint-Rémy; le IV⁰, de Mesnil-la-Comtesse; le III⁰ corps forme au centre une deuxième ligne, entre le VI⁰ et le IV⁰ corps. La cavalerie wurtembergeoise avec la division de cuirassiers autrichiens, s'avance en échiquier dans l'intervalle existant en première ligne entre le VI⁰ et le IV⁰ corps. Une des brigades de cavalerie du V⁰ corps, marchant par la route de Chaudrey sur Arcis, couvre l'extrême droite du IV⁰ corps [1]. « Ce mouvement convergent, ajoute le prince royal dans sa Relation, imposa à l'ennemi, qui resta sur la défensive et n'osa pas lancer sa cavalerie contre mes têtes de colonne. »

En raison même de sa plus grande proximité des positions de l'arrière-garde française, le VI⁰ corps s'engagea le premier avec les troupes d'Oudinot et de Sébastiani, chargées de couvrir la retraite. La cavalerie de Pahlen, appuyant sa gauche à la Barbuise, dépassa les hauteurs de Nozay, abandonnées par la cavalerie française, et la suivit dans son mouvement vers le pont de Villette. Mais la brigade Montfort, de la division Leval, a pris position en avant d'Arcis, du côté de la route de Troyes, et ses tirailleurs, arrêtant les progrès des cavaliers de Pahlen, obligent ce général à attendre l'entrée en ligne de l'infanterie du VI⁰ corps. Raïeffsky, arrivant de Saint-Rémy avec le gros de ses troupes, déploie sa tête de colonne en tirailleurs et commence l'attaque, pendant que la cavalerie de Pahlen recommence à s'étendre vers la gauche des Alliés et se rapproche de l'Aube, en cherchant constamment à déborder l'extrême droite des Français.

Au même moment, le prince royal de Wurtemberg, qui marche de sa personne avec la cavalerie du IV⁰ corps, est arrivé à hau-

---

[1] Prince royal de Wurtemberg au prince de Schwarzenberg, Relation de la bataille d'Arcis, Paris, 13 avril 1814. (*Ibid.*, IV, 115.)

teur des bataillons de tête de Raïeffsky [1]. « Je cherche alors, dit le prince royal de Wurtemberg dans sa Relation, à gagner au plus vite, avec ma cavalerie légère et deux batteries à cheval, les hauteurs d'où l'on dominait Arcis et d'où, par conséquent, on pouvait efficacement canonner la ville et les positions en avant. Je comptais ainsi faciliter le mouvement et l'attaque du VIe corps. J'avais fait soutenir et renforcer mes deux batteries à cheval par l'artillerie du IVe corps, par deux batteries autrichiennes et deux batteries à cheval de la garde russe, afin d'arriver à contre-battre sans trop de désavantage et à faire taire les 70 bouches à feu de l'artillerie ennemie. »

Écrasée par le feu convergent des batteries alliées, l'artillerie française réduite au silence, doit bientôt amener ses avant-trains et enlever ses pièces. A l'extrême droite des Français, un des régiments de Pahlen (hussards d'Olviopol) est parvenu à joindre les derniers escadrons français, à les malmener et à leur enlever trois canons et quelques prisonniers. Sébastiani a néanmoins réussi à ramener la plus grande partie de sa cavalerie sur la rive droite de l'Aube et à détruire le pont établi à Villette.

Les troupes du général Leval continuent néanmoins à tenir bon en avant d'Arcis. La brigade Montfort défend avec acharnement les faubourgs que traversent les routes de Troyes et de Lesmont; la brigade Maulmont, forte d'un seul régiment, le 10e léger, garde le faubourg du côté du chemin de Méry [2]. Malgré les prodiges d'héroïsme des soldats de Leval qui défendent pied à pied chaque rue, chaque jardin, chaque maison, il fallut se résigner à céder au nombre. Oudinot donne l'ordre d'évacuer la ville et de repasser sur la rive droite, où l'une des brigades de la division Rottembourg vient d'arriver et de prendre position. Il ne laisse plus pour couvrir la retraite de la division Leval que quelques bataillons d'arrière-garde. A ce moment, les tirailleurs du prince Eugène de Wurtemberg attaquent à la baïonnette les premières maisons du faubourg de Méry, en enlèvent quelques-unes, mais

---

[1] Starke, Eintheilung und Tagesbegebenheiten der Haupt Armee im Monate März (*K. K. Kriegs Archiv.*, III, 1), et prince royal de Wurtemberg à Schwarzenberg, Relation des combats d'Arcis, Paris, 13 avril 1814 (*Ibid.*, IV, 115).

[2] Mouvements de la division Leval pendant la campagne de 1814, du 24 février au 8 avril; Journal rédigé par le général Maulmont. (*Archives de la guerre.*)

ne tardent pas à en être délogés. Le gros du corps du prince Eugène, qui s'est déployé à gauche des lignes alliées, dessine nettement son attaque contre la face ouest de la ville et parvient péniblement à enlever le faubourg et à pénétrer dans Arcis. Enfin, comme la tête de colonne du III⁰ corps est également entrée en ligne, le prince royal de Wurtemberg profite de l'arrivée de ces troupes fraîches pour achever la prise d'Arcis et lancer contre le château d'Arcis et la face sud-est de la ville le régiment autrichien de Würzburg. Maîtres du château et de la terrasse qui commande la rive de l'Aube, les Autrichiens menacent désormais la retraite des dernières troupes françaises, dont la résistance acharnée a donné au gros de l'armée le temps de gagner du terrain. Grâce à de nouveaux efforts, l'extrême arrière-garde française réussit cependant à se frayer un passage à la baïonnette et à atteindre le pont. Mais ce combat corps à corps a coûté cher à la division Leval. Le général Leval est blessé, le général Maulmont a son cheval tué sous lui. Le désordre commence à se mettre dans les rangs de leurs hommes; les Autrichiens sont déjà sur le point de s'emparer de la tête du pont et vont couper la retraite aux quelques troupes qui restent encore dans la ville, lorsque le général Chassé parvient à rallier ses hommes. Il débusque par un dernier retour offensif les tirailleurs autrichiens installés à l'entrée du pont et ramène sur la rive gauche de l'Aube les héroïques débris de la division Leval [1].

Un peu après 6 heures, les Alliés sont définitivement maîtres des ruines d'Arcis; mais les Français ont pu détruire le pont en se retirant [2]. « Le champ de bataille, écrivait le prince royal de Wurtemberg au généralissime [3], est jonché de cadavres. L'infanterie russe vient d'enlever la ville. L'ennemi ne tient plus que le pont défendu par une faible arrière-garde avec deux canons. J'établirai cette nuit le VI⁰ corps à Arcis même, et à l'ouest de la

---

[1] Le 7⁰ corps (Oudinot) perdit le 21 mars, 1276 hommes. (*Archives de la guerre.*)

[2] Stärke, Eintheilung und Tagesbegebenheiten der Haupt-Armee im Monate März (*K. K. Kriegs Archiv.*, III, 1); Prince royal de Wurtemberg à Schwarzenberg, Relation des combats d'Arcis, Paris, 13 avril 1814 (*Ibid.*, IV, 115), et Schwarzenberg à l'empereur d'Autriche, Pougy, 21 mars (*Ibid.*, III, 378).

[3] Billet au crayon du prince royal de Wurtemberg au prince de Schwarzenberg, Arcis-sur-Aube, 21 mars. (*Ibid.*, III, ad 379.)

ville, le IVe corps et une partie du IIIe à l'est d'Arcis, à Torcy-le-Grand et à Ortillon, les cuirassiers du comte Nostitz sur la Barbuise. Mon quartier général sera à Voué. On m'affirme, ajoutait-il en post-scriptum, que l'ennemi se replie sur Châlons et marche par la chaussée et par un chemin de traverse qui part de Lhuitre. »

Positions occupées par Oudinot après la prise d'Arcis. — Arrivée de Macdonald à Ormes. — Le duc de Reggio avait, aussitôt après la perte et l'évacuation d'Arcis, fait prendre position à son corps à l'extrémité de la levée qui aboutit au pont de l'Aube. Le 7e corps, établi à la ferme des Vasseurs et au Chêne, à l'embranchement des trois routes de Fère-Champenoise, Châlons et Vitry, est à portée de soutenir et de recueillir la brigade Maulmont. Cette brigade, restée seule dans le faubourg de la rive droite, où elle se maintenait malgré le feu terrible d'artillerie et de mousqueterie des Alliés, permit aux sapeurs du génie de détruire le pont dans la soirée et empêcha les Russes d'en tenter la reconstruction.

A 9 heures du soir, Macdonald [1], qui avait pressé la marche de ses troupes au bruit du canon, arriva à Ormes avec les divisions Brayer et Albert, après avoir eu à surmonter des difficultés inouïes pour se tirer des marécages. Mais le général Gérard, avec le 2e corps, n'avait pu dépasser Plancy et Viâpres. La petite division du général Amey était plus en arrière encore, à Anglure, couvrant le parc de réserve du duc de Tarente, qui s'était arrêté à Granges-sur-Aube. Deux bataillons du 11e corps avec deux canons sont à Plancy et Boulages et surveillent les gués de l'Aube. La cavalerie de Kellermann a opéré sa jonction aux environs d'Ormes avec les divisions de Sébastiani. Mais, comme l'écrivait Macdonald au major-général [2] : « Nos positions sont très décousues. Il faudra à la queue la journée de demain pour se réunir, et si l'ennemi force le passage, ce qui est probable, nous courrons les plus grands risques. »

---

[1] Macdonald au major-général, devant Arcis, 21 mars, 9 heures du soir. (*Archives de la guerre.*)
[2] Macdonald au major-général, devant Arcis, 21 mars, 9 heures du soir. (*Archives de la guerre.*)

Inaction des Alliés le 21 mars au soir. — Heureusement pour l'armée française, les Alliés ne songèrent pas à brusquer et à forcer le passage de l'Aube. On ne tenta rien contre les troupes épuisées d'Oudinot et de Macdonald. « Je ne puis encore apprécier dans toute leur étendue les résultats de la journée, écrivait le généralissime à l'empereur d'Autriche le 21 au soir [1], mais je compte pousser demain toute l'armée sur la rive droite de l'Aube. »

En attendant, le prince royal de Wurtemberg se contenta de faire entretenir, jusque après minuit, le feu dirigé par ses troupes installées dans le château et dans la ville contre les tirailleurs français établis dans le faubourg de la rive droite et de faire surveiller par des postes les gués et les passages de l'Aube.

Les nouvelles reçues par le prince royal ne signalaient aucun mouvement inquiétant. On savait qu'il n'y avait à Bray que deux bataillons. Le gros de la division Souham était encore à Pont-sur-Yonne, et le général Allix se proposait, après avoir laissé un bataillon à Sens, de pousser sur Villeneuve-le-Roi et Joigny. A Méry et à Nogent, tout était tranquille. Aussi, le prince royal de Wurtemberg, complètement rassuré sur le sort de sa gauche et écrivant de Voué à Schwarzenberg, dans la nuit du 21 au 22, pour lui signaler l'arrivée devant Arcis des têtes de colonne de Macdonald, ajoutait qu'il venait de prescrire au feldzeugmeister Gyulay de se faire rejoindre par les régiments du IIIe corps laissés jusque-là à Troyes. Une brigade autrichienne devait, toutefois, rester dans cette ville et y attendre l'arrivée des troupes destinées à y tenir garnison.

Mouvements de l'aile droite des Alliés pendant l'après-midi du 21 mars. — Pendant que le centre et l'aile gauche des Alliés enlevaient Arcis, Wrède, se conformant à la disposition donnée à 3 heures 1/2, avait fait passer l'Aube à sa cavalerie à Ramerupt et à Coclois. Son infanterie obligée de se servir du pont de Lesmont, s'arrêta sur ce point et y bivouaqua à l'exception d'un bataillon de chasseurs autrichiens dirigé droit de Coclois sur Dommartin [2].

---

[1] Prince de Schwarzenberg à l'empereur d'Autriche, Pougy, 21 mars. (*K. K. Kriegs Archiv.*, III, 378.)

[2] Taxis, *Tagebuch* (*Ibid.*, XIII, 32), Stärke, Eintheilung und Tagesbegebenheiten der Haupt-Armee im Monate März (*Ibid.*, III, 1).

A 10 heures du soir, Frimont faisait savoir à Wrède que la cavalerie autrichienne, sauf deux régiments de hussards, était à Ramerupt, la brigade bavaroise Dietz à Dampierre, et la brigade Vieregg à Brébant. Il lui avait été, d'ailleurs, impossible de découvrir la direction suivie par l'armée française.

De tout le Ve corps, il ne restait plus sur la rive gauche de l'Aube que le feld-maréchal-lieutenant Spleny, établi avec les hussards de Szeckler et Archiduc-Joseph à Chaudrey [1].

La cavalerie légère de la garde russe du général Oscharoffsky bivouaqua également à Ramerupt, couverte sur sa gauche et sur son front par ses avants-postes établis à Vinets et à Lhuitre. Les gardes et les réserves s'étaient arrêtées à hauteur de Chalette, où Barclay de Tolly avait établi son quartier général, et sur les bords de la Voire.

Disposition de Schwarzenberg du 21 mars, à 6 heures du soir. — Dans la soirée, Schwarzenberg, qui s'était rendu avec l'empereur de Russie et le roi de Prusse à Pougy, avait, il est vrai, envoyé à Wrède l'ordre de continuer son mouvement, de porter son infanterie sur Corbeil et Brebant, de pousser sa cavalerie légère sur les talons de l'ennemi, de harceler son arrière-garde et de suivre sa retraite pas à pas. Mais l'épuisement absolu des hommes et des chevaux aurait de toute façon empêché Wrède d'exécuter cet ordre qui ne lui parvint, d'ailleurs, que fort avant dans la nuit du 21 au 22. Il ressort des termes mêmes de cette dépêche que le feld-maréchal bavarois n'avait, à ce moment, aucune donnée sur la direction suivie par l'Empereur. « Si l'ennemi avait pris la direction de Vitry, écrit-il au généralissime [2], les généraux Frimont et Oscharoffsky m'auraient signalé sa marche. Je suis donc porté à penser que l'ennemi a dû de Mailly se diriger sur Châlons, à moins qu'il n'ait pris de Mailly le chemin de Semoine, ce qui me paraît encore plus vraisemblable. »

A minuit, Schwarzenberg lui-même était aussi peu renseigné que Wrède. Les trainards, que l'on avait ramassés, affirmaient, il est vrai, que Napoléon se dirigeait sur Vitry; mais on ajouta

---

[1] Frimont à Wrède, Romaines, 21 mars, 10 heures du soir.
[2] Wrède à Schwarzenberg, Coclois, 22 mars, minuit.

d'autant moins foi à leur dire que, par une dépêche envoyée par Tettenborn, de Châlons, on avait eu connaissance des premiers mouvements de Blücher et de la reprise de Reims par Winzingerode.

On pensait, au contraire, au quartier général, que Napoléon irait sur Sommesous, et ce fut dans cette croyance que, s'en tenant à sa disposition de 6 heures du soir et poussant sa droite en avant vers Corbeil, Schwarzenberg donna au reste de l'armée l'ordre de prendre position, le 22 mars, sur la rive droite de l'Aube et de se concentrer derrière le ruisseau de Puits [1].

Aux termes de cette disposition, le V⁰ corps venait s'établir, le 22, derrière le Meldançon, de Jassennes à Donnement. Les IV⁰ et VI⁰ corps devaient exécuter une marche de flanc pour se poster derrière le Puits, entre Corbeil et Dampierre, tout en appuyant cependant leur extrême gauche à l'Aube. Les gardes et réserves restaient en troisième ligne sur la rive gauche de la Voire. La défense d'Arcis était confiée au III⁰ corps, et le grand quartier général se transportait à Rosnay. A gauche du III⁰ corps, Kaïssaroff était chargé d'observer tout le pays entre la Seine et l'Aube et de correspondre avec les cosaques de Seslavin, postés entre la Seine et l'Yonne. En un mot, le généralissime renonçait à poursuivre, pendant la journée du 22, l'adversaire qui, en se repliant à temps la veille, avait réussi à lui dérober sa marche.

Comme il l'écrivait de Pougy à l'empereur d'Autriche [2], en concentrant son armée sur la rive droite de l'Aube, Schwarzenberg se proposait surtout d'attendre les renseignements lui permettant de connaître exactement la direction prise par l'Empereur et de se poster de façon à pouvoir à la fois le suivre et opérer sa jonction avec Blücher, qu'il venait de mettre sommairement au courant des événements des deux derniers jours.

Le grand quartier général était, d'ailleurs, dans une ignorance si complète des mouvements de l'armée française, qu'en réponse à une dépêche du prince royal de Wurtemberg, signalant, d'après les déclarations des paysans, la marche de l'Empereur sur Châ-

---

[1] STÄRKE, Eintheilung und Tagesbegebenheiten der Haupt-Armee im Monate März. (*K. K. Kriegs Archiv.*, III, 1.)
[2] Prince de Schwarzenberg à l'empereur d'Autriche, Pougy, 21 mars. (*Ibid.*, III, 378.)

lons, le généralissime mandait à ce prince de se porter sur Herbisse, si cette nouvelle venait à être confirmée.

Considérations sur la journée du 21 mars. — La bataille d'Arcis, dit Clausewitz dans sa *Critique stratégique de la campagne de* 1814, n'a pas eu de grandes dimensions. Mais l'écrivain allemand n'a pas cru nécessaire d'indiquer les raisons pour lesquelles elle n'eut ni les conséquences immédiates et considérables qu'elle aurait dû avoir, ni l'importance que, de part et d'autre, on attribuait à bon droit à une bataille livrée à ce moment de la campagne par la grande armée de Bohême à la petite armée de l'Empereur.

L'attitude des deux généraux en chef suffit cependant pour expliquer ce fait, qui surprend au premier abord.

Le 21 mars, l'Empereur n'a pas, comme le prétend Clausewitz [1], perdu le goût de se battre. Ses ordres sont là pour prouver le contraire, et les mouvements exécutés dans la matinée le démontrent surabondamment. La crainte et l'indécision, Clausewitz le reconnaît lui-même, ne sont pour rien dans la modification inattendue qu'il apporte à ses projets. A Arcis, comme pendant tout le cours de la campagne, comme dans ses précédentes campagnes, l'Empereur, nous dit le général von Bismarck [2], a su s'assurer l'avantage de l'initiative. Il reste fidèle à son système et ne perd pas une minute pour profiter des fautes, des faiblesses, des erreurs et des hésitations de son adversaire. Le 21 mars, il est libre de ses mouvements. La journée du 20 mars n'a pas suffi pour lui démontrer ce qu'il cherche à savoir, pour anéantir ses espérances et détruire même ses illusions. Il a eu l'idée de renouveler la manœuvre qui lui a si bien réussi contre Blücher, après La Rothière. Il est vrai que Wrède a opposé une résistance énergique aux troupes de Ney. Mais rien ne prouve encore que cette défense acharnée de Torcy-le-Grand n'ait pas eu pour but de couvrir la retraite de la droite de l'armée de Schwarzenberg. La présence de la cavalerie du prince royal de Wurtemberg sur la rive gauche de la Barbuise, du côté de Pre-

---

[1] Clausewitz, *Critique stratégique de la campagne de France de* 1814.
[2] Général-lieutenant von Bismarck, *Aufzeichnungen*.

mierfait, l'a confirmé dans la pensée que la grande armée alliée n'était pas concentrée le 20 au soir.

Si, le 21, dans la matinée, Wrède a accentué son mouvement de retraite, les renforts qu'il attend : les corps d'Oudinot, de Gérard et de Macdonald, peuvent lui permettre de se jeter entre lui et prince royal, et de chercher à renouveler la manœuvre qui lui a donné de si grands résultats à Montmirail, à Champaubert et à Étoges.

Mais, instruit par l'expérience de La Rothière et de Laon, sachant que le gros des corps, sous les ordres de Macdonald, ne pourra le rejoindre que le 21 au soir, il entreprend une manœuvre plus hardie encore, dès que Sébastiani l'informe de la présence, sur les hauteurs de Mesnil-la-Comtesse, de l'armée de Schwarzenberg tout entière. En plein jour, sous les yeux mêmes d'un ennemi supérieur en nombre, rangé en bataille sur le plateau qui domine la rive gauche de l'Aube, il passe le défilé d'Arcis pour commencer immédiatement, non seulement avec sa décision habituelle, mais avec une activité grandie par la gravité même de la situation, une opération qu'il a longuement méditée et qu'il a conçue depuis longtemps.

S'il lui était impossible de prévoir les hésitations, les timidités de l'état-major général de l'armée de Bohême, il lui était encore plus impossible d'admettre qu'un retour offensif sur Arcis, tenté dans la nuit du 21 au 22 mars, aurait eu chance de réussir et aurait vraisemblablement arraché les ruines de la ville au IIe corps russe du prince Eugène de Wurtemberg. Une pareille entreprise ne menait d'ailleurs à rien, si ce n'est à recommencer le 22, dans des conditions plus défavorables que les jours précédents, une lutte sans issue. Devant les masses concentrées de la grande armée, l'Empereur pouvait d'autant moins s'entêter à se servir des lignes intérieures que, en continuant son système, il n'aurait pas tardé à être enserré avec sa faible armée entre les armées de Schwarzenberg et de Blücher.

Il ne lui restait d'autre ressource qu'un parti suprême et désespéré : la marche sur les derrières de Schwarzenberg. La résolution d'opérer sur les lignes de communication de la grande armée hantait, d'ailleurs, son esprit depuis longtemps, presque depuis le commencement de la campagne.

C'était, à peu de chose près, son plan primitif qu'il allait exécuter. Et c'était parce qu'il n'y avait jamais renoncé qu'il avait laissé des garnisons relativement fortes dans les places de la Meuse et de la Moselle et qu'avant même de s'engager le 20 à Arcis, il écrivait à Clarke, de Plancy : « Je pars pour me rendre sur Vitry [1]. » L'Empereur n'a donc en réalité jamais songé à donner une grande bataille à Arcis. Ses ordres en sont la preuve, et ce n'était certes pas au lendemain de Laon qu'il aurait tenté une fois encore de s'engager à fond sans avoir préalablement concentré toutes ses forces, d'ailleurs peu considérables. Clausewitz, bien qu'il ait cru devoir prêter à l'Empereur l'intention de chercher une solution définitive à Arcis, est lui-même obligé de convenir que Napoléon a eu de puissantes raisons pour changer d'idée et que malgré la contradiction apparente de sa conduite, la critique doit avouer qu'elle ne connaît pas assez complètement la situation pour se prononcer et lui adresser un reproche aussi peu fondé [2].

On doit assurément reconnaître que cette opération entreprise à une autre époque aurait pu amener des résultats décisifs. Mais il est bon de se mettre à la place de l'Empereur, de se rappeler qu'il ignora presque toujours, et à ce moment surtout, la situation politique, morale et, pour ainsi dire, intime de la Coalition. S'il avait eu des renseignements précis à ce sujet, nous dit le général de Bismarck [3], il n'est pas permis de croire qu'il eût manqué de profiter de *ces moments psychologiques*. Il n'était pas homme à laisser échapper les occasions. Si, dit encore Bismarck, en commençant le 17 mars sa deuxième opération contre Schwarzenberg et en partant de Reims avec 16,000 hommes, au lieu de chercher à opérer sa jonction avec Macdonald et de se diriger vers l'Aube par Fère-Champenoise, il avait marché sur Châlons et, de là, en remontant la Marne, sur le plateau de Langres, cette marche combinée avec un mouvement offensif de Macdonald et d'Oudinot dans la vallée de la Seine aurait vraisemblablement suffi pour amener la retraite de la grande armée alliée.

Quoique entreprise trop tard, cette marche dirigée contre la ligne de retraite des Alliés, cette marche qui n'avait cessé d'être

---

[1] *Correspondance*, n° 21518.
[2] CLAUSEWITZ, *Critique stratégique de la campagne de France de 1814*.
[3] Général von BISMARCK, *Aufzeichnungen*.

la pensée dominante de Napoléon, a été bien près d'être couronnée de succès. Le hasard seul, la fatalité se chargèrent de mettre fin aux craintes des souverains, aux hésitations du généralissime. En tout cas, et comme le général von Grollmann le reconnaît lui-même, « cette résolution porte l'empreinte du génie de la guerre et d'un caractère habitué à chercher les solutions décisives par les voies les plus hardies. »

Enfin, quel que soit le jugement que la critique puisse porter sur l'opération elle-même, il est impossible de refuser son admiration à l'énergie, à la décision qui présidèrent à son exécution, à la souplesse, à la vivacité de l'incomparable génie de l'Empereur qui, après avoir passé une rivière en plein jour sous les yeux de l'armée ennemie en bataille, est déjà, le 21 au soir, à Sommepuis, à quelques kilomètres de Vitry, avec les corps qui viennent de se battre à Arcis et réussit à faire perdre momentanément ses traces à Schwarzenberg.

Comme toujours, c'est le généralissime autrichien qu'on a cherché à rendre responsable du peu de portée des conséquences immédiates de la bataille d'Arcis. Incompréhensible au premier abord, critiquable en tout cas, au point de vue essentiellement militaire, l'attitude du prince de Schwarzenberg pendant la journée du 21, s'explique et se justifie même jusqu'à un certain degré, dès qu'on envisage sa situation personnelle. Généralissime des armées alliées, investi officiellement des pouvoirs militaires les plus étendus, le prince de Schwarzenberg était cependant loin de pouvoir exercer son autorité sans contrôle, sans conteste, sans retard, comme les circonstances l'auraient exigé. Dès le début de la campagne, bien que rien ne l'obligeât apparemment à soumettre ses projets à l'approbation des souverains, il lui avait fallu à tout instant avoir recours à des conseils de guerre, aussi nécessaires pour couvrir sa responsabilité que pour assurer l'exécution consciencieuse de ses dispositions. Quoique l'attaque projetée d'Arcis ait été, Clausewitz lui-même se plaît à le reconnaître, l'une des meilleures et des plus judicieuses résolutions du généralissime, elle n'avait pas eu le don de plaire à l'empereur de Russie, et l'accueil glacial que ce monarque avait fait la veille au généralissime, les craintes qu'il avait manifestées, le mécontentement auquel il avait donné libre cours dans sa conversation avec Barclay de Tolly et Toll, enfin son absence même n'étaient guère de nature à encourager Schwarzenberg dans l'offensive vigoureuse qu'il comptait prendre et que tout autre généralissime, réellement maître de ses actions et placé dans une situation semblable, n'aurait pas hésité à prendre.

S'il nous semble difficile d'admettre, avec Clausewitz, que Schwarzenberg ait retardé son attaque parce qu'en voyant l'Empereur rompre le combat et faire filer ses colonnes sur les hauteurs de la rive droite, il ne savait pas si Napoléon n'allait pas tout de suite tomber sur son flanc droit ou s'il méditait, au contraire, quelque autre opération, on peut, en revanche, reprocher au généralissime de n'avoir envoyé sur la rive droite de l'Aube qu'un seul de ses corps, le Ve. De toutes façons, il aurait dû prendre des mesures tendant à accélérer le passage de l'Aube en arrière des positions occupées par son armée et éviter aux troupes du Ve corps le long et inutile détour de Lesmont. Dès qu'on avait vu le gros de l'armée française prendre la direction de Châlons ou de Vitry, c'était commettre une grave erreur que d'immobiliser en pure perte les corps placés sous les ordres du prince de Wurtemberg et de les affecter tous trois à l'attaque d'Arcis. Il semble évident que le généralissime, sans compromettre en rien sa situation, eût dû, dès qu'il vit l'Empereur commencer sa marche de flanc, confier l'attaque d'Arcis au VIe corps par exemple et se hâter de passer l'Aube le plus vite possible, afin d'être le lendemain 22 en mesure d'attaquer l'armée française partout où il l'aurait rencontrée. Une opération de ce genre aurait amené des résultats d'autant plus décisifs que l'Empereur, obligé de laisser du monde à Arcis pour masquer son départ et interdire le passage, aurait dû combattre avant d'avoir été rejoint par Macdonald. En un mot, la véritable faute commise par Schwarzenberg a bien moins consisté dans le retard apporté au signal d'attaque sur Arcis, que dans l'attaque même de ce point par des forces qu'il eût été plus sage et plus avantageux de porter immédiatement et par les voies les plus courtes sur la rive droite de l'Aube, de façon à tomber sur l'Empereur pendant l'audacieuse marche de flanc qu'il venait de commencer. Schwarzenberg aurait donc pu renouveler sans danger la manœuvre qui avait si bien réussi à l'Empereur dans les premiers jours de février, couper en deux sa petite armée, écraser d'abord Oudinot et Macdonald et se retourner ensuite contre Napoléon qui, enserré entre lui et l'armée de Silésie, se serait vu forcé de combattre dans des conditions exceptionnellement défavorables et presque désespérées.

La résolution prise par Napoléon, l'abandon inattendu des lignes d'opération le reliant à Paris, sa marche vers l'Est avaient plongé l'état-major de la grande armée dans une profonde incertitude. Sans un concours fatal de circonstances, sans la prise toute fortuite de quelques dépêches, l'Empereur aurait vraisemblablement réussi à tromper ses adversaires, à les tenir sur le qui-vive, à les entraîner complètement à sa suite. Les ordres donnés par Schwarzenberg le 21 mars, à 6 heures du soir, prouvent que, ne sachant pas si Napoléon se porte sur Vitry, Châlons ou Montmirail, il est retombé dans ses hésitations ordinaires. On se borne à attendre les événements. On ne fait aucun usage d'une cavalerie nombreuse, bien montée, relativement fraîche ; on ne reste pas à proximité de l'ennemi ; on perd presque entièrement son contact ; on ne fait rien pour inquiéter ses mouvements et se procurer tout au moins des nouvelles. Avec une armée de 100,000 hommes, on n'ose ni suivre l'Empereur, ni l'inquiéter dans la marche de flanc qu'il se hasarde à entreprendre sur Saint-Dizier et sur Vitry. Et cependant, il semble que, sans rien risquer, sans compromettre la suite des opérations, il eût été possible le 22 de contraindre l'Empereur à accepter la bataille dans des conditions exceptionnellement désavantageuses pour lui. Le 22, l'armée française forme, en effet, une longue colonne, marchant sur une seule route et présentant le flanc aux armées alliées. L'Empereur, dont les corps sont disséminés le 22 au matin, depuis la Marne, aux environs de Frignicourt, jusqu'aux bords de l'Aube, à Ormes, Viâpres et Plancy, s'est aventuré entre les deux armées des alliés. On ne risquait donc rien en attaquant, dès le 22 au matin, Oudinot et Macdonald. On avait la certitude de les écraser sous le nombre et on pouvait alors, en poursuivant vivement les avantages remportés sur eux, rejeter Napoléon sur l'armée de Silésie qui venait sur Vitry par la route de Laon à Reims et Châlons.

22 mars. — Positions et mouvements de l'armée française le 22 mars au matin. — Marche sur Vitry. — Pendant que l'incertitude régnait au quartier général de Pougy, qu'on hésitait à jeter des forces si supérieures en nombre contre les corps séparés d'un adversaire exécutant une marche de flanc aussi hardie, l'Empereur avait fait partir de Sompuis, à une heure du matin [1], les ordres complétant les instructions sommaires qu'il avait envoyées à ses lieutenants, d'Arcis, le 21 mars à une heure et demie.

La garde, Ney, les escadrons de Letort, Berckheim, Saint-Germain et Milhaud ont passé la nuit du 21 au 22 autour de Sompuis. La cavalerie de Sébastiani est restée sur la position de Dosnon. Les troupes sous les ordres de Macdonald ont bivouaqué d'Ormes à Plancy. Oudinot tient bon sur la rive droite de l'Aube ; sa gauche est au Chêne, sa droite, la brigade Maulmont, dans le faubourg d'Arcis où elle se maintiendra pendant toute la journée du 22 [2]. « Napoléon, dit à ce propos Schwarzenberg dans son Journal d'opérations [3], a laissé *un corps d'armée* avec une nombreuse artillerie près d'Arcis sur la rive droite de l'Aube. Ce corps est chargé de couvrir le mouvement de son armée entre la Seine et la Marne et d'empêcher l'aile gauche de la grande armée de réparer à son aise le pont d'Arcis. Pendant toute la journée, ajoute-t-il un peu plus loin, on se fusilla à Arcis d'une rive à l'autre. » La brigade Maulmont avait réussi, en effet, à remplir la délicate mission qu'on lui avait confiée. Le 22, à 11 heures du soir, elle évacua par ordre le faubourg et alla rejoindre le reste de la division Leval établie au Chêne.

A 7 heures du matin, Macdonald avait reçu à Ormes les instructions que le major-général lui avait expédiées dans la nuit [4]. Gérard venait de le rejoindre avec son corps. Les parcs de réserve avaient filé sur Pleurs et se dirigèrent de là sur Sompuis. Comme la brigade Maulmont conservait la position de la rive droite en face d'Arcis, les troupes des 2e et 11e corps et la cavalerie de Trelliard exécutèrent sans encombre, pendant la journée du 22, leur mouvement sur Dosnon.

---

[1] Registres de Berthier. (*Archives de la guerre.*)
[2] Journal d'opérations de la division Leval. (*Ibid.*)
[3] STÄRKE, Eintheilung und Tagesbegebenheiten der Haupt-Armee im Monate März. (*K. K. Kriegs Archiv.*, III, 1.)
[4] Major-général à Macdonald, Sompuis, 22 mars, 1 heure du matin, et Macdonald au major-général, Ormes, 22 mars, 7 heures du matin. (*Archives de la guerre.*)

Dès 5 heures du matin, le 5ᵉ corps de cavalerie, les gardes d'honneur du général Defrance et le corps du maréchal Ney avaient quitté Sompuis pour se rendre devant Vitry. La cavalerie de Saint-Germain avait ordre de suivre la même route et la garde avait commencé son mouvement à 6 heures. Une heure plus tard, la cavalerie de Lefebvre-Desnoëttes devait partir des environs de Dosnon et prendre, elle aussi, la direction de Vitry [1].

La cavalerie française marche sur Saint-Dizier et s'empare de cette ville. — Informé de la marche des colonnes françaises par les patrouilles envoyées dans la matinée du 22 mars sur la route d'Arcis, le colonel von Schmichow, commandant la place de Vitry, avait à peine eu le temps de donner avis de ce mouvement à Tettenborn et à l'officier prussien posté à Saint-Dizier, lorsque la cavalerie française apparut vers 10 heures sur la hauteur qui domine Blacy. Comme elle était suivie de près par l'infanterie, le général Davidoff s'empressa de replier sur Vitry les deux régiments d'infanterie et les trois escadrons qu'il avait cantonnés dans les villages. La garnison de Vitry, en y comprenant les Russes de Davidoff, se composait d'environ 5,000 hommes avec 41 bouches à feu [2]. Un peu avant midi, Ney avait achevé de déployer ses troupes et investissait la place par la rive gauche de la Marne. Après y avoir jeté quelques obus, le prince de La Moskowa somma infructueusement Schmichow de lui rendre la ville. Bien que le maréchal lui eût offert une capitulation honorable avec armes et bagages, le colonel prussien rejeta ces propositions. Il demanda à envoyer au quartier général de Schwarzenberg un officier chargé de s'assurer de l'état des affaires, et Ney recommença une canonnade qui resta sans effet [3].

---

[1] Registres de Berthier. (*Archives de la guerre.*)

[2] Composition de la garnison de Vitry : quatre bataillons des régiments d'infanterie russe de Viborg et de Viatka, un bataillon russe de marche, deux bataillons d'infanterie prussienne, une compagnie de chasseurs volontaires prussiens et une compagnie de marche, trois escadrons du régiment de dragons de Moscou, deux escadrons prussiens et 400 artilleurs russes et prussiens.

[3] A propos de la réponse de Schmichow et de l'envoi du parlementaire chargé par le colonel prussien de formuler sa proposition, il est assez curieux de relever le fait suivant dont le maréchal Ney rend compte au major-général dans sa dépêche de Frignicourt le 22, à 8 heures 1/2 du soir (*Archives de la guerre*) : « Malgré mes instructions, écrit-il, Milhaud n'avait pas placé *une seule vedette* sur la route de Vitry à Frignicourt, ce qui a permis au parlementaire d'arriver jusqu'à ce village *sans être arrêté par personne.* »

En présence de cette résistance, à laquelle il s'attendait d'ailleurs, l'Empereur donna à Ney l'ordre de masquer Vitry avec son infanterie et le 5ᵉ corps de cavalerie et de s'établir sur une ligne allant de Vitry-le-Brûlé par Blacy jusqu'à Frignicourt. Avec sa garde, la cavalerie de Saint-Germain, Defrance et de Piré l'Empereur passa la Marne au gué de Frignicourt et sur les deux ponts qu'il avait fait jeter. Le soir, son quartier général était à Faremont.

Pendant que les trois divisions de cavalerie de vieille garde, la 1ʳᵉ division d'infanterie de la vieille garde et la division de jeune garde du général Hanrion continuaient leur mouvement sur la rive droite de la Marne et se rapprochaient de Saint-Dizier[1], la cavalerie légère de Piré marchait rapidement sur cette ville gardée seulement par deux bataillons d'infanterie, l'un russe, l'autre prussien. Informé qu'un équipage de ponts russes, appartenant au corps de Langeron, venait d'en partir pour Joinville et que tous les débouchés étaient encombrés de voitures russes et prussiennes chargées de vivres et de bagages, Piré fait prendre le trot aux 400 chevaux qu'il a avec lui[2]. Connaissant parfaitement le pays, il se décide, malgré la faiblesse numérique de sa troupe, à tenter un hourrah sur la ville[3]. En même temps qu'il fait prévenir le général Defrance du mouvement qu'il a entrepris, il l'avertit qu'environ 200 chevaux de trait ou de cosaques sont occupés à fourrager sans aucune précaution à Haute-Fontaine et à Ambrières-sur-Marne à 3 kilomètres environ au sud de la route et l'engage à leur couper la retraite sur Saint-Dizier et à les enlever.

Continuant vivement sa marche sur la ville, Piré y pénètre, sabre, prend en entier l'un des deux bataillons, bien qu'il se fût

---

[1] *Correspondance*, n° 21530.

[2] Général de Piré au major-général, rapport de Saint-Dizier, 22 mars, 6 heures du soir (*Archives de la Guerre.*), et PETIET, *Journal de la 3ᵉ division de cavalerie légère.*

[3] Le commandant prussien de Saint-Dizier au capitaine Zadubsky, posté à Vignory (*K. K. Kriegs Archiv.*, III, 431 e.), 22 mars 1814 :

« On m'affirme que 5,000 hommes, composés de troupes de cavalerie, artillerie à cheval et d'infanterie, passent la Marne à Vitry, se dirigeant sur Joinville et Saint-Dizier.

« Les convois de bagages allant à Vitry ont rétrogradé sur Saint-Dizier. Je serai forcé de les abandonner si je ne suis pas secouru. »

formé en carré, et s'empare de 200 voitures attelées. L'autre bataillon, qui couvre la retraite des pontons sur la route de Joinville, est plus heureux et réussit à s'échapper en partie, parce que ses hommes se jettent dans la forêt du Val qui borde la route. Sans s'attarder un seul instant à la poursuite des soldats débandés qu'il aurait eu peine à rejoindre dans le bois, le général Subervie pousse sur Eurville où il s'empare de 80 pontons. Mais les conducteurs ayant eu le temps de s'enfuir avec les attelages, on dut se résigner à les brûler.

Pendant ce temps, les cosaques qui fourrageaient du côté d'Ambrières, de Haute-Fontaine et de Hauteville, poursuivis par un détachement du général de Saint-Germain, étaient venus se jeter dans les escadrons du général Defrance en réserve en arrière de Saint-Dizier, et se faire prendre par eux, tandis que le 27e régiment de chasseurs se portait sur Ancerville où l'on avait signalé à Piré la présence de 150 voitures de bagages escortées par 300 hommes.

Le coup de main de Piré sur Saint-Dizier, coup de main qui aurait pu avoir des conséquences encore plus significatives si le général avait eu plus de monde avec lui, avait fait tomber entre les mains de la cavalerie légère de 700 à 800 prisonniers, 200 malades prussiens et russes, 400 à 500 chevaux de tête, en excellent état et prêts à entrer dans les rangs pour remplacer ceux hors de service, 200 voitures, 100 sacs d'avoine, 50 de sel, 50 de farine, 10 de tabac, 20 pièces d'eau-de-vie et les 80 pontons qu'on avait dû brûler à Eurville[1].

Bien qu'il eût réussi son hourrah sur Saint-Dizier, Piré ne se consolait pas d'avoir laissé échapper une partie des bagages des Alliés et de n'avoir pu parvenir à ramener les pontons. Aussi, à 11 heures du soir[2], il écrivait au major-général qui venait de lui envoyer l'ordre de se porter sur Joinville : « J'ai dû opérer aujourd'hui avec 400 chevaux seulement. Si j'avais conservé mes dragons, je serais en cet instant près de Joinville et de Ligny, le général Defrance serait sur Vassy, et l'équipage de ponts, au

---

[1] Etat de ce qui a été trouvé à Saint-Dizier, le 22 mars, par la cavalerie légère du 5e corps de cavalerie, et rapport de Piré au major-général, Saint-Dizier, 6 heures soir. (*Archives de la guerre.*)

[2] Piré au major-général, Saint-Dizier, 22 mars, 11 heures soir. (*Ibid.*)

lieu d'être brûlé, serait conservé. Le général Defrance m'a soutenu et suivi immédiatement, mais le général de Saint-Germain, s'étant arrêté à Perthes, ne m'a été utile en rien. *Dans une opération de ce genre, toutes les troupes doivent appartenir à celui qui les dirige, pour qu'il n'y ait ni hésitation ni temps perdu...* J'ai manqué 150 voitures de bagages et un bataillon d'infanterie qui se sont retirés sur Ligny, faute d'avoir un seul homme dont j'aie pu disposer de ce côté. Je supplie Votre Altesse de donner ordre au comte Milhaud de m'envoyer au moins deux régiments de dragons de la 1re division qui est sous mes ordres depuis huit jours. Je réponds alors de faire de la bonne besogne. »

Malgré le faible effectif dont il disposait, Piré avait réussi, d'autre part, à recueillir des renseignements précieux. « On dit, écrivait-il encore au major-général, qu'il n'y a pas de garnison à Bar-le-Duc, qu'il y a peu de troupes à Ligny et une faible garnison à Joinville. On ajoute cependant qu'il y a un corps de réserve sur la gauche de cette place relativement à nous..... Je pense que si Votre Altesse donnait l'ordre au général Defrance d'envoyer tout de suite 300 chevaux sur la route de Ligny, on prendrait les bagages et le bataillon d'infanterie qui ne doivent pas avoir dépassé Stainville et qui, suivant les rapports, sont dans une terreur et dans un désordre complets..... J'apprends à l'instant qu'un parti de cosaques vient d'arriver à Moëlain, village à une lieue d'ici, sur la route de Vassy ; ils viennent de Montier-en-Der, par Eclaron. »

Hésitations et incertitudes du quartier général des Alliés. — Pendant que la cavalerie française poussait si lestement sur Saint-Dizier, pendant que l'Empereur se portait sans perdre une minute vers les lignes de communication des Alliés, on ignorait encore le 22 au matin et on ignora pendant la plus grande partie de la journée du 22, au quartier général de Pougy, la direction prise par Napoléon.

Le 22 au matin, on n'avait reçu à Pougy aucune nouvelle corroborant ou infirmant les derniers renseignements envoyés la veille au soir par le prince royal de Wurtemberg et par Wrède. L'incertitude était si complète, les hésitations si grandes qu'on dut, comme nous allons le voir, modifier ou compléter à trois reprises la disposition du 21 mars au soir.

« Wrède, dit Taxis dans son *Tagebuch*[1], demande des ordres à la pointe du jour, mais on n'a que des renseignements vagues sur les mouvements, les positions et les intentions de l'ennemi. » Enfin, à 10 heures du matin, le généralissime se décide à envoyer de nouvelles instructions à ses lieutenants[2] :

« L'ennemi s'est porté en force considérable sur Dosnon et Sompuis. Il importe, par suite, de se porter rapidement en avant afin de maintenir nos communications avec Vitry. Le Ve corps ira à cet effet prendre position sur les hauteurs de Corbeil. Ses avant-postes pousseront dans la direction de Coole et de Maisons-en-Champagne.

« Les gardes et réserves passeront la Voire et le Meldançon et viendront s'établir sur les hauteurs en arrière de Corbeil.

« Si le prince royal de Wurtemberg parvient à déboucher d'Arcis sans trop de difficulté, il se portera avec les IVe et VIe corps sur la ligne Herbisse — Dosnon, se reliant à droite avec le Ve corps. Si l'ennemi tient bon au débouché du défilé d'Arcis, le prince royal, laissant sur ce point des troupes suffisantes pour empêcher l'ennemi de forcer le passage de l'Aube, traversera la rivière au pont de Ramerupt, viendra prendre position en avant de Dampierre et de Brébant et fera occuper Lhuitre. Le IIIe corps se concentrera à Arcis[3]. Le général Seslavin couvre la gauche de l'armée et se dirige sur Sézanne.

« Le prince Maurice Liechtenstein couvre la route de Montbard et de Châtillon à Dijon[4].

---

[1] Taxis, *Tagebuch*. (*K. K. Kriegs Archiv.*, XIII, 32.)

[2] Schwarzenberg, ordres pour le 22 mars. Pougy, 22 mars, 10 heures matin. *Ibid.*, III, 401.)

[3] Le prince de Schwarzenberg avait, en outre, envoyé à Gyulay l'ordre particulier suivant :

« Pougy, 22 mars 1814.

« Portez-vous à Arcis et recommandez au général Kaïssaroff de surveiller le pays entre le confluent de la Seine et de l'Aube.

« Réparez et remettez en état le pont de Méry. Vous ferez battre le pays entre la Seine et l'Yonne par le général Seslavin et lui prescrirez de rester en communication avec le prince Maurice Liechtenstein dont le gros est à Joigny et dont les troupes avancées poussent vers Montargis. » (*K. K. Kriegs Archiv.*, III, 392.)

[4] Instructions spéciales envoyées au prince Maurice de Liechtenstein (*K. K. Kriegs Archiv.*, III, 390) :

« Pougy, le 22 mars 1814.

« J'opère avec toute l'armée entre la Seine et la Marne. Vous maintiendrez

« Le général Kaïssaroff surveille l'Aube et la Seine entre Plancy et Méry, afin de pouvoir de la sorte donner deux jours de repos à ses troupes. »

Mouvements des corps de la grande armée alliée. — Cette nouvelle disposition n'apportait en somme que des modifications insignifiantes aux ordres donnés la veille au soir. Au lieu de se former en arrière du ruisseau de Puits, entre ce ruisseau et le Meldançon, l'armée de Bohême va se concentrer à hauteur de Corbeil et de Brébant. Mais la résistance opposée par l'arrière-garde d'Oudinot à Arcis obligera les IV⁰ et VI⁰ corps à renoncer à l'occupation de la ligne d'Herbisse — Dosnon et à se porter par Ramerupt sur Dampierre. La grande armée, à l'exception du III⁰ corps, va donc employer la journée du 22 à gagner quelques kilomètres vers sa droite et viendra s'établir sur la rive droite de l'Aube sur les routes menant à Châlons et à Vitry. En somme, on cherche à la fois à suivre de loin l'Empereur et à se rapprocher le plus possible de l'armée de Silésie.

Dès 8 heures du matin, le prince Eugène de Wurtemberg avait mandé au prince royal que les troupes d'Oudinot étaient restées sur leurs positions de la rive droite, entre Villette et Arcis, que la brigade Maulmont continuait à tirailler avec ses troupes et

---

les communications avec l'armée du Sud, et vous surveillerez le général Allix. Vous me couvrirez, en outre, entre la Seine et l'Yonne.

« Vous vous tiendrez à droite ; vous occuperez Troyes, vous surveillerez Pont-sur-Seine, Méry, Nogent-sur-Seine, Bray et Pont-sur-Yonne et vous avancerez le plus possible et avec le plus de forces possible sur la route de Fontainebleau. Il serait bon d'occuper par des partis Montbard et Semur afin de surveiller la route de Dijon où l'ennemi, puisqu'il se concentre, ne saurait avoir grand monde. En vous retirant complètement de ces parages, vous permettriez à l'ennemi d'armer les paysans.

« Dès que *j'aurai obtenu des résultats sur la Marne*, je vous enverrai des ordres. En attendant, reliez-vous au feldzeugmeister comte Gyulay qui a du monde à Troyes. L'ennemi a détruit le pont de Montereau. C'est là une preuve de sa faiblesse. »

Le général Allix parti le 21 de Sens était venu coucher à Joigny. Il avait fait savoir de Joigny au Ministre que les troupes autrichiennes avaient évacué le 17 Auxerre, se dirigeant sur Saint-Florentin et Tonnerre, d'où elles étaient parties le 21 allant vers Montbard. Le 22 au soir, Allix était à Brinon-l'Archevêque et espérait être le 23 à Tonnerre. « Il n'y a, écrivait-il au Ministre, de Brinon le 22, à 9 heures 1/2 du soir, d'ennemis sur la Seine que Liechtenstein qui doit être ce soir à Chanceaux. Les habitants de la Bourgogne font une guerre acharnée à l'ennemi. » (*Archives de la guerre.*)

qu'on perdrait beaucoup de monde en essayant de forcer le passage, soit à Arcis dont il faudrait réparer les ponts sous les yeux de l'ennemi, soit au gué de Villette, battu par une forte batterie française. Le prince Eugène signalait, en outre, la marche de grosses colonnes qui suivaient la route de Vitry.

A 9 heures, ces renseignements parvenaient à Voué au prince royal de Wurtemberg et, comme l'ennemi ne paraissait pas vouloir se résoudre à quitter sa position [1], le commandant du IVe corps, avant même d'avoir reçu la disposition du 22, faisait savoir au généralissime qu'il passerait l'Aube à Ramerupt avec les IVe et VIe corps. Il ajoutait encore « que les Français, d'après des renseignements absolument positifs, se dirigeaient sur Vitry et non sur Châlons. »

Entre temps, Gyulay avait reçu, à 6 heures du matin, à Ortillon, les ordres du prince royal. Laissant encore momentanément à Troyes la brigade Czollich et le régiment de chevau-légers de Klenau, il avait rappelé à lui l'autre brigade de Fresnel et la division légère de Crenneville et avait immédiatement dirigé sur Arcis la brigade du général major Spleny (division Weiss) chargée de relever les Russes du prince Eugène de Wurtemberg. La brigade Grimmer qui la suivait, vint prendre position en soutien en arrière de la ville. Un régiment occupa Torcy-le-Grand. Quatre escadrons de chevau-légers de Rosenberg surveillèrent l'Aube depuis Torcy-le-Petit jusqu'à Ortillon. Un escadron de ce régiment envoyé à l'ouest de Torcy, vers Villette, était chargé de maintenir les communications avec la cavalerie de Kaïssaroff.

Les IVe et VIe corps, arrivés à Ramerupt vers midi, y passèrent l'Aube et se déployèrent derrière le ruisseau de Puits sur les positions précédemment occupées par le Ve corps, le IVe corps à Corbeil, le VIe à Dampierre. Les avant-gardes de ces deux corps reprirent la ligne des avant-postes du Ve corps entre le Puits et la Lhuitrelle. Pour couvrir sa marche, le prince royal s'était fait éclairer et flanquer, sur sa gauche par les cosaques

---

[1] STARKE, Eintheilung und Tagesbegebenheiten der Haupt-Armee im Monate März. (*K. K. Kriegs Archiv.*, III, 1.)
Prince royal de Wurtemberg au prince de Schwarzenberg, Voué, 22 mars, 9 heures du matin; rapport journalier à l'empereur d'Autriche, et prince de Schwarzenberg à l'empereur d'Autriche, Pougy, 22 mars, 9 heures du soir (*Ibid.*, III, 402 et III, ad 402).

d'Ilowaïsky XII qu'il envoya vers Lhuître, sur sa droite par une brigade de cavalerie wurtembergeoise qui obliqua vers Vitry[1].

A gauche des IIIe, IVe et VIe corps, Kaïssaroff et Seslavin battaient tout l'espace compris entre Méry et Plancy, et le premier de ces deux généraux eut dans l'après-midi une escarmouche insignifiante avec un parti français du côté de Charny-le-Bachot. Il résultait toutefois des renseignements qu'il transmit au généralissime[2], que Plancy était encore occupé le 22 par des troupes françaises que Kaïssaroff évaluait à deux bataillons et deux escadrons.

Wrède avait quitté le 22 au matin, avec l'infanterie du Ve corps et deux brigades de cavalerie, les positions sur lesquelles il avait passé la nuit. « Nous n'avions fait que peu de chemin en attendant les ordres et les nouvelles du grand quartier général, nous dit Taxis[3], lorsque nous apprîmes que l'indécision la plus grande régnait à Pougy. D'après ce que l'on nous raconta, on y avait agité la question d'une retraite immédiate sur Langres. La manœuvre de l'ennemi, dont on avait signalé les coureurs du côté de Montier-en-Der, avait encore augmenté la perplexité du commandement supérieur. On attendait à Pougy les nouvelles et les événements pour savoir si on accentuerait ou non la marche en avant. Lorsque Wrède apprit que le quartier général resterait

---

[1] STÄRKE, Eintheilung und Tagesbegebenheiten der Haupt-Armee im Monate März. (*K. K. Kriegs Archiv.*, III, 1.)

[2] Kaïssaroff à Schwarzenberg, Charny, 22 mars. (*Original en français.* — Ibid., III, 404.)

« Cette après-midi, quelque infanterie et cavalerie ennemie s'était présenté sur Charny vers l'endroit où dans la nuit les Français avaient coupé le pont. Sur ce, je me suis mis en marche sur Charny avec deux de mes canons et l'ennemi se retira sur Plancy.

« J'ai trouvé à Charny quelques pontons coulés à fond, les retirais et construisais un pont par lequel je compte demain attaquer l'ennemi à Plancy et profitant de la circonstance, je pousserai tout de suite mes partis sur la rive droite de l'Aube.

« Je viens de recevoir la permission que Votre Altesse veut bien m'accorder pour faire reposer ma troupe. Permettez-moi, Monseigneur, en son nom de présenter toute la reconnaissance qu'elle vous doit pour l'intérêt que Votre Altesse daigne en prendre ; mais qu'il soit permis aussi à leur Chef de vous présenter que si je parviens à forcer Plancy et à y avoir un pont, je ne manquerai pas de me porter de suite sur la rive droite de l'Aube, en poussant mes partis aussi loin que possible sur Villenauxe, Sézanne et Fère-Champenoise. »

[3] TAXIS, *Tagebuch.* (*K. K. Kriegs Archiv.*, XIII, 32.)

encore le 22 à Pougy, qu'on ne savait pas encore si l'on ne changerait pas la direction de la marche, il se décida à s'arrêter à Brébant. »

« Wrède, ajoute Taxis, n'a d'ailleurs que des renseignements vagues sur les mouvements de l'ennemi. Le bruit court cependant vers le soir que l'ennemi a passé la Marne près de Vitry, que sa cavalerie a poussé vivement sur Saint-Dizier et y a enlevé un convoi. De Vitry même on n'a aucune nouvelle. On prétend enfin que l'ennemi est déjà maître des communications des Alliés avec Chaumont. »

Le 22, dans l'après-midi, le Ve corps occupa les positions suivantes : l'infanterie était à Corbeil avec la brigade de cavalerie Geramb ; le quartier général de Wrède à Brébant avec la cavalerie bavaroise de Diez. Le reste de la cavalerie sous les ordres de Frimont se rapproche de Vitry. Spleny, avec les dragons de Knesevich, les uhlans de Schwarzenberg et la brigade bavaroise de Vieregg, s'établit à la ferme du Chemin, poussant vers Coole ses avant-postes qui, surveillant les routes de Châlons et de Vitry, se reliaient à gauche avec la cavalerie légère de la garde russe du général Ocharoffsky[1] établi en avant du Meix-Tiercelin et dont les partis poussaient, d'une part vers Sompuis, de l'autre vers Vitry.

Les gardes et réserves s'arrêtèrent derrière le Meldançon entre Dommartin-le-Coq et Donnement. Le quartier général de Barclay de Tolly vient à Jasseines.

L'empereur de Russie, le roi de Prusse et le prince de Schwarzenberg étaient restés à Pougy, et l'empereur d'Autriche à Bar-sur-Aube.

Quelque vagues, quelque contradictoires même qu'aient pu être les renseignements reçus au quartier général, les circonstances du moment et la situation générale suffisaient pour motiver une attitude énergique, pour imposer une continuation immédiate de l'offensive. Que l'Empereur allât sur Châlons

---

[1] Les mouvements de Wrède sur Corbeil et de sa cavalerie sur Sommesous et le Meix-Tiercelin, avaient été signalés à Ney par une reconnaissance du 10e hussards qui avait rencontré un parti de dragons bavarois du côté de Margerie. (Rapport du colonel Bosse, commandant le 10e hussards ; *Archives de la guerre.*)

comme Wrède le prétendait, ou qu'il se portât sur Vitry, comme l'affirmait le prince royal, c'était là, au premier moment du moins, chose secondaire, et il y avait assurément tout lieu de croire que l'armée de Bohème entreprendrait le 22 autre chose qu'un simple mouvement la faisant appuyer vers sa droite.

On avait commis, il est vrai, la faute de perdre le contact d'une armée exécutant sa retraite en plein jour et se dérobant à un adversaire supérieur en nombre par une marche de flanc des plus osées ; mais on savait les Français à Plancy et à Arcis et, du haut du plateau de Mesnil-la-Comtesse, on avait aperçu et suivi les colonnes de Macdonald se dirigeant sur Dosnon. Aussi tout en ignorant encore la direction choisie par l'Empereur, on ne risquait rien en essayant d'inquiéter sa marche de flanc et de couper du gros de son armée son arrière-garde formée par les corps de Macdonald, d'Oudinot et de Gérard. Loin de tenter cette opération, dont le succès était certain, on n'osa prendre aucune résolution et l'on se borna à établir le 22 au soir les corps de la grande armée alliée à peu près parallèlement à la ligne de marche de l'armée française, bien que quelques partis de cavalerie eussent coupé et percé cette ligne, en poussant entre Sompuis et Vitry jusqu'à Coole.

Dispositions éventuelles pour le 23 mars. — Des documents officiels permettent, d'ailleurs, de constater d'une façon positive l'état d'esprit et la perplexité du commandement supérieur pendant la journée du 22. Ignorant la direction prise par l'Empereur, craignant d'autre part qu'en attendant davantage les renseignements qu'il espérait recevoir de minute en minute, les ordres de mouvement ne parvinssent trop tard à ses lieutenants, Schwarzenberg se décida à rédiger et à expédier, dans le courant de l'après-midi du 22, trois dispositions éventuelles pour les opérations du 23, dispositions que, malgré leur longueur, nous croyons utile de reproduire, au lieu de les résumer.

Première disposition pour le 23 mars 1814. — « *Dans le cas où l'ennemi marche sur Châlons.*

« Le Ve corps suit la route de Châlons, campe sur la hauteur en avant (au nord) de Sompuis, pousse jusqu'à Faux-sur-Coole son avant-garde qui passe par Coole et communique avec Vitry.

L'avant-garde cherche à se procurer des renseignements positifs sur la marche de l'ennemi. Le VI⁰ corps passe le Puits et campe entre Dosnon, Trouan-le-Grand, Trouan-le-Petit et La Folie. Son avant-garde occupe Mailly et pousse sur la route de Sommesous à Châlons vers Vitry et par celle de Semoine sur Fère-Champenoise.

« Le VI⁰ corps passe le Puits à Dampierre, occupe fortement Ramerupt et se dirige sur Lhuitre. Si l'ennemi reste jusqu'à l'arrivée du VI⁰ corps à Lhuitre, sur sa position au débouché du défilé d'Arcis, le VI⁰ corps franchissant le défilé de Lhuitre se portera contre Le Chêne pour y attaquer l'ennemi et l'en chasser. On devra toutefois attendre pour dépasser Lhuitre que le IV⁰ corps soit arrivé à Dosnon et à Trouan. Le VI⁰ corps restera par suite en communication constante avec le IV⁰ corps afin qu'on puisse, au moment de l'attaque, détacher sur la route de Dosnon à Arcis une colonne qui débouchera sur les derrières de l'ennemi. Cette colonne devra présenter un effectif respectable, comprendre une proportion considérable de cavalerie afin de pouvoir plus efficacement tourner l'ennemi et tirer parti du terrain découvert. S'il réussit à rejeter l'ennemi, le VI⁰ corps s'établira sur la route en tenant compte de la direction que l'ennemi aura donnée à sa retraite. Il cherchera à occuper Herbisse si faire se peut et se reliera avec le IV⁰ corps du côté de Mailly.

« Le III⁰ corps reste jusqu'à nouvel ordre à Arcis pour y garder le défilé.

« Les gardes et réserves s'établissent entre Le Meix-Tiercelin et Humbauville. La division Crenneville occupe Troyes et surveille la route de Troyes à Nogent-sur-Seine.

« Le quartier général va à Saint-Ouen. Le mouvement commencera à 9 heures. Les troupes auront mangé la soupe avant de se mettre en route. »

« **Deuxième disposition pour le 23 mars 1814.** — *Dans le cas où l'ennemi marche sur Vitry.*

« Le V⁰ corps s'avance vers Vitry et s'établit aux environs des Perthes. Son avant-garde pousse le plus loin possible dans la direction de Vitry et reconnaît la position de l'ennemi ou la direction qu'il a suivie. Le V⁰ corps couvre son flanc gauche en faisant occuper l'ancien chemin des Romains près de Sompuis et en envoyant un détachement à Coole.

« Le IV⁰ corps se place en échelon, sa droite au Meix-Tiercelin, sa gauche aux Fenus. Son avant-garde occupe Mailly et Poivres et observe Soudé.

« Le VI⁰ corps marche en se conformant à la première disposition, avec cette différence toutefois qu'il ne passera le défilé de Lhuittre que lorsque le IV⁰ corps aura occupé Les Fenus, parce que ce corps devra le faire soutenir à ce moment par une colonne chargée de tourner Arcis.

« Les gardes et réserves viennent entre Sommesous et La Verpillière.

« Le reste comme dans la première disposition. »

« **Troisième disposition pour le 23 mars 1814.** — *Dans le cas où l'ennemi s'est retiré sur Montmirail et où ses troupes ont occupé Vitry, Châlons et Reims.*

« Le V⁰ corps, passant par Humbauville, va camper en *ordre de bataille* sur la hauteur de Sompuis. Son avant-garde occupe Coole, Soudé-Sainte-Croix et Soudé-Notre-Dame et détache vers Châlons, Vitry et Fère-Champenoise.

« Le IV⁰ corps passe le Puits, cherche à gagner les hauteurs de Poivres par le chemin le plus court. Il y campe en ayant Poivres et Le Mothé en avant de son front. Ce mouvement ne pourra s'exécuter que lorsque l'aile gauche (VI⁰ corps) aura commencé son attaque en avant de Lhuittre. Le IV⁰ corps arrivé à Trouan devra par suite s'y arrêter jusqu'à ce que la retraite de l'ennemi lui permette d'occuper la hauteur (à l'est) du Mothé.

« Le IV⁰ corps est chargé de soutenir de là le mouvement offensif du VI⁰ corps. Les ordres de mouvement pour le VI⁰ corps ne diffèrent de ceux énoncés dans la première disposition, qu'en ce que ce corps devra commencer le passage du défilé de Lhuittre, dès que le IV⁰ corps sera arrivé à Dosnon. Le VI⁰ corps cherchera dans ce cas à pousser sur Herbisse, Semoine et Salon.

« Le reste comme dans la première disposition, *si ce n'est que le quartier général va à Lhuittre.* »

En envoyant à Wrède ces trois dispositions, en lui disant qu'il serait plus à même que qui que ce soit d'opter entre celle des trois à laquelle il conviendrait de se conformer, Schwarzenberg, afin d'éviter une perte de temps inutile, recommandait au feld-maréchal bavarois de faire parvenir à Barclay de Tolly, à Jas-

…es, celle qu'il y aurait lieu d'appliquer en raison des ren…
…nements recueillis. Il invitait, en outre, Wrède à en donner
…édiatement avis au prince royal de Wurtemberg et à lui faire
…aître les mesures de détail qu'il aurait prises pour assurer
…cution ultérieure des ordres afin que, de son côté, il puisse
…en connaissance de cause.

…ressort donc de l'envoi et de l'établissement de ces trois dis-
…ions, que malgré la nombreuse cavalerie et les troupes
…es dont on disposait, on avait absolument perdu le contact
… ennemi qui tenait encore bon au défilé d'Arcis. On laissait à
…de, parce qu'il avait été poussé le plus loin en avant sur la rive
…e de l'Aube, le soin de renseigner le généralissime et d'opter
…e les trois dispositions. De toute façon, dans aucun des trois
… on ne comptait guère imprimer une grande activité au
…vement. Enfin, chose presque incroyable, on semble n'avoir
…ucune notion de la présence de Macdonald à Dosnon.

…dépêche adressée par Schwarzenberg, le 22 mars à 9 heures
…oir (*K. K. Kriegs Archiv*, III ad. 402), à l'empereur d'Au-
…e, prouve d'ailleurs que l'on n'était pas mieux renseigné le
…que dans la journée. Au même moment, d'ailleurs, le géné-
…sime, résumant à Blücher les événements survenus depuis
…9 et lui indiquant les positions des corps de la grande
…e le 22 au soir, terminait sa lettre par ces phrases bien
…ctéristiques : « Dès que j'aurai des renseignements précis
…les mouvements de l'ennemi, je le suivrai avec toute mon
…e. En tout cas, je me rapprocherai de la Marne pour opérer
…onction avec Votre Excellence, attaquer l'ennemi avec nos
…s réunies, et lui livrer une grande bataille qui décidera du
…de l'Europe [1]. »

…aveu contenu dans les deux dépêches adressées par Schwar-
…erg à l'empereur d'Autriche et à Blücher est formel. La
…ration du généralissime ne laisse subsister aucun doute ni
…ses intentions, ni sur les motifs de son inaction. Lorsque le
…ralissime expédie ces dépêches, plus de trente heures se sont
…lées depuis que l'Empereur, voyant la grande armée tout
…re massée devant lui sur le plateau de Mesnil-la-Comtesse, a

---

…chwarzenberg à Blücher. Pougy. 22 mars. (*K. K. Kriegs Archiv*. III.

brusquement rompu le combat. Depuis trente heures une faible brigade d'arrière-garde masque le mouvement de l'armée française et défend seule le débouché d'Arcis. Et cette fois encore, comme après La Rothière, comme après Laon, on laisse au plus faible l'avantage de l'initiative, le choix de la direction qu'il lui plaira d'imprimer à ses opérations. Depuis le 20, la cavalerie d'Ocharoffsky bat le pays sur la rive droite de l'Aube. Depuis le 21, dans l'après-midi, on a vu les troupes engagées en avant d'Arcis filer vers Dosnon et Sompuis. Le mouvement a continué sans interruption sensible pendant la journée du 22, et cependant le 22 au soir on en est encore réduit aux suppositions et aux hypothèses. Faute de renseignements précis et de nature à éclairer le quartier général, on est contraint d'avoir une fois de plus recours à trois dispositions pouvant s'adapter aux trois partis entre lesquels l'Empereur a dû choisir, et c'est un des commandants de corps qu'on est obligé de charger du soin d'opter selon les événements, entre ces trois dispositions. Aussi, tous ceux qui, à commencer par Clausewitz, ont si sévèrement condamné le mouvement de Napoléon sur Saint-Dizier, auraient fait preuve d'impartialité en réservant une bonne part de leurs critiques à ses adversaires et en rendant tout au moins justice à la force de caractère, à l'indomptable énergie, à l'audace même de l'Empereur. Ils auraient pu constater que l'Empereur ne s'était vraisemblablement décidé à entreprendre cette marche si hardie sur les derrières des Alliés, que parce qu'il connaissait bien le tempérament de l'adversaire auquel il avait affaire. Ils auraient enfin dû se rappeler cette phrase si juste et si vraie de Retz : « *Tout ce qui est nécessaire n'est jamais hasardeux.* »

Ce furent, en effet, le hasard seul, la fatalité, la prise de quelques courriers, la lecture de dépêches interceptées qui arrêtèrent les armées alliées et empêchèrent le généralissime et les souverains de suivre le mouvement de l'Empereur et de se laisser entraîner loin de leur objectif, Paris, sur le nouveau théâtre d'opérations où l'Empereur comptait trouver de nouvelles ressources et espérait parvenir à transporter la guerre.

Ainsi, malgré l'insuccès de la tentative faite à Arcis, malgré l'écrasante supériorité numérique de leur cavalerie, les Alliés ignoraient encore le 22 au soir, la direction suivie par l'Empereur. C'est à peine s'ils ont remarqué la marche sur Dosnon de l'arrière-garde française, des corps venant de la Seine et qui ont défilé sous leurs yeux.

Macdonald, bien que disposant de moyens moins puissants, avait cependant réussi à suivre et à pénétrer les quelques mouvements des Alliés. « Les Alliés, écrivait-il de Dosnon au major-général [1], paraissent vouloir se porter sur Vitry ; c'est sans doute dans ce but qu'ils ont jeté un pont à Ramerupt et inondé de cavalerie la route parallèle à celle que nous suivons. »

Ce que le duc de Tarente avait pu découvrir pendant son mouvement sur Dosnon n'aurait pas dû échapper aux cavaliers des Alliés échelonnés depuis Lhuître jusque vers Margerie. Et cependant ce fut seulement fort avant dans la soirée du 22, presque dans la nuit du 22 au 23, qu'ils parvinrent à se procurer quelques renseignements sur les mouvements et les positions de l'armée française.

Renseignements fournis par la cavalerie alliée le 22 au soir et dans la nuit du 22 au 23 mars. — Le prince royal de Wurtemberg, en annonçant que l'aile gauche de l'armée alliée occupait les positions qui lui avaient été désignées, ajoutait qu'aussitôt après l'arrivée à Lhuître de la brigade de tête de la cavalerie du comte Pahlen, il avait envoyé à Laval-le-Comte, sur la route de Dampierre à Trouan-le-Grand, la brigade de cavalerie wurtembergeoise du général Jett qui communiquait : à gauche, avec la cavalerie de Pahlen ; à droite, avec celle de Wrède. A droite du général Jett, la brigade de cavalerie Walsleben occupa un peu plus tard Brébant. Des hauteurs de Laval-le-Comte, le prince royal de Wurtemberg avait aperçu quelques régiments de cavalerie française et quelques batteries à cheval. Il avait également vu quelques escadrons français se replier sur Grandville après avoir ramené sur Lhuître les cosaques d'Ilowaïsky XII. Vers la fin du jour, la cavalerie de Trelliard avait même réussi à chasser Ilowaïsky de Lhuître. Pahlen réoccupa, il est vrai, ce village peu de temps après et envoya une partie de l'infanterie postée à Vinets, soutenir les cosaques à Lhuître [2].

---

[1] Macdonald au major-général, Dosnon, 22 mars, 10 heures du soir. (Archives de la guerre.)

[2] Prince royal de Wurtemberg à Schwarzenberg, 22 mars (K. K. Kriegs Archiv.), et Macdonald au major-général (Archives de la guerre).

Quelques heures plus tard, on recevait à Pougy une dépêche de Wrède à laquelle étaient joints différents rapports de ses avant-postes. Le feld-maréchal bavarois émettait l'avis, qu'en raison même de ces renseignements, il y aurait lieu de se porter le lendemain sur Vitry afin d'opérer ou tout au moins d'assurer la jonction avec l'armée de Silésie. Un billet du général Ocharoffsky parti du Meix-Tiercelin, à 5 heures de l'après-midi, lui faisait connaître la continuation de la marche des Français de Sompuis sur Vitry. A 7 heures du soir, les généraux Frimont et Spleny complétaient ces premières nouvelles en lui mandant qu'Ocharoffsky avait inquiété la retraite de l'ennemi et lui avait enlevé une cinquantaine d'hommes. Frimont ajoutait qu'il avait fait partir trois escadrons de hussards dans la direction de Margerie et que les prisonniers avaient tous déclaré que l'armée française se portait sur Vitry[1] après avoir laissé, comme l'écrivait Ocharoffsky, une petite arrière-garde à Arcis[2].

A 3 heures du matin, le général Ocharoffsky rendait compte à Frimont[3] des dernières opérations qu'il avait entreprises dans l'après-midi du 22.

« L'ennemi, disait-il, occupe Sompuis, et ses colonnes avec de l'artillerie et des bagages ont filé toute la journée POSITIVEMENT sur Vitry. J'ai voulu faire communication à Vitry. Mais le détachement que j'y ai envoyé a donné à Saint-Laurent contre l'ennemi. Courdemanges est fortement occupé par l'ennemi et on voit partout de grands feux de bivouac..... Dès qu'il fera jour, je m'éclairerai, autant que possible, vers Courdemanges et sur la droite qui me paraît dans ce moment le plus essentiel, c'est-à-dire le chemin qui mène de Vitry à Brienne. »

Parti du Meix-Tiercelin, à 3 heures du matin, ce rapport adressé à Frimont lui parvint à Corbeil à 6 heures. Transmis immédiatement à Wrède à Brébant, il ne put arriver à Pougy que trop tard pour permettre au généralissime de modifier ses ordres pour le 23.

---

[1] STÄRKE, Eintheilung und Tagesbegebenheiten der Haupt-Armee im Monate März. (*K. K. Kriegs Archiv.*, III, 1.)

[2] Le général Ocharoffsky au général Frimont, Meix-Tiercelin, 23 mars, 3 heures du matin. (*Original en français. — Ibid.*, III, 429 c.*)

[3] Général Ocharoffsky au général Frimont, Meix-Tiercelin, 23 mars, 3 heures du matin. (*Original en français. — Ibid.*, III, 429, c.*)

Il en avait été de même pour les renseignements envoyés à Barclay de Tolly à Jasseines. Barclay, à la nouvelle qu'un parti d'un officier et de trente chevaux appartenant au général Davidoff en marche de Vitry sur Arzillères, avait été coupé de Vitry et obligé de se porter sur Margerie, puis de se retirer devant la cavalerie française jusqu'à Balignicourt, avait dirigé de ce côté le colonel Laroche von Starzenfels avec quatre escadrons de la cavalerie de la garde prussienne et chargé le général Sipiaguine de pousser des reconnaissances vers la Marne. Les escadrons prussiens établis à Saint-Léger et à Margerie, avaient poussé sur Brandonvilliers et Chasséricourt des patrouilles qui avaient reconnu la présence de détachements français à Gigny et à Bussy-aux-Bois. L'interrogatoire des gens du pays leur avait confirmé la marche des Français sur Vitry [1].

En résumé, quand, comme Clausewitz le constate dans son *Aperçu de la campagne de France en 1814* [2], Schwarzenberg est certain que l'Empereur ne s'occupe plus exclusivement de lui, Napoléon s'est déjà porté sur Saint-Dizier et a réussi à gagner sur lui dans la direction de Chaumont et de Langres une forte journée de marche. Le généralissime va par suite se décider à rester sur les derrières des Français, à marcher sur Vitry, à opérer sa jonction avec Blücher et à *agir pour le reste en s'inspirant des circonstances.*

23 mars. — Mouvements de l'arrière-garde française. — Ordres de Napoléon. — Aucune des trois dispositions du prince de Schwarzenberg ne devait, d'ailleurs, être mise à exécution. L'arrière-garde française avait, sur l'ordre de l'Empereur, profité de la nuit du 22 au 23 pour quitter enfin ses positions sur la rive droite de l'Aube. Commençant leur mouvement à 11 heures du soir, les 2e et 7e corps s'étaient silencieusement repliés sur Dosnon. Au petit jour, ils avaient dépassé ce point et continuaient leur retraite sur Trouan et Sommesous [3], après

---

[1] Le colonel Laroche au général-major Sipiaguine, Saint-Léger, 22 mars, 11 heures 3/4 du soir (*K. K. Kriegs Archiv.*, III, ad. 428), et Barclay de Tolly au prince de Schwarzenberg, Jasseines, 23 mars, (*Ibid.*, III, 428.)

[2] CLAUSEWITZ, *Aperçu de la Campagne de France en 1814.*

[3] Oudinot à Leval et Rottembourg, Dosnon, 22 mars, 11 heures du soir (*Archives de la guerre*), et STÄRKE, Eintheilung und Tagesbegebenheiten der Haupt-Armee im Monate März (*K. K. Kriegs Archiv.*, III, 1).

avoir opéré au delà du défilé de Dosnon leur jonction avec le 11ᵉ corps. La cavalerie de Trelliard et de Sébastiani était chargée de couvrir la retraite et de fermer la marche.

Pendant la nuit du 22 au 23, l'Empereur, de plus en plus décidé à continuer son mouvement sur les derrières des Alliés, avait ordonné à Saint-Germain, qui s'était arrêté à Perthes, de filer sur Saint-Dizier, au général Defrance d'éclairer vers Vassy et Montier-en-Der. Ney devait envoyer le 10ᵉ hussards sur la route des Romains, de Châlons à Brienne, du côté de Corbeil. Enfin, il avait mandé à Sébastiani, chargé de soutenir le maréchal Macdonald dans ce mouvement de retraite, d'envoyer le plus tôt possible une de ses divisions relever le général Milhaud que l'Empereur avait hâte d'appeler à Saint-Dizier [1]. Autour de Vitry, la division Lefol avait pris position sur les hauteurs au sud-est de Courdemanges, protégeant de là les gués de Frignicourt ; le 10ᵉ hussards était parti dès l'aube en reconnaissance dans la direction de Corbeil et la division de jeune garde du général Hanrion était en marche sur Saint-Dizier [2].

Pendant que la grande armée alliée commençait de son côté son mouvement vers Vitry [3], Ney n'avait pas voulu continuer sur Saint-Dizier dans l'après-midi du 23 sans adresser au colonel von Schmichow une troisième sommation qui eut le même sort que les deux autres. Macdonald, levant ses bivouacs à la pointe du jour et se dirigeant par Trouan et Sompuis sur Vitry, marchait parallèlement aux positions déjà occupées par la grande armée alliée. L'infanterie de Gérard formant tête de colonne, était arrivée vers 8 heures du matin entre Les Fenus et La Custonne, lorsqu'on entendit le canon dans la direction de Sompuis. Se portant en avant, suivi de ses aides de camp, le général apprit à la ferme de Nivelet que la cavalerie légère de la garde russe avait découvert, rejoint et surpris le grand parc d'artillerie de l'armée. La division Amey, chargée d'escorter ce parc, n'avait pu, malgré les ordres de Macdonald, dépasser Courcemain où

---

[1] *Correspondance*, nᵒˢ 21,532 et 21,533 et Registres de Berthier : ordres à Saint-Germain, de France, Ney et Sébastiani. (*Archives de la guerre.*)

[2] Ordres de Ney, Frignicourt, 4 heures et 6 heures du matin, 23 mars. (*Archives de la guerre.*)

[3] STÄRKE Eintheilung und Tagesbegebenheiten der Haupt-Armee im Monate März. (*K. K. Kriegs Archiv.*, III, 1.)

elle avait passé la nuit du 22. Au lieu de continuer directement sur Gourgançon et Semoine, le général Amey avait pris connaissance d'un ordre général qui ne le concernait pas et avait fait suivre à sa division la route de Sézanne où il allait le lendemain opérer sa jonction avec la division Pacthod[1]. Le grand parc avait par suite marché sans escorte de Pleurs par Poivres sur Sompuis.

Combat de Sompuis. — Prise du parc de Macdonald par la cavalerie légère de la garde russe. — Le Ve corps ayant reçu l'ordre d'aller de Brébant et de Corbeil vers Les Perthes, Wrède avait prescrit au général Ocharoffsky de se porter à la pointe du jour avec sa cavalerie du Meix-Tiercelin sur Sompuis, en suivant le chemin des Romains et d'enlever ce village. Arrivé sur les hauteurs en avant d'Humbauville, le général russe avait aperçu le parc qu'il fait immédiatement charger par deux escadrons de uhlans de la garde. Les artilleurs français avaient, sans perdre une minute, formé le carré. Ils essayent d'arrêter les uhlans par quelques volées de mitraille. Mais Ocharoffsky donne à son artillerie l'ordre de commencer le feu et ses projectiles font sauter quelques caissons, pendant que les uhlans et les cosaques, profitant du désordre causé par les explosions, sabrent la poignée d'hommes qui essaye vainement de leur résister et s'emparent de quinze canons avec leurs attelages. Ocharoffsky aurait même réussi à s'emparer du parc tout entier, si on ne lui avait pas signalé à ce moment l'approche des têtes de colonne du général Gérard. Ne pouvant, faute d'attelages, enlever douze autres pièces et une soixantaine de caissons abandonnés par les Français, le général Ocharoffsky fait enclouer les pièces et noyer les poudres avant de ramener sur Humbauville ses deux escadrons de uhlans, les quinze canons qu'il a enlevés et les trois cents prisonniers tombés entre ses mains[2].

---

[1] Général Amey à Molitor, Courcemain, 22 mars, et Macdonald au major-général, Valcour, 23 mars, 1 heure 1/2 après midi. (*Archives de la guerre.*)
[2] Taxis, *Tagebuch* (K. K. Kriegs Archiv., XIII, 32) et Stärke, Eintheilung und Tagesbegebenheiten der Haupt-Armee im Monate März (*Ibid.*, III, 1). — Feldmarschall Wrède, Relation des combats du 23 mars (*Ibid.*, III, 427) et rapport du général comte Ocharoffsky, Meix-Tiercelin, 23 mars (*Journal des pièces reçues*, n° 545).

Wrède, informé des événements de Sompuis, avait aussitôt donné l'ordre à une partie de sa cavalerie de se porter de Corbeil vers Humbauville, pendant que Gérard, Oudinot et Macdonald cherchaient à atteindre au plus vite Les Perthes. Le mouvement d'Ocharoffsky devait, d'ailleurs, avoir des conséquences autrement graves que la perte de quelques canons et procurer aux Alliés des renseignements positifs qui allaient exercer une sérieuse influence sur les résolutions du conseil de guerre de Pougy.

On n'avait, en effet, pendant toute la matinée du 23, reçu au quartier général de Pougy que des nouvelles insignifiantes ou même contradictoires ayant trait aux mouvements de l'armée française. On se refusait toujours à admettre la probabilité d'une marche de l'Empereur contre les lignes d'opérations et sur les derrières de la grande armée, alors que Napoléon arrivé à Saint-Dizier depuis la veille pouvait, comme dit Clausewitz[1], être à Chaumont un jour au moins avant les Alliés venant d'Arcis. « On n'aurait pu, ajoute-t-il, arriver au Rhin que par des marches forcées ininterrompues et en épuisant les troupes. Aussi rien n'est plus surprenant que les hésitations des généraux alliés en un pareil moment et dans de pareilles circonstances. » Et cependant, il est incontestable que le 23 au matin on n'avait pris qu'une résolution, celle de suivre Napoléon et de se joindre à Blücher pour manœuvrer sur les derrières de l'armée française en se détournant de Paris. Les dispositions données pour la journée du 23 prouvent qu'on ne songeait en aucune façon à la marche sur Paris, qu'on n'attendait des nouvelles que pour savoir si l'on irait sur Châlons ou sur Vitry.

On n'était, il faut le reconnaître, guère mieux renseigné que la veille. A l'aile droite, les grand'-gardes de Frimont établies en avant de Corbeil, avaient appris à 6 heures du matin par une de leur patrouilles, que les Français avaient évacué Lignon et Brandonvillers et se tenaient en arrière de ces villages. D'après le dire des paysans de Margerie, les avant-postes français étaient à Sompuis et le gros de l'armée avec l'Empereur à Frignicourt[2].

---

[1] Clausewitz. *Critique stratégique de la Campagne de France en 1814.*
[2] Wrède à Schwarzenberg, Brébant, 23 mars, 6 heures du matin (*K. K. Kriegs. Archiv.*, III, 429), et rapport des grand-gardes de Corbeil à Frimont (*Ibid.*, III, 429, b).

Premiers mouvements du III⁰ corps sur la rive droite de l'Aube. — Du côté d'Arcis, les troupes avancées du III⁰ corps avaient de grand matin signalé la diminution des feux de bivouac sur la rive droite de l'Aube et perçu le bruit du roulement des voitures. Mais le pont de l'Aube était toujours gardé, et ce fut à 5 heures du matin seulement que les derniers postes français en quittèrent les abords, à peu près au moment où une patrouille de cavalerie revenant de Villette confirmait la nouvelle de la retraite des corps français. Vers 8 heures, le pont d'Arcis était rétabli, mais l'arrière-garde française avait eu le soin de détruire un autre pont dont la reconstruction eût pris trop de temps et Gyulay se vit contraint à se jeter sur sa droite dans les bois. L'escadron de grand'garde de Villette avait pendant ce temps passé sur la rive droite de l'Aube sans trouver la moindre trace des Français. Un escadron de chevau-légers Rosenberg, posté à Saint-Nabord, avait lui aussi pris pied sur la rive droite et fait savoir que les Français semblaient se diriger sur Vitry. Mais si Gyulay mandait dans son premier rapport du matin que les Français allaient sur Vitry, le prince royal de Wurtemberg, de son côté, concluait à la marche de l'Empereur sur Châlons.

Kaïssaroff, placé avec ses Cosaques à l'extrême gauche, n'avait pu rien apprendre. Il avait toutefois, en envoyant dans la nuit un régiment de Cosaques avec deux canons sur Plancy, obligé un détachement français à évacuer cette ville et réussi à s'emparer du pont. Ses coureurs s'étaient aussitôt dirigés sur Villenauxe, Sézanne et Fère-Champenoise [1].

Seslavin, qui avait pris la tête du mouvement et passé l'Aube près de Plancy pendant la nuit, avait débordé les troupes d'Oudinot, enlevé quelques prisonniers à l'arrière-garde et constaté un peu plus tard que les Français prenaient le chemin de Vitry et non celui de Mailly et de Sommesous. L'officier de Cosaques, qui lui envoyait ces renseignements, avait rédigé sa dépêche en ces termes : « L'ennemi se retire, non pas sur Paris, mais sur Moscou. »

En raison même du doute qui continuait à planer sur la direction réelle suivie par l'Empereur, Gyulay n'osa guère bouger

---

[1] Kaïssaroff au prince de Schwarzenberg, Charny-le-Bachot, 23 mars au matin. (*Dépêche en français.* — K. K. Kriegs Archiv., III, 422.)

pendant la journée du 23. Crenneville, qui avait passé la nuit à Nozay et à Saint-Étienne-sous Barbuisse, reçut l'ordre d'y rester. Il en fut de même pour la brigade Spleny qui occupait Arcis. La brigade Grimmer fut envoyée à Villette et à Ormes ; un régiment d'infanterie continua à garder Torcy-le-Grand et Torcy-le-Petit. Sur la rive droite de l'Aube, les chevau-légers de Rosenberg ne dépassèrent pas une ligne allant du Chêne à Allibaudières. Bien qu'il n'y eût plus aucune troupe française du côté de Troyes, Fresnel y attendait encore, avant de se porter sur Arcis, l'arrivée du feld-maréchal-lieutenant prince Maurice Liechtenstein, chargé de le relever. Ce fut vers le soir seulement que, sur l'ordre du généralissime, le IIIe corps commença son mouvement dans la direction de Mailly.

Les quelques heures qui s'étaient écoulées n'avaient cependant pas été perdues pour les Alliés et, sans parler encore des nouvelles positives données par Ocharoffsky et par Tettenborn, de ces nouvelles qui, reçues dans l'après-midi, exercèrent une influence considérable sur les décisions du conseil de guerre de Pougy, le combat de Sompuis avait suffi pour décider Wrède à appliquer celle des dispositions du généralissime ayant trait à la marche éventuelle des Français sur Vitry et à en faire part au prince royal de Wurtemberg et à Barclay de Tolly. Aux termes de cette disposition, toutes les troupes devaient, on s'en souvient, commencer leur mouvement à 9 heures précises.

Marche du IVe corps. — Informé à Dampierre de la retraite d'Oudinot, le prince royal de Wurtemberg avait aussitôt fait avancer son avant-garde. Au moment où le prince la rejoignait avec sa cavalerie légère et les hussards archiduc Ferdinand, les arrière-gardes de Macdonald dessinant un retour offensif avaient attaqué et repoussé les avant-postes établis de Dampierre jusqu'à Grandville. L'entrée en ligne de la cavalerie légère obligea les Français à se replier sur Trouan-le-Grand. Se croyant trop faible pour s'engager avec la cavalerie de Macdonald, le prince royal[1] s'arrêta sur les hauteurs de Dosnon, suivant de l'œil la marche en retraite du gros de Macdonald. Il attendit sur ce point l'arri-

---

[1] Stärke. Eintheilung und Tagesbegebenheiten der Haupt-Armee im Monate März. (*K. K. Kriegs Archiv.*, III, 1.)

vée de la cavalerie russe du VI° corps et des cuirassiers autrichiens de Nostitz qui, venant de Ramerupt et retardés au passage du ruisseau de Puits, ne le rejoignirent que lorsque le gros des corps de Macdonald avait déjà pris une avance considérable. Le prince royal s'était borné pendant ce temps à canonner l'arrière-garde qui se retira sans combattre sur Sompuis, dès que la cavalerie alliée déboucha en avant de Trouan-le-Grand. De Sompuis, où il arriva après midi, le prince royal continua la poursuite dans la direction de Vitry. Son infanterie le suivait de si loin, que ce fut vers minuit seulement qu'elle arriva au bivouac à Sompuis. La cavalerie du prince royal avait été arrêtée vers le soir par les batteries françaises établies à Huiron [1].

Mouvement du VI° corps. — La cavalerie de Pahlen se relie à Mailly avec la cavalerie de l'armée de Silésie. — Le VI° corps et la 2° division de cuirassiers russes qui, avec le IV° corps, avaient passé le 22 sur la rive droite de l'Aube, avaient quitté Dosnon dans la matinée du 23. Pahlen avec l'avant-garde de ce corps s'était dirigé vers Mailly et Poivres-Sainte-Suzanne. Ses patrouilles, en arrivant à Sommesous, y rencontrèrent les Cosaques de Tettenborn. On eut de la sorte connaissance de l'approche du corps de cavalerie de Winzingerode et avis de la jonction prochaine avec l'armée de Silésie [2].

Cette jonction était d'ailleurs un fait accompli à partir de ce moment, puisque Tchernitcheff et Tettenborn allaient atteindre le jour même Sommesous et Soudé-Sainte-Croix et que le gros du corps de Winzingerode était à Vatry.

Mouvement du V° corps. — Affaire de Courdemanges. — Pendant que les trois corps de l'aile gauche placés sous les ordres directs du prince royal de Wurtemberg, avaient, en exécutant ces quelques mouvements, permis à Macdonald de gagner du terrain [3] et d'effectuer une retraite qu'il eût été cependant aisé de lui couper, à l'aile droite Wrède avait, dès 9 heures, continué à

---

[1] Stärke, *Eintheilung und Tagesbegebenheiten der Haupt-Armee im Monate März.* (*K. K. Kriegs Archiv.*, III, 1.)
[2] *Id. in Ibid.*, III, 1.
[3] Taxis, *Tagebuch.* (*Ibid.*, XIII, 31.)

se diriger vers Les Perthes, précédé dans la direction de Courdemanges par la cavalerie de Frimont. Cette cavalerie, avec laquelle Wrède lui-même s'était porté en avant, rejoignit la cavalerie d'Ocharoffsky sur les hauteurs au nord-est d'Humbauville. A midi, Wrède et Frimont étaient aux Perthes, côtoyant la retraite du corps de Macdonald. Comme le prince royal, Wrède crut imprudent d'attaquer sérieusement les colonnes françaises avant l'arrivée de son infanterie qu'il espérait voir déboucher d'un moment à l'autre. Mais la tête de colonne d'infanterie du Ve corps n'était arrivée aux Perthes qu'après 2 heures de l'après-midi et Wrède dut se résoudre à ne faire filer que la cavalerie de Frimont sur Courdemanges occupé par les troupes de Ney chargées de recueillir les corps de Macdonald, d'Oudinot, de Gérard et de leur assurer le passage de la Marne.

A ce moment, l'infanterie française des 2e, 7e et 11e corps, suivie par la cavalerie du IVe corps, était en pleine retraite sur Huiron[1] qu'elle occupa pour couvrir son passage à Frignicourt. Wrède, qui ne disposait à ce moment que d'un bataillon de chasseurs autrichiens, poussa sur Courdemanges sa cavalerie précédée par les hussards archiduc-Joseph. Arrêtés par le tir de l'infanterie française, les hussards durent se borner à occuper les hauteurs à l'ouest de Courdemanges d'où ils pouvaient observer les mouvements des maréchaux[2]. Quand l'infanterie du Ve corps, retardée en route par les mauvais chemins, rejoignit la cavalerie, il était trop tard pour rien entreprendre de sérieux contre les Français.

Les bagages, l'artillerie de réserve, une grande partie de la cavalerie française avaient passé sur la rive droite vers la fin de la journée. Le reste des troupes traversa la rivière pendant toute la soirée et une partie de la nuit. A minuit, Wrède fait enlever Huiron et Courdemanges par les chasseurs autrichiens, et deux bataillons d'infanterie de Szeckler s'établissent sur les hauteurs qui s'élèvent

---

[1] Stärke, Eintheilung und Tagesbegebenheiten der Haupt-Armée im Monate März (K. K. Kriegs Archiv., III, 1), et feld-maréchal comte Wrède, Relation des combats du 23 mars 1814 (Ibid., III, 427); — Sebastiani au major-général, Huiron, 23 mars, 6 heures du soir, et général Neigre au major-général, Frignicourt, 23 mars (Archives de la guerre).

[2] Macdonald, ordres, Frignicourt, 23 mars, 11 heures du soir. (Archives de la guerre.)

à l'est de ce dernier village. Les corps français ont échappé miraculeusement à une destruction presque certaine. Oudinot et Gérard avec le quartier général de Macdonald passent pendant la nuit la Marne à Frignicourt et se dirigent sur Luxemont et Villotte. Le corps de Molitor a ordre de venir bivouaquer en avant de ce village. Mais l'encombrement et la rupture des ponts de Frignicourt retardent cette opération, et le 24, à 4 heures du matin, l'infanterie n'est pas encore arrivée à Villotte et l'artillerie est encore en train de passer la rivière [1].

Les troupes avancées du V° corps s'établirent dans la nuit au bivouac aux environs de Courdemanges et la cavalerie légère de la garde russe s'arrêta entre Somsois et La Verpillière. Une de ses patrouilles poussa même sur la droite de la Marne jusqu'à Montcetz-l'Abbaye où elle vint donner contre un gros parti de cuirassiers français qui l'obligèrent à repasser la rivière. Elle avait toutefois réussi à apprendre que, d'après les bruits qui couraient dans l'armée française, l'Empereur comptait se porter de Saint-Dizier sur Metz.

Mouvements et positions des gardes et réserves. — Barclay de Tolly, aussitôt après avoir reçu la deuxième disposition, s'était mis en marche de Jasseines sur Saint-Chéron. Rejoint en route par une dépêche de Wrède dans laquelle le feldmaréchal, lui faisant part de son intention d'attaquer Macdonald en retraite sur Vitry, lui demandait des renforts de cavalerie, Barclay lui avait envoyé aux Perthes le général prince Galitzine

---

[1] Macdonald à Ney, Villotte, 24 mars, 4 heures du matin. (*Ibid.*) Dans le rapport qu'il adressait au major-général de Villotte, le 24 mars, à 4 heures du matin, Macdonald écrivait : « J'ai été pour ainsi dire enveloppé tout le jour et forcé de combattre jusqu'à 11 heures du soir lorsque j'ai pris position sur les hauteurs de Vitry. Pendant ce temps, les parcs et l'artillerie filaient; mais Votre Altesse peut comprendre le désordre de troupes et de chevaux harassés de fatigue, marchant depuis deux jours dans une plaine aride. Le pont rompu plusieurs fois a encore augmenté les embarras. Le prince de la Moskowa l'a si bien senti qu'il m'a promis de rester en position jusqu'à ce que mes corps soient ralliés à Villotte et aient pris quelques heures de repos; mais je ne crois pas avoir trop de la demi-journée pour cette opération. » (*Archives de la guerre.*)

Remarquons de suite que Ney ne put, en présence des ordres formels du major-général, rester sur ses positions et dût continuer sa marche sur Saint-Dizier.

avec une division de cuirassiers et une batterie, et avait continué avec ses gardes et réserves sur Saint-Chéron et Les Rivières Il s'était fait couvrir à droite pendant l'exécution de cette marche par les quatre escadrons de la garde prussienne du colonel La Roche postés à Saint-Léger-sous-Margerie et à Margerie. Lorsqu'il s'arrêta vers le soir aux environs de Saint-Chéron, Barclay couvrit sa droite et ses derrières en envoyant deux escadrons de la garde prussienne, l'un à Drosnay, l'autre à Montier-en-Der. Il se proposait de faire relever dès le lendemain l'escadron de Montier-en-Der par un régiment de Cosaques venant de Russie et déjà arrivé à Bar-sur-Aube. L'artillerie de réserve russe et une partie du parc de réserve firent halte le 23 au soir à Corbeil [1].

Première disposition du prince de Schwarzenberg et conseil de guerre de Pougy. — Pendant qu'on se battait le matin à Sompuis et le soir à Courdemanges, les conciliabules s'étaient multipliés à Pougy. Les circonstances étaient d'ailleurs assez graves pour justifier, au moins dans une certaine limite, les incertitudes, les hésitations, les craintes du commandement, pour expliquer les motifs qui retardaient une résolution définitive dont les conséquences ne pouvaient manquer d'être capitales. En entreprenant dès le 21 dans l'après-midi, sa marche sur les derrières des Alliés, Napoléon avait peut-être escompté les succès probables d'Augereau et l'effet produit par l'attitude résolue de Maison; mais il croyait surtout que ses adversaires surpris et épouvantés par une opération dirigée contre leurs lignes de communication, craindraient une fois encore de s'engager sur la route de Paris, précisément parce qu'il la leur abandonnait et se décideraient à battre en retraite pour le suivre ou essayer d'arriver avant lui sur le plateau de Langres. La mollesse de la poursuite, le décousu des opérations de la grande armée pendant la marche de l'armée française d'Arcis sur Vitry, tout semblait indiquer qu'il réussirait à transporter le théâtre de la guerre des plaines de la Champagne dans les régions accidentées et montueuses des Ardennes, des Vosges et du Jura et à épargner à Paris la menace d'une attaque.

---

[1] Barclay de Tolly à Schwarzenberg, Saint-Chéron, 23 mars. (*K. K. Kriegs Archiv.*, III, 430.)

Il est évident en effet que, pendant la matinée du 23, on crut à Pougy que Wrède et le prince royal de Wurtemberg étaient sur le point de s'engager sérieusement avec les corps français en retraite d'Arcis à Vitry. Cette opinion était tellement accréditée que Schwarzenberg avait cru devoir se rendre avec son chef d'état-major général, le feld-maréchal lieutenant comte Radetzky, à Saint-Ouen, afin de pouvoir diriger les opérations et les mouvements de ses lieutenants.

A 1 heure de l'après-midi, rassuré sur ce qui se passait à sa droite et sur son front, Schwarzenberg revenu à Dampierre, y dicta une disposition qui, conforme dans ses lignes principales à celle des dispositions de la veille établie en prévision d'un mouvement des Français sur Vitry, n'en différait que par certains points de détail et ne put d'ailleurs être mise à exécution.

Décidé à concentrer toute son armée sur Vitry, le généralissime attribue au V° corps la position de Bussy-aux-Bois. L'avantgarde de Wrède aurait dans ce cas fouillé le bois de l'Argentolle, occupé Saint-Genest, Saint-Rémy-en-Bouzemont, Arrigny et envoyé des partis dans la direction de Larzicourt et de Blaisesous-Hauteville. Le IV° corps aurait été chargé de pousser sur Saint-Chéron et de tenir ses avant-postes à Courdemanges, Châtel-Raould et Blaise-sous-Arzillières. Le VI° corps se serait formé en deuxième ligne à l'est du Meix-Tiercelin où il aurait campé; son avant garde serait allée jusqu'à Sompuis pour surveiller les routes de Coole et de Poivres-Sainte-Suzanne et se serait reliée par Les Fenus avec les troupes avancées du III° corps dont le gros serait venu à Allibaudières. Les gardes et réserves, appelant à elles leurs réserves d'artillerie, se seraient massées à Chapelaine-sous-Margerie où le généralissime comptait établir son quartier général [1].

Pendant que Schwarzenberg et Radetzky rédigeaient cette disposition, Diebitsch, envoyé par Barclay de Tolly, rejoignait le généralissime à Dommartin-le-Coq. Au moment où les réserves avaient commencé leur mouvement, Barclay avait en effet reçu d'Ocharoffsky, outre l'avis de la prise du parc de Macdonald et

---

[1] Prince de Schwarzenberg, Dampierre, 23 mars, 1 heure après-midi. Dispositions pour le 23 mars.

la confirmation de la marche des Français sur Vitry, des dépêches de Berthier à Macdonald, trouvées sur un courrier enlevé par les cavaliers d'Ocharoffsky[1]. Dans ces dépêches, Berthier annonçait au duc de Tarente que l'Empereur avait passé la nuit à Longchamp, que sa cavalerie était déjà entre Saint-Dizier et Joinville et lui ordonnait d'accélérer sa marche pour passer au plus vite la Marne[2]. Après avoir fait publiquement part au généralissime du succès remporté par Ocharoffsky, le quartier-maître général de Barclay le pria d'entrer avec lui et Radetzky dans une maison où il leur montra le billet du major-général.

S'il faut en croire la relation de Diebitsch à Jomini, relation qui a le grave inconvénient d'avoir été rédigée trois ans après les événements, ce serait au général russe que reviendrait l'honneur d'avoir modifié les idées du généralissime et d'avoir fait décider la jonction avec Blücher. D'autres documents, absolument irréfutables, puisqu'ils ont été rédigés sur les lieux mêmes, permettent toutefois de rétablir les faits et d'attribuer à chacun la part qui lui revient. Ce ne fut pas en effet à Dommartin que le généralissime, ébranlé par l'éloquence et les dépêches de Diebitsch, prit une résolution définitive, et c'est tout au plus si l'on peut laisser au quartier-maître général des réserves russes et prussiennes, l'honneur d'avoir été chargé « de porter de Dommartin à Barclay de Tolly et à Wrède l'ordre de continuer leur marche sur Vitry[3]. »

Du reste, on avait reçu dans l'intervalle, à Pougy, des renseignements bien autrement importants, et Diebitsch, après avoir conféré pendant une demi-heure avec le généralissime, venait à peine de s'éloigner que des officiers, envoyés par l'empereur Alexandre et le roi de Prusse, apportaient à Schwarzenberg l'invitation de se rendre au plus vite au conseil de guerre réuni par ordre du tzar.

---

[1] Taxis, *Tagebuch* (K. K. Kriegs Archiv., XIII. 34), et lettre du général Diebitsch au général baron Jomini, Mohilew, 9/21 mai 1817 (*Archives de la guerre.*)

[2] Relation de Diebitsch. (*Archives de la guerre*).

[3] Relation de Diebitsch. (*Archives de la guerre.*)
« J'accédai avec plaisir, dit Diebitsch, à la marche sur Vitry ». Et il ajoute un peu plus loin : « Je portai moi-même l'ordre à Barclay et à Wrède. »

Pendant l'absence de Schwarzenberg, on avait reçu à Pougy l'avis de la jonction, à Poivres-Sainte-Suzanne et à Mailly, de l'avant-garde de Winzingerode et de la cavalerie de Pahlen, de la présence du gros de cette avant-garde (8,000 chevaux et 40 bouches à feu) à Vitry, de la marche du corps de Woronzoff de Reims sur Châlons où le général russe espérait arriver le jour même ; enfin, de l'occupation de Sommesous par Tchernitcheff et de Soudé-Sainte-Croix par Tettenborn. Les corps de Langeron et de Sacken suivaient à peu de distance ce premier échelon. York et Kleist étaient à Château-Tierry, et Bülow du côté de Soissons. On savait donc que l'armée de Silésie, sortie de son immobilité, était à peu de distance des positions de la grande armée. Les Alliés étaient désormais maîtres des routes menant à Paris.

Un document plus précieux encore et dont l'existence est incontestable, bien qu'on n'en retrouve aucune trace dans la *Correspondance*, avait enfin révélé aux souverains alliés la direction prise par l'Empereur et la résolution extrême à laquelle il s'était arrêté. Le 22, dans l'après-midi, le lieutenant Redlich, de la légion hanséatique, avait, avec une des patrouilles de Tettenborn, enlevé un courrier porteur d'une lettre de l'Empereur à Marie-Louise :

« Mon amie, J'ai été tous ces jours-ci à cheval. Le 20, j'ai pris Arcis-sur-Aube. L'ennemi m'y attaqua à 8 heures du soir, le même jour ; je l'ai battu et lui ai fait perdre 4,000 hommes. Je lui ai pris 2 pièces de canon et 2 obusiers abandonnés.

« Le 21, l'armée ennemie s'est mise en bataille pour protéger la marche sur Brienne et Bar-sur-Aube. *J'ai pris le parti de me porter sur la Marne afin de pousser les armées ennemies plus loin de Paris et de me rapprocher de mes places.* Je serai ce soir à Saint-Dizier. Adieu, mon amie, embrassez mon fils. »

La copie de cette lettre, transmise par Tettenborn à Blücher, qui fit parvenir l'original aux avant-postes français, fut immédiatement envoyée à Pougy où la dépêche suivante du baron Fain à l'Impératrice, interceptée également par les coureurs, devait arriver peu après :

« Madame, L'Empereur, qui vient de se jeter sur son lit, m'ordonne d'expédier une estafette pour annoncer à Votre Majesté que l'armée a passé la Marne près Vitry et que nous sommes entrés ce soir à Saint-Dizier.

« Le bruit se répand que notre cavalerie légère a pris un parc de 500 voitures. Le temps est toujours très beau, et quoique l'armée n'ait suivi que des routes de traverse pour venir d'Arcis à Vitry, sa marche n'a rencontré aucun obstacle.

« Je suis, etc.[1]. »

On avait donc la preuve manifeste, la confirmation absolue du mouvement de l'Empereur; on connaissait les positions que, grâce à la rapidité de sa marche, à la lenteur de la poursuite, aux hésitations des Alliés, son armée avait réussi à atteindre. Le doute n'était plus permis; mais les circonstances étaient tellement graves que le tzar résolut d'assembler immédiatement un conseil de guerre et de faire courir après le généralissime des officiers chargés de le ramener au plus vite.

A 3 heures de l'après-midi, le conseil de guerre est réuni à Pougy chez l'empereur Alexandre. Le roi de Prusse, Schwarzenberg, Radetzky, le prince Wolkonsky, quelques généraux autrichiens appartenant à l'état-major général de l'armée prennent seuls parts à cette délibération à laquelle on n'a convoqué ni Barclay de Tolly, ni Toll. Knesebeck, malade et alité, est resté à Bar-sur-Aube, quartier général de l'empereur d'Autriche. Les

---

[1] Documents enlevés à l'ennemi en 1814. (*Archives topographiques de Saint-Pétersbourg*, n° 47,345.) Bien qu'il n'existe aucune trace de ces deux lettres, ni aux archives de la guerre, ni aux archives nationales, leur existence est néanmoins établie par plusieurs pièces des archives de la guerre. C'est d'abord l'adjudant-commandant Michal, commandant à La Ferté-sous-Jouarre qui, à la date du 23 mars au soir, annonce au Ministre de la guerre qu'il a reçu à 8 heures du soir une lettre pour l'Impératrice, envoyée par Blücher et apportée par un aide de camp de Kleist. Deux jours plus tard, le même officier rend compte de la conversation qu'il a eue avec le major de Watzdorf, aide de camp de Kleist, venu le 23 au soir en parlementaire « pour me remettre la lettre à Sa Majesté l'Impératrice, qui avait été interceptée et que je vous ai adressée. » Enfin, on trouve encore à la date du 25 mars (minuit et 1 heure du matin) deux dépêches de Clarke adressées l'une à l'Empereur, l'autre à l'archichancelier. Dans la première, il informe Napoléon que l'estafette que l'Empereur a fait partir a été interceptée. Il transmet à l'archichancelier la lettre fermée de Blücher à l'Impératrice. L'archichancelier la remettra à Marie-Louise s'il le juge convenable. La deuxième constate l'envoi à l'archichancelier de la lettre en question apportée de La Ferté-sous Jouarre par un officier porteur de la lettre de l'adjudant-commandant Michal dont il a été question plus haut.

nouvelles qu'on vient de recevoir n'ont cependant pas ramené le calme dans les esprits et les opinions les plus diverses se manifestent dès le commencement de la discussion. Chacun sait que le moment est critique et qu'il s'agit de prendre une résolution décisive dont nul ne semble se soucier d'assumer la responsabilité. Bien qu'on sache pertinemment à quoi s'en tenir sur les intentions et les mouvements de l'Empereur, on y débat avant tout la question de savoir si l'on doit se reporter rapidement en arrière et essayer par une marche parallèle à l'armée française, de se replier sur Vendeuvre, Bar-sur-Seine et Châtillon. Mais la route de Chaumont et de Langres est déjà au pouvoir de l'Empereur, et son armée a une avance de deux marches sur la grande armée.

Au moment où l'on discute à Pougy, les Alliés ont déjà perdu leurs communications avec la Suisse et, dans l'impossibilité de prévenir l'Empereur sur le plateau de Langres, puisqu'il pouvait être le 23 à Joinville et le 24 à Chaumont, on rejette l'idée d'un mouvement dont la réussite était plus que douteuse, dont l'exécution eût, en tout cas, coûté trop cher. Mais on y renonce, moins parce qu'il aurait fallu battre dans ce cas en retraite jusqu'au Rhin, abandonner à elle-même l'armée de Silésie, sacrifier les magasins, les dépôts, que parce qu' « *on craint la démoralisation de l'armée et le soulèvement général des populations* ». Il fallait cependant prendre un parti, et puisqu'on avait laissé l'armée française exécuter son mouvement de l'Aube à la Marne, il semblait naturel de renoncer à la rejoindre et de faire prendre au plus vite, aux corps de la grande armée, le chemin de Paris. On n'y songea même pas. On se résigna à abandonner momentanément la ligne de communication avec le Haut-Rhin et Bâle; on résolut de se réunir à Châlons avec l'armée de Silésie et de pousser ensuite vivement, de concert avec elle, sur les traces de l'Empereur. Les deux armées réunies manœuvreront sur les derrières et sur les flancs de l'Empereur, et la nouvelle ligne d'étapes et de communications de la grande armée sera par Laon et les Pays-Bas. « Tel était, dit à ce propos le général von Bismarck, le fond de ce plan enfanté par la perplexité. On craignait d'être battu par l'Empereur en se retirant par la ligne la plus directe. Pour l'éviter, on choisit une autre direction. »

Deuxième disposition de Schwarzenberg. — Ordres de mouvement pour la nuit du 23 au 24. — A 4 heures, Schwarzenberg fait partir de Pougy la disposition suivante [1] :

« L'armée marche sur Châlons de manière à être le 24 à la pointe du jour à hauteur de Vésigneul-sur-Coole et à pouvoir continuer son mouvement en raison des événements.

« Le prince royal de Wurtemberg se porte au plus vite sur Châlons, occupe cette ville et prend position de façon à couvrir la marche des autres corps et à protéger leur passage de la Marne. Les gardes le suivent. Leur tête de colonne devra arriver à 9 heures du soir à Sompuis, que la gauche du VIe corps aura quitté à ce moment.

« Le Ve corps vient s'établir à Faux-sur-Coole et à Songy-sur-Marne. La marche de ce corps devra être réglée de façon que l'ennemi ne remarque pas son départ.

« Le VIe corps sera rendu à Sompuis à une heure du matin. Il continuera sur Faux et Vésigneul-sur-Coole et y prendra position. Les Ve et VIe corps, placés tous deux à la disposition du feld-maréchal Wrède, sont plus spécialement chargés de s'opposer aux entreprises éventuelles de l'ennemi.

« Si la marche de la colonne principale sur Châlons s'effectue sans difficulté, le comte Wrède viendra s'établir sur la ligne Coupetz — Vitry-la-Ville.

« Le feld-maréchal comte Wrède qui continue à disposer de la division de cavalerie légère de la garde russe du comte Ocharoffsky, chargera du service de l'arrière-garde la cavalerie des Ve et VIe corps. Cette cavalerie masquera la marche, observera l'ennemi et enverra des colonnes volantes surveiller les mouvements de l'ennemi sur la route de Vitry à Saint-Dizier.

« Le IIIe corps avec la brigade Schaëffer, encore en marche avec la réserve d'artillerie et le convoi de vivres, se dirigera d'Arcis par Mailly sur Vitry. Il sera couvert à gauche par le général Seslavin, chargé d'occuper Sézanne et Fère-Champenoise et de rechercher par Vertus, dans la direction d'Epernay, la communication avec l'armée de Silésie.

---

[1] Prince de Schwarzenberg, Pougy, 23 mars, 4 heures. Disposition pour le 24 mars. (*K. K. Kriegs Archiv.*, III, 420.)

« La garnison de Troyes, placée sous les ordres du prince Maurice Liechtenstein, se portera sur la route de Dijon. »

Lettre du prince de Schwarzenberg à l'empereur d'Autriche. — Comme toujours en pareilles circonstances, une heure après l'expédition de cette disposition, Schwarzenberg, qui paraît n'avoir donné qu'à regret son consentement au mouvement sur Châlons, avait jugé prudent de couvrir sa responsabilité en adressant à l'empereur d'Autriche [1] un compte rendu détaillé et motivé des résolutions du conseil de guerre de Pougy. Le généralissime expose sommairement dans cette dépêche les mouvements de l'Empereur.

« Il est évident, écrit-il, que Napoléon n'a pas craint d'entreprendre et a déjà exécuté un mouvement d'une extrême hardiesse. Il se porte sur nos communications..... Il ne peut donc prendre que deux partis : ou bien, sans s'occuper de nous, continuer sa marche sur Chaumont où il serait de toute façon arrivé avant nous ; ou bien passer la Marne pour m'attaquer dès qu'il aura remarqué que ses manœuvres ne m'ont pas décidé à battre en retraite..... Dans chacune de ces deux hypothèses, je perds mes communications et ne peux les reconquérir que par une bataille que je ne livrerai qu'après avoir opéré ma jonction avec le feld-maréchal Blücher. Ce que je perds d'un côté en ressources, j'espère le regagner par la supériorité du nombre et par la position critique de l'ennemi. » Le généralissime s'empresse du reste de mettre complètement sa responsabilité à l'abri. « Les deux souverains présents à l'armée approuvent complètement cette manière de faire et auraient d'ailleurs refusé leur adhésion à toute autre mesure. L'approbation qu'ils ont donnée à une résolution aussi importante, aussi hardie, est pour moi une véritable consolation (*wahrer Trost*). »

En finissant et en annonçant que l'empereur de Russie et le roi de Prusse prendront le soir même avec lui et avec son armée, le chemin de Châlons, il ajoute que « vu l'impossibilité où se trouve l'empereur d'Autriche d'arriver à Arcis à temps pour marcher avec l'armée, il se permet de conseiller à Sa Majesté de quitter

---

[1] Prince de Schwarzenberg à l'empereur d'Autriche, Pougy, 23 mars, 5 heures du soir.

Bar-sur-Aube et d'aller s'établir à Dijon. En transférant son quartier général dans cette ville, l'empereur restera en communication avec l'armée du Sud et avec ses États. »

Trois heures plus tard, les deux souverains et Schwarzenberg quittaient Pougy, traversaient l'Aube sur un pont de bateaux, s'arrêtaient à Dampierre jusqu'à minuit, continuaient ensuite leur route et arrivaient au petit jour à Sompuis.

Avant de passer en revue les mouvements des corps français conduits par l'Empereur en personne et de résumer ses principaux ordres, il semble nécessaire de faire ressortir quelques-unes au moins des contradictions contenues dans la disposition et dans la lettre adressée à l'empereur d'Autriche. La marche sur Châlons n'avait en réalité aucune raison d'être. Elle ne présentait que des désavantages. Si l'on voulait suivre l'Empereur, on était assez fort pour le faire sans remonter vers le Nord afin de se joindre à Blücher. Schwarzenberg avait plus de 100,000 hommes sous la main et, au lieu de s'éloigner de l'armée française, de perdre encore une journée, il fallait, si l'on se décidait déjà à une marche de nuit, la faire dans la direction de Vitry, Montier-en-Der et Saint-Dizier. On savait de plus, par les renseignements envoyés par Tettenborn, que Blücher se dirigeait sur Châlons. Il y avait donc tout lieu de laisser l'armée de Silésie déboucher de Châlons sur Vitry et Saint-Dizier. Et si l'on tenait à ne combattre l'Empereur qu'avec toutes les forces réunies de la Coalition, c'était sur Saint-Dizier et non sur Châlons que devait s'opérer la jonction des deux armées. En réalité, tout en étant décidé à marcher contre l'Empereur, on semblait redouter un retour offensif de l'armée française et pour ne pas être obligé de la combattre, dans une position qu'on trouvait dangereuse à cause de la perte des communications, on n'était pas fâché de s'éloigner davantage des positions sur lesquelles sa présence avait été signalée.

Il est bon, d'ailleurs, d'ajouter que cette fois encore les ordres du généralissime arrivèrent trop tardivement pour qu'on pût s'y conformer et que, le 24 au matin, aucun des corps de la grande armée n'occupait les points indiqués par la disposition.

Mouvements des corps français conduits par l'Empereur. — Ordres de Napoléon. — A une heure de l'après-midi, Napoléon était à Saint-Dizier. S'il était convaincu que le généralissime ne tarderait pas à le suivre et se déciderait à lui livrer bataille pour rouvrir ses communications perdues, il ignorait encore la direction que suivraient les corps de la grande armée alliée. L'avance considérable qu'il avait su prendre l'obligeait à ne pas augmenter davantage l'espace qui le séparait encore de Macdonald, Oudinot et Gérard. Les renseignements recueillis étaient d'ailleurs des plus contradictoires. En attendant des données plus précises, l'Empereur allait employer le reste de la journée à des mouvements de cavalerie destinés à jeter le trouble et le désarroi autour de lui. Sa cavalerie allait rayonner de tous côtés pour augmenter l'épouvante causée par son apparition inattendue sur la rive droite de la Marne. Piré, qui est arrivé à Joinville dans la matinée du 23, poussera des partis sur Chaumont et provoquera la levée en masse du côté de Neufchâteau. Defrance ira sur Void et poussera sur Vesoul. La cavalerie légère de Saint-Germain (général Maurin) se portera sur Bar-le-Duc et Saint-Mihiel pour ouvrir les communications avec Verdun et Metz. Les 300 chevaux qui sont déjà à Bar essayeront de communiquer avec Verdun. Un officier cherchera à percer jusqu'à Metz pour porter à la garnison l'ordre de venir en force occuper Pont-à-Mousson. La grosse cavalerie de Saint-Germain éclairera à droite sur Montier-en-Der.

Plus en arrière, Milhaud fera battre l'estrade du côté de Châlons[1].

A 4 heures, l'Empereur n'est guère mieux renseigné que lors de son arrivée à Saint-Dizier. Afin d'être prêt à parer à tout, il pousse Saint-Germain sur la route de Joinville avec ses cuirassiers et son artillerie. Il y servira de soutien à Piré qui continuera à envoyer des partis sur Doulevant, sur les routes de Brienne et de Bar-sur-Aube, sur Chaumont. L'Empereur croit à ce moment que l'armée de Schwarzenberg s'est appuyée d'Arcis-sur-Aube sur Lesmont et charge Piré de le renseigner sur ce mouvement. Defrance a ordre de s'établir à Vaucouleurs; mais le général Maurin ralliera son monde, rappellera le parti envoyé

---

[1] *Correspondance*, n° 21535 et Registres de Berthier : ordres à Saint-Germain, Defrance et Piré; Piré au major-général, Eurville, 9 heures 1/2 du matin, et Joinville, 23 mars, matin ; Saint-Germain au major-général, Saint-Dizier, 23 mars. (*Archives de la guerre*.)

vers Saint-Mihiel et reviendra de Bar-le-Duc à Saint-Dizier où il devra être rendu le 24 avant 11 heures du soir [1].

Pendant que la cavalerie française exécute ces ordres et se répand de tous côtés, que Piré envoie à l'Empereur des renseignements sur les forces dont les Alliés disposent à Chaumont, Langres et Nancy, et enlève à Mathons 8 officiers, 50 hommes et 70 chevaux d'un détachement de gardes du corps cantonnés dans ce village [2], l'Empereur dicte au duc de Bassano une note dans laquelle il résume et fixe les quatre partis qu'il lui était possible de prendre :

« 1º Partir de Saint-Dizier à 2 heures du matin, être à Vitry à 8 heures et attaquer l'ennemi ;

« 2º Partir le 24 de bonne heure et se porter par Bar-le-Duc sur Saint-Mihiel, en occuper le pont le 24 pour assurer la communication avec Verdun, y passer la Meuse, aller à Pont-à-Mousson, y rallier les 12,000 hommes tirés des places, chasser au delà des Vosges le corps qui est à Nancy et donner une bataille en ayant Metz pour ligne d'opération ;

« 3º Se porter le 24 sur Joinville et Chaumont, d'où il prendrait sa ligne sur Bar-sur-Aube et Troyes ;

« 4º Aller sur Brienne ou Bar-sur-Aube, en passant par Vassy, pour arriver le 24 très près de Bar-sur-Aube.

« Le plus raisonnable de ces projets, écrit encore l'Empereur, paraît être celui qui s'appuie à Metz et à mes places fortes et qui approche la guerre des frontières [3]. »

On peut donc, à bon droit, prétendre que l'Empereur aurait entrepris le mouvement sur Saint-Mihiel et Pont-à-Mousson, si les nouvelles reçues à Saint-Dizier, vers la fin de la journée du 23, ne lui avaient signalé la marche de la grande armée alliée sur Vitry, ne lui avaient pas montré que les Alliés n'avaient que peu de monde à Langres, Chaumont et Bar-sur-Aube. Il renonça donc momentanément aux mouvements sur les places de la Lor-

---

[1] *Correspondance*, nº 21536 et Registres de Berthier : ordres à Saint-Germain, Piré et Maurin, 23 mars, 4 heures et 4 heures 1/2 du soir. (*Archives de la guerre.*)

[2] Piré au major-général, 23 mars, 7 heures 1/2, 8 heures et 9 heures du soir. (*Ibid.*)

[3] *Correspondance*, nº 21,538.

raine et prit la résolution de se porter de Saint-Dizier sur Colombey-les-Deux-Églises et Bar-sur-Aube.

Panique sur les derrières des Alliés. — La marche rapide de la cavalerie française des environs d'Arcis, d'une part jusqu'au delà de Joinville, de l'autre jusqu'à Ligny, n'en avait pas moins causé une véritable panique sur les derrières des Alliés.

Avant même que Schwarzenberg[1] n'ait eu la possibilité d'informer l'empereur d'Autriche et le général de Raigecourt de la direction prise par l'armée française, la rumeur publique et le changement soudain d'attitude des populations avaient déjà alarmé et le quartier impérial de Bar-sur-Aube et le commandant de place de Chaumont. A la sécurité absolue dans laquelle se complaisait l'empereur François, uniquement occupé à écouter les rapports des plénipotentiaires revenus de Châtillon, succéda tout à coup, d'abord une vague inquiétude, puis une terreur irraisonnée. On se préparait, en effet, à quitter Bar-sur-Aube pour transférer le quartier impérial à Vendeuvre et à Troyes, lorsqu'on apprit que la cavalerie française et des bandes de paysans armés occupaient la forêt de Soulaines[2].

Pendant qu'on chargeait les voitures, qu'on se demandait si l'empereur d'Autriche ne courait pas le risque d'être enlevé, on envoya en toute hâte sur Doulevant et Colombey-les-Deux-Églises les quelques escadrons de hussards dont on disposait à Bar-sur-Aube. Mais ces partis ne tardent pas à revenir sur leurs pas sans avoir pu se procurer des renseignements. Les nouvelles qu'on a reçues de Chaumont ne font qu'accroître les craintes et les préoccupations de l'entourage de l'empereur. Les dépêches de Raigecourt au feld-maréchal-lieutenant Kutschera sont loin d'être rassurantes. Dès le 21 au soir, alarmé par la fausse nouvelle de l'entrée des Français à Châlons, le général a poussé quelques petits partis dans la direction de Joinville. Le lendemain, au bruit de l'apparition d'une grosse colonne de troupes françaises aux environs de Vitry, Raigecourt, qui n'a que peu de monde avec

---

[1] La dépêche de Radetzky à Raigecourt, du 23 mars, n'arrivera à Chaumont que le 24 mars au matin.

[2] TAXIS, *Tagebuch*. (*K. K. Kriegs Archiv.*, XIII, 32.)

lui, fait partir un détachement de dragons de Rosenberg avec ordre de communiquer avec le commandant de cette place.

Un escadron de hussards et un escadron de chasseurs volontaires badois qui servaient jusque-là d'escorte au grand-duc de Bade, partent peu de temps après les dragons et filent, les uns vers Joinville, les autres vers Bar sur-Aube.

Derrière eux, le bataillon préposé à la garde du parc va occuper les ponts les plus rapprochés de Chaumont et quelques points importants au débouché des routes de Joinville et de Bar-sur-Aube. Le bataillon de landwehr, en garnison à Chaumont, doit se mettre en route et a pour mission de disperser les bandes de paysans armés signalées du côté de Clairvaux[1]. Il ne reste plus à Chaumont qu'une compagnie d'infanterie wurtembergeoise qui vient d'y arriver. Pendant que Raigecourt se demande comment il parviendra à tenir à Chaumont, à couvrir le départ de son souverain, des parcs, des convois et des bagages si Napoléon accélère sa marche, si les populations se soulèvent à son approche, le feld-maréchal lieutenant Kutschera, aide de camp de l'empereur d'Autriche, lui fait tenir l'ordre de diriger sur Langres, Vesoul et Bâle, tous les bagages, tous les *impedimenta* accumulés à Chaumont. « La panique, dit à ce propos Taxis[2], est aussi grande à Bar-sur-Aube qu'à Chaumont. » Le désordre et la confusion augmentent à mesure que la nouvelle de la marche de l'Empereur se confirme. L'évacuation des *impedimenta* s'exécute avec une telle précipitation, la terreur est si générale sur les derrières que, pour ne citer qu'un exemple, la voiture à bagages de l'état-major du V° corps fila presque sans s'arrêter jusqu'à 3 lieues en arrière de Bâle.

L'existence réelle ou supposée de bandes armées dans la forêt de Soulaines, décida même Schwarzenberg et Barclay de Tolly à réunir au plus vite à Brienne le parc de munitions de réserve et les convois administratifs.

Escortés par le général baron Rosen[3], dont le détachement se

---

[1] Feldzeugmeister Duka au prince de Schwarzenberg, Bar-sur-Aube, 23 mars (*K. K. Kriegs Archiv.*, III, 434), et général comte de Raigecourt au feld-maréchal lieutenant Kutschera, Chaumont, 23 mars. (*Ibid.*, III, 431 a.)

[2] Taxis, *Tagebuch*. (*Ibid.*, XIII, 32.)

[3] Journal d'opérations de Barclay de Tolly (*Arch. topographiques*, n° 29188),

composé du régiment Preobrajensky, des cosaques de Riebinin et des cosaques de Kaïssaroff, ces convois doivent suivre, de Chaumont sur Langres, le mouvement général de retraite des autres échelons que Raigecourt a ordre de faire filer au plus vite.

Les nouvelles reçues dans l'après-midi du 23 mars par Raigecourt avaient encore augmenté l'inquiétude qui régnait au quartier général à Chaumont.

Un rapport envoyé au capitaine Zadubsky, des dragons de Rosenberg[1], par le commandant de place de Joinville, annonçait l'arrivée de la cavalerie française à Rachecourt-sur-Marne. Peu de temps après, Knesebeck envoyait à Raigecourt un chasseur prussien qui, s'étant enfui de Saint-Dizier lors de la prise de cette ville par la cavalerie française, était chargé de lui rendre compte des événements dont il avait été témoin et de la défaite des troupes prussiennes qui, arrivées à Nancy le 21, avaient été culbutées et poursuivies vivement jusque vers Joinville[2].

Enfin à 7 heures du soir, Raigecourt adressait au feld-maréchal lieutenant Kutschera une nouvelle dépêche : « La cavalerie française dépassant Joinville, est arrivée à peu de distance de Vignory. » Et il ajoutait : « Ne connaissant pas les intentions de l'ennemi et n'ayant que quelques cavaliers, je vous prie de me mettre à même de me garantir contre un affront de la part de l'ennemi[3]. »

Dans ces conditions, il est naturel que le généralissime ait cru de son devoir de conseiller à son souverain de quitter Bar-sur-Aube[4] et d'aller établir son quartier général à Dijon. Le conseil était prudent et sage. L'empereur François Ier avait à peine quitté Bar-sur-Aube depuis quelques heures que les cavaliers français y entrèrent. C'est donc à tort qu'on a attribué à Schwarzenberg

---

et ordres donnés au général Rosen, Pougy, 23 mars (*Journal des pièces expédiées*, n°* 215 et 221).

[1] Domme au capitaine Zadubsky, Joinville, 23 mars. (*K. K. Kriegs Archiv.*, III, 431 c.)

[2] Le général von Knesebeck au général-major comte de Raigecourt, 23 mars. (*Ibid.*, III, 431 f.)

[3] Le général comte de Raigecourt au feld-maréchal lieutenant Kutschera, Chaumont, 23 mars. (*K. K. Kriegs Archiv.*, III, 431 g.)

[4] Schwarzenberg à l'empereur d'Autriche, Pougy, 23 mars, 5 heures du soir.

l'arrière-pensée d'avoir voulu, dans un but intéressé, éloigner son souverain de la grande armée.

Sa présence aurait d'autant moins pu arrêter et modifier le cours des événements, que la proclamation du généralissime aux soldats des armées alliées, la rupture du congrès de Châtillon, la déclaration collective rédigée au nom des puissances coalisées à la suite de la dernière séance du congrès, excluaient d'une façon absolue la possibilité d'un arrangement pacifique, d'une solution amiable intervenant avant l'anéantissement de l'armée française et la chute de l'Empereur.

OPÉRATIONS DE L'ARMÉE DE SILÉSIE DU 18 AU 23 MARS.

18 mars. — L'armée de Silésie reprend son mouvement. — Pendant que le généralissime laissait passer l'occasion de recueillir les résultats que ne pouvait manquer d'amener une action énergique et générale de la grande armée pendant les journées des 21 et 22 mars, Blücher, dont l'armée était restée immobile entre l'Aisne et la Marne du 15 au 17 mars, Blücher informé le 17 au soir de la marche de Napoléon de Reims vers l'Aube avait enfin fait donner à ses corps l'ordre de reprendre leur mouvement. Mais le vieux feld-maréchal était encore loin d'être remis. Comme l'écrit le général von Bismarck[1], la maladie de Blücher avait réduit l'armée de Silésie à une inaction dont elle ne devait guère plus sortir. L'action personnelle de Blücher continuera à lui faire défaut, et la bataille de Laon aura été pour elle, à proprement parler, la dernière action sérieuse de la campagne.

Cependant, lorsqu'ils surent de façon positive qu'on n'allait plus avoir affaire qu'à Marmont et à Mortier, Gneisenau et Müffling s'étaient décidés à mettre fin à l'immobilité des 6 corps de l'armée de Silésie. Le 17 au soir, on soumit et on fit approuver au feld-maréchal un ordre qui, concentrant la presque totalité de l'armée de Silésie sur la route de Laon à Berry-au-Bac, rapprochait différents de ces corps de ceux postés à l'aile gauche. Winzingerode et Langeron, qui forment cette aile gauche, doivent se

---

[1] Général-lieutenant von Bismarck, *Aufzeichnungen*. « Blücher, écrit le général von Bismarck, était encore tellement souffrant que jusqu'à la fin de la campagne, il ne put suivre les opérations qu'en voiture. »

porter des environs d'Aippes, le premier jusqu'à Amifontaine, le second jusqu'à Ramecourt. A leur droite, Bülow reviendra sur Laon, pendant que Sacken ira d'Ardon et de Festieux à Corbeny. York et Kleist les précèdent et se dirigent, le premier en suivant la grande route sur Berry-au-Bac, le second plus à droite sur Pontavert. Ces deux corps sont chargés de déloger Marmont des positions qu'il occupe sur la rive gauche de l'Aisne. Afin de faciliter leur entreprise, la cavalerie légère de Tchernitcheff a ordre de passer l'Aisne le 18 mars à 9 heures du matin en un point situé entre Asfeld-la-Ville et Berry-au-Bac et de déborder la droite des Français.

Affaire de Berry-au-Bac et de Pontavert. — Mouvement tournant de la cavalerie de Tchernitcheff. — Kleist n'avait pas attendu le jour pour commencer son mouvement. Il avait encore, dans la nuit du 17 au 18, fait partir pour Pontavert deux bataillons d'infanterie et une compagnie de pionniers avec l'ordre d'y jeter immédiatement un pont. Le manque de matériel retarda tellement ces travaux que le pont était à peine ébauché lorsqu'une batterie française, établie sur une position bien choisie et couverte en avant par des tirailleurs, ouvrit le feu à la pointe du jour et obligea les Prussiens à renoncer à leur entreprise. Le duc de Raguse avait eu tout le temps de se préparer à cette attaque. Ses mesures étaient prises. Le pont de Berry-au-Bac était miné. Ses troupes occupaient de bonnes positions sur la rive gauche de l'Aisne qui domine et commande la rive droite dans cette partie du cours de la rivière.

Malgré son infériorité numérique, il était décidé à tenir tant que sa ligne de retraite ne serait pas menacée. Il importe d'ajouter d'ailleurs que le 18 au matin, Mortier, se conformant aux ordres de l'Empereur (Épernay, le 17 mars), était arrivé à Reims avec deux de ses divisions et la cavalerie de Roussel. Le duc de Trévise n'avait laissé derrière lui que Charpentier qu'il avait chargé de surveiller la basse Aisne jusqu'à Compiègne et auquel il avait prescrit de se porter sur Fismes dans le cas où les Prussiens se seraient complètement éloignés de Soissons[1].

---

[1] Marmont au major-général, Cormicy, 18 mars, 8 heures 1/2 du matin; Mortier au major-général, Reims, 18 mars, 8 heures 1/2 du matin, et Belliard au major-général, Reims, 18 mars. (*Archives de la guerre.*)

En arrivant à Berry-au-Bac, l'avant-garde d'York avait, par suite, comme celle de Kleist à Pontavert, trouvé la division Ricard si solidement installée sur la rive gauche, qu'après avoir procédé lui-même à une reconnaissance rapide des positions, au lieu de brusquer une attaque qui lui aurait coûté trop de monde, York résolut d'attendre l'entrée en ligne de la cavalerie de Tchernitcheff et l'effet produit par son mouvement tournant. De son côté, Marmont avait tout lieu de penser que sa droite ne courait aucun danger. Il avait donné l'ordre de détruire tous les ponts de la Retourne et de la Suippe, de brûler celui d'Asfeld, et il avait même reçu un rapport lui annonçant que ses ordres étaient exécutés [2]. N'ayant de craintes que pour sa gauche, supposant que l'attaque de Kleist sur Pontavert avait pour unique objet de détourner son attention du point où se produirait le véritable effort, il avait placé la plus grande partie de son infanterie et la grosse cavalerie de Bordesoulle sur les hauteurs de Roucy.

A 2 heures de l'après-midi, la cavalerie de Tchernitcheff n'avait pas encore paru. York, impatienté par cette longue attente, voyant que la journée tirait à sa fin sans qu'on ait pu obtenir le résultat désiré, venait d'envoyer l'ordre de forcer le passage, au moment même où Ricard, se voyant menacé sur sa droite, faisait sauter le pont de Berry-au-Bac et se mettait en retraite sur Pontavert et Roucy.

Parti de Prouvais le 18 au matin, Tchernitcheff avait trouvé le pont d'Asfeld détruit; il avait dû remonter jusqu'à Balham pour venir passer la Retourne à Poilcourt, la Suippe à Pontgivart. Laissant Berméricourt à sa gauche, il avait fini par s'approcher, vers la fin de l'après-midi, de la route de Reims, et par pousser dans la direction de Cormicy, chassant devant lui la cavalerie française. « La cavalerie russe a débouché avec une grande vigueur, écrit Marmont à Mortier, et a culbuté ma cavalerie légère. » Toujours prêt à trouver des excuses quand il s'agit de justifier et d'expliquer ses mouvements, le duc de Raguse prétend, il est vrai, dans la même dépêche, qu'à son grand étonnement, il avait su qu'un corps d'armée avait passé la Suippe et marchait sur son flanc et ses derrières, alors qu'il ne s'agissait, en réalité,

---

[2] Marmont à Mortier, Fismes, 18 mars, 11 heures 1/2 du soir. (*Archives de la guerre.*)

que d'un millier de chevaux. « Nous arrivâmes, dit Benkendorf, dans la plaine, entre Cormicy et Berry-au-Bac, au moment où l'arrière-garde française, composée de 1500 hommes d'infanterie, de 600 lanciers polonais et de trois pièces de canon, faisait sauter le pont et arrêtait les corps prussiens d'York et de Kleist, postés sur l'autre rive.

« Le général Tchernitcheff m'ordonna d'attaquer sur-le-champ l'arrière-garde française avec ma brigade de cosaques soutenue par le régiment d'Ilowaïsky IV et par les uhlans de Volhynie. Mon escorte me pria de permettre aux cosaques d'attaquer seuls, en me disant : « Ne souffrez pas que les uhlans combattent; il « faut montrer aux troupes régulières et aux Prussiens comment « les hommes du Don s'y prennent. »

« J'ordonnai au régiment de Giroff d'attaquer en ligne; je formai, en même temps, du régiment de Sisoïeff une première réserve, et de celui d'Ilowaïsky IV une seconde réserve.

« L'arrière-garde française gagnait la lisière d'un bois qui s'étend depuis Berry-au-Bac jusque vers La Ferté-Milon. *Il s'agissait d'amener sa cavalerie à s'éloigner du bois et de l'attirer en rase campagne, hors de la protection de l'infanterie.*

« Les Polonais, naturellement braves et faciles à exciter, lorsqu'ils se trouvent en présence de Russes, ne pouvaient voir nos lanciers, qui étaient masqués par une petite hauteur. Les lanciers polonais se portèrent peu à peu en avant, tandis que pour les attirer, nos gens les provoquaient par leurs moqueries, auxquelles les autres répondaient en les appelant Moscovites. Ayant avec moi le colonel comte Lehndorff, aide de camp du général York, qui était curieux de voir une attaque de cosaques, je voulais en donner l'ordre sur-le-champ; mais Giroff et quelques autres officiers qui m'entouraient me conjurèrent d'avoir un moment de patience, en me disant : « Laissez-les s'éloigner un « peu plus de leur infanterie, et nous vous répondons du succès. » En effet, les cavaliers polonais et français qui avaient pris ce retard pour de l'hésitation, nous chargèrent en ligne et à toutes jambes. Les cosaques firent mine de se sauver, mais en un clin d'œil, et par un mouvement que leur suggéra leur instinct militaire, après avoir crié *halte!* firent volte-face en criant *hurrah!* En un instant, la cavalerie ennemie fut entourée et rejetée dans le plus grand désordre sur son infanterie, après avoir laissé entre nos mains 110 prisonniers. Si notre troisième ligne nous eût secondés à temps, l'arrière-garde ennemie tout entière eût été entraînée dans la déroute ; mais il arriva que, dans la poursuite, par une habitude qu'il est plus difficile de faire perdre au cosaque qu'à toute autre troupe, la moitié de notre monde n'était occupée qu'à faire des prisonniers. Alors, l'infanterie française eut le temps de reprendre sa position, et le feu de la mitraille nous obligea de lâcher notre proie [1]. »

La cavalerie d'York et de Kleist passe l'Aisne à gué. — « J'ai dû réunir mes forces sur le plateau de Roucy, » écrit encore Marmont à Mortier. L'apparition des cavaliers de Tchernitcheff avait, en effet, non seulement obligé Ricard à évacuer sa position vis-à-vis de Berry-au-Bac, mais elle avait encore eu pour conséquence de décider Marmont à renoncer à la défense de la rive gauche. Bien que les ponts ne fussent pas achevés, York avait immédiatement donné l'ordre à la cavalerie de passer l'Aube à gué.

Du côté de Pontavert, les cosaques, après avoir sondé le cours de la rivière avec leurs lances, découvrirent un gué et passèrent sur la rive gauche avec les cavaliers du major von Colomb [2], qui poussa avec ses trois escadrons sur Roucy.

Katzler, avec ses deux régiments de hussards, traversa la rivière presque au même moment, au gué de la Picherie. La cavalerie de réserve de Zieten suivit son mouvement pendant que le colonel de Blücher, à la tête de la cavalerie légère de Kleist, s'engageait à la suite de Colomb. Bien que poussée vigoureusement, la poursuite, à cause de l'heure avancée de la journée, ne pouvait plus amener de grands résultats.

Katzler parvint toutefois à tourner la position de Roucy et poursuivit l'arrière-garde de Marmont jusqu'à peu de distance de Baslieux-les-Fismes. La nuit permit à Marmont de gagner Fismes sans trop de difficultés et d'arrêter les progrès de Katzler, dont les régiments, laissant des avant-postes aux environs de Blanzy et de Baslieux, se replièrent et vinrent s'établir à Ventelay, tandis

---

[1] BENKENDORF, *Des Cosaques*, pages 41 à 44.
[2] *Aus dem Tagebuche des Rittmeisters von Colomb*, page 186.

que Colomb restait à Roucy et que Zieten, le colonel de Blücher et Tchernitcheff s'arrêtaient à Cormicy.

Le soir même, le pont de Pontavert était praticable et la 9ᵉ brigade (général von Pirch) vint camper sur les hauteurs de la rive gauche. Le reste du IIᵉ corps se concentra sur la rive droite, à Pontavert.

Le pont de Berry-au-Bac n'étant pas encore réparé, York avait dû faire camper son infanterie sur la ligne La-Ville-au-Bois, Juvincourt et Berry-au-Bac. Derrière lui, Sacken est à Corbeny avec le quartier général de l'armée de Silésie. Plus à gauche, Winzingerode s'est arrêté à Amifontaine, et Langeron à Ramecourt. Le IIIᵉ corps prussien (Bülow) est à Laon et à La Fère.

Du côté de Compiègne, tout est encore tranquille. Les avant-postes prussiens n'ont guère dépassé Noyon.

S'il était impossible à Marmont de s'entêter davantage à la défense de la rive gauche de l'Aisne et de compromettre son petit corps en essayant de tenir plus longtemps à Berry-au-Bac et à Pontavert, rien, au contraire, ne l'obligeait à enfreindre les ordres de l'Empereur et à commettre une faute qu'il reconnaît lui-même dans la lettre qu'il adressait de Château-Thierry, le 21 mars, au major-général. Au lieu de prendre sa direction sur Fismes, de s'éloigner de Mortier, d'aller enfin s'établir à Fismes, à une bonne journée de marche du corps du duc de Trévise, rien ne l'empêchait de se replier sur Reims, d'y opérer sa jonction avec son collègue et de manœuvrer, de concert avec lui, sur Épernay et Châlons, d'où il aurait pu rejoindre l'Empereur. Le maréchal avait, il est vrai, depuis la veille, l'ordre de couvrir Paris, mais on lui avait, en même temps, prescrit de disputer le terrain pied à pied. Il n'y avait donc aucun motif pour se hâter à ce point et pour sacrifier Reims. On ignorait encore les projets de Blücher et l'on s'exposait, pour ainsi dire de gaieté de cœur, à un échec immédiat. De Fismes, où il s'était établi le 18 au soir, à Reims, il y a 28 kilomètres.

L'armée de Silésie pouvait donc, dès le lendemain, séparer complètement les deux maréchaux et les écraser.

Le duc de Raguse, qui devait d'ailleurs commettre encore plus d'une erreur fatale pendant les journées suivantes, semble s'être lui-même rendu compte de la faute qu'il venait de commettre.

« Je me serais porté sur Jonchery, écrit-il le soir même à

Mortier [1], si j'avais été sûr que le pont fût rétabli. Dans le doute, j'ai dû me replier sur Fismes. »

Et comme le maréchal sent lui-même tout le danger de sa position, après avoir essayé de se justifier en insistant sur la nécessité de couvrir Paris, de ne pas se laisser couper de Soissons et du général Charpentier, il ajoute : « Je pense, mon cher maréchal, que vous n'avez pas un instant à perdre pour vous porter sur moi. »

19 mars. — Mouvement d'York et de Kleist sur Fismes. — Le 19 au matin, les passages de Pontavert et de Berry-au-Bac [2] étaient rétablis, et les corps d'York et de Kleist se mettaient dès l'aube en marche sur Fismes. Le IIe corps (Kleist) formant la colonne de droite et précédé par la cavalerie du colonel de Blücher envoyée du côté de la route de Fismes à Braine, se portait sur Blanzy et Perles. Le Ier corps, couvert par la cavalerie de Katzler, qui s'éclairait sur Baslieux, Courlandon et Breuil, allait s'échelonner de Romain à Ventelay. La cavalerie de réserve, marchant entre les deux corps, devait s'établir en arrière et à droite du IIe corps, à Merval et à Serval, tandis que le major von Colomb, couvrant la gauche du Ier corps, filait avec son corps volant sur Montigny.

Pendant que ces deux corps se portaient de l'Aisne vers la Vesles, Langeron et Sacken avaient ordre de venir s'établir en deuxième ligne, le premier à Berry-au-Bac, le deuxième à Pontavert. Bülow, au contraire, devait, après avoir laissé un bataillon

---

[1] Marmont à Mortier, Fismes, 18 mars, 11 heures 1/2 du soir. (*Archives de la guerre.*)

[2] Gneisenau à Boyen, Berry-au-Bac, 19 mars : « On ne voit pas encore absolument clair dans les mouvements de l'ennemi. Il semble, cependant, d'après la plupart des renseignements, que Napoléon a quitté Reims, allant sur Châlons ou sur Epernay.

« York et Kleist ont passé ce matin à Pontavert et à Berry-au-Bac, et sont près de Fismes.

« Winzingerode devait être à leur hauteur à Reims ; mais sa lenteur est désespérante, et il n'a défilé ici que cette après-midi.

« Tout le pays entre Rethel, Rocroy et Montcornet est sous les armes. Les paysans ont dispersé le corps de Lützow. Il faut absolument agir contre le soulèvement. J'ai l'intention d'envoyer de ce côté 3,000 hommes et de faire brûler les villages insurgés. »

en garnison à Laon, arriver à hauteur de L'Ange-Gardien et se tenir prêt à se porter sur Soissons ou sur Vailly.

Winzingerode poussait sur Reims.

A 6 heures du matin, les Ier et IIe corps commençaient le passage de l'Aisne. Retardé par le brouillard et par les mauvais chemins, le gros des deux corps n'arriva que dans l'après-midi sur les positions indiquées. La cavalerie de Katzler et de Blücher avait conservé le contact avec les troupes de Ricard, établies en avant de Fismes, et s'était bornée à tirailler avec elles.

Mouvements des maréchaux. — Avant de se décider à la retraite sur Fismes, avant de rappeler à lui le duc de Trévise, qui venait précisément de s'établir à Reims, Marmont, s'il eût été en pleine possession de lui-même, n'aurait pas manqué de régler sa conduite et ses opérations sur l'attitude observée par l'armée de Silésie depuis dix jours. Mais si la maladie avait terrassé Blücher, l'affaire d'Athies avait laissé dans l'esprit du duc de Raguse une impression que quelques jours de calme n'avaient pas réussi à effacer. En d'autres temps, le maréchal aurait assurément envisagé la situation d'une tout autre manière. Il aurait vu tout de suite qu'il continuait à avoir affaire à des officiers d'un incontestable mérite, mais n'ayant ni l'autorité suffisante pour rien entreprendre de décisif, ni l'énergie nécessaire pour s'inspirer des procédés hardis du commandant de l'armée de Silésie. Sans parler même de l'inaction complète de l'armée de Silésie depuis Laon, le peu de vigueur et de décision apportées le 18 à l'attaque de Pontavert et de Berry-au-Bac, aurait dû démontrer à Marmont qu'il n'y avait pour lui aucun motif, ni pour se mettre en retraite sur Fismes, ni pour se faire rejoindre par Mortier, ni, par conséquent, pour se résoudre à l'évacuation prématurée et dangereuse de Reims.

Dès le 19, le duc de Raguse lui-même reconnut d'ailleurs, mais trop tard, la faute qu'il venait de commettre en se laissant imposer en quelque sorte la direction de sa retraite par les quelques cavaliers de Tchernitcheff.

La cavalerie de Roussel défend Reims contre Winzingerode. — Il serait oiseux de rechercher ici les motifs qui poussèrent Marmont à changer d'avis. Qu'il ait cédé aux représentations de Mortier accouru à Jonchery pour conférer avec lui, qu'il ait eu avis de la marche de Winzingerode sur Reims ou bien, qu'après un examen plus raisonné et plus calme de la situation, il ait de lui-même, mais hélas trop tardivement, regretté l'envoi de la dépêche par laquelle il pressait Mortier de se réunir à lui, c'est là chose absolument secondaire. Le mal était fait. Le duc de Trévise, justement alarmé par la dépêche de Marmont, s'était déjà mis en route. A 6 heures du matin, après avoir donné avis de son mouvement au général Vincent qui commandait à Épernay, le maréchal s'était engagé sur la route de Reims à Fismes. Au même moment, la division Charpentier quittait Soissons pour rallier elle aussi le duc de Raguse. Bien que l'arrière-garde de Mortier — la division de dragons de Roussel d'Hurbal — ne fût sortie de Reims que vers 10 heures du matin, elle était déjà arrivée à Muizon, lorsque Belliard reçut le contre-ordre lui prescrivant de se reporter sur Reims et de chercher à y rentrer. Quant à l'infanterie de Mortier, elle avait déjà parcouru trop de chemin pour qu'il fût possible de songer à lui faire faire demi-tour. On se contenta de l'arrêter sur les points qu'elle venait d'atteindre.

La cavalerie de Roussel fut par suite chargée seule de l'exécution de cet important mouvement. Sans perdre une minute, Belliard fait prendre le trot à trois escadrons de dragons qu'il suit avec le reste de la division. Dans l'intervalle, l'avant-garde de Winzingerode a déjà atteint et traversé Reims où elle n'a trouvé personne. Débouchant de cette ville, les cosaques, qui la précèdent, viennent donner à l'improviste contre les trois escadrons de dragons. Surpris par l'apparition inattendue de la cavalerie française, chargés et ramenés par elle, ils se hâtent d'aller donner l'alarme et d'annoncer le retour des Français.

Belliard a à peine eu le temps de fermer et de barricader les portes de Reims, de faire occuper la ville par deux escadrons de dragons qui ont mis pied à terre, de s'établir avec le reste de la division sur la rive gauche de la Vesles, à peu de distance des faubourgs de Vesles et d'Épernay et sur les hauteurs de Tinqueux, que de fortes colonnes de cavalerie russe apparaissent par la route de Berry-au-Bac. Décontenancés au premier moment par une résistance à laquelle ils étaient loin de s'attendre, les Russes dirigent bientôt une partie de leurs troupes avec du canon sur

Saint-Brice pour essayer d'y jeter un pont sur la Vesles et de forcer le passage. Cette tentative échoue et, après avoir fait sommer la place de se rendre, Winzingerode se borne à canonner Reims et à tirailler d'une rive de la Vesles à l'autre.

Pendant ce temps, le reste de ses troupes se rapproche de Reims que le général russe ne tarde pas à bloquer de trois côtés.

Ses batteries établies sur la route de Berry-au-Bac au moulin de Betheny et sur les hauteurs ouvrent le feu aussitôt après la rentrée d'un deuxième parlementaire. Une troisième sommation n'a pas plus de succès. De 2 heures à 7 heures, les cavaliers de Roussel réussissent à arrêter les Russes, et Winzingerode, trompé par l'attitude énergique de Belliard, convaincu que Reims est défendu par des troupes d'infanterie, fait ses préparatifs pour essayer d'enlever la ville par une attaque de nuit. Jusqu'à 7 heures, en dépit du danger de sa situation, Belliard a tenu bon dans l'espoir de se voir soutenu par l'arrivée de quelques troupes d'infanterie qui lui auraient permis d'assurer la défense de la ville.

Certain désormais qu'on ne se rapproche pas de lui et qu'on ne lui enverra pas de renforts, il profite de la tombée de la nuit pour décamper en silence, évacuer la ville et se replier d'abord sur Jonchery, puis sur Fismes. Le 19, dans la soirée, Winzingerode, entré à Reims quelque temps après le départ de Belliard, se contente de le faire suivre de loin et par quelques cosaques[1] dans la direction de Jonchery.

Le soir, Mortier, puis Belliard, rejoignent à Fismes Marmont, dont ils forment la droite, et les troupes françaises passent la nuit sur les positions s'étendant de Fismes à Magneux.

A l'aile droite de l'armée de Silésie, Sacken et Langeron se sont arrêtés à Pontavert et à Berry-au-Bac. Katzler, avec la cavalerie d'avant-garde, a trouvé les abords de Fismes trop solidement gardés pour essayer de les enlever avec sa cavalerie et l'infanterie de l'avant-garde du Ier corps l'ayant rejoint seulement dans la soirée, il a dû se borner à la charger du service des

---

[1] Belliard à Mortier, 19 mars, soir, et Journal de la division Roussel d'Hurbal. (*Archives de la guerre.*)

avant-postes depuis Courlandon jusqu'à Baslieux et Blanzy-lès-Fismes. A sa droite, le colonel de Blücher, avec le 1er régiment de hussards de Silésie et le régiment de uhlans de Silésie, surveille les bords de la Vesles dans la direction de Soissons.

Les corps d'York et de Kleist se sont établis sur les points indiqués par la disposition.

Tettenborn occupe Châlons. — Pendant que le général Lambert, informé de la marche du gros de l'armée de l'Empereur sur Fère-Champenoise, se rejetait prudemment sur Vitry avec les troupes de Davidoff, Tettenborn passait la Marne à gué avec ses cosaques et se dirigeait par la rive droite sur Châlons, dont le maréchal Ney avait fait barricader les portes lors de son départ. Les troupes du général Duvigneau n'étaient pas arrivées, et, malgré le refus opposé par les habitants, les cosaques, défonçant les portes, traversèrent la ville le 19 au soir. Après y avoir laissé deux de ses régiments, Tettenborn alla s'établir avec le reste de sa cavalerie à Notre-Dame-de-l'Épine, sur la route de Châlons à Sainte-Menehould. Ses partis battaient le pays dans la direction de Vatry, d'Épernay et de Reims.

20 mars. — Inaction de Marmont. — Dès le 20 au matin, Marmont, sans attendre les mouvements des Prussiens, ramena toutes ses troupes sur la position du Mont-Saint-Martin. Forte en elle-même, couverte sur son front par la Vesles, sur sa droite par l'Ardre, dominant Fismes et la vallée de la Vesles, en somme d'un abord difficile, cette position présentait néanmoins un grave inconvénient. La retraite, si l'on venait à en être délogé, ne pouvait s'effectuer que par de mauvais chemins de traverse. Enfin et quoi qu'en ait dit Marmont, elle ne protégeait en aucune façon ni les communications de Soissons et de Paris, ni celle de Reims[1]. Uniquement préoccupé de couvrir Paris, intimement convaincu que Blücher ne songeait qu'à marcher dans cette direction, le

---

[1] Marmont au major-général, Mont-Saint-Martin, 20 mars, soir : « Nous avons tenu toute la journée la forte position du Mont-Saint-Martin, sans que l'ennemi ait osé rien entreprendre. C'est une position inexpugnable si j'avais plus de monde, et *qui couvre toutes les grandes communications.* » (*Archives de la guerre.*)

duc de Raguse continuait à se faire une idée absolument fausse de la situation. Il s'attendait à une attaque à laquelle Gneisenau n'avait jamais pensé et que l'attitude expectante des troupes de l'armée de Silésie pendant les deux journées précédentes rendait absolument improbable. Du reste, le mal était fait; la faute était irréparable depuis qu'on avait abandonné Reims.

L'absence de routes praticables empêchait de marcher de Fismes sur Épernay, et quand les maréchaux reçurent dans la nuit du 20 au 21[1] l'ordre de l'Empereur[2] les appelant sur Châlons ou sur Épernay, il leur était déjà impossible de prendre par la rive gauche de la Vesles, de marcher par leur droite sur Reims. Les craintes de Marmont allaient avoir encore d'autres conséquences non moins graves. Se croyant sur le point d'être attaqué par l'armée de Silésie tout entière, le maréchal avait fait rappeler par le duc de Trévise la division Charpentier qui était venue s'établir la veille à Braine, abandonnant ainsi Soissons et Compiègne à leurs propres forces. Le commandant Gérard avait, il est vrai, vigoureusement poussé la mise en état de défense de la première de ces places défendue par environ 3,000 hommes; mais le major Otenin, auquel on avait annoncé le 19 l'envoi de deux bataillons de garde nationale, ne disposait à Compiègne que de 645 hommes avec deux canons approvisionnés à 250 coups.

Positions de l'armée de Silésie. — Loin de songer à attaquer, soit le Mont-Saint-Martin, soit Fismes qu'occupait encore l'arrière-garde de Mortier, Gneisenau avait ordonné aux deux corps d'York et de Kleist de se borner à surveiller la vallée de la Vesles aux environs de Fismes; à Winzingerode, de s'établir solidement à Reims et de pousser sa cavalerie sur Châlons et sur Épernay.

Les corps de deuxième ligne seuls firent quelque chemin pendant la journée du 20. Sacken marcha par la rive droite de l'Aisne, de Pontavert à Vailly, y jeta un pont et son avant-garde s'installa à Vailly. Ce mouvement avait évidemment pour but de faciliter une opération dirigée, soit contre la gauche des maré-

---

[1] FABVIER, *Journal d'opérations du VIe corps*.
[2] Major-général à Marmont et Mortier, Plancy, 8 heures 1/2 du matin.

chaux, soit contre les troupes françaises qu'on croyait encore aux environs de Soissons.

Bülow, continuant sa marche, poussa une forte avant-garde jusqu'en vue de Soissons et ses éclaireurs, chassant les vedettes françaises du plateau de Crouy, s'étaient avancés jusqu'à portée de fusil du corps de place.

Langeron seul était resté en réserve à Berry-au-Bac. Il avait toutefois, sur l'ordre de Gneisenau [1] alarmé par l'apparition de troupes françaises du côté de Rethel et par les nouvelles faisant prévoir le soulèvement général et imminent des populations des Ardennes, fait partir pour Rethel le général comte Witt qu'il chargea avec une colonne mobile forte de 2,000 hommes, 1000 chevaux et une demi-batterie, de rétablir le calme et de donner la chasse aux troupes françaises qui chercheraient à encourager et à soutenir l'insurrection.

Affaire de cavalerie à Magneux. — Dans la nuit du 19 au 20, on avait commencé à réparer le pont de Courlandon, coupé par les Français lors de leur retraite sur Fismes. Dans la matinée du 20, un escadron de cavalerie nationale de la Prusse orientale passa la Vesles plus en avant, au gué de Breuil, enleva quelques traînards et poussa ses vedettes jusque vers l'Ardre. Vers midi, cet escadron, rejoint par les cosaques du colonel Busch, venant de Jonchery, s'établissait à Magneux.

Plus en aval, la cavalerie du colonel de Blücher tenait le pont de Bazoches et s'éclairait sur Braisne.

A 4 heures de l'après-midi, le pont de Courlandon était rétabli, et le général von Zieten envoyait aussitôt sur la rive gauche les cuirassiers de Silésie et les uhlans de Brandebourg avec une demi-batterie. L'arrivée de ces régiments était d'autant plus opportune que la cavalerie française venait de chasser des hau-

---

[1] Gneisenau écrivant au général de Boyen, le 20 mars, de Berry-au-Bac, lui disait entre autres : « Il serait évidemment utile de pousser en avant de gros corps de cavalerie. Mais par qui les faire commander?... Wassiltchikoff, le meilleur des généraux de cavalerie russe, est moins ancien que Korff, le plus mauvais d'entre eux. La tentative faite récemment avec Winzingerode a été malheureuse. Nos généraux de cavalerie sont plus jeunes que les généraux russes. *Et puis, ce n'est pas chose aisée que de conduire, prudemment et résolument à la fois, un corps de 10,000 chevaux.* »

teurs de Magneux le corps volant de Colomb, l'escadron de cavalerie nationale de la Prusse orientale et les cosaques du colonel von Busch. Ramenés à leur tour, les escadrons français se replièrent sur Saint-Gilles, où leurs avant-postes d'infanterie arrêtèrent les cuirassiers et les uhlans prussiens. La nuit était venue sur ces entrefaites, et Zieten s'établit sur le plateau de Magneux. La division du prince Guillaume de Prusse occupa Courlandon.

Winzingerode avait profité de la journée qu'il avait passée à Reims pour rétablir les ponts de la Vesles. Ses partis poussant jusqu'à Beaumont-sur-Vesles y avaient communiqué avec les cosaques de Tettenborn, dont les coureurs s'étaient montrés à Tours-sur-Marne et à Bouzy et s'approchaient d'Épernay, où le général Vincent avait ordre de se maintenir[1].

Ainsi, tandis que les maréchaux attendaient, sur leur position du Mont-Saint-Martin, pendant toute la journée du 20, une attaque qui ne devait pas se produire, l'armée de Silésie, masquant son mouvement derrière le rideau formé par les corps d'York et de Kleist, débordait leur gauche et leur droite. Le 20, au soir, Marmont[2] commença à reconnaître les fautes qu'il avait commises. « Je suis tenté de croire, écrit-il au major-général, que toute l'armée de Silésie n'est pas ici. » Puis, tout en cherchant à se disculper en disant que les rapports des habitants annoncent l'arrivée d'une grande quantité de troupes, il ajoute : « Je suis disposé à croire qu'il y ait un détachement fait sur Sa Majesté. » Et plus loin encore : « L'ennemi s'est affaibli d'un détachement qu'il a fait sur la rive droite de l'Aisne et qui a été en vue descendant la rivière. »

21 mars. — Retraite des maréchaux de Fismes sur Château-Thierry. — Ce fut pour ces raisons que Marmont s'était décidé à tenter la fortune sur le champ de bataille qu'il avait choisi à Mareuil-en-Dôle et qui lui paraissait avantageux. Quelques heures plus tard, dans la nuit du 20 au 21, il recevait, par l'intermédiaire du général Vincent, une dépêche du major-géné-

---

[1] Major-général au général Vincent, Plancy, 20 mars, 10 heures du matin, et Vincent au major général, Epernay, 20 mars, 6 heures du matin et 9 heures du soir. (*Archives de la guerre.*)

[2] Marmont au major-général, Mont-Saint-Martin, 20 mars, minuit. (*Archives de la guerre.*)

ral partie de Plancy le 20 à 10 heures du matin[1]. « Sa Majesté, lui écrit Berthier, voit avec peine que vous vous soyez retiré sur Fismes au lieu de venir sur Reims, et de là sur Châlons et Épernay. Sa Majesté ordonne donc que vous ayez de suite à prendre cette communication ; *car, sans cela, Blücher va se réunir au prince de Schwarzenberg et tout cela tombera sur vous.* »

Mais ces ordres formels, ces avertissements prophétiques resteront sans effet. La route de Reims est au pouvoir de l'armée de Silésie, les chemins de traverse menant à Épernay sont encore plus impraticables que ceux menant à Oulchy-le-Château et à Château-Thierry, points vers lesquels le duc de Raguse dirigera sa retraite le 21 au matin. A ce moment, il est vrai, Marmont n'était plus maître de choisir une autre direction; mais il est évident que si, au lieu de se concentrer à Fismes afin de couvrir Paris, les maréchaux s'étaient établis à Reims, ils auraient d'abord assuré leur mouvement ultérieur sur Châlons et se seraient, de plus, trouvés en mesure de retarder la marche de l'armée de Silésie. En lui disputant habilement le terrain sans s'engager à fond, les maréchaux auraient pu obliger Blücher à mettre quatre ou cinq, peut-être même six jours pour déboucher de Reims et atteindre Châlons. Enfin, malgré le mauvais état des chemins, on peut encore se demander si, au lieu de prendre leur direction sur Château-Thierry, ils n'auraient pas dû, même au prix de gros sacrifices, essayer de gagner Épernay, d'y rejoindre le général Vincent, de prévenir encore Blücher à Châlons, de se rapprocher de l'Empereur et d'empêcher l'armée de Silésie de rien entreprendre de sérieux tant qu'elle n'aurait pas communiqué avec l'armée de Schwarzenberg.

Le 21 au matin, les maréchaux ont entre les mains un nouvel ordre du major-général, plus pressant, plus formel encore que le précédent : « Dirigez-vous avec le duc de Trévise, de l'endroit où vous recevrez cet ordre, sur Châlons par Reims, et si c'est impossible, par Épernay. Marchez en hâte et accélérez le mouvement de la cavalerie. Sa Majesté sera demain à Vitry. Macdonald et Oudinot suivent notre mouvement par Arcis[2]. »

---

[1] *Correspondance*, n° 21524, major-général aux maréchaux Marmont et Mortier. (Registres de Berthier, *Archives de la guerre.*)
[2] Major-général à Marmont, Plancy, 20 mars, midi. (Registres de Berthier, *Archives de la guerre.*)

Dès le 21 au matin, dans l'impossibilité de se conformer à cet ordre, Marmont évacua la position du Mont-Saint-Martin et prit sa direction sur Oulchy-le-Château.

Ordres de mouvement de l'armée de Silésie. — Mais le mouvement des maréchaux n'avait pas échappé à la cavalerie prussienne de Katzler, et Gneisenau, informé de la direction prise par les colonnes françaises, prescrivit aux deux corps d'York et de Kleist de les suivre et de les pousser. Sacken viendra de Vailly à Braisne et enverra des avant-gardes, d'un côté sur Soissons, de l'autre sur Oulchy-le-Château. Bülow s'avancera avec le gros de son corps de Vaudesson jusqu'en vue de Soissons, investira la place et relèvera les troupes détachées par Sacken.

Langeron laissera un bataillon à la garde du pont de Berry-au-Bac et amènera le reste de son corps sur les hauteurs de Baslieux et de Romain en avant de Fismes. Winzingerode restera à Reims.

Bien que les vedettes prussiennes eussent signalé les mouvements des Français dès 4 heures du matin, ce fut à 7 heures seulement que le poste français de Saint-Gilles se replia et que la cavalerie de Zieten, passant sur la rive gauche de l'Ardre, déboucha sur le plateau du Mont-Saint-Martin, rejoignit l'avant-garde de Katzler et suivit l'arrière-garde française qui se repliait en bon ordre sur Chéry et Mareuil-en-Dôle. A 8 heures, le Ier corps passait le pont de Courlandon, défilait par Fismes et s'engageait sur la route de Fère-en-Tardenois, suivie par la cavalerie. A peu près à la même heure, le IIe corps traversait la Vesles à Bazoches, en aval de Fismes, et s'engageait sur la route de Loupeigne, précédé par la cavalerie du colonel Blücher.

Combat de cavalerie d'Oulchy-le-Château. — Deux chemins menaient à cette époque de Mareuil-en-Dôle à Château-Thierry : l'un, le plus direct, mais le plus mauvais, passait par Fère-en-Tardenois ; l'autre, plus long mais incomparablement meilleur, allait par Cramaille à Oulchy-le-Château où il rejoignait la grande route de Soissons. Une fois à Oulchy, les maréchaux pouvaient, au lieu de se porter sur Château-Thierry, se rejeter plus à l'ouest sur Neuilly-Saint-Front, La Ferté-Milon et Meaux. Contrairement aux suppositions de Zieten et de Katzler, les maréchaux avaient engagé le gros de leurs forces sur cette dernière route et n'avaient fait prendre le chemin de Fère-en-Tardenois qu'à quelques détachements. Ce fut seulement lorsqu'il arriva à la lisière sud des bois de Mareuil que Zieten put se rendre un compte exact de la situation. Il poussa immédiatement Katzler par Fère-en-Tardenois vers la chaussée de Château-Thierry et prescrivit au colonel de Blücher et à la cavalerie de réserve de suivre les Français sur Oulchy.

Rejoint à Oulchy par la division Charpentier qui, arrêtée à Braisne, avait dû attendre la nuit pour se mettre en mouvement, Marmont, dont la retraite n'avait pas été sérieusement inquiétée, comptait y donner quelque repos à ses troupes. Mais, sorti de la ville pour inspecter la position, le duc de Raguse aperçoit la cavalerie prussienne. Il fait aussitôt reprendre la marche, presse le mouvement de son convoi et de ses troupes et laissant entre Oulchy et Cugny une arrière-garde de 400 chevaux, il parvient à faire passer son infanterie et son artillerie sur la rive gauche de l'Ourcq.

Zieten, dont les escadrons sont arrivés à hauteur de Cramaille et de Saponay, se dispose à attaquer l'ennemi sur deux colonnes. Le colonel von Blücher, avec le 5e hussards de Silésie et les dragons de la Nouvelle-Marche et de la Prusse occidentale, reçoit l'ordre de tourner par la gauche les hauteurs de Cugny, de surveiller la plaine du côté de l'Ourcq, de chercher à gagner la route d'Oulchy à Château-Thierry et à couper la retraite à l'arrière-garde des maréchaux. Les uhlans de Brandebourg suivis par les cuirassiers de Silésie et la brigade du colonel von Wrangel (cuirassiers du Brandebourg et de la Prusse occidentale) forment la colonne de droite et se portent droit sur Oulchy. Le général von Jurgass reste en réserve avec ses régiments.

La colonne de droite oblige la cavalerie française à se replier sur Oulchy, mais la colonne de gauche ne peut remplir sa mission. Les Français, profitant habilement de cette circonstance, se maintiennent sur la hauteur de Cugny et obligent Zieten à se retirer. Satisfaits du résultat qu'ils ont obtenu, ils n'attendent pas une attaque combinée de Zieten et du colonel von Blücher et se replient sous la protection de leur artillerie qui s'est mise en batterie sur la rive gauche de l'Ourcq. Le feu de leurs batteries arrête jusqu'au soir les cavaliers de Zieten et ceux de Blücher.

A la gauche de ces derniers, Katzler a défilé par Fère-en-Tardenois à 2 heures, et son avant-garde (hussards de Brandebourg) a donné aux environs de Coincy contre un escadron français qui se retire aussitôt et rejoint à Rocourt l'arrière-garde postée dans ce village [1].

A 6 heures du soir, l'arrière-garde française évacue Rocourt et se replie, sans être poursuivie, sur Château-Thierry où les maréchaux, arrivés depuis quelques heures déjà, essaient de remettre un peu d'ordre dans les rangs de leurs troupes.

Positions des Ier, IIe et IIIe corps prussiens et du corps Sacken le 21 mars au soir. — Le 21 au soir, le colonel de Blücher entre à Rocourt. Zieten s'arrête à Oulchy-le-Château, et Katzler qui est resté à Coincy envoie par Beuvardes quelques partis sur la route de Château-Thierry. En arrière des points occupés par la cavalerie, le Ier corps a atteint Fère-en-Tardenois, le IIe corps campe à Cramaille et communique avec les troupes de Sacken installées à Braisne. Langeron est aux environs de Fismes.

A l'extrême droite de l'armée de Silésie, Bülow a pris position à Crouy, et ses troupes légères, passant l'Aisne à Venizel, viennent s'établir à Belleu, chassant devant elles les cavaliers du général Grouvel qui durent se replier sur Villers-Cotterets. Le 21 au soir, Soissons était complètement investi.

Manquant de tout, pillant partout, commettant d'innombrables excès, les troupes de Marmont et de Mortier campent autour de Château-Thierry sur les deux rives de la Marne. A 11 heures 1/2 du soir, Marmont écrivant au major-général et au ministre pour essayer de justifier ses opérations, leur annonçait qu'il marcherait le lendemain sur Épernay [2]. Il ignorait à ce moment que ce mouvement était plus impossible que jamais.

Tettenborn fait enlever Épernay. — Sur l'ordre de Winzin-

---

[1] HAGEN, *Historique du 3e régiment de dragons de la Nouvelle-Marche*, et GUAETZKY-CORNITZ, *Historique du 1er régiment de uhlans de Brandebourg, n° 3 (Empereur de Russie)*.

[2] Marmont au major-général et au ministre de la guerre, Château-Thierry, 21 mars, 11 heures 1/2 du soir. (*Archives de la guerre.*)

gerode, Tettenborn avait le 21 au matin, chargé le colonel Pfuel avec ses deux régiments de cosaques et deux pièces légères, de chasser d'Épernay le petit détachement aux ordres du général Vincent. Sachant que les maréchaux avaient ordre de faire leur retraite sur Épernay, Vincent essaya de conserver sa position et réussit même à tenir bon jusque vers 2 heures de l'après-midi. Attaqué vivement sur la rive gauche par les cosaques qui rejettent sa cavalerie dans la ville, menacé sur la rive droite de la Marne par l'avant-garde de Winzingerode dont quelques partis ont déjà réussi à passer au gué de Damery, Vincent parvint à grande peine à gagner Dormans vers une heure du matin en passant par les bois qui bordent et dominent au sud la grande route [1].

Lettre de Blücher au prince de Schwarzenberg. — Gneisenau n'avait pas attendu la fin de la journée pour rendre sommairement compte au généralissime des événements survenus depuis que l'armée de Silésie avait repris son mouvement. Dans la matinée, avant de transporter de Berry-au-Bac à Fismes, Blücher, trop malade encore pour pouvoir reprendre la direction des opérations [2], Gneisenau avait fait signer au feld-maréchal une dépêche dans laquelle le chef d'état-major de l'armée de Silésie, exposant son projet de marcher sur Paris par la Marne et par l'Oise dès qu'on aurait enlevé Compiègne et Soissons, se plaignait de l'inaction du prince royal de Suède. Il insistait tout particulièrement sur la nécessité d'obliger Bernadotte à marcher de l'avant et à rendre disponibles les troupes prussiennes et fédérales qui, au lieu d'être employées contre Maison, pourraient alors marcher sur Paris par la rive droite de l'Oise [2]. En poursuivant les maréchaux, en leur barrant le chemin de Châlons et d'Épernay, l'état-major de Blücher ne songeait donc pas le moins du monde à se rapprocher de la grande armée et à combiner de nouveau les opérations de l'armée de Silésie avec les siennes.

A ce moment, Blücher et Gneisenau [3], Marmont et Mortier

---

[1] *Tagebuch des Generals der Kavallerie Grafen von Nostitz* (*Kriegsgeschichtliche Einzelschriften*, 1884, V), et général Vincent au Ministre. Rapport du 24 mars. (*Archives de la guerre.*)

[2] Blücher à Schwarzenberg, Berry-au-Bac, 21 mars, au matin.

[3] Avant de quitter Berry-au-Bac, Gneisenau avait, en effet, adressé au général de Boyen le billet suivant : « Nous avons enfin des nouvelles de la grande

ignoraient encore les uns et les autres ce qui s'était passé pendant les journées des 20 et 21 sur l'Aube.

Le major von Brünneck, envoyé à Schwarzenberg, n'était pas encore de retour, et les maréchaux, de leur côté, n'eurent connaissance de la prise d'Épernay qu'après leur arrivée à Château-Thierry.

22 mars. — Les maréchaux se replient dans la direction de Montmirail. — S'il faut en croire le rapport que Marmont[1] adressa *quatre jours* plus tard au major-général, le duc de Raguse aurait eu l'intention de marcher quand même sur Épernay. « Mais, prétend-il, le duc de Trévise insista fortement pour que nous nous dirigeassions sur Étoges pour de là nous mettre en communication avec l'Empereur par Vatry, et il m'informa que déjà il avait rendu compte à Sa Majesté de la direction que nous allions suivre. Ce motif me détermina à y acquiescer. »

Ce qu'il y a de certain, c'est que le 22 au matin, après avoir donné avis de leur mouvement au général Vincent qu'ils invitaient à venir les rejoindre en passant par Orbais, les maréchaux ramenaient toutes leurs troupes sur la rive gauche de la Marne et coupaient derrière eux les ponts de Château-Thierry[2]. Laissant jusque vers midi une faible arrière-garde à Château-Thierry, ils se dirigèrent sur Étoges : Mortier en marchant par la grande route, Marmont en passant par Condé, Orbais et Montmort.

Ordres de mouvement de l'armée de Silésie. — On n'avait pas prévu ce mouvement au quartier général de l'armée de Silésie. On y était persuadé que Marmont et Mortier chercheraient à filer directement par la rive droite de la Marne, de Château-Thierry sur Meaux, afin de barrer la route de Paris. On avait par suite prescrit à la cavalerie légère du Ier corps et à la cavalerie de réserve de suivre le mouvement rétrograde des ma-

---

armée et de la marche de l'ennemi. Napoléon s'est porté, le 18, contre Fère-Champenoise. Schwarzenberg se concentre derrière l'Aube. Nous avons réoccupé Châlons. Demain, nous aurons des nouvelles de la bataille livrée par la grande armée. »

[1] Marmont au major-général, Allemant, 26 mars, 1 heure du matin. (*Archives de la guerre.*)

[2] Général Chabert au Ministre, 22 mars. (*Ibid.*)

réchaux. Le Ier corps avait ordre de venir de Fère-en-Tardenois à Oulchy-le-Château. Le IIe corps devait s'établir à sa droite à Billy-sur-Ourcq et pousser sa cavalerie sur Neuilly-Saint-Front et La Ferté-Milon. Sacken et Langeron restaient immobiles ; seule, la cavalerie de Sacken gagnait un peu de terrain et se rapprochait d'Oulchy. A droite, Bülow était laissé libre d'attaquer Soissons ; à gauche, Winzingerode allait faire passer la Marne à sa cavalerie et la pousser sur Arcis. Le quartier général de Blücher restait à Fismes.

A dix heures du matin, quand les pointes d'avant-garde de la cavalerie du Ier corps arrivèrent à Château Thierry, elles n'y trouvèrent plus personne, et quand le général von Katzler les rejoignit un peu plus tard, il ne lui restait plus d'autre ressource que d'essayer de faire passer sur la rive gauche une vingtaine de hussards et un parti de cosaques qu'il chargea de lui procurer des renseignements sur la direction suivie par les maréchaux. Une fois encore, l'armée de Silésie avait perdu le contact d'un adversaire inférieur en nombre et qui se repliait cependant en désordre devant elle.

Pendant ce temps, en effet, les maréchaux, se retirant sans encombre, avaient rallié en route Vincent qui n'avait eu que quelques légères escarmouches avec les cosaques de Tettenborn. Ce général, qui formera désormais l'arrière-garde de Marmont, s'arrêta le 22 au soir à Orbais.

Bombardement de Soissons. — Pendant la journée du 22 mars, Bülow avait démasqué ses batteries, commencé le bombardement de Soissons et essayé d'enlever le faubourg de Saint-Christophe. Une sortie de la garnison chassa ses troupes avancées du cimetière où elles s'étaient établies. Du côté de Villers-Cotterets, les coureurs de Bülow ont poussé jusqu'à Montgobert, et les partis de la cavalerie de Kleist occupent Ancienville, Faverolles, Noroy-sur-Ource et La Ferté-Milon. Ils n'ont devant eux que les 400 chevaux du général Grouvel postés à Villers-Cotterets [1].

---

[1] Général Grouvel au Ministre, Villers-Cotterets, 22 mars, 9 heures du soir (*Archives de la guerre*) : « Il m'est bien difficile, avec 400 chevaux, de communiquer avec Compiègne, Meaux et La Ferté-Milon, d'autant mieux que je

23 mars. — Marche des maréchaux et ordres de mouvements de l'armée de Silésie. — En transférant le quartier-général de l'armée de Silésie à Fismes, en y transportant Blücher encore malade [1], on avait eu, dans le principe, l'intention de ne prendre un parti décisif que lorsqu'on serait parvenu à voir absolument clair dans la situation. Les événements de la veille ne laissaient plus désormais aucun doute sur les intentions des maréchaux. En passant rapidement la Marne, ils avaient bien réussi à faire perdre le contact à la cavalerie de l'armée de Silésie, mais, dès ce moment, il était aisé de deviner qu'ils cherchaient à rallier l'armée de l'Empereur.

Aussi, dans la nuit du 22 au 23, Gneisenau avait fait établir une disposition qui commençait par ces mots : « L'Empereur Napoléon paraît s'être porté avec le gros de son armée sur Arcis. La destruction des ponts de la Marne à Château-Thierry et la direction sur Montmirail prise par les maréchaux Marmont et Mortier semblent indiquer que l'Empereur veut concentrer toutes ses forces pour frapper un coup décisif, qu'il va abandonner Paris à ses propres forces et en confier la défense aux gardes nationales. Les armées de Silésie et du Nord doivent, par suite, se hâter de soutenir la grande armée et chercher à tomber sur les flancs et les derrières de l'ennemi pendant que la grande armée l'occupera sur son front. » Or, ce résultat, Gneisenau [2]

---

manque d'officiers. Pour 2 régiments, je n'ai qu'un chef d'escadron et 3 capitaines. Il en résulte que je suis souvent obligé de donner un commandement important à un sous-lieutenant. »

[1] Nostitz, dans son *Tagebuch*, raconte, à ce propos, une anecdote assez curieuse :

« Blücher souffrait encore des suites de l'ophtalmie dont il avait ressenti les premières atteintes le premier jour de la bataille de Laon. Malgré les prières des officiers attachés à sa personne, il avait constamment refusé de faire usage de verres fumés ou d'un écran. Le hasard voulut qu'en arrivant à Fismes, on trouvât, dans une armoire ouverte de la pièce qui lui était réservée, un élégant chapeau de dame en soie verte et pourvu d'un large bord. On montra ce chapeau à Blücher qui, sans mot dire, le mit sur sa tête.

« Le feld-maréchal, ainsi costumé, partit le 23 pour Reims, et continua dans le même accoutrement jusqu'à Châlons. » (Nostitz, *Tagebuch* [*Kriegsgeschichtliche Einzelschriften*], 1884, V, 130.)

[2] Le 22 au soir, Gneisenau, écrivant de Fismes, à 7 heures du soir, à Boyen, lui disait : « York m'informe que l'ennemi a évacué Château-Thierry et y a détruit le pont avant de prendre le chemin de Montmirail. La route de Paris est par suite ouverte. Mais comme il est de règle de ne jamais faire ce que

croit pouvoir l'atteindre en marchant en trois colonnes. York et Kleist se dirigeront sur Château-Thierry, y répareront les ponts et enverront leur cavalerie sur les traces des maréchaux. Les trois corps russes de Winzingerode, Sacken et Langeron feront leur mouvement par la rive droite de la Marne et iront par Reims, Épernay et Châlons, sur Arcis. Winzingerode continuera à servir d'avant-garde avec ses 8,000 chevaux et ses 46 bouches à feu. Il passera la Marne à Épernay et poussera dans la direction d'Arcis jusqu'à Vatry. Son infanterie, sous les ordres de Woronzoff, marchera sur Châlons. Langeron défilera par Reims et ira s'établir à une lieue en avant de cette ville sur la route d'Épernay. Sacken, passant par Fismes, s'arrêtera à une lieue de Reims. Bülow seul restera devant Soissons.

Développant encore cette disposition et réglant en détail les marches qu'il se propose de faire exécuter les jours suivants, Gneisenau ajoute : « Le 24, Woronzoff passera la Marne à Châlons, Langeron en fera autant à Épernay, Sacken marchera sur Châlons, et le 25, ces trois corps se réuniront entre la Marne et l'Aube. York et Kleist viendront sur Montmirail et de là sur Arcis, point général de concentration. Si Bülow réussit à enlever Soissons, il y laissera une garnison et menacera Paris. Il exécutera le même mouvement s'il croit pouvoir assurer, rien que par le blocus, la prise de Soissons et de Compiègne, et laissera alors devant ces places des détachements chargés de les investir.... »

Pendant que les différents corps de l'armée de Silésie exécutent dans la matinée du 23 les mouvements prescrits par Gneisenau, les maréchaux ont continué leur retraite. Ignorant encore les événements des deux dernières journées, ils ne jugent pas à propos de s'arrêter sur les positions qu'ils ont atteintes la veille

---

l'ennemi désire, nous ne devons pas nous diriger sur Paris. Il s'agit, maintenant plus que jamais, d'anéantir les forces de Napoléon. Il faut donc passer la Marne, sans avoir de craintes pour la conservation de notre position stratégique de Laon. »

Il y a loin, on le reconnaîtra, de cet excès de prudence aux ardeurs inconsidérées qui avaient amené les échecs de la première quinzaine de février, et l'on aurait peine à croire que ce billet a été rédigé par le général qui, dès l'ouverture de la campagne, réclamait, à cor et à cri, la marche immédiate sur Paris. Mais Blücher était malade, et ce que le chef d'état-major recommandait jadis, le commandant intérimaire n'osait plus l'exécuter depuis qu'il était de fait seul responsable.

au soir et de donner aux différents corps qui, comme eux, cherchent à rallier l'armée de l'Empereur, le temps de les rejoindre. Ils savent cependant que les généraux Pacthod et Amey, à la tête d'environ 6,000 hommes, doivent arriver le jour même à Sézanne où se trouve également une colonne de gardes nationales et de troupes de ligne qui, sous les ordres de l'adjudant-commandant Noizet, a escorté un convoi de vivres et que deux régiments de marche de cavalerie, partis du dépôt général de Versailles, les 17 et 19 mars, sont entre Coulommiers et La Ferté-Gaucher.

Dès le 23, à minuit, les maréchaux ont repris leur mouvement. Après une courte escarmouche, l'avant-garde, sous les ordres du général Merlin, chasse de Bergères un des partis de Tettenborn et lui enlève une centaine de chevaux. Le 23, au matin, Marmont est arrivé à Vertus et Mortier à Étoges[1]. Le général Vincent avec 200 hommes de jeune garde, 100 gardes d'honneur et 50 dragons forme l'arrière-garde. Il a pour mission d'observer les mouvements de l'armée de Silésie sur la Marne et d'éclairer la route de Château-Thierry[2].

Positions de l'armée de Silésie le 23 mars au soir. — Tandis que les maréchaux atteignaient Vertus et Étoges, les différents corps de l'armée de Silésie exécutaient les mouvements prescrits. York et Kleist marchent de l'Ourcq vers la Marne, et leur avant-garde s'occupe activement du rétablissement des ponts de Château-Thierry. Mais le manque de matériaux, l'impossibilité de se faire aider par les habitants retardent les travaux. Les ponts ne seront praticables que le 24 au matin, et les deux corps, arrêtés par l'obstacle qu'ils ont devant eux, en sont réduits à s'établir en cantonnements resserrés sur la rive droite de la Marne, autour de Château-Thierry. On se borne à former une colonne mobile composée d'un bataillon de grenadiers et d'une cinquantaine de chevaux qu'on charge de battre le pays et de désarmer les paysans. Seuls, quelques partis de cavalerie ont

---

[1] Marmont au major-général, Allemant, 26 mars, 1 heure du matin; Rapport sur les événements, mouvements et positions depuis le 21 mars. (*Archives de la guerre.*)

[2] Opérations du général Vincent du 19 au 29 mars, et général Vincent au Ministre, 24 mars, 10 heures du soir. (*Ibid.*)

passé la Marne à gué ou à la nage. Deux pelotons de hussards de Brandebourg poussent jusqu'à Montmirail sans rencontrer personne. A droite, les cavaliers du capitaine von Westphal sont allés jusqu'à une lieue de La Ferté-sous-Jouarre. A gauche, le major von Colomb, qui a passé la Marne avec son corps volant à Treloup, a occupé Dormans et va s'établir le soir à Condé.

Winzingerode a poussé avec le gros de sa cavalerie dans la direction de Vitry. Sa pointe d'avant-garde conduite par Tchernitcheff est à Sommesous et communique avec les cosaques de Tettenborn, du côté de Soudé-Sainte-Croix. L'infanterie de Winzingerode, sous les ordres de Woronzoff, est entrée le 23 au soir à Châlons.

Les corps russes de Sacken et de Langeron, qui forment la deuxième ligne, sont à hauteur de Reims avec le quartier-général de Blücher et occupent solidement Épernay.

Opérations de Bülow contre Soissons et Compiègne. — Le 23, au matin, les troupes avancées de Bülow avaient tenté contre Soissons, du côté de la porte de Reims, une attaque de vive force qui n'avait pas eu plus de succès que les sommations d'un nouveau parlementaire. Le reste de la journée fut employé à l'établissement des batteries de position. La place était désormais complètement investie et Bülow se préparait définitivement à en faire le siège en règle [1].

Du côté de Compiègne, la faible brigade de cavalerie du général Grouvel avait été suivie jusqu'aux portes de Villers-Cotterets par la cavalerie de Bülow. Une reconnaissance, sortie de Compiègne et poussée jusqu'au Châtelet, avait constaté que les Prussiens avaient établi un poste à La Vache-Noire [2].

Opérations du corps volant du colonel baron de Geismar, du 19 au 24 mars. — Pendant ce temps, le colonel von Geismar n'était pas resté inactif. Après avoir exécuté, le 19, son coup de main contre Saint-Just et alarmé la garnison de Clermont,

---

[1] S'il faut en croire Bernhardi (*Denkwürdigkeiten aus dem Leben des General-lieutenants Grafen von Toll*, V, 303), Gneisenau n'aurait chargé Bülow de l'opération contre Soissons et Compiègne que pour se débarrasser de lui.

[2] Général Grouvel au Ministre, Villers-Cotterets, 23 mars. (*Archives de la guerre.*)

Geismar était revenu s'établir le 20 à Montdidier, où il fit séjour le 21. Il lui importait plus que jamais d'assurer ses communications avec Bülow, dont il était séparé, non seulement par le le cours de l'Oise, mais par le soulèvement national, qui prenait de jour en jour des proportions plus inquiétantes. Le colonel russe savait parfaitement qu'il commettait une sérieuse imprudence en s'arrêtant pendant deux jours dans une ville située à moitié chemin, entre Amiens et Compiègne, et que le repos qu'il donnait à ses hommes et à ses chevaux allait permettre à une population hostile de s'assurer *de visu* de la faiblesse numérique de son petit corps. Aussi, afin de se procurer les renseignements dont il avait besoin et d'agir sur le moral des populations, il ne cessa, pendant ces deux jours, d'expédier dans toutes les directions des reconnaissances qui furent d'ailleurs presque toutes attaquées ou inquiétées, arrêtées ou repoussées par les bandes de paysans armés.

Le 23, la situation de Geismar s'était encore aggravée. Le général Avice, à la tête d'une colonne mobile, forte de 200 lanciers, 550 fantassins et 2,000 à 3,000 paysans armés, avec laquelle il espérait réussir pour le moins à chasser Geismar du département de la Somme, s'avançait par la route d'Amiens à Compiègne, après avoir donné avis de sa marche au commandant Otenin. Celui-ci avait fait partir de Compiègne un détachement qui, poussant jusqu'à Cuvilly, sur la route de Montdidier, n'y rencontra personne, enleva un convoi de blé réquisitionné par les cosaques, et rentra à Compiègne dans l'après-midi.

Informé de la marche de la colonne du général Avice, Geismar, avant de se porter contre elle, envoya dans la direction de Compiègne un parti qui, malgré une attaque tentée par les gendarmes, réussit à détruire le télégraphe de Belloy. Vers 3 heures de l'après-midi, les avant-postes de Geismar lui signalèrent l'approche de la colonne française. Se portant rapidement contre elle avec le gros de son petit corps, il l'attaqua vivement, la repoussa et la poursuivit jusqu'à Moreuil. Cette colonne, gravement compromise, aurait été probablement entièrement détruite si le colonel de Geismar n'avait reçu à ce moment l'avis de l'approche de colonnes plus considérables encore et qui, débouchant par les routes de Clermont et de Beauvais, menaçaient Montdidier où Geismar n'avait pu laisser qu'un faible poste. Chargeant le major von Fabrice de surveiller la colonne venue d'Amiens, Geismar courut au-devant des nouveaux arrivants. Mais malgré toute sa diligence, il lui fut impossible d'arriver à Montdidier avant les Français. Force lui fut de s'arrêter sur le plateau qui domine la ville du côté du nord et de faire ouvrir le feu à la seule bouche à feu qu'il possédât. L'infanterie française se garda bien de sortir de Montdidier, et comme tout se borna à un échange de coups de fusil avec les vedettes de cavalerie, Geismar se décida à se reporter sur Roye, où il arriva le 25 au matin, après une marche de nuit des plus difficiles. Partout les populations couraient aux armes. Le tocsin sonnait de tous côtés. Des coups de fusil tirés par des ennemis invisibles embusqués derrière les haies, dans les petits bois, à l'abri du moindre couvert, accompagnèrent la retraite du corps volant jusqu'après minuit. L'obscurité était si profonde, les ténèbres tellement épaisses, que la petite troupe du colonel ne parvint même pas à apercevoir les cavaliers français qui se jetaient de temps à autre sur ses flancs. Pour venger son échec et pour se consoler de sa retraite, Geismar fit brûler la maison du maire de Bouchoir, village où l'on avait tendu, pendant la retraite, une embuscade à une patrouille du corps volant, et fusiller tous les hommes qu'on trouva les armes à la main ou chez lesquels on découvrit des armes [1].

24 mars. — Ordres de mouvement de l'Empereur et marche de son armée. — Bien que la faute commise par Marmont et l'établissement des maréchaux à Fismes eussent facilité la jonction des armées de Bohême et de Silésie, les résolutions prises par les souverains, les événements de la journée du 23, enfin la direction même suivie par les colonnes alliées n'étaient cependant pas de nature à déplaire à l'Empereur. Jusqu'à ce moment, ses prévisions s'étaient réalisées. A l'exception des deux corps d'York et de Kleist, chargés de surveiller les maréchaux, et du corps de Bülow, détaché sur Soissons, la totalité des forces des Alliés s'est en effet détournée de la route de Paris pour se porter à sa suite de l'Aisne et de l'Aube vers la Marne. Aussi, tout en ordonnant de laisser croire à ses soldats et aux prison-

---

[1] Tagebuch des Streifcorps unter die Befehle des kaiserlich-russischen Obersten von Geismar während dem Feldzuge 1814. (*K. K. Kriegs Archiv.*, IV, 178.)

niers qu'il va continuer son mouvement vers les places de Lorraine [1], l'Empereur, différant l'exécution de ce projet, se décide à exécuter vivement un changement de front. Il veut « essayer d'arriver le 24 au soir à Colombey-les-Deux-Églises, s'emparer de Bar-sur-Aube, couper la ligne de commnication de Schwarzenberg, et avoir sa ligne d'opérations sur Troyes [2]. »

Sur ces entrefaites, Caulaincourt, accompagné par Rayneval, et parti de Châtillon le 20, avait fini par rejoindre le grand quartier impérial à Saint-Dizier. Pendant que le duc de Vicence essayait vainement de démontrer à l'Empereur qu'une solution pacifique était encore possible, le major-général expédiait les ordres que Napoléon venait de lui communiquer.

Napoléon connaissait trop bien ses adversaires pour se laisser encore leurrer par les belles paroles des diplomates. Son armée se mettra en marche le 24, dès la pointe du jour. Piré, qui est à Joinville, se dirigera, par le plus court chemin, sur la route de Saint-Dizier à Bar-sur-Aube, la rejoindra à Doulevant, où il attendra des ordres et l'approche de la cavalerie de Saint-Germain. La vieille garde, avec la division de jeune garde du général Hanrion et la cavalerie de Lefebvre-Desnoëttes, commencera son mouvement à 4 heures du matin et quittera Saint-Dizier, où les cavaliers de Defrance et de Maurin ont ordre de revenir dans la journée du 24. Ney suivra ce mouvement ; il laissera à Macdonald la cavalerie de Milhaud, mais emmènera avec lui les deux divisions de cavalerie de la garde et le 10e hussards. Enfin, Macdonald formera l'arrière-garde avec les 7e et 2e corps, la cavalerie de Milhaud et de Trelliard ; sa tête de colonne devra occuper le 24 au soir Saint-Dizier [3].

Le 24, à 7 heures 1/4 du matin, l'Empereur était encore à Saint-Dizier, lorsqu'un aide de camp de Ney, porteur de dépêches urgentes, arriva au quartier général. Partageant les craintes de Macdonald, connaissant le triste état dans lequel se trouvaient les troupes épuisées du duc de Tarente, le prince de La Moskowa hésitait à quitter les bords de la Marne et à aban-

---

[1] Major-général à Macdonald, Saint-Dizier, 23 mars, 11 heures du soir. (*Archives de la guerre.*)
[2] Major-général à Ney, Saint-Dizier, 24 mars. (*Archives de la guerre.*)
[3] Registres de Berthier : ordres à Piré, Saint-Germain, Ney, Macdonald, Drouot, Saint-Dizier, 23 mars, 11 heures 1/2 du soir. (*Ibid.*)

donner Macdonald. Tout entier au mouvement qu'il a résolu d'exécuter, l'Empereur ne se laisse pas arrêter par les préoccupations de ses lieutenants. Si les troupes de Macdonald et d'Oudinot sont trop fatiguées pour faire l'arrière-garde, Ney devra les envoyer à Saint Dizier et formera lui-même l'arrière-garde avec les divisions Lefol, Gérard, Milhaud, Trelliard et le 10e hussards. « Il est indispensable de se mettre immédiatement en marche parce qu'on n'a plus rien à faire à Vitry [1]. »

Mais, pendant la nuit, les feux des Alliés en position à Courdemanges et à Huiron avaient considérablement diminué, et les derniers corps français avaient achevé, quoique en désordre, leur passage sur la rive droite de la Marne. Tout était resté tranquille, et comme on avait brûlé les ponts, les maréchaux s'étaient néanmoins mis en route entre 6 et 7 heures du matin. A 1 heure de l'après-midi, Ney entrait à Saint-Dizier et continuait sur Vassy, où il arriva le soir entre 7 et 8 heures [2]. Sébastiani, que, malgré les ordres formels de l'Empereur, Macdonald avait retenu jusqu'à 11 heures du matin, n'avait pu dépasser Vassy [3].

Le général Defrance, envoyé d'abord sur Void pour établir les communications avec Toul, Metz et Nancy, et qui avait poussé le 23 jusqu'à Ligny, était revenu sur ses pas. Arrivé à Saint-Dizier à midi, il avait suivi le mouvement de Ney et de Sébastiani sur Vassy [4]. Enfin, sans être le moins du monde inquiétés, Macdonald et Oudinot avaient pu continuer leur marche d'Écriennes, Luxémont et Villotte jusqu'à Saint-Dizier. Le 24 au soir, le 2e corps s'arrêta à Perthes, le 7e était à Hallignicourt et Hœricourt ; le 11e corps, au delà des ponts de Saint-Dizier ; le 5e corps de cavalerie à Vouillers, Saint-Eulien et Villiers-en-Lieu ; le 6e de cavalerie à Longchamp, Sapignicourt et Perthes [5].

De son côté, l'Empereur avait fait ses mouvements sur sa droite et en avant de son front sur Bar-sur-Aube et Chaumont.

---

[1] Major-général à Ney, Saint-Dizier, 7 heures 1/4 du matin. (*Archives de la guerre.*)

[2] Ney au major-général, Saint-Dizier, 24 mars, 1 heure, et Vassy, 8 heures du soir. (*Ibid.*)

[3] Sébastiani au major-général, Vassy, 24 mars, 9 heures du soir. (*Ibid.*)

[4] Général Defrance au major-général, Saint-Dizier, 24 mars, midi. (*Ibid.*)

[5] Macdonald, Perthes, 24 mars, 6 heures du soir ; Oudinot, 24 mars, Saint-Dizier. (*Ibid.*)

A 10 heures du matin, Piré, entré avec sa cavalerie légère à Doulevant, où il avait ramassé un convoi de blessés et de malades évacués par les Alliés sur Nancy, avait fait partir des reconnaissances sur Montier-en-Der, Colombey-les-Deux-Églises et Bar-sur-Aube. Rejoint un peu plus tard à Colombey par les cuirassiers de Saint-Germain, il continua sur Colombey. Le soir, il s'établit à Daillancourt après avoir poussé avec sa division jusqu'à Biernes. Son avant-garde était à Colombey d'où elle avait chassé 50 hussards prussiens qui s'étaient retirés sur Chaumont. Elle y avait appris qu'il n'y avait personne à Bar-sur-Aube, qu'on se hâtait de fortifier Langres et que les Alliés n'avaient à Vignory que 500 à 600 chevaux chargés d'observer Joinville [1].

Saint-Germain, auquel l'ordre de l'Empereur était parvenu à Doulevant, s'était arrêté à Nully et comptait pousser le lendemain sur Bar-sur-Aube [2].

A 5 heures de l'après-midi, l'Empereur était à Doulevant. Il envoyait aussitôt la division de jeune garde prendre position à Blumerey. La vieille garde s'arrêtait à Doulevant et Lefebvre-Desnoëttes recevait l'ordre de placer les chasseurs à Villiers-aux-Chênes, les grenadiers à cheval et les éclaireurs à Arnancourt. Les batteries de réserve s'arrêtaient à La Forge, près de Doulevant, et le grand parc à Dommartin-le-Saint-Père.

Enfin, le général Maurin, entré à Bar-le-Duc depuis la veille, et qui se préparait à pousser sur Saint-Mihiel, avait rappelé à lui ses détachements et évacué Bar-le-Duc. Arrivé à 9 heures du soir à Saint-Dizier, il s'était arrêté à Éclaron et se disposait à continuer le lendemain son mouvement sur Vassy [3].

Positions de la grande armée alliée pendant la nuit du 23 au 24 mars. — Le 23 au soir, pendant que l'Empereur dictait à Berthier ses ordres de mouvement pour le lendemain, pen-

---

[1] Piré au major-général, Daillancourt, 24 mars, 7 heures 1/2 du soir. (*Archives de la guerre.*)
Piré ne trouva qu'à sa rentrée à Daillancourt, l'ordre de l'Empereur de rester à Colombey. Il était alors trop tard pour faire ce mouvement, et le général informa le major-général de son établissement à Daillancourt, où il passa la nuit.

[2] Saint-Germain au major-général, Nully, 24 mars, 8 heures du soir. (*Archives de la guerre.*)

[3] Général Maurin au major-général. (*Ibid.*)

dant que les souverains et Schwarzenberg se dirigeaient de Pougy sur Dampierre, les corps de la grande armée alliée s'étaient établis pour la nuit sur une ligne allant de Courdemanges à Soudé-Sainte-Croix. L'avant-garde du VI⁰ corps, sous les ordres de Pahlen, s'était arrêtée à Soudé-Sainte-Croix et à Sommesous. A sa gauche, Seslavin s'était porté vers Fère-Champenoise. Le gros du VI⁰ corps était à Poivres-Sainte-Suzanne; derrière lui, le III⁰ corps s'était approché de Mailly. A l'extrême gauche, Kaïssaroff était entre l'Aube et la Seine, du côté de Plancy et de Méry. Au centre, le IV⁰ corps était à Sompuis. A droite, le V⁰ corps campait sur les hauteurs de Courdemanges et d'Huiron; les gardes et réserves à Saint-Chéron et La Verpillière. Enfin, la division de cavalerie légère de la garde était restée entre ce dernier point et Sommesous.

Renseignements reçus par les souverains et par le généralissime dans la nuit du 23 au 24 et dans la matinée du 24 mars. — Pendant la halte qu'ils firent à Dampierre, comme pendant leur marche sur Sompuis, l'empereur de Russie, le roi de Prusse et Schwarzenberg n'avaient cessé de recevoir de graves nouvelles, d'importantes communications qui jetaient un jour nouveau sur la situation en confirmant et en complétant les renseignements déjà parvenus la veille au grand quartier général de Pougy. Dès 3 heures du matin, à leur arrivée à Sompuis, les souverains et le généralissime qui avaient déjà pris connaissance à Dampierre des nouvelles transmises par Tchernitcheff et par Tettenborn, y trouvèrent la confirmation positive de l'occupation de Châlons par l'avant-garde de l'armée de Silésie. Ils ignoraient, il est vrai, le point exact sur lequel les corps de Sacken et de Langeron allaient être dirigés à leur départ de Reims. Quelques instants plus tard, le généralissime avait été rejoint par le chef d'état-major de Wrède, le général-major Rechberg, chargé de protester contre le mouvement sur Châlons, et d'insister sur la nécessité de marcher sur Paris [1]. De plus, enfin, les renseigne-

---

[1] Taxis, *Tagebuch* (**K. K. Kriegs Archiv.**, XIII, 32), et lettre de Wrède au roi de Bavière, 31 mars 1814 : « J'envoyai de suite mon chef d'état-major chez le maréchal prince de Schwarzemberg. Je l'avais chargé de représenter au généralissime qu'il y aurait de graves inconvénients en nous obligeant à mo-

ments envoyés par les partisans, les lettres qu'ils avaient interceptées contenaient des nouvelles plus importants qu'on ne l'avait cru au premier abord.

On parcourut avec une curiosité fébrile et les rapports envoyés par les personnages qui, trahissant la cause de l'Empereur, appelaient à grands cris les Alliés à Paris, et les nombreux documents confiés à l'estafette enlevée par les cosaques de Tettenborn. On y trouva, outre la copie de la lettre que l'empereur Napoléon écrivait à Marie-Louise[1], une lettre de Savary, ministre de la police, qui exposait nettement à l'Empereur la gravité de la situation à Paris. « Les caisses publiques, les arsenaux et les magasins sont vides; on est entièrement à bout de ressources; la population est découragée et mécontente. Elle veut la paix à tout prix; les ennemis du gouvernement impérial entretiennent et fomentent dans le peuple une agitation encore latente, mais qu'il sera impossible de réprimer si l'Empereur ne réussit pas à éloigner les Alliés de Paris, à les entraîner à sa suite loin des portes de la capitale. »

Deuxième disposition du généralissime pour la journée du 24 mars. — Bien que Schwarzenberg, rendu plus prudent et plus circonspect par l'absence de son souverain, n'osât pas encore prendre le parti de marcher sur Paris, il avait néanmoins compris qu'il y avait lieu de modifier tout de suite la disposition de la veille. Il renonça immédiatement au mouvement sur Châlons qui n'était en réalité qu'une retraite dissimulée sur l'armée

---

difier la direction de notre marche rien que pour arriver à opérer notre jonction avec Blücher, et qu'il y avait lieu de renoncer à nos communications sur les derrières que l'ennemi voulait nous couper. Il m'a paru que le moment était proche où l'audace que l'ennemi montrait dans son projet devait être punie, sinon par un mouvement aussi audacieux, du moins plus raisonnable..... Il est vrai que la proposition que j'avais faite moi-même de nous rapprocher de Paris, acquit plus de poids dans ces circonstances, et qu'il me parût infailliblement nécessaire d'en passer par là. Le maréchal prince de Schwarzenberg, qui était séparé de son maître, fut au commencement un peu embarrassé pour se décider à faire un mouvement aussi imprévu ; mais l'empereur Alexandre fut d'autant plus disposé à l'accepter. » (En français dans l'original.)

[1] Voir plus haut le texte même de cette lettre, dont l'état-major général de Silésie envoya copie au généralissime, et qui ne laissait plus l'ombre d'un doute sur les projets de l'Empereur.

de Silésie, et, à 4 heures du matin, il se décida à diriger la grande armée sur Vitry et à y passer la Marne.

On va donc continuer à suivre Napoléon qu'on espère encore écraser sous le poids des forces réunies des deux armées. Blücher remontera la Marne et formera désormais la droite de la grande armée qui attaquera l'Empereur partout où on le rencontrera [1].

« Les généraux Winzingerode et Tettenborn postés à Sommesous, Soudé-Sainte-Croix et Vatry, ainsi s'exprime le généralissime dans sa deuxième disposition pour le 24 [2], ont rétabli nos communications avec Châlons et l'armée du feld-maréchal Blücher.

« En conséquence, le Ve corps restera devant Vitry et sera chargé de couvrir le passage de la Marne qu'exécuteront les autres corps de la grande armée. S'il est possible de remettre en état le pont de Frignicourt, le Ve corps y passera la Marne et se formera en colonne d'attaque entre Frignicourt et Bignicourt. Ses avant-postes pousseront dans ce cas jusqu'à Larzicourt.

« Les IVe et VIe corps défileront par Vitry, se formeront en colonnes d'attaque sur les hauteurs de Villote et de Vauclerc et établiront leurs avant-postes sur la route de Saint-Dizier. Des colonnes volantes envoyées sur Cheminon et Revigny couvriront la gauche de la position.

« Le IIIe corps, avec l'artillerie et le train administratif, marchera droit sur Vitry et s'établira en arrière (à l'ouest) de cette ville sur la hauteur de Blacy.

« Les gardes et réserves traverseront Vitry et prendront position entre le Bas-Village et Vitry-le-Brûlé.

« Le quartier général va à Vitry.

« Les IVe et VIe corps se mettront en marche de manière à pouvoir, si toutefois l'ennemi tenait encore les hauteurs de Blacy, l'attaquer de concert avec le Ve corps à midi précis. Dans ce cas, les gardes et réserves prendront position à midi sur la hauteur de Courdemanges.

---

[1] Les événements de la journée du 24 sont tellement importants que nous avons cru nécessaire de reproduire in extenso les ordres généraux et particuliers donnés par Schwarzenberg.

[2] Prince de Schwarzenberg, 2e disposition pour le 24 mars, Sompuis, 4 heures du matin. (K. K. Kriegs Archiv., III, 440.)

« Le général Winzingerode se portera entre la Marne et l'Aube, de façon à pouvoir, selon les circonstances, aller, soit sur Brienne et Bar-sur-Aube, soit sur Saint-Dizier.

« Le général Tettenborn, destiné à se diriger ultérieurement sur Troyes, passera aujourd'hui par Faux et s'établira sur la rive droite de la Marne afin de couvrir les derrières de l'armée.

« Le général Seslavin marchera avec le IIIe corps et sera chargé de protéger les parcs et les convois.

« Le général Kaïssaroff marchera avec le VIe corps et côtoyera sa gauche.

« Cette disposition, ajoute en terminant le généralissime, repose tout entière sur la possibilité d'effectuer le passage de la Marne. Dans le cas où cette hypothèse ne pourrait se réaliser, l'armée occuperait une ligne s'étendant à gauche jusqu'à Blacy, à droite jusqu'à Courdemanges. Le Ve corps aurait alors à occuper la hauteur de Châtel-Raould-Saint-Louvent. »

Le généralissime adressait en outre à Winzingerode à Vatry, et à Tettenborn à Soudé-Sainte-Croix, des ordres particuliers destinés à les mettre plus rapidement et plus complètement au courant de ses projets et à déterminer la mission que ces généraux allaient être chargés de remplir pendant la journée du 24[1].

Mouvements des corps de la grande armée alliée. — Tandis que le généralissime expédiait cette nouvelle disposition,

---

[1] Ces deux ordres étant à peu près semblables, il nous a paru inutile de les reproduire tous deux, et nous ne donnons ici que l'un d'entre eux :

« Le prince de Schwarzenberg au général Tettenborn.

« Sompuis, 24 mars 1814. — « J'ai appris avec plaisir que vous étiez arrivé à Soudé-Sainte-Croix.

« L'ennemi, après avoir échoué à Arcis, s'est jeté sur la rive droite de la Marne et se dirige sur ma droite vers Saint-Dizier.

« *Je rassemble aujourd'hui mon armée à Vitry, à cheval sur la Marne, pour poursuivre demain l'ennemi.*

« Il est essentiel que vous couvriez les derrières de l'armée par la rive droite de la Marne, l'ennemi ayant poussé de la cavalerie vers Châlons.

« Le général Winzingerode, qui est aujourd'hui à Vatry, a reçu l'ordre de couvrir les derrières de l'armée sur la rive gauche de la Marne, et de se relier par Pogny.

« Hier soir, à 10 heures, on a vu de la cavalerie ennemie à Vésigneul. Il faut l'en chasser de suite.

« Je veux également savoir si Châlons est entre nos mains ou si cette ville est occupée par l'ennemi. » (*K. K. Kriegs Archiv.*, III, 439.)

Wrède, se conformant aux premiers ordres de mouvement qui le chargeaient de couvrir la concentration projetée de l'armée de Bohême aux environs de Vésigneul, avait fait prendre à ses corps la route de Pringy.

Arrivé à peu de distance de ce dernier endroit, le Ve corps y opéra par hasard sa jonction avec les cosaques de Tettenborn. « Les Bavarois, dit Taxis[1], marchent sans s'éclairer et rencontrent des cosaques de Tettenborn (corps de Winzingerode, armée de Blücher) qu'ils prennent pour l'ennemi, de même que les cosaques ont, pendant un moment, cru de leur côté avoir affaire à des Français. » A 9 heures, Wrède reçut à Pringy la deuxième disposition qui le renvoyait sur Vitry « afin de marcher de là avec toutes les forces réunies contre l'armée de l'Empereur[2]. » Faisant reprendre à son corps la route qu'il venait de parcourir, il s'arrêta le soir à quelque distance de Vitry aux environs de Maisons-en-Champagne.

A 10 heures du matin, le VIe corps, venant de Poivres-Sainte-Suzanne, et les gardes et réserves de Saint-Chéron arrivèrent à peu de distance de Sompuis, que venait de quitter le IVe corps en marche sur Vitry.

Comme les Austro-Bavarois de Wrède, les autres corps de la grande armée avaient, dès le 24 au matin, commencé leur mouvement en se conformant à la disposition partie la veille de Pougy. Le IIIe corps, couvert sur gauche par le général Seslavin, chargé d'occuper Sézanne et Fère-Champenoise, était déjà à peu de distance de Mailly lorsqu'un officier, venant du grand quartier général, apporta au feldzeugmeister comte Gyulay l'ordre de se diriger sur Vitry. Aussitôt après avoir reçu la deuxième disposition, Gyulay prescrivit à Fresnel de se porter le jour même sur Arcis avec le régiment de chevau-légers de Klenau et le régiment d'infanterie Empereur, « à condition toutefois d'avoir été préalablement relevé à Troyes ». Laissant à Mailly le régiment d'infanterie Kottulinsky et une batterie de 12, Gyulay, passant par Poivres-Sainte-Suzanne et Sompuis, arrêta vers le soir le gros de son corps, le parc de munitions de réserve et les convois à peu

---

[1] Taxis, *Tagebuch*. (*K. K. Kriegs Archiv.*, XIII, 32.)
[2] Stärke, Eintheilung und Tagesbegebenheiten der Haupt-Armee im Monate März. (*Ibid.*, III, 1.)

de distance de Blacy. L'avant-garde du IIIe corps (régiment de chevau-légers de Rosenberg et un bataillon des confins militaires) s'était à peine établie à Maisons lorsqu'elle reçut l'ordre de se porter sur Vatry. A peu de distance de cet endroit, les chevau-légers donnèrent contre une grosse colonne de cavalerie française se dirigeant avec du canon sur Vitry. Trop faibles pour s'engager, les chevau-légers se replièrent sur Maisons et informèrent aussitôt Wrède et Gyulay du mouvement des Français. On avait su par les quelques prisonniers ramassés par les chevau-légers, que cette cavalerie formait l'avant-garde des maréchaux en marche sur Coole et cherchant à rejoindre Napoléon [1]. Ce renseignement allait être, quelques instants plus tard, confirmé par l'officier supérieur que Gyulay avait laissé à Mailly et que Kaïssaroff informa de la marche sur Vatry de grosses colonnes de cavalerie française.

Prévenu de ces mouvements des maréchaux, Wrède envoya deux régiments de hussards autrichiens sous les ordres du général von Geramb (hussards de Szeckler et Archiduc-Joseph) soutenir les chevau-légers de Rosenberg et s'établir en avant de Coole.

C'étaient, en effet, les maréchaux qui, restés sans ordres par suite de la prise des courriers de l'Empereur, ne pouvant plus arriver à Châlons avant Blücher, ne voulant pas laisser le corps de Winzingerode derrière eux et sur leur flanc gauche, marchaient de Vertus et d'Étoges sur Vatry dans l'espoir de parvenir néanmoins à faire leur jonction avec Napoléon. Ils se doutaient d'autant moins de la présence et du voisinage des armées de Schwarzenberg et de Blücher que Winzingerode, Tettenborn et Tchernitcheff avaient précisément quitté, le 24 au matin, Vatry,

---

[1] STÄRKE, Eintheilung und Tagesbegebenheiten der Haupt-Armee im Monate März. (*K. K. Kriegs Archiv.*, III, 1.)

Il est bon de se rappeler que la division Amey avait été chargée d'escorter, de Cauroy à Sompuis, le parc d'artillerie des corps sous les ordres de Macdonald. Par un malentendu, le général Amey perdit les traces du parc, que la cavalerie légère russe enleva près de Sompuis. La division Amey, arrivée à Sézanne le 23 au soir, y fit sa jonction avec la division Pacthod. Les deux généraux, informés par les habitants qu'un corps français était en marche sur la petite route de La Ferté à Châlons, pour rejoindre l'Empereur, se dirigèrent sur Bergères, où ils apprirent que Marmont et Mortier en étaient partis le 23. Cette nouvelle les décida à se remettre en marche le 24, et à servir d'escorte au gros convoi de vivres et de munitions qui avait été confié à l'adjudant-commandant Noizet. (*Archives de la guerre.*)

Sommesous et Soudé-Sainte-Croix pour prendre le chemin de Vitry. La rencontre de quelques vedettes alliées, l'apparition de quelques cosaques, les renseignements des habitants unanimes à signaler la marche des Alliés vers la Marne à la suite de l'Empereur qui remontait la rive droite de cette rivière, n'étaient pas faits pour inspirer aux maréchaux des craintes immédiates et leur révéler le danger qui les menaçait. Le 24 au soir, les maréchaux s'arrêtaient : Marmont à Soudé-Sainte-Croix et Mortier à Vatry. La cavalerie qui marchait avec la colonne du duc de Trévise s'établissait, partie à Villeseneux, Soudron et au nord de Vatry, sur la route de Châlons, partie à Bussy-Lettrée et à Dommartin-Lettrée. De ce dernier point, elle devait communiquer avec Marmont à Soudé-Sainte-Croix. Cette cavalerie avait ordre de se réunir le 25 à Vatry et d'être prête à en partir dès 4 heures du matin[1].

Le IV⁰ corps avait, entre temps, quitté Sompuis à l'approche du VI⁰ corps et des gardes et réserves et poussé jusqu'à Blacy où il bivouaqua. Le VI⁰ corps vint s'établir à sa gauche, à Pringy, Drouilly et Loisy-sur-Marne ; les gardes et réserves à sa droite, vers Courdemanges. Kaïssaroff et Seslavin s'arrêtèrent le 24 au soir avec leurs cosaques : le premier, à peu de distance de Villenauxe, le second aux environs de Sézanne.

Pendant que les corps de la grande armée se formaient ainsi en demi-cercle autour de Vitry, sur une ligne allant de Pringy à Courdemanges, les corps de Macdonald, Oudinot et Gérard, abandonnés par Ney, rappelé lui-même par l'Empereur, avaient eu la bonne fortune de pouvoir se retirer des bords de la Marne sur Saint-Dizier, sans être en somme sérieusement inquiétés. Ils n'avaient été, heureusement pour eux, suivis pendant toute la matinée que par le régiment de dragons de Moscou et quelques escadrons de cavalerie prussienne qui, sortis à cet effet de Vitry, se bornèrent à observer leur marche.

Marche de la cavalerie de Winzingerode. — A 3 heures de l'après-midi, la cavalerie de Winzingerode traversait Vitry[2].

---

[1] Marmont au major-général, Allemant, 26 mars, 1 heure du matin, et Belliard à Mortier et Roussel, Vatry, 24 mars, 10 heures du soir. (*Archives de la guerre.*)

[2] Le corps de cavalerie de Winzingerode comptait en tout 8,000 chevaux

ssitôt après avoir débouché de Vitry, Winzingerode avait
aché Tchernitcheff et l'avait chargé de passer à la tête de
00 cosaques sur la rive gauche de la Marne et de pousser avec
 sur Montier-en-Der. Le 24 au soir, Tettenborn s'arrêtait avec
 cosaques à Saint-Rémy-en-Bouzemont.
Sur la rive droite de la Marne, Tettenborn ne rejoignit l'ex-
me arrière-garde française qu'à la tombée de la nuit aux envi-
s de Thiéblemont-Farémont.
Ses cavaliers, arrêtés pendant un certain temps par les feux
 postes français, parvinrent néanmoins à les obliger à aban-
ner le village et à se replier sur le gros des corps de Macdo-
d et d'Oudinot établis de Perthes à Saint-Dizier.

Mouvements et positions du gros de l'armée de Silésie.
A l'armée de Silésie, on avait mis à profit la journée du 24
 r transporter Blücher à Châlons¹ où Gneisenau avait con-
tré les corps russes de Langeron et de Sacken et l'infanterie
 Winzingerode sous les ordres des généraux Woronzoff et Stro-
off.

Mouvements des corps d'York et de Kleist. — Les deux
ps prussiens d'York et de Kleist, retardés à Château-Thierry
 la destruction complète des ponts, n'avaient pu passer la
ne que dans l'après-midi du 24. Quelques escadrons avaient
endant réussi à traverser la rivière dès le matin et s'étaient
tés en toute hâte sur les traces des maréchaux. L'infanterie
ork, qui n'avait pris pied sur la rive gauche de la Marne
près avoir laissé filer devant elle toute la cavalerie, n'avait
 faire que peu de chemin. La division Horn s'arrêta le soir à

---

46 canons. L'avant-garde, aux ordres de Tettenborn, se composait de quatre
rons de hussards d'Izioum, de six escadrons de hussards d'Elisabethgrad
 cinq régiments de cosaques, avec huit pièces d'artillerie à cheval, for-
t un effectif total d'environ 2,000 chevaux. Le gros comprenait neuf régi-
ts de cavalerie régulière, quinze régiments cosaques, neuf batteries à che-
 et le corps volant prussien du major von Falkenhausen.
Vers 7 heures du soir, on amena au quartier général de l'armée de Silésie
âlons, quelques prisonniers enlevés du côté de Sommesous, et qui décla-
t appartenir au corps de Marmont. Le feld-maréchal en donna immédia-
nt avis au grand quartier général, en ajoutant qu'il chercherait à couper
 maréchaux leur retraite sur Étoges.

Sommesous et Soudé-Sainte-Croix pour prendre le chemin de Vitry. La rencontre de quelques vedettes alliées, l'apparition de quelques cosaques, les renseignements des habitants unanimes à signaler la marche des Alliés vers la Marne à la suite de l'Empereur qui remontait la rive droite de cette rivière, n'étaient pas faits pour inspirer aux maréchaux des craintes immédiates et leur révéler le danger qui les menaçait. Le 24 au soir, les maréchaux s'arrêtaient : Marmont à Soudé-Sainte-Croix et Mortier à Vatry. La cavalerie qui marchait avec la colonne du duc de Trévise s'établissait, partie à Villeseneux, Soudron et au nord de Vatry, sur la route de Châlons, partie à Bussy-Lettrée et à Dommartin-Lettrée. De ce dernier point, elle devait communiquer avec Marmont à Soudé-Sainte-Croix. Cette cavalerie avait ordre de se réunir le 25 à Vatry et d'être prête à en partir dès 4 heures du matin [1].

Le IV⁰ corps avait, entre temps, quitté Sompuis à l'approche du VI⁰ corps et des gardes et réserves et poussé jusqu'à Blacy où il bivouaqua. Le VI⁰ corps vint s'établir à sa gauche, à Pringy, Drouilly et Loisy-sur-Marne ; les gardes et réserves à sa droite, vers Courdemanges. Kaïssaroff et Seslavin s'arrêtèrent le 24 au soir avec leurs cosaques : le premier, à peu de distance de Villenauxe, le second aux environs de Sézanne.

Pendant que les corps de la grande armée se formaient ainsi en demi-cercle autour de Vitry, sur une ligne allant de Pringy à Courdemanges, les corps de Macdonald, Oudinot et Gérard, abandonnés par Ney, rappelé lui-même par l'Empereur, avaient eu la bonne fortune de pouvoir se retirer des bords de la Marne sur Saint-Dizier, sans être en somme sérieusement inquiétés. Ils n'avaient été, heureusement pour eux, suivis pendant toute la matinée que par le régiment de dragons de Moscou et quelques escadrons de cavalerie prussienne qui, sortis à cet effet de Vitry, se bornèrent à observer leur marche.

Marche de la cavalerie de Winzingerode. — A 3 heures de l'après-midi, la cavalerie de Winzingerode traversait Vitry [2].

---

[1] Marmont au major-général, Allemant, 26 mars, 1 heure du matin, et Belliard à Mortier et Roussel, Vatry, 24 mars, 10 heures du soir. (*Archives de la guerre.*)

[2] Le corps de cavalerie de Winzingerode comptait en tout 8,000 chevaux

ssitôt après avoir débouché de Vitry, Winzingerode avait
aché Tchernitcheff et l'avait chargé de passer à la tête de
00 cosaques sur la rive gauche de la Marne et de pousser avec
 sur Montier-en-Der. Le 24 au soir, Tettenborn s'arrêtait avec
 cosaques à Saint-Rémy-en-Bouzemont.
ur la rive droite de la Marne, Tettenborn ne rejoignit l'ex-
me arrière-garde française qu'à la tombée de la nuit aux envi-
s de Thiéblemont-Farémont.
es cavaliers, arrêtés pendant un certain temps par les feux
 postes français, parvinrent néanmoins à les obliger à aban-
ner le village et à se replier sur le gros des corps de Macdo-
d et d'Oudinot établis de Perthes à Saint-Dizier.

Mouvements et positions du gros de l'armée de Silésie.
A l'armée de Silésie, on avait mis à profit la journée du 24
r transporter Blücher à Châlons[1] où Gneisenau avait con-
tré les corps russes de Langeron et de Sacken et l'infanterie
 Winzingerode sous les ordres des généraux Woronzoff et Stro-
off.

Mouvements des corps d'York et de Kleist. — Les deux
ps prussiens d'York et de Kleist, retardés à Château-Thierry
 la destruction complète des ponts, n'avaient pu passer la
ne que dans l'après-midi du 24. Quelques escadrons avaient
endant réussi à traverser la rivière dès le matin et s'étaient
tés en toute hâte sur les traces des maréchaux. L'infanterie
ork, qui n'avait pris pied sur la rive gauche de la Marne
près avoir laissé filer devant elle toute la cavalerie, n'avait
faire que peu de chemin. La division Horn s'arrêta le soir à

---

46 canons. L'avant-garde, aux ordres de Tettenborn, se composait de quatre
rons de hussards d'Izioum, de six escadrons de hussards d'Elisabethgrad
 cinq régiments de cosaques, avec huit pièces d'artillerie à cheval, for-
t un effectif total d'environ 2,000 chevaux. Le gros comprenait neuf régi-
ts de cavalerie régulière, quinze régiments cosaques, neuf batteries à che-
 et le corps volant prussien du major von Falkenhausen.
Vers 7 heures du soir, on amena au quartier général de l'armée de Silésie
âlons, quelques prisonniers enlevés du côté de Sommesous, et qui décla-
t appartenir au corps de Marmont. Le feld-maréchal en donna immédia-
nt avis au grand quartier général, en ajoutant qu'il chercherait à couper
 maréchaux leur retraite sur Etoges.

Montfaucon à peu près à mi-chemin entre Château-Thierry et Montmirail; celle du prince Guillaume, à Viffort. L'artillerie de réserve resta à Nogentel. York et Kleist en personne poussèrent le soir jusqu'à Montmirail et y apprirent que les maréchaux, partis de cette ville le 23 au matin, avaient pris sur eux une avance de deux jours de marche. L'infanterie de Kleist, qui n'avait pu passer la Marne que vers le soir, s'établit pendant la nuit du 24 au 25 dans les faubourgs de Château-Thierry. On avait décidé d'y laisser le général von Iagoff, chargé d'assurer la garde des ponts avec deux bataillons pris dans chacun des deux corps, 300 chevaux et 2 bouches à feu.

A la gauche d'York et de Kleist, le corps volant de Colomb, qui avait passé la Marne la veille à Treloup et s'était arrêté le 23 au soir à Condé, avait envoyé sur Orbais un parti qui poussa jusqu'en vue de Montmirail occupé encore par 200 à 300 fantassins et une centaine de chevaux sous les ordres du général Vincent, chargé d'observer les mouvements des corps prussiens. Après avoir arrêté pendant quelques heures les partisans de Colomb, le général Vincent, sachant que les Prussiens s'étaient établis à La Ferté-sous-Jouarre et à Château-Thierry, se replia sur Orbais au moment où les escadrons d'avant-garde du Ier corps rejoignaient les cavaliers de Colomb.

Sur l'ordre d'York et de Kleist, la cavalerie des deux corps avait gagné rapidement du terrain sur la rive gauche de la Marne, et, le 24 au soir, le général von Katzler, dont les patrouilles battaient le pays vers Champaubert, s'arrêtait à Jonvillers, tandis que le colonel von Blücher, après avoir traversé Montmirail, venait s'établir à Le Gault et envoyait des partis vers Sézanne.

La cavalerie de réserve, sous les ordres de Zieten, qui leur servait de soutien, ne dépassa pas Montmirail.

Le corps volant de Colomb avait passé la nuit du 24 au 25 à Corrobert.

Bombardement de Soissons. — A l'extrême droite de l'armée de Silésie, Bülow, après avoir infructueusement sommé le commandant Gérard de lui rendre Soissons, avait ouvert la tranchée dans la nuit du 23 au 24 et bombardé la place pendant la journée et pendant une grande partie de la nuit. Mais grâce aux sorties vigoureuses qu'il exécuta dans la soirée du 24, le commandant Gérard réussit à détruire les travaux d'approche et les boyaux de communication commencés par les assiégeants.

Du côté de Villers-Cotterets, les vedettes de Grouvel étaient en présence des cavaliers prussiens, et le major Otenin, commandant la place de Compiègne, se préparait à résister à une attaque qui paraissait de plus en plus imminente.

La panique continue sur les derrières de la grande armée alliée. — Sur les derrières et sur les lignes de communication de la grande armée alliée, la panique n'avait fait que s'accroître depuis la veille. Aussitôt après avoir reçu la dépêche expédiée par le généralissime, de Pougy, le 23, à 4 heures de l'après-midi, l'empereur d'Autriche suivant le conseil de Schwarzenberg avait quitté Bar-sur-Aube le 24 au matin pour se rendre à Châtillon-sur-Seine. Le 24 au soir, après une halte de quelques heures dans ce dernier endroit, l'empereur François continua sa route sur Dijon. La prudence de Schwarzenberg l'avait, cette fois, bien inspiré. Un retard de moins de vingt-quatre heures aurait suffi pour faire tomber son souverain entre les mains des cavaliers de Saint-Germain. Insignifiante en elle-même, une pareille capture aurait assurément suffi pour changer du tout au tout les résolutions et les plans des Alliés. Au lieu de marcher sur Paris, on se serait arrêté, on aurait repris les négociations qu'on venait de rompre, et, pour arracher à Napoléon l'otage qu'il aurait eu en la personne de son beau-père, la Coalition aurait été vraisemblablement obligée à demander un armistice, peut-être même à reconnaître à la France ses anciennes frontières et à évacuer le territoire national.

Les bagages personnels de l'empereur d'Autriche et tout son quartier général avaient filé derrière lui : une partie par Chaumont et Langres, sur Vesoul, le reste, par Châtillon, sur Dijon, sous l'escorte de renforts wurtembergeois amenés par le général-major Spitzberg.

Dès le 23 au soir, afin de parer dans la limite du possible au désarroi et à la confusion qu'il prévoyait, Barclay de Tolly avait envoyé à Bar-sur-Aube le général russe Oertel et l'avait chargé de prendre les mesures nécessaires pour assurer l'évacuation des équipages de l'armée russe. Le 24 au matin, le général Oertel rassembla à Bar-sur-Aube les convalescents, les malades et les blessés russes en état de supporter les fatigues du transport, les dépôts et les bagages des régiments, les parcs et les caisses de réserve. Rappelant à lui le convoi administratif dirigé sur Saint-Dizier, Oertel ordonna à cette innombrable colonne de voitures de toute espèce de prendre, dans la nuit du 24 au 25, le chemin de Chaumont, sous la protection d'un régiment d'infanterie, d'un régiment de uhlans et de deux régiments de cosaques.

On était tellement inquiet, tellement déconcerté qu'on ne crut pas prudent de faire halte à Chaumont et qu'arrivés dans cette ville les convois reçurent l'ordre de continuer sur Vesoul sans perdre une minute. Arrivé à Vesoul, le général Oertel arrêta enfin sa colonne, arma les convalescents, rassembla différents détachements russes, appela à lui les renforts russes venus d'Allemagne, par Altkirch, et forma un corps composé de quelques milliers d'hommes de toutes armes, à la tête desquels il espérait parvenir à réprimer et à prévenir le soulèvement des paysans.

Le 24 au matin, le général-major comte de Raigecourt, commandant autrichien de Chaumont, avait, de son côté, fait sortir de la place une reconnaissance forte de deux demi-escadrons et de deux compagnies qui, descendant le cours de la Marne, devait pousser sur Joinville en passant par Vignory et Cerizières. Il ne lui restait à ce moment à Chaumont que deux escadrons, trois compagnies d'infanterie et une batterie à cheval. Cette reconnaissance, repoussant les quelques postes français établis à Vignory, poussa jusqu'à environ une lieue de Joinville. Informée par ses émissaires de la présence à Joinville du général de Piré et du projet de ce général de déborder les Autrichiens postés à Chaumont en passant, d'une part par Andelot, de l'autre par Colombey-les-Deux-Églises, alarmée par le commencement d'exécution de ce mouvement, la reconnaissance, après avoir détaché quelques partis sur Doulevant et sur Andelot[1], se replia le 24 au soir sur Vignory.

Dans le courant de la journée, Raigecourt avait d'ailleurs reçu l'ordre d'abandonner Chaumont s'il s'y croyait menacé et de se

---

[1] Le parti envoyé à Andelot y porta à l'artillerie bavaroise de réserve l'ordre de rétrograder au plus vite sur Langres.

replier sur Langres où il devait tenir jusqu'à la dernière extrémité.

A 9 heures du soir, Raigecourt avait connaissance de l'arrivée de la cavalerie française à Colombey-les-Deux-Églises.

Rappelant en toute hâte deux colonnes de vivres oubliées à Juzennécourt, rassemblant pendant la nuit les quelques troupes dont il disposait, chargeant sur des voitures tout ce qui appartenait à l'armée, Raigecourt évacua Chaumont un peu avant minuit et se replia sur Langres.

Son arrière garde seule resta en position en avant de cette ville, à Vesaignes.

Mouvement du général Allix sur Auxerre. — Enfin, plus au sud et dans l'espace qui séparait la gauche de la grande armée alliée de Dijon et des troupes opérant contre Lyon sous les ordres du prince héritier de Hesse-Hombourg, le général Allix avait profité de la retraite de la division légère de Maurice Liechtenstein qui s'était repliée, d'abord sur Châtillon-sur-Seine et Ampilly-le-Sec, puis sur Montbard, pour se porter par Joigny, Brienon et Châblis sur Auxerre. Cette marche, qui ne compromettait en aucune façon Sens et Pont-sur-Yonne où Allix était toujours en mesure de prévenir un retour de Liechtenstein, avait surtout pour but de lui permettre d'encourager la levée en masse dans le département de l'Yonne et de soutenir les gardes nationales dont l'attitude résolue avait empêché une pointe des Autrichiens sur Clamecy.

Conseil de guerre de Sompuis. — L'empereur Alexandre fait décider la marche sur Paris. — Si l'on se bornait à considérer les opérations militaires et les mouvements des différents corps des armées alliées, la journée du 24 mars devrait à bon droit passer pour l'une des moins importantes de la campagne.

On avait, en effet, renoncé à la marche sur Châlons parce qu'on avait eu connaissance de la présence sur ce point de l'armée de Silésie, et on s'était dirigé sur Vitry parce que la jonction était chose faite et qu'on était décidé à suivre l'Empereur.

Mais cette journée du 24, malgré son insignifiance apparente, marque au contraire le moment psychologique, l'instant critique de toute la campagne.

Poussés tous deux par des motifs différents, Schwarzenberg et le roi de Prusse avaient quitté Sompuis dès 10 heures du matin. Tous deux avaient longuement médité sur les graves nouvelles qu'on venait de recevoir et avaient cru sage et prudent de s'éloigner du quartier général sous le prétexte de surveiller de plus près la marche de l'armée sur Vitry. Trop fin politique pour n'avoir pas saisi la portée capitale des renseignements dont il avait pris connaissance à Dampierre, Schwarzenberg, en l'absence de son souverain, se souciait médiocrement d'avoir à se prononcer sur le caractère des opérations ultérieures et à modifier de sa propre autorité la direction suivie jusqu'à ce jour par les armées.

Quant au roi de Prusse, il n'avait pu, pendant ces quelques heures, pénétrer les intentions du tzar.

N'ayant pas d'opinion personnelle, habitué depuis longtemps à régler sa manière de voir sur celle d'Alexandre, craignant non seulement de se compromettre, mais surtout de compromettre les intérêts de son pays en émettant des idées qui auraient pu déplaire au chef réel de la Coalition, il avait saisi avec bonheur l'occasion de s'absenter de Sompuis. En un mot, Frédéric-Guillaume III et Schwarzenberg cherchaient à éviter la responsabilité et, sans prévoir encore la nature du revirement qui allait se produire, la gravité des résolutions qu'on allait prendre, ils espéraient tous deux n'avoir plus qu'à donner leur assentiment, si ce n'est à un fait accompli, du moins à une proposition formelle, à une espèce d'ordre émanant de l'empereur de Russie.

Resté seul à Sompuis, Alexandre Ier y avait relu les dépêches qu'on avait interceptées, et plus particulièrement la lettre confidentielle de Rovigo signalant à Napoléon les agissements des ennemis de l'Empire, leurs intrigues et leurs menées. Après avoir comparé ces nouvelles avec les renseignements apportés par Vitrolles, avec les communications émanant de Dalberg et de Talleyrand, le tzar n'avait pas tardé à reconnaître toute la gravité de la situation, à comprendre qu'il y avait mieux à faire qu'à s'échelonner sur Vitry et à s'acharner à la poursuite de la petite armée de Napoléon. Ne voulant cependant pas céder à une impulsion dont il se défiait d'autant plus qu'il n'avait jamais cessé d'être obsédé par l'idée de la marche sur Paris, l'empereur de Russie, avant de prendre une résolution définitive, une résolution qui devait influer sur le sort du monde, avait tenu à s'entourer des conseils des quelques officiers qu'il honorait de sa confiance particulière.

Sur son ordre, Wolkonsky enjoignit à Barclay de Tolly, à Toll et à Diebitsch d'avoir à se rendre immédiatement auprès de leur souverain. Dès que ces officiers furent arrivés, l'empereur, après leur avoir indiqué sur la carte les positions des différents corps, leur fit remarquer que du moment où les deux grandes armées alliées avaient opéré leur jonction [1], il fallait, ou suivre l'Empereur et l'accabler sous le poids de forces supérieures en nombre, ou marcher sur Paris.

Barclay de Tolly, interrogé le premier par Alexandre, proposa de suivre l'Empereur et de l'attaquer partout où on le rencontrerait.

Diebitsch, en sa qualité de quartier-maître des réserves russes, interrogé immédiatement après Barclay de Tolly et ne pouvant contredire directement son général, conseilla une demi-mesure. Il émit l'avis de détacher 40,000 à 50,000 hommes sur Paris et de marcher avec le gros des forces contre l'Empereur.

Toll, au contraire, auquel la situation particulière, qui lui avait été faite depuis le début des opérations, n'imposait aucune retenue, déclara nettement qu'il n'y avait qu'un parti à prendre. Il fallait pousser à marches forcées sur Paris les armées réunies de Schwarzenberg et de Blücher et n'envoyer contre l'Empereur qu'une dizaine de mille chevaux chargés de masquer le mouvement principal. Ces paroles répondaient complètement au secret désir de l'empereur Alexandre qui les approuva complètement, et comme Diebitsch lui faisait remarquer que la marche sur Paris aboutirait au rétablissement des Bourbons, le tzar se borna à lui répondre : « Il n'est nullement question des Bourbons; il s'agit de renverser Napoléon. »

Barclay de Tolly essaya vainement de présenter quelques observations, d'objecter que l'empereur Napoléon préviendrait les armées alliées dans leur marche sur Paris, d'établir un

---

[1] L'empereur Alexandre n'avait vraisemblablement pas à ce moment des données exactes sur la position de l'armée de Silésie, car il eut soin, comme nous le dirons plus loin, de donner lui-même des instructions spéciales à Langeron et à Woronzoff, placés cependant tous deux sous les ordres de Blücher.

parallèle entre Paris et Moscou. Malgré les remarques de Barclay, Diebitsch, sachant désormais quelles étaient les intentions de son souverain, se rallia à l'opinion émise par Toll et l'aida à combattre les appréhensions du commandant en chef des gardes et réserves. Sur l'ordre d'Alexandre, on étudia sommairement les conditions de la marche sur Paris, et quelques instants après, le tzar, accompagné par Wolkonsky, Diebitsch et Toll, montait à cheval pour rejoindre le roi de Prusse et Schwarzenberg, leur faire part de sa résolution et les décider à donner leur assentiment au mouvement qu'il avait décidé en principe[1].

A environ deux lieues de Sompuis, l'empereur de Russie rejoignit Frédéric-Guillaume et Schwarzenberg qui, prévenus par un aide de camp, l'attendaient sur une petite colline à peu de distance de Blacy et du haut de laquelle on apercevait Vitry. On mit aussitôt pied à terre; Toll déplia une carte et l'empereur de Russie commença aussitôt à exposer les motifs de la résolution qu'il proposait. Lord Burghersh[2], qui accompagnait ce jour-là

---

[1] Relation de Toll. (*Archives topographiques de Saint-Pétersbourg*, n° 47353.)
Diebitsch, dans sa relation sur les combats d'Arcis-sur-Aube, et sur sa coopération à la décision prise le 24 par l'empereur Alexandre de marcher sur Paris, relation qu'il adressa au général baron Jomini, de Mohilew, le 9/21 mai 1817 (*Archives de la guerre*), cherche à s'attribuer tout le mérite de la résolution. Il y a lieu de remarquer d'abord que cette relation a été écrite trois ans après les événements; ensuite, que dans plus d'une circonstance, Diebitsch n'a été que par trop enclin à s'attribuer ce qui, en réalité, appartenait à autrui. Ses démêlés ultérieurs avec le prince Eugène de Wurtemberg fourniraient aisément la preuve de ce que nous avançons. Enfin, il est bon de signaler de plus certaines allégations contenues dans cette lettre, et qui sont manifestement erronées. Jamais l'empereur Alexandre ne déclara aux généraux russes qu'il avait appelés près de lui que *la résolution des souverains était prise*. Diebitsch commet d'ailleurs une autre erreur en affirmant que « Toll fut envoyé chez Schwarzenberg pour lui notifier la résolution de marcher sur Paris. » Le tzar jugea nécessaire de conférer en personne avec le roi de Prusse et le généralissime avant d'arrêter définitivement les nouvelles dispositions.

[2] LORD BURGHERSH, *Mémoires*, 224.
Wrède, que Thielen avait été chargé d'aller quérir et qui assista au conciliabule de Blacy, confirme ces faits et dit dans sa lettre du 31 mars au roi de Bavière : « On discuta encore un peu, mais il fut de suite irrévocablement résolu de marcher sur Paris. » Enfin, bien que les auteurs autrichiens Thielen, Prokesch et Schels cherchent à attribuer à Schwarzenberg la première idée du mouvement sur Paris, il est facile d'établir que c'est bien à *l'empereur Alexandre seul* qu'est due cette résolution. On lit, en effet, dans les *Tagesbegebenheiten der Hauptarmee im Monate März* (*K. K. Kriegs Archiv.*, III, 1), à la date du 24 mars, les phrases suivantes : « Les Alliés se sont concentrés dans l'après-midi à Vitry, et devaient d'abord, eux aussi, marcher sur Saint-Dizier; mais,

Schwarzenberg et qui assista au conseil de guerre, a résumé dans ses mémoires les péripéties de cette conférence. « Soutenu par le roi de Prusse et par les généraux russes, l'empereur de Russie, nous dit-il, ne tarda pas à triompher des dernières hésitations du généralissime. »

Ordres de mouvement pour le 25 mars. — Il était alors plus de midi; les colonnes alliées en marche depuis le matin avaient atteint les positions indiquées par la deuxième disposition. Elles étaient prêtes à forcer le passage de la Marne aux environs de Vitry, lorsqu'elles reçurent l'ordre de s'arrêter. Aussitôt après le conseil de guerre, les deux souverains et le généralissime s'étaient transportés à Vitry. Il ne restait plus dès lors qu'à régler le détail du mouvement sur Paris et qu'à décider en principe que Blücher, marchant par Montmirail et La Ferté-sous-Jouarre, attendrait le 28 à Meaux la grande armée qui suivra la route de Fère-Champenoise et de Sézanne. Bien qu'on fût arrivé à Vitry dans l'après-midi, ce fut seulement le 24 dans la soirée que Schwarzenberg expédia à ses corps l'ordre de marche suivant pour la journée du 25[1] :

« Demain, 25 mars, l'armée se portera sur Fère-Champenoise... dans l'ordre suivant : Le VIe corps, formant la tête de la colonne, se mettra en marche à 3 heures du matin, suivi par le IVe corps qui commencera son mouvement à 4 heures.

« La cavalerie de ces deux corps servira d'avant-garde à l'armée et son gros poussera vers Sézanne. Ces deux corps constituant le centre de la grande armée, marcheront parallèlement à la grande route.

« Les gardes et réserves partiront à 5 heures, formeront la colonne de gauche, marcheront par les hauteurs dans la direction

---

pour des raisons politiques, et par suite de la prise d'un courrier qui portait une dépêche de l'Empereur et une lettre du roi Joseph à l'Empereur, on résolut de marcher sur Paris et de n'envoyer que Winzingerode et Tettenborn avec leur cavalerie contre Napoléon sur la Marne. » On ne trouve donc dans la relation officielle, rédigée au jour le jour, aucune trace de la participation du généralissime à la résolution prise par Alexandre.

[1] Prince de Schwarzenberg, Vitry, 24 mars : ordres de mouvement pour le 25 mars, marche sur Paris (*K. K. Kriegs Archiv.*, III, 441), et STÄRKE, Eintheilung und Tagesbegebenheiten der Haupt-Armee im Monate März. (*Ibid.*, III, 1).

de Montépreux et viendront bivouaquer entre Vaurefroy et Connantray.

« Les bagages *marcheront* derrière la colonne du centre et seront rassemblés à Coole à 6 heures du matin.

« Le V⁰ corps commencera son mouvement à 9 heures et suivra à partir de Maisons, la grande route de Fère-Champenoise.

« Le III⁰ corps s'arrêtera à l'endroit même où les présentes dispositions lui parviendront et se dirigera ensuite, lui aussi sur Fère-Champenoise.

« L'usage de la route est exclusivement réservé à l'artillerie. Les troupes marcheront en colonne à droite et à gauche.

« Le quartier général s'établira à Fère-Champenoise.

« Le général Seslavin ira de Provins à Montereau.

« Le général Kaïssaroff s'établira à Arcis et assurera les communications avec Troyes. »

Comme on ignorait au grand quartier général l'endroit exact où se trouvait Blücher, l'empereur Alexandre avait cru nécessaire de faire tenir directement des instructions particulières aux généraux russes employés à l'armée de Silésie, à Langeron, Sacken et Woronzoff[1].

Il avait également chargé Wolkonsky de mettre Winzingerode, Kaïssaroff et Seslavin au courant des modifications apportées par son ordre au plan général d'opérations et de leur faire connaître le rôle qu'il avait attribué à chacun.

---

[1] Wolkonsky à Woronzoff et à Langeron. (*Journal des Pièces expédiées*, n⁰⁸ 219 et 220.)
L'empereur de Russie, après avoir fait connaître à ces généraux la mission spéciale donnée à Winzingerode, prescrivait à Woronzoff de partir le 25 mars, de grand matin, de Châlons, et de se porter par Bergères sur Etoges, où il bivouaquerait. Il recommandait à Woronzoff de marcher militairement, en s'éclairant soigneusement et en tenant constamment ses troupes en formation de combat. Le 26, Woronzoff devait continuer sur Montmirail après s'être réuni, aux environs de Champaubert, avec Langeron, venant d'Epernay.
L'empereur de Russie chargeait Woronzoff de faire parvenir à Langeron l'ordre qui lui était destiné. Il ajoutait qu'il n'adressait à ces deux généraux des instructions directes, qu'afin de gagner du temps, et les prévenait que le feld-maréchal Blücher allait, d'autre part, être mis au courant de la situation par le généralissime et par le roi de Prusse.
Enfin, il indiquait à Woronzoff et à Langeron la ligne de marche de la grande armée, et les invitait à rester constamment en communication tant entre eux qu'avec la grande armée.

Dans les instructions envoyées à Winzingerode [1], l'empereur Alexandre, après avoir prescrit à ce général de suivre Napoléon sur Saint-Dizier, lui enjoignait de charger Tchernitcheff de surveiller avec ses cosaques toute la région comprise entre la Marne et l'Aube et de l'envoyer à cet effet sur Montier-en-Der. Tettenborn, au contraire, devait être détaché à gauche dans la direction de Metz afin de s'assurer que l'ennemi n'entreprenait rien de ce côté. « Votre opération, écrivait Alexandre, a pour but essentiel de masquer notre mouvement et de nous renseigner exactement sur la direction prise par Napoléon [2]. »

En écrivant à Kaïssaroff et à Seslavin, et en recommandant tout particulièrement au premier de ces deux généraux de chercher à se tenir en communication avec Tchernitcheff, le tzar appelait surtout leur attention sur l'importance des services qu'ils étaient appelés à rendre en interceptant les dépêches de l'Empereur et surtout en l'empêchant de recevoir des nouvelles de sa capitale.

Ni Schwarzenberg, ni le roi de Prusse n'avaient cru nécessaire de fournir de longues explications à Blücher. Le généralissime [3] s'était borné à lui faire part de la direction suivie par Napoléon et de la résolution prise au conseil de guerre. Il lui annonçait que la grande armée serait le 25 à Fère-Champenoise, le 26 à Tréfols, le 27 à Coulommiers et le 28 à Meaux ou Lagny où il comptait opérer sa jonction avec l'armée de Silésie. Faisant en quelques mots allusion aux ordres envoyés directement par le tzar à Woronzoff et à Langeron qui, après s'être rejoints aux environs de Champaubert, devaient se tenir à hauteur des colonnes de la grande armée, ainsi qu'à la mission spéciale confiée à Winzingerode, il terminait sa dépêche en invitant le feld-maréchal à faire enlever Soissons, à laisser du monde à Châlons et à Vitry et à s'assurer la possession de Soissons. Le roi de Prusse [3] avait été

---

[1] Ordre à Winzingerode. (*Journal des Pièces expédiées*, n° 218.)

[2] Winzingerode avait, en outre, l'ordre de faire préparer le logement des souverains partout où il passait, et d'annoncer que l'armée tout entière le suivait. Le major Taxis, dans son *Tagebuch* (*K. K. Kriegs Archiv.*, XIII, 32), raconte à ce propos que parmi les régiments de Winzingerode chargés d'observer Napoléon, se trouvaient les dragons de Pskoff, qui portaient les cuirasses françaises enlevées à Taroutino, et que les Bavarois avaient pris, le 24 au matin, pour des cuirassiers français.

[3] Stänke, Eintheilung und Tagesbegebenheiten der Haupt-Armee im Monate

encore plus laconique. « Le prince de Schwarzenberg, écrivait-il au feld-maréchal [1], vous communique les décisions inspirées par la marche de l'ennemi sur Saint-Dizier et la disposition qui réglera les mouvements de la grande armée pour la journée du 25 mars.

« L'entreprise sur Paris nécessitant le concert intime des deux armées, je vous invite à régler vos opérations de façon à nous assurer votre concours. »

D'après ce que nous apprend le comte Nostitz [2], bien placé pour savoir mieux que tout autre ce qui se passait au quartier général de l'armée de Silésie, on ne cessait de s'y préoccuper depuis deux jours des conséquences de la marche de l'Empereur sur les derrières des armées alliées et des mouvements qu'il convenait d'exécuter.

Les uns, comme Gneisenau, pensaient que l'Empereur, voyant sa perte certaine, chercherait à succomber hors du territoire français, de l'autre côté du Rhin. Il fallait donc, pour être sûr de l'écraser, le suivre jusqu'à ce qu'on fût parvenu à l'anéantir [3]. D'autres prétendaient au contraire avec Müffling, que l'Empereur remonterait d'abord vers la Belgique, puis qu'après avoir battu le duc de Saxe-Weimar et le prince royal de Suède, il ramasserait les garnisons de ses places fortes et reviendrait sur la grande armée, et qu'il fallait par suite manœuvrer constamment de façon à déborder la gauche de l'armée impériale. Blücher seul, quoique malade et dans l'impossibilité d'exercer le commandement effectif de son armée, ne partageait pas l'avis des deux grands stratèges de l'armée de Silésie. Avec son sens pratique ordinaire, il ne voyait dans le mouvement de Napoléon qu'une

---

Mârz (*K. K. Kriegs Archiv.*, III, 1), et Schwarzenberg à Blücher, Vitry, 24 mars (*Journal des Pièces reçues*, n° 559).

[1] Frédéric-Guillaume III au feld-maréchal Blücher, Vitry, 24 mars.

[2] *Tagebuch des Generals der Kavallerie Grafen von Nostitz, Die Feldzüge 1813 und 1814* (Kriegsgeschichtliche Einzelschriften, herausgegeben vom grossen Generalstabe [Abtheilung für Kriegsgeschichte], 1884, V.)

[3] D'après Delbrück (*Leben von Gneisenau*, IV, 226), qui cite, à l'appui de son dire, une lettre du 24 mars de Gneisenau à Boyen, le chef d'état-major général de l'armée de Silésie aurait partagé l'avis de Diebitsch. Il conseillait de diviser l'armée en deux groupes, l'un chargé de suivre Napoléon, l'autre dirigé droit sur Paris. Et il ajoutait : « On est numériquement assez fort pour agir de la sorte. »

dernière tentative, qu'un moyen suprême d'écarter de Paris le danger qui menaçait sa capitale, son trône et sa dynastie.

Aussi, dès le 24 au soir, avant même d'avoir reçu avis des résolutions du conseil de guerre, il avait arrêté pour la journée du 25 mars la disposition suivante : « Les maréchaux Marmont et Mortier se sont dirigés sur Vatry afin d'opérer leur jonction avec l'empereur Napoléon. Les corps Langeron et Sacken se mettront en mouvement le 25 au matin, le corps Langeron à 6 heures, le corps Sacken à 7 h. 1/2, et suivront la petite route de Paris (route de Paris à Châlons par Montmirail) en passant par Thibie et Chaintrix. L'artillerie marchera sur la route même, l'infanterie et la cavalerie des deux côtés de cette route et en colonne serrée. L'infanterie du comte Woronzoff restera à Châlons et se tiendra prête à partir au premier signal ; celle du général-lieutenant comte Strogonoff suivra le corps de Sacken. La cavalerie attachée aux troupes de ce général formera l'arrière-garde.

« Les bagages, laissés à Reims, marcheront sous l'escorte des troupes du général-major comte Witte, viendront le 25 à Fismes, le 26 à Oulchy-le-Château, le 27 à La Ferté-Milon et rejoindront le 28 l'armée à Meaux. »

Il y a donc tout lieu de croire que l'un des biographes de Blücher [1] n'invente rien dans le récit qu'il fait de l'arrivée au quartier général de Châlons, du major von Brünneck, porteur des dépêches de Schwarzenberg et du roi de Prusse. L'exclamation que Varnhagen von der Ense met dans la bouche de Blücher, correspond exactement à l'état d'esprit du feld-maréchal et caractérise bien la situation. « Ce n'est plus seulement ici, c'est partout que l'on crie : *Vorwärts*. Je savais bien que mon brave Schwarzenberg se réunirait à moi. Maintenant, nous en aurons bientôt fini. »

Et, en effet, tout était désormais fini. Le temps des demi-mesures, des lenteurs, des hésitations était passé et le dénouement était non seulement IMMINENT, MAIS FATAL.

---

[1] VARNHAGEN VON DER ENSE, *Das Leben des Feld Marschalls Fürsten Blücher von Wahlstatt.*

ERRATA ET ADDENDA

Page 24, note, 11° ligne, à partir du bas de la page, au lieu de : *aujourdh'ui*, lire : AUJOURD'HUI.

Page 33, 10° ligne, à partir du bas de la page, au lieu de : *décide*, lire : DÉCIDÉ.

Page 37, pagination, au lieu de : *27*, mettre : **37**.

Page 41, notes, 4° ligne, à partir du bas de la page, au lieu de : *es*, lire : LES.

Page 47, lignes 3 et 4, au lieu de : *aussi importante*, lire : DE CETTE NATURE.

Page 52, 16° ligne, au lieu de : *lieu*, lire : LIEU.

Page 62, 10° ligne, à partir du bas de la page, au lieu de : *parvenu*, lire : PARVENUE.

Page 66, 20° ligne, au lieu de : *repoussée*, lire : REPOUSSÉ.

Page 68, notes, 5° ligne, à partir du bas de la page, au lieu de : *23*, lire : **27**.

Page 68, notes, 4° ligne, à partir du bas de la page, au lieu de : *dessela*, lire : DESSELLA.

Page 69, 5° ligne, à partir du bas de la page, au lieu de : *;*, mettre : **,**.

Page 71, note, 2° ligne, à partir du bas de la page, après ces mots : *fort en tout*, ajouter le mot : DE.

Page 74, 11° ligne, au lieu de : *que nous enlève*, lire : QUI NOUS ENLÈVE.

Page 85, 4° ligne, à partir du bas de la page, au lieu de : *bataillons*, lire : BATAILLONS.

Page 113, 11° ligne, au lieu de : *complétaient*, lire : ACCOMPAGNAIENT.

Page 113, même ligne, au lieu de : *rétablissemen*, lire : RÉTABLISSEMENT.

Page 126, 11° ligne, au lieu de : *fort improbable, d'ailleurs*, mettre : FORT IMPROBABLE D'AILLEURS.

Page 142, 9° ligne, au lieu de : *différentes*, mettre : DIVERGENTES.

Page 149, 8° ligne, après les mots : *général Janssen*, supprimer LA VIRGULE.

Page 162, 9° ligne, au lieu d'*occidentale*, lire : ORIENTALE.

Page 180, 7° ligne, à partir du bas de la page, au lieu de : *impérialese*, lire : IMPÉRIALE SE.

Page 186, 16° ligne, au lieu de : *sur le plateau, de Craonne*, lire : SUR LE PLATEAU DE CRAONNE.

Page 191, note 2, au lieu de : *Wozonroff*, lire : WORONZOFF.

Page 204, 13° ligne, devant les mots : *à Belliard*, ajouter : D'ABORD.

Page 208, 2° ligne, avant le mot : *avec deux*, ajouter le mot : ET.

Page 217, 13° ligne, au lieu de : *hussards de corps*, lire : HUSSARDS DU CORPS.

Page 224, 3° ligne, à partir du bas de la page, au lieu de : *Katzier*, lire : KATZLER.

Page 227, 4° ligne, à partir du bas de la page, après le mot *matin*, ajouter la phrase suivante :

On peut s'étonner à bon droit de voir figurer dans les *Mémoires* du duc de Raguse cette maxime si vraie, mais si cruelle pour lui : « ON N'EST JAMAIS SURPRIS QUE PAR SUITE D'UNE NÉGLIGENCE COUPABLE ET UN GÉNÉRAL surpris est déshonoré. » Le temps avait évidemment fait son œuvre et le maréchal Marmont, quand il traça ces lignes, avait assurément oublié la désastreuse et impardonnable surprise d'Athies.

Page 233, 4e ligne, au lieu de : *exécutersans*, lire : EXÉCUTER SANS.

Page 233, 22e ligne, au lieu de : *en arrière*, lire : HORS DES VUES.

Page 241, 19e ligne, au lieu de : *toute a*, lire : TOUTE LA.

Page 248, 1re ligne, à partir du bas de la page, au lieu de : *Paris*, lire : REIMS.

Page 280, 1re et 2e ligne, au lieu de : *deense*, lire : DÉFENSE.

Page 290, note, 6e ligne, à partir du bas de la page, au lieu de : *trouver*, lire : DÉCOUVRIR.

Page 297, 1re ligne, à partir du bas de la page, au lieu de : *villag*, lire : VILLAGE.

Page 332, 14e ligne, à partir du bas de la page, au lieu de : *fait*, lire : A FAIT.

Page 342, 11e ligne, à partir du bas de la page, au lieu de : *Schwerzenberg*, lire : SCHWARZENBERG.

Page 353, 4e ligne, à partir du bas de la page, au lieu de : *servirde*, lire : SERVIR DE.

Page 364, 16e ligne, à partir du bas de la page, au lieu de : *Schwargenberg*, lire : SCHWARZENBERG.

Page 376, 12e ligne, au lieu de : *par sa gauche*, lire : SUR SA GAUCHE.

Page 387, 10e ligne, au lieu de : *positions le*, lire : POSITIONS DU.

Page 396, 5e ligne, au lieu de : *poussèrent*, lire : MENÈRENT.

Page 401, 14e ligne, au lieu de : *armée on verra*, lire : ARMÉE, ON VERRA.

Page 404, 3e ligne, à partir du bas de la page, au lieu de : *loin de voir encore*, lire : ENCORE LOIN DE VOIR.

Page 466, 17e ligne, au lieu de : *Schwichow*, lire : SWICHOW.

Page 428, note, 4e ligne, à partir du bas de la page, au lieu de : *qnartiers*, lire : QUARTIERS.

Page 429, 8e ligne, à partir du bas de la page, au lieu de : *avant garde*, lire : AVANT-GARDE.

Page 439, 8e ligne, après *moment*, ajouter : ,.

Page 449, 2e ligne, devant le chiffre *9*, ajouter le mot : A.

Page 456, 4e ligne, à partir du bas de la page, devant le mot *d*, ajouter le mot : ET.

Page 458, note 2, 4e ligne, à partir du bas de la page, au lieu de : *Starke*, lire : STÄRKE.

Page 469, 6e ligne, entre les mots : *lui* et *prince royal*, ajouter le mot : LE.

Page 473, 4e ligne, à partir du bas de la page, ajouter après le mot *venait*, les mots : COMME NOUS LE DIRONS UN PEU PLUS LOIN.

Page 498, 4e ligne, après *hauteurs*, ajouter le mot : SITUÉES.

Page 499, note, 4e ligne, à partir du bas de la page devant le mot *soient*, ajouter le mot : SE.

Page 502, 1re ligne, avant les mots : *la confirmation*, ajouter le mot : DE.

Page 516, 14e ligne, après le mot *exécutés*, au lieu de : 2, mettre : 1.

Page 516, note, au lieu de : 2, mettre : 1.

Page 526, 11e ligne, au lieu de : *Witt*, lire : WITTE.

Page 526, 11e ligne, à partir du bas de la page, au lieu de : *en avant*, lire : EN AMONT.

Page 542, 2e ligne, à partir du bas de la page, au lieu de : *ses*, lire : DES.

TABLE DES MATIÈRES

Pages.

CHAPITRE XIV.

OPÉRATIONS DE L'ARMÉE DE SILÉSIE DU 27 FÉVRIER AU 4 MARS JUSQU'AU LENDEMAIN DE LA CAPITULATION DE SOISSONS.

27 FÉVRIER 1814. Mouvements de l'Empereur............................	1
Mouvements de l'armée de Silésie............................	3
Combat de Meaux............................	4
Mouvements de la cavalerie russe sur Provins et Villenauxe. — Mouvements de Winzingerode et de Thümen............................	6
28 FÉVRIER 1814. Mouvements des corps Sacken et Kapsewitch. — Position d'York............................	10
Passage de l'Ourcq par le IIe corps............................	10
Mouvements des maréchaux............................	11
Combat de Gué-à-Tresmes............................	12
Mouvements de l'Empereur et affaire de Fère-Champenoise............................	15
1er MARS 1814. Marches de l'armée de Silésie. — Combat de Lizy et de Gesvres............................	15
Les Prussiens coupent derrière eux les ponts de la Marne............................	19
Marche de Winzingerode et de Bülow vers Soissons............................	20
2 MARS 1814. Dispositions de Blücher pour le 2 mars............................	22
Combats de May et de Mareuil............................	24
Le mouvement de l'Empereur est retardé par le manque d'équipages de ponts............................	27
Ordres de Blücher à Bülow et à Winzingerode............................	30
3 MARS 1814. Situation critique de l'armée de Silésie............................	31
Premières nouvelles de Soissons............................	37
Ordres pour la journée du 3 mars............................	38
Mouvements de l'Empereur............................	40
Combat de Neuilly-Saint-Front............................	41
Siège et capitulation de Soissons............................	45
Mouvements de l'armée de Silésie dans l'après-midi du 3 mars.	62
3-4 MARS 1814. Passage de l'Aisne. — Positions de l'armée de Silésie.	69
Ordres et mouvements de l'Empereur pendant la journée du 4..	71
Affaire de Braisne............................	73
L'Empereur apprend à Fismes la capitulation de Soissons......	73

CHAPITRE XV.

OPÉRATIONS DE LA GRANDE ARMÉE DU 27 FÉVRIER JUSQU'A LA REPRISE DE TROYES LE 4 MARS.

Bar-sur-Aube, Troyes.

27 FÉVRIER 1814. Schwarzenberg modifie ses ordres du 26 au soir....	81
Positions d'Oudinot. — Combat de Bar-sur-Aube............	83

	Pages.
Mouvements de Macdonald et du IIIᵉ corps.	94
Mouvements de Platoff et du IVᵉ corps. — Combat de Fontette.	96
28 FÉVRIER 1814. Ordres de Schwarzenberg.	98
On croit un moment à la marche de l'Empereur sur Dijon.	100
Mouvements de Macdonald, des IIIᵉ et IVᵉ corps.	103
Combats de Silvarouvre et de La Ferté.	105
Macdonald se retire sur Bar-sur-Seine.	107
Retraite d'Oudinot sur Magny-Fouchard et Vendeuvre.	108
Immobilité des autres corps de la grande armée alliée.	109
Quatrième séance du Congrès de Châtillon.	111
Lettre de l'Empereur d'Autriche à Napoléon.	111
1ᵉʳ MARS 1814. Traité de Chaumont.	112
Reconnaissance et combat de cavalerie de Vendeuvre.	113
Position de Macdonald autour de Bar-sur-Seine.	116
Marche du IIIᵉ corps.	117
Mouvements du IVᵉ corps.	119
2 MARS 1814. Ordres de Schwarzenberg pour le 2 mars.	120
Reprise de Bar-sur-Seine par les Alliés.	122
Mouvements des Vᵉ et VIᵉ corps sur Troyes.	127
3 MARS 1814. Combat sur la Barse. — Affaires de Laubressel et du pont de la Guillotière.	129
Inaction des IIIᵉ et IVᵉ corps.	133
Mouvement de Seslavin sur Auxerre.	134
Immobilité des gardes et réserves.	134
Escarmouche des Cosaques de Platoff à Arcis-sur-Aube.	135
4 MARS 1814. Mesures prises par Macdonald pour évacuer Troyes et défendre la position de Saint-Parres-aux-Tertres.	137
Ordres de Schwarzenberg.	139
Prise de Troyes par les Vᵉ et VIᵉ corps.	140
Hourrah des cosaques et panique des corps français en retraite.	142
Positions des Français le 4 au soir. — Ordres de Macdonald.	143
Remarques sur les opérations de la grande armée alliée.	145

CHAPITRE XVI.

OPÉRATIONS DE L'ARMÉE DE SILÉSIE JUSQU'A LA MARCHE DE L'EMPEREUR SUR ARCIS-SUR-AUBE (DU 5 AU 17 MARS).

Craonne, Laon, Reims.

5 MARS 1814. Surprise de Reims par les Français.	148
Surprise des Cosaques à Braisne.	149
Ordres de mouvement de l'Empereur.	150
Ordres de Blücher.	151
Marmont essaye infructueusement de reprendre Soissons.	152
Affaire de cavalerie de Berry-au-Bac.	153
Escarmouches de la cavalerie de Tettenborn devant Reims. — Mouvements des partisans.	154
6 MARS 1814. Blücher informé dans la nuit du 5 au 6 du passage de l'Empereur à Berry-au-Bac.	157
Ordres et mouvements de l'Empereur.	159
Premier ordre de Blücher.	160
Première affaire de Craonne.	162

	Pages.
Nouveaux ordres de Blücher pour le 7 mars.	165
Entretien de l'Empereur avec M. de Bussy. — Ordres donnés par l'Empereur.	167

7 mars 1814. L'Empereur reconnait en personne la position. — Formation de combat de Woronzoff. 168
    Retard de Winzingerode. — Nouveaux ordres de Blücher. — Bataille de Craonne. 170
    Marche de Winzingerode. 185
    Positions de l'armée de Silésie le 7 mars au soir. — Mouvements de Saint-Priest et de Tettenborn sur Reims. 194
    Napoléon reçoit des nouvelles de Châtillon. 196

8 mars 1814. Blücher concentre son armée à Laon. 197
    Marche de l'Empereur sur Laon. 198
    Nuit du 8 au 9 mars. — Combat de nuit d'Etouvelles, de Chivy et de Semilly. 203

9 mars 1814. Positions et formation de combat de l'armée de Silésie. 205
    Ordre de Blücher. 210
    Déploiement des corps de Ney et de Mortier. — Affaires de Semilly et d'Ardon. 210
    Winzingerode et Bülow prennent l'offensive à 11 heures. 212
    Blücher renforce sa gauche. — Napoléon fait attaquer et prendre Clacy. — Reprise d'Ardon par les Prussiens. 214
    L'Empereur couche sur le champ de bataille. 216
    Marche de Marmont. — Premiers engagements à l'aile gauche de Blücher. 216
    Position de Marmont le 9 au soir. 220
    Affaire de nuit d'Athies. — Surprise et déroute de Marmont. 221

10 mars 1814. Positions de l'armée de Silésie à minuit et premiers ordres de Blücher. 230
    Ordres de l'Empereur pour le 10. 231
    Ordres d'York à son avant-garde. 234
    Gneisenau annule les ordres de Blücher et arrête la poursuite. 235
    Attaque de Clacy, de Semilly et d'Ardon. 238
    Dernières tentatives offensives des Français. 239
    L'Empereur se décide à la retraite à 4 heures. 239
    Mécontentement causé par les ordres de Gneisenau. 240
    Affaire des Cosaques de Benkendorf à Crouy. 243
    Marmont se prépare à la retraite sur Roucy et Fismes. 244
    Mouvements de Tettenborn. 244
    Mouvements de Saint-Priest. 245
    Retraite de l'Empereur sur Soissons. 245

11 mars 1814. Affaires de Chaillevois, de Mailly et de Crouy. 246
    Etat de l'armée de Silésie. 249
    Renseignements fournis par Tettenborn à Schwarzenberg. 251
    Marche de Saint-Priest sur Reims. 252

12 mars 1814. Prise de Reims par Saint-Priest. 253
    Affaire des Cosaques de Tettenborn à Treloup. 255
    Gneisenau modifie les cantonnements de l'armée de Silésie. — Nouveaux ordres. 256
    York quitte l'armée. — Moyens employés pour le décider à reprendre son commandement. 257
    Napoléon réorganise son armée. 261

13 mars 1814. Reprise de Reims par Napoléon. 263

	Pages.
Positions de l'armée de Silésie. — Affaire de Crouy	270
14 MARS 1814. Ordres de Gneisenau	272
Ordres de l'Empereur et mouvements des corps français	274
Combat de cavalerie de Berry-au-Bac	275
Mouvement sur Soissons. — Organisation de la défense de cette place	279
Attaque de Compiègne	280
Nouveaux ordres pour le 15 mars	280
15 MARS 1814. Mouvements des corps de Sacken, Langeron et Bulow	282
Position des corps de l'aile gauche de l'armée de Silésie	282
Mouvement de Ney sur Châlons. — Occupation de cette ville	284
Combat d'Épernay	285
L'Empereur appelle à lui les garnisons des places de la Moselle	286
Affaire de Lützow à Chestres	287
Journée des 16 et 17 mars. — L'empereur Napoléon prépare et commence sa marche contre Schwarzenberg	291
Immobilité de l'armée de Silésie	293
Opérations du corps de partisans du colonel baron de Geismar, du 2 au 19 mars au soir	295

CHAPITRE XVII.

OPÉRATIONS DE LA GRANDE ARMÉE ALLIÉE CONTRE LES MARÉCHAUX JUSQU'A LA MARCHE DE L'EMPEREUR SUR ARCIS-SUR-AUBE. — OPÉRATIONS CONTRE L'EMPEREUR JUSQU'A LA JONCTION AVEC L'ARMÉE DE SILÉSIE. — OPÉRATIONS DE L'ARMÉE DE SILÉSIE DU 18 AU 23 MARS. — OPÉRATIONS DE L'EMPEREUR ET DES ARMÉES ALLIÉES PENDANT LA JOURNÉE DU 24 MARS.

Arcis-sur-Aube.

5 MARS 1814. Motifs qui déterminent Schwarzenberg à s'arrêter à Troyes	302
Positions et mouvements de la droite de la grande armée de Bohême : V° et VI° corps	305
Position des corps de Macdonald à Nogent	306
Mouvements et positions de l'aile gauche de la grande armée de Bohême (III° et IV° corps)	307
Progrès constants du soulèvement national contre les Alliés	308
6 MARS 1814. Macdonald prend position sur la rive droite de la Seine	309
Mouvements et positions de la grande armée de Bohême	311
Réorganisation du IV° corps	313
7 MARS 1814. Pahlen occupe Nogent	313
Mouvement du général Hardegg sur Bray	315
Raid des Cosaques du colonel Nostitz sur Lagny	316
Mémoire de Schwarzenberg sur la situation	316
8 MARS 1814. Deuxième tentative de Hardegg contre Bray	318
Ordres et positions de Macdonald	319
9 MARS 1814. Cessation du feu à Nogent	321
Platoff est remplacé par Kaïssaroff. — Mouvements des Cosaques	322
Mouvements des IV° et V° corps et de la division légère Lichtenstein	324
L'empereur de Russie proteste contre l'inaction de la grande armée	324

	Pages.

10 MARS 1814. Propositions de Schwarzenberg approuvées par les souverains... 325
    Séance du Congrès de Châtillon... 328
    Opérations militaires du 10 mars. — Changement de position du VIe corps... 329
    Affaire du curé de Pers... 330

10-11 MARS 1814. Affaire du major Wüsthoff contre les paysans armés à Avallon... 333

11 MARS 1814. Nouvelles de l'armée de Silésie. — Lettre du tzar à Schwarzenberg... 338
    Ordres à Wittgenstein et à Kaïssaroff pour le 12 mars... 338

12 MARS 1814. Apparition de la cavalerie du VIe corps sur la rive droite de la Seine... 339
    Affaire de Villenauxe... 340
    Nouveau plan d'opérations de Schwarzenberg... 341

13 MARS 1814. Ordres pour la journée du 13 mars... 347
    Escarmouches de Villenauxe et de Courtavant... 347
    Mouvements des Ve, IVe et IIIe corps et des gardes et réserves... 348
    Nouvelles de l'armée de Silésie... 349

14 MARS 1814. Mouvements préparatoires des corps de la grande armée. 350
    Affaires de cavalerie de Mœurs et de Villenauxe... 352

15 MARS 1814. Ordres de Schwarzenberg. — Renseignements positifs sur les mouvements de l'Empereur... 355
    Mouvements des corps de l'aile gauche... 357
    IVe corps. — Combat de Nogent... 358
    VIe corps. — Affaires de Léchelle et de Saint-Nicolas... 359
    Mouvements du Ve corps... 361
    Mouvements des gardes et réserves... 363
    Dispositions prises par Macdonald... 364
    7e et 8e séances du Congrès de Châtillon... 365

16 MARS 1814. Première disposition de Schwarzenberg... 366
    Deuxième disposition de Schwarzenberg... 368
    Troisième disposition de Schwarzenberg... 370
    Ordres et contre-ordres donnés au IIIe corps... 371
    Le IVe corps reste sur la rive gauche de la Seine... 372
    Positions du VIe corps... 372
    Combat de Cormeron et de Lunay... 373
    Mouvements du Ve corps et positions des gardes et réserves... 374
    Macdonald évacue Provins dans la nuit du 16 au 17... 376
    Etat des esprits au quartier général des Alliés... 376

17 MARS 1814. Ordres de mouvements de Schwarzenberg... 378
    Marches et positions des corps de la grande armée alliée... 380
    Nouveaux coups de main du curé de Pers... 382
    Renseignements reçus par Schwarzenberg... 384

18 MARS 1814. Disposition pour le 18 mars... 386
    Renseignements reçus par Schwarzenberg le 18 mars au matin. 389
    Première disposition de Schwarzenberg pour le 19 mars... 391
    Mouvements des corps de la grande armée alliée... 392
    Marche de l'Empereur et du maréchal Ney. — Combats de Sommesous, de Fère-Champenoise et d'Allibaudières... 394
    L'Empereur de Russie chez Schwarzenberg à Arcis-sur-Aube... 397
    Disposition pour les journées des 19 et 20 mars... 399

	Pages.
Positions de la grande armée alliée et de l'armée française le 18 mars au soir...	401
Dernière séance du Congrès de Châtillon.....................	402
Projets de l'Empereur.......................................	403

19 MARS 1814. Mesures prises par Napoléon pour passer l'Aube à Plancy... 403

Mouvements de la grande armée alliée. — Positions des gardes et réserves...	404
Positions du Ve corps et de Kaïssaroff.....................	405
Marche et contre-marche du IIIe corps......................	406
Mouvements des IVe et VIe corps.........................	407
Deuxième disposition de Schwarzenberg.....................	408
Motifs du mouvement de l'Empereur sur Plancy..............	410
Combat de Plancy...	412
Wrede rectifie la position du Ve corps.......................	414
Première dépêche du généralissime au prince royal de Wurtemberg..	415
Troisième disposition de Schwarzenberg. — Ordre d'attaquer l'armée française le 20 mars................................	415
Affaire de Méry. — Surprise des hussards Archiduc-Ferdinand.	418
Affaire de Nogent...	418
Affaire de Châtres. — Prise d'un équipage de ponts..........	419
Positions de l'armée française le 19 mars au soir.............	419
L'Empereur compte marcher par Arcis sur Vitry..............	421
Ordres de l'Empereur pour la journée du 20 mars............	423
Inquiétude et mécontentement de l'Empereur de Russie.......	424

20 MARS 1814. Arcis-sur-Aube. — Position du Ve corps le 20 mars au matin... 424

Premiers mouvements de la cavalerie du Ve corps et de l'aile droite des Alliés..	425
Premiers mouvements des trois corps de l'aile gauche........	426
Frimont évacue Arcis-sur-Aube. — Positions des corps français à 11 heures du matin.....................................	428
Ordres donnés par le prince de Schwarzenberg à 9 heures du matin..	429
Escarmouches de cavalerie sur la rive droite de l'Aube.......	430
Déploiement du Ve corps à midi............................	431
Marche de l'aile gauche de Feuges sur Premierfait...........	431
Arrivée des souverains sur le plateau de Mesnil-Lettre.......	432
Napoléon à Arcis..	433
Schwarzenberg donne vers 2 heures le signal de l'attaque....	434
Mouvement offensif du Ve corps............................	435
Combat de cavalerie à la gauche du Ve corps................	435
Le Ve corps attaque Torcy-le-Grand........................	437
Marche du prince royal de Wurtemberg et combat de cavalerie de Premierfait..	440
Ordres donnés par Schwarzenberg au prince royal de Wurtemberg pour la journée du 21 mars...........................	442
Positions de l'aile gauche de la grande armée alliée le 20 au soir.	442
Arrivée à Arcis-sur-Aube de la cavalerie de Lefebre-Desnouettes.	443
La cavalerie française tente une attaque de nuit contre les positions de Kaïssaroff et de Frimont............................	443
Démonstrations de cavalerie sur la rive droite de l'Aube......	445

	Pages.
Positions de Wrede et de Barclay de Tolly pendant la nuit du 20 au 21 mars..	445
Marche des corps français placés sous les ordres du maréchal Macdonald..	446

21 mars 1814. Première disposition de Schwarzenberg pour la journée du 21... 448

Réception tardive des ordres destinés au prince royal de Wurtemberg..	450
Positions de l'armée française le 21 mars au matin............	451
Premier engagement de cavalerie sur la Barbuise.............	452
Le prince royal de Wurtemberg modifie la position des corps du centre et de la gauche.......................................	452
Déploiement de la grande armée alliée à 10 heures du matin...	453
Premiers mouvements de l'armée française....................	454
Deuxième disposition de Schwarzenberg.......................	455
L'empereur Napoléon se décide à rompre le combat............	456
Schwarzenberg ne commence son attaque qu'à 3 heures.......	459
Deuxième disposition de Schwarzenberg à 3 heures et demie et attaque d'Arcis...	460
Positions occupées par Oudinot après la prise d'Arcis. — Arrivée de Macdonald à Ormes..	464
Inaction des Alliés le 21 mars au soir........................	465
Mouvements de l'aile droite des Alliés pendant l'après-midi du 21 mars...	465
Disposition de Schwarzenberg du 21 mars à 6 heures du soir...	466
Considérations sur la journée du 21 mars....................	468

22 mars 1814. Positions et mouvements de l'armée française le 22 mars au matin. — Marche sur Vitry.. 473

La cavalerie française marche sur Saint-Dizier et s'empare de cette ville...	475
Hésitations et incertitudes au quartier général des Alliés......	478
Mouvements des corps de la grande armée alliée..............	480
Dispositions éventuelles pour le 23 mars.....................	480
Première disposition pour le 23 mars 1814...................	484
Deuxième disposition pour le 23 mars 1814..................	485
Troisième disposition pour le 23 mars 1814..................	486
Renseignements fournis par la cavalerie alliée le 22 au soir et dans la nuit du 22 au 23 mars................................	489

23 mars 1814. Mouvements de l'arrière-garde française. — Ordres de Napoléon.. 491

Combat de Sompuis. — Prise du parc de Macdonald par la cavalerie légère de la garde russe...............................	493
Premiers mouvements du IIIᵉ corps sur la rive droite de l'Aube.	495
Marche du IVᵉ corps..	496
Mouvements du VIᵉ corps. — La cavalerie de Pahlen se relie à Mailly avec la cavalerie de l'armée de Silésie.................	497
Mouvements du Vᵉ corps. — Affaire de Courdemanges........	497
Mouvements et positions des gardes et réserves...............	499
Première disposition du prince de Schwarzenberg et conseil de guerre de Pougy..	500
Deuxième disposition de Schwarzenberg. — Ordres de mouvement pour la nuit du 23 au 24.............................	506
Lettre du prince de Schwarzenberg à l'empereur d'Autriche....	507

	Pages.
Mouvements des corps français conduits par l'Empereur. — Ordres de Napoléon...................................	508
Panique sur les derrières des Alliés.....................	511

OPÉRATIONS DE L'ARMÉE DE SILÉSIE DU 18 AU 23 MARS.

18 MARS 1814. L'armée de Silésie reprend son mouvement.........	514
Affaire de Berry-au-Bac et de Pontavert. — Mouvement tournant de la cavalerie de Tchernitcheff.......................	515
La cavalerie d'York et de Kleist passe l'Aisne à gué..........	518
19 MARS 1814. Mouvement d'York et de Kleist sur Fismes.........	520
Mouvements des maréchaux............................	521
La cavalerie de Roussel défend Reims contre Winzingerode.....	521
Tettenborn occupe Châlons............................	524
20 MARS 1814. Inaction de Marmont.........................	524
Positions de l'armée de Silésie..........................	525
Affaire de cavalerie à Magneux.........................	526
21 MARS 1814. Retraite des maréchaux de Fismes sur Château-Thierry.	527
Ordres de mouvement de l'armée de Silésie................	529
Combat de cavalerie d'Oulchy-le-Château.................	529
Positions des Ier, IIe et IIIe corps prussiens et du corps Sacken le 21 mars au soir.......................................	531
Tettenborn fait enlever Epernay.........................	531
Lettre de Blücher au prince de Schwarzenberg.............	532
22 MARS 1814. Les maréchaux se replient dans la direction de Montmirail.	533
Ordres de mouvement de l'armée de Silésie................	533
Bombardement de Soissons............................	534
23 MARS 1814. Marche des maréchaux et ordres de mouvement de l'armée de Silésie......................................	535
Positions de l'armée de Silésie le 23 mars au soir...........	537
Opérations de Bülow contre Soissons et Compiègne..........	538
Opérations du corps volant du colonel baron de Geismar du 19 au 24 mars..	538
24 MARS 1814. Ordres de mouvement de l'Empereur et marche de son armée...	540
Positions de la grande armée alliée pendant la nuit du 23 au 24 mars..	543
Renseignements reçus par les souverains et par le généralissime dans la nuit du 23 au 24 et dans la matinée du 24 mars....	544
Deuxième disposition du généralissime pour la journée du 24 mars..	545
Mouvements des corps de la grande armée alliée............	547
Marche de la cavalerie de Winzingerode..................	550
Mouvements et positions du gros de l'armée de Silésie.......	551
Mouvements des corps d'York et de Kleist................	551
Bombardement de Soissons............................	552
La panique continue sur les derrières de la grande armée alliée.	553
Mouvement du général Allix sur Auxerre.................	555
Conseil de guerre de Sompuis. — L'empereur Alexandre fait décider la marche sur Paris...........................	555
Ordres de mouvement pour le 25 mars....................	559
Errata et Addenda...................................	565

PARIS. — IMPRIMERIE L. BAUDOIN, 2, RUE CHRISTINE.

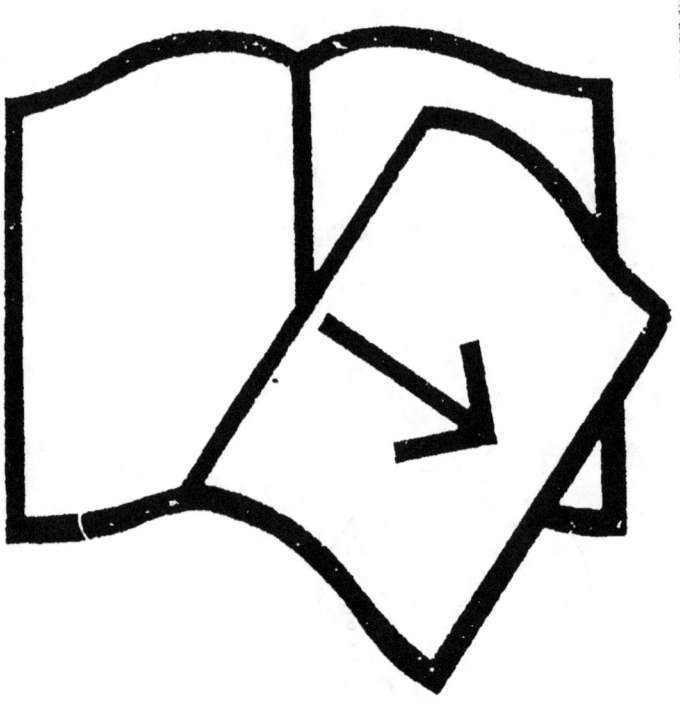

Couvertures supérieure et inférieure manquantes

www.ingramcontent.com/pod-product-compliance
Lightning Source LLC
Chambersburg PA
CBHW060502230426
43665CB00013B/1361